FCI TERMINAL ISLAND
3845-CAL
A11685 - CAL
SHERIFF'S OFFICE
10822
SO VENTURA CAL
B33920A
MANSON, CHARLES

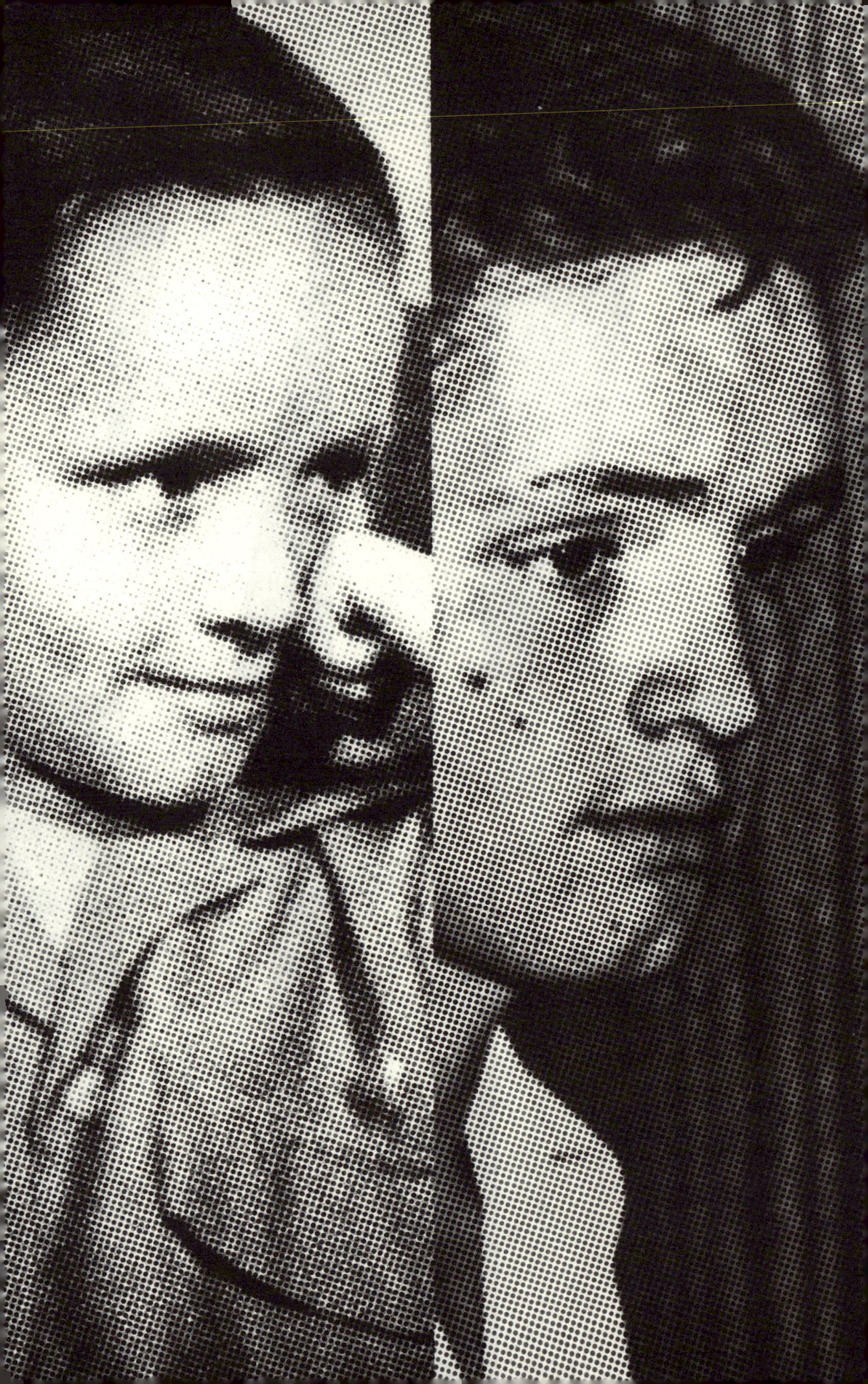

Título original: Manson: the life
and times of Charles Manson

Publicado mediante acordo com a
editora original, Simon & Schuster, Inc.

Diretor Editorial
Christiano Menezes

Diretor de Marketing
Chico de Assis

Gerente de Novos Negócios
Frederico Nicolay

Editor
Bruno Dorigatti

Design e Capa
Retina 78

Designer Assistente
Guilherme Costa

Revisão
Marlon Magno
Retina Conteúdo

Impressão e acabamento
Gráfica Geográfica

DADOS INTERNACIONAIS DE CATALOGAÇÃO NA PUBLICAÇÃO (CIP)
Angélica Ilacqua CRB-8/7057

Guinn, Jeff
Charles Manson, a biografia / Jeff Guinn; tradução de
Daniel Alvez da Cruz...[et al]. — Rio de Janeiro :
DarkSide Books, 2014.
520 p. : 16x23cm.

ISBN 978-85-66636-31-4

1. Psicopatas 2. Assassinos - biografias 3. Relatos policiais
I. Título II. Cruz, Daniel Alvez da

14-0714 CDD 364.1523

Índices para catálogo sistemático:

1. Assassinos

DarkSide® *Entretenimento LTDA.*
Rua do Russel, 450/501 - 22210-010
Glória - Rio de Janeiro - RJ - Brasil
www.darksidebooks.com

JEFF GUINN

MANSON

A BIOGRAFIA

TRADUZIDO POR
O APRENDIZ
VERDE

COLABORAÇÃO DE
Daniel Alves da Cruz
Enrique Guajardo Cuevas
Márcia Targino de Lucena
Marcus Vinicius Gonçalves
Marília Rocha Ferreira

DARKSIDE

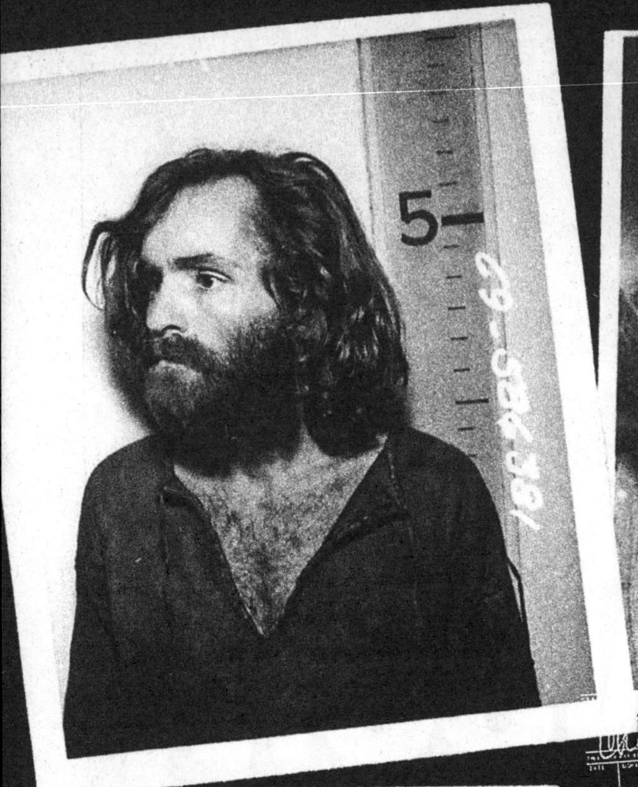
5

PHOTO
5816
CHARLES
10-29-69
FIRST DEGREE MURDER

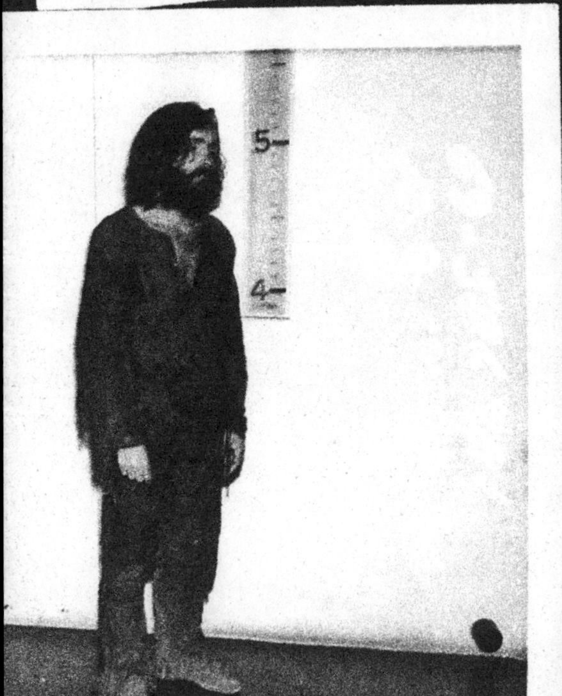
5
4

5
4

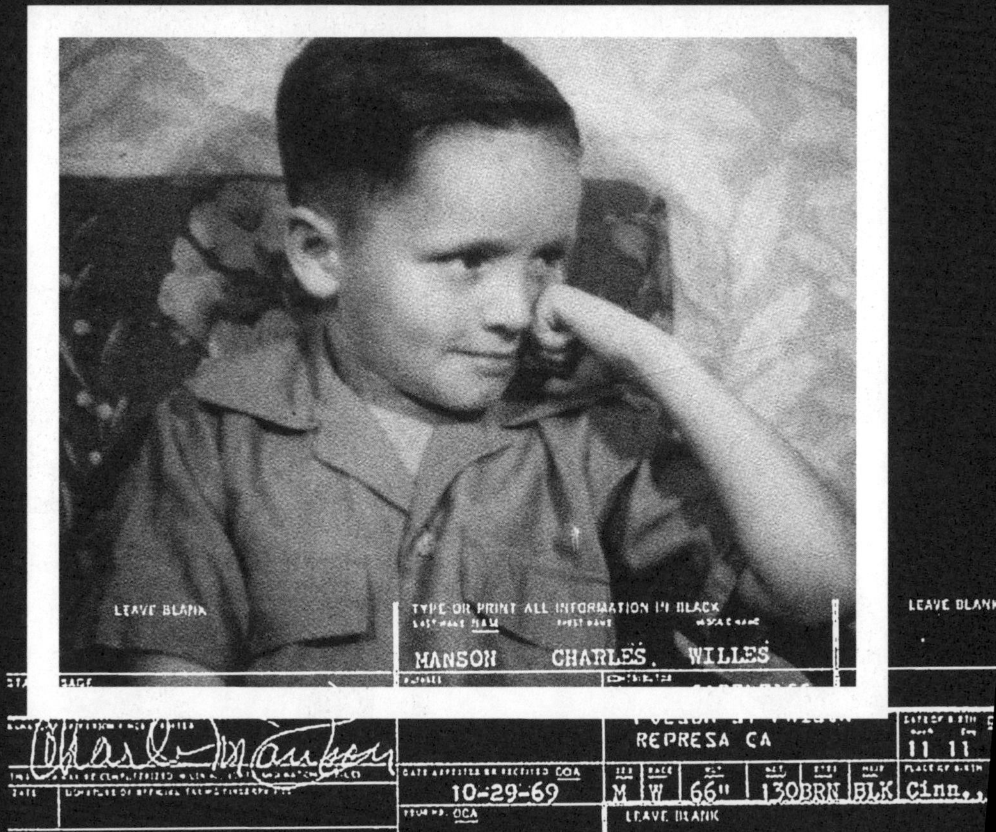
LEAVE BLANK
TYPE OR PRINT ALL INFORMATION IN BLACK
MANSON CHARLES. WILLES
LEAVE BLANK
REPRESA CA
11 11
10-29-69
M W 66" 130 BRN BLK Cinn.,
LEAVE BLANK
FIRST DEGREE MURDER

Para Roger Labrie

"Mais e mais se resumia a essa pergunta –
O que era realidade em um tempo irreal?"

– Tom Hayden,
*The Long Sixties: From 1960
to Barack Obama* (2011)

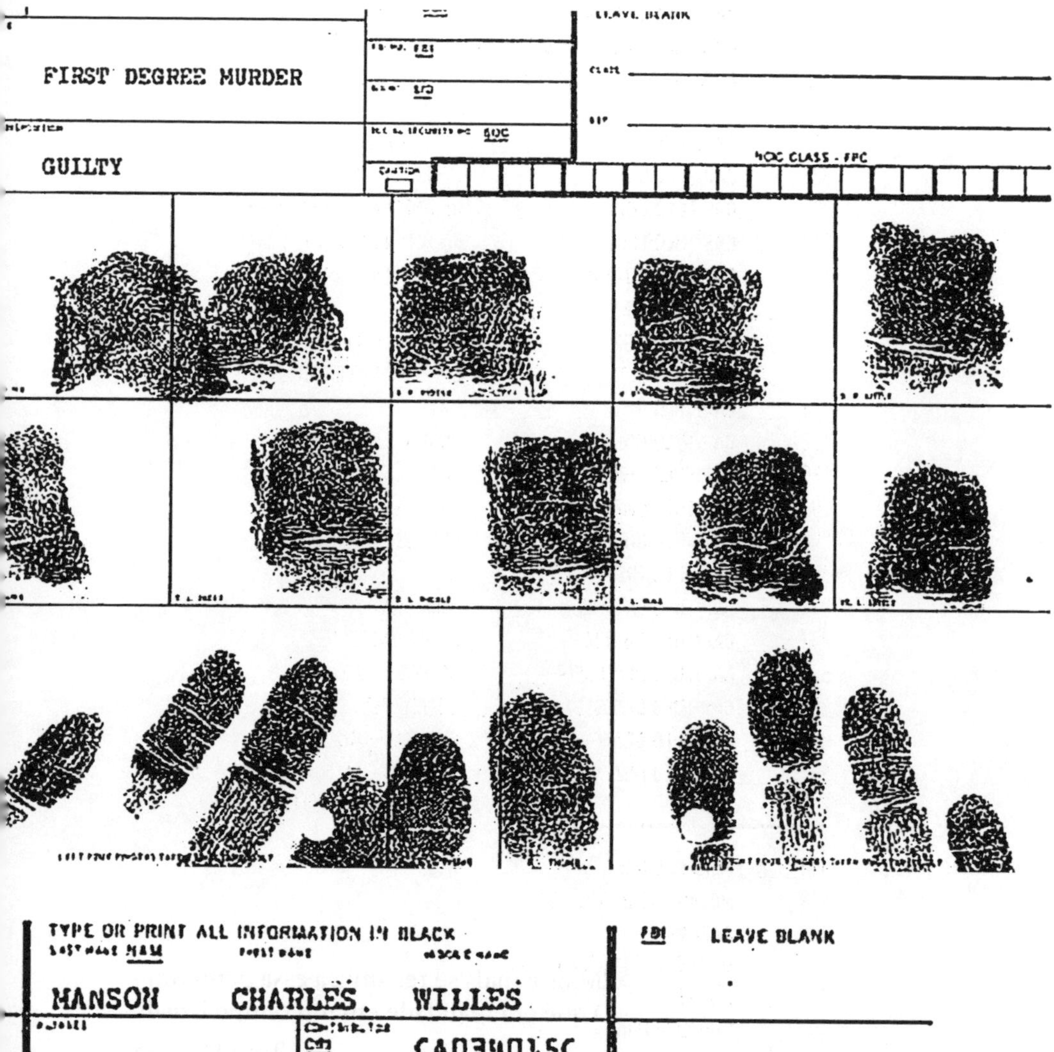

LEAVE BLANK

FIRST DEGREE MURDER

GUILTY

NCIC CLASS - FPC

CAUTION

TYPE OR PRINT ALL INFORMATION IN BLACK

FBI LEAVE BLANK

MANSON CHARLES WILLES

CAD34015C

MANSON
JEFF GUINN

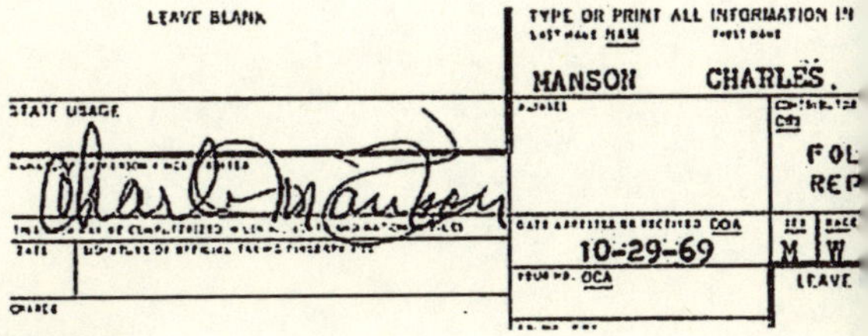

SUMÁRIO

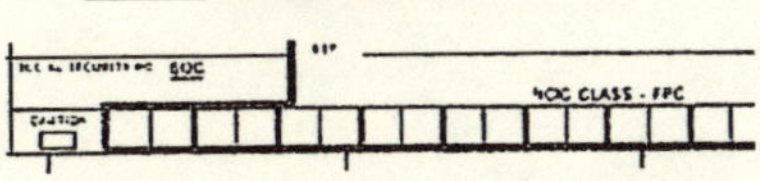

ELE SÓ QUERIA SER UM SUPERSTAR

PREFÁCIO À EDIÇÃO BRASILEIRA

POR APRENDIZ VERDE

Sexo, drogas e rock 'n' roll. Crimes, estupros e assassinatos. Charles Manson fez de sua história a trilha sonora do fim do mundo. A metáfora favorita da América para o lado negro da década de 1960, Manson foi o cabeludo que matou o sonho de Woodstock e o retrato perfeito de como toda aquela filosofia da Geração Paz e Amor não funcionou.

Psicopata, vigarista, racista e cafetão. Olhos em chamas, barba por fazer, cabelos despenteados e uma suástica tatuada na testa. A diabólica imagem de Charles Manson está gravada no inconsciente popular e é reconhecidamente assustadora. Após quatro décadas dos seus terríveis atos, os assassinatos orquestrados por ele continuam a exercer um mórbido fascínio. Dezenas de livros já foram escritos sobre Manson nesses mais de quarenta anos e agora uma meticulosa pesquisa desenvolvida pelo biógrafo Jeff Guinn surge como o guia definitivo do homem que entrou para a história como sinônimo do mal.

Charles Manson, a Biografia consegue oferecer uma visão fresca e um digno complemento, até mesmo – por que não – superior ao considerado melhor livro sobre o caso: *Helter Skelter* (1974), de Vincent Bugliosi. Resultado de dois anos de pesquisas, o livro de Guinn oferece uma nova visão para aqueles que vivenciaram a turbulenta era de paz & amor assim como o contexto necessário para as gerações que vieram depois. Ler o livro é como vivenciar aquela época. Guinn consegue transportar o leitor para os dias de ira e caos, sexo e drogas, rock 'n' roll e celebridades, costurando o homem em seu ambiente, um ambiente perfeito e catastrófico, que forneceu todas as respostas que uma mente doentia como a de Manson ansiava encontrar. O que emerge é um retrato sombrio, mas altamente convincente, de um "eterno predador social" que era "sempre o homem errado no lugar certo e na hora certa". Prova disso é que Manson, em sua caçada desenfreada para ser tornar um superstar maior que os Beatles, usou seu discurso incendiário – que misturava caos, fanatismo religioso, cientologia e letras de músicas dos Fab Four – para criar uma atmosfera magnética capaz de atrair aqueles que ele poderia usar para se tornar uma estrela. Dennis Wilson, baterista dos Beach Boys, foi um dos que caíram na armadilha.

Charles Manson, a Biografia não é apenas a história do mal personificado, mas uma prova definitiva de que o mito da América dourada, hippie, livre e eterna enquanto durou foi apenas uma ilusão. Ilusão cujo significado dependia de quem a via: para os hippies, tranquila e orgástica; para The Mamas & The Papas, um sonho californiano; para os Beatles, chapada como Lucy in the Sky; para os conservadores, suja e nojenta; para os manifestantes estudantis, mentirosa e tirana. Ou ela poderia ser apocalíptica, sombria, e sangrenta, como a América dourada de Charles Manson.

NOTA DO AUTOR
SOBRE NOMES

Em quase todos os casos, eu identifico Charles Manson como "Charlie" porque era assim que todos o chamavam durante o tempo que ele liderou a Família. Quase todos que o conheceram durante aquela época arrepiante ainda o chamam assim. Os principais membros da Família Manson também são chamados neste livro por seus primeiros nomes. Nos demais casos, eu geralmente observo a tradição de identificar pessoas por seus sobrenomes após referência inicial.

É digno de nota que, quando criança em McMechen, Manson era conhecido como "Charles", como ele ainda é hoje entre os muito de seus amigos e seguidores. Em sua carta para mim, e em outras cartas mostradas para mim durante o processo de pesquisa deste livro, ele assina com seu nome completo: "Charles Milles Manson".

Charlie na Whisky

Em uma noite de verão em 1968, três carros descem a Sunset Boulevard em Los Angeles. Eles seguem na parte complicada da longa e sinuosa rua conhecida como Strip, um trecho de três quilômetros de boates, lojas e restaurantes, que foi um dos epicentros da importante contracultura americana. Seiscentos quilômetros ao norte, a vizinhança de Haight-Ashbury em São Francisco ainda se apega à sua reputação de cidade do *Flower Power*[1] e *hippie love-ins,*[2] mas sua pretensão em guiar o mundo para uma nova era de esclarecimento através da boa música, amor livre, químicos expansores da mente e desprezo pelas castas da sociedade estava, segundo os capitalistas, sendo dissolvida em violência e vícios. Sunset Strip também era feita de música, sexo e drogas, mas alguns entre a multidão empolgada que se amontoava nas calçadas fingiam que suas motivações não passavam de autoindulgência. Enquanto a desordem civil varria o resto da América do Norte em resposta ao Vietnã e à inquietação racial, a única e principal revolta na Strip envolvia o fechamento de uma popular boate e a aplicação de um toque

1 Slogan usado pelos hippies dos anos 1960 como símbolo de não violência e repúdio à Guerra do Vietnã (1955-1975). O termo foi utilizado pela primeira vez pelo poeta beatnik Allen Ginsberg, em 1965. [Todas as notas do Editor.]

2 Reuniões de hippies para gerar e promover o amor, bem como a satisfação dos participantes, ou até como uma forma de ativismo social.

de recolher para os menores de 18 anos às 22h. Jovens se reuniam no Haight, esperançosos em encontrar a utopia; peregrinos juvenis foram a Los Angeles com o sonho de se tornarem amigos de celebridades e serem ricos e famosos. Tais sonhos foram encorajados pelo igualitarismo tradicional da Strip. Esperava-se que os astros que se apresentavam ou apareciam em várias das famosas boates locais socializassem com o público, conversando amigavelmente como iguais e, no caso dos profissionais da indústria fonográfica, oferecendo conselhos à infinita corrente de aspirantes que tinham certeza que suas músicas autorais sobre amor, espiritualidade e revolução os fariam tão grandes quanto os Beatles – ou ainda maiores.

Os jovens atrás dos volantes dos três carros que desciam a Sunset – às vezes levavam horas para manobrar através do tráfego e das multidões ao longo da Strip – saíram para uma noite de diversão e prazer com o status de celebridade que eles tanto trabalharam para alcançar. Terry Melcher, Gregg Jakobson e Dennis Wilson eram amigos próximos há anos. Individualmente, atingiram o ápice na indústria musical: Melcher como produtor, Jakobson como caçador de talentos e organizador de sessões de gravação e Wilson, o mais famoso do trio, como baterista dos Beach Boys. Juntos faziam parte de uma sociedade informal conhecida como Golden Penetrators [Penetradores Dourados]. A adesão se estendia a qualquer um que houvesse transado com alguma das mulheres das famosas famílias do show business. Não era uma organização das mais exclusivas; algumas dessas mulheres eram tão promíscuas quanto os homens que as procuravam. O triunvirato Melcher-Jakobson-Wilson deleitava-se em seu hedonismo, em uma cidade que há muito tempo havia abandonado os limites legais ou morais em prol dos famosos. Sua filosofia era "Somos nós, não há regras, nós temos que fazer isso".

Quando as celebridades de L.A. queriam manter suas noitadas discretas, elas frequentavam boates onde o alto custo dos ingressos tornava a entrada proibitiva, exceto para as grandes estrelas. Mas naquela noite, Melcher, Jakobson e Wilson estavam com um ânimo sociável. Parte da diversão em ser famoso era a bajulação dos fãs, demonstrando certa superioridade, ainda que em um pedestal controlado. Havia uma diferença considerável entre receber o respeito de pessoas bonitas e irresistíveis e ser apalpado por um bando de adolescentes sujos. As populares boates na Strip faziam arranjos especiais para ilustres visitas, na forma de assentos restritos para que os outros clientes pudessem apenas olhar, de certa distância, sempre que as celebridades quisessem se retirar da pista de dança por um tempo. Para os astros e o público comum, dançar era uma grande parte de uma noitada na Strip. Enquanto havia performances ao vivo no palco, atenção respeitosa era exigida. Mas entre os números, disc-jóqueis tocavam sucessos e era hora de todo o mundo aparecer, dançar e tentar se sobressair executando as últimas coreografias.

Como gigantes da cena musical de Los Angeles, Melcher, Jakobson e Wilson seguiram para um destino apropriado na Strip. A Whisky a Go Go, localizada na Sunset após os limites de Beverly Hills, era a boate mais famosa da cidade e provavelmente de toda a América. Revistas desde a *Time* até a *Playboy* alardeavam-na como o local da moda para ver e ser visto. A cada noite, longas filas se estendiam por quadras, uma espera que podia durar duas horas ou mais antes de a Whisky abrir, às 20h30. O couvert mantinha longe a ralé e os mendigos. Boatos e rumores circulavam nas outras boates sobre a fama do local. Músicos gravavam famosos álbuns ao vivo na Whisky. A nata da cena musical aparecia regularmente. Visitantes recentes incluíam Jimi Hendrix, Neil Young e Eric Clapton. Hendrix e Young até pularam no palco para uma *jam session*. A Whisky normalmente alternava entre bandas locais menos conhecidas e renomados grupos, como The Turtles e Eric Burdon and The Animals. A boate foi uma das pioneiras na Strip a apresentar músicos negros. Entre outros, Buddy Guy e Sly and the Family Stone agraciaram seu palco e quando Little Richard se apresentou os deuses do rock Mick Jagger e Keith Richards, dos Rolling Stones, foram ouvi-lo. Toda e qualquer visita à Whisky era garantia de ser especial de alguma forma. Qualquer um em Los Angeles que pretendia ser descolado devia estar na Whisky. Até Elizabeth Taylor e Richard Burton festaram por lá.

A multidão noturna significava que estacionamento era escasso nas proximidades da boate, mas isso não era problema para Melcher, Jakobson e Wilson. Os empresários da badalada boate sempre achavam lugar para veículos pertencentes às celebridades. Melcher entregou as chaves de uma Mercedes conversível quatro portas. Jakobson chegou em um Pontiac 1939 preto em perfeito estado. Ele acabara de trocar um Porsche pelo automóvel vintage. Wilson apareceu em um imponente Rolls-Royce, presente de seu irmão mais velho, Brian, o recluso líder dos Beach Boys. Ao adentrar na Whisky – não havia necessidade de enfrentar a fila ou pagar o couvert –, os olhos de todos estavam neles. Wilson, um homem alto e elegante, seria reconhecido praticamente por qualquer fã de música no país. Melcher e Jakobson não eram nomes conhecidos, mas a galera da boate, a maioria experiente em todos os aspectos da cena musical de L.A., sabia quem eles eram e por que eram importantes.

Isso não era verdade para o quarto membro da equipe, que chegou no Rolls-Royce de Wilson. Para os curiosos na parte de fora da Whisky, não havia nada de especial em Charlie Manson, 33 anos, apenas um dos milhares de ambiciosos compositores e intérpretes que fizeram seu caminho até L.A. com o objetivo de conseguir contrato com gravadoras e se tornar superstars. Manson era baixo, 1,64 m, e magricelo. Durante grande parte do verão, ele tinha sido sortudo o suficiente para vagabundear com o baterista dos Beach Boys, conhecido por oferecer moradia temporária em sua luxuosa casa de madeira mais abaixo na Sunset Boulevard. A maioria dos que ele abrigava ia embora depois de um dia ou dois; Manson não mostrou sinais de que queria sair. Por um tempo, seu anfitrião não se importou. Além de escrever algumas músicas interessantes e tagarelar uma viciante forma de filosofia sobre se render à individualidade, Manson tinha com ele a companhia de garotas que o adoravam e estavam felizes em se comprometer em qualquer forma de sexo que seu rock star benfeitor desejasse. Portanto, o verão de Wilson foi uma extravagância carnal, embora tivesse que fazer frequentes consultas ao seu médico, pois as garotas de Manson continuavam infectando-o com gonorreia. Entre traquinagens sexuais, Wilson naturalmente mostrou a música de Manson para os outros integrantes dos Beach Boys e amigos da cena musical de L.A. Até então, ninguém havia se impressionado o suficiente pelas músicas de Manson para lhe oferecer o contrato que ele tanto almejava. Mas ele acreditava firmemente em seu próprio talento e nas habilidades de Wilson, que tinha quase a obrigação de fazer Charlie acontecer.

Manson presumiu que era uma companhia bem-vinda sempre que Wilson ia a uma festa ou boate. Ele compartilhava o que tinha – sua música, conversa peculiar e mulheres promíscuas – e esperava que Wilson fizesse o mesmo. Era um arranjo desigual e mais tarde Wilson ficou farto. Já era ruim o fato de ter Manson constantemente a atormentar o baterista para que os Beach Boys gravassem sua música, mas o parasita e seus seguidores estavam dando um prejuízo considerável a Wilson numa época em que as vendas dos discos e a frequência de concertos dos Beach Boys estavam em um declínio alarmante. Eles destruíram sua Mercedes, que não tinha seguro, e eram a causa de diversas contas com médicos e dentistas. Atacavam o armário do baterista e cortavam suas roupas para fazer robes com os retalhos para eles próprios. Mesmo vasculhando latas de lixo atrás de comida, vorazmente, dia após dia, esvaziavam a geladeira e a despensa de Wilson. Eles até achavam que o cartão de crédito do baterista podia ser usado – enquanto ele esteve fora em uma breve turnê com os Beach Boys, os convidados da casa de Wilson acumularam uma conta de 800 dólares em uma mercearia local se empanturrando do mais caro queijo, iogurte e suco de fruta que havia. Mesmo Wilson tendo abraçado o conceito de partilha, ele estava pronto para se livrar dos aproveitadores.

Nas semanas seguintes, Wilson começou a temer Manson. Preocupado sobre o envolvimento de seus clientes com tais pessoas de caráter duvidoso, os empresários dos Beach Boys conduziram uma verificação dos antecedentes criminais de Charlie e informaram Dennis que seus visitantes já haviam cumprido pena de assalto à mão armada e estavam atualmente em liberdade condicional. Aquilo não incomodou muito Wilson. Ele já sabia que seu novo camarada tinha antecedentes. Manson gostava de se gabar que a prisão era seu pai e as ruas sua mãe. Antecedentes criminais eram comuns a vários jovens numa época em que a moda para eles era acreditar que o governo era o inimigo. Mas à medida que Manson e sua gangue continuaram vivendo com Wilson, as divertidas e interessantes filosofias de Charlie se tornaram sombrias. Ele parecia acreditar que detinha o poder de vida e morte sobre seus seguidores e amigos, incluindo seu famoso patrono. Certa vez, manteve uma faca próxima à garganta de Wilson e perguntou como se sentiria se fosse assassinado. Wilson murmurou "Faça" e Manson se afastou. As tendências autodestrutivas de Wilson eram tão claras que ele ainda permitia que Charlie convivesse com ele.

Embora Wilson e seus colegas membros dos Golden Penetrators não soubessem, levar Manson à Whisky naquela noite de verão pode tê-lo feito se lembrar de seu lugar. Ao contrário do que Charlie claramente acreditava, curtir a generosidade de um astro não fazia dele uma estrela. A Whisky era o ápice do ser descolado, berço da última moda, mas intimidador para todos os outros. A boate não era particularmente grande, com uma capacidade de apenas 350 pessoas e uma decoração impressionante. Decorado em tons dramáticos de vermelho e preto, o ponto de encontro expunha um palco no meio de uma pista de dança elevada. Havia algumas poucas mesas para o público e uma pequena e reservada área para os empresários do show business. Pendentes sobre a pista havia "jaulas" de vidro ocupadas por dançarinas seminuas, que dançavam de maneira provocante sempre que cada banda da noite fazia um intervalo entre seus números, das 21h30 às 23h30. Elas eram apelidadas de dançarinas *go-go* e imitações dessas dançarinas se espalharam e entretinham públicos ao redor do mundo.

Para os clientes regulares e não célebres da Whisky, ir à pista de dança era o ápice da noite. A etiqueta implícita da boate proibia prestar muita atenção aos outros frequentadores; o conceito era que você era o espetáculo e todos os outros eram obrigados a ficar boquiabertos. Portanto, ninguém olhava ninguém, cada um se achava o centro das atenções. Em qualquer horário era difícil encontrar espaço na pista de dança. Possíveis dançarinos esperavam abrir uma brecha, enquanto alguns se dirigiam ao banheiro para dar um tempo ou recuperar o fôlego e então tentavam garantir seu cobiçado espaço na boate. Olhos afiados e cotovelos igualmente afiados eram de grande ajuda.

Melcher, Jakobson e Wilson costumavam aparecer com frequência. Eles tinham camarotes sempre disponíveis. Dirigindo-se ao espaço, Manson se separou do trio, dizendo que queria dançar. Charlie não podia ter escolhido uma maneira mais certeira de receber sua recompensa. Poucas garotas bem-vestidas, obcecadas por celebridades presentes na Whisky, se permitiriam dançar com o pequeno maltrapilho. Mesmo que Manson chegasse de alguma forma à pista de dança, ele seria apenas mais um na multidão que buscava espaço na boate. Se alguém do trio se encontrasse em um estado de espírito mais generoso, Wilson, Melcher ou Jakobson, poderia ter acompanhado Manson à pista; o espaço de dança foi feito para os astros e seus movimentos. Mas eles estavam contentes em deixar Manson chafurdar sozinho. Pouco após, ele escapuliu de volta ao espaço reservado, punido pelo evidente lembrete que, mesmo com toda a sua lábia filosófica e seus grandiosos sonhos em se tornar um astro, por ora ele permanecia um grão insignificante no universo de L.A.

Manson desapareceu em meio à multidão e os três amigos tomavam seus drinques e conversavam até serem surpreendidos por um tumulto. Olhando ao redor, viram algo único na história da Whisky a Go Go: em vez de competir para aparecer, todos estavam tentando abrir espaço na cobiçada e lotada pista de dança. Melcher, Jakobson e Wilson se entreolharam confusos. Levantaram para tentar ver melhor o agito e foi quando perceberam que no centro das atenções da pista de dança uma figura única permaneceu – Charles Manson, gingando conforme a música. Sua dança se tornou cada vez mais maníaca e ele inclinava a cabeça para trás, balançando os braços. Mais tarde, o trio concordou que parecia que choques elétricos tomaram conta do corpo de Charlie através de seus dedos e cabelos.

Os convivas subiram à pista de dança como se fossem atraídos por algum tipo de campo de força irresistível. Agora rodeavam o palco, hipnotizados pela visão do turbilhão de fanáticos que pareciam alheios a tudo, exceto pela pulsante batida. Wilson, Jakobson e Melcher já tinham visto Manson encantar facilmente pequenos grupos em jantares ou festas. Até aquele momento eles não tinham ideia de que ele poderia estender seu magnetismo e dominar uma plateia muito maior – o que dizer então de uma plateia tão peculiar quanto a da Whisky. Uma coisa era convencer uma fileira de adolescentes necessitados e parasitas de que ele era um guru sabe-tudo que devia ser adorado e obedecido. Mas aqueles eram *descolados,* cuja autoimagem dependia em grande parte de não parecer impressionado por qualquer um, além dos grandes astros. Agora eles se espantavam com alguém que, apenas alguns momentos antes, parecia ser o candidato menos provável a chamar sua atenção. Era uma reação além do respeito, pensou Jakobson. Aquilo trouxe admiração.

"Foi ali que percebemos que ele era realmente diferente, naquele ato na Whisky", disse Jakobson quase 45 anos depois. "Em qualquer hora, em qualquer lugar que Charlie decidisse ser o centro das atenções, ele conseguia. Na Whisky, todos achavam que já haviam visto de tudo."

"Até aquela noite em que viram Charlie."

Nancy e Kathleen

Nancy Maddox amava a Bíblia e sua filha adolescente, Kathleen, amava dançar. Sendo ambas de forte personalidade, foi assim que todo o problema começou.

Nancy Ingraham nasceu e foi criada no interior do Kentucky e sua fé era firmemente fundamentalista. Ela encarava a Bíblia de maneira literal. Cada palavra do livro era tida como verdade e cada nefasta criatura descrita, desde a serpente do Gênesis no Jardim do Éden até a besta de sete cabeças e dez chifres do Apocalipse, existira ou existiria sobre a Terra realizando as ordens pecaminosas de Satã. Nancy amava Deus e também temia Sua ira, como a Bíblia ordenava. As pessoas não consideravam Nancy uma fanática; ela era gentil com aqueles de diferentes crenças e tentava fortemente não julgar os outros, pois esta era a prerrogativa d'Ele, não dela. Mas ela não tinha dúvidas de que todos eram Sua responsabilidade. Terríveis penas estavam reservadas a impenitentes pecadores, mas boas coisas na vida e benção eterna após a morte estavam garantidas àqueles que ouviam a Palavra do Senhor e a obedeciam.

Durante os primeiros 46 anos de sua vida, Nancy – "Nannie" para amigos íntimos e familiares – teve amplas evidências de que Deus a estava recompensando com piedade, assim como a Bíblia prometia. Ela se casou com Charlie Milles Maddox, também do Kentucky, que após retornar da Primeira Guerra Mundial encontrou trabalho como condutor, na Chesapeake & Ohio Railroad. Ele e sua noiva não eram ricos, mas alcançaram a confortável classe média, ao menos para os padrões rurais do Kentucky. Além de ser um bom provedor, Charlie era um cidadão honesto, o qual Nancy podia respeitar e amar. Ele era membro da Irmandade dos Operários da Ferrovia e da Maçonaria. Eles viviam felizes no condado de Rowan, no nordeste do Kentucky, e começaram seu casamento, abençoado com crianças, em 1911. Deus enviou Glenna em 1911; Aileene (às vezes chamada de "Aline") em 1913; Luther em 1915; finalmente, Ada Kathleen em 1918. Quando sua filha mais nova tinha 10 anos, os Maddox se mudaram com sua ninhada para a reluzente cidade de Ashland, quase cem quilômetros ao nordeste, às margens do rio Ohio. Kentucky, Ohio e West Virginia se encontravam ali, com o rio providenciando convenientes limites entre os estados. Ashland era um porto de negócios e lar de várias entidades majoritárias, incluindo a Ashland Oil, a décima terceira maior empresa refinadora de petróleo dos Estados Unidos, e siderúrgicas que recentemente haviam sido compradas, tornando-se parte da American Rolling Mill Company, comumente conhecida como Armco. Barcas flutuavam rio acima, com troncos e carvão da área, até metrópoles maiores, como Cincinnati e Pittsburgh. A C&O Railroad prosperou com empresários de diversas estirpes entrando e saindo da cidade. Tendo vivido sensatamente ao seu modo e dentro de suas possibilidades no condado de Rowan, Charlie e Nancy conseguiram comprar uma casa na avenida Hilton, em Ashland, por 5 mil dólares, uma considerável soma em 1928. Quando a Grande Depressão assolou a economia americana no ano seguinte, os Maddox foram poupados de qualquer desconforto. Diferentemente de muitos de seus amigos, Charlie não se preocupava em perder seu emprego e acabar na sarjeta. Glenna conheceu um garoto local chamado Cecil Racer e, em janeiro de 1930, ela se casou com ele em uma cerimônia na casa de seus pais. O jornal local publicou um amável artigo sobre o casamento. Quase um ano depois, Glenna deu à luz uma menina chamada Jo Ann. Bênçãos sobre bênçãos, Nancy curvava-se e agradecia diariamente ao Senhor.

De repente, tudo começou a desmoronar. Em outubro de 1931, Charlie reclamou de uma dor no peito. Ele morreu uma semana depois, de pneumonia. Perdê-lo abalou Nancy; ela se lamentava e dizia que havia morrido também. Mas logo ela encontrou conforto em sua fé. A vontade de Deus pode ser misteriosa, mas não podia ser questionada. Ao menos não havia preocupações financeiras imediatas. Charlie deixou para a viúva uma pensão de 60 dólares por mês. Era o suficiente, se fosse cuidadosa, para continuar criando as três crianças que ainda estavam em casa, sem Nancy precisar de um emprego. Mães, naquela época, trabalhavam apenas se necessário. Luther, 15, e Ada Kathleen, 13, agora chamada pelo seu nome do meio, ainda eram crianças estudiosas e Aileene, 18, se matriculou na Faculdade de Administração de Ashland com o objetivo de se tornar secretária ou, quem sabe, escriturária.

E então veio um novo golpe. Glenna e seu marido, Cecil, brigavam constantemente e Nancy com frequência ficava com sua neta Jo Ann durante dias ou a levava em pequenas viagens para manter a criança longe de tais conflitos conjugais. Nancy orava para que Deus tocasse o coração do casal e os fizesse reatar o matrimônio, mas isso não aconteceu. Glenna se divorciou de Cecil e, por um breve momento, ela e Jo Ann mudaram-se de volta para a casa de sua mãe, irmão e irmãs. Nancy não acreditava no divórcio. A Bíblia insistia que marido e mulher deveriam permanecer juntos para sempre. Mas Glenna era uma filha obediente em vários aspectos e a pequena Jo Ann agora, mais do que nunca, necessitava de um exemplo adequado de uma verdadeira família cristã. Então, como Deus esperava dela, Nancy aceitou essa mágoa e seguiu em frente.

Aileene se formou no começo de 1933 e celebrou com uma breve viagem até Ohio. Enquanto estava longe, desenvolveu o mesmo tipo de desconforto no peito que havia acometido seu pai e foi hospitalizada. Mas, assim como Charlie Maddox 17 meses antes, Aileene morreu em uma semana.

Mais uma vez, Nancy estava devastada. Ela havia seguido todos os mandamentos de Deus e agora Ele parecia determinado a levar toda a felicidade que havia lhe concedido. Uma mulher de menos convicção poderia ter abandonado a religião completamente, o que Nancy nunca considerou uma opção. Em vez disso, ela se debruçou sobre as passagens bíblicas e repassou como Deus usava terríveis maneiras de testar a fé. Jó suportou todos os tipos de sofrimento, se recusou a trair sua reverência ao Senhor e, por fim, foi exaltado por isso. De fato, a Bíblia cita que Deus recompensou Jó com o dobro de bens que ele possuía antes. Então Nancy deveria suportar também. Charlie e Aileene não poderiam ressuscitar na vida terrena, mas eles a esperariam no paraíso. Enquanto isso, as crenças de Nancy se fortaleceram. Ela continuava a viver uma vida honrada e tornou-se cada vez mais determinada para que sua prole fizesse o mesmo. Embora Nancy fosse tolerante a outros tipos e níveis de crença de qualquer pessoa, com suas crianças era diferente. A Bíblia era explícita sobre a responsabilidade paterna em criar filhos e filhas da maneira que o Senhor queria e para Nancy isso significava que seus rebentos deveriam acreditar em cada palavra sagrada e observar cada uma das regras e advertências da Bíblia. Qualquer desvio desse divino comportamento contaria negativamente aos olhos d'Ele e Nancy não podia deixar isso acontecer. Se deixasse, ela própria teria falhado com o Senhor. Nancy então não apenas tornou obrigatórias as leituras bíblicas e as idas à missa como adquiriu diversos volumes de guias para estudar as Escrituras. Seu exemplar da *Autointerpretação da Bíblia, Volume III*, dedicada aos ensinos dos profetas do Antigo Testamento, e um dos favoritos da matriarca, permaneceu intacta. Caso o restante da família não compreendesse o conceito de total obediência ao Senhor, ela sublinhou as passagens mais perigosas em Isaías, Capítulo 1, Versículos 18-19: "Vinde então, e argui-me, diz o Senhor: ainda que os vossos pecados sejam como a escarlata, eles se tornarão brancos como a neve; ainda que sejam vermelhos como o carmesim, se tornarão como a branca lã. Se quiserdes, e obedecerdes, comereis o bem desta terra". Continuando com a instrução bíblica chantagista, o Versículo 20, embora não sublinhado, abruptamente mostrava a alternativa: "Mas se recusardes, e fordes rebeldes, sereis devorados à espada; porque a boca do Senhor o disse".

Em parte, as coisas pareciam ir conforme Nancy desejava. Glenna conheceu Bill Thomas, um caldeireiro da Baltimore & Ohio Railroad. Ele esperava ser promovido a engenheiro e assim aconteceu. Por causa de seu marido Charlie, Nancy sempre teve atenção especial com os ferroviários, então aprovou Bill, mesmo com seu temperamento forte. Glenna se casou com ele e sua filha Jo Ann se juntou a Bill em North Charleston, West Virginia, cerca de cem quilômetros da casa de sua mãe. Bill Thomas provou ser um amável padrasto. Ele e Jo Ann rapidamente se tornaram próximos. O bem-sucedido casamento de Glenna permitiu que Nancy se concentrasse em seus dois filhos caçulas – ambos evidenciavam pouco interesse em conduzir suas vidas tementes a Deus, apesar do bom exemplo materno e da constante insistência. Luther tinha 18 anos e Kathleen, 15. Nancy achava que garotos eram mais difíceis de criar por conta de sua natural tempestuosidade e Luther sofreu adicionalmente por não ter mais seu exemplo paterno. Nancy nunca considerou se casar novamente, pois Charlie Maddox havia sido sua alma gêmea. Sem seu marido para manter seu filho na linha, ela o perturbava e rezava, esperando que a combinação influenciasse Luther a superar seu imaturo interesse em festejos pagãos.

Kathleen preocupava ainda mais sua mãe. Nancy acreditava que garotas deveriam, supostamente, obedecer a seus pais e à Bíblia, mas Kathleen nem sempre concordava. Nancy foi criada como protestante, provavelmente como batista, e, por fim, tornou-se um orgulhoso membro ativo da Igreja nazarena, com regras conservadoras para jovens moças. Era esperado que elas se vestissem modestamente – sem vestidos de manga curta, por exemplo – e usassem pouca maquiagem. As garotas eram desencorajadas a cortar seus cabelos, crença baseada nos conselhos bíblicos de que o cabelo de uma mulher era a sua glória. Ir ao cinema, dançar, interagir de maneira imprópria com o sexo oposto, falar palavrão e beber álcool compunham uma lista de "não fazer", informalmente chamada de "The Big Five" ["Os Grandes Cinco"] pelas adolescentes. Tais atos impuros deveriam ser evitados, pois eram claramente pecaminosos.

Nancy se viu perplexa quando Kathleen queixou-se de que sua mãe não permitia que ela se divertisse. Certamente Ashland oferecia todos os saudáveis prazeres que qualquer moça decente gostaria de desfrutar. Além da igreja e da escola dominical, que aplicava a inigualável alegria da adoração, a cidade possuía parques encantadores para passear, sorveterias e até o primeiro shopping do sul, onde longos e decentes vestidos eram vendidos. Kathleen podia se deleitar na companhia de outras adoráveis meninas da igreja e, em certo momento, ela certamente viria a amar e a se casar com um garoto cristão. Mas a obstinada adolescente declarava que tais atividades e um devotado futuro eram entediantes. Ela estava disposta a deixar de lado o cinema e a maquiagem se realmente precisasse, mas Kathleen insistia em seu direito de se empenhar em algo que Nancy considerava uma blasfêmia e um terrível pecado: a garota queria sair para dançar. Nancy tentou convencer sua desobediente filha a perceber o que deveria ser óbvio: dançar, que era essencialmente remexer o corpo de maneira sugestiva com um garoto (o qual, inevitavelmente, teria seus profanos desejos inflamados pela experiência), levava as garotas à beira do flamejante abismo satânico. Nada de bom poderia sair disso e, portanto, a igreja proibia, assim como sua mãe.

Por um tempo, Kathleen deixou Nancy acreditar que fora persuadida. Havia um espaço vazio entre o fogão e o balcão da cozinha na casa dos Maddox e, se Nancy estivesse em outro cômodo, Kathleen se espremia ali para praticar alguns passos de dança sem que sua mãe a visse. Kathleen não queria necessariamente causar à sua mãe nenhum pesar, pois a amava. Ela considerava Nancy uma pessoa dura, provavelmente por causa da igreja e das perdas de Charlie e Aileene, mas era bem-intencionada. O que Kathleen não suportava eram os resmungos constantes de sua mãe. Tudo que ela queria era se divertir um pouco. Outras garotas que ela conhecia iam a boates, usavam maquiagem e cortavam o cabelo curto como a moda ditava, estilo melindrosa. Essas coisas não lhe pareciam pecaminosas. A menina de 15 anos não era particularmente bonita – suas feições eram marcadas, como as da mãe –, mas tinha muita personalidade e estava satisfeita que os garotos pareciam atraídos por ela. Luther entendia sua frustração, mas passava a maior parte do tempo correndo por aí com seus amigos e não queria sua irmãzinha em cima dele. Logo ela decidiu que sairia para dançar, quer Nancy aprovasse ou não. Kathleen tinha o direito de viver sua vida da maneira que bem entendesse desde que não aprontasse nada muito grave. E, se Nancy não soubesse dos planos de sua filha caçula, seria melhor ainda.

O problema era que em Ashland todos se conheciam e uma garota não podia nem sorrir para um menino sem que alguém relatasse aos pais da adolescente. Se Kathleen se divertisse dançando em sua cidade natal, Nancy saberia imediatamente e a menina não suportaria o milionésimo sermão sobre como ela estava se dirigindo ao inferno se não aderisse a todas as ridículas regras da igreja.

Felizmente, para Kathleen, havia uma conveniente alternativa a Ashland. A cidade era ligada ao estado de Ohio por uma ponte sobre seu rio e no outro lado havia Ironton, um local com uma empolgante reputação de diversão. Esnobes cidadãos de Ashland resmungavam que Ironton era o berço do pecado com uma zona de baixo meretrício, repleta de bebidas, jogos e prostituição em cada esquina, mas isto intrigou em vez de repelir Kathleen. Sendo advertida sobre o pecado a vida inteira, ela queria a oportunidade de observá-lo em primeira mão. Suas intenções se limitavam a dançar e, talvez, fazer novas amizades no meio do caminho, amizades que não lhe dariam sermão sobre o que Deus queria ou não queria. Isso seria bom também. Kathleen tinha 15 anos e não era mais uma criança. Ela estava ansiosa para se tornar mais mundana. Então começou a se esgueirar para atravessar a ponte até Ohio. Ela descobriu que Ironton possuía agradáveis boates nas quais a música era alta e havia diversos dançarinos. A mais popular delas, onde as pessoas mais jovens pareciam se reunir, era chamada de Ritzy Ray's e provavelmente foi onde ela o conheceu.

Nos anos 1920, o fazendeiro Walter Scott se mudou com sua família de Catlettsburg, Kentucky, para um local próximo de Ashland, onde ele tentou sua sorte lavrando ao longo de Big Sandy, um afluente do rio Ohio, até deixar a lavoura e ir trabalhar em uma usina. Os dois filhos de Scott logo ganharam reputação de vigaristas. Darwin e Colonel (o equivalente a "coronel", em português) - este último era mesmo um nome, não uma posição militar - encontravam empregos esporádicos nas usinas locais, mas preferiram lucrar por meio de esquemas ilícitos. O mais notável de seus planos envolveu uma ponte sobre o rio Ohio, entre Ashland e Catlettsburg. A estrutura era originalmente privada, construída por empresários que cobravam dos transeuntes 10 centavos de dólar para atravessá-la. O estado comprou a ponte e revogou a cobrança, mas os irmãos Scott tomaram a cabine de pedágio vazia e lucraram durante quatro dias, até que a notícia de que não havia mais a taxa se espalhou pela cidade. Os garotos, com seus bolsos cheios, deixaram a poeira baixar.

Colonel Scott era um robusto e bonito rapaz, que desfrutava muito dos prazeres que Ironton oferecia. Tinha fala mansa e a adolescente Kathleen Maddox era a presa perfeita para seu charme bajulador. Uma vez que Scott tinha 23 anos, Kathleen se sentiu lisonjeada em receber as atenções de um homem mais velho. Ele a fez achar que era de fato um coronel do Exército. Scott também deixou de mencionar que era casado. Eles dançaram, Scott deu bebidas a Kathleen, sem dúvida sua primeira vez - e por que não? Todos ali estavam bebendo -, e ela se sentiu sofisticada. Kathleen começou a cruzar a ponte de Ironton para ver seu amante com frequência. Claramente eles se amavam.

Na primavera de 1934, Kathleen descobriu que estava grávida. Quando contou a novidade para Colonel Scott, ele se safou dizendo que acabara de ser chamado para uma viagem militar a negócios, mas que logo retornaria. Muitos meses antes, Kathleen já havia percebido que ele não tinha intenção de estabelecer laços, muito menos de se casar com ela.

Kathleen não escondeu a gravidez de sua mãe. A adolescente não foi renegada. Embora tendo suas más premonições confirmadas, Nancy ainda amava sua filha. Mas, para permanecer na casa de sua mãe, Kathleen foi informada de que deveria deixar de lado a pecaminosidade e viver de acordo com as Escrituras. O bebê seria criado na igreja. Kathleen, no começo de sua gravidez, apegou-se tanto quanto pôde à crença de que Colonel Scott retornaria para resgatá-la do enfadonho futuro que estava destinada a ter com sua mãe. Mas, enquanto

Scott esteve longe e o bebê em sua barriga começou a chutar, as emoções de Kathleen se transformaram em uma raiva juvenil. Como ousava Colonel Scott engravidá-la e não se casar com ela? De alguma forma, ela o faria se desculpar por isso. Ela pode não ter sido a garota mais sensata, mas ainda possuía bom senso. Em certo sentido, o exemplo de sua mãe a influenciou; a moça estava determinada a se casar. Ela queria um homem como Charlie Maddox, que cuidaria dela e de seu bebê, alguém que proveria seu filho com um nome, que lhe desse um lar e que talvez fizesse ciúmes a Colonel Scott ao mesmo tempo. E Kathleen já tinha um candidato em mente.

Muito pouco se sabe sobre William Manson além de algum esboço militar e registro de morte, ambos superficiais. Ele nasceu em 1909, em West Virginia, e morreu 52 anos depois, na Califórnia. Foi enterrado no cemitério nacional de Fort Rosecrans, em San Diego. William era um homem pequeno. Quando se alistou no Exército, sob "Ocupação Civil", em 1942, sua altura registrada era de 1,72 m e seu peso, 61 kg. A diretoria administrativa de uma transportadora de West Virginia, de 1909, lista "Wm. G. Manson" como um segurador. Pode ter sido seu pai ou um tio.

Como William conheceu Kathleen Maddox, em 1934, permanece um mistério. Ele pode ter sido um dos frequentadores do Ritzy Ray's que deixara evidente sua atração pela enérgica adolescente. Talvez ela o tenha conhecido após a negligência e abandono de Colonel Scott. De qualquer forma, eles se conectaram. No dia 21 de agosto, uma licença de casamento foi emitida para William e Kathleen. A idade de 25 anos do noivo foi listada corretamente. Kathleen disfarçou consideravelmente e afirmou ter 21, o que significava que Nancy não fora informada com antecedência sobre o casamento, visto que Kathleen tinha apenas 15 anos. Se ela declarasse sua verdadeira idade, a permissão de sua mãe seria necessária para seu casamento. Registros do tribunal arquivados poucos anos após sugerem que William sabia que o bebê de sua noiva era de outro homem, embora exista a possibilidade de que ela achasse que seu filho era dele. De qualquer forma, o casal chegou a algum consenso e Kathleen enfim tinha um marido.

Em 12 de novembro de 1934, Kathleen deu à luz um saudável menino no Cincinnati General Hospital. Sua certidão de nascimento, arquivada no dia 3 de dezembro, não continha traços de ilegitimidade. O pai foi registrado como William Manson, agora de Cincinnati, um trabalhador empregado numa lavanderia. A criança foi chamada de Charles Milles Manson em memória de seu avô materno.

A Bíblia direcionou Nancy a odiar o pecado e a amar o pecador e, assim, ela foi até Cincinnati ver a nova mãe e conhecer seu neto. Fotografias mostram-na radiante acariciando o pequeno Charlie. Apesar das circunstâncias de sua concepção, Nancy adorava a criança e estava determinada a criá-la ao modo bíblico.

Kathleen também amava seu filho, mas prestes a fazer 16 anos ela era tão devotada a se divertir quanto a ser uma boa esposa e mãe. As metas provaram ser incompatíveis. Pouco se sabe sobre o casamento entre William e Kathleen, incluindo onde moravam, embora pareça provável que eles permaneceram em Cincinnati ou arredores. Kathleen começou a sair à noite sem seu marido, às vezes até aparecendo inesperadamente em Ashland ou Charleston para deixar Charlie aos cuidados da avó ou da tia Glenna enquanto ela festejava. Nancy e Glenna se preocupavam por Charlie ser cuidado frequentemente por babás inadequadas. Kathleen desapareceu por dias com seu irmão Luther, que agora estava contente em ter a companhia da irmã em suas escapadas. Nancy, inquieta e esperando pelo pior, disse aos seus amigos que seus filhos vagaram até Chicago, onde acreditava que Kathleen conhecia homens nos bares, os seduzia com promessas de emoções proibidas e, então, os levava a Luther para serem espancados e roubados. É possível que Kathleen e Luther tenham tentado ludibriar desconhecidos em bares para saqueá-los, mas qualquer outro cenário mais extremo parecia improvável, visto que os irmãos demonstraram total inaptidão para o crime ou a violência. Mas Kathleen definitivamente bebeu e dançou e, para Nancy, qualquer mulher que cometesse esses pecados, até mesmo sua filha, era capaz de fazer coisas horríveis.

William Manson rapidamente se cansou de sua errante esposa. Em 30 de abril de 1937, o tribunal executou seu pedido de divórcio depois de menos de dois anos e meio de casamento. Ele acusou Kathleen de "negligência grosseira do dever", uma frase abrangente usada para descrever infidelidade, embriaguez, abandono ou qualquer combinação entre essas ou outras transgressões. Ela não compareceu à corte para contestar o divórcio e o juiz incisivamente observou que "a falta de crianças foi o problema do casamento". William não iria pagar a Kathleen a pensão para sustentar Charlie, já que não era legalmente obrigado – tudo que o pequeno menino ganhou de William foi o sobrenome. Kathleen voltou a se chamar Maddox.

Kathleen não esperou pela rejeição dela e de seu filho por William Manson. Duas semanas antes da finalização de seu divórcio em Ohio, Kathleen foi ao tribunal no Kentucky e entrou com um "processo de bastardia" contra Colonel Scott. Ela iria, de alguma forma, rastreá-lo e, mesmo não tendo mais as mesmas expectativas anteriores de que iriam se casar, estava determinada a fazer com que Scott pelo menos tivesse alguma responsabilidade financeira para com Charlie.

Scott, sob juramento, não negou que era o pai de Charlie e a corte decidiu a favor de Kathleen. Charlie pode ter visto seu pai biológico pela primeira vez durante o julgamento; Kathleen lembra que Scott fora visitar o bebê algumas vezes após isso. Mas o que Colonel Scott não fez foi pagar a Kathleen os 5 dólares mensais de pensão ordenados pelo juiz. Kathleen acumulou os primeiros 25 dólares, mas nunca recebeu nenhum centavo a mais de seu antigo amante. Ela implorou ao tribunal para penhorar o salário de Scott na usina local onde se encontrava empregado; tal ordem, no entanto, jamais foi emitida. Kathleen ainda buscou alguma solução – mas só até isso se tornar a menor de suas preocupações legais.

Ao longo dos 16 meses seguintes, Kathleen e Charlie ficaram algumas vezes com Nancy em Ashland. Eles se mudaram para a casa de Glenna, Bill e sua filha Jo Ann, em North Charleston. A casa dos Thomas, em Dunbar Line, num bairro de classe média baixa conhecido como Dogtown, devia estar lotada, pois Luther e sua namorada Julia Vickers costumavam ficar lá também. Não há registro de Kathleen procurar emprego, mas, mesmo assim, ela saía e ativamente procurava outro marido. No dia 2 de outubro de 1938, o *Charleston Gazette* noticiou que Ada Kathleen Maddox, da State Street – ela aparentemente teve sua própria casa na cidade por um tempo –, estava noiva de James Lewis Robey. A destreza de Kathleen em escolher o homem errado permanecia intacta: Robey possuía antecedentes por pequenos roubos e transporte ilegal de bebida. O casal nunca progrediu além de um breve noivado. Quando o nome de Kathleen estampou novamente o jornal, dez meses depois, não havia menção a Robey, embora seu passado fichado pudesse ter fornecido a Kathleen alguma inspiração infortuita. Na tarde do dia primeiro de agosto de 1939, Kathleen e Julia Vickers vagaram por Charleston matando tempo, olhando lojas e fofocando. Charlie, agora com quase 5 anos, fora deixado ou com Glenna, ou com algum conhecido de sua mãe. Kathleen não era mais uma garota inocente que apenas queria dançar e se divertir. Aos 20 anos ela era uma mulher divorciada com uma criança pequena e nenhuma renda; ressentia-se do que considerava ser sua injusta sina. Entretanto, durante aquela época decepcionante, Kathleen desenvolveu uma dura postura. Ela queria algo melhor para si e pretendia tê-lo. Naquele dia, a oportunidade de conseguir algum dinheiro através do crime se apresentou e ela sucumbiu à tentação.

Foi uma decisão impetuosa, que afetaria – e custaria – vidas ao longo dos três quartos de século seguintes.

Certo dia, durante o começo da noite, Kathleen e Julia conheceram um estranho chamado Frank Martin, que as atraiu com sua personalidade amigável e, mais ainda, com seu cupê cinza conversível. Martin acompanhou Kathleen e Julia à mercearia Valley Bell, onde lhes deu queijo. Kathleen pensou que Martin as deixaria ali, mas ele aceitou o convite para estender a noite. O trio se dirigiu à cervejaria Dan, onde Martin sacou um maço de dinheiro e bancou suas novas amigas com refrescantes bebidas até as 23h30. Este era o cenário exato sobre o qual Nancy havia advertido Kathleen sobre seu perigo; um homem alcoolizado em um bar com uma jovem mulher certamente tinha intenções impróprias. Talvez Martin de fato tivesse, mas Kathleen também as tinha. As dela apenas não eram sexuais. Convidou Julia a ir com ela até o banheiro feminino e observou o quão terrível era que pessoas como Martin parecessem ter todo o dinheiro do mundo. Kathleen disse que queria um pouco da grana de Martin. Julia riu e disse que se sentia "como se pudesse alcançá-lo". As duas mulheres voltaram à mesa onde Martin esperava e mencionaram o quão agradável seria alugar um quarto em algum lugar. Martin entendeu a indireta e perguntou quanto custaria tal quarto. Kathleen sugeriu 4 dólares e 50 centavos, mas advertiu que não tinha tal quantia. Martin sacou três notas de 1 dólar mais 50 centavos, o que não era a quantia total, mas o suficiente para convencer Kathleen de que sua insinuação foi notada. Ela pediu licença e usou o telefone público do bar para chamar Luther na casa dos Thomas. Kathleen disse ao irmão que ela e Julia estavam com alguém que tinha bastante dinheiro para uma pessoa só. Luther sabia exatamente o que sua irmã estava sugerindo e disse que ela devia se organizar para o trio encontrá-lo em poucos minutos na Estação de Serviço de Littlepage.

Martin, esperando encontrar um quarto alugado onde poderia se dar bem com duas jovens mulheres, deve ter se confundido com a direção que Kathleen tomava, um posto de gasolina, e mais ainda com o fato de eles se unirem a outro homem. Luther se apresentou como John Ellis. O quarteto, então, se dirigiu com o carro de Martin à cervejaria Blue Moon. Martin estava aparentemente pronto para uma noite de diversão que, no fim das contas, poderia não incluir atos sexuais. Todos tomaram algumas cervejas e dançaram. Luther puxou sua irmã de lado e perguntou se Martin realmente possuía todo aquele dinheiro. Ela lhe assegurou e Luther brincou: "Bem, acho que terei de contar as notas". Julia ficou nos fundos do Blue Moon enquanto Martin e Luther voltaram ao carro e seguiram seu rumo.

Logo após os limites da cidade, Luther mandou Martin parar o carro e cair fora. Martin gargalhou, Luther insistiu: "Estou falando sério". Kathleen observou enquanto os dois homens andavam até o acostamento. Ela não conseguiu ouvir o que Luther disse em seguida, mas viu claramente o que ele fez.

Luther tinha consigo um frasco de ketchup cheio de sal. Ele encostou a ponta do frasco nas costas de Martin e disse estar armado. Martin não acreditou. Luther então o acertou na cabeça com o frasco, que quebrou; sua vítima, aturdida mas consciente, desabou no chão. Luther pegou a carteira e partiu no carro de Martin. Ao checar a carteira, descobriram que o montante somava 27 dólares. Luther e Kathleen buscaram Julia no Blue Moon; eles abandonaram o carro em uma rua próxima. Luther chamou um táxi e o trio se enfurnou em um quarto alugado no Daniel Boone Bar B Q, próximo a Snow Hill. Mais tarde, Kathleen e Julia pegaram outro táxi de volta à casa de Glenna e Bill, em Dunbar Line. Luther ficou no quarto alugado e lá dormiu.

O caso do assalto seguido de roubo foi solucionado em poucas horas. Não havia desafio para os investigadores, pois os criminosos eram muito inaptos. Além de usar um nome falso ao apresentar seu irmão a Martin, Kathleen e Luther não fizeram nada para ocultar suas identidades ou cobrir seus rastros. Assim que recuperou a consciência, Martin cambaleou de volta à cidade e chamou a polícia de Charleston. Por volta de uma da manhã, o veículo roubado foi recuperado e as testemunhas na cervejaria Dan confirmaram que Martin esteve lá com duas mulheres chamadas Kathleen e Judy ou Julia. As mulheres eram frequentadoras do Dan; alguém se lembrou de que elas disseram morar em North Charleston. Assim que o correio de North Charleston abriu pela manhã, o chefe dos correios J.E. Akers informou aos policiais que Kathleen Maddox e alguém que se chamava Judy Bryant receberam correspondência em um endereço de Dunbar Line. Vários oficiais, acompanhados de Martin, foram até a casa dos Thomas. Martin identificou Kathleen e Julia, que foram presas. Charlie nem tinha 5 anos e provavelmente viu sua mãe ser levada algemada. Kathleen negou saber do paradeiro de Luther, mas Julia mencionou que ambas passaram a noite com ele em um quarto no Boone Bar B Q. Os policiais encontraram Luther no local indicado e o prenderam também.

Após suas prisões, Luther, Kathleen e Julia forneceram declarações sobre como haviam agido. Em seu depoimento, Luther galantemente atestou que as duas mulheres não tinham ideia de que ele havia planejado o roubo e disse então: "Eu reconheço toda a responsabilidade por este crime. Eu exonero as cúmplices". Mas Kathleen e Julia confessaram seus papéis, embora Julia deixasse claro que foi deixada para trás quando Luther e Kathleen rumaram com Martin com o propósito de roubá-lo. Como resultado, ela enfrentou acusações menores de auxílio e cumplicidade, mas seus parceiros foram levados à corte sob severas acusações.

Reportagens no *Charleston Daily Mail* zombaram do "Assalto com Frasco de Ketchup" e os autores trapalhões, mas o juiz D. Jackson Savage não achou o crime nada engraçado. Em um breve julgamento, sete semanas depois, Savage declarou Luther Maddox culpado de roubo à mão armada e sentenciou-o a dez anos de prisão. Por ter ficado dentro do carro enquanto seu irmão agredia Martin com o frasco de ketchup, a sentença de Kathleen foi de cinco anos por roubo. Quando soube do veredicto, Nancy Maddox se aproximou de sua neta Jo Ann e sussurrou: "A vida é como viver sob uma grande rocha. Sempre olhe para ela e reze para que não caia sobre você". Nancy sentia como se tivesse sido soterrada por uma avalanche. Ela se esforçou muito para criar seus rebentos de maneira digna e, de alguma forma, Deus, em Sua sabedoria, permitiu que as coisas chegassem àquele ponto. Quando o tempo permitisse, Nancy oraria e tentaria entender como salvar as almas de seus desvirtuados filhos. Por ora, Luther e Kathleen estavam sendo levados acorrentados para a prisão estadual de West Virginia, em Moundsville. (Foi permitido a Luther se casar com Julia pouco antes de partir; o casamento não durou muito tempo.) Visto que a cadeia tinha a reputação de ser um inferno na Terra, Nancy estava justificadamente aterrorizada sobre o que poderia acontecer com seus filhos lá. Mas Nancy tinha uma preocupação ainda mais forte – um neto de pouco mais de 4 anos que por algum tempo não teve a presença paterna e agora, por cinco anos, não teria mãe. O que o pequeno Charlie iria se tornar?

CAPÍTULO DOIS

Moundsville e McMechen

Logo após Kathleen ser levada a Moundsville, a avó Nancy e sua tia Glenna chamaram Charlie para explicar que sua mãe estaria longe por algum tempo. O que exatamente foi dito a Charlie ou o que ele entendeu sobre o crime que Kathleen cometeu não se sabe. Certamente foi explicado que, embora podendo visitar sua mãe de vez em quando, ele não moraria com ela por cinco anos – o que, para um garotinho, pareceria uma eternidade.

E assim, durante o cárcere de Kathleen, Charlie viveria com Nancy em Ashland. Nancy adorava a criança e ela certamente queria expô-lo às positivas influências religiosas durante esse traumático período de sua jovem vida. Mas Ashland era muito longe da prisão federal; Moundsville ficava ao longo do rio Ohio, na fronteira norte de West Virginia, cruzando Ohio, mais de 300 quilômetros ao norte de Ashland. Todos concordavam que o garoto deveria visitar sua mãe com a maior frequência possível. O trabalho de Bill Thomas na ferrovia convenientemente exigia realocação na cidade de McMechen, em West Virginia, mais ou menos dez quilômetros ao sul da grande cidade de Wheeling e apenas oito quilômetros ao norte de Moundsville. A solução era óbvia – Charlie iria se mudar com seu tio Bill, tia Glenna e sua prima Jo Ann, de 8 anos.

McMechen, com uma população de aproximadamente 4 mil habitantes, era uma típica cidade industrial. Praticamente toda família que ali residia era comandada por um patriarca, que trabalhava para uma das minas ou usinas locais. Havia pouca diferença na renda; todos eram de classe média baixa. Um lado da cidade era fronteiriço ao rio Ohio, com cerca de um quilômetro de extensão e atrativamente alinhado com árvores - carvalhos, bétulas e sicômoros. No outro lado, havia altas colinas de mata fechada e cheias de minas. As casas no meio eram principalmente utilitárias. A cidade contava com armazéns, pequenas lojas de departamentos e outros negócios. Havia também um médico, um dentista e uma loja de reparo de calçados. Os quartos da frente de várias casas serviam como docerias na vizinhança. Os habitantes de McMechen raramente iam até Wheeling ou Moundsville para fazer compras. Ônibus providenciavam qualquer transporte necessário - apenas poucos residentes possuíam carros. Os cidadãos se orgulhavam da prosperidade de quase uma dúzia de igrejas dentro dos limites do município e não se gabavam em manter quase o mesmo número de bares. Segregações não precisavam ser aplicadas, pois apenas brancos viviam na cidade. Gêneros e papéis hereditários eram imutáveis. Homens trabalhavam duro durante a semana, bebiam bastante nos bares da cidade após o trabalho e nos sábados caçavam com suas armas, não demonstrando qualquer emoção. As mulheres ficavam em casa, criavam seus filhos, levavam seus rebentos à igreja no domingo e se referiam aos seus maridos como os cabeças da família. As crianças, devido aos conselhos maternos, não nadavam no perigoso rio Ohio e se reportavam aos adultos como "senhor" ou "senhora". Os garotos brincavam com seus amigos, aprendiam a manejar armas e nunca choravam. Quando tinham idade suficiente, arrumavam emprego nas mesmas companhias que seus pais trabalhavam. As meninas eram ensinadas a cozinhar, costurar e aprendiam outras habilidades necessárias para serem boas esposas e mães. Todos conheciam e confiavam em seus vizinhos; ninguém trancava as portas à noite ou quando saíam. Sobretudo, McMechen era independente. Pouco do que acontecia mundo afora importava. Desde que as minas e usinas continuassem abertas e a ferrovia funcionasse, McMechen permaneceria imutável por gerações.

A família Thomas se encaixava perfeitamente em sua nova comunidade. Bill trabalhava duro na B&O, possuía algumas armas e era, claramente, o patriarca de seu lar. Ele também gostava de beber; mesmo pelos padrões boêmios de McMechen, alguns de seus vizinhos achavam que Bill bebia demais. Ele, afinal, também percebeu isso e tentou controlar o problema. Glenna mantinha uma boa casa e era ativa na igreja. Jo Ann cursou a escola primária local (para crianças protestantes; as cristãs tinham seu próprio colégio) e tirava excelentes notas. E então eles uniram Charlie à família – mas ele não conseguiu se encaixar.

O pequeno Charlie Manson era uma criança desagradável. Além de sua avó, que reconhecia muitos de seus defeitos, poucos que o conheciam naquela época ou em sua adolescência o admiravam por algum motivo além de sua aparência. O sorriso com covas de Charlie podia fazer salas brilharem, seus olhos eram negros e expressivos. Era comum ter pena do garoto – ele perdera o pai e agora sua mãe inconsequente estava presa – e Charlie era tão pequeno que sua estatura estava mais próxima à dos bebês do que à das outras crianças que acabavam de completar 5 anos e estavam entrando na escola. Mas mesmo tão novo ele mentia sobre tudo e quando causava problemas ao contar lorotas, ao quebrar coisas ou por conta de qualquer outro dos inúmeros delitos que cometia com frequência Charlie sempre culpava terceiros por suas ações. A criança também era obcecada em ser o centro das atenções. Se não conseguia ser notado por fazer algo certo, comportava-se mal – e ele sempre estava disposto a fazer isso. Você não conseguia relaxar quando Charlie estava por perto. Era apenas questão de tempo antes de causar problemas.

Tio Bill, tia Glenna e sua prima Jo Ann sabiam das maneiras irritantes de Charlie antes de o menino se juntar a eles em McMechen, no final dos anos 1930. Eles não queriam se responsabilizar por ele, mas obrigações familiares importavam mais do que preferências pessoais. Talvez o comportamento do menino melhorasse agora que ele se encontrava em um ambiente mais estável. Jo Ann não achava o mesmo. Sua opinião sobre seu primo na época em que ele se mudou era a de que "nunca houve nada de feliz sobre ele. Ele nunca fez nada de bom". Antes de Charlie chegar, Bill e Glenna deixaram claro à sua filha de 8 anos que, por enquanto, ela agora era a irmã mais velha do menino de 5 anos. Isso significava que ela devia supervisioná-lo sempre que seus pais não estivessem presentes e também acompanhá-lo em McMechen, sempre ao seu lado, na ida e na volta da escola, protegendo-o dos valentões e se preocupando com seu bem-estar. Bill e Glenna se certificaram de que Charlie entendera que um melhor comportamento era esperado dele. Eles tentaram demonstrar alguma afeição ao chamá-lo de Chuckie, mas o apelido não pegou. Ele era muito irascível; a maioria dos integrantes da família Thomas o chamava de "Charles", usando seu primeiro nome completo como parte da rígida conduta administrada diariamente.

Assim que Charlie chegou, duas ações imediatas foram necessárias. Ele deveria visitar sua mãe na prisão de Moundsville e entrar para a escola. Nenhuma das experiências correu bem.

• • •

Tudo era intimidador na penitenciária de dois hectares e meio em Moundsville, West Virginia. Dominando a parte sul da cidade, a prisão não era projetada para se assemelhar a um brilhante símbolo de esperança como Camelot – mais parecia um castelo gótico, uma sombria instalação governada por algum tipo de cruel e autoritário cavaleiro negro. Suas paredes exteriores, de pedra, tinham mais de um metro de espessura e sete metros de altura, cobertas com arame farpado e torreões vigiados por guardas armados. A entrada além das paredes para os prédios interiores era permitida apenas através de pesadas portas trancadas; do lado de fora, podia-se facilmente imaginar os gritos das vítimas sendo torturadas em cavernas subterrâneas, algo, de fato, próximo da realidade. Prisioneiros julgados e culpados por sérias infrações eram levados para as escuras, frias e úmidas salas de punição, desnudados e inclinados em uma baixa plataforma chamada "Chutando Jenny", com seus pés e mãos atados às argolas no chão. Então um enorme guarda rasgava suas costas com um chicote de couro embebido em água até seus braços cansarem ou sua vítima chegar perto da morte.

Até mesmo prisioneiros que evitavam esses sangrentos episódios sofriam diariamente. Em 1939, quando Luther e Kathleen chegaram para cumprir suas penas, a população carcerária de 2.700 pessoas era três vezes maior do que sua capacidade de mais ou menos 870 presos. Os detentos do sexo masculino eram amontoados, três de cada vez, em minúsculas celas de 2 m × 1,5 m. Ao menos em termos de espaço para dormir, as mulheres possuíam uma área maior. Elas eram alojadas no terceiro andar do edifício administrativo.

A prisão era estritamente segregada. Por lei, negros e brancos observavam-se uns aos outros a distância. Em vários locais, os pátios de entrada tinham linhas brancas e pretas pintadas, indicando onde cada um deveria andar. A segregação era até compelida no estreito refeitório, ainda que baratas rotineiramente encontrassem seu caminho até a comida sem se importar com isso. Todos comiam o que lhes era dado, com insetos e tudo. Eles precisavam de força para trabalhar, então mastigavam e engoliam, mesmo enquanto ratos rastejavam entre mesas do refeitório.

Os oficiais de West Virginia queriam que sua prisão fosse autossustentável e, mesmo durante a Grande Depressão, a penitenciária estadual em Moundsville retornava algum lucro. Os detentos eram contratados por empresários e fazendeiros locais por 16 centavos de dólar a hora. Não havia regulamentos para serem observados por esses empregadores com relação ao cuidado com o trabalhador "alugado". Os prisioneiros eram alimentados com o que seus empregadores quisessem lhes dar – ou não eram. Se seu trabalho não fosse satisfatório, isso era reportado aos agentes penitenciários e sessões no "Chutando Jenny" encorajavam os encarcerados a melhorar.

As mulheres eram contratadas por uma fábrica caseira de costura onde cerziam punho e colarinhos nos grosseiros uniformes utilizados pelos detentos em outra ala da prisão. Poucas e especialmente azaradas detentas eram colocadas em dever de custódia; elas passavam longos dias esfregando o chão frequentemente empoçado com suor, vômito, urina e sangue.

Outros trabalhos manuais envolviam fazer placas, cobertores, cintos e mais de cem outros produtos que eram vendidos ao público pelo estado. O Campo Fairchance, uma fazenda de 81 hectares próxima ao presídio, utilizava o trabalho dos detentos para plantio e colheita. Os melhores vegetais eram vendidos nos mercados locais. Tudo o que era invendável para o público geral era enviado para a cozinha da prisão. Homens ou mulheres, todos os prisioneiros aptos eram postos para trabalhar nove horas em dias úteis e metade do dia no sábado.

Excesso de trabalho, espancamentos, comida ruim e toda condição insalubre da instalação afetavam a população carcerária. Surtos de tuberculose regularmente matavam dezenas de detentos. Tais mortes eram acidentais, mas eram as mortes agendadas da prisão que extasiavam a população local. Todos que recebiam a sentença de morte em um tribunal de West Virginia eram transportados até Moundsville para execução. Os condenados eram enforcados perto do portão norte da cadeia. Cada enforcamento era organizado como entretenimento. Ingressos eram impressos pela prisão e distribuídos para o público. A demanda superava a oferta; então, embora o presídio não cobrasse a entrada para assistir às execuções, uma vez distribuídos os ingressos eles eram rotineiramente permutados por bebidas e outras mercadorias.

Luther e Kathleen Maddox não corriam o risco da forca. Suas respectivas sentenças, de dez e de cinco anos, não lhes atribuía periculosidade como detentos para os agentes penitenciários. Eram apenas mais dois criminosos condenados a serem amontoados com a população carcerária geral. De acordo com registros, Luther foi inicialmente enviado para trabalhar como pintor. Sua irmã não teve a mesma sorte. Kathleen recebeu uma pena privativa de liberdade, mas não reclamou. Por causa das condições da superpopulação, prisioneiros que trabalhavam duro e seguiam as regras eram frequentemente libertados antes de cumprir suas penas inteiras. Tais liberdades condicionais não chegariam tão cedo. Mesmo com comportamento exemplar, os Maddox poderiam esperar permanecer em Moundsville por anos. Mas parecia valer a pena lutar por um dia a menos naquele lugar imundo e assustador.

Logo após a chegada de Charlie em McMechen, seu tio Bill o levou à Moundsville. Embora precavesse o pequeno garoto sobre o que ele iria ver – a aterrorizante penitenciária, bem como Kathleen vestida com o uniforme de prisioneira –, Bill enfatizava um comportamento adequado por parte do menino. Sem choramingar ao ver sua mãe. Meninos de verdade não choravam.

Se a visão dos ameaçadores muros externos e das fortemente vigiadas portas de entrada não perturbaram Charlie completamente, a visita a Kathleen o abalou. Entrando pela porta principal e descendo o pátio ao lado de seu tio Bill e de agentes penitenciários uniformizados, Charlie foi empurrado para um duro banco de madeira em frente a um painel de vidro espesso. Do outro lado estava Kathleen. Qualquer contato amoroso que ela tentasse evidenciar era verbal. Até o dia em que fora libertada, é improvável que Kathleen tivesse sido permitida a tocar, e muito menos abraçar, seu filho.

Se Charlie tentava não chorar ou demonstrar qualquer outra emoção não viril naquele dia na prisão, ele mais do que se superou quando a família Thomas o matriculou na escola.

Mais de setenta anos depois, os antigos residentes de McMechen ainda se arrepiam ao se lembrar de suas experiências nas aulas da sra. Varner na primeira série. Richard Hawkey diz sem rodeios: "Eu morria de medo dela". A mãe de Hawkey se tornou a diretora do colégio. Virginia Brautigan, que trabalhara nas escolas do município, disse que muito tempo após sua aposentadoria a sra. Varner permaneceu como uma lenda entre os administradores públicos por "quão horrível ela era com seus alunos". Ninguém parece lembrar-se do primeiro nome da mulher. A dama não encorajava familiaridade.

Todos concordam que a sra. Varner conduzia sua sala como um sargento da Marinha ao intimidar trêmulos recrutas à submissão. Em vez de andar, os alunos da primeira série marchavam até sua sala. Quando o sino tocava, as crianças continuavam prestando atenção na aula e apenas eram dispensadas quando sua professora lhes permitia. As carteiras eram dispostas em quatro fileiras e a sra. Varner organizava a turma não por ordem alfabética, mas por quem ela mais gostava até o que ela menos gostava. Seus xodós, invariavelmente garotas, sentavam na primeira fileira e sua aluna favorita ficava bem à sua frente. Aquela criança não poderia fazer nada de errado. Então, as carteiras eram preenchidas de acordo com o seu julgamento caprichoso – os mais promissores à frente, os mais ou menos promissores nas fileiras do meio e os últimos assentos da última fileira eram reservados a qualquer aluno azarado que Varner achasse ser uma causa perdida, tornando-se desse modo um alvo frequente de seu devastador desprezo. Espancamentos eram permitidos pelas regras da escola, mas a sra. Varner não necessitava recorrer a isso. Ela estripava os alunos com palavras; mais uma vez, seu vocabulário em classe de aula não é precisamente recordado, apenas se sabe que a professora instintivamente conseguia descobrir e verbalmente explorar as maiores inseguranças das crianças.

Após Charlie completar 5 anos, em novembro de 1939, a família Thomas o levou à escola primária. Eles se sentiram aliviados em tirá-lo de casa. Charlie foi mandado à sala da sra. Varner. Ela olhou para a pequena criança abandonada (provavelmente sabia, pelas fofocas, sobre seus parentes encarcerados) e o sentenciou ao equivalente à pena de morte ao estilo varneriano. Charlie foi encaminhado para o último assento da quarta fileira. Qualquer garoto que estivesse sentado lá anteriormente deve ter se sentido empolgado pelo adiamento da sua represália. Durante o primeiro dia de Charlie, a sra. Varner apontou os defeitos do menino em diversas oportunidades. O cárcere de sua mãe pode ter sido mencionado, juntamente com sombrias previsões sobre o futuro desesperançoso de Charlie. As memórias das testemunhas não são específicas, mas todas se lembram perfeitamente da consequência. Ao final daquele longo e terrível dia, Charlie correu chorando para casa e Bill testemunhou essa inaceitável demonstração de fragilidade.

Naquele tempo, os pais raramente questionavam o tratamento dos professores para com as crianças. Supunha-se que, não importava o que a professora tivesse feito, o aluno merecera. Até a sra. Varner seguiu incontestada. Os garotos de McMechen não choravam mais. Eles corajosamente aceitavam qualquer punição à qual eram submetidos, mesmo que injusta – isso os ajudava a prepará-los para a vida como adultos e trabalhadores. Bill Thomas não tinha paciência para chorões e aqui estava este garoto vivendo em sua casa, fugido da escola e agindo como uma menininha chorosa. Tio Bill poderia ter lembrado a si mesmo que Charlie não era seu filho. Mas ele tinha muito orgulho de ser um homem que venceu por conta própria e que mesmo com as dificuldades vividas ainda assim foi bem-sucedido. Foi preciso ter colhões e resiliência para subir de posto na ferrovia, de caldeireiro a engenheiro. Talvez sua mãe e tio Luther fossem más influências, mas Charlie poderia se beneficiar da intervenção de seu tio Bill. Não importava o que qualquer professora tenha feito para fazê-lo chorar; o importante era agir de maneira drástica para convencer Charlie a nunca mais agir como maricas de novo.

Na manhã seguinte, Bill vasculhou o armário de sua filha e escolheu um dos vestidos de Jo Ann. Ele ordenou Charlie a vesti-lo. Visto que Jo Ann era três anos mais velha, de estatura normal, e que Charlie era pequeno, a vestimenta certamente serviria. Bill então levou o menino de volta à sala de aula da sra. Varner. Charlie teve de usar o folgado vestido de sua prima o dia inteiro; como Bill pretendia, ele nunca se esqueceu desse castigo. Mais tarde na vida, Charlie exagerava ou mentia sobre praticamente tudo relacionado à sua traumática infância, tentando fazer com que suas experiências ruins soassem ainda piores. Mas ele contou a verdade sobre ter sido forçado por seu tio a usar um vestido para ir à escola. Nenhum enfeite sobre essa história era necessário.

Além desse incidente, com exceção de sua prima Jo Ann ninguém ainda vivo lembra muito mais sobre a primeira temporada de Charlie Manson em McMechen. Ele não era muito notado; em vez de correr pelas ruas e campos próximos brincando com amigos, como os outros garotos, ele era introvertido e evitava ser observado ao redor da casa da família Thomas. Embora tenha sobrevivido às aulas da sra. Varner, Charlie continuou sendo um estudante medíocre nos dois anos seguintes. Habilidades oratórias particularmente o iludiram naquela época e, posteriormente, testado como adulto, ele apenas lia em um nível rudimentar. Sua temporada na escola primária de McMechen foi notável apenas por atrair constantemente a atenção dos valentões, através da combinação de sua baixa estatura e boca grande. Uma vez que Charlie trocou insultos com um garoto mais velho e muito maior que começou a bater nele, Jo Ann, acostumada a proteger seu primo e determinada a viver sob essa responsabilidade, pulou entre ambos e o menino maior também a agrediu. Enraivecida, Jo Ann mordeu forte o dedo do garoto e ele correu para longe, berrando de dor. Sua professora se espantou – Jo Ann sempre se comportou bem e nunca se metera em brigas. Quando ela perguntou à menina o que havia acontecido, Jo

Ann explicou que Charlie estava sendo surrado por um garoto mais velho, então ela se meteu na briga para resgatá-lo. Mas quando Charlie foi chamado, e ao ser indagado se corroborava o que ela acabara de dizer, ele alegou que não sabia nada daquilo. Ele apenas vira a prima morder alguém. A menina poderia ter se metido em sérios problemas, mas a professora sabia que ela era sincera e que Charlie costumava mentir, então acreditou em Jo Ann. Jo Ann percebeu que Charlie gostava de se meter em confusão e culpar os outros.

Outro incidente consolidou o completo desdém de Jo Ann por seu primo. Bill e Glenna foram até Charleston passar o dia, deixando Jo Ann encarregada de cuidar de Charlie, que naquela época tinha cerca de 7 anos. Além de cuidar do primo, a menina de 10 anos foi instruída a limpar a casa. Não havia dúvidas sobre a vontade de Charlie de ajudar: cotidianamente ele ignorava suas tarefas. Jo Ann fazia uma das camas quando Charlie entrou no quarto, brandindo uma afiada foice que trouxera do quintal. Ele deliberadamente entrou no caminho de Jo Ann enquanto ela tentava puxar e dobrar os lençóis. Jo Ann olhou fixamente para ele e ordenou que Charlie fosse para fora. Quando ele disse "me obrigue", ela o empurrou para fora do quarto através de uma porta de vidro, trancando-a posteriormente e voltando a arrumar a cama. Charlie gritava e cortava o vidro com a lâmina; Jo Ann estava certa de que Charlie pretendia usar aquilo contra ela quando entrou porque ele parecia insano, soando como um louco, completamente fora de controle. Bill e Glenna voltaram na hora certa. Eles olharam através da porta de vidro riscada, viram o rosto vermelho e furioso de Charlie, bem como a palidez assustada de Jo Ann, e exigiram explicações sobre o ocorrido. Assustada e quase sem fala, Jo Ann murmurou: "Pergunte ao Charles". A versão de Charlie foi que ela havia começado e ele estava simplesmente se protegendo. Seus tios não acreditaram nele e Charlie foi surrado. "Claro que não fazia diferença alguma", Jo Ann relembra, setenta anos depois. "Você poderia espancá-lo o dia todo e ele continuaria agindo da maneira que quisesse."

Durante os dois anos e meio que viveu com a família Thomas, Charlie desenvolveu três interesses. Ele se tornou fascinado por facas ou qualquer objeto pontiagudo. Também gostava de manejar armas, a única peculiaridade da criança que seu tio Bill achou comum para um garoto. E, sobretudo, ele se apaixonou por música. A família Thomas possuía um piano. Charlie sentava-se diante do instrumento e aprendia as músicas apenas de ouvido, perdendo-se durante horas. Charlie também surpreendeu a família com sua bela voz. Eles o arrastavam para a igreja aos domingos e, uma vez lá, Charlie curtia os hinos cantados. Suas habilidades musicais eram o que ele tinha de melhor.

O tempo passava devagar para a mãe de Charlie e seu tio na prisão estadual. Apesar de se ocupar de tarefas menos pesadas, Luther passou por tempos mais difíceis que Kathleen. Sua sentença de dez anos era o dobro da de sua irmã e seu casamento com Julia Vickers ruiu. Embora Luther soubesse que bom comportamento o libertaria mais cedo, ele continuava cometendo pequenas infrações. Ele roubou alguns papéis e perdeu o privilégio de escrever cartas. Falar mal de seu supervisor no trabalho lhe rendeu cinco dias na solitária. Após três anos em Moundsville, Luther não aguentava mais. Ele se comportou bem por um tempo e foi realocado para a garagem da penitenciária. No dia 21 de fevereiro de 1942, ele roubou um caminhão da prisão e escapou. Luther não era melhor fugitivo da prisão do que assaltante: ele voltou à custódia três dias depois e a soltura antecipada por bom comportamento não era mais uma opção.

Kathleen era mais sensível. Não há registros de ela ter cometido qualquer infração na prisão. Ela se manteve quieta, cumpria suas tarefas e no fim do ano de 1942 foi concedida sua liberdade condicional após cumprir três dos cinco anos de sua sentença. Ela disse à sua família que tudo o que queria agora era uma vida pacata com seu filho. Eles não podiam viver com Nancy em Ashland porque mãe e filha não estavam se dando muito bem. Kathleen pensava que ao voltar a morar com Nancy mais uma vez deveria se tornar submissa. A família Thomas preferia que Charlie fosse embora e não queria que sua mãe ficasse por lá também. Então ela e Charlie seguiram suas vidas sozinhos.

Não surpreendentemente, Charlie tinha apenas más lembranças de sua infância em McMechen. No fim dos anos 1970, ele disse a um entrevistador que tudo de que se lembrava de sua estadia com os Thomas era ter sido ordenado a "fazer isso [ou] não fazer aquilo". A experiência formou a base de sua filosofia adulta de que era melhor que as crianças fossem separadas de seus pais: "A criança nasce livre [e] deveria se desenvolver sem restrições".

Naquele momento, Charlie estava emocionado em ter sua mãe de volta. Ele se referia às primeiras semanas em que se reuniu com Kathleen como os dias mais felizes de sua vida. Mas isso logo mudou.

Kathleen e Charlie

Kathleen inicialmente foi contratada como garçonete em McMechen. Ela não estava foragida, pois acabara de ser libertada da prisão. Muitos dos detentos a quem haviam concedido liberdade condicional procuravam trabalho nas pequenas cidades ao redor de Moundsville e sempre existiam possíveis empregadores dispostos a dar-lhes a chance de um novo recomeço. Mas Kathleen não permaneceu lá por muito tempo. Ela pode ter ficado abalada pela proximidade com o presídio onde Luther continuava encarcerado. Em poucas semanas, ela e Charlie, com 8 anos, se mudaram para Charleston.

Van Watson contratou Kathleen como balconista em seu armazém, o Van's Never Closed Market. Watson teve pena de sua nova empregada e seu filhinho. Eles não pareciam ter quaisquer amigos; então, às vezes, ele os convidava para jantar com sua família. Era o tipo de serviço discreto e de chefe compreensível que Kathleen precisava para se readaptar à sociedade, mas Charlie imediatamente começou a causar problemas. Ele foi matriculado em uma escola primária local, mas raramente ficava em sala de aula. Kathleen precisava trabalhar; ela não podia levá-lo à escola e ficar de guarda para ter certeza de que seu filho não fugiria. Charlie agravava a frustração de sua mãe ao aparecer na mercearia quando gazeava aula, pedindo doces e frequentemente comprando alguns com moedas que aparentemente mendigara dos clientes da loja. Uma das primeiras coisas que Kathleen notou quando se reconciliou com o filho foi que ele tentava manipular qualquer um, especialmente mulheres. Ela percebeu que o interesse de Charlie nas pessoas era ditado pelo que essas pessoas poderiam fazer por ele. Quando queria, ninguém era mais charmoso ou persuasivo que o pequeno Charlie.

Kathleen tinha outros problemas além das preocupações com o filho. A dança e a bebida ainda a atraíam. Após trabalhar o dia inteiro, ela queria alguma diversão. Era difícil achar alguém responsável para cuidar de Charlie enquanto ela saía quase todas as noites. Kathleen tinha ainda apenas 24 anos. A atração pela vida noturna frequentemente sobrepujava seus instintos maternais. Charlie acabou sendo supervisionado por uma série de babás questionáveis. Kathleen se sentia culpada por isso, mas o deixava com elas mesmo assim.

A farra não era a única atividade de Kathleen nessas noitadas. Ela estava à procura de um marido. Duros golpes haviam diminuído sua crença juvenil em amor verdadeiro e em viver feliz para sempre, mas Kathleen ainda ansiava casar-se com algum homem que proveria segurança a ela e a Charlie e um lar decente. Mesmo depois de três mórbidos anos na prisão, sua personalidade extrovertida ainda atraía os homens. Brevemente após sua imersão nos bares de Charleston, Kathleen acreditava que havia encontrado alguém. Embora Van Watson não se lembrasse do nome do sujeito, ele afirmou ter concordado em levar Kathleen e seu noivo à Carolina do Norte, onde eles se casariam. Durante a viagem, Watson soube que o pretendente de Kathleen era de Nova York. Eles não disseram o porquê de se casarem na Carolina do Norte ou o porquê de não levarem Charlie junto. Poucos dias depois, Kathleen, ainda solteira, voltou ao trabalho. Ela não explicou o que acontecera e Watson não perguntou.

Naquele tempo emocionalmente ermo, Kathleen recaiu em outro mau hábito. Ela foi presa sob acusações de apropriações indébitas. Nenhum detalhe dessa história permaneceu, além de acusações que foram retiradas e de suspeitas das autoridades de que Kathleen cometera tais crimes sob os pseudônimos de Kathleen Vernon e Kathleen McTernan. Ela e Charlie deixaram Charleston e ficaram em alojamentos temporários dentro e fora de Indianápolis. Principalmente por conta dos depoimentos de Charles Manson já adulto, é sabido por muitos que durante aquele período Kathleen se prostituiu. Embora seja impossível ter certeza, parece não haver nenhum registro de que ela tenha sido acusada ou até mesmo presa por prostituição em Indianápolis ou em qualquer outro lugar. Kathleen nunca foi muito boa em evitar a atenção policial. Ela provavelmente percorreu uma série de trabalhos legais, porém servis, regularmente buscando esquecimento através do álcool e da procura incessante de um marido. Ao tentar se separar de um, ela acreditava que encontraria outro.

Durante o verão de 1943, Kathleen determinou-se a colocar sua vida em ordem. Em menos de um ano, ela havia sido solta da prisão, ficou noiva mas não casou, foi presa novamente mas não foi condenada e tornou-se uma guardiã errática de seu filho. Charlie estava prestes a completar 9 anos e estava cada vez mais incorrigível. Kathleen não conseguia corrigir efetivamente os maus hábitos do garoto sem antes admitir e lidar com os seus próprios. Ela estava, sobretudo, se tornando dependente de álcool. Kathleen começou a frequentar as reuniões dos Alcoólicos Anônimos. Em uma dessas reuniões, conheceu Lewis, um rapaz de 27 anos que dizia estar tentando se endireitar também. Lewis tinha muito a superar. Sua mãe morreu quando ele tinha 5 anos e seu pai passou vários anos na mesma prisão de Moundsville onde Kathleen e seu irmão Luther cumpriram pena. Lewis acabara de sair do Exército; o fato de ter sido liberado do serviço militar durante o tempo de guerra indica que não era um soldado exemplar. No momento, ele estava trabalhando em um circo.

Dificilmente se recomendaria Lewis como uma segurança a longo prazo, mas era o suficiente para Kathleen. Ao menos a influência masculina diária poderia ajudar a manter Charlie sob controle. Eles se casaram em agosto de 1943. O casamento aconteceu em St. Clairsville, Ohio, cerca de vinte quilômetros de McMechen através do rio Ohio. Isso significa que a família Thomas e Nancy provavelmente foram convidados. Como parte de sua nova vida, Kathleen buscava a reconciliação com o restante dos familiares. Ela não esperava mais um romance fantasioso ou a felicidade plena. Era o suficiente estar casada e viver algo parecido com uma vida normal. Mas por causa de seu novo marido, assim como seu filho, Kathleen não conseguiu.

Nem Kathleen tampouco Lewis viriam a ser membros longevos dos Alcoólicos Anônimos. Ela manteve seu vício sob controle, mas ele não. Desde os primeiros dias de seu casamento, Lewis causou problemas tanto a Kathleen quanto a Charlie. Além de beber muito e com muita frequência, ele não se mantinha em emprego algum, o que significava que Kathleen tinha de continuar trabalhando. Apesar de qualquer promessa feita antes do casamento, Lewis não tinha interesse em ajudar a criar seu filho. Ele não tinha paciência com

Charlie e achava que era tarefa de Kathleen fazer o garoto se comportar. Lewis criticava ambos constantemente.

Kathleen percebeu que mais uma vez havia feito uma má escolha, mas, ao menos de alguma maneira, Lewis era diferente. Ao contrário de Colonel Scott, William Manson, James Robey e seu não identificado noivo de Nova York, ele queria ficar com ela. Ser querida a longo prazo por alguém era uma experiência nova para Kathleen; para ela, isso era tudo o que as mulheres esperam dos homens. Ela decidiu seguir em frente e fazer seu casamento com Lewis vingar.

Mas ainda havia o problema do que fazer com Charlie. Seu comportamento se tornava cada vez pior. Agora ele estava roubando pequenos itens de lojas e qualquer coisa de valor ao seu alcance. Sempre que ela flagrava e confrontava Charlie, ele nunca se desculpava. Em vez disso, ele insistia em colocar a culpa em outra pessoa, geralmente na mãe, às vezes em Lewis. Ela não provia o suficiente para ele, então Charlie se sentia no direito de furtar coisas. Lewis estava sempre gritando, mesmo quando Charlie não fazia nada, então ele poderia muito bem fazer algo errado, uma vez que seria acusado de qualquer maneira. Charlie continuava matando aula - todos os supervisores de Charleston provavelmente sabiam seu nome -, mas ameaças ou subornos não faziam diferença.

A preocupação de Kathleen com seu filho era tão grande que ela pediu ajuda à mãe. As duas mulheres não estavam se dando muito bem desde que Kathleen foi presa em 1939, mas agora Nancy estava disposta a deixar de lado suas diferenças pelo bem de Charlie. Nancy conversou com Charlie, sem dúvida invocando a Bíblia e sua advertência de que as crianças deveriam honrar e obedecer a seus pais. Charlie não era grosseiro com ela - mesmo em seu pior humor, ele era razoavelmente agradável com sua avó. Mas depois do sermão ele não melhorara nem um pouco.

Kathleen certamente se sentia culpada. Ela sabia que seu próprio comportamento extravagante havia sido uma péssima influência para Charlie. Embora Kathleen houvesse finalmente mudado seus hábitos, Charlie continuava a mentir, roubar e matar aula. De vez em quando, ele perdia a cabeça e gritava; ainda que fosse apenas uma criança, beirando um metro e meio de altura e talvez 28 quilos, ele assustava Kathleen com seus olhares insanos. No meio de Lewis e Charlie, ela às vezes sentia que estava enlouquecendo. Provavelmente nada poderia mudar Lewis. Ele era adulto e resoluto em seus caminhos. Mas Charlie era jovem. Algo poderia ser feito - mas não por ela. Pelo que seu filho sabia, Kathleen não tinha mais energias nem ideias.

Ela ouviu falar sobre programas de assistência social e escolas que ajudavam garotos desobedientes. Eles poderiam ter várias regras que impusessem severamente, mas talvez fosse isso que Charlie precisasse, uma mão firme de pessoas que sabiam como se comunicar com meninos problemáticos como ele. Kathleen não tinha intenção de desistir do garoto definitivamente. Mas se ele vivesse noutro lugar por algum tempo e tivesse a ajuda que precisasse, ela poderia se concentrar em Lewis e tentar fazê-lo se tornar mais responsável. Se não tivesse Charlie por perto agravando sua situação, talvez ele pudesse beber menos. Deixar Charlie por um tempo em um orfanato ou escola poderia ser o melhor para todos.

Em 1947, sem avisar previamente o menino de 12 anos, que havia começado a fugir de casa por pequenos períodos e não precisava de uma nova desculpa para fazê-lo de novo, Kathleen procurou pela melhor instituição para ele. Nenhum orfanato apropriado tinha vaga. Então ela encontrou uma escola em Indiana que parecia perfeita. A Escola Gibault para Meninos ficava em Terre Haute cerca, de 120 quilômetros de onde Kathleen, Lewis e Charlie moravam em Indianápolis. A escola, fundada para oferecer um ambiente positivo de aprendizagem para meninos delinquentes, era dirigida por padres católicos. Quando os Irmãos da Santa Cruz substituíram os seculares administradores em 1934, o corpo estudantil era composto de 35 garotos. Na época em que Kathleen solicitara uma vaga para Charlie, 13 anos depois, havia em torno de 125 estudantes.

Ao ouvir Charlie falar sobre isso mais tarde, parecia que sua mãe o enviara praticamente para um campo de concentração no Centro-Oeste, mas na realidade Gibault era um campus agradável e aberto (sem grades ou muros), com lojas e cursos acadêmicos disponíveis. Seus alunos eram aceitos da quinta até a décima série. Havia equipes esportivas e os garotos ajudavam a manter a fazenda de 61 hectares, que produzia vegetais frescos para os estudantes e universitários.

Os candidatos não precisavam ser católicos, mas os garotos aceitos em Gibault precisavam frequentar serviços religiosos rotineiros bem como estudar em classes regulares. Além de cobrar a taxa de matrícula dos pais que podiam pagar (Kathleen diria mais tarde que ela pagara um montante não especificado à Gibault enquanto Charlie esteve lá), a escola era financeiramente apoiada por vários conselheiros dos Cavaleiros de Columbus, uma ordem de cavalaria e a maior organização de católicos do mundo. Os padres pediam bom comportamento por parte dos alunos e aplicavam suas regras com porretes de um metro de comprimento. As regras escolares restringiam-se às punições corporais para não mais de três pancadas de cada vez. Charlie alegou que era regularmente espancado pelos padres com "porretes tão grandes quanto tacos de beisebol". Por seu comportamento não ter apresentado uma melhora nítida depois de ter chegado à Gibault, em 1947, ele incontestavelmente recebeu inúmeras pancadas.

Todos os novos estudantes eram submetidos a testes acadêmicos e psicológicos. Gibault considerou Charlie "responsável por uma postura no máximo razoável em relação à aprendizagem" e, embora houvesse períodos curtos em que era "um garoto simpático", ele, na maior parte do tempo, demonstrava "uma tendência para o mau humor e um complexo de perseguição". Charlie estava infeliz na escola; ele logo fugiu para reencontrar a mãe em Indianápolis. Machucava Kathleen ter de mandá-lo de volta; mais tarde, ele descreveria Gibault como um lugar terrível onde os padres o odiavam tanto que o encorajavam a fugir, mas ela sabia que Charlie estava indiscutivelmente mentindo. Mesmo assim, ele quase a persuadiu de que havia aprendido sua lição e não mais causaria problemas. Após algumas horas, no entanto, Kathleen se manteve firme e o levou de volta à Gibault.

No final de dezembro de 1947, Charlie deixou Gibault mais uma vez, desta vez graças a um benefício aprovado para passar o Natal em McMechen com a família Thomas. Foi ideia de Jo Ann. Embora não gostasse muito de seu primo, ela achava que seria errado deixá-lo na escola durante as festas. Kathleen e Lewis estavam distantes - o atual relacionamento estava muito tempestuoso para o impor ao resto da família. Mas além do tio Bill, tia Glenna e da prima Jo Ann, havia dois outros parentes lá para saudar Charlie. Sua avó Nancy havia se mudado para McMechen e, tendo finalmente obtido liberdade condicional da penitenciária de Moundsville, o tio de Charlie, Luther, também estava presente. Os registros da prisão indicam que, em algum período de 1944, Luther foi acometido de tuberculose e confinado no dispensário até janeiro de 1947. Ele então foi solto, muito doente para trabalhar ou até mesmo para viver por conta própria. Em vez disso, Luther vivia com a mãe e às vezes, quando se sentia excepcionalmente indisposto e precisava de cuidados especiais, ele ficava na casa dos Thomas, onde Glenna e Jo Ann o amparavam.

Luther estava morrendo lentamente e sabia disso. Embora Nancy estivesse entristecida pela condição de seu único filho, ela era grata, pois sua alma estava salva eternamente. Após tantos anos resistindo às crenças religiosas de sua mãe, Luther em seus últimos anos havia se tornado um convertido dedicado à fé nazarena. Sua recém-descoberta devoção era tanta que, deitado em seu leito ou escorado em uma cadeira, ele estudava para o ministério. Apenas a precária saúde que o confinava dentro de casa impedia Luther de procurar a liderança de sua própria congregação. Quando morreu, em 1950 (aos 35 anos), o obituário de Luther não fazia referência alguma a seu antigo cárcere em Moundsville. Ele havia tido sucesso em se reabilitar e deixou sua mãe orgulhosa.

Nancy e a família Thomas sofreram um grande susto em meados de dezembro de 1947, quando Jo Ann também foi diagnosticada com tuberculose; ela contraiu a doença enquanto cuidava do tio. A menina de 16 anos foi hospitalizada, mas seu caso era brando o suficiente para ser liberada e voltar para casa a tempo de passar o Natal com a família. Quando Charlie chegou de Gibault, Jo Ann estava confinada em seu quarto. Charlie ficou com os tios e Luther com Nancy. Na véspera de Natal, todos se arrumaram para a missa, exceto Jo Ann, que estava muito fraca para ir. Ela ficou em seu quarto, no segundo andar, e escutou o alvoroço enquanto todos se preparavam para sair. Então, para seu desalento, Charlie ficou para trás – ela não fazia ideia por que seus pais permitiram isso. Mas assim que a porta bateu, após a partida de sua família, Jo Ann escutou seu primo ligar o chuveiro no banheiro do andar de baixo. Para ela, Charlie não era aficionado por banhos; Jo Ann então relembrou o fascínio de Charlie por armas e achou que a água corrente era pra disfarçar qualquer barulho que seu primo pudesse fazer ao abrir o armário e roubar a arma do tio Bill. Jo Ann não desceu a fim de perguntar a Charlie o que ele estava aprontando ou para adverti-lo a não chegar perto da arma. Em vez disso, deitou em silêncio porque estava com medo que ele pudesse correr o lance de escada e machucá-la se ela tentasse interferir. A água correu durante todo o tempo em que os parentes estiveram na igreja. Quando retornaram, Glenna e Nancy subiram ao quarto de Jo Ann para ver como ela estava se sentindo. Elas também se perguntaram por que o chuveiro estava ligado. Jo Ann disse a elas para perguntarem a Charlie, acrescentando que ela achava que ele tinha roubado a arma de seu pai e que não tentou preveni-lo por receio do primo. Elas confrontaram o garoto; ele estava com a arma. Bem, era Charlie o tempo todo, Jo Ann pensou. Ele foi convidado a McMechen para as festas como um presente e mesmo assim havia roubado seus anfitriões. Ele achava que tudo o que queria deveria ser seu, não importava o quê.

Charlie retornou a Gibault, mas fugiu dez meses depois. Ele mais uma vez foi para Indianápolis, mas desta vez não foi atrás de sua mãe.

Em vez disso, demonstrando habilidades criminais precoces, invadiu algumas pequenas lojas durante a noite e roubou algumas caixas registradoras, para angariar o suficiente a fim de alugar um quarto. Ninguém sabe onde Charlie se hospedou, mas dificilmente foi em algum lugar decente; nenhum proprietário honesto teria alugado um quarto para um garoto de 13 anos que parecia até mais novo. Logo Charlie levou sua sorte como assaltante longe demais e foi pego tentando uma nova invasão. Isso fez Charlie imediatamente se deparar com um futuro mais precoce nas cortes do que sua sofrida mãe. Um complacente juiz, ao notar o tempo que Charlie passou em Gibault, erroneamente supôs que o garoto era católico e o enviou para a Cidade dos Garotos em Omaha, Nebraska, um programa fundado pelo padre Edward J. Flanagan. A Cidade dos Garotos era a instituição juvenil mais famosa na América, graças, em grande parte, ao célebre filme de mesmo nome estrelado por Spencer Tracy e Mickey Rooney.[1] Charlie não estava lá tempo suficiente para ver se a entidade merecia sua reputação como o melhor local no país para jovens turbulentos adotarem atitudes e estilos de vida mais positivos. Quatro dias após sua chegada à Cidade dos Garotos, ele e outro estudante chamado Blackie Nelson roubaram um carro e dirigiram até Peoria, Illinois, onde Blackie tinha um tio que vivia como ladrão. No caminho, de alguma forma, os garotos conseguiram uma arma e cometerem dois assaltos à mão armada, um em uma mercearia e outro num cassino – o último deveria ter pouca ou nenhuma segurança. Essa foi uma escalada marcante na vida criminal de Charlie. Era um grande passo, desde tentar roubar a arma de seu tio Bill até usar uma num assalto, pois Charlie tinha apenas 13 anos.

Em Peoria, Charlie e Blackie trabalharam para o tio criminoso como aprendizes de assaltantes, assim como os personagens fictícios de Dickens, Oliver Twist e Artful Dodger. Mas na vida real Charlie tinha mais em comum com sua mãe, Kathleen, e com o tio Luther – ele nunca conseguia evitar a prisão. Depois de apenas duas semanas de ladroagem quase adulta, ele foi levado sob custódia; a polícia o apreendeu numa tentativa de roubo a um estabelecimento comercial de Peoria. A investigação subsequente ligou Charlie a seus dois assaltos à mão armada e dessa vez não houve juiz compreensível que o senteciasse à Cidade dos Garotos. Em vez disso, Charlie foi levado para a Escola de Garotos de Indiana, em Plainfield, o tipo de instituição mais conhecida como "reformatório". Assim como em Gibault, os alunos faziam aulas

1 No Brasil, *Boys Town* (1938) recebeu o título *Com os Braços Abertos*.

acadêmicas e cursos profissionalizantes. Mas, ao contrário de Gibault, os garotos na unidade de Plainfield não eram modestamente rebeldes – eram considerados indivíduos que necessitavam de relativas e gentis correções. Variando em idades entre 10 e 21 anos, alguns estudantes estavam lá por uma acusação geral de "incorrigibilidade", mas muitos outros, entre os mais de quatrocentos jovens que compunham a população, estavam em Plainfield por crimes como assaltos à mão armada e homicídio. Portanto, a Escola de Garotos possuía um regime severo. Alguns funcionários eram mais devotados a disciplinar do que encorajar. Os garotos podiam receber tantas correções físicas quanto os funcionários adultos julgassem apropriadas. Isso compunha uma gama que ia desde simples chicotadas até a "caminhada de pato" (amontoando-se dolorosamente uns sobre os outros com as mãos agarrando os calcanhares) e a "mesa flexora" (arcando as costas, com as clavículas praticamente tocando a superfície da mesa; ficar nessa posição por apenas poucos minutos garantia que os garotos não poderiam andar normalmente por horas). Até os jovens que se comportavam sofriam penas físicas regularmente. Quando não estavam em aula – e as classes eram frequentemente canceladas, pois os professores se demitiam –, em geral os estudantes eram levados a campo como trabalhadores para fazendeiros locais que pagavam 50 centavos por hora pela ajuda. (Os garotos podiam ficar com apenas 30 centavos.) Quando os funcionários não estavam prestando muita atenção nas áreas da escola durante o dia ou nos dormitórios durante a noite, os maiores e mais velhos detentos tinham ampla oportunidade para brutalizar física e sexualmente os meninos menores. Para meninos esmirrados como Charlie, o objetivo principal em Plainfield não era se reabilitar, mas sobreviver.

Quando Charlie Manson chegou à Escola de Garotos, no começo de 1949, ele se encontrou em um ambiente onde suas táticas costumeiras de mentir, intimidar, choramingar e, em último caso, manipular os outros para conseguir o que queria eram ineficazes. Mesmo com o notável antecedente criminal de Charlie para alguém tão novo, ele era um iniciante comparado aos muitos outros garotos em Plainfield. Ele alegou mais tarde que fora quase imediatamente estuprado pelos outros alunos, os quais sodomizavam Charlie com o encorajamento de um funcionário particularmente sádico. Se por um lado isso pode ser um exagero, por outro é indiscutivelmente verdade que o pequeno Charlie fora forçado a participar de atos sexuais por garotos mais fortes. Tais experiências o levaram a desenvolver uma visão de estupro quase imparcial, quer sofrendo por si próprio, quer pelos outros. Ele disse, sessenta anos depois: "Ao ser estuprado, [você] pode apenas limpar isso [...] Eu não sinto que alguém ser violado é uma coisa terrível. Eu apenas acho que você pode se limpar depois, só isso".

Charlie não podia gazear aulas como fazia em Charleston. Ainda não sabia ler direito, apenas compreendia o básico de algumas letras impressas. Ele pode ter sofrido de alguma deficiência de aprendizado, mas isso não foi testado ou reconhecido pela instituição. Relatos de professores indicam que Charlie "fazia um bom trabalho apenas quando achava que com aquilo poderia obter algo" e que ele "declarava não confiar em ninguém".

Uma vez que estava em perigo constante de ser surrado e de sofrer abusos sexuais, foi em Plainfield que Charlie desenvolveu um mecanismo de defesa para toda a vida e que mais tarde chamaria de "jogo insano". Em situações alarmantes em que não podia se proteger de qualquer outra forma, ele "atuava" para convencer potenciais abusadores de que era louco. Valendo-se de gritos, caretas, braços agitados, além de expressões faciais e gestos extremos, Charlie costumava afastar seus agressores. Nem sempre funcionava: em Plainfield e, mais tarde, em prisões para adultos, Charlie às vezes teve que se submeter a detentos mais fortes que não se importavam se sua presa era doida ou não. Nesses casos, ele fazia o que fosse necessário. Na Escola de Garotos e após sua passagem por lá, Charlie Manson sempre sobreviveu.

Durante seu período na instituição, sua mãe não esteve em contato frequente com ele e é possível que não o tenha visitado. Kathleen ainda estava tentando salvar seu casamento com Lewis. Em diversas ocasiões, farta de suas bebedeiras, ela o deixava. Embora o período de suas separações variasse bastante, de poucos dias até um longo intervalo de vários anos, Kathleen não se achava apta a se divorciar. Lewis deixou claro que queria permanecer casado; suas repetitivas promessas de reabilitação ressoavam numa mulher que desesperadamente procurava alguma imagem de segurança em sua vida, mesmo que fosse apenas um marido alcoólatra. Kathleen não deixou de amar Charlie; em vez disso, ela torcia para que o reformatório e os profissionais especialistas em combater a delinquência ainda pudessem transformá-lo em um garoto melhor. Ela não acreditava mais que poderia fazê-lo. Se e quando Charlie fosse liberado da instituição, ele precisaria voltar para uma família estável. Pelo bem de Charlie e do seu próprio, Lewis continuou como prioridade de Kathleen.

Em outubro de 1949, Charlie se juntou a outros seis garotos em uma tentativa de fuga de Plainfield. Não fora sua primeira vez; os oficiais da instituição mais tarde relataram que ele tentara fugir sozinho outras quatro vezes. Essa ficou registrada porque era a maior fuga em massa na história da escola. Enquanto a maioria dos outros garotos evitou a recaptura imediata, Charlie foi pego menos de doze horas após escapar do reformatório. Ele foi apanhado em Indianápolis por um policial que o flagrou tentando invadir um posto de gasolina.

Em fevereiro de 1951, quando tinha 16 anos, Charlie tentou fugir de novo. Ele e outros dois garotos da mesma idade saíram furtivamente do campus da Escola de Garotos, roubaram um carro e partiram para o Oeste. Aparentemente eles não tinham um destino específico em mente além de ficar o mais longe possível de Plainfield. Naquela altura, Charlie era veterano o suficiente para ter afinidade com um dos detentos mais fortes. O camarada de fuga Wiley Senteney foi enviado a Plainfield por matar uma vítima posta como refém. Junto com um garoto chamado Oren Rust, Charlie e Wiley permaneceram foragidos durante três dias. Eles invadiram uma série de postos de gasolina e foram finalmente capturados além dos limites de Beaver, Utah, numa blitz destinada a um suspeito de um roubo diferente. Os jovens foram enviados de volta para Indiana, onde enfrentaram acusações por dirigir um veículo roubado cruzando a linha estadual, um crime federal. Apesar da súplica de Senteney aos repórteres de que havia fugido da Escola de Garotos apenas por ser terrivelmente espancado pelos funcionários de lá, os três foram sentenciados e enviados até a Escola Nacional de Treinamento para Garotos, em Washington, D.C., onde deveriam permanecer até completarem 21 anos. Charlie não acreditava que qualquer outro lugar poderia ser tão ruim quanto Plainfield.

Os novos detentos da Escola Nacional de Treinamento foram imediatamente submetidos a testes de aptidão e inteligência. Embora Charlie fosse julgado como analfabeto, sua nota no teste de QI foi 109, pouco acima da média nacional de 100. Suas notas foram satisfatórias senão pouco notáveis em aptidão mecânica e habilidade manual. O garoto de 16 anos disse que sua matéria favorita na escola era música. O diagnóstico inicial do perfil de Charlie era de que o garoto era agressivamente antissocial, ao menos em parte por causa de sua "desfavorável estrutura familiar, se aquilo poderia ser chamado de família". Não se sabe se essa avaliação foi baseada de alguma forma na sua relação com a mãe previamente encarcerada ou se o avaliador levou em consideração tudo o que Charlie havia dito. Mas sua maneira preguiçosa era aparente, assim como suas tentativas de parecer estar tentando se adaptar enquanto de fato não estava. Após Charlie completar um mês na escola, o avaliador notou: "Este garoto busca nos dar a impressão de que está tentando realmente se adaptar embora ele de fato não esteja se esforçando nada para isso". Charlie também deu evidências do seu desejo de ser o dominador entre os estudantes de seu dormitório em vez de ser dominado como era na Escola de Garotos: "Sinto que em pouco tempo ele tentará ser o líder dessa área".

Contando seu tempo em Gibault, Charlie agora estava há mais de quatro anos em algum tipo de reformatório e ele aprendeu como lidar com essa situação. Embora a Escola Nacional de Treinamento não fosse tão onerosa quanto a Escola de Garotos, ainda assim era altamente regimentada. Charlie preferia como alternativa o reformatório de segurança mínima Natural Bridge Honor Camp, nas proximidades de Virginia. Aos alunos mais promissores da Escola Nacional de Treinamento era dado o privilégio de serem transferidos para Natural Bridge e Charlie não era nem um pouco promissor. Mas ele já tinha um considerável dom como manipulador e assim soube lidar com os psiquiatras da instituição. Um registro psicológico do verão de 1951 relatou que Charlie tinha um terrível senso de inferioridade. Embora tivesse, em compensação, desenvolvido as habilidades furtivas de "uma juventude institucional bastante escorregadia", o relato concluiu que "por trás de todas as suas mentiras existia um garoto extremamente sensível que ainda não havia desistido em termos de assegurar algum tipo de amor e afeição pelo mundo". No outono, um psiquiatra determinou que o que Charlie necessitava para se endireitar na vida era algo que lhe desse autoconfiança - uma transferência para o Natural Bridge, por exemplo. O psiquiatra recomendou seu deslocamento e, no dia 24 de outubro, Charlie conseguiu o que queria.

Logo em seguida, sua tia Glenna Thomas o visitou em sua nova escola e prometeu aos administradores que se o libertassem ela e Bill dariam a Charlie um lar e o ajudariam a conseguir um emprego. Foi uma oferta curiosa; os Thomas ficaram felizes em se livrar de Charlie oito anos antes, quando Kathleen saíra da prisão e ele tentara roubar uma arma de Bill quando este era seu anfitrião no Natal de 1947. Mas a avó do garoto vivia perto da família Thomas em McMechen agora e Nancy certamente os convenceu a ajudar Charlie a sair do reformatório. Kathleen ainda estava preocupada com Lewis e nem remotamente envolvida no apelo de Glenna pela soltura de Charlie. Kathleen provavelmente não fazia ideia de que a transferência de Charlie deveu-se em parte à convicção dos psiquiatras da Escola Nacional de Treinamento de que sua mãe o ignorava e nunca o havia amado. Mas Glenna não teria feito a proposta aos administradores da instituição se sua irmã não a houvesse apoiado; Kathleen certamente esperava que quase seis anos de confinamento e regras rígidas tivessem surtido efeito positivo em seu filho.

Uma audiência para Charlie foi marcada para fevereiro de 1952. Tudo o que ele deveria fazer era seguir as regras da instituição e se manter fora de confusão; se ele o fizesse, sua liberdade estava praticamente garantida. Mas isso provou estar além dele: em janeiro, Charlie foi pego sodomizando outro garoto enquanto o ameaçava com uma lâmina na garganta. Sexo consensual homossexual era proibido no reformatório; estupro era considerado uma ofensa atrás apenas de assassinato. Charlie não apenas perdeu sua chance de ser solto antes como foi imediatamente transferido para o reformatório federal em Petersburg, Virginia. Então com 17 anos, Charlie não tentou manter uma boa impressão na nova acomodação. Entre sua chegada no dia 18 de janeiro e um registro do reformatório datado de agosto, ele cometeu "oito sérias ofensas disciplinares, três envolvendo atos homossexuais". Embora Charlie permanecesse pequeno em estatura, crescendo somente até 1,64 m (algumas medições em prisões adultas o citam com 1,67 m), ele agora jogava o "jogo insano", bem o suficiente para agir como um predador, muito mais do que para fazer-se de vítima.

Embora o reformatório em Petersburg fosse considerado de segurança elevada, os administradores tentavam manter os outros o mais distante possível de Charlie. No final de setembro, ele foi transferido para um reformatório de segurança máxima em Chillicothe, Ohio. Mesmo lá ele ainda era considerado um perigo para os outros detentos: "Apesar de sua idade ele é criminalmente sofisticado [e] considerado fortemente inadequado para retenção em um reformatório aberto como Chillicothe". Após cinco anos, Charlie Manson deslizou para o fundo do poço das instituições reformatórias. Não havia local mais baixo para ir até o dia 12 de novembro de 1955, quando cumpriria seu vigésimo primeiro ano e teria de ser libertado. Qualquer soltura antes daquela era improvável; uma avaliação declarou que Charlie "não deveria ser confiado às ruas". As autoridades dos reformatórios que lidaram com os piores delinquentes da América concluíram que Charlie Manson estava além da reabilitação.

Então Charlie chocou a todos. Ele não podia apagar os estupros e outras ofensas de seus registros, mas podia parecer fazer por si próprio o que os profissionais dos reformatórios acreditavam que ele não poderia conseguir mesmo com ajuda – tornou-se um detento exemplar e, mais uma vez, candidato à soltura antecipada. Por toda a sua vida, Charlie iria se reformar exteriormente ou ao menos invocar a autodisciplina para manter suas piores inclinações sob controle por curtos períodos de tempo. Esta vez foi de longe a mais extensa.

No começo do outono de 1952, Charlie parou de cometer infrações sérias. Ele passou o ano inteiro de 1953 se esforçando na aprendizagem. Foi anotado em seu registro que Charlie elevou suas habilidades gerais da quarta para acima do nível da sétima série e "ele agora pode ler a maioria dos materiais [impressos] e usar aritmética simples". Charlie também brilhou em seu trabalho atribuído na unidade de transporte do reformatório, onde ele realizava tarefas de manutenção nos carros e caminhões da instituição. Esse passado em reparo e manutenção em motores automobilísticos iria servi-lo mais tarde. Combinado com seu inesperado progresso em sala de aula, o registro exemplar do trabalho de Charlie impressionou muito os funcionários de Chillicothe de maneira que, no dia primeiro de janeiro de 1954, ele recebeu um prêmio por serviço louvável. Quatro meses depois, a prisão reconheceu sua aparente mudança de atitude da maneira mais significativa possível: aos 19 anos, e após seis anos em seis diferentes reformatórios, Charlie foi libertado para viver com seus tios.

Especialistas modernos em psicologia infantil, a Justiça infantojuvenil e a história do sistema americano de reformatórios dos anos 1950 concordam que o padrão fora da lei e violento de Charlie estava praticamente garantido pelas suas experiências na infância. Ele não tinha uma figura paterna a quem seguir. Enquanto sua mãe o amava, Kathleen frequentemente batalhava com seus próprios demônios à custa da segurança emocional de seu filho. Charlie entrou no primeiro reformatório julgado como o pequeno e desamparado menino de 12 anos que sobrevivera convencendo os maiores, garotos predadores, de que era louco. As habilidades mais notáveis que Charlie exibira enquanto criança eram criminais – ele poderia roubar carros, invadir pequenas lojas, cometer roubos à mão armada como um adulto. Sua infância foi certamente turbulenta – não por sua culpa. Mas também havia algo em Charlie que consistentemente o levou a agir de maneira completamente oposta ao seu interesse. Ele se meteu em péssimas situações nas quais se saiu pior ainda. Charlie provou isso de novo quando retornou a McMechen.

McMechen novamente

Quando Charlie Manson deixou o reformatório em Chillicothe, em maio de 1954, e retornou a McMechen, a cidade de West Virginia pouco havia mudado. Mas a América estava mudando. Debates nacionais sobre a ameaça do comunismo, a sabedoria em alocar assessores militares no sul do Vietnã e a lei outorgada pela Suprema Corte em Brown v. Board of Education – que segregava os negros em escolas e era inconstitucional[1] – não impactaram o dia a dia de McMechen. Os residentes da cidade eram deliberadamente provincianos. A cidade de Wheeling, alguns quilômetros ao norte, era amplamente reconhecida como berço regional da criminalidade, com prostituição e jogos ilegais controlados pelo mafioso "Big Bill" Lias, e Moundsville, ao sul,

1 "A segregação racial institucionalizada somente foi revista em Brown v. Board of Education of Topeka, um dos casos mais emblemáticos da história constitucional dos EUA [...] quando menores de idade da raça negra pediram auxílio das cortes para obterem admissão em escolas públicas de suas comunidades em um sistema não segregado. Decidiu-se nesta ocasião que, na educação pública, a doutrina do *separate but equal* não teria espaço. A segregação com base no critério racial em escolas públicas negaria aos negros o direito à igualdade protegido pela 14ª emenda da Constituição dos EUA. A Suprema Corte considerou que o ensino segregado seria fatalmente desigual, por mais que as escolas para negros e para brancos dispusessem das mesmas condições materiais. A partir de Brown, iniciou-se um processo gradual de integração dos negros à sociedade." André Rosilho. "Plessy vs. Ferguson e Brown vs. Board of Education". Escola de Formação, 2007, disponível em: <http://www.sbdp.org.br/arquivos/material/235_Estudo%20dirigido%20Andre%20Rosilho.pdf>. Acesso em: 4 set. 2014.

era um ninho dominado pela penitenciária. McMechen se orgulhava da decência de sua classe trabalhadora.

Ao retornar para McMechen, a preocupação imediata de Charlie era onde iria ficar. Sua soltura tecnicamente exigia que ele vivesse com Bill e Glenna Thomas. Eles tinham bastante espaço em sua casa. Jo Ann se casou com um pastor; ela e seu marido viviam a vários quilômetros cruzando o rio, em Ohio. Mas Charlie e seu tio Bill não se entendiam. Uma possibilidade intrigante para Charlie era viver com sua mãe. Kathleen recentemente havia se mudado para próximo de Wheeling. Ela ainda estava tentando dar um jeito em seu casamento com Lewis, e Charlie teve com ele mais ou menos os mesmos problemas que teve com Bill. Embora mãe e filho estivessem felizes em se rever, Kathleen não achava que podia permitir Charlie ser nada além de um visitante ocasional.

Charlie, então, algumas vezes ficava na casa da família Thomas, menos frequentemente com Kathleen, e na maioria das noites vivia em uma pequena casa, na 15th Street, com sua avó Nancy. Ela ainda gostava do garoto e acreditava que com uma orientação adequada Charlie poderia fazer sua vida mais religiosa.

Com a questão de onde ele iria ficar resolvida, Charlie procurou emprego. Era mais difícil para ele do que para os outros jovens da cidade. Charlie não tinha um pai para arranjar-lhe alguma ocupação na companhia em que trabalhava. Ele não tinha um bom histórico escolar, nem mesmo uma experiência em um trabalho de meio período, fora suas passagens em diversos reformatórios. Ele foi finalmente contratado na Wheeling Downs, um hipódromo local. Charlie varria estábulos e os limpava após os cavalos saírem. Seu salário era ínfimo mesmo para os padrões locais. Mas ainda assim era honesto, um trabalho legal que satisfazia os termos de soltura do reformatório. Além disso, Charlie amava os animais e gostava de estar perto deles, mesmo com um balde e uma pá. A parte mais difícil do trabalho no hipódromo era que outras pessoas viviam dizendo a ele o que fazer. Charlie se sentira mandado toda a sua vida e estava cansado disto. Ele queria ser o responsável pelas ordens.

Com um lugar para morar e um trabalho, Charlie se preparou para explorar a vida social. Essa tarefa se provou a mais difícil de todas. No geral, as pessoas de McMechen não usavam seu passado em reformatórios contra ele. Muitas famílias tinham uma criança ou duas que enfrentavam problemas. Mas a cidade ainda era unida e protetora com seus adolescentes. Os pais de McMechen tentavam dar aos seus filhos diversas possibilidades de entretenimento. Na maioria das sextas e sábados havia eventos marcados no ginásio da escola – danças, eventos teatrais, vendas caseiras –, tudo para manter as crianças ocupadas e fora de confusão. Todos vibravam nos eventos esportivos protagonizados pelos times de escolas locais. Poucos garotos tinham carro. Eles vestiam camisas de flanela praticamente idênticas, jeans azul e tênis Converse. As meninas usavam vestidos para ir à escola e na maioria das noitadas no final de semana. Quando queriam cachos macios elas enrolavam seus cabelos em papelões de rolos de papel higiênico. Nas festas, uma brincadeira popular era colocar comprimidos de aspirina em copos de Pepsi ou Coca-Cola; a combinação supostamente fazia sentir-se um pouco bêbado. A maioria dos adolescentes se conhecia a vida inteira. O recém-chegado Charlie, sem nenhuma habilidade social – os reformatórios não preparavam os internos para pedir uma garota para sair ou gargalhar com os amigos no cinema –, parecia incapaz de romper seus círculos.

A melhor chance de Charlie fazer amigos era diretamente relacionada às demandas de sua avó. Ele poderia morar com Nancy apenas se frequentasse os serviços dominicais nas manhãs de domingo na igreja em frente à sua casa. Originalmente fundada em 1907 como uma coalizão de conservadorismo, as "santificadas" igrejas, a Igreja nazarena logo foi estabelecendo seus enclaves através do país. A pequena cidade de Appalachia, onde muitos crentes saltavam de raízes fundamentalistas, provou ser um terreno particularmente fértil. Era natural uma igreja nazarena ser fundada em McMechen, mas ela não floresceu ali. Quase todos na cidade iam às missas no domingo, não apenas na nazarena. A maioria dos cidadãos preferia um Deus mais amigável e compreensível do que um Senhor mais autoritário e muitos não consideravam a igreja um local aconchegante e convidativo. Os serviços dominicais da basílica atingiam seu ápice com cerca de oitenta frequentadores, de acordo com seus membros, e cinquenta e poucos, na opinião dos de fora. De qualquer maneira, era uma das menores congregações da cidade. Mas a família Maddox sempre foi bem representada. Além de Nancy, Bill e Glenna Thomas também eram membros. Kathleen, distante apenas alguns quilômetros de Wheeling, nunca se juntou aos cultos das nazarenas em McMechen ou em alguma de suas filiais. A fé fundamentalista de Nancy traumatizou Kathleen de tal modo que ela nunca mais frequentou a igreja, embora, à sua maneira, ainda acreditasse em Deus.

Todo domingo, era possível encontrar Charlie de terno e gravata sentado ao lado de sua avó nos cultos. Ela esperava que ele prestasse atenção ao pastor e às vezes Charlie o fazia. Os desconfortáveis bancos faziam com que fosse difícil cochilar. Então Charlie escutava semanalmente que as Sagradas Escrituras não continham erro algum, que a mulher deveria ser subserviente ao homem e que para alcançar a salvação era necessário seguir as instruções de Tessalonicenses - esvaziar-se completamente ao deixar de lado o orgulho, a individualidade e suas posses. Algumas passagens bíblicas, incluindo coloridas sessões do Livro das Revelações (Apocalipse), que descreviam um poço sem fundo, eram citadas com tanta frequência que Charlie tinha ampla oportunidade de decorá-los. Como com as composições musicais, ele tinha uma habilidade em se recordar das Escrituras.

Além de mandar Charlie ir à igreja aos domingos, Nancy também insistia para que ele participasse da escola dominical, frequentando suas reuniões e se engajando em suas funções sociais. Embora ele obedientemente frequentasse os serviços aos domingos com sua avó, Charlie era menos propício a passar o resto do final de semana empoleirado nos bancos da igreja escutando o sermão do pastor nazareno sobre todas as coisas que Deus não queria que os jovens fizessem. Embora aqueles adolescentes parecessem absorver cada palavra, Charlie estava sempre inquieto. Uma vez fora do alcance de Nancy, ele não se envergonhava de demonstrar isso. Chamado para compartilhar algum comentário nas aulas, Charlie quase sempre respondia de forma insolente. Ele caminhava até onde se sentava, jogava seus pés para cima na fileira à sua frente e até mesmo entalhava suas iniciais nos bancos.

Charlie não ligava para o que o pastor pensaria, mas ele se importava muito com a opinião dos colegas de classe de suas aulas dominicais. Embora eles aparentemente obedecessem às restrições da Igreja, Charlie pessoalmente achava engraçado - todas aquelas contradições bíblicas! Você era ordenado a honrar seus pais (como se os de Charlie valessem a pena a honra) e mesmo assim poderia rejeitá-los para seguir Jesus. Aquela dúzia de adolescentes, no entanto, ainda era o mais próximo de potenciais amigos que ele tinha. Charlie tentava impressioná-los, mas escolhia a pior maneira de fazer isso. No reformatório, garotos populares e dominantes geralmente tinham as mais compridas e coloridas fichas criminais. Em vez de minimizar seu passado delinquente, Charlie equivocadamente tentou glorificar-se ao enfatizar que ele era mundano de uma forma que tais jovens provincianos não eram. Ele se gabava das brigas no reformatório, de fugir da polícia e até sobre sua experiência "de ficar chapado".

Foi esta última alegação que estabeleceu laços com a juventude da escola dominical. Mesmo com pais protetores e idosos cristãos, os adolescentes em McMechen tinham alguma familiaridade com o pecado. Os garotos do colegial gazeavam aulas até os bares da cidade e, sem nenhum adulto responsável por perto, lhes era permitido comprar doses de uísque graças a uma curiosa lei local: *bartenders* poderiam ser multados se pegos dando bebida a menores de idade, que as consumiam longe dali, mas a licença do bar poderia ser revogada se aos mesmos jovens fossem vendidas bebidas alcoólicas nas dependências do estabelecimento. Todos sabiam que havia prostitutas em Wheeling e às vezes, de brincadeira, os jovens de McMechen pegavam o ônibus apenas para se espantarem com moças da vida. Quase todos os adolescentes da cidade, nazarenos ou não, roubavam cigarros. Mas nenhum deles tinha ideia alguma sobre o que Charlie Manson queria dizer ao alegar que esteve "chapado". Os garotos não sabiam nada sobre drogas. Eles nunca ouviram a palavra "maconha", muito menos referências a qualquer coisa mais pesada. Isso os deixava perplexos, mas eles diziam que não gostavam de como aquilo soava.

Os adolescentes nazarenos se aproximaram de Charlie. No Dia das Bruxas, o grupo de jovens combinou uma festa à fantasia com alguns aperitivos na casa de uma das meninas. Pela primeira vez, Charlie entusiasticamente participou. Era sua primeira festa do tipo e ele se fantasiou de apresentador de circo, com suas ombreiras e grande chapéu preto. Mas, quando Charlie chegou, nenhum deles exceto a envergonhada jovem anfitriã e sua prima falaram com ele. Ele firmemente posou com elas para algumas fotografias, mas a rejeição o abalou. E quando os adolescentes da escola dominical discutiram sobre Charlie com seus amigos não nazarenos no colégio, o boca a boca para evitá-lo incluiu todos os autointitulados filhos decentes de McMechen. Fingiam não reconhecê-lo na rua ou ao trombar com ele na mercearia e assim os outros adolescentes da cidade também deixaram claro que não estavam interessados em sua companhia. Charlie entendeu a mensagem. Ele era o excluído.

Jo Ann ficou atônita quando Charlie apareceu inesperadamente numa tarde em sua casa cruzando o rio a partir de McMechen, em Ohio. Eram quilômetros de distância da casa de sua avó, em West Virginia, e Charlie não tinha carro. Ele fora de ônibus ou andando. Desde que Charlie saíra do reformatório, Jo Ann estava evitando vê-lo e ele não mostrara nenhum interesse em encontrá-la também. Agora Jo Ann se sentia obrigada a convidá-lo para entrar, embora seu marido pastor estivesse lá aconselhando uma jovem de sua igreja que estava tendo problemas em se entender com seus pais. Assim que Charlie foi apresentado à garota ele completamente ignorou Jo Ann e seu marido. Charlie levantou o moral da menina, dizendo que ela era muito especial e bonita; Jo Ann achou que a próxima pergunta seria se a garota gostaria de sair com ele para Deus sabe onde fazer Deus sabe o quê. A encenação de Charlie para a menina parecia errada e maligna. Então Jo Ann disse em alto e bom som que Charlie precisava voltar para sua casa em McMechen, deixando claro que queria vê-lo longe da menina. "Ele era um bom orador e poderia tê-la pego para um mau propósito de qualquer maneira", disse Jo Ann.

Embora tenha aprendido com outros garotos, nos reformatórios por onde passou, a dar e a obter alívio sexual, Charlie era mais atraído pelas mulheres. Ele poderia procurar as prostitutas em Wheeling, mas elas custavam um dinheiro que Charlie não tinha. A característica das prostitutas que mais atraía Charlie era como elas eram subservientes aos seus cafetões – homens ganhando grana explorando mulheres submissas parecia uma coisa boa para ele. Enquanto isso, o que ele realmente queria era uma namorada e a falta de popularidade quase universal de Charlie entre os outros adolescentes de McMechen fazia com que parecesse pouco provável que ele encontrasse uma parceira em sua cidade atual. Então o destino interveio de uma forma controversa.

Clarence Willis era apelidado de Caubói por causa do chapéu Stetson que sempre usava. Caubói tinha uma reputação escandalosa em McMechen por ter se divorciado de sua esposa, Virginia, e se mudado para um pequeno apartamento na cidade, deixando para trás, em sua antiga casa, a mulher, as três filhas e um filho. Virginia se casou novamente e Caubói atenuava o desprezo local ao permanecer respeitando sua ex-esposa e os filhos. Ele trabalhava para a Baltimore & Ohio Railroad e passava seus finais de semana fazendo e geralmente perdendo pequenas apostas no Wheeling Downs. Em uma de suas excursões por lá conheceu Charlie Manson e simpatizou com ele. Caubói fez questão de apresentar Charlie a seus filhos.

As filhas de Willis eram particularmente bonitas e tinham fortes personalidades. Eileen, a mais velha, era casada com um homem que treinava o time juvenil local de beisebol. Embora ainda estivesse no colegial, a irmã caçula Rosalie tinha um emprego de meio período na mercearia Warsinsky. Foi lá ou no apartamento de seu pai que Rosalie conheceu Charlie Manson. Charlie impingiu-lhe todo o poder de sua personalidade. Talvez agora ele fosse esperto o suficiente para não ficar se gabando. O que quer que Charlie fizesse, funcionava. Ele e Rosalie começaram a se ver com frequência. Era um romance incomum entre uma garota graciosa, popular, e o pária local; quem observava concordava que em toda a cidade parecia haver ao menos uma boa menina que não conseguia resistir a um bad boy. Mas ter um encontro é uma coisa; apenas poucos meses depois grande parte de McMechen ficaria estupefata ao saber que Rosalie Willis e Charlie Manson iriam se casar. Assumiu-se que aquilo era necessário – "o bebê chegou cedo e o casamento chegou tarde", segundo expressão local. Se Rosalie esteve grávida, ela não levou a gravidez até o final. Mas, em 13 de janeiro de 1955, Charlie e Rosalie requereram uma licença de casamento no fórum do condado de Marshall, em Moundsville. Charlie erroneamente deu sua data de nascimento como 11 de novembro de 1933, fazendo-o um ano mais velho do que sua idade real de 20, e Rosalie alegou ter 17, embora alguns atuais residentes de McMechen acreditem que ela era dois anos mais nova. Caubói Willis e sua ex-mulher foram chamados para consentir que sua filha menor de idade se casasse. O casamento ocorreu quatro dias depois na Igreja nazarena. Logo após, Nancy ofereceu uma recepção para os recém-casados em sua casa. A maioria da congregação apareceu enquanto um radiante Charlie e sua noiva adolescente cortavam e repassavam pedaços de um enorme bolo de casamento. Eles podiam não gostar muito de igreja, mas todos amavam sua avó. Jo Ann e seu marido mantiveram distância; ela não suportava Charlie e não se sentia obrigada a fingir mais. Kathleen também não estava lá. Ela deixara Lewis de novo e desta vez dispôs a maior distância possível entre eles ao se mudar para o extremo Oeste, na Califórnia.

Durante algum tempo, Charlie Manson tentou ser um típico residente de McMechen. Ele e Rosalie encontraram um local barato para alugar. Charlie manteve seu trabalho na Wheeling Downs e procurava outro trabalho de meio período para fazer algum dinheiro extra. Frequentemente, os cidadãos passavam agradáveis noites empoleirados em suas varandas, acenando, cumprimentando e conversando com os transeuntes. O casal agora fazia companhia à mãe e ao padrasto de Charlie em sua varanda, conversando amigavelmente com os vizinhos até a hora de dormir. Quando alguma criança precisava de uma carona para o treino de beisebol, Charlie pegava um carro emprestado e a levava. Ele parecia procurar pequenas maneiras de demonstrar que realmente era um cara legal.

Algumas pessoas se acostumaram com Charlie. Ele parecia estar agindo normalmente. Ethel Miller, que todos na cidade amavam porque ela estendia o crédito de sua mercearia para qualquer vizinho que precisasse, contratou Charlie para realizar alguns consertos na loja. Quando ele não estava no trabalho nos trilhos, era possível encontrá-lo no armazém Miller martelando e serrando, geralmente fazendo um trabalho honesto e respeitável. Charlie continuava impopular, mas agora era tolerado.

Charlie finalmente fez alguns amigos, embora não com os adolescentes nazarenos. Como um homem casado vivendo com sua esposa, ele não precisava mais agradar sua avó com as responsabilidades dominicais na igreja. Charlie encontrou companhia em Buster Willis, seu cunhado, e em Júnior Mulgrew. Júnior era o único jovem de McMechen cuja reputação era ainda pior do que a de Charlie. Durante o dia ele vagabundeava num posto de gasolina próximo à escola e à noite vagava para cima e para baixo, pelas ruas estreitas da cidade, em um Studebaker Golden Hawk, um veículo bastante extravagante para um jovem sem renda discernível. Charlie, Buster e Júnior se reuniam quando Charlie não estava trabalhando ou quando não estava com sua esposa. Se sua avó Nancy desaprovava ou não suas novas companhias, Charlie não se preocupava com isso. Ele não precisava de mais nada dela, portanto sua opinião não importava mais.

De alguma maneira, Charlie arranjou um violão e aprendeu a tocar os acordes básicos. Dedilhava algumas notas e cantava junto com as faixas nas rádios; particularmente gostava de Frankie Laine. Apesar dos sucessos de Laine como "That Lucky Old Sun e High Noon (Do Not Forsake Me)", Charlie tinha predileção pelas canções mais *on the road*, baladas como "Jezebel" e "I Believe". Charlie gostava de Frank Sinatra e Perry Como também, mas não tanto quanto do country de Frankie Laine. Como ele uma vez fizera no piano de sua tia Glenna, Charlie gastava horas explorando seu violão. Embora tivesse uma alta estima por suas habilidades, ele não era virtuoso; sua destreza não avançou muito além do nível de principiante. Música era apenas um hobby, uma distração da constante preocupação em pagar suas contas.

As tentativas de Charlie de se adaptar duraram apenas alguns meses. Tivera ela abortado antes ou não, Rosalie engravidou. Suas consultas ao médico somadas aos custos de aluguel e comida abateram as finanças do casal. Mesmo o dinheiro extra que Charlie arrumava com seus bicos não era suficiente. Era natural para ele recorrer a seu passado criminoso para recuperar a estabilidade, mas isso não seria tão fácil. A maneira mais óbvia de Charlie fazer dinheiro rápido e substancial era roubar carros. Havia vários ao seu alcance, especialmente em

Wheeling, para ele e seus companheiros, Buster e Júnior, roubarem. Mas fazer isso era cortejar a morte assim como a prisão. Um exército de mafiosos de Wheeling liderado por Big Bill Lias zelosamente guardava seu território. Lias e sua gangue ganhavam a maior parte de sua renda ilícita explorando homens vindos de mais longe do que Pittsburgh para apostar e flertar com prostitutas nos cassinos, bares e hotéis que Lias operava. Notícias de roubos de carro em Wheeling os desencorajava a se dirigir para a cidade. Pelo que se sabia, a máfia de Wheeling não esperava a polícia para solucionar os crimes. Eles mesmos caçavam os ladrões e faziam um trabalho rápido e sangrento com eles, como um aviso aos demais. Charlie sabia das dolorosas experiências nos reformatórios e que era suicídio bater de frente com os caras mais fortes.

Para evitar atrair a ira de Lias, Charlie roubava carros na outra margem do rio, em Ohio. Ele dirigiu um carro até a Flórida e lá o descartou. Ao atravessar os limites estaduais no veículo roubado ele mais uma vez violou o Dyer Act[2] e se tornou culpado por um crime federal, desta vez como adulto, não como um delinquente juvenil.

A primavera de 1955 se tornou verão e Charlie não via razão para permanecer em McMechen. Ele disse às pessoas que queria ver sua mãe na Califórnia. Aquilo incomodou Jo Ann. Ela não suportava Charlie, mas achava que, de alguma maneira, após tudo que passara, ele ainda amava tanto sua mãe que atravessaria o país para estar com ela. Rosalie, no começo de sua gravidez, estava disposta a ir para o Oeste. Em julho, Charlie roubou um Mercury ano 1953 em Bridgeport, Ohio, e ele e sua mulher rumaram até Los Angeles.

Charlie chegou a L.A. e logo se juntou a Kathleen (Lewis não estava por perto para incomodá-la porque passava mais tempo com seu filho), com quem ele e Rosalie provavelmente permaneceram. Los Angeles era superior a qualquer outro lugar em que Charlie já estivera; ele dirigia pela cidade no Mercury roubado como se o carro fosse legitimamente seu. Ele se sustentava fazendo alguns poucos trabalhos. Charlie até mesmo chegou a ligar para Jo Ann, lá em Ohio, para se gabar de que estava tendo o melhor momento de sua vida. Mas, em setembro, um policial olho de águia de Los Angeles checou a placa de fora do estado do Mercury, descobrindo que o carro era fruto de roubo. Charlie foi preso e na corte federal admitiu o furto. Ele apelou ao juiz por clemência, alegando que estivera confuso desde sua soltura do reformatório em

2 Também chamada National Motor Vehicle Theft Act [Lei Nacional sobre Roubo de Veículos], foi decretada em 1919 para impedir a venda interestadual de veículos roubados pelo crime organizado.

Chillicothe. Como prova de sua instável saúde mental ele também confessou ter pegado outro carro roubado e levado de Ohio até a Flórida.

O juiz ordenou testes psiquiátricos. O dr. Edwin McNiel reconheceu Charlie, que disse que havia sido mandado para o reformatório por ser malcriado com sua mãe. Após tantos anos em reformatórios ele estava com problemas para se adaptar à sociedade. Charlie declarou que amava muito sua esposa. Talvez tivesse batido nela algumas vezes; quando se frustrava com a vida, às vezes se tornava maldoso – ele sabia que precisava controlar melhor seu temperamento. Mas agora que Rosalie estava grávida ele desesperadamente queria ficar longe da prisão para ficar com ela. O dr. McNiel reportou à corte que, com base em seus registros passados, Charlie necessitava de liberdade vigiada. Mas, "com o incentivo de uma esposa e a provável paternidade, era possível que ele pudesse se reajustar". No dia 7 de novembro foi sentenciado a cinco anos de liberdade vigiada.

Charlie continuou a enfrentar as acusações do carro roubado que dirigira até a Flórida; ordenou-se que ele retornasse para a corte em L.A. em fevereiro de 1956. Havia pouca chance de ele enfrentar qualquer tempo na prisão. Mais alguns anos de liberdade vigiada seriam adicionados à primeira sentença. Mas Charlie entrou em pânico e fugiu. Ele e Rosalie recorreram a Indianápolis. Era um local familiar e ele achava que poderia se esconder por lá. Em 10 de março, Rosalie deu à luz um menino, que foi chamado de Charles Manson Jr. Se Charlie de alguma maneira aproveitou seu nascimento, foi de maneira breve: a corte de Los Angeles emitira uma ordem de prisão. Os policiais de Indianápolis estavam a sua procura e no dia 14 de março Charlie foi levado sob custódia. Indiana o enviou de volta para a Califórnia e em 23 de abril a liberdade vigiada de Charlie foi revogada. Ele havia completado 21 anos em novembro, então era velho demais para o reformatório. O juiz sentenciou Charlie a três anos na Penitenciária da Ilha Terminal de San Pedro, em Los Angeles Harbor.

CAPÍTULO CINCO

Prisão

Charlie teve sorte quando foi enviado à Ilha Terminal. Era uma das várias prisões federais destinadas a prisioneiros de pouca periculosidade. Vários dos detentos da Ilha Terminal iniciaram suas sentenças em presídios de maior segurança e então foram transferidos para a instalação de San Pedro para cumprirem seus últimos meses ou anos antes de sua soltura. Embora Charlie tivesse uma extensa ficha criminal como delinquente juvenil, como adulto ele foi julgado culpado apenas pelo roubo de carros e por uma eventual fuga da corte que o sentenciou. Mesmo assim, o conselheiro da Ilha Terminal que conduziu os exames de admissão de Charlie previu que ele poderia ser um problema disciplinar devido a sua dificuldade de se controlar.

Apesar de sua designação para um local onde havia criminosos de baixa periculosidade, a Ilha Terminal ainda era uma prisão. Charlie estava acostumado aos reformatórios onde os detentos veteranos ainda eram adolescentes. A população carcerária da Ilha Terminal incluía detentos mais velhos, golpistas experientes, os quais dominavam todos os outros. O "jogo insano" de Charlie não surtiria muito efeito neles. Ele percebeu isso e passou seus primeiros meses apenas observando. Aqueles sentenciados por crimes de colarinho branco não tinham qualquer interesse em Charlie. Ele nunca estaria em posição de roubar fundos de um banco ou esquematizar um golpe fraudulento multimilionário.

Mas, assim como antes, quando estivera em Wheeling, ele continuava fascinado por cafetões. Na Ilha Terminal, eles às vezes estavam dispostos a falar sobre os meandros de suas ações. Eles se gabavam para Charlie sobre aliciar e influenciar jovens mulheres, submetendo-as à sua própria vontade. Você tinha que saber apenas como escolher as garotas certas. Charlie aprendeu que aquelas com problemas paternos e de autoestima cairiam mais facilmente no papo ardiloso de quem tinha boa lábia. Primeiro você as separa da família e dos amigos. Depois as mantém sob seu controle com uma sagaz combinação de afeto e espancamentos, apenas o suficiente para lembrá-las de quem é o chefe – Charlie ansiava ser o chefe de alguém. Os cafetões veteranos enfatizaram que era importante se manter longe de mulheres completamente malucas, pois você gastaria todo o seu tempo as sustentando emocionalmente em vez de mandá-las para o trabalho nas ruas. Você deve ter garotas que estão combalidas, mas não derrubadas. O truque era fazê-las amar e temer o cafetão ao mesmo tempo. Charlie escutou e aprendeu.

Seus meses iniciais na Ilha Terminal foram iluminados pelas visitas semanais de Rosalie e Charlie Jr. Kathleen o visitou menos, mas mesmo assim regularmente. Rosalie e o bebê estavam morando com ela e Kathleen era aparentemente sua única fonte de apoio. Receber visitantes era um símbolo de status entre os prisioneiros e Charlie sempre gostou de qualquer tipo de status. Receber atenção passou a ser algo importante para ele. Os oficiais da prisão até o restringiam para pequenos trabalhos, pois Charlie admitiu ter "uma tendência a desviar-se do caminho e comportar-se mal se [estou] em meio a uma [grande] gangue". Ele parecia ter o potencial para se tornar um prisioneiro exemplar; um registro indica que o desempenho no trabalho de Charlie melhorou conforme sua audiência se aproximava, prova de que ele poderia demonstrar autocontrole se quisesse. Todos os sinais apontavam para uma soltura prematura, embora ele estivesse preso havia pouco mais de um ano dos três de sua sentença.

Então, abruptamente, Rosalie parou de visitá-lo. Ela havia deixado West Virginia com a expectativa de uma vida mais excitante na Califórnia. Dividindo um minúsculo apartamento com sua sogra e visitando seu marido na prisão toda semana, isso parecia longe daquilo que ela almejara. Kathleen teve que contar a notícia a Charlie de que sua esposa havia se mudado e estava vivendo com outro homem. Charlie, que achava que conhecia as mulheres tão bem, foi pego completamente de surpresa. Rosalie logo voltaria para Appalachia com seu novo caso, levando Charlie Jr. consigo. Charlie posteriormente recebeu os papéis do divórcio; seu casamento havia acabado.

A vida adulta de Rosalie teve um difícil início com Charlie e, mesmo após abandoná-lo, permanecera penosa. Ela se mudou bastante – para Ohio, Nevada e Arizona, bem como cidades da Califórnia – e se casou novamente diversas vezes antes de morrer de câncer no pulmão, em 2009, em Tucson. Ela não estava casada na época, mas seu obituário descreveu a presença de uma "amável companhia". Também de acordo com o obituário, Rosalie "gostava de jogar golfe, boliche e cartas, de máquinas caça-níqueis, de dançar e passar tempo com sua família". Esta última afirmativa pode até ser verdadeira em relação aos frutos de seus casamentos pós-Manson, mas nos últimos 16 anos da vida de Rosalie não era o caso com Charles Jr. Ele cometeu suicídio em 1993. Embora ele se chamasse de Charles White, pegando o segundo nome do segundo marido de sua mãe, Charles Jr. era bastante ciente da real identidade de seu pai. Aparentemente isso o perturbava bastante.

Pouco antes de Rosalie o abandonar, Charlie foi transferido para as celas de segurança mínima da Ilha Terminal, em um complexo separado. Era um claro sinal de que ele poderia esperar sua soltura iminente após sua audiência no dia 22 de abril de 1957, mas Charlie, atordoado pelo abandono de Rosalie, exibiu um de seus periódicos lapsos de paciência e autocontrole. No dia 10 de abril, ele foi pego no estacionamento da prisão vestindo roupas civis e tentando roubar um carro. Doze dias depois sua quase certa liberdade condicional foi negada e cinco anos adicionais de prisão assistida foram somados à sua pena original de três anos.

Os oficiais da Ilha Terminal não desistiram de Charlie. Ele marcou 121 pontos em um teste de QI quando chegou à prisão, o que o colocou em uma faixa "média alta". Sua habilidade primitiva em ler e a caligrafia em garranchos indicavam falta de oportunidade educacional, não falta de habilidade. A Ilha Terminal possuía uma gama de cursos de autoaperfeiçoamento disponíveis aos detentos, resultado de uma revisão no sistema penal nacional com o objetivo de preparar os prisioneiros para o sucesso no mundo lá fora. Nos anos 1940 e começo dos anos 1950, o foco da prisão era a punição; lá por 1957 era a reabilitação. Na Ilha Terminal, os detentos poderiam se esforçar para adquirir diplomas do colegial, aprender mecânica e reparo de automóveis, e até mesmo ter aulas de como conseguir empregos. Charlie, ainda com apenas 22 anos, dispensou todas essas oportunidades – menos uma. Em outra década se tornaria moda para os jovens procurar e seguir gurus, conselheiros espirituais que os guiariam pelo caminho do esclarecimento. Até então, na Ilha Terminal, os tutores não oficiais de Charlie eram os cafetões e ele avidamente absorveu o que eles tinham para ensinar. Mas Charlie se apegou a alguém cuja sabedoria o guiaria em muitos de seus futuros atos: um homem que achava que nunca o conheceria se tornou o guru pessoal de Charlie Manson.

Nascido numa fazenda no Missouri em 1888, Dale Carnegie era um bem-sucedido vendedor antes de desenvolver instruções de autoajuda que enfatizavam maneiras de sobrepujar indivíduos e plateias. Inicialmente, Carnegie levou suas palestras e publicações impressas para executivos, oferecendo lições de oratórias públicas efetivas e vendas de produtos. Mas em 1936 *How to Win Friends and Influence People* [*Como Ganhar Amigos e Influenciar Pessoas*] alcançou um enorme público, tornando-se um grande best-seller (5 milhões de cópias), e fez de Carnegie um dos homens mais famosos da América. Ele fundou o Instituto Dale Carnegie. Multidões reuniam-se para seus programas. Carnegie nunca alegou haver qualquer coisa original sobre as técnicas que ele pregava; seu dom era coletar todos os melhores métodos de influenciar as pessoas e relatá-los de uma maneira de fácil entendimento, com instruções passo a passo. Aqueles que não podiam frequentar as aulas de Carnegie pessoalmente recebiam instruções através de cursos por correspondência e em 1957 o alcance de Carnegie se estendeu às classes de algumas prisões. A Ilha Terminal era uma delas.

O curso Dale Carnegie era um dos mais populares programas para os detentos da Ilha Terminal. Havia uma lista de espera de prisioneiros que queriam se matricular. As aulas eram limitadas a mais ou menos trinta detentos e as instruções duravam cerca de quatro meses. Relativamente novo como prisioneiro e já com uma tentativa de fuga em sua ficha, a classificação de Charlie foi baixa em relação aos outros candidatos. Mas os oficiais da prisão acreditavam que a visão positiva de vida de Dale Carnegie poderia ser exatamente o que o mal-humorado e instável Charlie necessitava. Ele foi colocado à frente de todos os outros candidatos ao curso e se matriculou. Além das palestras, esperava-se que os alunos lessem *How to Win Friends and Influence People*, estudassem diversos panfletos (provavelmente incluindo *Effective Speaking and Human Relations* [*Fala Eficaz e Relações Humanas*] e uma recente edição de *How to Remember Names* [*Como Se Lembrar de Nomes*]), prestando, ocasionalmente, provas escritas. Charlie sempre evidenciou habilidades limitadas de leitura, mas na aula de Carnegie ele provou que poderia não apenas ler, mas compreender totalmente o material impresso se ele se empenhasse o suficiente e se os instrutores fossem solícitos o bastante. Praticamente toda palavra nas publicações de Carnegie ressoava em Charlie. Pela primeira vez na sua vida ele era considerado um excelente aluno.

As primeiras páginas de *How to Win Friends* pareciam formalmente codificar todas as maneiras instintivas com que Charlie, desde sua infância, havia manipulado as pessoas. Era como se Dale Carnegie não apenas lesse sua mente, mas recrutasse Charlie como um discípulo ao elaborar seus próprios pensamentos.

> "Tudo o que eu ou você fazemos nasce de dois motivos: o desejo sexual e o desejo em ser o melhor.
>
> Comportar-se de maneira amigável.
>
> A única maneira na Terra de influenciar outro companheiro é conversar sobre o que ele quer e mostrar-lhe como conseguir.
>
> Faça o outro sentir-se importante.
>
> A única maneira de tirar o melhor de uma discussão é evitá-la.
>
> Você precisa usar o exibicionismo. Os filmes o fazem. A rádio o faz. E você terá de fazê-lo se quiser chamar atenção. [...] Dramatize suas ideias."

O capítulo sete do livro de Carnegie, "Como Conseguir Cooperação", continha conselhos que Charlie adotou como ferramentas vitais no seu arsenal de manipulação: "Deixe o outro achar que a ideia é dele". Mais tarde, quando polícia, juiz e júri lutavam para entender como Charlie Manson conseguiu convencer os outros a carregar seus direcionamentos criminosos, eles puderam encontrar a resposta em *How to Win Friends and Influence People*. Mais de meia década depois, Phil Kaufman, que conhecera Manson na prisão e estivera com ele mais tarde em Los Angeles, relembrou que "Era o grande truque de Charlie. Ele decidia o que queria que [alguém] fizesse e então conversava a respeito para que a garota ou quem quer que seja achasse que pensara naquilo, que fora sua a ideia. Eu o via fazer isso toda hora. Era constante. Foi onde ele conseguiu seu poder de persuadir pessoas [crédulas]".

Os instrutores de Charlie no curso de Dale Carnegie na Ilha Terminal ficaram surpresos quando seu pupilo abandonou as aulas antes de completar o programa de quatro meses. Ele achou que havia aprendido o suficiente e não teve mais interesse em sentar-se em uma sala de aula. Charlie estava pronto para prosseguir.

Ele passou o resto de sua pena na Ilha Terminal pensando sobre o que faria em seguida – graças a tudo que absorveu dos cafetões detidos e de Dale Carnegie, ele tinha um plano. Para manter-se em forma física decente ele praticava boxe e basquete. Charlie era um bom atleta. Como recreação ele tocava seu violão; as músicas de Frankie Laine ainda eram suas favoritas. Sobretudo, Charlie manteve-se longe de encrenca. Como qualquer outra prisão federal, a Ilha Terminal era superpopulosa e era procedimento-padrão outorgar condicionais aos detentos com bom comportamento. No dia 30 de setembro de 1958, Charlie foi liberado após cumprir dois anos e cinco meses de sua sentença original de três anos.

Como condição para sua soltura, foi imposto a Charlie que ele se reportasse regularmente ao oficial da condicional. Ele declarou que planejava viver com sua mãe em seu apartamento em Los Angeles. Kathleen tinha algumas dúvidas sobre como o acordo funcionaria, mas ela também se sentia obrigada a tentar ajudar seu filho a construir uma vida nova e correta. Ela ainda estava separada de Lewis, embora suas súplicas pela reconciliação abalassem Kathleen, que reconsiderava tentar novamente. Se ela reatasse com seu distante marido, Charlie teria que viver em outro lugar – ele e Lewis nunca se dariam bem. Mas, por enquanto, Kathleen disse a Charlie que poderia ficar com ela.

Charlie também tinha que demonstrar para seu oficial de condicional que poderia conseguir um emprego e se manter nele. Encontrar esse emprego não foi difícil – muitos trabalhos de baixa qualificação estavam disponíveis em Los Angeles –, mas permanecer numa ocupação estável parecia além de sua alçada. Em uma rápida sequência, Charlie trabalhou como ajudante de garçom, *bartender*, frentista e funcionário numa fábrica de alimentos congelados. Ser demitido com frequência não o incomodava; a ideia era estar trabalhando em qualquer lugar para que o oficial checasse quando Charlie fosse vê-lo. Durante todo o tempo, Charlie se preparou para trabalhar integralmente no negócio que ele acreditava ser seu chamado natural.

A carreira de Charlie como cafetão iniciou-se de maneira lenta. Judy e Flo, as primeiras garotas que aliciou, não duraram muito nas ruas. Pouco se sabe sobre elas além de que o pai de Judy prestou queixa de Charlie à polícia, última coisa que ele precisava. Se não aprendera antes, agora ele fizera disso uma regra – nenhuma de suas mulheres tinha permissão de manter laços próximos com suas famílias, exceto em casos como o de Flo, visto que ela ganhava dinheiro regularmente de seus pais. Charlie se mudou da casa de sua mãe – Kathleen tinha uma boa noção do que ele estava tramando e não o apoiava. Ele então encontrou residência com outro cafetão, o qual infelizmente, para Charlie, estava sendo monitorado pelo FBI. Os agentes federais compartilharam o novo endereço de Charlie e aparentemente o delataram ao seu oficial de condicional, que o reportou. Ele negou tudo, mas não estava convencendo. No registro seguinte de Charlie na corte constava que "Este certamente era um vigiado muito vacilante e parecia apenas questão de tempo antes de se meter em futuros problemas".

Charlie pode ter tido um vislumbre de si mesmo aliciando dezenas de garotas caras em Los Angeles e vivendo em relativo luxo com seus ganhos, mas a dura verdade era que parecia quase impossível angariar o montante para uma casa modesta na insignificância na qual vivia. Ele recaiu em seus antigos hábitos criminais, embora não por muito tempo. No dia primeiro de maio de 1959, apenas sete meses após a audiência que o beneficiou com a condicional, Charlie foi preso ao tentar descontar um cheque falsificado no valor de 37,50 dólares em um supermercado. Ele alegou aos policiais de L.A. que o prenderam que havia roubado o cheque de uma caixa de correio, significando que cometera dois crimes federais. A polícia o entregou ao Serviço Secreto; quando dois agentes federais questionaram Charlie, mostraram-lhe o cheque e formalmente perguntaram se ele havia forjado a assinatura. Charlie tentou despistá-los; segundo um registro pós-interrogatório, "O próprio cheque havia desaparecido; [os agentes] tinham certeza que o suspeito o retirou da mesa e o engoliu quando ambos momentaneamente viraram as costas". Infelizmente para Charlie, o balconista do supermercado, os policiais que o prenderam e os agentes federais, todos testemunharam que haviam visto o cheque e sua assinatura falsificada atrás. O caso contra ele prosseguiu.

Kathleen estava abalada pela última desventura do filho. Ela não estava surpresa por ele tentar a sorte como cafetão – Charlie sempre pareceu capaz de influenciar as garotas a fazerem qualquer coisa que ele desejasse –, mas parecia que seu filho estava destinado a seguir uma carreira criminosa. O verão de 1959 foi uma época difícil para Kathleen. Em 19 de julho, Nancy Maddox morreu em West Virginia. A própria experiência de Kathleen com Charlie havia lhe ensinado o quanto o mau comportamento de uma criança poderia magoar seus parentes e ela se arrependeu profundamente da dor que causara a sua mãe. Não havia jeito de compensá-la por isso; tudo o que Kathleen podia fazer era continuar apoiando Charlie em seus tempos turbulentos, visto que ela se sentia responsável pelo mau caminho que o jovem tomara.

Em meados de setembro, Leona Rae Musser, 19 anos, se encontrou com o oficial de condicional de Charlie alegando estar grávida dele. Pleiteou que as acusações contra ele fossem dispensadas para que ela e Charlie pudessem se casar e ele retomasse o bom caminho. Mas Leona não estava grávida – ela estava trabalhando para Charlie como prostituta. Ela conseguiu conquistar a simpatia do oficial e da corte. Um acordo foi firmado: Charlie confessaria a culpa pelo cheque falsificado e o roubo de correspondência seria arquivado. Charlie foi mandado de volta para o dr. Edwin McNiel, que o examinara quatro anos antes após sua prisão por roubo de veículo. A última opinião foi de que Charlie oferecia um risco terrível em liberdade vigiada e deveria retornar à prisão, mas na sua audiência em setembro Leona fez outro emocionado apelo e dissuadiu o juiz. Charlie recebeu uma pena suspensa de dez anos e permaneceu em condicional.

O ocorrido não o perturbou; ele continuou a aliciar Leona e quaisquer outras garotas que conseguisse. Embora toda a sua ficha criminal indicasse o contrário, Charlie sempre acreditou que nunca mais seria pego novamente. Em dezembro, ele tentou expandir seu território, levando Leona e outra garota da Califórnia até o Novo México, em Lordsburg. Lá foram presos e Charlie enfrentou novas acusações federais de violação ao Mann Act, o qual proibia o transporte de mulheres além dos limites estaduais para o propósito da prostituição. Charlie tentou contrariar os investigadores ao se casar com Leona; esposas não poderiam ser forçadas a testemunhar contra seus maridos. Embora tivesse inventado seis meses antes, agora Leona realmente estava grávida de Charlie. Enquanto o FBI preparava seu caso, Charlie continuou com sua vida desregrada. Ele não limitava suas atividades criminais apenas ao aliciamento. Até o final do ano ele seria preso mais duas vezes pelo Departamento de Polícia de Los Angeles (LAPD) por roubo de veículos e uso de cartão de crédito roubado. Ambas as acusações foram retiradas por falta de provas, mas a violação do Mann Act seria trazida à tona frente ao grande júri federal. Charlie não esperou para ser indiciado: fugiu da cidade.

Em sua ausência, Leona correu atrás de seus interesses. No meio da gravidez e ansiosa para escapar de uma sentença à prisão, ela contou ao grande júri federal de Los Angeles que, de fato, Charlie a levara da Califórnia até o Novo México com intuitos ilegais. Seu depoimento garantia o retorno de Charlie à prisão. Após o grande júri formalmente o indiciar, a condicional de dez anos pelo crime de falsificação do cheque foi revogada e um mandado de prisão foi expedido. No dia primeiro de junho, ele foi pego em Laredo, Texas, e transladado para a Califórnia. Três semanas depois, em uma corte de Los Angeles, Charlie foi sentenciado a cumprir seus dez anos de sentença na Penitenciária Federal, na Ilha McNeil, no estuário de Puget, no estado de Washington. Uma década de dificuldades na prisão era a última coisa que Charlie queria. Ele apelou para revogar sua sentença suspensa e ficou detido na prisão do condado de Los Angeles enquanto o requerimento estava pendente. Ele recebeu algumas boas notícias em julho – a acusação sobre violação do Mann Act foi retirada, provavelmente pela certeza de que, de qualquer maneira, Charlie enfrentaria uma comprida pena. As inevitáveis más notícias vieram em seguida: embora Charlie e seus defensores públicos tentassem retardar o processo por quase um ano, em junho de 1961 o apelo foi negado e Charlie foi transferido para a Ilha McNeil. Ele tinha apenas 26 anos, mas contando com os reformatórios ele já estivera sob algum tipo de custódia ou condicional por quase 14 anos.

Exceto por estarem cercadas de água, a Ilha Terminal e a Ilha McNeil tinham pouco em comum. A prisão californiana era adjacente ao continente e de fácil acesso. A penitenciária de Washington se estendia por mais de 800 mil hectares e era bastante autossustentável graças a uma grande fazenda mantida pelos detentos. O acesso mais comum era por botes; a prisão mantinha alguns deles. Pela viagem ser bastante difícil, muitos administradores e guardas viviam com suas famílias na ilha. Suas casas foram construídas pelos detentos assim como as rodovias eram mantidas por eles. Havia até mesmo uma escola para os funcionários do complexo.

Os prisioneiros, os quais somavam cerca de mil quando Charlie chegou, no verão de 1961, eram amontoados em torres de celas de cinco andares – uma mistura de criminosos de colarinho branco, pequenos cafetões, como Charlie, e bandidos cruéis. A rotina na prisão de McNeil era difícil; esperava-se que cada detento trabalhasse e guardas tinham uma mão relativamente livre quanto à disciplina. Poucos prisioneiros esquematizavam rebeliões. Embora McNeil fosse considerada de segurança média – em vez de segurança máxima –, as agitadas e profundas águas ao seu redor asseguravam que uma fuga seria praticamente impossível. Certa ocasião, três condenados tentaram flutuar até o continente em uma jangada feita de uma placa de madeira compensada. Os dois que foram recapturados sofreram hipotermia. O terceiro havia se afogado.

Quando Charlie chegou a McNeil, os avaliadores o consideraram uma "enérgica pessoa de aparência jovem cuja verbalização flui muito facilmente". Charlie havia aprendido tudo no curso de Dale Carnegie na Ilha Terminal. O relatório diz ainda que "ele gesticula profusamente e consegue dramatizar situações a fim de prender a atenção do ouvinte". Charlie, no entanto, não tinha dominado completamente a arte da falsa sinceridade. Segundo o registro, "Ele esconde sua solidão, ressentimento e hostilidade atrás de uma fachada superficial de bajulação". E, apesar de sua luta de quase um ano em se manter fora de McNeil, Charlie admitiu que de alguma maneira estava feliz em estar ali: "Ele havia comentado que as instituições haviam se tornado seu estilo de vida e que ele recebe segurança em instituições, segurança que não está disponível no mundo lá fora".

Para Manson, a prisão significava não apenas segurança, mas escola. Embora não tivesse se matriculado para nenhuma atividade acadêmica ou curso preparatório disponível em McNeil, ele continuou sua educação lá da mesma forma. McNeil possuía detentos que estavam felizes em compartilhar informações de uma variedade de assuntos, como hipnose e magia negra e branca. Havia uma grande amizade de cristãos renascidos ansiosos para levar Charlie para perto de Deus, mas ele já tinha o suficiente daquilo. O grupo que realmente capturou sua atenção, menos pela aceitação de suas crenças religiosas do que pela maneira com a qual a expressavam, foi o dos cientologistas.

Assim como Dale Carnegie introduziu sua filosofia vendável ao público geral em *How to Win Friends and Influence People* em 1936, em 1950 o escritor cult L. Ron Hubbard utilizou o campeão de vendas *Dianetics: The Modern Science of Mental Health* [*Dianética: A Ciência Moderna da Saúde Mental*] para publicar sua técnica de alcançar a saúde mental e a felicidade. O foco de Carnegie era mudar as percepções de outras pessoas; Hubbard ensinou como mudar a si mesmo. Ele defendia a "auditoria", confrontando eventos traumáticos do passado para se libertar de velhos medos e restrições, seguindo em direção a um estado "claro" ou *theta*, onde a mente seria capaz de abraçar a liberdade espiritual sem negativismo. Em 1954, Hubbard e sua crescente legião de seguidores fundaram a Igreja da cientologia em Los Angeles, com ênfase em certos "princípios essenciais":

> "Você é um ser espiritual imortal.
>
> Sua experiência se entende muito além de um único tempo de vida.
> E suas capacidades são ilimitadas, mesmo se não presentemente realizadas.
>
> Além disso, o homem é basicamente bom. Ele procura a sobrevivência.
> E sua sobrevivência depende de si mesmo e de seus companheiros, e de sua realização de irmandade com o universo."

Charlie adotou estes aspectos dos ensinamentos de Hubbard que o ajudavam a manipular os outros, assim como aconteceu com Dale Carnegie. Ele ainda se projetava no futuro como um cafetão, não um conselheiro espiritual. A maioria das potenciais prostitutas tinha uma péssima autoestima. Dizer a tais garotas que elas não precisavam ser atormentadas pelo passado, que eram basicamente boas e capazes de alcançar qualquer coisa – esta poderia ser uma técnica poderosa de aliciamento. Enquanto isso, autoproclamar-se um generoso guru em vez de um calculado cientologista tinha suas vantagens imediatas. Os oficiais da prisão ficavam sempre contentes quando os detentos abraçavam a fé que os encorajava a ter boas atitudes. A fé ajudava a aumentar as chances de uma possível condicional. Com uma estadia relativamente recente em McNeil, Charlie tinha um longo caminho até a condicional, mas enganar os avaliadores mostrando que ele havia se tornado um devoto cientologista era um bom primeiro passo. Seu relatório de setembro de 1961 registrava: "Ele parece ter desenvolvido certo nível de insight sobre seus problemas através do estudo da cientologia. Manson está progredindo pela primeira vez na sua vida".

Às vezes Charlie parecia mesmo estar progredindo. Ele participou dos times esportivos da prisão – softball [uma variante do beisebol], basquete e até críquete. Ele ingressou no clube de teatro do presídio. Mas houve tropeços também. Após um contrabando não especificado encontrado em sua cela, Charlie virou zelador do complexo, a designação laboral mais baixa. Em agosto de 1963, Charlie recebeu os papéis do divórcio de Leona, que havia se mudado para Denver. Ela dera à luz, no começo de 1961, Charles Luther Manson, o segundo filho de Charlie. Embora não haja registro algum de Charlie ter visto seu filho, ele ao menos deve ter feito acordos com Leona quando a criança nasceu, visto que o nome do meio do garoto homenageava o tio de Charlie. Foram concedidos a Leona o divórcio e a total custódia da criança em janeiro de 1964. Nada mais se sabe sobre Charles Luther. Não há registro algum de qualquer reação de Charlie sobre esse divórcio. Ele havia se casado com Leona numa malsucedida tentativa de evitar as acusações e ela acabou testemunhando contra ele. Após isso, Charlie não se interessaria por nenhum tipo de relacionamento no qual ele não tirasse algum benefício.

Embora tivesse perdido outra esposa, ele ainda tinha sua mãe. Quando Charlie foi enviado para McNeil, Kathleen se mudou de Los Angeles para Washington a fim de estar perto o suficiente para visitá-lo. Embora soubesse que Charlie merecia estar encarcerado, seu coração ainda estava ligado a ele. Kathleen encontrou trabalho como garçonete. Como parte de sua nova vida, ela até se reconciliou com Lewis. Ele jurou que havia mudado e ela queria muito acreditar. Com Lewis de volta, Kathleen refletiu ainda mais sobre todos os erros que cometera com Charlie; se ela tivesse sido uma boa mãe, ele certamente não teria se tornado o homem que se tornou. Quando ela o visitava na prisão, ele nunca estava interessado em sua vida ou como ela estava. Charlie sempre tinha uma lista de coisas que queria que ela conseguisse para ele. Ela fazia o seu melhor, mas o dinheiro era curto. Lewis ainda tinha problemas em manter-se estável em um emprego fixo e seu trabalho como garçonete não era lucrativo. Em uma de suas visitas, Charlie pediu grana para comprar um violão novo e ficou com raiva quando Kathleen disse que não tinha condições.

Na visita seguinte, Kathleen tinha uma surpresa para Charlie. Ela desejava de alguma forma poder voltar no tempo e criar o filho da maneira certa. Isso era impossível, mas agora que ela estava de volta com Lewis decidiu dar à maternidade uma segunda chance. Ela, então, foi visitar Charlie em McNeil com uma criança em seus braços e orgulhosamente o informou que ele agora tinha uma irmã. Ela e Lewis haviam acabado de adotar o bebê, que se chamava Nancy em homenagem à avó de Charlie. Charlie chocou Kathleen com sua reação. Quanto havia custado a adoção? Quando Kathleen disse que a taxa fora de 2 mil dólares, Charlie explodiu. Como podia desperdiçar toda aquela grana numa adoção quando ela havia acabado de lhe dizer que não tinha dinheiro suficiente para comprar um violão? Ele gritou dizendo que nunca mais queria ver Kathleen ou o bebê novamente. Charlie depois cedeu e Kathleen voltou a visitá-lo, mas ela ficou com medo de que ver a pequena menina o deixasse furioso novamente. Mais tarde, uma das primeiras memórias da pequena Nancy era de ser levada a McNeil com sua mãe e uma das amigas de Kathleen e esperá-la no carro com a outra mulher enquanto Kathleen entrava para ver Charlie.

Charlie sempre conseguia fazer com que Kathleen se sentisse culpada; ela ficava se questionando se teria sido certo ou errado não comprar o violão. Em dezembro de 1963, Kathleen escreveu ao juiz em Los Angeles, o qual sentenciou seu filho à pena de dez anos em McNeil. Na carta, ela ofereceu a penhora de sua casa de Washington como garantia pela antecipação de sua soltura. Ela até mesmo estava disposta a arriscar sua abalada reconciliação com Lewis ao deixar Charlie se mudar para junto deles e do bebê. A maneira com que redigiu a oferta indicava que ainda achava que seu filho era um adolescente desobediente em vez de um cafetão de 29 anos: "Pela primeira vez na minha vida, sou capaz de dar a Charles uma boa casa e ajudá-lo a endireitar-se em sua vida". O juiz rejeitou o pedido.

Na prisão, Charlie escolhia amigos com os quais ele poderia aprender algo. Os cientologistas tinham sua utilidade, assim como o prisioneiro mais famoso de McNeil. Alvin "Assustador" Karpis se tornou notório nos anos 1930 como um membro da gangue Barker. Encarcerado inicialmente em 1962, após o governo fechar Alcatraz, a ilha que abrigava a penitenciária homônima de São Francisco, Karpis, perto dos seus 50 anos, já não era mais considerado uma ameaça para a segurança dos outros. Seu trabalho era dirigir o ônibus que transportava as crianças dos funcionários da prisão de suas casas para a escola da Ilha McNeil e vice-versa.

Charlie se aproximou de Karpis, embora não pelas dicas de como roubar bancos. Karpis era um músico talentoso e Manson queria aprender sua técnica instrumental. O detento mais velho deu-lhe algumas aulas, embora não ficasse impressionado com as habilidades de Charlie. Algumas vezes Charlie queria conversar sobre cientologia em vez de música. De acordo com Karpis, Charlie "achava que a cientologia lhe permitiria fazer ou ser qualquer coisa". Tendo já interagido com uma série de assassinos frios, Karpis não sentia tendências similares em Charlie. Ele achou que o cara seria o último homem na Terra "a entrar no negócio de assassinatos em massa".

Charlie tinha mais do que insights de cientologia e aulas de violão em McNeil. Não lia livros, mas ouvia os detentos que conversavam sobre os que haviam lido. Um dos romances mais populares dentre os prisioneiros alfabetizados era *Stranger in a Strange Land* [*Um Estranho numa Terra Estranha*], de Robert Heinlein. Seus temas sobre alienação, fraudes governamentais e salvação dos desprezados ressoavam entre os encarcerados. Charles era fascinado pela história do fictício Valentine Michael Smith, nascido de pais humanos em uma colônia espacial de Marte, criado por marcianos e retornando à Terra como um peão dos esquemas políticos. Fascinado por religião, Mike encontra sua própria fé, experimenta sexo grupal, usa poderes psíquicos para fazer seus inimigos desaparecerem, sofre uma morte de mártir e retorna em forma de espírito. Como faria com a Bíblia, Dale Carnegie e a cientologia, Charlie posteriormente incorporou elementos de *Stranger in a Strange Land* em sua sedutora e híbrida pseudofilosofia.

Então Charlie descobriu sua maior influência de todas.

• • •

As notícias do mundo pouco afetavam Charlie. Em janeiro de 1964, após dois anos e meio de cárcere em McNeil, ele provavelmente sabia que o presidente John F. Kennedy havia sido assassinado, mas fora isso tinha pouco acesso ou interesse sobre o que estava acontecendo no mundo exterior – com uma exceção.

Havia rádios em McNeil e Charlie amava escutar música. A grande maioria dos sucessos pop eram melodias grudentas que celebravam o amor adolescente e a melancolia. Artistas folk que cantavam sobre problemas sociais recebiam um tempo limitado no ar. Eles e suas causas não importavam para Charlie. Mas próximo do fim de janeiro de 1964, a música "There! I've Said it Again" foi tirada do topo das paradas por "I Want to Hold Your Hand" dos Beatles. Poucas semanas depois, quando a banda britânica deu o pontapé inicial em sua primeira turnê americana com uma aparição televisionada no bastante popular *Ed Sullivan Show*, quase o país inteiro sintonizou neles. A "Beatlemania" varreu a nação; nunca houve nada parecido, mesmo na época áurea de Frank Sinatra e Elvis Presley. A fama florescente dos Beatles foi tanta que chegou até a cela de Charlie Manson na Ilha McNeil. Suas músicas tocavam frequentemente nas rádios. Charlie ficou intrigado pela música, mas mais impressionado ainda com a bajulação recebida pelo grupo. Charlie sempre ansiou por atenção; agora ele decidiu que a fama era o que realmente queria. Se aqueles quatro garotos podiam ser estrelas, por que ele não? Afinal, ele cantava e tocava violão também. Inúmeros outros jovens americanos se sentiam da mesma maneira, mas poucos foram tão perseverantes quanto ele. Charlie começou a dizer a quem estivesse disposto a escutar e também a quem não estava que ele seria maior do que os Beatles, o que significava maior que qualquer outro superstar que já existiu. Ele não ligava para o quão inverossímil aquilo soava.

Apesar da incrível improbabilidade de um eventual sucesso, Charlie enfrentou um desafio imediato. Os Beatles escreviam a maioria de seu próprio material. Eles eram os novos exemplos de Charlie, então ele se viu obrigado a fazer o mesmo. Charlie passou praticamente todo minuto em que não estava trabalhando debruçado sobre seu violão. Não havia nada de especial sobre as músicas que ele escreveu, embora Charlie tivesse muito orgulho delas. Em particular, suas tentativas líricas eram banais: "*She'll never know what's down inside/ All this lovin' I'll always hide*". ("*Ela nunca irá saber o que está lá dentro/ Todo esse amor eu sempre irei esconder.*"). Ele estreou algumas de suas faixas no palco em que os detentos apresentavam suas performances em shows de variedades ocasionais. Às vezes, ele fazia parte de uma banda de prisioneiros. Embora não haja registro sobre como suas performances eram recebidas, ele não deve ter sido um completo desastre, pois continuava a aparecer. Nem sempre ele tocava violão. Havia uma bateria na prisão para usar nos shows e às vezes Charlie se arriscava nela. Sua percussão era tão rudimentar quanto sua habilidade com o violão, mas ele se considerava talentoso em ambos.

A partir de então, quando Kathleen o visitava, tudo o que seu filho falava era como se tornaria um músico famoso. Ele parecia sedento pela fama, mas não pela fortuna. Charlie nunca mencionou qualquer coisa sobre ser rico e comprar para si carros e uma mansão, muito menos fazer algo por sua mãe, que pagava pelas cordas de violão e palhetas com seu suado salário de garçonete. Kathleen tentou não deixar isso aborrecê-la. Ela sabia que Charlie nunca seria grato por nada. Pelo menos ele parou de se queixar tanto. Além disso, Kathleen tinha seus próprios problemas. Apesar de todas as promessas, Lewis continuou bebendo e perdendo empregos. Estaria condenada se deixasse outra criança sua ser estragada por um mau exemplo paterno. Ela havia arruinado a criação de Charlie, mas não iria deixar que isso acontecesse de novo. Em maio de 1964, Kathleen se divorciou de Lewis. Ele tentou convencê-la do contrário, através de postais que mandava para a pequena Nancy. No verso de cada postal, Lewis lembrava a criança que ele a amava e sentia sua falta. Talvez ela tenha implorado à sua mãe para deixar o papai voltar para casa. Kathleen o deixava visitar sua filha regularmente – veja o que acontecera com Charlie por não ter seu pai presente –, mas ela estava farta de cair nas promessas de Lewis de se endireitar. No entanto, Kathleen ainda não havia desistido do casamento. Ela continuava à procura de um bom homem que daria segurança a ela e à sua filha.

A nova ambição de Charlie restringiu-se ao seu velho hábito de não conseguir ficar fora de confusão. Muitos dos guardas em McNeil eram homens decentes, mas havia alguns – os detentos podiam delatar logo de cara – que gostavam de maltratar os internos apenas porque podiam. Se eles o registrassem por infrações como vadiar no trabalho ou ser insolente, você até poderia argumentar se achasse que havia sido acusado injustamente, mas os chefes do complexo quase sempre ficavam do lado de seus empregados. Então você temporariamente perdia privilégios como escrever cartas ou receber visitas. Se Charlie se metesse em qualquer confusão, poderia perder seu violão e ele não podia se arriscar. Então ele se lembrou do conselho de Dale Carnegie: a melhor maneira de vencer uma discussão era evitá-la de qualquer maneira. Charlie então combinou isso com o provérbio bíblico sobre como responder de maneira calma, contrariando a ira. O resultado era um grande truque – Charlie respondia às deliberadas provocações dos guardas com inofensivas respostas. Era algo como: "Ei, Manson, quando está sozinho com seu violão você transa com ele?" E Manson respondia: "Que violão?" Isso os deixava enfurecidos, mas eles não podiam reportá-lo por nada.

Um antigo empregado de McNeil registrou um duradouro bom comportamento de Charlie e concluiu que seu amor pela música era a razão. Ele também começou a falar sobre o que queria fazer quando saísse da prisão – embora seu objetivo fosse improvável, ao menos era legal. Seu registro de maio de 1966 declarava que "Manson continua mantendo boa conduta [...] ele tem passado seu tempo livre escrevendo canções, acumulando cerca de oitenta ou noventa delas durante o ano passado, as quais ele finalmente espera vender ao sair da prisão. [...] Ele também toca violão e bateria, e há esperança de que consiga emprego como músico". Mesmo assim, o avaliador não estava convencido totalmente da mudança de Charlie: "Ele deve precisar de bastante ajuda na sua transição da instituição para o mundo livre".

Contando os 12 meses na prisão do condado de Los Angeles enquanto apresentava apelações, em maio de 1966 Charlie completara seis anos de sua sentença de dez. Nos últimos dois anos em McNeil ele havia evitado confusões. Isso o fez candidato para condicional. Em junho, Charlie foi transferido de volta para a prisão de segurança mínima na Ilha Terminal. Era um passo significativo para a liberdade.

Em outubro de 1965, Kathleen casou-se novamente e finalmente deu certo. Esse terceiro marido era um maravilhoso contraste em relação aos dois anteriores. Ele trabalhou até ter dinheiro suficiente para abrir seu próprio pequeno negócio e então trabalhou ainda mais para fazê-lo ter sucesso. Eles não eram ricos, mas qualquer coisa acima da linha da pobreza parecia um paraíso para Kathleen. Diferentemente das promessas vazias de Lewis em ser um bom pai para Charlie, o novo marido de Kathleen adorava a pequena Nancy e fazia de tudo por ela. Todos gostavam de fazer as coisas juntos, como uma família de verdade. Ao dar uma segunda chance à maternidade, Kathleen se destacou. Décadas depois, Nancy estava certa de que tivera a melhor mãe do mundo.

Lewis se despediu de Kathleen quando ela se casou novamente, escrevendo para ela: "Parabéns, você finalmente encontrou um grande gordo otário, um ticket refeição; ah, vocês dois se merecem, vocês serão infelizes durante toda a vida". Ele também seguiu em frente e se casou. Tudo com o que Charlie se importava agora era música, então era hora de Kathleen curtir a vida boa e normal que tanto almejara. Ela não planejava afastar Charlie totalmente de sua vida; Kathleen apenas queria um tempo de seus problemas. Mas exceto por um desagradável encontro, Charlie e Kathleen nunca mais se viram.

Phil Kaufman era um trabalhador braçal de Nova York que evitou a cadeia aos 18 anos quando o juiz o deixou se alistar na Força Aérea. Após seu alistamento, Kaufman eventualmente ia até Los Angeles, onde trabalhava como figurante em filmes e programas de televisão (*Spartacus, The Donna Reed Show*) e fez amizades com pessoas da indústria musical antes de ser preso por posse de drogas. Ele foi sentenciado a uma pena de cinco a vinte anos de prisão e pulou de complexo em complexo até ser enviado para a Ilha Terminal. Os grandes portões nem sequer se fecharam atrás dele quando ouviu Charlie tocar e cantar para si mesmo. Kaufman pensou que o rapaz soava um pouco como Frankie Laine. Um guarda provocou Charlie – "Você nunca sairá daqui" –, tentando aborrecê-lo sem razão. Em vez de gritar ou intimidá-lo, Charlie passou seu dedilhado, respondeu a provovação – "Sair de onde, cara?" – e continuou a tocar enquanto o guarda se irritava. Kaufman estava impressionado (era preciso ter colhões para fazer aquilo) e decidiu que ele e Charlie seriam amigos. Charlie concordou após saber que Kaufman conhecia pessoas na indústria fonográfica que poderiam ajudá-lo a vender algumas de suas músicas. Kaufman descobriu que Charlie se juntava apenas com pessoas de quem ele poderia tirar algum proveito, mas tudo bem. O rapaz era muito divertido. Ele podia ser quase analfabeto, mas certamente não era estúpido. Quando Charlie contava suas histórias ele fazia todos aqueles gestos e mudava o semblante – aquilo prendia sua atenção. Charlie contou a Kaufman que tinha feito o curso de Dale Carnegie para aprender como convencer estranhos a se abrirem para ele. Ele também falou sobre cientologia, mas não como se fosse um grande crente. Charlie falava alguns termos cientológicos e também citava longas passagens bíblicas de memória, mas o que Kaufman sentia era que Charlie adorava apenas a Igreja de Charlie.

Havia algumas outras coisas sobre o rapaz. Antes de ser transferido para a Ilha Terminal, Kaufman cumprira pena em meia dúzia de outras prisões. Em todas elas, negros e brancos ficavam cada um na sua. Mas Charlie levou essa regra implícita ao extremo. Ele não falava nem mesmo olhava para negros se não fosse necessário e o mesmo acontecia com os latinos. Ele apenas não gostava deles; não achava que eram páreos para os brancos. Porém, os negros muçulmanos o impressionavam pela maneira que permaneciam juntos deixando claro que não podiam ser importunados. Até os guardas mais cruéis não se metiam com eles. Charlie acreditava que todos os negros eram geneticamente inferiores e quase todos burros como pedras, mas dê armas aos mais irritados e eles poderiam provavelmente varrer a "raça branca".

Então havia aquilo de que Charlie nunca falava. Ele e Kaufman divagavam bastante, mas depois de um tempo Kaufman percebeu que Charlie nunca mencionava sua família – pais, esposa ou ex-esposa, filhos, qualquer um. Nenhuma palavra, nunca. Quem quer que fossem, era como se ele os tivesse banido de sua mente. Kaufman tentou trazer o assunto à tona algumas vezes, mas sem sucesso.

Em agosto de 1966, Charlie recebeu seu último registro na prisão. Ali dizia que ele tinha recusado oportunidades para ter aulas vocacionais a fim de desenvolver habilidades para a conquista de empregos e que ele não mais alegava ser um cientologista. Charlie tinha uma única paixão: "Ele começou a adorar seu violão e a música". Ainda assim, "ele não tem planos para sua liberdade visto que alega não ter para onde ir". O registro concluía: "Ele tem um padrão de comportamento criminal e confinamento que datam desde sua juventude. [...] Pouco pode se esperar em relação a mudanças de atitude, comportamento ou modo de conduta".

O prognóstico negativo do avaliador não fazia diferença. As prisões federais estavam superpopulosas. Charlie ficou longe de confusão e era candidato à condicional. Foi-lhe dito que ele provavelmente sairia na primavera.

Phil Kaufman achava que Charlie era um cantor decente, mas que "não conseguia tocar violão de jeito nenhum". Suas músicas eram "ok", mas nada especiais. Mesmo assim, Kaufman já havia visto pessoas com menos talento conseguirem contratos com gravadoras. Como não era candidato à condicional por mais um ou dois anos, Kaufman não podia apresentar Charlie pessoalmente a seus amigos da indústria musical. Mas ainda assim o ajudou com um contato. Kaufman sugeriu que depois que Charlie estivesse solto por um tempo e tivesse a chance de se ajustar no mundo lá fora deveria acabar algumas de suas melhores músicas e ir ver esse cara chamado Gary Stromberg na Universal Studios, em Los Angeles. Charlie deveria dizer que Phil Kaufman o enviara. Gary escutaria o que Charlie tivesse. Não havia como garantir, mas talvez ele se interessasse. Pela primeira vez, Charlie parecia genuinamente grato. Ele disse que trabalharia mais em suas canções antes de tentar a Universal e que manteria contato com Kaufman. Então, quando Kaufman saiu, ele e Charlie puderam se reunir novamente. Aquilo soava bem para Kaufman. Charlie era esquisito, mas divertido de se estar por perto.

Em março de 1967, Charlie descobriu que lhe seria concedida, no dia 21, liberdade condicional. Aos 32 anos ele finalmente estaria livre de novo após quase sete anos. Ao chegar perto da data, os sonhos de Charlie com a fama e a grandiosidade maiores que as dos Beatles colidiram com memórias de suas péssimas tentativas anteriores de se ajustar à sociedade. A máscara caiu; Charlie entrou em pânico e disse aos oficiais da Ilha Terminal que não queria ser libertado. Ele se sentia seguro na prisão; não achava mais que poderia se adaptar à vida lá fora. Se o deixassem sair ele acabaria fazendo coisas que não deveria. Charlie estava sendo honesto, mas as engrenagens do sistema penitenciário estavam girando. Na manhã de 21 de março, Charlie encontrava-se do lado de fora na prisão, na calçada, com uma maleta barata e seu violão, sem saber para onde iria. Ele não achava que estava pronto para ver o cara da Universal ainda. Sentia-se inseguro e precisava de algum tempo para se acostumar a estar livre, sem ter alguém ali do lado toda hora dizendo o que ele podia ou não fazer. Charlie tinha poucos números de presos que havia conhecido na Ilha Terminal e que já estavam em liberdade condicional. Ligou para um deles em Berkeley e o rapaz disse que ele deveria ir para lá. Charlie não tinha nenhuma opção melhor. Seu oficial de condicional de Los Angeles deu-lhe permissão para se realocar e determinou encontros regulares em um escritório de São Francisco. Charlie rumou para o norte, provavelmente de ônibus ou tentando caronas. Ele sabia que a vida do lado de fora seria diferente, mas não fazia ideia do quanto.

Se Charlie tivesse sido libertado de uma prisão federal em algum outro estado e decidisse tentar sua sorte em uma cidade universitária, por exemplo, talvez pudesse ter reentrado na sociedade num local onde a assimilação gradual fosse possível. Mas de todos os lugares que ele poderia ter escolhido como destino inicial de uma pós-prisão na Califórnia, Berkeley era a garantia de jogá-lo diretamente nas ondas profundas da agitação nacional. Assim como o fictício personagem Valentine Michael Smith, Charlie estava prestes a se tornar um estranho em uma terra estranha.

Berkeley e o Haight

As ruas de Berkeley estavam repletas de pessoas que não se pareciam com ninguém que Charlie já tivesse encontrado antes. Ele estava acostumado aos monótonos macacões de presidiário, às calças cáqui dos guardas e aos cortes à máquina da prisão. As multidões que ele encontrava agora eram comparáveis a um caleidoscópio humano. Os homens tinham cabelos longos como o das garotas. As garotas vestiam uniformes de trabalho e jeans, como os homens. Muitos caras tinham barbas compridas. Grande parte das garotas obviamente não estava usando sutiã. Ambos os sexos usavam colares no pescoço. O ar rescendia ao aroma da comida apregoada pelos vendedores ambulantes e quase todo o mundo aparentava estar fumando algo. Havia outros odores também – suor humano, que Charlie certamente reconheceu, e incenso ardente, que ele provavelmente não conhecia. Havia coisas demais para que Charlie descobrisse de uma só vez e quanto mais perto ele chegava do campus da faculdade, mais bizarras as coisas se tornavam.

A Universidade da Califórnia, em Berkeley, tinha a intenção de encher os olhos, mas por meio da sua arquitetura e da vegetação, não da moda. O campus principal era uma pequena cidade ao seu próprio modo, com altos edifícios para estudantes, estacionamentos e teatros. Circundando-os, hectares de campos, jardins botânicos e, seguindo em direção ao leste, a Baía de São Francisco. A faculdade, renomada, tinha entre os seus estudantes alguns dos mais talentosos do país. Mas, na primavera de 1967, Cal-Berkeley havia se tornado menos famosa pela estética e pelo potencial acadêmico do que pelos distúrbios civis. Uma rebelião estudantil explodiu na América e Berkeley era o marco zero.

Por toda a América, jovens exigiam mudanças sociais e muitos dos seus líderes vinham de um grupo demográfico onde pais e outros adultos seriam considerados os menos propensos a se rebelar. No final da Segunda Guerra Mundial, aproximadamente 1,67 milhão ou 10% dos americanos na faixa dos 18 a 24 anos de idade estavam na faculdade. Em 1967, esse número tinha se elevado para 7 milhões, ou 32%, e esse número crescia anualmente. Diferentemente de seus pais, essa nova geração de estudantes, quase em sua totalidade branca, considerava o ensino superior um direito em vez de um privilégio. Para muitos, o grande desafio não era conseguir as melhores notas, mas sim corrigir falhas sociais e governamentais através de qualquer meio que se fizesse necessário. Em seu discurso de posse, em janeiro de 1961, John F. Kennedy, eleito aos 43 anos (o presidente mais jovem da história), declarou que "a tocha havia sido passada para uma nova geração de americanos". Mas aquela geração não esperou pelo reconhecimento de Kennedy ou pela permissão do governo. Em 1960, um punhado de ativistas estudantis formou a associação Estudantes por uma Sociedade Democrática [Students for a Democratic Society – SDS, na sigla em inglês].[1] As ambições dos membros da SDS incluíam o fim da guerra, da discriminação racial e da desigualdade econômica.

Na época em que Charlie saiu da Ilha Terminal em liberdade condicional, em 1967, centenas de manifestantes, em sua maioria jovens, tinham participado dos protestos antiguerra organizados pela SDS por todo o país. Ativistas estudantis começaram a ocupar prédios nos campi das suas faculdades, efetivamente interrompendo as atividades escolares em resposta a qualquer política administrativa que os ofendesse, desde a falta de matriculados entre as minorias até a visível opressão inconstitucional da liberdade de expressão. Aos administradores restava a infeliz escolha entre negociarem e serem vistos como fracos ou

1 Muitos dos membros da SDS foram fortemente inspirados pelos movimentos negros e se organizaram na luta por direitos civis e trabalho voluntário para o desenvolvimento econômico em comunidades pobres. Na segunda metade da década, impulsionaram o movimento contra a Guerra do Vietnã. A SDS chegou a ter seções em milhares de universidades, com dezenas de milhares de afiliados. *Revista Cult*, disponível em: <http://revistacult.uol.com.br/home/2010/03/1968-a-rebeliao-estudantil-nos-estados-unidos/>. Acesso em: 16 set. 2014.

chamarem a polícia, o que resultava na imprensa mostrando estudantes sendo arrastados algemados para fora dos campi.

Os manifestantes do campus de Berkeley organizaram o Movimento Pela Liberdade de Expressão em 1964. Um protesto em 2 de dezembro daquele ano, quando mais de mil estudantes ocuparam o Salão Sproul, resultou em quase oitocentos estudantes presos. O campus de Cal-Berkeley foi desativado até 3 de janeiro, quando o novo reitor definiu as escadarias do Salão Sproul como uma área de discussão aberta onde mesas e a distribuição de panfletos eram permitidas a todas as organizações estudantis. Para os manifestantes, isso foi uma vitória significativa e os administradores escolares acreditavam que aquela era uma decisão responsável baseada no compromisso. Mas, para os críticos, o incidente da Liberdade de Expressão era um exemplo de diretores covardes se rendendo a adolescentes mimados. O ator Ronald Reagan fez da Liberdade de Expressão de Berkeley uma de suas principais plataformas de campanha quando concorreu ao cargo de governador, em 1966, prometendo que, se fosse eleito, iria "limpar a bagunça de lá", que Reagan jurava incluir "orgias sexuais tão vis que eu jamais seria capaz de descrevê-las". Reagan venceu a eleição com folga e mandou um recado pela imprensa aos estudantes de Berkeley: "Obedeçam às regras ou vão embora". Como outros estudantes universitários por todo o país, eles não fizeram uma coisa nem outra; a ameaça de Reagan reforçava sua crença de que o governo era seu inimigo mortal. Os ativistas de Berkeley se deleitavam com a reputação crescente de seu campus como sendo, talvez, o mais radical do país.

Pouca coisa afetava Charlie além das suas próprias experiências. Isso mudou no dia em que ele chegou a Berkeley e começou a perambular pelas ruas, em direção à universidade, onde um pleno espírito de revolução reinava. Alguns dos jovens com quem ele cruzou perto dos portões do campus empunhavam cartazes e entoavam slogans protestando contra a guerra travada pela América, e Charlie pode ter pensado *"que guerra?"* de tão isolado que esteve.

Durante seus anos no reformatório, entre 1947 a 1954, Charlie não tomou conhecimento da queda da China diante da ascensão do Partido Comunista e das forças americanas presas a uma sangrenta guerra na Coreia. Os reformatórios ofereciam aulas de atividades manuais e solda, mas não sobre os eventos correntes. Em maio de 1954, mais ou menos na mesma época que Charlie foi libertado do reformatório em Chillicote e voltado a viver com sua avó em um povoado afastado em West Virginia, os norte-vietnamitas, com apoio comunista, derrotaram as forças francesas em Dien Bien Phu. Isto levou à divisão do país do sudeste asiático em norte e sul e o presidente Dwight Eisenhower – que meses antes defendeu uma "teoria do efeito dominó", segundo a qual outras nações-chave da Ásia poderiam ceder ao comunismo se uma única democracia caísse primeiro – anunciou que os EUA enviariam conselheiros militares ao Vietnã do Sul. Eles não iriam, prometeu o presidente, pegar em armas contra os vietnamitas do norte. Essa política de meio-termo foi atacada de ambos os lados – alguns críticos acreditavam que os Estados Unidos precisavam tomar parte no combate e demonstrar aos comunistas que os EUA não tolerariam agressões traiçoeiras. Outros insistiam que os Estados Unidos não tinham direito de se meter no Vietnã de forma alguma. Em 1965, quando tudo em que Charlie podia pensar em McNeil era compor músicas e se tornar mais famoso que os Beatles, os Estados Unidos começaram a enviar tropas para o combate por ordem do presidente Lyndon Johnson. Mesmo que a guerra não declarada tivesse se tornado uma grande questão que dividia implacavelmente a nação, Charlie não conseguiria encontrar o Vietnã num mapa.

Os manifestantes antiguerra não eram a única visão chocante para Charlie. Nos mesmos blocos, jovens negros interpelavam os passantes brancos pedindo dinheiro. Eles gritavam que estavam tentando alimentar crianças famintas, mas havia uma ameaça inequívoca no seu tom e na aparência – roupas semimilitares, óculos escuros e frequentemente bonés ou boinas pretas. Eles eram os Panteras Negras, um fenômeno recente, mas apenas a última manifestação da revolta sentida por muitos afro-americanos.

Em 1967, a América foi assolada por uma tensão racial quase insuportável. O progresso era lento demais para os negros frustrados pela alta taxa de desemprego, baixos salários e condições precárias de moradia. Revoltas explodiam regularmente nos guetos, desde a capital Washington até um bairro pobre de Los Angeles chamado Watts. O presidente Lyndon Johnson, em particular, lamentava a ingratidão dos afro-americanos e fez a seguinte previsão a um assessor: "Os negros vão acabar mijando nos corredores do Senado".

Por todo o país, mas particularmente na Califórnia e na Baía de São Francisco, jovens militantes negros declaravam que estavam prontos para defender a si próprios, as suas famílias e suas propriedades. Em Oakland, em outubro de 1966, não muito depois de Charlie ser transferido de McNeil para a Ilha Terminal, Bobby Seale e Huey Newton, reagindo após a polícia de São Francisco balear e matar um jovem negro de

16 anos desarmado, formaram o Partido Pantera Negra pela Autodefesa. Os Panteras instituíram clínicas de saúde gratuitas e café da manhã para crianças do gueto, mas Charlie, como muitos da América branca, reparava apenas nos seus óculos de sol, vestimentas paramilitares e armas que alguns dos Panteras carregavam abertamente (de forma legal, sob as leis da Califórnia). Na limitada experiência prévia de Charlie fora da prisão, os poucos negros que ele encontrou eram chamados de crioulos e sabiam o seu lugar. Para ele, os pedidos de doação dos Panteras Negras nos portões de Cal-Berkeley eram equivalentes à militância intimidadora dos muçulmanos negros que ele vira dentro de McNeil e na Ilha Terminal, mas os Panteras estavam armados e livres pelo mundo. Negros furiosos com armas significavam que gente branca iria morrer. Desde o momento que Charlie encontrou-os pela primeira vez em Berkeley, os Panteras o impressionaram e assustaram.

Nós não sabemos se naquela primeira noite Charlie procurou seu companheiro de cela ou se dormiu em algum gramado ou banco de praça. Ele havia recebido 35 dólares na sua libertação em McNeil, então pode ter se hospedado num quarto barato de hotel. Mas quando o sol nasceu Charlie não tinha ninguém lhe dizendo o que fazer. Liberdade – exceto o fato de não estar completamente livre. Logo ele teria de se apresentar ao seu novo oficial de condicional na região da Baía de São Francisco e então manter encontros regulares depois disso. Ele teria de demonstrar que havia conseguido emprego ou que pelo menos estava procurando um. Dependeria bastante do oficial que ele teria. Alguém compreensivo daria a Charlie um tempo para se adaptar; alguém duro poderia tornar sua vida um inferno. Aquilo estava pesando sobre a sua cabeça. Mas por enquanto ele podia observar as coisas em Berkeley.

Charlie passou alguns dias vagando pelo campus de Cal-Berkeley e pela Bancroft Strip. Como sempre, estava pronto para absorver qualquer coisa que pudesse se mostrar útil. Ele ouviu os discursos apaixonados dos manifestantes, embora seus objetivos não convergissem – ele não tinha interesse na guerra do outro lado do oceano, qualquer coisa que mantivesse mulheres e negros no lugar deles era bom para ele e a única liberdade de expressão com que se importava era a sua própria. Mas Charlie reconhecia o senso de alienação deles. Aquilo era algo que ele compreendia.

Imediatamente entendeu que tinha chegado a um lugar onde era permitido parecer e agir diferente. Em Berkeley, pessoas que poderiam ter sido personagens marginais em outros lugares ajudavam a compor um modelo – "uma saborosa sopa", nas palavras do líder da SDS Bill

Ayers. Tudo que Charlie conhecia antes, no reformatório e na prisão, e mesmo em McMechen, era uma conformidade forçada. Berkeley era o extremo oposto e ele adorava o fato de que não havia problema em ser um rebelde lá. Charlie sempre gostou de pensar em si mesmo como um rebelde, mantendo-se forte contra o sistema. Lá ele se encaixava perfeitamente e até se destacava por causa do seu histórico criminal. Longe de ter que esconder isso, Charlie ficou alegremente surpreso em descobrir que poderia se gabar de seu tempo na cadeia. Até onde os seus novos conhecidos sabiam, ele se opôs ao governo e a seus policiais fascistas - *porcos*, na gíria revolucionária - e sobreviveu para contar a história. Ele foi bem recebido em seus círculos; como sempre, as histórias de Charlie eram um bom entretenimento e sem dúvida ele contou todo tipo de histórias exageradas sobre as tribulações que havia suportado na prisão. Mas Charlie rapidamente percebeu que aqueles estudantes não tinham nada mais a lhe oferecer. O foco deles era mudar o mundo, não fazer coisas para Charlie. Eles o tinham adotado como um membro ativo do seu movimento revolucionário - ter um ex-presidiário ao lado deles legitimaria sua própria imagem de rebeldes. Charlie não tinha interesse naquilo. Aceitação era tudo o que os radicais tinham para lhe oferecer e isso não era o bastante.

Charlie tinha um plano vago de se sustentar como músico, tocando em clubes ou ao menos bancando o menestrel ambulante, cantando nas esquinas enquanto pessoas lhe atiravam moedas num copo. Mas cada quarteirão de Berkeley estava apinhado de músicos de rua, muitos deles tocando canções originais e quase todos, como Charlie, sonhando com a fama. Havia muitos deles para que alguém conseguisse ganhar a vida com essas gorjetas. Vagas em clubes eram quase impossíveis de se conseguir. Charlie teria que conseguir dinheiro de outra forma.

Em muitas outras cidades além de Berkeley, a cafetinagem podia ser uma opção. Charlie tinha alguma experiência nisso, mas em Berkeley sexo não estava à venda porque era prontamente acessível e de graça. Um dos pilares do movimento radical estudantil era o amor livre, desfrutando do sexo sem as preocupações burguesas com moralidade e fidelidade. Ninguém era dono do corpo de outra pessoa. O conceito foi se tornando mais agradável para as mulheres com o aumento da disponibilidade das pílulas anticoncepcionais, aprovadas pela Food and Drug Administration (FDA) em 1960, no mesmo ano que Charlie passou um tempo na cadeia em Los Angeles apelando da sua sentença de dez anos em McNeil.

As outras escolhas de emprego de Charlie em Berkeley não eram aceitáveis. Ajudante de garçom em um restaurante, atendente em um estacionamento, zelador em um prédio de escritórios – ele já havia estado em empregos parecidos antes. Agora ele se considerava um grande artista, um músico com um tremendo talento. Trabalho manual não estava à sua altura, a menos que não houvesse opção – e quase imediatamente a opção perfeita se apresentou.

Mary Brunner, de 23 anos, era natural de Wisconsin. Após conseguir seu bacharelado, mudou-se para o oeste da Califórnia assim como tantos outros jovens que queriam uma vida mais excitante. De rosto quadrado, a caseira Mary trabalhava em Cal-Berkeley como bibliotecária assistente. Charlie a conheceu no campus. Mary se destacava porque, diferentemente da maioria dos outros residentes da universidade, ela se vestia de forma conservadora, com uma blusa abotoada até o pescoço. Ainda nova na área, Mary não possuía muitos amigos. Charlie sempre percebia quando uma garota era solitária. Aquela era uma boa presa. Mary estava passeando com seu cachorro e Charlie a abordou fazendo carinho no animal. Ele estava com seu violão e cantou algumas músicas para ela. Eles conversaram sobre as mais diversas coisas – a grande causa social de Mary era proteger o meio ambiente e Charlie a convenceu de que se sentia exatamente da mesma forma. Quando Charlie habilmente mencionou que não tinha lugar para ficar, Mary disse que ele poderia dormir no apartamento dela por algumas noites até encontrar outro lugar. Aquela era toda a abertura de que Charlie precisava.

Apesar de Mary resistir bravamente – no fundo ela ainda era uma garota conservadora do Centro-Oeste –, Charlie conseguiu levá-la para a cama. Sua estadia temporária se tornou permanente. Ainda que não pudesse cafetiná-la, Mary era um ótimo vale-refeição para Charlie. Ela saía para trabalhar na biblioteca todos os dias enquanto ele pegava seu violão e perambulava por Berkeley sem se preocupar com as contas. Às vezes, levava outras garotas para o apartamento de Mary. Se todo o mundo estava praticando o amor livre, Charlie não via por que não fazer o mesmo. Mary não gostava disso, mas Charlie conseguiu fazê-la se sentir bonita e importante e ela não queria perder isso mandando-o embora. Ela aos poucos se acostumou a dividi-lo. Nenhuma daquelas garotas permanecia por muito tempo, de qualquer forma. Sexo casual era uma coisa, mas a maioria das jovens de Berkeley não pretendia abrir mão dos seus próprios interesses em função dos de Charlie. Mary, inteligente, porém solitária, ficava feliz em fazer isso. Apesar das outras garotas, ele a fez se sentir especial; por anos, ela continuou a acreditar que de algum modo, algum dia, seriam só ela e Charlie. A relação não era totalmente unilateral. Mary era extremamente bem-informada sobre questões ambientais. Como de costume, Charlie escutava e lembrava o que ouvia – quem sabe quando aquilo provaria ser útil? Mas talvez pela última vez, em vez de responder repetindo frases para fingir empatia, ele genuinamente adotou algumas das ideias para si próprio. Ele se tornou um ambientalista engajado.

Berkeley era boa para Charlie em alguns aspectos, mas era apenas uma parada temporária. Ele ainda esperava fazer sucesso na música e se tornar maior que os Beatles, só que isso não aconteceria lá. Em algum momento, ele pretendia regressar a Los Angeles e se reunir com o cara da Universal o qual Phil Kaufman lhe havia indicado. Antes disso, porém, havia outro lugar que Charlie gostaria de tentar. Ele cruzava a Ponte Bay para se encontrar com o seu oficial de condicional em São Francisco, Roger Smith, que parecia de fato gostar de Charlie e não o pressionou tanto a procurar trabalho. Durante essas viagens, Charlie tinha a chance de dar uma olhada na cidade e assim ele descobriu um lugar onde sabia que poderia não só se encaixar, mas prosperar. Então, antes de voltar para a casa de Mary em Berkeley à noite, ele passava os dias no bairro de Haight-Ashbury, bem na extremidade leste do imenso Parque Golden Gate. Charlie podia se considerar um músico, mas ainda era um predador. Se Berkeley era conhecida por seus estudantes radicais, o Haight era igualmente famoso por sua crescente população de hippies, que desejavam mudar o mundo através do exemplo de gentileza e generosidade em vez de revolução. Seu gesto preferido contra o sistema era oferecer uma flor, não o dedo do meio em riste. Eles compartilhavam suas posses alegremente e tentavam dar a qualquer um o benefício da dúvida.

Depois de todas as experiências durante a infância, no reformatório e na prisão, estava arraigada em Charlie a ideia de tirar vantagem de todos que conseguisse. O mestre em manipulação não poderia ter encontrado terreno melhor para caçar do que o Haight.

São Francisco sempre atraiu aqueles que não se encaixavam em lugar algum. Em vez do que era convencional, as pessoas iam para a cidade para fazer o que desse na telha. Quando os conservadores assumiram o governo da cidade, nos anos 1940, eles determinaram que a libertinagem deveria ser controlada com batidas policiais, restrições imobiliárias (não era permitido alugar apartamentos a casais formados por brancos e negros, por exemplo), leis de zoneamento e inspeções sanitárias mais rígidas. Quase imediatamente eles foram desafiados por uma geração de intrusos conhecidos como Beats, inconformados cujas figuras principais, em sua maioria escritores e poetas, como Allen Ginsberg, Lawrence Ferlinghetti, Neal Cassady e Jack Kerouac, chegaram a São Francisco oriundos da Costa Leste. Os Beats adotaram o bairro de North Beach como seu território particular, sentando em cafés para discutir literatura, lendo e escrevendo poesia de vanguarda, bebendo vinho tinto, fumando maconha e viajando com psicodélicos de vez em quando. Eles se celebravam como hipsters, desdenhando dos quadradões que se vendiam ao belo sonho americano de casas no subúrbio, carros grandes e empregos convencionais. Depois de um tempo, começaram os atritos. Apesar de o núcleo dos Beats ter continuado na cidade, os clubes de striptease gradualmente igualaram e então superaram o número de cafés em North Beach. Muitos dos Beats remanescentes se juntaram a outros iconoclastas marginalizados e estudantes universitários que moravam nas redondezas do Parque Golden Gate e no campus da San Francisco State University. A região era meio abandonada, mas suas decadentes casas vitorianas de dois e três andares tinham um grande apelo para inquilinos de pouca renda; um aluguel podia ser conseguido por uma quantia modesta e esses lugares tinham um monte de pequenos quartos que poderiam ser sublocados a outros pensionistas pobres. Havia um número limitado de pequenas lojas e cafés. O Panhandle, um longo braço do Parque Golden Gate, se projetava exatamente para a região. Se você fosse diferente, se não tivesse muito dinheiro, mas ainda assim quisesse viver na bela e peculiar São Francisco, então aquele era um bom lugar para ficar. O bairro até tinha um nome: Haight-Ashbury, por causa de duas das ruas que se cruzavam no seu coração geográfico.

Se a localização e a arquitetura eram as principais características do Haight-Ashbury, a moda as seguia de perto. A maior parte dos estudantes e dos desocupados que vivia por ali tinha um orçamento limitado para seu guarda-roupa. Apesar de o Haight dispor de poucas lojas de grife, tinha mais que o suficiente em lojas de roupas de segunda mão. Por alguma piada cósmica, muitas delas ofereciam todo tipo de trajes rendados e baratos – "eduardianos", na expressão dos anos 1960. Assim, muitos moradores do Haight desfilavam em longos vestidos coloridos ou paletós em estilo militar com várias dragonas e botões brilhantes. Eles poderiam ser facilmente combinados com colares de contas e enfeitados com penas ou flores. Era bastante divertido se vestir de forma diferente dos "normais", que queriam parecer e pensar igual.

E havia as drogas. Maconha e haxixe, de uso comum desde o auge dos Beats. Mas, acima de tudo, havia *a* droga. A dietilamida do ácido lisérgico, popularmente conhecida como LSD, foi sintetizada pela primeira vez pelo laboratório Sandoz, na Suíça, em 1938. A intenção era criar um remédio estimulante da respiração e circulação, mas os testes indicaram que ingerir LSD resultava em períodos de estados oníricos e de euforia que poderiam se mostrar benéficos em tratamentos psiquiátricos. Havia uma pequena incidência do aumento de ansiedade como resultado de reações negativas, mas nenhuma droga havia sido testada perfeitamente sem efeitos colaterais. No fim dos anos 1940, o Sandoz colocou o LSD no mercado. Como pretendido, os psiquiatras começaram a fazer uso dele. A CIA e os militares fizeram o mesmo, acreditando que a droga poderia ser útil para interrogatórios e controle mental. Nos anos 1950, eles patrocinaram inúmeros testes, frequentemente contratando civis como cobaias humanas. Um deles foi Ken Kesey, um estudante de Stanford que se inscreveu em 1959 para um teste patrocinado pelo governo no Hospital Memorial dos Veteranos, em Menlo Park. Kesey adorou o LSD, que ele chamou de "ácido". Três anos mais tarde, ele publicou o livro *One Flew over the Cuckoo's Nest* [*Um Estranho no Ninho*], uma história sobre pacientes psiquiátricos que se tornou best-seller e forneceu a Kesey os meios financeiros necessários para continuar explorando as possibilidades sociais e intelectuais do LSD. Ele comprou um ônibus velho, pintou-o em uma espiral de cores chamativas e embarcou com amigos igualmente dedicados ao LSD para desfrutar de qualquer aventura que pudesse surgir. Eles chamaram a si mesmos de Merry Pranksters [Brincalhões Alegres] e frequentemente davam festas regadas a ácido na casa de Kesey.

Em 1964, Timothy Leary começou a defender abertamente o uso do LSD, declarando que a droga permitiria aos seus usuários alcançar novos patamares imaginativos. Demitido da faculdade de Harvard por faltar às suas próprias aulas, Leary tinha um senso aguçado de mídia; ele deu declarações cativantes que logo atingiram as primeiras páginas. A sua mais famosa era "ligue-se, sintonize-se, caia fora", uma sugestão que ressoava no Haight, onde quase todo o mundo desejava sintonizar sua consciência mais elevada e cair fora do mundo normal. O problema era a parte de "se ligar". Drogas eram difíceis de conseguir – maconha, comumente chamada de grama ou erva, estava disponível apenas em quantidades de 15 ou até mesmo oito gramas, e mesmo o LSD, a droga aclamada por Kesey e Leary, apesar de legal, também era difícil de obter. E foi assim, como algum super-herói das histórias em quadrinhos, leituras populares na vizinhança, que surgiu o homem cuja genialidade química e ambição ardente tornaram o ácido facilmente acessível e transformaram o Haight.

Na época em que Augustus Owsley Stanley III entrou em cena, o homem de 29 anos já tinha uma vida colorida e quixotesca. Ele rejeitou a sua família paterna no Kentucky, se alistou na Força Aérea e serviu como técnico de radar, aprendeu russo como primeiro (e único) passo para se tornar um padre ortodoxo naquele país, atravessou vários casamentos, aprendeu sozinho mecânica automobilística ao redesenhar o motor do seu carro e finalmente definiu seu último objetivo: produzir drogas psicodélicas perfeitas e levá-las ao alcance do maior número de usuários possível. Owsley criou uma companhia de fachada chamada Bear Research Group, para que pudesse comprar quantidades maciças de produtos químicos diretamente dos fabricantes, então montou um laboratório na Baía de São Francisco para criar os seus próprios. Ali ele experimentou a força das dosagens de LSD, oferecendo amostras grátis aos amigos como forma de testá-lo. Ele tinha bastante para usar – o estoque inicial de ingredientes de Owsley era suficiente para um milhão e meio de doses. A princípio, ele se considerava o maior entre os deuses do LSD. Após visitar Timothy Leary em sua casa, em Millbrook, Nova York, Owsley retornou à Califórnia e o detonou: "Leary pode ser o rei no pequeno jogo de xadrez dele, mas o que ninguém percebeu é que eu sou a rainha".

Dentro de meses, o ácido de Owsley estava por toda parte no Haight e ele não se abalou quando, em outubro de 1966, o Poder Legislativo da Califórnia determinou que o uso de LSD era um delito e que sua venda constituía crime. Primeiro ele começou a oferecer ácido na forma de líquido pintado na mesma cor azul do detergente de limpeza Wisk. Os vendedores podiam carregar seu LSD livremente em garrafas de Wisk, que continham mais de 4 mil doses. Então comprou uma prensa de pílulas e começou a produzir comprimidos. Ele mudava a cor das pílulas aleatoriamente – branco, verde, rosa, roxo.

Owsley não só controlava a aparência do LSD, mas seu preço. Seu ácido era conhecido como o melhor; quando os vendedores se aglomeravam para abocanhar seu lote mais recente, ele os vendia somente depois que prometessem não cobrar dos seus clientes nas ruas mais do que 2 dólares a dose. O próprio Owsley era visto com regularidade nas calçadas e clubes do Haight, frequentemente dando suas mercadorias de graça. Ele gostava de pagar bifes para amigos em alguns dos melhores restaurantes de São Francisco – sua teoria era de que humanos eram comedores naturais de carne cujos sistemas digestivos haviam sido contaminados pelos vegetais. Owsley pagava por esses jantares suntuosos com notas de 100 dólares, a única moeda que ele aceitava dos vendedores. Havia um rumor de que nos dias em que Owsley atendia para vender sua leva mais recente de LSD, não havia notas de 100 dólares na maioria dos bancos num raio de cem quilômetros de São Francisco.

Os relatos sobre LSD facilmente acessível levaram mais reclusos sociais para o Haight. Kesey e os Merry Pranksters ajudaram a espalhar a notícia com uma altamente divulgada série de "testes de ácido" em livrarias e clubes, onde aqueles que desejassem podiam ingerir LSD e julgar os seus efeitos. A maior parte do ácido era fornecida por Owsley. Muitos moradores ligadões do Haight potencializavam sua dose de LSD com maconha cultivada discretamente em varandas ou vasos de flores, ou mesmo adquiridas de outros plantadores locais. Geralmente havia bastante não apenas para dividir com os amigos como para vender (a preços bastante razoáveis, apenas para cobrir o aluguel, a comida, outras despesas e o ácido de Owsley) a estudantes universitários e jovens profissionais que desejavam relaxar depois de um dia difícil na sala de aula ou no trabalho. Parecia seguro para aqueles de fora adquirir seus estoques de outros caras brancos; os caras negros que vendiam drogas nos guetos eram assustadores. O Haight rapidamente se tornou, nas palavras do historiador Charles Perry, o lar da primeira "comunidade agrícola urbana" do país. Praticamente todo o mundo que vivia lá fazia parte do negócio. Eles consideravam aquilo um comércio, não capitalismo real. Ninguém era dono de nada ou de ninguém. As melhores coisas da vida eram de graça.

Assim, o Haight havia renascido com uma abordagem animada e não competitiva da vida. De acordo com as histórias, os Beats sobreviventes de São Francisco e Haight-Ashbury deram às novas crianças um apelido depreciativo. Os Beats gostavam de pensar em si mesmos como hipsters céticos e esclarecidos. Já aqueles patetinhas ingênuos eram algo menor: hippies. O termo foi bastante usado no Haight e finalmente foi cooptado pela mídia local. Em setembro de 1965, o *San Francisco Examiner* publicou uma matéria importante sobre a regeneração da vizinhança. Sua chamada descrevia o Haight como "Um Novo Refúgio para os Beatniks", mas no corpo da matéria os habitantes do Haight eram coletivamente identificados como hippies. Os jovens abraçaram a expressão.

Pelo resto de 1965 e por todo o ano de 1966, o Haight floresceu. Um novo e próspero cenário musical explodiu quase da noite para o dia. O produtor Bill Graham assumiu o controle do Fillmore Auditorium em uma vizinhança negra decadente, nos limites do Haight, e aquele local, junto com outro chamado The Avalon Ballroom, apresentava várias bandas de São Francisco - The Grateful Dead, Big Brother and the Holding Company, com Janis Joplin, e Quicksilver Messenger Service. Além das bandas, havia muitos outros artistas - trupes de mímicos, comediantes e palhaços com os rostos pintados perambulando pelas ruas do Haight durante o dia, distribuindo balões em formato de animais. Todos eram um pouco diferentes - mas, se não fossem diferentes, não estariam ali.

Havia uma incômoda preocupação. Drogas não faltavam - todo o mundo tinha um baseado ou uma pastilha para dividir - e as igrejas da região se superavam na abertura de abrigos temporários para que qualquer um pudesse conseguir uma cama. Mas comida *era* um problema, até que um improvável grupo apareceu.

Os Diggers [Escavadores], que originalmente foram para o Haight como parte de uma trupe de mímicos, eram essencialmente anarquistas. Eles acreditavam que *qualquer* organização ou empresa, incluindo o governo, escolas e lojas, infringia a liberdade individual. *Tudo* devia pertencer a todos sem custo algum e o sustento estava no topo da lista. Mesmo seus nomes refletiam aquela filosofia - os Diggers originais viveram na Inglaterra do século XVII, onde desafiaram o governo autoritário de Oliver Cromwell invadindo fazendas improdutivas e começando uma produção que eles doavam para os britânicos famintos. Os Diggers do Haight colhiam sua lavoura nas mercearias de São Francisco, atacando as lixeiras nos fundos das lojas em busca de alimentos próximos do prazo de validade, mas ainda comestíveis - vegetais murchos, carne que havia passado do período de venda, mas que ainda não estava podre. Eles carregavam sua coleta diária de volta ao Haight, cozinhavam grandes quantidades de sopa ou ensopado, então levavam os caldeirões fumegantes para o Panhandle e serviam refeições grátis à tarde para qualquer um que estivesse faminto. Dentro do grupo, o sexismo era evidente. Diggers do sexo masculino conversavam com amigos e caminhavam pelo Haight enquanto Diggers do sexo feminino coletavam, cozinhavam, carregavam e serviam a comida e depois lavavam tudo.

Eles faziam mais do que oferecer comida gratuita. Jornais tradicionais publicavam algumas matérias de interesse dos moradores do Haight. Os Diggers imprimiam e distribuíam panfletos com informações úteis sobre festas, shows e até mesmo como conseguir um advogado se você fosse preso por posse de drogas. Eles ameaçavam comerciantes locais se achassem que o preço dos alimentos ou das mercadorias estava alto demais e em novembro de 1966 abriram a própria loja, a Free Frame of Reference, que oferecia roupas doadas de segunda mão e utensílios domésticos. O nome era apropriado: os moradores do Haight, particularmente os recém-chegados sem um tostão, eram convidados a entrar, dar uma olhada e levar o que precisassem. Tudo era de graça.

O ano de 1966 no Haight terminou com um jantar de Natal gratuito com peru para quinhentas pessoas oferecido pelos Diggers na igreja local; depois disso, o LSD fresquinho de Owsley foi passado entre eles. A diversão musical ficou por conta da The Chamber Orkustra, uma nova banda do Haight. O fundador e principal guitarrista da Orkustra era um garoto de 19 anos que chamava a si mesmo de Bobby Snofox ou, às vezes, Bummer Bob. Seu verdadeiro nome era Bobby Beausoleil e as pessoas ainda ouviriam falar dele.

Eventos comunitários eram uma grande parte do charme do Haight. Poucas semanas se passavam sem que houvesse algum concerto improvisado no Panhandle ou uma apresentação especial de teatro de rua. Era o modo de celebrar seu pioneirismo em um novo modo de vida. Havia uma sensação crescente de que um dia, em breve, todos se livrariam das restrições das algemas morais e espirituais, se apenas a influência do Haight pudesse se espalhar o bastante. Com esse espírito, os líderes comunitários decidiram começar 1967 com a maior festa já realizada, uma que pretendia unir os hippies do Haight com mentes semelhantes por toda a Baía de São Francisco. Um segundo objetivo era selar uma forte solidariedade entre os moradores do Haight e os estudantes radicais de Berkeley. Afinal, mesmo que seus métodos fossem tão diferentes, seu objetivo comum era criar uma sociedade melhor e mais igualitária.

Os organizadores deixaram de lado seu desprezo pela prefeitura de São Francisco e reservaram formalmente o extenso Campo Polo no Parque Golden Gate para a tarde de sábado, 14 de janeiro de 1967. O primeiro debate interno foi sobre como se chamaria o evento. "Pow-wow"[2] e "A Gathering of the Tribes" ["Um Encontro das Tribos"] foram seriamente considerados antes da escolha final: "A Human Be-In", logo reduzido pelos organizadores e pela imprensa para "Be-In". Ninguém tinha certeza de quantas pessoas poderiam comparecer. Panfletos do evento, que duraria das 13h às 17h, simplesmente pediam aos participantes para levarem "crianças, flores, flautas, tambores, penas, bandas, colares, faixas, bandeiras, tangerinas, incenso, sinos, gongos, pratos, alegria". Os palestrantes confirmados incluíam os poetas Beats Allen Ginsberg e Lawrence Ferlinghetti, o guru do LSD Timothy Leary e Buda.

2 1) Pow: abreviação de *Prisoner of War* (Prisioneiro de Guerra);
2) Nome de uma das cerimônias realizadas pelos índios norte-americanos;
3) Encontro para discussão, principalmente entre amigos ou colegas.

O clima de inverno em São Francisco era notoriamente imprevisível, fazendo com que qualquer programa ao ar livre fosse arriscado, mas o dia 14 de janeiro amanheceu limpo e ensolarado. Os organizadores estavam preocupados com a ideia de que a imprensa de São Francisco enfatizasse uma multidão menor do que a esperada, então as lojas e cafés do Haight voluntariamente fecharam durante o dia em um esforço para encorajar os moradores a irem ao Campo Polo. Eles nem precisavam ter se preocupado. Às 9h, hippies em batas coloridas e chapéus de penas começaram a chegar ao vasto prado. Eles se misturavam com estudantes usando jeans e camiseta. Mais de 20 mil pessoas estavam presentes na abertura oficial, às 13h, amontoadas e sem se importarem com isso. Os Diggers distribuíram de graça sanduíches de peru; Owsley doou um lote enorme e particularmente potente de LSD, apelidado de "White Lightning" ["Relâmpago Branco"]. Qualquer um que se sentiu viajando no ácido o fez em grande estilo. Ginsberg, que queria desesperadamente ser tão importante para os hippies como havia sido para os Beats, abriu a programação cantando "Nós todos somos um!" enquanto alguém soprava numa concha. Leary encorajou todos os presentes a se ligarem, se sintonizarem, caírem fora, e dezenas de bandas de São Francisco tocaram. Quando o sol se pôs, por volta das 17h, Ginsberg entoou uma canção final para encerrar a programação. Então a multidão estarreceu os seguranças do parque ao coletar cada migalha de lixo antes de caminharem em direção ao crepúsculo, ainda cantando. O Be-In foi um evento mágico, superando de longe o que os organizadores poderiam ter esperado, diretamente responsável por destruir o espírito do Haight que celebrava. Se o bairro era o Éden dos hippies, então a imprensa de São Francisco inadvertidamente se tornou a serpente.

Repórteres locais, fotógrafos e equipes de filmagem compareceram ao Be-In e suas reportagens, artigos e fotografias subsequentes captaram com precisão a atmosfera arrebatadora. Noticiários nacionais e publicações notaram aquilo. Pelas semanas seguintes, era impossível viver na América sem ver, ouvir ou ler algo sobre o Haight-Ashbury em São Francisco, o lugar onde comida, amor e drogas eram abundantes. Todos eram bem-vindos lá. Por todo o país, jovens marginalizados responderam ao chamado. Anteriormente, algumas dezenas de novatos famintos e sem um centavo tomavam o caminho para o Haight toda semana. Agora eram mais de trezentos por dia. Não levou muito tempo para que os líderes comunitários percebessem o que estava acontecendo. Eles se reuniram com o chefe da polícia de São Francisco, Thomas Cahill, e outros oficiais da cidade, solicitando ajuda para abrigar e alimentar as hordas que chegavam. Cahill, um conservador que enxergava os hippies como a prova da decadência moral americana, retrucou que eles haviam se tornado "a geração do amor" e piorou as coisas anunciando que nenhuma barraca poderia ser armada em qualquer parque municipal após as 22h, o que significava que os recém-chegados ao Haight não teriam mais um lugar para acampar. Uma equipe de pesquisa do bairro fez o melhor que pôde para perguntar aos membros da crescente multidão os motivos pelos quais eles tinham resolvido ir até lá; seu relatório concluiu que alguns eram psicóticos; 40% adoravam a ideia "da mística do Haight e acham que isso mudará o mundo"; 45% foram atraídos "pelo mínimo de tempo trabalhando e o máximo de tempo chapado". Aquilo não era a utopia hippie celebrada apenas algumas semanas antes.

Os moradores do Haight esperavam que o influxo de novatos necessitados diminuísse na medida em que o Be-In desaparecesse da lembrança das pessoas. Essa possibilidade se perdeu no começo de abril, quando Paul McCartney deu as caras na vizinhança para uma breve olhada no lugar cuja reputação de refúgio hippie havia se espalhado por toda a Inglaterra. McCartney aparentemente se esqueceu de mencionar as pilhas de lixo e as multidões amontoadas de maltrapilhos desajustados. Em vez disso, ele afirmou que os hippies do Haight eram coletivamente "coloridos e divertidos", e seus comentários causaram mais notícias fresquinhas. Um Beatle havia endossado o Haight. Aquilo encorajou ainda mais as pessoas a irem, e entre elas havia traficantes barras-pesadas visando lucros ilimitados à custa de uma multidão de consumidores que acreditava que era sua obrigação social e espiritual ingerir drogas. Owsley ainda controlava a maior parte do mercado de LSD e maconha era fumada no Haight tão frequentemente quanto cigarros convencionais. Mas esses novos traficantes ofereciam drogas pesadas – heroína, metanfetaminas e outras substâncias químicas que causavam alucinações intensas e violência física. Os que chegavam ao Haight, e não só uns poucos moradores de longa data, provavam indiscriminadamente tudo o que lhes era oferecido. Seringas usadas se tornaram frequentes nas calçadas do Haight. Esses traficantes se infiltraram na comunidade e suavemente se tornaram tão parte dela quanto os Diggers.

Se os traficantes eram os menos bem-vindos, adolescentes fugidos de casa eram os mais comoventes. Com 16, 15 anos ou até menos, eles vinham de toda parte do país, mais fugitivos do que qualquer grande cidade poderia absorver confortavelmente, muito menos um bairro relativamente pequeno. Alguns haviam deixado seus lares pela simples emoção e depois de descobrirem a atmosfera cada vez mais desagradável do Haight tinham o bom senso e os recursos para voltarem para casa. Mas muitos outros, nas palavras de Joan Didion, eram "pateticamente despreparados" para lidar com o novo ambiente. Eles eram crianças desequilibradas, aquele tipo sem habilidades sociais, com problemas em fazer amigos ou se adaptar em sua cidade natal, ou que tinha uma relação conturbada com os pais ou queria alguém mais compreensivo que o aceitasse e lhe dissesse o que fazer. Os que tinham menos condições de se defender eram os mais propensos a permanecer.

Assim, tantas ovelhas adolescentes indefesas naturalmente atraíam pastores e lobos. Pregadores ambulantes sempre estiveram vagando por São Francisco, mas agora o Haight atraía um número desordenado que pontificava nas esquinas ou no Panhandle, todos alegando ter as respostas que os seus ouvintes confusos necessitavam. Era possível, dentro de alguns poucos quarteirões do Haight, ser exposto a uma enorme variedade de proselitistas: budistas, hindus, cristãos fundamentalistas, satanistas, socialistas, anarquistas, pacifistas, isolacionistas e um bando de impostores adotando roupas de guru com o objetivo de seduzir jovens ingênuos. "Você não conseguia enfatizar suficientemente a inocência da maioria daquelas crianças de olhos brilhantes", relembra Glenn Todd, Beat sobrevivente do Haight. "Estavam prontos para alguém tirar vantagem deles se desejasse. Bastava soltar alguma conversa sobre paz e amor no Parque Golden Gate e você poderia dormir com uma dúzia de garotinhas ingênuas se essa fosse a sua intenção". Para muitos era. Um panfleto do dia 16 de abril descreveu outra cena bastante típica: "Uma bela garota de classe média vem ao Haight para ver como são as coisas e cai nas mãos de um traficante de 17 anos que passa o dia inteiro injetando speed nela, de novo e de novo, então [...] sorteia o corpo temporariamente inutilizado dela para a maior orgia da Haight Street, desde a noite de anteontem [...] estupro é comum como merda na Haight Street".

As coisas ficariam ainda piores. Durante toda a primavera de 1967, novatos convergiram para o Haight. Em maio e junho, quando as escolas por todo o país fecharam para as férias de verão, esperava-se que o número de recém-chegados se multiplicasse a uma taxa assustadora. Uma estimativa era de que mais de 75 mil pessoas chegassem num bairro residencial com uma capacidade que talvez fosse de um décimo desse número. Era o "Verão do Amor".

Naquela época, Charlie espreitava pelo Haight e estava ansioso para dar boas-vindas aos recém-chegados.

CAPÍTULO SETE

Charlie no Verão do Amor

Charlie chegou ao Haight em abril de 1967 após o Be-In (em janeiro ele ainda estava atrás das grades na Ilha Terminal), antes do começo das férias colegiais de verão e da grande onda de aspirantes a hippies começar. Alguém lhe ofereceu uma flor, ele teve sua primeira viagem de ácido (e adorou aquilo) e passou uma noite ou duas na grama fofa do Parque Golden Gate. Décadas depois, ele também afirmaria ter tocado no Avalon Ballroom com o Grateful Dead, o que mesmo para Charlie era uma mentira descarada. Ninguém lhe deu grande atenção; Charlie parecia não ser nada mais do que outro andarilho maltrapilho, tentando se virar pelas ruas abarrotadas. Mas Charlie estava captando tudo ao seu redor, procurando um ângulo, tentando calcular como ele poderia tirar vantagem de algum aspecto das atividades da Geração do Amor. Como era o caso em Berkeley, o Haight não era lugar para cafetões, porque o amor livre eliminava a necessidade de pagar pela diversão, e o tráfico de drogas estava fora de questão também – todos na vizinhança tinham acesso fácil ao ácido e à maconha, e Charlie não dispunha de dinheiro e contatos para entrar no mercado de drogas pesadas.

Os Diggers fascinaram Charlie. Ele os seguiu, notando suas atitudes moralmente superiores e observando sua tarefa diária de revirar as lixeiras dos supermercados para transformar comida jogada fora em refeições nutritivas e até saborosas. Charlie certamente aprovou o fato de as mulheres dos Diggers fazerem a maior parte do trabalho enquanto os homens davam ordens. Ali estava um grupo que todos admiravam e Charlie, o zé-ninguém, constantemente atormentado na escola e na prisão, sempre ansiou por algum respeito. Mas Charlie nunca se sentiu tentado a se juntar aos Diggers – mesmo sendo intrigantes, tudo que faziam visava o benefício dos outros, não o deles mesmos, e aquilo ia de encontro ao ideal de vida de Charlie. Além disso, eles adotavam a filosofia de não seguir líderes individuais, e Charlie sempre quis liderar.

No Haight, havia uma maneira óbvia de fazer isso, uma maneira que atraía o considerável ego de Charlie e requeria exatamente os talentos que ele possuía – imaginação, eloquência e uma habilidade misteriosa (adquirida em partes iguais graças à sobrevivência pragmática na prisão e aos cursos de Dale Carnegie) para manipular os outros, descobrindo e então explorando suas ambições e fraquezas. Praticamente em todo lugar do Haight para onde Charlie olhasse havia pregadores de rua ministrando para uma ou duas dúzias de ouvintes desequilibrados que buscavam desesperadamente alguém especial que lhes dissesse o que fazer, como viver, o que pensar. Reinventar-se como um guru do Haight e angariar um rebanho de seguidores devotos era algo irresistível. Charlie ainda esperava que um dia, em breve, rumaria para o sul em direção a Los Angeles a fim de conseguir um contrato com uma gravadora. Mas o negócio de ser guru claramente tinha seu próprio charme e, exatamente como a música, significava atrair e manter uma audiência. Todas as grandes estrelas tinham comitivas, seguidores para inflar seus egos, obedecer a seus pedidos, satisfazer cada capricho. Charlie decidiu recrutar os seus no Haight.

Ele não começou pregando, mas ouvindo. Por dias, nas ruas, Charlie pulou de guru em guru, memorizando suas melhores falas e costurando seu próprio discurso. Charlie não tinha pressa nessa pesquisa. Diferente da maior parte dos recém-chegados ao Haight, ele não tinha preocupações financeiras imediatas. Mary Brunner ainda tinha um emprego na biblioteca da universidade em Berkeley e na maioria das noites Charlie cruzava a baía e dormia na casa dela. Mary entendia que não era da sua conta o que Charlie fazia durante o dia enquanto ela estava no trabalho. Sua obrigação era pagar o aluguel, cozinhar para ele, lavar suas roupas, fazer amor sempre que ele estivesse com vontade e tolerar quaisquer outras garotas que ele levasse para casa. E, quando Charlie começou a pregar pelo Haight, subitamente começou a aparecer um monte delas.

A filosofia de rua que Charlie usou no começo era híbrida, costurada com letras de músicas dos Beatles, passagens bíblicas, cientologia e a técnica de Dale Carnegie de apresentar tudo dramaticamente. De violão em punho – algumas vezes ele cantava uma ou duas canções originais para quebrar o gelo –, Charlie encontrava um lugar vago na calçada ou no parque e começava a conversar com qualquer desocupado que estivesse por perto. Ele falava sobre tornar-se livre abrindo mão de tudo – posses, individualidade, ego. Quanto mais você renunciava, mais você recebia. Vida e morte eram a mesma coisa e nada era ruim. A sociedade insistia que algumas coisas eram erradas, mas aquilo era apenas para oprimir. Libertar-se de suas inibições era importante. Amar a todos. Ele não oferecia nada muito diferente das centenas de outros pretensos gurus, com exceção da sua apresentação. Charlie era um orador magistral, baixando a voz para que seus seguidores tivessem que se inclinar para ouvir e então rugindo de modo que eles precisassem se afastar um pouco, construindo um ritmo musical, sorrindo e gesticulando amplamente. Ele entretia ao mesmo tempo que ensinava. O termo "carisma" estava começando a ser largamente usado e Charlie possuía isso. Até certo ponto, ele foi bem-sucedido no seu primeiro dia como um autoproclamado guru. As pessoas o escutaram. Quando ele queria drogas, seus ouvintes tinham bastante para oferecer. As garotas concordavam que inibições eram algo ruim e faziam sexo com ele. Ele cruzou a baía com algumas delas e aproveitava o tempo com elas no apartamento de Mary. Mas faltava algo.

Charlie não conseguia muito mais do que as dezenas de outros gurus do Haight. Todos os dias ele estava em competição direta com o resto deles. Alguns jovens poderiam escutar Charlie, jurar fidelidade eterna e então abandoná-lo no dia seguinte por causa de outro pregador. Os que desejavam permanecer leais a ele por um longo tempo não valiam a pena. Charlie rapidamente se lembrou do que havia aprendido antes como cafetão: os melhores recrutas eram os feridos e necessitados, mas não completamente arruinados. Em qualquer dia no Haight, Charlie poderia chamar para o seu lado dezenas de almas jovens e infelizes que precisavam de tudo, mas não podiam contribuir com nada em seu benefício além de uma devoção canina. Eles eram socialmente incapazes de conseguir dinheiro mendigando, grudentos demais para dividir a atenção dele e desorientados demais para realizar as tarefas mais simples. Para Charlie, uma maneira mais efetiva de construir um grupo útil era testar individualmente possíveis seguidores e fazer isso longe de gurus concorrentes. Quando ele tivesse alguns discípulos selecionados, eles então, por sua vez, poderiam sair e recrutar para ele, com Charlie tomando a decisão final sobre quem estava apto a permanecer no grupo. Jesus tinha feito algo parecido e durante uma das suas viagens de LSD Charlie começou a pensar que tinha muita coisa em comum com Jesus, uma vez que ambos tentaram construir um grupo de seguidores entre a escória da sociedade. Maior do que os Beatles, igual ou talvez até mesmo a reencarnação de Jesus – Charlie não pensava pequeno. E quando escolheu sua segunda seguidora ela não era do Haight.

Após tantos anos na prisão, Charlie saboreava a liberdade de ir e vir. Por algumas semanas, ele deixava o Haight em passeios sem rumo de dois ou três dias, subindo e descendo a costa da Califórnia, pegando carona ou até mesmo dirigindo um Chevrolet 1948 que alguém lhe havia cedido. Em maio de 1967, ele guiou o Chevy para o sul, na direção de Los Angeles, e acabou em Venice, apenas uma de uma série de cidades litorâneas ao norte do centro de L.A. Venice tinha uma reputação de comunidade boêmia; vários artistas e músicos viviam lá. Charlie estacionou o carro e perambulou pela calçada que seguia paralela ao oceano Pacífico. Bancos tinham sido distribuídos por toda a calçada para que as pessoas pudessem sentar e assistir aos surfistas pegando ondas. Em um dos bancos, uma garota pequena e ruiva estava sentada e soluçava. Lynette Fromme, de 18 anos, havia acabado de sair de casa após outra briga com seu pai, rígido e dominador. Lynne tinha um histórico de problemas emocionais. Apesar de ter sido uma criança extrovertida, que cantava e dançava bem o bastante para aparecer, como parte de um grupo profissional, em várias ocasiões, em emissoras de TV nacionais (profeticamente, sua trilha sonora era "Doin' What Comes Naturally" ["Fazendo o Que Vem Naturalmente"] do show da Broadway *Annie Get Your Gun*), na adolescência ela se voltou para o sexo e as drogas, em parte como uma resposta à tensão entre seus pais. Lynne tentou o suicídio duas vezes enquanto esteve no colégio e havia um rumor de que ela tivera um romance com um de seus professores. Recentemente ela havia se matriculado na pequena faculdade de El Camino com uma vaga ideia de cursar algumas disciplinas básicas e então transferir-se para a Universidade da Califórnia. Mas então ela discutiu com o pai novamente e fugiu de sua casa, em Redondo Beach, para aquele banco em Venice.

Charlie farejou uma oportunidade. Ele se aproximou e perguntou: "Qual o problema?" Lynne piscou e levantou os olhos; sua primeira impressão foi de que ele parecia um mendigo com alguma classe. Charlie disse a ela que era chamado de Jardineiro porque cuidava de todas as jovens flores no Haight. Logo eles estavam sentados juntos e Lynne contou-lhe toda a sua vida, como era frustrada e queria fugir de tudo. Charlie não poderia ter parecido mais simpático, ainda que misterioso. Ele lhe disse: "O caminho para deixar uma sala não é pela porta; apenas não deseje sair, e você está livre". Então Charlie contou algumas histórias sobre seu tempo na prisão e como ele havia aprendido a se libertar mentalmente enquanto esteve na solitária. Ele fora para Venice naquela manhã porque se sentiu impelido de alguma forma, Charlie disse a Lynne, insinuando que o destino devia tê-los aproximado. Agora ele estava voltando para o Haight – ela era bem-vinda para acompanhá-lo. Inicialmente Lynne disse que não, pois tinha que concluir o semestre na faculdade, mas quando Charlie se virou e saiu andando ela pulou do banco e correu atrás dele.

Charlie levou Lynne para a casa de Mary e começou a doutriná-la. Por algum tempo os três simplesmente passeavam juntos e então um dia Mary saiu e Charlie disse a Lynne que tirasse a roupa. Lynne era receosa em relação a sexo, mas Charlie explicou como nada daquilo era ruim. Ela nunca havia se sentido atraente e ele lhe disse que ela era linda. Após uma ou duas desistências dela eles finalmente fizeram amor; e então fizeram sexo com Mary assistindo; e então Lynne assistiu a Mary e Charlie fazendo isso, e gradualmente todas as suas inibições se foram e a próxima coisa que ela aprendeu é que os três sairiam em passeios pelas colinas onde ela e Mary tirariam as roupas e brincariam de ninfas da floresta enquanto Charlie tocava uma flauta que havia encontrado em algum lugar. Charlie era tão maravilhoso e sábio. Lynne queria ficar com ele para sempre e Charlie disse que ela podia. Ele e Mary deixaram o apartamento em Berkeley; junto com Lynne, alugaram um apartamento no Haight. Aquilo significava que Mary tinha que viajar para trabalhar na biblioteca de Cal-Berkeley, algo bem conveniente para Charlie e, no fim das contas, era o que importava. Lynne e Mary se deram muito bem e Charlie queria acrescentar mais um membro à família. Ele tinha alguém em mente.

Em uma das primeiras viagens de Charlie, ele pegou uma carona logo depois de São Francisco com um ex-pastor gordo da Igreja congregacional chamado Dean Moorehouse. Moorehouse e Charlie bateram um bom papo e Moorehouse levou Charlie à sua casa, para conhecer sua mulher e filha. A mulher não lhe causou nenhuma impressão, mas a adolescente Ruth Ann sim. Ela era uma garota carinhosa, alegre e desinibida, e um irresistível pedaço de mau caminho. Charlie tinha certeza de que ela havia gostado dele e começou toda aquela conversa de ex-presidiário-convertido-em-guru. Mas, naquele momento em particular, ele queria pôr as mãos em algo mais na casa dos Moorehouse. Um piano surrado estava no canto de uma sala e, fiel ao espírito da época, quando Charlie disse que havia gostado do instrumento, Moorehouse lhe disse que poderia levá-lo. Logo depois de Lynne e Mary se mudarem com ele para o Haight, Charlie voltou à casa dos Moorehouse para buscar o piano, apesar de não ter a intenção de arrastá-lo até o Haight. Em vez disso, ele o empurrou por alguns quarteirões, onde o trocou com um dos vizinhos dos Moorehouse por um micro-ônibus Volkswagen velho. O micro-ônibus significava que Charlie agora não só podia se mover, mas tinha espaço para levar cinco ou seis pessoas consigo. A primeira foi Ruth Ann, que estava ansiosa para fugir com Charlie. Eles fizeram sexo algumas vezes antes de a mãe dela denunciar Charlie. Ele e Ruth Ann foram pegos em Mendocino, ao norte de São Francisco. Ela foi mandada para casa e Charlie foi acusado de obstrução da Justiça durante a audiência de uma jovem suspeita de fuga. Charlie estava em seu "modo Jesus" quando os policiais o prenderam. Ele informou sua ocupação como "pastor" e seu nome como Charles Willis Manson em vez de dar seu verdadeiro nome do meio, Milles. Ele explicou que seu novo nome indicava sua verdadeira identidade e sua missão: *Charles' Will Is Man's Son – Charlie era o Filho do Homem*, realizando a vontade do Senhor.

Ruth Ann já havia adivinhado que seus pais tentariam forçá-la a voltar para casa. Antes de serem separados pelos policiais, Charlie a aconselhou a encontrar alguém e se casar; qualquer cara solteiro faria isso. Mulheres casadas eram legalmente emancipadas de seus pais. Ruth Ann poderia abandonar seu novo marido a qualquer momento e então ir a qualquer lugar com qualquer um que desejasse. Charlie manteria contato para que ela soubesse onde encontrá-lo. Como resultado imediato da prisão, Charlie recebeu uma sentença de trinta dias na cadeia e três anos acrescentados à sua condicional. Ruth Ann casou-se com um cara chamado Edward Heuvelhorst. Ela então aguardou até que Charlie estivesse pronto para chamá-la.

Em meados de junho, todas as escolas na América estavam de férias e os adolescentes afluíram para o Haight. Charlie se misturou àquela turma, falando com vários deles, passando mais tempo com alguns, mas ninguém parecia bom o bastante. As coisas no Haight eram doidas. Todo o mundo sabia que a garotada estava chegando, mas ninguém imaginou que também haveria inúmeros turistas adultos vestindo bermudas e empunhando câmeras, ansiosos por fotos de hippies autênticos do Haight fazendo o sinal da paz, fumando maconha ou fazendo qualquer outra das coisas depravadas de que as pessoas haviam ouvido falar em casa. Tornou-se impossível dirigir nas ruas do Haight, pois elas estavam abarrotadas.

Para muitos dos hippies, a grande sensação do verão foi o lançamento de *Sgt. Pepper's Lonely Hearts Club Band*, o mais recente disco dos Beatles. Desde as fotos na capa até o conteúdo musical, o álbum foi considerado uma afirmação de tudo que o Haight desejava representar. John, Paul, George e Ringo estavam enfeitados com trajes pseudomilitares psicodélicos, verde-limão, rosa, azul-claro e laranja. Todos usavam cabelos longos e bigodes. O nome da banda foi escrito na capa com flores. As próprias canções abandonavam completamente qualquer referência a amor adolescente. Em vez disso, havia um tributo à ideia de ir às nuvens com uma pequena ajuda dos seus amigos; a história tão verdadeira de uma garota que sai de casa porque seus pais não a entendem; alguém sussurrado um lembrete em tons indianos de que nós todos somos um; uma cantiga psicodélica intitulada "Lucy in the Sky with Diamonds" com as sugestivas iniciais L.S.D.; e uma canção final sobre um dia na vida de alguém, que terminava com John Lennon dizendo ao resto do mundo que a banda "adoraria deixar vocês ligados". Por todo o caos em curso no Haight, seus moradores desesperados viram em *Sgt. Pepper's* um sinal de que os Beatles *compreendiam*.

Foi um verão traumático por toda a América. Trinta e três revoltas raciais em grandes cidades demandaram intervenção policial e, com frequência, da Guarda Nacional. Cinquenta e três por cento dos presos eram homens negros entre 15 e 24 anos. Jovens nos guetos se voltavam contra suas próprias comunidades; os sociólogos classificaram as insurreições no verão de 1967 de "revoltas de conveniência", envolvendo saques e incêndios de negócios locais. Nenhuma delas era uma "revolta comunitária" com lutas inter-raciais. Não houve rebeliões de nenhum tipo no Haight, mas vários estupros. Um perigo ainda maior na comunidade superlotada eram as overdoses de drogas e as doenças causadas pela desnutrição e pela exposição. Apesar de todos os esforços dos Diggers e das igrejas do bairro, milhares de pessoas, na maior parte adolescentes, passavam fome durante o dia e dormiam à noite em qualquer lugar onde conseguissem achar algum espaço. Mesmo sendo verão, as noites da Baía de São Francisco eram frias e úmidas. A música tocada nos clubes ou no Panhandle quase sempre era entrecortada com os sons da tosse seca ou congestionada da plateia. Garotos doentes cambaleavam sozinhos ou eram carregados até os serviços de saúde pública no Hospital Park Emergency, perto do Parque Golden Gate; de lá eles costumavam ser transferidos para outras instalações, onde eram igualmente mal recebidos e em geral não tratados.

O dr. David E. Smith, um residente que dirigia a unidade de triagem de abuso de álcool e drogas no Hospital Geral de São Francisco, ficou estarrecido com a insensibilidade dos seus colegas. As autoridades da cidade não tinham intenção de ampliar os serviços de saúde no Haight; em vez disso, eles debatiam se deveriam tentar conter o afluxo colocando placas de "Hippies Não São Bem-Vindos" nas pontes que levavam a São Francisco. Smith decidiu abrir uma clínica gratuita no Haight. Ele encontrou alguns médicos e enfermeiras que desejavam empenhar algumas horas do seu tempo toda semana e, após alugar alguns consultórios dentários vagos na Clayton Street e equipá-los com aparato médico básico, Smith inaugurou sua clínica em 9 de junho. O lugar operava sob uma filosofia simples: qualquer um seria tratado sem nenhum custo e a equipe não faria julgamentos morais a respeito dos pacientes. Mais de 250 hippies se candidataram a um tratamento no primeiro dia, sofrendo de doenças que variavam entre pneumonia, hepatite, doenças venéreas, doenças de pele e de gengiva, desnutrição, disenteria e complicações de abortos malfeitos. Havia 350 no dia seguinte e no terceiro dia a clínica estava sem antibióticos e curativos. Smith havia aberto a clínica com seu próprio dinheiro e algumas pequenas doações. Sem ajuda financeira, ela não continuaria aberta por muito tempo. O produtor Bill Graham, da Fillmore, se voluntariou para realizar uma série de shows beneficentes. O primeiro, apresentando Big Brother and the Holding Company, com Janis Joplin, arrecadou 5 mil dólares. Joplin, usuária de drogas pesadas e adepta do sexo sem proteção, era uma paciente constante da clínica. As autoridades da cidade não ficaram satisfeitas; inspetores sanitários faziam visitas regulares à clínica, esperando encontrar condições inadequadas para interditarem o lugar, mas Smith e sua equipe mantinham o local em boas condições. Uma ameaça maior às atividades da clínica era causada por policiais disfarçados à procura de drogas ilegais. A equipe da clínica pendurou um aviso em destaque: "Não vender, não portar, não usar drogas - qualquer uma dessas coisas pode fechar a clínica". Sem querer assustar os maconheiros ou os doidões em extrema necessidade de cuidado, a mensagem gentilmente terminava com um lembrete: "Nós amamos vocês".

Uma vez que Charlie ainda vasculhava o Haight em busca de possíveis seguidores, ele aparecia na clínica de tempos em tempos. Ele e a equipe de lá conversavam às vezes; Charlie sempre aparentava estar de bom humor. Smith se lembra de Charlie praticando textos que havia copiado de outros pretensos gurus do Haight, testando-os nos hippies doentes na fila para tratamento na calçada do lado de fora. O discurso inteiro de Charlie, lembra Smith, era sobre paz e amor, e sobre renunciar ao seu ego – a mesma retórica oferecida por todos os outros pregadores de rua. Ele nunca fez alusão a nada violento.

Charlie arrancou os bancos do micro-ônibus e Mary o decorou com um tapete, almofadas e cortinas. Assim, havia espaço atrás do motorista para que as pessoas se esticassem confortavelmente. Ele, Mary e Lynne dirigiram em direção a Manhattan Beach, fora de Los Angeles, onde Charlie desejava visitar Billy Green, um velho conhecido da prisão. Green apresentou Charlie a Pat Krenwinkel, de 19 anos, uma garota simples atravessando um momento particularmente difícil. Natural da Califórnia, seus pais haviam se divorciado quando ela estava no colégio. Pat então vivera com a mãe no Alabama, mas detestava a segregação no Sul e o fato de ser chamada de "ianque" pelos locais. Ela voltou para a Califórnia e morou em um apartamento com sua meia-irmã mais velha e seu sobrinho de 9 anos. De acordo com Pat, sua irmã era viciada em drogas e o garoto era incorrigível. Billy disse à irmã de Pat que Charlie precisava de um lugar para ficar e assim que foi introduzido no lar caótico de Pat ele se aproveitou disso. Durante sua estadia de três dias (Mary e Lynne estavam escondidas em outro lugar), ele focou completamente em Pat, fazendo amor com ela e lhe dizendo que era bela, algo que homem algum já havia lhe dito antes. No terceiro dia, Charlie pediu-lhe que deixassem a cidade juntos; ele iria dirigir por toda a América. Pat queria ir embora, mas foi cautelosa o bastante para perguntar a opinião de Billy Green. Green disse que ela devia ir com Charlie – que mal faria? A crença de Pat de que Charlie seria seu namorado foi derrubada quando ele parou para pegar Mary e Lynne; ela teria que dividi-lo. Mas Pat e as outras duas moças se deram bem. Era uma época de amor livre, afinal, e nenhuma possessividade. Charlie parecia tão maravilhoso, tão mágico, que mesmo um pouquinho da atenção dele trazia felicidade e uma sensação de segurança. Pat conseguira algo para Charlie também – um cartão de crédito Chevron que o pai dela continuava a pagar todo mês. Charlie imediatamente se apossou do cartão. Ele não só havia conseguido sua terceira seguidora como também não precisaria mais se preocupar em como pagar a gasolina.

Logo que voltaram a São Francisco, Charlie já tinha outra viagem em mente. Ele pediu ao seu oficial de condicional, Roger Smith, permissão para dirigir até o estado de Washington. Charlie disse a Smith, Mary, Lynne e Pat que queria tentar encontrar sua mãe. Ela o havia abandonado quando era pequeno, alegava Charlie, mas ele ainda desejava encontrá-la para se reconciliarem. Smith concordou; ele não fazia ideia de que Charlie sabia muito bem onde Kathleen estava. Mary Brunner havia deixado seu emprego na biblioteca de Cal-Berkeley. Charlie esperava arrancar algum dinheiro de Kathleen para sustentá-los até que ele pudesse encontrar outra fonte de renda. Charlie e suas três mulheres permaneceram em Seattle por alguns dias e ele fingiu estar procurando sua mãe, folheando listas telefônicas, dirigindo para cima e para baixo em ruas supostamente familiares. Eles ficaram com alguém que Charlie apresentou como um dos seus antigos oficiais de condicional. O cara imediatamente levou algumas drogas para compartilhar com eles. Um dia, Charlie saiu sozinho e foi direto à casa de Kathleen. Ela não ficou feliz em vê-lo. Antes de deixar o filho entrar, Kathleen disse à sua filha, Nancy, para se esconder no closet porque ele era um cobrador. Nancy permaneceu lá até Charlie sair, furioso por sua mãe ter-lhe negado uma última ajuda. Ele nunca mais falou com Kathleen de novo. Depois disso, Charlie disse a Mary, Lynne e Pat que era melhor desistirem, pois não havia conseguido encontrar sua mãe.

Houve outras viagens durante o verão. Charlie, Mary, Lynne, Pat e algumas outras garotas que Charlie estava testando para o grupo dirigiram até o condado de Mendocino e acamparam ao longo da bela e arborizada orla, dormindo no micro-ônibus. A cidade de Mendocino era uma comunidade de artistas e as pessoas que viviam lá eram acolhedoras. Eles acharam que as mulheres do grupo de Charlie eram meio esquisitas porque haviam costurado cobertores velhos para servirem de saias. Depois de alguns dias estavam prontos para fazerem Charlie e as garotas irem embora, porque eles negligentemente espalhavam lixo ao redor do veículo. Certa noite, Charlie e as moças fizeram uma barulhenta fogueira. Apesar de geralmente evitar álcool, ele bebeu vinho em uma caneca e convidou alguns dos moradores locais para se juntarem a eles e ouvirem algumas histórias sobre sua vida anterior em Appalachia e na prisão. Charlie foi divertido como sempre, mas então alguém mais se juntou ao grupo. O interlocutor contou algumas piadas e fofocas locais. Todas as atenções se voltaram para ele, o que deixou Charlie furioso a ponto de atirar sua caneca de vinho no interlocutor – o que era demais para a paz e o amor. Charlie e as garotas voltaram para o Haight no dia seguinte e os artistas de Mendocino ficaram felizes em vê-los partir. Anos depois, Charles Perry recordou que o estranho grupo tinha um apelido para si mesmo – os Trolls.

Charlie sempre aparentava ter facas à mão. Às vezes, ele levava Mary, Lynne e Pat para a mata e fazia com que elas se posicionassem em frente a uma árvore. Então ele dava alguns passos para trás e atirava a faca para espetá-la na árvore logo acima das cabeças delas, como algum número de circo. Isso as amedrontava, mas Charlie explicou que era um meio de testar se elas realmente confiavam nele. Se elas desviassem, significava que não confiavam. Elas, então, tentavam permanecer completamente imóveis e quando faziam isso Charlie sempre lhes dizia o quanto eram maravilhosas. Aquele tipo de elogio vindo dele fazia o risco valer a pena.

As condições no Haight continuavam a se deteriorar. Longe de diminuir na medida em que o verão passava, o número de recém-chegados aumentava semanalmente. Os Diggers desistiram de tentar alimentar todo o mundo e se retiraram para uma comunidade rural. Muitos moradores antigos do Haight abandonaram a vizinhança, mudando-se para outras partes da cidade ou para fora de São Francisco. O LSD ainda era facilmente acessível, tanto que o preço da dose nas ruas caiu de 2 para 1 dólar. Mas o clima instável, frio num dia e quente no outro, arruinou a produção local de maconha e uma séria escassez da erva assolou o Haight. Os traficantes e seus clientes supriram a falta da droga com quantidades cada vez maiores de heroína e metanfetamina, popularmente conhecida como speed. Uma vez que os usuários de speed eram conhecidos pelas alucinações paranoicas e violência, eles deram um aspecto desagradável à vida noturna do Haight; brigas e assaltos se tornaram comuns do lado de fora de clubes e bares na vizinhança.

E ficou ainda pior. Traficantes concorrentes emboscavam uns aos outros. Um traficante famoso, bastante conhecido por carregar uma maleta cheia de seus produtos ilegais algemada à sua mão, foi encontrado assassinado numa rua do Haight. A maleta havia desaparecido – junto com sua mão, que fora decepada. A população começou a diminuir um pouco, não porque as pessoas pararam de chegar, mas porque poucos permaneciam. Um guitarrista de uma banda do Texas, que fora para o Haight na esperança de tocar para uma plateia descontraída e viajante, recordou depois que “a Haight Street fedia a mijo e um monte de pequenas lojas estava fechando. Todas as pessoas que achávamos que estariam correndo com flores nos cabelos agora estavam largadas por aí com seringas enfiadas no pescoço”.

Filosofias obscuras competiam com o hedonismo hippie. Em setembro, o cineasta Kenneth Anger alugou um teatro no Haight para um programa sobre o satanista inglês Aleister Crowley. O evento foi chamado de "Invocation of My Demon Brother" ["Invocação do Meu Irmão Demônio"] e incluía um show de luzes com slides apresentando imagens das cartas do tarô pessoal de Crowley, um altar satânico colocado no chão do cinema, material de *Lucifer Rising*, filme em progresso de Anger, e música composta pela Chamber Orkustra. Era apropriado que a Orkustra tocasse – Bobby Beausoleil, seu líder, aparecia no filme de Anger. A audiência foi esparsa e Anger não vendeu ingressos suficientes para recuperar os 700 dólares que havia pagado pelo aluguel do cinema. Pior que isso: alguém roubou as latas com os rolos do filme *Lucifer Rising*. Anger suspeitou de Beausoleil, que logo depois deixou o Haight e foi para Los Angeles. Pouco depois de chegar a L.A., Bobby conheceu um professor de música e traficante nas horas vagas, chamado Gary Hinman. Bobby e sua namorada na época, Laurie – ele parecia ter uma nova musa a cada semana –, se mudaram para a casa de Hinman, em Topanga Canyon. O destino começava a alinhar as peças humanas no seu tabuleiro de xadrez.

Nada da turbulência do Haight foi refletido em uma carta enviada por Pat Krenwinkel ao pai. Ela escreveu: "Pela primeira vez na minha vida, eu encontrei alegria e paz interior". Mesmo com toda a sua imitação, sua retórica montada e seu interesse egoísta, Charlie realmente estava tornando as vidas de suas três primeiras seguidoras mais felizes. Uma vez que Mary não tinha mais emprego, viviam na incerteza. Mendigar era parte da rotina diária deles. Algumas vezes, faziam serviços como lavar janelas em troca de comida. Mas Charlie tinha talento para atrair temporariamente indivíduos com algo substancial para oferecer – jovens que haviam fugido de casa com algumas centenas de dólares ou cartões de crédito roubados das carteiras ou bolsas dos pais, gente mais velha conhecida em viagens no micro-ônibus e que ficavam curiosas com aquele pregador hippie errante e suas discípulas maltrapilhas, e abriam-lhes suas casas por uma noite ou mais. A garotada era chutada para longe assim que seu dinheiro acabava ou os cartões eram cancelados. Os outros eram agradecidos pela hospitalidade e não completamente descartados – eles poderiam ser úteis novamente. Mas Mary, Lynne e Pat raramente passavam fome ou ficavam sem um lugar confortável para dormir à noite. Charlie pregava-lhes sobre abrir mão de seus egos. Ele fazia amor com elas e lhes dizia que eram belas. Ele cantava suas músicas e prometia que logo conseguiria um contrato de gravação para se tornar uma estrela; assim eles poderiam compartilhar o amor que sentiam uns pelos outros e todas as verdades universais que haviam aprendido com o resto do mundo, porque eles eram muito especiais. Havia drogas, mas nenhuma do tipo pesado, somente maconha para relaxar e viagens de ácido para explorar os limites das suas mentes. Elas haviam abandonado suas famílias biológicas, que não se importavam de verdade com elas, afirmava Charlie, para se tornarem parte de uma família *real*, uma que as aceitava e acalentava como elas eram e não como as outras pessoas queriam que fossem. Às vezes, as coisas se tornavam inesperadamente tensas. Charlie esperava uma devoção arrebatadora e ficava irritado se achasse que as garotas não estavam prestando atenção quando ele falava ou, pior, dando atenção a alguém além dele. Sempre que achava que isso estava acontecendo, ele puxava com força os longos cabelos de Lynne ou Pat. Ele batia em Mary. As três se encolheriam por um tempo e lembrariam umas às outras de que eram realmente sortudas por estarem com ele. Charlie havia prometido mostrar um modo melhor de se viver e na maior parte do tempo as três acreditavam que ele estava cumprindo sua palavra.

Mas Charlie não tinha a menor intenção de se contentar com a vida que levara nos cinco meses fora da prisão. Acima de tudo, havia sua música; ele praticou bastante para poder impressionar o amigo de Phil Kaufman, Gary, na Universal. Charlie continuava a escrever músicas novas, tocando acordes de seu violão à luz de fogueiras, se esforçando para relembrar letras criadas no calor do momento, pois frequentemente ele não dispunha de meios para escrevê-las. Voltaria para L.A. em breve, ele sabia, não para recrutar discípulos, mas para se estabelecer como a estrela que merecia ser, algo como Jesus entrando em Jerusalém. A glória estava a caminho, mas ainda havia muito a ser feito. Três seguidoras devotas não chegavam nem perto. Ele queria um séquito impressionante, digno da sua grandeza, e não limitado a apenas mulheres. Por mais que tentasse, Charlie não tinha conseguido recrutar nenhum homem de forma definitiva. As mulheres eram muito mais fáceis – você lhes dizia que eram belas, você se aproveitava do complexo de Édipo delas, fazia sexo com elas e, então, se fossem inseguras e necessitadas o suficiente, elas seriam suas. Mas com os homens era mais complicado. O melhor modo de chegar até eles, Charlie sabia, era através das mulheres. Junte-se ao bando alegre de Charlie e as garotas farão o que você quiser. Ele estava ensinando a Mary, Lynne e Pat que o sexo era maravilhoso e quaisquer dilemas morais a respeito disso eram errados. Eles já haviam percorrido um longo caminho.

Elas certamente fariam qualquer coisa com qualquer um se Charlie ordenasse. O problema era que as três eram desajeitadas demais. Talvez Lynne tivesse um pouco de charme, mas as outras duas nada. Charlie lhes dizia que eram belas e sensuais apesar de seus defeitos físicos, mas mesmo que acreditassem nisso Charlie sabia a verdade. Com tantas xoxotas mais fáceis – uma das palavras favoritas de Charlie, naquele momento e depois – disponíveis por aí em garotas de melhor aparência, quantos homens que valiam a pena ser convertidos se sentiriam atraídos pelas mulheres de segunda classe de Charlie e se juntariam a ele? Ele precisava de outra garota, uma que tivesse boa aparência, alguém com uma vida sexual ativa que não precisasse de semanas ou meses da persuasão de Charlie para se entregar alegremente a qualquer homem que ele desejasse. Nos últimos dias do Verão do Amor, que tropeçava em direção à sua dolorosa conclusão no Haight, ele a encontrou – sua primeira e única seguidora de longo prazo recrutada lá.

De todos os seguidores de Charlie nos primórdios do seu ministério, nenhuma era mais excêntrica ou mais desesperada do que Susan Atkins, de 20 anos. Quando a mãe dela morreu de câncer, Susan, aos 15 anos, foi sobrecarregada com a responsabilidade de cuidar de um irmão menor e de um pai que continuava a perder empregos. No colégio, ela trabalhava em meio período para ajudar nas despesas. Ela tentou encontrar consolo na Igreja batista, pelo seu mau comportamento em casa e na escola (por um curto período de tempo ela foi morar com uns tios que a acharam incorrigível e a mandaram de volta para seu pai), e pelo abuso de álcool, drogas e sexo. Como Lynne, ela tentou o suicídio. Susan necessitava de aceitação e, acima de tudo, atenção. Assim que completou 18 anos, no verão de 1966, Susan saiu de casa na periferia de Los Angeles e mudou-se para São Francisco. Tivera uma série de subempregos e namorados abusivos até aquele outono, quando seu último namorado e um amigo dele a convidaram para acompanhá-los numa viagem ao Oregon em um carro roubado. Eles também roubaram um posto de gasolina no caminho antes de serem presos pela Polícia Estadual do Oregon. Susan passou três meses na cadeia antes de ser sentenciada a dois anos em liberdade condicional. Ela retornou a São Francisco, onde morou no Haight e trabalhou como garçonete por um tempo antes de descobrir um emprego mais lucrativo como dançarina de topless. Susan não era bonita, mas tinha uma boa aparência e exalava uma sensualidade agressiva. Sua dança atraiu a atenção do satanista Anton LaVey, que estava organizando um show de sabá exibindo "vampiras" de topless. Ele contratou Susan e aquele era o emprego dos sonhos dela, proporcionando a atenção que desejava, vinda de uma plateia barulhenta quando ela se contorcia no palco. Mas Susan não durou muito na trupe de LaVey, estragando-se pelo uso excessivo de drogas e um caso grave de gonorreia. Ela passou a perambular sem rumo pelas ruas do Haight, sem nenhum plano em particular além de conseguir drogas.

No começo do outono de 1967, Susan visitou o apartamento de alguns amigos no Haight e conheceu outro convidado - Charlie havia aparecido com seu violão. Naquele dia, Charlie não estava entretendo as pessoas com canções de sua autoria. Ele ainda sentia uma queda pelas músicas românticas populares e quando Susan entrou na sala ele estava cantando "The Shadow of Your Smile", uma das favoritas dos cantores de salão e a absoluta antítese musical das músicas vanguardistas da contracultura. Enquanto cantava, Charlie acompanhava a si mesmo no violão, dedilhando acordes simples em vez de quaisquer notas intrincadas, como de costume. Mas aquilo não importava para Susan - reações extremas eram sua marca registrada e ela imediatamente decidiu que Charlie era um violonista virtuoso. Quando ele terminou a música, Susan continuou contemplando-o, admirada, e o sinal não escapou a Charlie. Ali podia estar justamente a garota de que precisava. Ele aproveitou para usar a técnica de Dale Carnegie, que consistia em descobrir o que a outra pessoa desejava e demonstrar como ele poderia oferecer isso. No caso de Susan, era simples; ela obviamente admirou seu violão e ele disse que se realmente quisesse Susan poderia tocá-lo. Ela ficou impressionada - como aquele estranho podia saber que ela estava pensando *naquilo*? Eles dançaram um pouco ao som de alguns discos e depois fizeram sexo, com Charlie usando uma preliminar já bastante experimentada. Ele sabia que muitas garotas se sentem culpadas por desejarem sexualmente seus pais, então ele trouxe isso à tona antes de começarem a fazer amor. Ele disse a Susan que para se libertar das experiências ruins e das inibições que a oprimiam ela precisava imaginar que estava fazendo amor com o pai. Quando terminaram, Charlie prometeu a Susan que jamais a deixaria cair. Era tudo o que ela precisava; ela jurou que o seguiria a qualquer lugar. Talvez Susan parecesse estranha, até mesmo um pouco maluca, uma dependente de atenção que exigia um monte de cuidados especiais, mas ela ainda era a discípula sexy de que Charlie precisava. Ele lhe disse para acompanhá-lo e se tornar parte de uma *verdadeira* família.

Após Susan se juntar a eles, Charlie levou suas mulheres até Sacramento, onde encontraram outro cara que ele conhecia da prisão. Pete operava três prostíbulos na cidade: um do tipo "10 minutos", para trabalhadores e operários que queriam fazer sexo rápido e barato; um lugar mediano, para clientes com mais tempo e dinheiro; e uma casa chique e discreta, que atendia os legisladores do estado. Charlie disse às moças que Pete era bem relacionado e elas acreditaram que, pelo menos uma vez na vida, Charlie parecia admirar alguém. Charlie pediu a Pete que deixasse as garotas trabalharem em suas casas por um dia; era uma boa forma de lembrá-las que tinham que fazer sexo quando e com quem Charlie ordenasse. As garotas obedeceram. Depois disso, sempre que eles estavam ficando sem dinheiro, Charlie lhes dizia que estava pensando em mandá-las ao Pete por um tempo, mas ele nunca chegou a fazer isso.

Mary Brunner ficou grávida de um bebê de Charlie. Ela estava emocionada; talvez aquilo assegurasse seu lugar como a principal mulher de Charlie, mesmo que ela ainda não o tivesse inteiramente para si. Charlie estava feliz também. Ele dizia que apenas os bebês eram espiritualmente puros e quando aquele nascesse ele forneceria a todos o exemplo perfeito de como deviam ser. Nos meses seguintes, as outras mulheres do grupo ficariam grávidas e esperavam que Charlie fosse o pai, mas nunca podiam ter certeza porque na época em que Mary ficou grávida ele começou a ordenar que fizessem sexo com vários homens diferentes, caras que Charlie pretendia induzir a se juntarem a eles ou ao menos contribuir com algo. Mas não havia nenhum tipo de método contraceptivo – Charlie dizia que não era natural e não permitiria aquilo.

Agora que eram cinco, com Charlie esperando acrescentar mais pessoas – ele queria homens –, o micro-ônibus já não era grande o bastante. Eles fizeram mais viagens e Charlie procurou alguns veículos. Ele trocou seu veículo e mais algum dinheiro por um velho ônibus escolar amarelo em Sacramento. Como haviam feito com o ônibus anterior, ele e as garotas removeram os assentos e os substituíram por sacos de dormir e almofadas. Eles pintaram a lataria; primeiro em uma espiral de cores, depois de preto. "Holywood Productions" foi escrito na lateral – era uma boa piada com as pessoas comuns com quem eles cruzavam na estrada; talvez pensassem que estavam vendo uma equipe rodando um filme.

Nos dias em que passavam no Haight, Charlie mandava as garotas saírem para fazer amigos e encontrar possíveis recrutas do sexo masculino para expandir o grupo. Elas acabaram encontrando alguns seguidores (um deles tinha um bebê doente) e o grupo de mulheres contraiu uma variedade de doenças venéreas. Aquilo as tornou frequentadoras regulares da Free Clinic [Clínica Grátis], como era chamada, e Charlie sempre ia junto, apesar de nunca para se tratar. Charlie parecia imune às doenças, o que reforçava a crença crescente dos seus seguidores – que ele estimulava – de que se ele não era totalmente divino era algo superior a um humano. Smith, o fundador da clínica, tinha muito mais oportunidades de conversar longamente com Charlie, que ficava especialmente falante quando seu grupo levava o bebê para ser tratado de alguma infecção. Ele explicou a Smith que estava ensinando a seus discípulos a se comportarem como crianças. Sentia que podiam conseguir isso se esvaziassem completamente suas mentes de todas as influências corruptoras. Mantendo a política da clínica de permanecer imparcial, Smith deixava Charlie tagarelar sem contestar nada do que ele dizia. Mas na opinião pessoal do médico Charlie parecia mais do que nunca um vigarista comum tirando vantagem de garotas de classe média que tinham problemas com seus pais e achavam que viver "fora do mundo, por assim dizer", era uma aventura excitante. Outra coisa era bastante óbvia para Smith: Charlie podia pregar igualdade, mas ele dominava completamente o grupo. Aquelas garotas inquestionavelmente fariam tudo que ele mandasse.

No começo do outono, Charlie partiu com o ônibus em uma longa viagem. Mary, Lynne, Pat e Susan se juntaram a ele, além de uma amiga de Susan chamada Ella-Jo e outra garota. Dois homens os acompanharam no começo da viagem, mas eles pularam fora quase que imediatamente depois de decidirem que a *vibe* dentro do ônibus era estranha demais. Aquilo não foi muito bom para Charlie, mas ele se acalmou alguns dias depois quando Bruce Davis, que havia abandonado a escola no Tennessee e seguido rumo à costa da Califórnia, ficou tão curioso após conhecer as garotas que se juntou ao grupo. Logo Davis teria um novo objetivo de vida: tornar-se o braço direito de Charlie e mandar nas garotas sempre que tivesse oportunidade. As garotas o consideravam um magricela pomposo, mas Charlie queria que elas o aceitassem no grupo – e foi o que fizeram.

Em seguida, Charlie dirigiu com o grupo até San Jose, onde ele desceu em frente à residência dos Moorehouse e chamou Dean do lado de fora para lhe mostrar como o seu piano dado de presente havia se transformado em um ônibus. Moorehouse não ficou feliz em ver Charlie. Sua esposa o havia abandonado, em parte porque Charlie havia fugido em meados daquele ano com a filha adolescente deles, e Ruth Ann também havia partido para algum lugar com seu marido. Ruth Ann obviamente contou ao pai tudo sobre sua breve aventura com Charlie e agora Moorehouse deixava claro que Charlie não era mais bem-vindo em sua casa. Charlie e seus companheiros voltaram ao ônibus e foram embora. Moorehouse bufou por algumas horas antes de apanhar uma espingarda e sair atrás deles. Ele não teve problemas em descobrir onde estava o ônibus escolar e em algum lugar da estrada encurralou Charlie, anunciou que iria matá-lo e pôs a espingarda na cabeça dele. Os outros no ônibus congelaram de medo; uma coisa era falar besteiras sobre morte ser a mesma coisa que vida, mas aquilo estava realmente acontecendo – um homem com uma arma, claramente disposto a estourar os miolos de Charlie.

E então Charlie fez algo que pareceu confirmar sua excepcionalidade, talvez sua divindade. Aquele cara maluco estava prestes a matá-lo e Charlie não estava com medo. Moorehouse vociferou que Charlie estava prestes a morrer e Charlie sorriu e disse calmamente "Vá em frente, atire em mim", o que deixou Moorehouse estupefato porque era a última coisa que se esperava ouvir de alguém naquela situação. O tom de Charlie era calmo e sua voz não tremia. Ele pôs a mão no ombro de Moorehouse com tranquilidade e falou sobre como o amor era tão melhor do que o ódio e o quanto era um alívio abrir mão de sua individualidade e se tornar parte de uma família de verdade. Moorehouse abaixou a arma. Então Charlie deu a Moorehouse um pouco de ácido e todos assistiram ao velho homem começar a ter uma viagem legal. Depois de um tempo, Moorehouse desejou a todos uma boa viagem e foi para casa. Os seguidores de Charlie ficaram boquiabertos. Ele claramente não temia a morte e – o que talvez fosse ainda mais impressionante – enfrentou um pai. Aquilo realmente tocou as garotas, uma vez que todas elas tiveram problemas com seus pais. Charlie simplesmente sorriu e agiu como se aquilo não fosse grande coisa. Ele queria voltar para a estrada; era hora de terminar as coisas no Haight.

Charlie comentou posteriormente que se mudou com seus seguidores do Haight para Los Angeles no fim de 1967 porque o Haight havia se tornado perigoso. Mas o Haight já estava assim desde que Charlie apareceu por lá em abril; ele havia chegado no começo do fim. A segurança do grupo pode ter sido um fator importante, mas o principal motivo para Charlie querer se mudar para L.A. era a audição com Gary Stromberg na Universal. Ele pode ter esperado, por um tempo, que sua genialidade musical fosse reconhecida e recompensada no Haight. Como tantos outros esperançosos, ele tocou suas canções no Panhandle e em alguns pequenos clubes. Mas a indústria fonográfica estava baseada em Los Angeles e os representantes de L.A. que foram procurar talentos em São Francisco voltaram sem uma boa impressão. Na opinião deles, os músicos "nortistas" podiam impressionar as plateias desligadas do Fillmore ou do Avalon Ballroom, mas de uma forma geral simplesmente não tinham os requisitos profissionais para bolar produtos de estúdio vendáveis. As bandas de São Francisco, por sua vez, se consideravam verdadeiras e desprezavam muitos dos grupos de L.A., incluindo alguns dos mais famosos, tachando-os de músicos impostores cujo sucesso era produto de truques de estúdio. Todos sabiam que os famosos Beach Boys usavam músicos de estúdio conhecidos como The Wrecking Crew como banda de apoio nos seus álbuns e persistiam os boatos de que no primeiro grande sucesso dos Byrds, um cover de "Mr. Tambourine Man", de Bob Dylan, quatro dos cinco Byrds simplesmente não tocaram porque seu produtor, um jovem brilhante chamado Terry Melcher, decretou que eles não eram competentes o bastante nos seus instrumentos. Em junho de 1967, muitas das bandas de São Francisco conseguiram sua primeira apresentação nacional de verdade ao tocarem no Festival Pop de Monterey, um evento histórico que reuniu o melhor da cena musical de Los Angeles e São Francisco, juntamente com alguns grupos britânicos e artistas de soul. Mas a maioria dos organizadores era de Los Angeles e os artistas de L.A. tinham os melhores horários de apresentação. O interesse era inegável, mesmo para os músicos mais nobres de São Francisco. O ácido Frank Zappa, cuja banda Mothers of Invention conseguiu um contrato depois de tocar na Whisky a Go Go, na Sunset Strip, em Los Angeles, resumiu isso melhor: "Não importa o quão 'paz e amor' as bandas de São Francisco possam tentar fazer de si mesmas, no fim elas tiveram que vir para o sul, para a velha e malvada L.A., para conseguir um contrato de gravação". The Grateful Dead fez isso assim como a Big Brother, com Janis Joplin. Charlie acreditava que era a vez dele. Em novembro, a supervisão de sua condicional foi transferida de São Francisco para Los Angeles, onde Charlie tinha certeza de que realizaria seu sonho de fama mundial.

L.A.

Muito pouco em Los Angeles, no começo da sua história, indicava que ela se tornaria um dos centros culturais do mundo. Cercada pelo oceano, por montanhas, vales e deserto, ela floresceu primeiro como um porto, então se expandiu com o fluxo de mineiros durante a Corrida do Ouro da Califórnia na metade do século XIX, beneficiou-se do boom do petróleo subsequente e, graças à anexação do crescente e fértil Vale de San Fernando, tornou-se um Éden agrícola. No princípio, líderes empresariais ferozmente conservadores dominavam a política local, bem como a economia. A expansão da cidade era cuidadosamente controlada. Tanto ou mais do que qualquer grande cidade da América, Los Angeles tornou-se um lugar de divisões raciais e de classes, onde o lugar de cada um era definido não apenas pelo que se tinha, mas pelo lugar em que se vivia. Los Angeles permaneceu predominantemente branca até que a Segunda Guerra Mundial criou novas e grandes demandas na indústria. A legislação federal que proibia discriminação nas contratações do governo resultou na chegada de negros de todas as partes do país, atraídos por empregos com a garantia de pagamento decente. Aproximadamente mil pessoas chegavam a cada semana. Impedidos de viver onde desejassem por leis locais, discriminatórias, de aluguel e compra de imóveis, muitos deles foram relegados aos precários arredores de Watts, uma imensa comunidade no centro-sul de Los Angeles que se tornou amplamente conhecida como "Cidade da Lama".

Afro-americanos não eram bem-vindos em Los Angeles, mas personalidades do show business eram. Hollywood era pouco mais do que uma comunidade preguiçosa a noroeste do centro de Los Angeles até o começo do século XX, quando se tornou o centro da produção de filmes. Eles tomaram conta do país, especialmente depois do advento dos filmes falados, em 1927, com *The Jazz Singer* [*O Cantor de Jazz*]. Até então, a indústria americana do entretenimento era dominada pela Costa Leste e pelo vaudeville (gênero de entretenimento de variedades predominante nos Estados Unidos e Canadá do início dos anos 1880 ao início dos anos 1930, também popular na Europa). Na medida em que o rádio e depois a televisão forçavam seu caminho dentro dos lares americanos, Los Angeles também se tornou o centro dessas empresas criativas. As colinas acidentadas ao redor da cidade, em especial, serviram para as filmagens dos onipresentes filmes de faroeste dos anos 1950. Apesar de muitos líderes comunitários pessoalmente desaprovarem a exibição de pessoas e de seus estilos de vida não raro extravagantes, o negócio do entretenimento rapidamente tornou-se o pilar da economia local, atraindo turistas e gerando dezenas de milhares de empregos. Uma abordagem pragmática para controlar o mau comportamento era necessária, permitindo que pessoas importantes atuassem como lhes aprazia e exigindo que todos os outros se mantivessem na linha. A solução era uma organização mais conhecida pelo seu próprio histórico de corrupção – o famoso Departamento de Polícia de Los Angeles (LAPD).

No decurso das décadas de 1930 e 1940, autores de best-sellers acumularam fortunas com contos *noir* sobre policiais corruptos de Los Angeles. Mas em 1950 o novo chefe de polícia Bill Parker prometeu mudanças significativas. Sob o comando de Parker, oficiais estavam na rua para cumprir a lei, não para fazer amigos. Todo o pessoal nas ruas passava por um rodízio de tempos em tempos para evitar que fossem influenciados por pessoas conhecidas. Mesmo com a população de L.A. tendo se tornado mais miscigenada, étnica e racialmente, o departamento de polícia continuava praticamente branco. Muitos recrutas vinham direto do Exército, grande parte vinha do Sul e alguns poucos tiveram algum tipo de educação. As entrevistas de emprego eliminavam candidatos que simpatizavam com as minorias, especialmente aqueles que de algum modo apoiavam o movimento pelos direitos civis. Seminários eram promovidos para policiais de L.A., onde palestras asseguravam que Martin Luther King Jr. e outros líderes negros do movimento pelos direitos civis eram financiados pelo Partido Comunista. Oficiais eram encorajados a acreditar que eram a única coisa que permanecia entre a ordem e a anarquia em Los Angeles, especialmente no que dizia respeito às minorias. Policiais de rua eram autorizados a espancar pessoas que os desafiassem ou que simplesmente parecessem desafiadoras, apenas para que servissem de exemplo. Parker demitia qualquer oficial que fosse ao menos suspeito de receber propina, mas sua administração defendia ferozmente policiais do departamento acusados de uso de força excessiva. Parker mantinha o Conselho Municipal contente com relatórios regulares sobre o sucesso na manutenção da ordem. O aumento no número de prisões era algo apreciado por eles e, consequentemente, pelo chefe, mais até do que o estabelecimento de programas dedicados à prevenção do crime – o número de crimes evitados podia apenas ser estimado, mas as prisões em si eram calculáveis. Aqueles números pareciam bons nos jornais e impressionantes para os contribuintes.

Mas a repressão do LAPD sob o comando de Parker tinha suas exceções. Os cidadãos mais famosos, as estrelas do cinema, da televisão e da música e seus vários produtores e diretores eram tratados como sacrossantos. Oficiais que os flagrassem dirigindo bêbados, envolvidos em brigas ou cometendo qualquer crime que não fosse um assassinato a sangue-frio diante de muitas testemunhas inquestionáveis provavelmente interviriam polidamente e assegurariam que tais celebridades fossem para casa em segurança. Essa mordomia estendia-se a famílias inteiras; policiais que trabalhavam nos bairros mais chiques da cidade eram orientados por supervisores a reconhecer celebridades e sua prole e tratá-los apropriadamente.

Numa noite no início da década de 1960, quatro adolescentes se meteram em um carro em busca de alguma diversão ousada. O motorista era Terry Melcher, filho da cantora e atriz Doris Day. Ao lado dele, no banco dianteiro, estava Dean Martin Jr., conhecido pelos amigos como Dino. No banco traseiro estava Dennis Wilson, um garoto do subúrbio operário de Hawthorne e baterista de uma banda chamada The Beach Boys, que havia acabado de alcançar as paradas pela primeira vez. O quarto passageiro, sentado perto de Dennis, era Gregg Jakobson, que ainda não havia deixado sua marca na indústria musical e assim não possuía status de celebridade, mas apenas uma amizade com os outros três. Melcher dirigiu até uma área residencial em construção numa rua depois de Beverly Hills e estacionou o carro. Ele e Martin saíram, remexeram na mala do carro e retiraram um poderoso revólver Magnum. Dizendo aos seus amigos “Eu vou ajustar a mira”, Melcher começou a estilhaçar algumas lâmpadas recém-instaladas. O barulhento estampido dos tiros ecoou por toda a colina e justamente quando Melcher estourou a terceira ou quarta lâmpada uma viatura do LAPD surgiu, com a sirene ligada e as luzes piscando em sua direção. Wilson e Jakobson, ainda no banco traseiro do carro de Melcher, entraram em pânico. Eles já tinham ouvido sobre o que os policiais de L.A. faziam com as pessoas e esperaram pelo pior. Eles não conseguiram entender por que Terry e Dino calmamente esperaram na rua enquanto dois oficiais do LAPD saíam da viatura preta e branca.

Um policial, jovem o bastante para ser provavelmente um novato, tinha uma das mãos na arma e claramente estava pronto para algum problema. Mas seu parceiro, um sargento grisalho, o puxou de volta, sorriu e disse polidamente "Olá, sr. Melcher". Melcher acenou e Martin disse "Boa noite, oficial". Com um aceno pesaroso de cabeça, como se esperasse que todos compreendessem que ele não tinha escolha a não ser reforçar uma regra idiota, o sargento estendeu a mão para a Magnum de Melcher e disse: "Você sabe, temos de confiscar sua arma". Ele imediatamente acrescentou que o sr. Melcher poderia ir à delegacia a qualquer hora do dia seguinte para retirá-la. Após aconselhar Melcher a dirigir com cuidado, o sargento guiou seu jovem parceiro de volta à sua viatura e foram embora, deixando para trás Melcher e Martin rindo na rua. Na traseira do carro, Wilson e Jakobson, estarrecidos com o que tinham acabado de testemunhar, suavam nervosamente. "Eu aprendi que existia um conjunto de regras completamente diferente, um senso de justiça diferente em L.A. para os ricos", recorda-se Jakobson. "Dennis e eu éramos crianças nos cagando de medo e Terry e Dino sabiam que eram a realeza. É isso que o status de celebridade oferecia em L.A."

Na medida em que Los Angeles continuava a crescer, também crescia o abismo entre os abastados e os miseráveis. Entre as barreiras mais óbvias estavam as florescentes rodovias. Era nítido que estavam ali para separar as comunidades, em particular por deliberadamente tornarem mais difícil a chegada a alguns bairros elegantes por conta da falta de acessos. Além das horas de serviço e do alcance do transporte público, tornou-se impossível se deslocar de uma parte da cidade a outra sem um automóvel. Muitos moradores mais pobres não possuíam carros, então ficavam confinados às suas próprias vizinhanças. Isolar a ralé servia perfeitamente aos interesses dos governantes para manter L.A. limpa e relativamente livre de crimes. A polícia sempre sabia onde a maior parte dos maus elementos estava e podia realocar seu pessoal de acordo com a necessidade.

Mesmo enquanto a maior parte do resto da cidade prosperava, as condições na região do Watts se deterioravam. Para qualquer um que estivesse na rua, era difícil manter uma conversa porque as rotas aéreas que entravam e saíam do Aeroporto Internacional de Los Angeles passavam logo acima de sua cabeça – os moradores do Watts tinham certeza de que isso não era uma coincidência. Diferentemente dos garotos brancos do restante da cidade e dos subúrbios, nos fins de semana os adolescentes do Watts não podiam pegar emprestado o carro da família para ir à praia, para as montanhas ou para os clubes badalados na Sunset Strip. Eles estavam presos na sua vizinhança depressiva com pouco para fazer além de descontar as próprias frustrações uns nos outros. Gangues brigavam entre si até a morte pelo controle de quarteirões dilapidados, desafiando os esforços dos Panteras Negras para manter a paz. Os adultos do Watts não eram melhores; os empregos na indústria bélica haviam escasseado. Por volta de 1965, três quartos de todos os homens adultos do Watts estavam desempregados e seis em cada dez famílias dependiam de caridade para sobreviver. Policiais hostis do LAPD e um punhado de oficiais da Patrulha Rodoviária da Califórnia eram evidentes símbolos diários da opressão branca no gueto fervilhante de 74 km^2, quase do tamanho da grande São Francisco. Alguma coisa ia acabar acontecendo – e na quente e terrível noite de 11 de agosto de 1965 realmente aconteceu.

O oficial da Patrulha Rodoviária da Califórnia Lee Minikus não esperava problemas quando parou Marquette Frye, de 21 anos, por dirigir embriagado em uma rua do Watts. Frye falhou num teste de sobriedade e riu disso. Uma multidão de curiosos observava, mas não era ameaçadora. Minikus e Frye riam juntos enquanto o oficial e seu parceiro se preparavam para levar Frye para a cadeia. Mas então a mãe e o irmão de Frye chegaram e começaram a vociferar. Encorajado por seus parentes, Frye começou a gritar também. Suas vozes alteradas incitaram a multidão a gritar ameaças, mais pessoas ouviram o alarido e foram correndo para o local, Minikus pediu reforços pelo rádio e a revolta racial mais famosa da história americana estava a caminho. A revolta no Watts durou seis dias e resultou em 34 mortos, mais de mil feridos, 4 mil presos e um prejuízo material de 40 milhões dólares. Estima-se que 30 mil pessoas, a maior parte moradores do Watts, participaram de atos violentos e criminosos que variavam desde saques a lojas até ataques a viaturas policiais com coquetéis molotov. Cento e três viaturas do LAPD foram chamadas para ajudar a reprimir a violência e todas as 103 foram seriamente danificadas. Catorze mil homens da Guarda

Nacional juntaram-se ao pessoal do LAPD antes que a revolução pudesse finalmente ser contida, não por causa de uma comoção coletiva ou por um eficiente controle de danos da polícia, mas porque os revoltosos finalmente ficaram sem forças e sem lugares para saquear e queimar; quase todos os estabelecimentos no Watts com algo que pudesse ser roubado ou destruído foram esvaziados.

Já haviam acontecido revoltas raciais em cidades americanas em tempos modernos antes – Chicago, Harlem, uma onda em todo o país durante o verão de 1964 –, mas nenhuma delas causou mais medo na América branca do que esta última. Parte disso era pela cidade onde ela ocorreu. Parecia lógico, até mesmo previsível, que negros de baixa renda furiosos pudessem se insurgir em metrópoles movimentadas como Nova York e Chicago ou até mesmo na capital Washington, onde havia uma grande população de minorias. Mas, para o resto do país, Los Angeles era a epítome da felicidade, do show business, de uma atitude descontraída. Uma revolta racial massiva em L.A. sinalizava que podia haver outra em qualquer lugar. O governador da Califórnia, Pat Brown, organizou uma comissão para determinar a causa do colapso do Watts e em dezembro foi relatado em termos premonitórios e fortes que "a segregação existente entre ricos e pobres, brancos e negros em Los Angeles pode vir a explodir [novamente] um dia no futuro".

Para o chefe Parker, a revolta de 1965 no Watts ofereceu uma bem-vinda chance de aumentar o apoio público ao LAPD, persuadindo moradores brancos assustados de que sem a proteção de sua destemida força policial a próxima vizinhança a ser arrasada pelos revoltosos negros em L.A. podia muito bem ser a deles. Em uma aparição na TV, ele alertou: "Estima-se que 45% da área metropolitana de Los Angeles será negra até 1970. Se desejam alguma proteção para seus lares [...] vocês precisam contar conosco e apoiar um departamento de polícia forte. Se não fizerem isso, que venha 1970 e que Deus os ajude".

No Watts, a vida continuou exatamente como era antes, mas com escombros carbonizados em praticamente cada esquina. As táticas de intimidação de Parker funcionaram e a paranoia racial se espalhou além do gueto. Após Parker morrer de um infarto em 1966 (ele teve um ataque durante um jantar de premiação em sua homenagem), seu sucessor, Tom Reddin, obedientemente continuou sua política. Tornou-se rotina moradores nervosos chamarem os tiras quando intrusos negros surgiam em vizinhanças brancas a qualquer hora – e a polícia respondia instantaneamente. Negros que viviam no Watts estavam acostumados a serem parados por policiais e questionados sobre o que estavam fazendo. Agora os negros em qualquer parte de Los Angeles eram presas fáceis para abordagens arbitrárias e interrogatórios. Brancos que se aventurassem no Watts também eram detidos, mas nesses casos os policiais os aconselhavam a trancar as portas dos seus carros, a dirigirem rapidamente e até mesmo a não pararem em sinais vermelhos porque suas vidas estavam em perigo. Uma terrível sensação da iminência de uma guerra racial se apossou de grande parte da cidade, como o infame nevoeiro de poluição marrom de L.A. Não era a tensão visível de cidades maiores da Costa Leste como Nova York, onde cada vagão do metrô oferecia oportunidades para conflitos raciais. Em muitas partes de L.A., negros e brancos raramente entravam em contato. Mas o sentimento não ia embora.

• • •

A crescente notoriedade da cidade devido à instabilidade racial foi de certo modo compensada pelo seu simultâneo reconhecimento como o novo centro de mais uma forma de arte – uma que, na metade dos anos 1960, frequentemente ofuscava todas as outras em termos de impacto cultural. L.A. já dominava o cinema e a televisão. Agora havia arrancado a primazia das gravações musicais de Nova York. Na metade dos anos 1950, os estúdios de cinema de Hollywood identificaram os adolescentes americanos como um mercado separado dos seus pais. Algumas produções marcantes, como *Rebel Without a Cause* [*Rebelde Sem Causa*, 1955], resultaram disso, mas muitos dos filmes estavam atrelados aos mesmos temas românticos fofinhos que tipificavam a maioria dos sucessos da música pop que emanava de Nova York e seus compositores de *Tin Pan Alley* [*A Vida é uma Canção*, 1940]. Mas esses filmes tinham trilhas sonoras e muitas das músicas exaltavam a Califórnia, com seu sol brilhante e surfe. Grupos californianos, como The Chantay's ("Pipeline") e The Surfaris ("Wipe Out"), causaram considerável impacto no mercado. O ídolo adolescente da TV Ricky Nelson começou a produzir sucessos nos estúdios de L.A. Os Beach Boys tiveram uma sequência de sucessos sobre surfe e *hot rods* (carros modificados, geralmente das décadas de 1920, 1930 e 1940), sendo fiéis à sua escola. Em 1964, os Beatles dominavam a música pop, mas os produtores e músicos da Costa Oeste também estavam fazendo sucesso. Experientes magnatas da música interessados no dinheiro partiram para descobrir e contratar uma nova geração de ídolos adolescentes. Havia uma abundância de talentos disponíveis – Brian

Wilson, Randy Newman, Frank Zappa e Phil Spector, entre outros, haviam todos crescido no coração ou nos arredores da cidade. Filhos de estrelas mais velhas tiveram suas próprias oportunidades, em alguns casos porque seus pais possuíam parte substancial das gravadoras: Nancy Sinatra como artista solo; Dean Martin Jr. e Desi Arnaz Jr. com o grupo Dino, Desi & Billy; Terry Melcher em várias bandas de surfe. Em 1963, gravações produzidas em Nova York lideraram as paradas por 26 semanas, com singles de L.A. chegando à primeira posição por apenas três semanas. Em 1965, L.A. esteve no topo por vinte semanas e Nova York por apenas uma.

A televisão reforçava a nova supremacia de L.A. Em 1964, Dick Clark mudou seu popular programa *American Bandstand* da Filadélfia para Los Angeles. Logo, mais três outros programas de dança eram transmitidos a partir de L.A. – *Where the Action Is!* (ABC), *Shindig!* (ABC) e *Hullabaloo* (NBC). No cinema, em seus carros ouvindo rádio, em casa vendo TV, a música da Califórnia, frequentemente com letras focadas na Califórnia, permeava as vidas dos adolescentes americanos.

De cara, parecia que as últimas estrelas da música não seriam muito diferentes da geração precedente – essencialmente garotos arrumadinhos cantando sobre amor e, no caso da surf music, sobre ter uma diversão apropriada ao ar livre. Os pais mais conservadores teriam permitido que a estrela da música e da televisão Ricky Nelson namorasse suas filhas. Mas a emergência da contracultura resultou em uma significativa mudança no crescente mercado musical jovem. Era impossível dizer com certeza se a mensagem da música dos cabeludos seria uma mania passageira ou um fenômeno de longa duração, mas os executivos não se importavam. Havia uma clara mudança no importante mercado jovem e eles foram ao encontro dela.

Batalhões de músicos aspirantes tomaram o rumo de L.A., certos de que estavam destinados ao estrelato e desesperados para conseguir um contrato de gravação. Muitos deles encontraram o caminho dos clubes, ao longo da Sunset Strip, que reservavam noites específicas da semana para aspirantes que desejavam subir ao palco e tocar uma ou duas músicas. O lendário Troubadour, no Santa Mônica Boulevard, mantinha noites de microfone aberto nas segundas. Futuros superstars como Jim (mais tarde Roger) McGuinn e David Crosby começaram lá. Outros tiveram a sorte de passar curtos períodos como bandas da casa. Johnny Rivers, The Doors e a bizarra Mothers of Invention, de Frank Zappa, ganharam muito da sua fama inicial em aparições regulares na Whisky a Go Go. Caçadores de talentos de gravadoras perambulavam pelos clubes todas as noites, em geral baseando suas decisões mais na aparência do que no som de um artista solo ou banda.

Músicos podem considerar que suas músicas são hinos espirituais ou sociais, mas para as gravadoras a música é um produto. Muitos artistas recém-contratados, ao entrarem num estúdio de gravação pela primeira vez, ficavam estarrecidos em saber que a maior parte ou todo o trabalho instrumental e até mesmo alguns dos vocais seriam fornecidos por veteranos músicos de estúdio. Acordes errados e falta de ritmo poderiam ser ignorados no palco se os músicos fossem carismáticos o bastante, mas para a veiculação no rádio – que ainda era o fator mais importante nas vendas – o som precisava ser perfeito. Dadas as multidões ofegantes por uma chance de gravar, os executivos dos estúdios não estavam inclinados a ser diplomáticos. Na Columbia, Terry Melcher, que já era um artista veterano aos 22 anos por seus próprios méritos, foi colocado a cargo de uma banda promissora chamada The Byrds, cinco refugiados da cena musical folk que estavam agendados para gravar "Mr. Tambourine Man", de Dylan. Melcher rapidamente determinou que apenas o vocalista McGuinn era competente o bastante para gravar a faixa. Os quatro outros Byrds foram instruídos a dar lugar a músicos de estúdio, naquela e em todas as sessões subsequentes. Quando o baterista reclamou, Melcher deu-lhe duas opções: calar a boca ou cair fora. O baterista calou a boca e "Mr. Tambourine Man" foi um hit número um. Neste e na maioria dos casos, os produtores de discos sabiam o que estavam fazendo. Nenhum artista não experimentado tinha permissão de fazer o que quisesse no estúdio. O interesse, o único fator que realmente importava, era se alguém poderia vender discos suficientes ou não. Gênios artísticos, ainda que genuínos ou presunçosos, não importavam nem um pouco.

Para aqueles músicos que iam para L.A. e faziam sucesso, o estrelato e todas as suas regalias eram instantâneas. Após um hit, especialmente se houvesse mais de onde veio aquele, as gravadoras ofereciam aumentos substanciais nos royalties futuros. Muitos dos novos-ricos não tinham nenhuma noção do que fazer com a grana além de gastá-la rapidamente. Popstars repentinos abocanhavam alegremente mansões que tinham pertencido a lendas do cinema. Depois de "California Dreamin'" ter se tornado um sucesso esmagador em fevereiro de 1966, o casal John e Michelle Phillips, do grupo The Mamas and the Papas, comprou a espaçosa casa de Jeanette MacDonald em Bel Air Road. Para não ficarem por baixo, seus companheiros de banda Denny Doherty e Cass Elliot compraram, respectivamente, as glamourosas residências de Mary Astor e Natalie Wood. A obesa Elliot não resistiu e também se presenteou com um Porsche vermelho novinho em folha, mesmo sendo incapaz de caber nele. Veteranos da música de L.A. com sucessos em sequência (escritos, tocados ou produzidos) também pagavam para adentrar no território mais chique da cidade. O líder e compositor dos Beach Boys, Brian Wilson, comprou uma mansão em Bel Air e imediatamente irritou os vizinhos ao pintá-la de roxo. Seu irmão Dennis alugou uma luxuosa casa de campo que pertencera originalmente a Will Rogers, próxima ao extremo oeste da Sunset Boulevard. Terry Melcher e sua namorada, a atriz Candice Bergen, filha da estrela do rádio e da TV Edgar Bergen, alugaram uma residência menor no topo da íngreme Cielo Drive, na região de Canyon Benedict; a casa, de propriedade do agente de estrelas hollywoodianas (como Henry Fonda e Katharine Hepburn) Rudi Altobelli, se distinguia pela magnífica vista da imensa cidade logo abaixo.

Mas nem toda a nova geração da música sucumbiu ao estilo de vida luxuoso. Alguns preferiam a vida no campo ou ao menos o que correspondia a isso na cena de L.A. Topanga, a oeste de um extenso parque estadual, mas ainda a uma distância razoável da Strip e dos estúdios de gravação da cidade, era uma alternativa montanhosa e a área de Laurel Canyon oferecia traços rústicos e agradáveis como uma loja de departamentos. Para outros que simplesmente não conseguiam viver sem acesso rápido às ondas do Pacífico, havia Venice Beach, Santa Mônica e Malibu. E, para virtualmente qualquer um, havia os mágicos clubes na Strip – quando não estavam tocando, estrelas da música de L.A. se satisfaziam em aparecer na Whisky ou no Troubadour, bebericando drinques com seus pares do show business ou graciosamente interagindo com seu público. Todo fim de semana e na maior parte das noites durante a semana a Strip estava apinhada de multidões de jovens alegres e barulhentos. Após numerosas reclamações a respeito de menores de idade bebendo e usando drogas, no outono de 1966 o LAPD e o escritório do xerife do condado de Los Angeles anunciaram uma força conjunta para reforçar um antes desconhecido toque de recolher que requeria que qualquer um com menos de 18 anos estivesse longe das ruas após as 22h. Ao mesmo tempo, o escritório do supervisor do condado anunciou publicamente um possível plano de demolição de parte da Strip para abrir caminho para uma nova rodovia. Em novembro, depois de inúmeras prisões por violação do toque de recolher e das notícias de que o Pandora's Box, um clube popular, seria fechado e demolido para alargar a rua, trezentos manifestantes cercaram o clube. Um ônibus foi virado, mas não houve outra violência evidente. Diferentemente dos negros pobres e desesperados do Watts, aquelas pessoas eram, em sua maioria, crianças brancas irritadas, ricas ou pelo menos de classe média, causando um inferno porque não teriam mais permissão para ficar na rua até a hora que quisessem. Mas o LAPD preferiu não correr o risco. Houve prisões e os policiais usaram cassetetes em quem demonstrou não obedecer a ordens rápido o bastante para desocupar a área.

Anteriormente, os popstars brancos mais proeminentes de L.A. não tinham se sensibilizado o bastante com os protestos sociais ou antiguerra a ponto de compor músicas sobre eles. Depois de Watts, Frank Zappa, frustrado com o modo como seus companheiros músicos haviam ignorado solenemente o evento, tentou transformar o incidente em música. Mas a "revolução" na Sunset chamou atenção de Stephen Stills, um membro da banda de folk rock Buffalo Springfield, de Los Angeles. Stills trabalhou em uma atraente canção sobre linhas de combate sendo desenhadas e jovens abrindo seus corações enquanto corriam perigo pelo sistema que os levava embora. "For What It's Worth" ["Pelo Que Vale a Pena"] chegou ao número sete da parada de sucessos nacional e deu a impressão de que os músicos de L.A. e a juventude estavam na vanguarda do que a imprensa começou a chamar de uma revolta geracional. Em 25 de abril de 1967, a CBS exibiu um documentário intitulado *Inside Pop: The Rock Revolution*, surpreendentemente apresentado por Leonard Bernstein. McGuinn, vocalista dos Byrds, declarou seriamente para os espectadores: "Nós saímos para derrubar estas barreiras que acreditamos arbitrárias. Eu sinto como se houvesse um estado de guerrilha, uma guerra psicológica acontecendo, e eu me sinto como um guerrilheiro".

Nas últimas semanas de 1967, houve uma total sensação de mal-estar em Los Angeles. Joan Didion, mais tarde refletindo sobre aquela época e lugar, concluiu que "havia coisas estranhas acontecendo pela cidade. [...] Tudo era impronunciável, mas nada era inimaginável. [...] A tensão estava se estabelecendo". Da mesma forma, também estavam os ventos de Santa Ana, rajadas quentes que frequentemente ultrapassavam os 160 quilômetros por hora e anualmente assolavam Los Angeles e arredores a partir do final de outono até o início da primavera, ressecando o solo e abrindo caminho para periódicos incêndios florestais que destruíam parte substancial da região. A crença local era que aqueles ventos escaldantes eram um mau presságio; em uma das suas histórias *noir*, Raymond Chandler escreveu que a cada ano, quando os ventos de Santa Ana chegavam, "esposas pequenas e calmas sentiam o fio de suas facas e estudavam o pescoço dos seus maridos". E naquele mês de novembro, junto com os ventos, Charlie Manson reapareceu em L.A., trazendo com ele os primeiros sinais de outro tipo de incêndio.

O ônibus escolar quebrou no caminho de São Francisco para L.A. e Charlie teve de parar para consertá-lo. Ele era um bom mecânico, tendo trabalhado em oficinas de alguns dos reformatórios onde havia passado na adolescência. Charlie esteve animado durante a viagem; ansiava por conseguir um contrato com uma gravadora. Ele falou sobre isso com alguns dos outros no ônibus, fazendo com que compreendessem que o que fosse bom para Charlie seria bom para eles também. Seja lá como fosse esse tal Gary Stromberg da Universal, eles teriam que ajudar Charlie a impressioná-lo. Membros de famílias de verdade sempre apoiavam uns aos outros. Todos entendiam que um contrato de gravação era importante para Charlie, mas não compreendiam por que ele queria tanto um. Seus seguidores não faziam ideia de que Charlie estava obcecado em se tornar famoso; ele lhes disse que sua meta, sua missão, realmente, era ensinar ao mundo um modo melhor de viver através de suas músicas. Se não fosse dada a ele essa oportunidade, seria uma perda para o mundo, não para Charlie.

Foi fácil para Charlie conseguir uma reunião com Stromberg. O nome de Phil Kaufman realmente abria portas. Era trabalho de Stromberg garimpar possíveis talentos e Kaufman não era de recomendar muita gente. Se Kaufman tinha visto algo naquele cara, valia a pena fazer uma audição com ele. Charlie levou um pouco mais de tempo limpando-se para o seu primeiro encontro. Ele tomou banho e pôs roupas limpas, mas o que Stromberg mais lembraria depois era que Charlie chegou descalço. Ele orgulhosamente mostrou o ônibus a Stromberg, agora pintado de branco. Na parte de dentro, havia uma mesa de jantar suspensa, presa ao teto por fios ou cordas, uma vitrola a bateria e uma velha caixa térmica. O grupo havia conseguido uma caixa de profiteroles no caminho vindo de São Francisco e eles amavelmente ofereceram alguns a Stromberg. Até os pastéis acabarem, isso foi o que os seguidores de Charlie comeram. Quando Stromberg convidou Charlie a ir até seu escritório, todas as quatro garotas foram junto – Bruce Davis não estava com eles nessa viagem em particular. Charlie levou seu violão consigo para o escritório e estava ansioso para falar sobre suas músicas, mas Stromberg estava distraído pela maneira como Mary, Lynne, Pat e Susan constantemente observavam Charlie, esperando que ele sinalizasse qualquer coisa que desejava que fizessem. O que ele desejava naquele dia era que elas se sentassem e o deixassem impressionar Stromberg com suas músicas. Stromberg ouviu e achou que havia bastante potencial para arranjar uma sessão de três horas em um estúdio, uma chance de ouvir como Charlie soaria em um dos estúdios de gravação da Universal. Ele agendou a sessão e Charlie sabia que tudo estava prestes a acontecer. Seus sonhos iriam se realizar.

Mas a sessão foi um desastre absoluto. Charlie ficou perdido no estúdio, irritado com os microfones e cabos, ignorando as instruções dos técnicos. Em determinado momento, ele virou para Stromberg e se queixou: "Não estou acostumado com tanta gente". Stromberg não encontrou nada naquela sessão que fosse digno de um contrato. Ele educadamente sugeriu que Charlie trabalhasse um pouco mais as canções e talvez em algum ponto indeterminado no futuro eles pudessem tentar de novo. Não era uma recusa absoluta, mas quase isso.

Stromberg não achou naquela época que Charlie era um caso perdido. Ele e alguns outros executivos da Universal estavam discutindo um filme em que Cristo retornaria ao mundo moderno. Charlie claramente tinha algumas interpretações interessantes da Bíblia. Stromberg sugeriu que ele ficasse por alguns dias para falar sobre as Escrituras e Charlie se alegrou com isso. Ele, Stromberg e as quatro garotas saíram para jantar algumas vezes e passearam na praia. Charlie falou sobre como a Bíblia deixava claro que as mulheres deviam se sujeitar alegremente aos homens. Para provar isso, ele ordenou que Lynne se ajoelhasse aos pés dele e os beijasse. Após ela fazer isso, Charlie se ajoelhou e beijou os pés dela, apenas para acrescentar que mulheres que faziam o que lhes era dito eram recompensadas. Ele também mencionou o quanto posses materiais eram algo errado; para realmente possuir algo, você tinha que ceder algo primeiro. Stromberg seguiu Charlie e as garotas pela praia um dia, ouvindo Charlie pregar para algumas pessoas reunidas ao seu redor. Um homem, que tinha visto o ônibus, questionou Charlie: se ele realmente não precisava de nada, por que ele possuía um ônibus todo enfeitado como aquele? Frio como gelo, Charlie disse que não precisava do ônibus e atirou as chaves na direção do cara. O homem entrou no ônibus e foi embora, deixando Charlie e as garotas sem transporte – de uma forma ou de outra, Charlie parecia não dar a mínima. Algumas horas depois o homem levou o ônibus de volta. Ele devolveu as chaves a Charlie e disse que não queria realmente o ônibus, queria apenas ver o que Charlie faria. Para as garotas, aquilo provou novamente o quanto ele era especial. Stromberg não sabia exatamente o que pensar, mas estava igualmente impressionado. Ele gostava de consultar Charlie sobre o "projeto Jesus", logo abortado pelo alto escalão da Universal, que considerou o simbolismo – Jesus seria negro e os romanos seriam caipiras sulistas modernos – controverso demais.

Charlie não se abateu com sua breve experiência com a Universal. Stromberg não rejeitou a música dele – o cara não tinha dito que eles deviam tentar novamente algum dia? A verdade é que Stromberg provavelmente não estava informado o suficiente para entender o que Charlie estava fazendo. Ele continuaria sendo uma opção, mas agora que estavam em L.A. Charlie e as garotas podiam procurar e encontrar outra pessoa importante no mercado fonográfico que, diferentemente de Stromberg, logo perceberia o que eram aquelas músicas e o tipo de estrela que Charlie instantaneamente se tornaria assim que alguém fosse inteligente o bastante para assinar com ele e levasse sua música até as pessoas. E Charlie sentiu que havia aprendido uma lição valiosa – ele nunca mais deixaria que macacos de estúdio lhe dissessem como deveria tocar suas músicas. Charlie faria sua música do seu jeito, porque ele (e somente ele) sabia como.

Charlie e as garotas provavelmente tinham dormido no ônibus na praia ou no estacionamento da Universal, mas se eles pretendiam permanecer em L.A. precisariam de um lugar para ficar, certamente um com chuveiros. Charlie não ligava para a sujeira, mas, não importava o quanto ele pregasse a respeito da vaidade, as moças reclamavam de se sentirem sujas e queriam se lavar. Felizmente, no final de 1967, L.A. estava cheia de pessoas generosas que gostavam de dividir seu teto e banheiros com andarilhos sem um tostão. Depois de pouco pedir, Charlie e as garotas acabaram no belo e selvagem Topanga Canyon, onde ficaram numa casa bastante peculiar conhecida como Spiral Staircase [Escada em Espiral]. Toda sorte de indigentes ecléticos encontrava abrigo temporário ali; o proprietário gostava de personagens coloridos. Charlie e suas seguidoras se encaixavam perfeitamente. Eles se reuniam e então Charlie contava suas histórias e pegava seu violão para tocar algumas músicas. Ele gostava de falar sobre música com os outros moradores e com a avalanche diária de passantes, certo de que sempre haveria alguém interessante com quem conversar ou com quem tocar. Um deles se identificou imediatamente com Charlie – Bobby Beausoleil era o seu tipo de cara, bastante musical, e tinha a manha das ruas.

Charlie e Beausoleil se tornaram verdadeiros amigos, o que era quase improvável em se tratando de Charlie. Ele gostava de examinar as pessoas e descobrir o que podiam fazer por ele antes de deixá-las se aproximar mais, embora ele pudesse fingir desde o começo que elas eram almas gêmeas. Mas logo ficou evidente que Bobby tinha muito a oferecer. Charlie notou, como todo o mundo em volta de Beausoleil não pôde deixar de notar, que o cara sempre tinha algumas garotas o seguindo, atendendo a todos os seus caprichos. Diferentemente de Charlie, que era pequeno e magricela, e tinha que atrair suas garotas por sua personalidade forte e uma pregação suave e sedutora, Beausoleil conseguia as suas porque era atraente e bonito. Charlie instantaneamente vislumbrou em Beausoleil um possível membro inestimável para o seu grupo – Bobby poderia recrutar algumas mulheres de *primeira*, que por sua vez podiam atrair mais homens. Charlie apostou todas as suas fichas, falando sobre ser parte de uma verdadeira família e abrir mão do ego, mas com Beausoleil era tudo uma questão de ego. Ele se vangloriava da sua boa aparência e tinha a mesma opinião superestimada sobre seus talentos musicais que Charlie em relação a si mesmo. Beausoleil se gabava constantemente de seus shows no Haight, incluindo várias madrugadas deslumbrantes tocando com Frank Zappa. Bobby achou que Charlie era um cara interessante e queria passar mais tempo com ele, mas sem se submeter à liderança de outra pessoa. Beausoleil disse a um desapontado Charlie que "não viajava com ninguém". No fim, decidiram formar uma banda juntos. Eles chamaram a si mesmos de The Milky Way [A Via Láctea] e fizeram um ou dois shows em pequenos clubes locais. Era uma parceria incomum – Beausoleil era um violonista muito melhor do que Charlie, ainda que Charlie não admitisse isso ou fosse ingênuo o bastante para não perceber – e a colaboração não deu em muita coisa. Beausoleil e suas últimas namoradas logo pegaram a estrada novamente, mas ele e Charlie mantiveram contato.

Durante suas primeiras semanas de amizade, o favor mais duradouro que Bobby Beausoleil prestou a Charlie foi apresentá-lo a Gary Hinman, que vivia perto da Escada em Espiral. Charlie se apegou a ele imediatamente. O cara era um professor de música, então devia possuir alguns contatos úteis no mercado. Como o sujeito ainda produzia drogas, geralmente speed, também tinha esse tipo de conexões. Hinman tinha uma casa legal e deixava amigos dormirem lá se fosse preciso – Charlie certificou-se de que Hinman começasse a considerá-lo um amigo. Mary e Susan gostaram do calado e reservado Gary e assim elas alegremente ajudaram a causar uma boa impressão. Hinman também tinha dois carros e isso seria útil sempre que Charlie e sua turma precisassem de outro transporte além do ônibus escolar. A única coisa errada com Hinman é que ele era adepto de religiões orientais, zen ou qualquer coisa do tipo, e aquilo o tornava insensível aos sermões espirituais de Charlie. Mas ao menos, junto com Bobby, ele poderia servir como um aliado duradouro, até mesmo um membro permanente do grupo.

Havia muito o que aproveitar em Topanga, mas Charlie estava cauteloso a respeito de ficar na Escada em Espiral por tempo demais, principalmente porque ele não queria que suas mulheres tivessem oportunidade de ceder à influência de outros. Charlie havia aprendido no Haight que não era inteligente se expor numa competição com outros pretensos gurus. Em algum dia na Escada em Espiral poderiam aparecer dois ou três ou uma dúzia de indivíduos tagarelando sobre suas crenças e incitando todos os ouvintes para que se juntassem a eles. Satanistas, vegetarianos, anarquistas, viciados em heroína, cristãos renascidos – era um verdadeiro bazar de caminhos para a verdadeira iluminação. Então, em dezembro, Charlie colocou as garotas de volta no ônibus e partiu em outra longa viagem, desta vez inicialmente sondando os confins do deserto de Mojave, onde as moças não teriam opções de guru a não ser Charlie. Ele tirou total vantagem, martelando a importância da total obediência a ele e fermentando suas palestras com as novas músicas dos Beatles. Eles haviam acabado de lançar *Magical Mistery Tour*, a trilha sonora de um especial de fim de ano de uma TV britânica, no qual a banda e diversos companheiros coloridos embarcavam em um ônibus e partiam para aventuras imprevisíveis. "Vejam", Charlie lembrava as garotas, "nós somos exatamente como os Beatles mundo afora no nosso ônibus, dirigindo por aí e esperando para ver o que vai acontecer a seguir". Ele adorava o Mojave, sua beleza estéril e seu isolamento. As mulheres se queixavam da poeira e dos insetos, mas eles ficariam no deserto por tanto tempo quanto Charlie quisesse, porque ele é quem sabia das coisas. Então, por cerca de duas semanas, eles foram a outros lugares também, como Arizona, Novo México e Texas, conhecendo pessoas e ficando um pouco com elas. No Texas, os dentes de Charlie começaram a doer tanto que ele foi visitar um dentista, que recomendou arrancar alguns. Charlie recusou, dizendo que se ele perdesse os dentes não conseguiria cantar direito depois.

Perto do fim do ano, momento em que Charlie estava pronto para voltar a L.A., Susan ficou grávida – e tinha certeza de que o pai era algum cara com quem transara no Arizona. Charlie não se importava com aquilo; era mais um bebê para carregarem, junto com o dele, que Mary deveria dar à luz em algum momento da primavera. Quando o bebê de Mary nascesse, e quando o de Susan chegasse, todos os adultos participariam igualmente da criação dos filhos. Daquela forma, seus problemas pessoais não seriam passados para as crianças.

Charlie estava interessado nas comunidades que estavam surgindo, grupos bastante parecidos com o seu, onde um líder reunia algumas pessoas de pensamento semelhante e todos viviam juntos, afastando-se de qualquer coisa que desprezassem na sociedade. Charlie não tinha interesse em combinar seus seguidores com os de nenhuma outra pessoa. Em vez disso, como havia feito na prisão com as lições de Dale Carnegie e com a cientologia, ele queria se apropriar das melhores ideias dos outros e adaptá-las aos seus próprios propósitos. Uma das comunidades mais conhecidas em L.A. era a Hog Farm, liderada por Hugh Romney, antigo morador do Haight, que havia se rebatizado como Wavy Gravy. Romney e seus companheiros habitantes de Hog Farm prestavam assistência médica gratuita em festivais de rock e eventos de caridade ecológicos. Charlie não viu nada que valesse a pena copiar ali, porque não havia nada que fosse pessoalmente útil para ele, mas ficou interessado em Dianne Lake, uma garota de 14 anos que vivia em Hog Farm com os pais. Dianne gostou do ônibus escolar e implorou permissão dos pais quando Lynne e Pat perguntaram se ela queria seguir com eles. Os Lake concordaram e assim Charlie conseguiu outra convertida. Ele imediatamente começou a exibir Dianne para as outras mulheres como alguém em quem se espelhar, alegando que ela ainda não tinha sido corrompida pelos pais ou pela sociedade da forma que elas haviam sido. Charlie favorecia Dianne de outra forma também. Apesar de se sentir obrigado a distribuir suas honras sexuais entre as outras moças, pelo ano seguinte Dianne seria, de longe, sua parceira mais frequente.

No final de dezembro, Charlie e o grupo estavam novamente estabelecidos em Topanga. Eles permaneceram em uma série de casas, algumas alugadas brevemente, outras invadidas, frequentemente dormindo na casa de Hinman ou na Escada em Espiral por alguns dias. Tudo devia ser fluido; a única certeza era que Charlie constantemente mirava novos contatos no mercado musical que pudessem conseguir-lhe um contrato. Havia um sem-número de possíveis pessoas assim em Topanga, dentre elas algumas das maiores estrelas no negócio – Neil Young, Stephen Stills, Linda Ronstadt, Chris Hillman, Barry McGuire. Charlie fez o que pôde para conseguir se aproximar deles, o que por si só era típico de muitos aspirantes a estrelas do rock e algo que músicos renomados aceitavam como parte do preço da fama. A maior parte dos seus endereços era de conhecimento público; não era incomum para Frank Zappa acordar de manhã e encontrar completos desconhecidos sentados na sua sala de estar, esperando a chance de cantar suas músicas para ele. Cada um deles, Zappa dizia a amigos, acreditava que era o artista mais talentoso do universo com algo original a dizer com suas músicas. Pouquíssimos eram, ou talvez nenhum, mas Zappa, como seus outros vizinhos famosos, em geral iria ao menos ouvir educadamente e, em raros casos, sugerir que o músico ligasse para determinado proprietário de clube que pretendia dar a alguns desconhecidos uma chance de se apresentar. Era importante não deixar nenhum deles se ligar permanentemente; a arte do desligamento firme, porém suave, era algo que as celebridades de Topanga tinham que aprender.

Charlie se distinguia dos outros aspirantes de Topanga por ser insistente. Ele tentou chamar atenção da popular banda Spirit interrompendo um dos seus ensaios e foi mandado embora com gritos de "Cara, você tem um carma ruim!". O produtor David Briggs ficou tão irritado com Charlie – que, além de pedir um contrato de gravação, também pediu a caminhonete de Briggs – que ameaçou atirar nele se o encontrasse novamente. Nada podia abalar a crença de Charlie no seu destino de ser uma estrela. Ainda assim, no final do ano, ele não estava nem um pouco mais perto desse objetivo do que quando ouviu os Beatles pela primeira vez em um rádio na cela da prisão na Ilha McNeil – e às vezes suas frustrações vinham à tona. Charlie constantemente pregava altruísmo e amor aos seus seguidores, mas depois de um tempo todos notaram que Mary Brunner sempre parecia ter um olho roxo. Lynne e Pat, que estiveram por mais tempo com Charlie e Mary, sabiam que era ainda pior. Às vezes, Charlie aplicava tremendas surras em Mary, derrubando e chutando-a enquanto ela estava no chão. Ele tentava não deixar a maioria dos seguidores ver aquela sua faceta, mas avisou Lynne e Pat que se não fizessem exatamente o que fosse mandado a mesma coisa aconteceria a elas.

Mais ou menos na mesma época que Charlie e suas mulheres voltaram para L.A., os Beach Boys partiram para Paris, onde realizaram um show beneficente para as Nações Unidas. A banda tinha sido, sem dúvida, a segunda mais popular do mundo atrás apenas dos Beatles, mas estava passando por maus bocados. Em outubro de 1966, o single "Good Vibrations", sobre as maravilhas do estilo de vida e amor hippies, alcançou o topo das paradas e se tornou um hino da contracultura. Mas Brian Wilson, fundador dos Beach Boys e compositor da música que impulsionou a fama da banda, rapidamente começou a se degradar com a esmagadora combinação de problemas mentais e drogas. Primeiro ele deixou de excursionar; depois pareceu perder seu talento para criar irresistíveis hinos pop. Sem Brian para escrever seus sucessos, o resto da banda tinha de carregar parte do peso das composições e apesar de alguns membros, a seu próprio modo, demonstrarem ser grandes compositores, os resultados imediatos em sua maioria eram baboseiras facilmente esquecíveis. A banda também balançou ao desistir de uma participação agendada no fecundo festival de Monterey, em 1967, onde uma nova geração de ídolos pop emergiu – Jimi Hendrix, Janis Joplin, The Who. Entre os jovens, os Beach Boys não eram mais considerados relevantes. A banda seguia adiante em geral como uma vendedora de shows, com o público aplaudindo performances de antigos clássicos, como "Fun, Fun, Fun" e "California Girls", e suportando tristemente as interpretações do novo material, geralmente medíocre. Os Beach Boys estavam com problemas e todos na banda sabiam disso.

Enquanto os Beach Boys estavam em Paris, o baterista Dennis Wilson compareceu a um ensaio de Ravi Shankar. Outro convidado de Shankar que estava lá era Maharishi Mahesh Yogi, que havia sido impulsionado para a fama quando os Beatles publicamente se tornaram seus seguidores na técnica que ele chamou de Meditação Transcendental ou MT, o uso da meditação diária e mantras individuais para alcançar a tranquilidade. Dennis foi atraído pelo pequeno guru e o apresentou aos outros Beach Boys. Maharishi, habilidoso tanto em publicidade quanto em filosofia, convidou Dennis e o resto da banda para uma reunião privada dali a algum tempo em Nova York. Mike Love, o vocalista em muitos dos sucessos dos Beach Boys, ficou especialmente encantado e imediatamente abraçou a MT. Os Beach Boys tinham acabado de abrir sua própria produtora, a Brother Records, e Love queria que a Brother rodasse um filme sobre a Meditação Transcendental. O projeto nunca foi desenvolvido, em grande parte porque o foco principal da banda estava em recuperar suas decadentes finanças. Mas todos os membros – especialmente o confiante e impulsivo Dennis – ansiavam por algum salvador onisciente que os guiasse de volta à proeminência. Talvez fosse Maharishi. Eles também necessitavam desesperadamente de novas e grandiosas músicas.

O começo de 1968 foi selvagemente inquietante para a América. O país foi bombardeado por notícias da Ofensiva do Tet, em janeiro, em que insurgentes do Vietnã do Norte tomaram brevemente a embaixada americana em Saigon e levaram o primeiro dos pesados e constantes ataques ao coração do Vietnã do Sul. O espírito antiguerra se espalhou em mais campi universitários e o novo âncora da CBS, Walter Cronkite, talvez o membro mais importante da mídia entre os americanos mais velhos, gravemente apresentou um editorial que dizia que, a despeito dos relatos otimistas da Casa Branca e dos militares, a guerra não declarada no Vietnã não era mais que um estorvo. O candidato indicado, Lyndon Johnson, foi desafiado nas primárias presidenciais pelo senador Eugene McCarthy, de Minnesota, cuja plataforma integral consistia em deixar o Vietnã assim que fosse empossado. Massas de universitários se voluntariaram para a campanha de McCarthy. Enquanto isso, a primeira revolta racial de 1968 eclodiu na Carolina do Sul em fevereiro. Foi só a primeira de muitas – haveria mais de 130 nas maiores cidades dos EUA até o fim do ano.

Charlie não tinha o menor interesse no que havia causado as últimas ondas de descontentamento entre a juventude americana. Ele estava feliz em tirar proveito da porção que apareceu em Topanga. Muitos jovens de Los Angeles e a maioria daqueles que se amontoavam na região estavam desnorteados com os acontecimentos ao seu redor, se não pela guerra e pelos conflitos raciais, então pelo menos por problemas com seus pais e um forte desejo de fugir da pressão esmagadora de se adaptar a um mundo cada vez mais caótico. Charlie tinha sua alternativa a oferecer – renunciar ao ego, abandonar a individualidade, seguir com ele, fazer parte de uma família de verdade, tudo aquilo agora bem demonstrado com Mary, Lynne, Patricia, Susan e Dianne. Charlie, em seu "modo total de recrutamento", era algo fascinante de se ver. Ele conversaria com um possível candidato, levando o assunto rapidamente para o quão fácil era perceber que o sistema não estava funcionando. Charlie tornaria qualquer resposta que recebesse uma conversa ainda mais detalhada, sempre aparentando concordar com cada palavra que a outra pessoa dissesse. Era impossível para qualquer um não se sentir lisonjeado e a maioria ficava intrigada com a insistência de Charlie de que ele e alguns outros amigos estavam fazendo sua parte para trazer o tipo certo de mudança, começando exatamente com o desprezo das coisas que o possível candidato mais detestava na vida cotidiana – ele ou ela deveria ficar com eles por um tempo. Charlie lançava sua rede filosófica em possíveis candidatos e começava a puxá-la em ritmo acelerado. As garotas que já estavam a serviço dele ajudavam perambulando pelas ruas, conversando com jovens e lhes contando sobre aquele homem maravilhoso chamado Charlie, que tinha todas as respostas – eles deviam falar com ele, ouvir o que ele tinha a dizer.

Na maior parte dos dias, os possíveis seguidores eram levados ou apareciam em qualquer lugar de Topanga onde Charlie estivesse vivendo. Ele oferecia sua filosofia híbrida e percebia quem aparentava estar mais interessado. Alguns não, pois sentiam alguma falsidade ou então se decepciovam com o próprio Charlie, ou com a aparência esfarrapada das garotas que já o seguiam. Aqueles que pareciam comprar a ideia do que estavam ouvindo eram individualmente testados, em geral pelo próprio Charlie. Os homens eram avaliados por sua habilidade mecânica – o ônibus estava sempre quebrando e os carros e as motocicletas (a maioria usada) que o grupo continuava adquirindo de amigos generosos precisavam de bastante manutenção. Além disso, Charlie simplesmente apreciava a companhia masculina muito mais do que viver cercado de mulheres. Ele acreditava que às vezes podia baixar a guarda com os outros caras. A maioria dos homens que passava mais tempo com ele logo se dava conta de seu racismo exacerbado, mas as mulheres que se juntavam ao grupo acreditavam que Charlie amava igualmente todas as raças. O fascínio de Charlie por armas e facas surpreendeu muitas das suas mulheres nos meses seguintes, mas os homens no grupo sabiam disso todo o tempo.

O iniciado mais importante foi Paul Watkins, um garoto angelical de 18 anos que havia largado a escola e imediatamente se estabeleceu como o recrutador mais eficiente de Charlie. A ambição de Watkins era se tornar o braço direito de Charlie. As habilidades de liderança de Charlie nunca foram tão astutamente demonstradas como quando ele encorajou Watkins e Bruce Davis a acreditarem que cada um era seu subordinado mais indispensável. Davis era designado para longas expedições de recrutamento; em uma delas foi até a Inglaterra, buscando aporte financeiro e estudando maneiras de como outros grupos e seitas funcionavam. Watkins era mais útil ao lado de Charlie, onde seu charme infantil ajudava a desarmar as moças mais cautelosas.

Apesar de ser relativamente fácil para homens serem admitidos por Charlie, ele era muito mais exigente com mulheres que queriam se juntar ao grupo. Ele as testava do mesmo modo como selecionava possíveis prostitutas durante seus dias de cafetão, isolando-se com elas e as subjugando mental e sexualmente. As mulheres eram exaustivamente interrogadas sobre suas vidas, suas experiências com seus pais e parceiros, na escola ou na igreja. Quanto mais Charlie descobrisse a respeito de cada uma, melhor ele costuraria redes individuais que as manteriam presas a ele. O objetivo imediato de Charlie era desligar as mulheres de qualquer coisa do passado delas. Se tinham baixa autoestima, se havia algo errado com suas vidas, então era culpa dos pais delas, de seus professores, pessoas que as forçaram a ir contra sua própria natureza. Grandes erros haviam sido cometidos contra elas durante toda a vida, Charlie repetia. O que necessitavam agora era da orientação de alguém que as amaria pelo que elas realmente eram.

Então Charlie dominava sexualmente as moças, tanto para estabelecer seu controle quanto para assegurar-se de que elas se entregariam a qualquer um, de qualquer modo, a mando dele. Ele começava por insistir rudemente em um boquete. Qualquer garota que se recusasse a fazer algo que Charlie considerava tão básico não servia para se juntar ao grupo. Daí em diante, Charlie satisfazia seus desejos variados. Independentemente da extensão da sua vida sexual anterior, uma mulher que fosse introduzida no grupo por Charlie estava certa de que teria novas experiências com ele. Dentro do grupo, as proezas sexuais de Charlie se tornavam mil maravilhas, prova adicional de que ele era mais do que humano.

Outro acréscimo feminino que não requereu de Charlie uma longa preparação, sexual ou de qualquer outro tipo, foi Ruth Ann Moorehouse. Como prometido, Charlie a convocou e a adolescente precoce abandonou o marido com quem havia se casado apenas para se emancipar de seus pais. Charlie ficou contente quando Ruth surgiu em Topanga. Como Susan Atkins, ela era sexy o bastante para seduzir homens que se juntariam ao grupo. Mas, diferentemente de Susan, ela era temperamental e sempre precisava ser o centro das atenções. Ruth Ann fazia com satisfação o que mandavam e nunca causava problemas.

Mulheres que não conseguiam passar pela iniciação sexual de Charlie ainda tinham uma chance de entrar para o grupo por um tempo, se elas tivessem algo mais a oferecer – especialmente grana (dinheiro vivo ou contas bancárias), cartões de crédito ativos ou veículos. Uma vez que tivessem contribuído com todo o seu dinheiro, chegassem ao limite dos seus cartões de crédito ou quando os documentos dos automóveis fossem transferidos para Charlie, elas eram instadas a ir embora, quase sempre com a justificativa de que precisavam passar por mais mudanças pessoais antes de merecerem a oportunidade.

A principal fonte de dinheiro de Charlie era a adolescente Didi Lansbury, filha da atriz Angela Lansbury. Didi nunca deixou de fato sua casa para se juntar integralmente ao grupo, mas até onde Charlie sabia ela não precisava. Ele e alguns dos outros a buscavam no colégio depois das aulas e compravam roupas ou peças de carro sem se preocuparem com o preço, porque Didi pagava tudo com os cartões de crédito da mãe. Finalmente, os cartões foram bloqueados e Didi escapou das garras de Charlie, mas não antes de ele tirar grande proveito daquela associação. A experiência deixou Charlie convencido de que não havia pombinhos melhores do que filhos de estrelas. Ele esperava conhecer muitos mais.

Nos primeiros meses de 1968, o grupo cresceu: eles já era mais ou menos vinte pessoas, alguns ficando por pouco tempo, outros claramente determinados a se unirem a Charlie para sempre. Ele pregava que os nomes de batismo deles eram mais uma forma de a sociedade forçá-los a se conformar e os encorajava a assumir novas identidades, mudando seus apelidos com a frequência que desejassem. Mais tarde, isso tornou difícil para as autoridades e para a imprensa saber exatamente quem era quem, e os nomes de batismo de alguns membros haviam se perdido completamente, deixando como única identificação os apelidos do grupo. Pat Krenwinkel se tornou Katie e permaneceu assim pela maior parte do tempo, embora também tenha experimentado Marnie Kay Reeves. Susan Atkins passou por várias identidades antes que Charlie, desejando reprimir o óbvio deleite dela por sua própria aparência e sensualidade, a apelidasse Sadie Mae Glutz. Susan encurtou isso para Sadie. Mary Brunner tornou-se Mãe Mary em homenagem à sua gravidez. A jovem Dianne Lake era Snake [Cobra]. Em menção à sua pequena estatura, Paul Watkins virou Little Paul. A novata Nancy Pitman foi renomeada Brenda McCann. Ella Jo logo era conhecida por todos como Yeller. Ruth Ann se tornou Ouisch, pronunciado "Oh-uíche". As histórias subsequentes sobre Manson diziam que o nome dela derivava do barulho escorregadio que as facas faziam ao cortar a carne, mas a verdade era mais mundana. Ouisch ganhou seu nome com base no som que os homens supostamente faziam sempre que a viam pela primeira vez – "Oh-uí".

Os novos nomes não eram obrigatórios; Lynne Frommer permaneceu Lynne por algum tempo. Charlie ainda era Charlie; às vezes, Jesus Cristo.

Fiéis ao ensinamento de Charlie, o grupo tinha pouquíssimos bens, mas certo patamar financeiro era necessário para custear despesas básicas – aluguel (apesar de frequentemente ser ignorado até que os senhorios os pusessem para fora), roupas e utensílios, peças para automóveis, motocicletas e drogas, maconha e LSD suficientes para satisfazer as necessidades diárias de um crescente grupo esfarrapado de homens e mulheres. As garotas geralmente eram enviadas para pedir esmolas e os recrutadores de Charlie, Watkins em particular, buscavam possíveis candidatos que aparentavam ter alguns dólares nos bolsos para contribuir. Charlie era perito em convencer pessoas mais velhas, curiosas e endinheiradas, a lhe darem presentes substanciais, como carros – ele os encontrava na praia ou pela cidade, começava uma conversa e aguçava a curiosidade deles com histórias sobre uma família harmoniosa e verdadeira que ele estava construindo e como tentava ensinar àquelas pobres crianças desesperadas um modo melhor de se viver. Aquilo não funcionava com frequência, mas sempre que dava certo Charlie conseguia um carro ou ao menos algumas roupas caras usadas, ou um aparelho de som chique para trocar por drogas ou roupas comuns mais baratas. O sistema de trocas era comum na Geração Paz e Amor. Quando absolutamente necessário, Charlie, Watkins e quaisquer outros homens ligados ao grupo na época arrumavam trabalho limpando piscinas e estábulos – Charlie sempre gostou de estar perto de animais.

Comida nunca era problema. Charlie havia ensinado aos outros como coletar lixo comestível nas lixeiras dos supermercados, fazendo parecer que isso era uma ideia originalmente dele em vez de admitir que aprendera isso com os Diggers do Haight. Eles ficaram espantados com o que encontraram lá – Lynne comparou aquilo a um mergulho numa salada gigante. As garotas também eram instruídas a flertar com garotos que trabalhavam no estoque das mercearias, que por um abraço e um beijo ou um boquete poderiam conseguir algum produto fresco ou até mesmo leite, carne e doces, nos quais Charlie às vezes parecia ser viciado. O grupo comeria qualquer coisa que conseguisse e suas coletas diárias se tornaram mais abundantes e variadas na medida em que suas técnicas se tornaram mais sofisticadas. Às vezes, uma ou duas das mulheres punham roupas "direitas", blusas e saias ou calças comportadas, iam a estabelecimentos que vendiam alimentos, identificavam-se como líderes de um grupo de bandeirantes e pediam doações para o lanche. Outras vezes, membros do grupo se voluntariavam como ajudantes na feira; ao fim do dia, eles recebiam quaisquer frutas ou verduras que não tivessem sido vendidas e que não estavam frescas o bastante para serem oferecidas novamente ao público no dia seguinte. O grupo comia bem e todos se orgulhavam da ingenuidade dos outros.

Em fevereiro, os Beatles embarcaram na Inglaterra para uma peregrinação amplamente divulgada ao principal acampamento de Maharishi, na Índia. Juntaram-se a eles Mike Love, dos Beach Boys, e a atriz Mia Farrow, que havia acabado de finalizar o filme *O Bebê de Rosemary*, de Roman Polanski. O retiro foi agendado para durar três meses, só que antes disso os Beatles foram perturbados por rumores de que o seu virtuoso guru não apenas comia carne – ele pregava o vegetarianismo estrito –, mas também tentava seduzir participantes do sexo feminino. Desconfiados e desconfortáveis com um cenário tão primitivo, e acima de tudo entediados e irritados, John Lennon e Paul McCartney começaram a compor músicas; algumas eram canções simples, outras sarcásticas e ácidas ("Sexy Sadie", de Lennon, eviscerava Maharishi), e algumas eram experimentais a ponto de serem absolutamente estranhas. Todas elas, junto com algumas outras escritas após o retorno deles para a Grã-Bretanha, seriam lançadas por volta do fim do ano.

Apesar de os desencantados Beatles terem abandonado o acampamento de Maharishi antes do prazo, Mike Love continuou um seguidor devoto. Mais tarde, ele promoveu ativamente Maharishi, tanto em público como dentro dos Beach Boys.

Phil Kaufman foi libertado da Ilha Terminal em março de 1968. Ele ficou feliz ao descobrir que seu velho companheiro de cela estava por perto, em Topanga, e ainda mais contente quando Charlie o convidou para ficar com ele por um tempo. Kaufman ficaria satisfeito de desfrutar a companhia de Charlie, mas acontece que aquele cara pequeno e magricela havia reunido um harém pessoal, garotas que obedeciam a qualquer comando seu e pareciam alegres, e até mesmo ansiosas para fazer sexo com um amigo de Charlie que estivera preso longe de mulheres por muito tempo. Kaufman rapidamente satisfez todas as fantasias eróticas que havia imaginado em sua cela e outras coisas que jamais havia pensado, mas que aparentemente Charlie havia ensinado às garotas. Charlie lhe disse em particular que o problema do mundo eram os negros tendo todos aqueles bebês; algum dia os brancos seriam superados em número. A solução de Charlie era que os caras brancos precisavam engravidar o maior número possível de garotas brancas, começando com as mulheres do grupo.

Quando não estava fazendo sexo com as garotas, Kaufman papeava com Charlie e soube que a tentativa na Universal não havia obtido êxito. Se Kaufman compreendeu que a promessa de Gary Stromberg de talvez tentarem novamente no estúdio algum dia era muito mais um educado "cai fora" do que uma promessa, ele não explicou isso a Charlie. Charlie estava otimista a respeito de suas canções e todas as novas músicas que estava escrevendo. Ele perguntou a Kaufman sobre mais contatos no mercado musical – alguém mais além de Stromberg que pudesse sugerir? Kaufman não possuía outros nomes no momento, mas disse que agora que estava fora da prisão e de volta ao show business, filmes e música, ele procuraria as pessoas que havia conhecido e também faria novos contatos. Charlie deixou claro que enquanto estivesse fazendo isso Kaufman devia permanecer com o grupo, aproveitar as garotas e, obviamente, apresentar Charlie a qualquer grande figurão da música com quem tivesse amizade. Aquilo pareceu bom para Kaufman. Ele gostava de viver com Charlie e sua turma. Kaufman obteve uma primeira impressão bastante forte das mulheres de Charlie. Lynne, ele percebeu, era a doida mais obcecada por Charlie, seguindo qualquer palavra dele. Susan Atkins era como o cão de guarda de Charlie, meio maluca e má. Pat Krenwinkel era tranquila. Ela fazia a maior parte das tarefas mais difíceis. Nenhuma das mulheres pareceu muito inteligente para Kaufman, com exceção de Mary Brunner, mas cérebro claramente não era o que Charlie procurava entre suas seguidoras.

Em um dia típico no grupo de Charlie em Topanga, todo o mundo levantava tarde e as mulheres preparavam juntas o café da manhã com qualquer coisa que tivesse sobrado da noite anterior – frutas, verduras cruas ou biscoitos, se houvesse algumas caixas deles. Ninguém se importava muito; o café da manhã não era realmente uma refeição formal, apenas a chance de todos enfiarem algo no estômago para começar o dia. Então Charlie e Kaufman e quaisquer outros caras que estivessem lá trabalhavam nos carros e nas motocicletas – Kaufman não pôde acreditar na quantidade de gente que simplesmente dava suas coisas a Charlie. Mas o que causou uma forte impressão foi a atitude de Charlie a respeito daqueles veículos, alguns deles realmente bons. Ele se recusava a deixar que o grupo se sentisse possessivo sobre qualquer um deles. Assim que estavam prontos para voltar à estrada, Charlie os trocava ou simplesmente dava de presente, dizendo a todos que fazer aquilo era um lembrete para que não se tornassem materialistas. Algumas vezes, pessoas no grupo, sempre as mais afastadas e que não durariam muito de qualquer jeito, ficavam furiosas ao verem um carro ou uma moto em que haviam trabalhado duro desaparecer daquela forma e vez ou outra ameaçavam arrebentar Charlie. Então Charlie os iludia com seus jogos de palavras, dizendo-lhes para seguirem em frente, se era isso o que realmente desejavam, e se realmente não queriam que ele encontrasse veículos ainda melhores do que aqueles que havia doado. E aquilo sempre funcionava, apesar de ser óbvio que se um dia não funcionasse todas as garotas se levantariam e sairiam em defesa de Charlie. Elas certamente não deixariam ninguém machucá-lo.

Kaufman adorava o modo como Charlie costumava fazer seus seguidores acreditarem que haviam tido ideias que na verdade eram dele. Kaufman sabia onde Charlie aprendeu aquela técnica. Em Topanga, uma das garotas poderia dizer que queria frutas e Charlie diria: "Ah, eu entendi, você quer trabalhar na feira esse fim de semana pra gente conseguir algumas. É uma ideia maravilhosa! Você é mesmo esperta!" A garota se sentiria orgulhosa por Charlie tê-la elogiado e gostado de sua grande ideia, quando o que ele queria mesmo era que alguém fosse trabalhar na feira e levasse alguma comida para casa. A técnica funcionava em coisas mais importantes também. Uma nova recruta que estivesse relutante em transferir os documentos do seu carro poderia ser elogiada diante dos outros para demonstrar o quanto era difícil abrir mão de bens materiais. Mas, Charlie poderia dizer, ela estava fazendo aquilo e oferecendo a todos um exemplo de superação do materialismo e abraçando uma forma melhor de viver. A garota ali já estava muito à frente de qualquer outro que tinha estado com Charlie por meses! Vejam como ela é iluminada! E ele conseguiria os documentos e a garota o agradeceria por poder ficar com eles. Espetacular, simplesmente espetacular.

Enquanto os homens trabalhavam nos carros e motos, a maioria das garotas saía para revirar as latas de lixo das mercearias. Elas voltavam com sua coleta e antes de arrumar e servir o jantar (refeições eram preparadas, servidas e retiradas exclusivamente pelas garotas, porque estas tarefas eram definidas por Charlie como trabalho para mulheres e o papel adequado para todas as mulheres era sempre servir e satisfazer os homens), às vezes, se reuniam com o restante do grupo para uma dose coletiva de LSD, administrada por Charlie. Mais tarde, Paul Watkins contou às autoridades que Charlie sempre tomava uma dose menor do que a que oferecia a todos os outros, a melhor forma de manter seu juízo. Quando todo mundo estava começando a viajar, Charlie começava a pregar, falando sobre abdicar da individualidade e das posses, e como vida e morte eram a mesma coisa. Charlie nunca mencionou de forma alguma ter cometido atos violentos a fim de proporcionar o mundo melhor que ele vislumbrava. Ele sempre repetia o que Phil Kaufman chamou de "paz e amor". Exceto algumas usadas para cortar e preparar a comida, não havia facas por lá, nem armas.

Em algumas tardes, havia sexo grupal. Onde quer que estivessem vivendo, um cômodo seria sempre reservado para aquele propósito, com cortinas fechadas, tapetes e almofadas no chão. Às vezes, o que você fazia e com quem fazia era determinado pela vontade de cada um ou, como Kaufman relembra, "em cima de quem você caísse". Outras vezes, Charlie agia como diretor, dizendo a cada participante o que ele ou ela deveria fazer, e com quem. Sempre havia mais mulheres do que homens participando, mas Charlie raramente ordenava atos lésbicos. Todos deviam satisfazer as necessidades dos outros, mas inevitavelmente algumas das mulheres faziam grande parte do trabalho e recebiam pouca atenção de volta. Aquilo, de acordo com Charlie, era justo porque deixar os homens felizes devia ser a prioridade delas.

O jantar era servido em grupo, em grandes travessas fumegantes de comida sendo passadas em torno e todos comiam tanto quanto quisessem. Mais tarde, Charlie geralmente tocava seu violão e cantava.

As mulheres eram o seu coral. Se não cantassem as músicas de Charlie, cantariam repetidamente os sucessos mais recentes dos Beatles. Alguns deles ficaram cansados de todas as músicas do álbum *Magical Mystery Tour,* mas cantavam assim mesmo. Era como se Charlie considerasse os Beatles membros adjuntos de sua verdadeira família. Embora ele controlasse a música tocada em qualquer lugar que o grupo estivesse chamando de lar, Charlie permitia a seus seguidores que sintonizassem qualquer estação de rádio que quisessem nos carros. Assim, todos tinham uma dose integral de todas as músicas psicodélicas do tipo "a mudança está chegando" que dominavam as frequências de rádio – tocadas por The Jefferson Airplane, The Doors e The Rolling Stones. Ninguém prestava muita atenção nas canções menos esquisitas e não revolucionárias de bandas como os Beach Boys.

Às vezes, Charlie e alguns escolhidos, membros do grupo que ele desejava recompensar, saíam à noite, visitando conhecidos em Topanga e ocasionalmente ficando por lá. A maioria das pessoas era bastante informal e não se importava muito se estranhos aparecessem do nada. Phil Kaufman possuía alguns amigos pela cidade e levava Charlie com ele nessas visitas. Um velho amigo com quem Kaufman voltara a se relacionar se chamava Harold True. Harold vivia numa boa casa de aluguel na Waverly Drive, no bairro de classe média alta de Los Feliz. Charlie foi à casa de Harold algumas vezes, para festas. Ele era um bom anfitrião. Muito tempo depois, Pat Krenwinkel lembrou que ele sempre compartilhava um monte de drogas. Charlie se tornou familiarizado com a área e teve uma boa ideia do seu relativo luxo e das pessoas que viviam lá. Não havia muitas mansões, mas havia ótimas casas, incluindo a de Harold e algumas outras ao redor. O grupo fez várias visitas a Harold antes de ele se mudar, no inverno. Pouco depois disso, um casal chamado Leno e Rosemary LaBianca se mudou para a casa ao lado da que Harold vivia.

A permanência de Phil Kaufman com o grupo durou cerca de cinco semanas. Ele não conseguiu ajudar Charlie a fazer nenhum novo contato musical útil e às vezes tinha coragem de discordar dele. Um risco que Charlie não podia correr era ter alguém discutindo com ele, dizendo-lhe que estava errado sobre alguma coisa, independentemente de quão insignificante fosse, na frente dos outros. Mas Charlie, antes de determinar que Kaufman precisava ir embora, tentou fazer dele um membro permanente em vez de um visitante. Alguém do grupo havia levado o ônibus escolar em uma rápida viagem a São Francisco e o ônibus quebrou. Quando Charlie saiu para ir buscá-lo, convidou Phil para ir junto. Enquanto dirigiam para o norte em um dos carros onipresentes que eram dados ao grupo, Charlie atacou Kaufman com todo o sermão de recrutamento e pediu que ele se juntasse permanentemente ao grupo, como um seguidor. Kaufman riu e respondeu: "Ei, guarda isso pras outras pessoas". Charlie retrucou: "Você é esperto demais para estar aqui". Depois que eles voltaram para Topanga, Kaufman lembra, Charlie e as garotas deixaram claro que ele havia excedido o tempo que era bem-vindo, praticamente ignorando-o. Ele foi embora e morou por um tempo com uma série de outros amigos, incluindo Harold True, até arrumar seu próprio lugar. Kaufman e Charlie não cortaram relações completamente. Eles mantiveram contato e algumas vezes Kaufman ia visitar o grupo, mas depois de um tempo ele deixou de aparecer porque as coisas simplesmente não eram mais como antes.

A América continuava a se desemaranhar em março de 1968. O presidente Johnson havia organizado uma comissão especial para estudar as causas da inquietação civil – revoltas raciais – e os relatórios colocaram a maior parte da culpa no "racismo branco". A menos que negros e brancos pudessem reconciliar suas diferenças de alguma forma, a comissão alertou, a América poderia muito bem acabar dividida em duas permanentes facções hostis.

Em 12 de março, Johnson sofreu um espantoso golpe político quando Eugene McCarthy chegou perto de vencê-lo nas primárias presidenciais de New Hampshire. Aquilo encorajou o senador de Nova York Robert F. Kennedy, crítico de longa data de Johnson, a anunciar que também o enfrentaria pela indicação do Partido Democrata. Aqueles estudantes radicais que ainda desejavam usar o sistema político como instrumento de mudança estiveram solidamente do lado de McCarthy. Agora eles tinham que escolher entre o frio e racional McCarthy, que havia sido seu herói quando nenhum político queria dar um passo adiante, e o carismático Kennedy, que além da imagem de seu próprio ativismo carregava o legado de seu irmão assassinado. Temendo o risco de ser humilhado ao perder a indicação de seu partido e prometendo passar o restante do mandato buscando um acordo de paz igualitário no Vietnã, em 31 de março Johnson estarreceu o país e o mundo ao anunciar que não mais concorreria à reeleição.

Quatro dias depois, Martin Luther King Jr. foi assassinado em Memphis. Em questão de horas, houve revoltas violentas em Nova York e Washington. A violência se expandiu pelo país; 125 cidades experimentaram grandes conflitos raciais e 55 mil soldados foram convocados para ajudar a reprimir os confrontos nas ruas. Uma metralhadora foi posicionada na escada do Capitólio após rumores de que turbas de negros pretendiam invadi-lo e atacar os legisladores.

Se Charlie discutia os eventos correntes com seus seguidores, não era para debater as questões raciais ou relacionadas ao Vietnã, mas para lembrá-los de quão sortudos eram por estarem com ele em vez de ter que tatear pelo mundo incerto e assustador lá fora. Quanto mais as coisas degringolassem, mais fácil era para os seguidores de Charlie curvar-se à influência dele. Eles evitavam os problemas cotidianos, satisfazendo-se com sexo e drogas, e tendo a garantia de seu líder de que estavam melhor (e tinham mais sorte) do que qualquer outra pessoa no mundo por fazerem isso. Claro que eles amavam Charlie.

Abril foi um mês terrível para a América, mas ótimo para Charlie. Primeiro, ele encontrou uma jovem moça que se tornaria uma das suas discípulas mais devotas. Como muitas outras que decidiam seguir Charlie, Sandy Good era filha de pais divorciados. Ela foi uma criança doente e passou por uma série de cirurgias para corrigir problemas respiratórios, uma delas envolvendo a remoção parcial de um pulmão; tais operações deixaram cicatrizes horríveis em seu pescoço e peito. Os pais de Sandy a mimavam e mais tarde em sua vida ela própria admitiria que sempre agia como queria. Em meados de 1960, Sandy estava pulando de faculdade em faculdade, tentando, como muitos outros, se encontrar e decidir o que queria fazer da vida. Ela morou no Oregon e em São Francisco e, na primavera de 1968, foi a Los Angeles visitar um amigo. Enquanto estava lá, conheceu Charlie e foi instantaneamente convencida a ficar, com a promessa de fazer parte de uma família que realmente a amava. Charlie imediatamente descobriu algo adorável em Sandy também – graças a uma poupança criada para ela por seu pai, um corretor da bolsa, Sandy recebia um cheque de 200 dólares todo mês. Sandy alegremente entregava o dinheiro a Charlie. Ele contatou o pai dela várias vezes pedindo que aumentasse o valor mensal, bajulando-o a princípio, depois insistindo e por fim exigindo a ponto de George Good cortar relações com sua filha – mas os cheques mensais continuavam chegando.

Sandy teve problemas de adaptação com as outras garotas no começo. Ela usava maquiagem e joias, e por vezes tinha um jeito arrogante de se comportar. Mas Charlie a trabalhou, usando mais tempo para conversas particulares sobre os males da individualidade – a última coisa que ele queria era que Sandy se sentisse malquista e fosse embora, levando consigo a mesada de 200 dólares. Para torná-la mais aceitável para os outros, Charlie ordenou que Sandy se despisse, expondo sua nudez diante de todos, apontou para suas cicatrizes e usou-as como exemplo das maneiras terríveis como os pais abusam de sua prole. Se eles realmente amavam Sandy, Charlie afirmou, por que eles permitiram que os médicos desfigurassem sua filha daquela forma? Obviamente, Sandy tinha muito a superar, mais do que praticamente qualquer outra pessoa no grupo, então que dessem algum desconto a ela. Quanto mais problemas as pessoas tinham para abrir mão de seus egos, piores deviam ter sido os seus pais. Ainda assim, Sandy levou mais tempo para assimilar isso e não recebeu um apelido durante meses.

Em abril, Mary Brunner deu à luz um menino. Ela queria ter o bebê em um hospital, com pessoal treinado disponível, mas Charlie não queria saber disso. Parto natural era a única opção e Mary seria auxiliada pelas outras mulheres do grupo. As garotas disseram a Charlie que não tinham ideia do que fazer; ele respondeu que por serem mulheres descobririam naturalmente. Quando o bebê veio, ele estava invertido. Mary sofreu terrivelmente e havia uma grande incerteza, mas de alguma forma ela e o bebê sobreviveram. Mais tarde, seria relatado que o bebê havia nascido no dia 1º de abril e fora batizado como Valentine Michael Manson, um tributo a *Stranger in a Strange Land*, mas um registro de nascimento oficial preenchido pelo estado da Califórnia informa a data de 15 de abril e o nome completo do bebê como Michael Manson. Mas datas de aniversário e nomes de batismo não importavam para o grupo – eles eram ferramentas usadas pelo sistema para rastrear pessoas – e todos chamavam o bebê de Pooh Bear [Ursinho Puff].

Ursinho Puff foi criado de acordo com a filosofia de Charlie de todos dividirem as responsabilidades parentais. Aqueles de fora que observavam as atividades do grupo no cuidado com crianças ficavam impressionados com a afeição e a atenção dedicadas ao garoto e a todos os outros que eventualmente entravam para a seita de Charlie. Os adultos às vezes vestiam trapos e estavam frequentemente sujos, mas as crianças sempre aparentavam estar limpas, bem-alimentadas e obviamente bem-cuidadas. Dentro do grupo havia alguma discrepância entre o modo como Charlie falava de crianças e o modo como ele realmente se sentia a respeito delas. Ninguém jamais viu Charlie bater numa criança, mesmo quando ele estava com um humor terrível – e ele de fato se aborrecia rapidamente se um bebê chorava ou gritava. Assim, as crianças sempre eram mantidas longe do grupo principal de adultos e cuidadas numa barraca ou em outro cômodo por babás designadas por Charlie. Os pais podiam visitar seus filhos apenas com permissão dele, medida baseada na ideia de que pais biológicos causavam um efeito ruim. Todos no grupo eram igualmente pais e mães de todas as crianças.

Pouco após o nascimento de Ursinho Puff, Charlie levou o grupo para outra viagem de ônibus, desta vez para uma área florestal no condado de Ventura, onde eles acamparam. Isso ofereceu a Charlie a oportunidade de ter a total atenção de todos e foi um modo de evitar que se sentissem confortáveis demais vivendo com as conveniências da água encanada e eletricidade. Mas eles não permaneceram por muito tempo: os policiais do condado de Ventura prenderam vários membros do grupo, incluindo Charlie e Susan Atkins por falsidade ideológica e Mary Brunner por amamentar seu bebê em público. Nenhuma acusação foi levada adiante ou provavelmente nem deveria ser. Os policiais do condado queriam apenas encorajar Charlie e sua comitiva esfarrapada a irem embora. Funcionou, mas não da forma que eles pretendiam. Longe de se sentir intimidado – depois de todas as celas que ele havia ocupado na prisão federal, uma noite ou duas em uma prisão local não o perturbariam de forma alguma –, Charlie usou as prisões para demonstrar a seus seguidores como o sistema fanaticamente perseguia os esclarecidos. Eles buscaram outros lugares para acampar e gostaram em particular de uma região a noroeste de L.A., ao pé das montanhas de Santa Susana, onde eles nem sequer precisaram levantar acampamento, porque havia um antigo set de filmagem na propriedade. O set, usado para vários filmes de faroeste nas décadas de 1950 e 1960, era parte de um rancho de propriedade de um homem idoso e quase cego chamado George Spahn. Eles permaneceram lá por um tempo e então Charlie os levou de volta para Topanga para que pudesse continuar sua busca por um contrato de gravação.

• • •

Naquela primavera, os Beach Boys embarcaram numa turnê nacional, mas então havia uma surpresa. Antes de a banda aparecer, Maharishi abria os shows, confortavelmente instalado no palco, falando para a plateia sobre as maravilhas da Meditação Transcendental. As pessoas haviam comprado ingressos para ouvir música, não baboseira filosófica, e toda noite a voz aguda e baixa de Maharishi era sufocada por gritos exigindo que ele calasse a boca e deixasse os Beach Boys tocarem. A resposta diária de Maharishi era sorrir, sorrir e continuar falando. Além do seu próprio fascínio pelo guru, a banda esperava que a ligação pública com ele pudesse restaurar alguma aura legal, parecida com a dos Beatles, à sua decadente popularidade. Aquilo teve o efeito contrário. Na medida em que a notícia sobre a escassez de músicas na turnê e a ênfase nas palestras se espalhava, as vendas antecipadas despencavam – apenas duzentos ingressos foram vendidos para um show importante em Nova York. Os empresários da banda cancelaram a turnê na metade, com um prejuízo de aproximadamente 500 mil dólares, dinheiro que os Beach Boys precisavam para financiar a Brother Records e seu estilo de vida dispendioso. Alguns dos membros da banda perderam ao menos parte da fé em Maharishi – era isso que eles tinham ganhado por ouvir gurus? Mike Love pôs a culpa pelo fiasco no resto mundo, que não era inteligente o bastante para apreciar o que Maharishi tão graciosamente oferecia para compartilhar. Ele permaneceu um devotado seguidor e recusava-se a reconhecer qualquer outro além de Maharishi como fonte de sabedoria. Para Dennis Wilson, a turnê cancelada era muito ruim, mas ao menos ele estava livre para voltar a L.A. e se divertir com garotas, drogas e qualquer coisa que o apetecesse em qualquer dia. Dennis não se sentiu especialmente iluminado por Maharishi; ele era interessante e Dennis gostava de pessoas interessantes. Ele sempre estava pronto para conhecer mais pessoas assim.

Bobby Beausoleil, amigo de Charlie da Escada em Espiral, apareceu logo depois que Charlie e seus seguidores retornaram a Topanga. Ele tinha uma nova namorada, chamada Gail, e uma segunda companhia feminina, chamada Catherine Share, que todos imediatamente começaram a chamar de Gypsy. Beausoleil estava envolvido em outro filme, classificado para adultos, construindo cenários e atuando nele. As garotas no grupo de Charlie acharam Beausoleil ranzinza, mas a maioria ainda se derretia ao vê-lo por ele ser tão bonito. Elas o apelidaram de Cupido. Gail não gostava disso; ela era bastante possessiva em relação a Beausoleil. Aquilo era inaceitável pelas regras de Charlie, então nunca se considerou o recrutamento de Gail e Beausoleil continuava não tendo interesse em nada além de visitas ocasionais, apesar de pessoalmente ainda gostar de Charlie. Gypsy, no entanto, foi imediatamente tocada pelo espírito do grupo. Ela gostou das pessoas que acompanhavam Charlie e apreciava a devoção dele à música. A própria Gypsy era uma musicista talentosa. Filha de soldados da resistência francesa que morreram durante a Segunda Guerra Mundial, ela foi levada para a América pela mãe adotiva e cresceu em Hollywood. Depois que sua mãe adotiva morreu, Gypsy começou a perambular por aí até se juntar a Beausoleil e Gail. Durante esse primeiro encontro, ela não estava pronta o bastante para deixá-los por causa de Charlie, mas isso era algo em que ela continuava pensando enquanto zanzava pela Califórnia com os outros dois.

Charlie poderia ter sido capaz de convencer Gypsy a abandonar Beausoleil e ficar com ele, mas não tentou. Embora ficasse feliz de encontrar novos seguidores que se encaixassem – com a personalidade extrovertida de Gypsy e a óbvia aceitação dos ensinamentos, ela seria uma ótima recrutadora para o grupo –, Charlie não desejava correr o risco de afastar Beausoleil. Além disso, o grupo agora havia se estabelecido em uma média de vinte seguidores, o que significava que havia gente suficiente para procurar comida, pedir esmolas e consertar os carros e motos, e Charlie não precisava se preocupar tanto com as responsabilidades do dia a dia. Ele estivera em L.A. por quase seis meses e ainda não tinha um contrato de gravação. Seu erro com Stromberg na Universal foi depositar sua confiança em um executivo de médio escalão, alguém de quem não se podia esperar que reconhecesse uma música espetacular porque ele próprio não era músico. O que Charlie realmente precisava era de alguma grande estrela do rock para apadrinhá-lo, alguém que entenderia a grande coisa que ouviria e conseguiria para Charlie um contrato, simplesmente exigindo isso.

Charlie então se dedicou novamente a encontrar exatamente a estrela da música certa para ser seu padrinho. Ele usou algumas das garotas como vigias, mandando-as perambular por Topanga e pela Strip para ver quem poderiam encontrar. Aquilo parecia bom para as garotas – soava mais divertido do que mendigar ou revirar latas de lixo das mercearias. A tarefa delas não era falar com outras garotas desocupadas sobre o guru maravilhoso chamado Charlie, mas procurar estrelas do rock famosas e convencê-las a ouvir as músicas incríveis de Charlie.

Em algum momento no fim da primavera, Pat e Yeller saíram pedindo carona na Strip. Elas mal tinham levantado o polegar quando um cara alto e de boa aparência parou e lhes ofereceu uma carona para onde quer que estivessem indo – mas que tal dar uma passada lá em casa antes para tomar um pouco de leite com biscoitos? Aquilo soava como diversão para as garotas. Pat e Yeller saíram em disparada com Dennis Wilson, exatamente o tipo de padrinho que Charlie desejava.

Charlie e Dennis

Do hit regional "Surfin'", de 1961, até o estouro internacional "Good Vibrations", no fim de 1966, nenhuma banda americana foi mais popular ou vendeu mais discos do que os Beach Boys. O sucesso deles baseava-se em dois elementos fundamentais – as composições do líder Brian Wilson e sua habilidade em misturar a harmonia dos membros e a magia instrumental dos músicos de estúdio para transformar aquelas músicas em uma mágica multifacetada. O som dos Beach Boys era único e foi por isso que fizeram sucesso. Eles pareciam pessoas comuns. O baixista Brian e seu irmão e guitarrista Carl lutavam contra a balança; o guitarrista Al Jardine era baixinho e tinha cara de nerd; e o vocalista Mike Love sofria de calvície precoce. Apenas o baterista Dennis Wilson se assemelhava a um típico ídolo adolescente; mesmo no auge da fama dos Beach Boys, Dennis era o problema da banda graças à sua falta de disciplina. Dennis não conhecia limites em seu gosto por álcool, drogas e sexo, mas era o único dos Beach Boys que realmente surfava, fornecendo assim a inspiração para muitos dos primeiros sucessos do irmão Brian. Dennis sempre foi atraído pelo risco; quando os Beach Boys tocaram em Nova York, na mesma época que o World Trade Center estava sendo construído, durante uma madrugada ele invadiu o canteiro de obras, subiu no topo do andaime e sacudiu os braços a uma altura assustadora, inebriado pelo perigo. Como baterista, as habilidades de Dennis eram razoáveis, na melhor das hipóteses, mas ele levava uma tremenda energia para as performances ao vivo da banda, o que era especialmente importante, uma vez que era praticamente impossível para eles reproduzir com precisão a complexa sonoridade de estúdio de Brian no palco. Por causa da frustração permanente com o comportamento imaturo dele, os outros Beach Boys não tinham uma noção real do potencial de Dennis como compositor – mesmo quando Brian caiu doente por meses e parou de criar hits e ciclos extensos e gloriosos de músicas que resultaram em álbuns clássicos como *Pet Sounds*. Sem a participação integral de Brian, eles começaram a derrapar. A decisão tomada pelos membros da banda e empresários de abandonar o importante festival de Monterey, em 1967, definitivamente encerrou o grande período dos Beach Boys no topo das paradas.

No final da primavera de 1968, os Beach Boys estavam prestes a lançar *Friends*, seu décimo nono álbum em apenas sete anos – as gravadoras constantemente pressionavam seus comprovados fazedores de sucesso para que criassem mais produtos antes que sua popularidade diminuísse. *Friends* estava fadado ao fracasso, alcançando apenas a posição 126 nas paradas; nenhuma das suas 12 músicas tornou-se um sucesso ou ao menos chegou perto disso. Passou praticamente despercebido o fato de que duas das canções do álbum foram compostas por Dennis e Steve Kalinich, e uma delas, "Little Bird", era tão boa ou melhor do que qualquer contribuição de Brian para o álbum. Dennis esperava compor muitas músicas mais e queria que amigos como Steve trabalhassem nisso com ele. Dennis era bom em construir melodias instrumentais, mas tinha dificuldade com as letras e precisava de um parceiro com um talento especial com as palavras.

Por volta da época em que *Friends* foi lançado, a fama de Dennis, especialmente em Los Angeles, era equivalente à celebridade de um ator de Hollywood que tivesse se destacado em uma premiação da Academia, mas que caísse em desgraça com uma série de fracassos de bilheteria. Ele surfava no sucesso passado, sem promessa de tempos melhores por vir. Mas não era do temperamento de Dennis ficar obcecado ou se preocupar demais. Ele ainda tinha bastante dinheiro, embora o escritório da Brother Records, que gerenciava a carreira dos Beach Boys, tivesse tentado cuidadosamente controlá-lo, já que Dennis era um gastador de primeira linha. Ele estava separado de sua esposa e vivendo em um dos principais imóveis de aluguel na cidade, na antiga casa de campo de Will Roger, na ala leste da Sunset Boulevard. Era um lugar espetacular, com seu exterior rústico revestindo um interior com aspecto de mansão. Dennis e seus amigos farreavam quase ininterruptamente, com a diversão estendendo-se pela vasta propriedade de três hectares ou em uma enorme piscina. Havia vários quartos para hóspedes e era provável que Dennis convidasse para sua casa em algumas noites quaisquer pessoas que chamassem sua atenção. Poucos ficavam por muito tempo, mas enquanto permaneciam Dennis lhes oferecia comida, drogas e presentes. Ele era um homem generoso e de bom coração, e seus amigos de longa data estavam certos que de alguma forma ele se sentia culpado por sua riqueza, que de algum modo ele não era merecedor das coisas boas que tinham lhe acontecido. Os garotos Wilson vinham de uma família de trabalhadores. O pai deles, Murry, que possuía uma pequena loja de maquinário, era um músico frustrado e de temperamento difícil que maltratava fisicamente seus filhos, em particular Dennis. Ele zombava dos sucessos deles e insistia em gerenciar a carreira dos garotos até que eles finalmente tomaram coragem para demiti-lo. Os três irmãos Wilson carregavam sequelas psicológicas. As de Brian eram as mais óbvias, mas Dennis nutria um profundo ressentimento pelo seu pai.

Não era incomum Dennis parar para pegar caronistas ou levá-los para casa. Sua oferta de leite e biscoitos a Pat e Yeller era sincera. Anos depois, Pat se recordaria que Dennis serviu leite puro, o único tipo que ele bebia. Após o lanche, eles conversaram um pouco e as garotas falaram com Dennis a respeito de Charlie. Quando Dennis teve que se despedir delas para ir até uma sessão de gravação, ele disse às moças que esperava encontrá-las novamente.

Yeller e Pat não faziam ideia de quem Dennis Wilson era; ninguém no grupo deles prestava atenção nos Beach Boys. Mas Charlie reconheceu o nome e insistiu que as garotas o levassem e também todos os outros até a mansão na Sunset.

Era pouco depois da meia-noite quando Wilson pôs sua Ferrari na garagem da sua mansão e notou que havia luzes do lado de dentro. Enquanto estacionava, a porta dos fundos se abriu e Charlie Manson apareceu, sorrindo e acenando como se fosse o anfitrião recebendo um convidado. A atitude do homenzinho irritou Wilson, que perguntou: "Você vai me machucar?" Charlie respondeu: "Eu pareço alguém que vai te machucar?" Ele se ajoelhou e beijou os pés de Wilson, então gesticulou para que entrasse, onde o resto do grupo de Charlie esperava, todos relaxados e agindo como se estivessem em casa. O ônibus escolar estava parado do lado de fora; aquela era a melhor oportunidade de Charlie até então e ele não iria perdê-la. Pat e Yeller formalmente o apresentaram a Wilson, que de certa forma estava perplexo pela multidão inesperada, mas nunca foi do tipo que acaba com uma festa, especialmente quando algumas das garotas faziam topless e os Beatles pipocavam no estéreo. A farra durou horas e quando Wilson acordou no dia seguinte Charlie e seus seguidores continuavam lá – e não davam sinais de que iriam embora. Não havia problema para Wilson que eles ficassem por um tempo. Seu interesse imediato eram as mulheres, Nancy Pitman em especial, mas todas elas fariam de bom grado qualquer coisa que ele quisesse. Nos dias seguintes, Wilson passaria bastante tempo conversando com Charlie e decidiu que o cara era *profundo*, com todas aquelas coisas a dizer sobre como tudo realmente era igual, que o mal era o bem, que todas as coisas que Wilson tinha feito e das quais os Beach Boys reclamavam não eram erradas, afinal, e eles não tinham nada que tentar fazê-lo se sentir culpado. Quando Charlie falou sobre como os pais arruínam seus filhos, Wilson mencionou o pai dele e todas as surras que havia sofrido pelas suas mãos. Naquele momento, Wilson não podia esperar para apresentar Charlie aos seus amigos – o cara possuía uma sabedoria que precisava ser compartilhada.

O primeiro amigo que Wilson contatou foi Gregg Jakobson, que trabalhava como caça-talentos e arranjador, e também estava tentando escrever música com Dennis. Embora poucos fora da cena musical de Los Angeles conhecessem seu nome, Jakobson era uma peça fundamental. Adotado pelo chefe dos detetives de St. Paul, Minnesota, e sua esposa, Jakobson se mudou para Venice, Califórnia, com sua mãe e irmãs após a morte do pai. Ele ingressou na Universidade de High, popularmente conhecida como Uni High, onde conheceu Nancy Sinatra. Deanna, filha de Dean Martin, foi uma das suas primeiras namoradas. Logo Jakobson passou a conseguir vários trabalhos como figurante e quando alguns dos seus amigos, como Terry Melcher, entraram em bandas de rock e começaram a lançar discos, Gregg se envolveu nisso também, ajudando a conseguir músicos de estúdio e datas para sessões. Ele próprio só não estava em uma banda porque possuía uma voz terrível demais para cantar.

Jakobson conheceu Dennis Wilson em 1963. A banda de Melcher estava agendada para abrir um show dos Beach Boys no Havaí. Melcher sugeriu que Jakobson os acompanhasse na viagem. Quando ele explicou que não podia pagar uma passagem de avião, Melcher subitamente pediu a ele que sugerisse alguns títulos de músicas. Na ponta da língua, Jakobson soltou "Big Wednesday", "Two's a Crowd" e um terceiro título. Melcher convidou o cantor Bobby Darin, que possuía uma empresa de publicação musical, apresentou os títulos improvisados por Jakobson e disse-lhe que logo teria aquelas três canções para vender. Darin deu a Melcher um adiantamento de mil dólares, Melcher deu o dinheiro a Jakobson e assim eles foram para o Havaí. Jakobson conheceu Dennis Wilson lá, numa coletiva de imprensa pré-show. Como Wilson estava entediado, Jakobson sugeriu que eles saíssem e fossem dar uma volta de moto, e uma amizade rapidamente começou. Quando todos voltaram para casa, Jakobson ajudou Melcher a compor as três músicas para a empresa de publicação de Darin. Dali em diante, Jakobson, Melcher e Wilson tornar-se-iam inseparáveis. Pouco depois, quando Melcher passou a ser produtor de jovens talentos na Columbia, ele contratou Jakobson para garimpar aspirantes disponíveis e agendar sessões de estúdio. Isso fez de Jakobson uma peça importante na cena musical de Los Angeles.

Wilson ligou para Jakobson na segunda noite que Charlie e seus seguidores estavam na casa, insistindo com ele – "Você precisa vir e conhecer essas pessoas". No dia seguinte, Jakobson acabou aparecendo. A princípio, não achou que eles tivessem algo de especial. Para Jakobson, aquilo era Dennis sendo Dennis, levando alguns andarilhos para casa e ficando excessivamente entusiasmado a respeito de quão maravilhosos eles eram. Ele quase sempre se entediava, as pessoas iam embora e logo eram esquecidas. Mas Wilson havia contado a Charlie tudo sobre Jakobson, por que um aspirante a cantor e compositor como Charlie deveria conhecê-lo, então Charlie levou Jakobson para um canto e começou a falar, apresentando seu sermão mais interessante, e então apresentou Jakobson a Ruth Ann Moorehouse. Wilson não era muito exigente com garotas; ele iria atrás de qualquer coisa. Mas Jakobson era casado com Carole, filha do comediante Lou Costello, e apesar de não ser estritamente fiel ele era cauteloso. Apesar disso, achou Ruth Ann irresistível e eles começaram o que mais tarde chamou de "uma coisinha", dando a entender que sempre que estava por perto do grupo Charlie costumava deixar Ruth Ann à vista e assim Jakobson sempre ficaria feliz em aparecer. Ainda que Charlie tivesse proibido suas seguidoras de criarem laços pessoais, Ruth Ann também gostava de Jakobson e as outras moças a provocavam a respeito disso. Quando Jakobson não estava zanzando com Ruth Ann, Charlie falava com ele sobre a indústria musical, sobre quem Jakobson conhecia. Jakobson percebeu qual era o negócio – as pessoas tentavam chegar até ele para usar seus contatos a seu favor o tempo inteiro. Ele e Wilson escutaram Charlie tocar algumas das suas canções enquanto as mulheres o acompanhavam nos refrões. Jakobson achou que podia haver algo ali, apesar de o seu instinto lhe dizer que Charlie era mais interessante de se ver do que de se ouvir. Mas Wilson, sempre propenso a exageros, tinha decidido que Charlie era um gênio e o levou até os escritórios da Brother Records para que ele pudesse fazer um teste.

Ninguém na Brother Records ficou impressionado com a nova descoberta de Dennis. A concepção original da companhia era que todos os Beach Boys procurariam novos talentos e que cada um deles tinha o direito de gravar com quem escolhesse, mas a turnê recentemente cancelada havia custado um monte de dinheiro e o resto da banda tinha pouca confiança no julgamento de Dennis. Charlie não poderia ser contratado simplesmente com base na vontade de Dennis. Charlie também não colaborava; ele causou uma impressão terrível no primeiro dia e uma pior ainda nos dias que se seguiram. Quando foi ao escritório, agiu como se fosse o dono do lugar; ele estava imundo e cheirando mal. A equipe secretamente o apelidou de "Chiqueirinho", em homenagem ao personagem das famosas tirinhas *Peanuts* [conhecidas no Brasil como *Minduim*, de Charlie Brown, Snoopy e companhia]. Charlie ficou sentado na sede da Brother Records por horas, dedilhando seu violão e convencendo todos a uma distância audível que, a despeito de suas pretensões de ser um músico extremamente talentoso, ele na verdade conhecia pouquíssimos acordes.

Dennis ignorou a flagrante falta de entusiasmo. Ele saiu falando de Charlie para o resto dos Beach Boys, para seus outros colegas de música e até mesmo com a imprensa. Em uma entrevista para a *Rave*, uma revista inglesa, Wilson repetiu um pouco da filosofia que Charlie havia partilhado com ele: "O medo não é nada mais do que consciência. Eu só ficava amedrontado quando era criança porque não entendia o medo, o escuro, o estar perdido, o que havia embaixo da cama. Aquilo vinha de dentro". Wilson afirmou que seu novo amigo Charles Manson, a quem ele apelidou de "O Mago", chamava a si mesmo de "Deus e o Diabo. Ele canta, toca, e escreve poemas e pode ser mais um artista da Brother Records". Charlie estava ansioso para a previsão de Dennis se concretizar, mas os outros Beach Boys e a direção da Brother Records se enclausuraram e protelaram. Eles não tinham ouvido nada nas primeiras canções de Charlie que os persuadisse de que elas poderiam trazer dinheiro ao selo se o contratassem. Se simplesmente pudessem evitar assumir qualquer compromisso com Charlie por um tempo, talvez Dennis o chutasse para a sarjeta ou ele mesmo fosse embora.

Charlie não tinha intenção de ir a lugar algum. Ele e seus seguidores não passavam todas as noites só na casa de Wilson – algumas vezes eles se retiravam para a fazenda por um dia ou dois com o equipamento de filmagem. Mas eles sempre voltavam logo depois para a mansão rústica na Sunset Boulevard, para que Charlie permanecesse próximo de Wilson e as mulheres tirassem proveito dos banheiros. No rancho, as instalações sanitárias limitavam-se aos quintais, baldes e uma mangueira. Apesar de apreciarem a hospitalidade de Wilson, as garotas de fato gostavam dele como pessoa. Charlie era esperto o bastante para não entupir Wilson com suas músicas o tempo inteiro; ele encorajava Wilson a sentar-se ao piano e tocar algumas das músicas em que ele estava trabalhando também. Exatamente como faziam com Charlie, as garotas se reuniam ao redor e cantavam, partilhando da música e da amizade. Wilson parecia intimidado sempre que um dos Beach Boys aparecia – as moças da Família os achavam assustadores –, mas quando estava longe deles o lado brincalhão de Wilson sempre transparecia. Ele amava o Rolls-Royce que o irmão Brian lhe deu. Em Los Angeles, era o veículo favorito da maioria dos ricaços, dos mais abastados. Wilson costumava enfiar algumas das garotas da Família no carro e sair rasgando as rodovias, procurando outros Rolls-Royce e emparelhando com eles. Então ele incentivava as garotas a aparecerem nas janelas do carro, mostrando a língua e fazendo caretas, tendo uma diversão boba e simplesmente gozando dos outros. Como as garotas não iriam amá-lo tanto quanto a Charlie? Mas elas realmente nunca pensaram em abandonar Charlie – seu controle sobre elas era forte demais. Apesar disso, Charlie ensinava que o único tempo que existe é o agora, e agora elas poderiam ficar com Wilson o quanto quisessem.

Pareceu a Gregg Jakobson que, toda vez que ele aparecia na casa de Wilson, Charlie e os outros estavam sempre por perto, bronzeando-se à beira da piscina, relaxando no interior com o estridente som do estéreo, remexendo a geladeira atrás de um lanche. Em troca, Charlie organizava amáveis orgias para Wilson, Jakobson e quaisquer outros amigos. As garotas se despiam e corriam pela propriedade fingindo serem fadas. Os rapazes as perseguiam e eram sexualmente recompensados por suas sorridentes prisioneiras. Nenhuma das moças sequer reclamava de que não estava a fim. Elas faziam tudo o que Charlie dissesse e em geral gostavam disso.

O pessoal da Brother Records não conseguiu acreditar quando Dennis manteve Charlie perambulando por perto, aparentemente por tempo indefinido. Eles contrataram um detetive para investigar o passado dele. Descobriram que Charlie havia passado um tempo na cadeia e ainda estava em condicional. Quando Dennis ouviu as notícias, ficou exultante em vez de preocupado. Realmente, Charlie havia lhe contado histórias sobre ter cumprido pena, mas vários impostores alegavam ter sido injustamente postos na cadeia pelo sistema. Seria Charlie realmente um ex-presidiário? Para Dennis, aquilo o tornava ainda mais interessante.

Dennis fazia parte de um círculo social de estrelas do rock no qual todo o mundo tinha o hábito de aparecer na casa dos outros. Não era necessário ligar avisando; se um amigo famoso não estava em casa, você simplesmente seguia para a casa do próximo. Zanzando pela casa de Wilson, Charlie constantemente conhecia outras pessoas que poderiam ser capazes de ajudá-lo a conseguir um contrato com uma gravadora. Ele mantinha seu violão à mão e tocava suas canções para qualquer um que desejasse escutá-las. Aquilo não era incomum; a qualquer momento, quase todos os músicos de sucesso de Los Angeles tinham seus protegidos por perto, esperando sua chance de alcançar o estrelato. Wilson deixou claro que estava patrocinando Charlie. O roqueiro Neil Young visitou Dennis um dia, improvisou alguns acordes para acompanhar as letras bobas que Charlie estava cantando e gostou do resultado o bastante para sugerir a Mo Ostin da Warner Brothers Records que valia a pena dar uma ouvida em Charlie. Young se recorda de ter dito a Ostin: "Esse cara é inacreditável – ele cria músicas enquanto vai acompanhando e todas elas são boas". Mas Ostin não ficou curioso o bastante para conceder uma audição a Charlie. Charlie notou um padrão – Dennis Wilson e Neil Young eram estrelas do rock, mas nenhum deles havia sido capaz de fazê-lo assinar um contrato com uma gravadora, pelo menos até então. Charlie precisava encontrar e impressionar alguém que estivesse em um nível ainda mais alto na cadeia alimentar da indústria fonográfica e graças a Dennis e Gregg ele achava que conhecia justamente a pessoa certa.

Em 1968, Terry Melcher era uma das figuras mais poderosas na música popular americana. Filho da atriz e cantora Doris Day com o primeiro marido dela, o músico Al Jorden, Melcher fora formalmente adotado pelo terceiro marido de sua mãe, o agente Marty Melcher. Ele e seu padrasto, que era extremamente religioso e disciplinador, nunca se deram bem. Melcher fez algum sucesso na adolescência tocando em uma série de bandas, mas imprimiu sua verdadeira marca na indústria com a idade de 22 anos, quando foi trabalhar na Columbia Records como produtor, uma posição de relativo destaque que muitos acreditavam que ele tivesse alcançado apenas porque sua mãe possuía muitas ações na companhia. Em 1965, quando a Columbia assinou com os cabeludos dos Byrds, Melcher foi designado para a banda porque ele era o produtor mais jovem no selo e o alto escalão achou que ele seria capaz de se relacionar com eles. Melcher fez mais do que isso, buscando os melhores músicos de estúdio e tornando "Mr. Tambourine Man" um grande sucesso. Melcher levou os Byrds a conseguir sucessos de vendas e então provou que era mais do que um cara de uma banda só, depois de transformar um grupo regional chamada Paul Revere and the Raiders em uma máquina de sucessos pop. Ao todo, Melcher produziu mais de oitenta sucessos nas paradas para a Columbia. Em uma indústria onde o único histórico que contava era o de fazer dinheiro, o selo lhe deu carta branca para contratar e produzir quaisquer músicos de que gostasse. Com a abundância do dinheiro da Columbia para gastar, Melcher contratou Gregg Jakobson para vasculhar a cena musical da cidade e fazer recomendações.

Para Charlie, conseguir um contrato com Terry Melcher deveria ser moleza. Jakobson gostava de Charlie, Melcher contratara Jakobson para encontrar novos talentos, então Jakobson recomendaria Charlie a Melcher e um contrato de gravação viria a seguir. Mas não era tão simples assim.

Terry Melcher era agora um boêmio de 26 anos que não curtia nada além de sair com seus amigos Dennis e Jakobson, fumar um pouco de maconha e correr atrás de garotas antes de voltar para o seu chalé, na Cielo Drive, e para sua deslumbrante namorada, a atriz Candy Bergen. Mas, ao contrário de Dennis Wilson, ansioso para agradar e disposto a falar de contratos de gravação com praticamente qualquer conhecido que quisesse um, Melcher separava sua vida social dos negócios. O que também o diferenciava de Wilson era a cautela a respeito dos amigos que fazia e das pessoas a quem convidava para sua casa. Tendo crescido como filho de uma estrela que vivia em uma comunidade fechada e vigiada, Melcher desconfiava de estranhos, especialmente daqueles que considerava vigaristas. Embora confiasse em Jakobson, Melcher jamais assinaria com alguém simplesmente com base na palavra do amigo. Ele estudaria cuidadosamente quaisquer artistas recomendados e calcularia o peso do material em relação aos lucros do mercado – será que a música deles traria muito dinheiro para o selo? Se Melcher achasse que não, não importava se seu melhor amigo tinha recomendado o artista ou se o próprio Melcher pensasse que as músicas de alguém eram obras-primas artísticas. Por causa disso, Jakobson tinha o cuidado de não empurrar alguém excessivamente a Melcher. Ele podia mencionar um nome, sugerir que talvez Melcher conhecesse o artista e, depois disso, talvez pedir a ele que desse uma ouvida nas músicas do sujeito. Enquanto Charlie esperava um contato imediato e um contrato, Jakobson sabia que a melhor abordagem possível seria fazer Melcher conhecer Charlie e então, talvez, ele lhe permitisse algum tipo de audição. Assim, na primeira vez que Jakobson mencionou Charlie para Melcher, ele conversou sobre aquele cara interessante que tinha um monte de seguidoras que comiam o lixo das mercearias. Aquele cara, Charlie, podia ordenar que as garotas fizessem qualquer coisa e elas obedeceriam sem questionar. A propósito, Charlie escrevia canções e as tocava. Melcher deveria aparecer na casa de Wilson para conhecê-lo.

Melcher fez isso e Charlie usou seu charme. Mas seu novo alvo tinha sido adulado e paparicado por centenas de outros aspirantes a estrelas do rock, então Melcher não ficou automaticamente impressionado. Ele não pediu a Charlie que pegasse seu violão e tocasse. O que ele queria era conhecer melhor Ruth Ann Moorehouse e Charlie rapidamente aproximou Melcher e a sexy adolescente. O encontro de Melcher com Ruth Ann deu tão certo que ele disse a Jakobson que pensava em levar a garota para sua casa, na Cielo, como empregada. Charlie teria alegremente cedido Ruth Ann a Melcher na esperança de que ela ajudasse a convencê-lo a assinar um contrato, mas Candy Bergen sabia o tipo de tarefas domésticas que Terry tinha em mente e vetou o plano.

Mesmo que o próprio Jakobson fosse ligado a Ruth Ann, ele não se ressentiu com seu amigo por dar em cima dela também. Era parte do espírito da época – você compartilhava tudo, até mesmo garotas. Ele tinha o cuidado de não aborrecer Melcher a respeito de Charlie; um contrato de gravação podia sair ou não. Além disso, Jakobson estava impressionado mais com a figura de Charlie do que com sua faceta musical. Talvez o cara pudesse ser um comediante. Ele era bastante espirituoso. Jakobson considerou sugerir a Melcher que financiasse um documentário sobre Charlie e seus seguidores. Aquilo seria um sucesso como um filme ou na TV. Ele tentou redigir a proposta de um filme, mas teve dificuldade em encontrar a palavra certa para descrever os discípulos de Charlie. Lembrando-se de como Charlie se referia a eles e como frequentemente referiam-se a si mesmos, Jakobson os chamou de "a Família". Ele usou o termo algumas vezes para Melcher e Wilson – e para Charlie e os próprios membros do grupo. Todos gostaram daquilo e o nome pegou. Dali em diante, eles seriam Charlie e sua Família ou Charlie e a Família Manson.

Não adiantava o quanto Charlie tentasse, ele não conseguiu ligar-se a Melcher da forma que havia feito com Wilson. Ele via Melcher na casa de Wilson, saía às vezes com ele, Jakobson e Wilson, mas nunca foi capaz de angariar um convite para uma das lendárias festas de Melcher na Cielo Drive, muito menos ser convidado para passar um tempo com ele e Bergen lá. Charlie ouvia muito de Wilson e Jakobson sobre o lugar espetacular em que Melcher vivia; nas suas festas, costumava ter uma banda ao vivo e, ainda que a mansão em si fosse um pouco pequena, os convidados entravam por portas deslizantes de vidro em um salão de festas relativamente grande e lá a vista da cidade logo abaixo era espetacular. A maioria dos visitantes nunca sequer entrava nos quartos ou em qualquer um dos cômodos particulares de Melcher. Havia uma casa de hóspedes na propriedade, próxima à mansão principal, e Rudi Altobelli, que a alugava de Melcher, vivia nela. Melcher possuía alguns alto-falantes enormes ligados e a música ecoava por todo o cânion. A Cielo Drive era realmente o tipo de lugar selvagem, com um monte de curvas e árvores penduradas ao longo do seu declive íngreme e uma estrada estreita subindo e descendo – era difícil para carros indo em direções contrárias passar uns pelos outros –, e havia cervos por toda a parte. Sinais por toda a colina indicavam aos motoristas que deviam ficar atentos aos animais. Melcher oferecia convites parcimoniosamente e o mais perto que Charlie chegou da mansão foi quando Wilson deu a Melcher uma carona para casa e Charlie os acompanhou no banco traseiro. Ao chegaram lá, Melcher não os convidou para entrar, aparentemente porque não queria que Charlie cruzasse sua porta.

Mesmo quando estavam juntos em festas em outros lugares ou passeando pela cidade com Jakobson e Wilson, Melcher cortesmente mantinha distância de Charlie. Ele não era rude nisso; havia aprendido com sua mãe famosa a parecer amigável, mas reservado com pessoas que não queria conhecer melhor. Melcher ainda não havia escutado as músicas de Charlie, que tinha certeza de que se ele fizesse isso se convenceria. Mas Charlie também era perspicaz o suficiente para saber que Melcher não apreciaria ser importunado para que ouvisse antes de estar pronto, então ele esperou a hora certa. Além disso, ainda tinha Wilson e a Brother Records.

Charlie passou as duas semanas seguintes tentando se aproximar ainda mais de Wilson. O baterista dos Beach Boys foi convidado a acompanhar as garotas da Família na coleta de lixo e Wilson se divertiu bastante estacionando sua Ferrari nos fundos de um supermercado e assistindo às mulheres mergulharem nas lixeiras. Embora Wilson não falasse abertamente sobre isso, Charlie também captou o fato de que ele tinha fortes tendências racistas; eles compartilhavam secretamente seu desprezo por negros, com Charlie sendo cuidadoso ao não deixar que as garotas escutassem, uma vez que seria uma contradição do seu ensinamento de que todos eram iguais. Acima de tudo, Charlie massageava o ego ferido de Wilson.

Dennis tinha certeza de que podia compor e gravar mais músicas incríveis se o resto da banda simplesmente permitisse. Eles conversaram sobre compor algumas delas juntos. Wilson achava que podia conseguir alguma ajuda informal de um amigo nas letras; Charlie acreditou que estava sendo convidado a se tornar o compositor dos Beach Boys. Ele começou a compor um material novo – "Garbage Dump", em homenagem à coleta de alimentos da Família ("Você poderia alimentar o mundo com o meu depósito de lixo/ ele se resume a um grande amontoado") – e "Cease to Exist" – um tributo às pregações de Charlie ("A submissão é uma dádiva/ Então sigam em frente/ Doem ao seu irmão"). Mais tarde, Charlie afirmaria ter escrito "Cease to Exist" como uma mensagem para que o resto dos Beach Boys abrisse mão de seus egos e trabalhasse junto como um grupo coeso. Mas "Cease to Exist" é direcionada a uma mulher, compelindo-a a deixar de existir e abdicar de seu mundo ("Venha e diga que me ama"). Charlie passou as músicas a Wilson para que ele as considerasse, dizendo-lhe que, embora a melodia pudesse ser alterada, as letras teriam que permanecer como Charlie as havia escrito.

Charlie continuava a dedicar-se a Gregg Jakobson. Talvez Jakobson ainda não tivesse sido bem-sucedido em vender Charlie a Melcher, mas ele ainda tinha conexão com dezenas de outros produtores. Charlie, então, deixava Jakobson divertir-se com Ruth Ann e frequentemente partilhava longas conversas filosóficas com ele, uma vez que Gregg também se interessava por aquele tipo de coisa. Jakobson não engolia totalmente a tagarelice de Charlie. Às vezes, ele lhe dizia sem rodeios: "Você fala um monte de merda". Charlie deixava para lá porque o resto da família não estava por perto para ouvir aquilo e também porque ainda precisava de Jakobson. Gregg esteve com Charlie e seus seguidores por tempo suficiente para notar que apesar de todas as garotas idolatrarem Charlie elas também o temiam. Elas se retraíam às vezes quando ele as punia por alguma atitude egoísta ou um passo em falso mais egocêntrico. Aquilo certamente não combinava com a mensagem de Charlie de amor e aceitação. De fato, Charlie era inflexível a respeito de não se referir a ele e à Família como hippies – um termo que desprezava por causa do pacifismo inerente aos hippies. Charlie às vezes mencionava um Armageddon vindouro, quando a violência varreria o mundo. Os hippies não seriam capazes de lidar com isso. Na verdade, dizia Charlie, ele e a Família eram *slippies* [escorregadios] porque eram pessoas que haviam deslizado pelas rachaduras da sociedade. *Slippies* em vez de hippies – Charlie era bom com jogos de palavras. Por todo o verão, a Família tratou Jakobson como se fosse um deles. As mulheres o apelidaram de "Anjo" e disseram que Jakobson era perfeito porque fora adotado quando criança. Seus pais biológicos nunca tinham tido a chance de arruiná-lo.

Para manter Charlie feliz e para ter uma ideia de como as canções dele soariam na fita, Jakobson agendou uma curta sessão de gravação para ele em um pequeno estúdio em Van Nuys. Charlie gravou "Garbage Dump", "Cease to Exist" e dezenas de outras; a Família, que esteve presente em peso, fez acompanhamentos trêmulos e amadores. Os resultados eram escutáveis, mas não mais que isso. Era difícil dizer se Charlie não era mais do que um músico de talento mediano ou fora prejudicado pelo limitado equipamento de estúdio. Mas ele estava feliz com o que ouviu. Por meio de Wilson e Jakobson, Charlie agora conhecia algumas pessoas na cena musical de Los Angeles e oferecia as fitas a qualquer um que se dispusesse a ouvir e ajudá-lo a conseguir um contrato com uma gravadora. John Phillips, do The Mamas and the Papas, e o mega-agente Rudi Altobelli, cuja lista de clientes incluía a popular cantora folk Buffy Sainte-Marie, ouviram as fitas e as descartaram. A fé de Charlie em si mesmo permaneceu inabalada. Se pessoas como Phillips e Altobelli o rejeitaram, aquilo refletia a pobreza do seu julgamento, não da música dele. Ele guardou as fitas para o caso de alguém importante ainda poder ser convencido a ouvi-las. Mais do que nunca, ele concluiu que Dennis Wilson precisava interceder por ele na Brother Records. Eles eram amigos; Wilson lhe devia isso.

Charlie e a Família não eram os únicos errantes que haviam descoberto o caminho para a casa de Dennis naquela primavera e início de verão. Wilson mantinha seu hábito de convidar inúmeras pessoas que acabara de conhecer. Um dia, ao sair para pegar carona – quase todos os jovens de Los Angeles faziam isso, mesmo estrelas do rock; era parte do estilo de vida amistoso da Geração Paz e Amor –, Dennis foi apanhado por um cara magro e alto de 21 anos em uma caminhonete amassada. Charles Watson era um nativo do Texas, originalmente vindo do pequeno vilarejo de Copeville, próximo a Dallas. Copeville, onde os pais de Watson possuíam um vistoso posto de gasolina e uma mercearia, era tão pequena que as poucas crianças de lá iam ao colégio na vizinha Farmersville, cujos 2 mil habitantes faziam o local parecer uma metrópole em comparação à cidade natal de Watson. Ele era famoso na Farmersville High, destacando-se em todas as equipes esportivas (menção honrosa por dois anos consecutivos em todo o distrito como running back de futebol americano), trabalhando no jornal da escola e no clube de teatro, e até mesmo ganhando um prêmio por um pôster de prevenção a incêndios. As garotas se derretiam por seus olhos azuis e seu cabelo cortado à escovinha. Durante o verão, Watson e seus amigos trabalharam nos galpões de produção em Farmersville selecionando cebolas e, durante as horas vagas, praticavam esqui aquático em um lago próximo. Quando Watson foi estudar em Denton, a aproximadamente oitenta quilômetros de distância, todos pensaram que ele teria um futuro promissor – na medida do possível para um garoto de Copeville. A maior parte dos caras acabava se casando ou se alistando no Exército assim que terminavam o colegial.

Mas Watson descobriu as drogas em Denton; ele largou a escola e trabalhou por um breve período no aeroporto de Dallas. Logo seus velhos amigos em Farmersville e Copeville souberam que ele havia deixado o Texas e ido para a Califórnia. Uma vez que Watson sempre se destacava em tudo que fazia, espalhou-se o boato de que fora para Hollywood estrelar comerciais da Coca-Cola. As garotas que o tinham conhecido no colégio estavam convencidas de que ele se tornaria uma estrela do cinema por ser tão bonito.

Em Los Angeles, Watson sobrevivia trabalhando em uma loja de perucas. Seus principais interesses eram fumar tanta erva quanto pudesse e mergulhar no estilo de vida descontraído da Califórnia. Como todo o mundo, ele adorava a proximidade com celebridades que Los Angeles oferecia e quando apanhou Dennis Wilson pedindo carona ficou ansioso para ser convidado para ir à sua casa. Ao chegarem lá, encontraram Charlie e a Família, que causaram uma grande impressão em Watson. Charlie aparentemente tinha tudo que Watson queria – mulheres, uma filosofia que eliminava qualquer senso de culpa e drogas para usar à vontade. Watson, por sua vez, era exatamente o que Charlie sempre quis, uma possível adição masculina à Família com habilidades excepcionais, como mecânico e disposição para seguir ordens. Não foi preciso muito da persuasão de Charlie para Watson implorar um lugar entre seus seguidores. Ele logo ficou conhecido pelo previsível apelido de Tex e provou ser útil para Charlie por executar tarefas animadamente.

Junto com Charlie, ele era o único membro da Família a realmente ir à mansão de Terry Melcher na Cielo. Ele esteve lá para pedir um carro emprestado para uma pequena viagem ao norte.

Tex Watson não era o único novo recruta masculino de Charlie. Dean Moorehouse, que poucos meses antes esteve prestes a atirar em Charlie, apareceu pedindo permissão para se juntar à Família. Moorehouse gostava de drogas e logo ficou claro que estava ainda mais interessado nas garotas do grupo. Charlie negou-lhe permissão para se tornar um verdadeiro membro da Família – afinal, ele era *pai* de Ruth Ann –, mas Dennis Wilson simpatizou com ele. Dennis o contratou para ser uma combinação de jardineiro e caseiro, e arrumou uma cama para ele em uma pequena cabana perto da piscina. Moorehouse prontamente se tornou parte da casa de Wilson, perambulando pela área e lembrando Papai Noel com sua grande barriga e barba branca. Logo algumas das garotas da Família começaram a reclamar que Moorehouse as apalpava e aos poucos ele se tornou persona non grata, a quem Charlie ocasionalmente chamava para realizar trabalhos e a quem permitia apenas contato suficiente com as garotas para mantê-lo leal.

O surgimento do adolescente Brook Poston foi de grande valia. Ele apareceu um dia na casa de Wilson e ficou imediatamente impressionado com Charlie. Charlie estava contente em acrescentar outro cara ao grupo, especialmente um que trazia o cartão de crédito da mãe. A Família usaria o cartão para pagar todas as despesas ocasionais até o fim do verão, quase sempre peças para consertar o ônibus escolar, que vivia quebrando. Por outro lado, eles não tinham real necessidade de dinheiro porque Wilson os sustentava. As moças frequentemente reviravam seus armários, não para vestir as roupas que retiravam, mas para cortá-las e transformá-las em boas túnicas para Charlie. Wilson pagava pelas frequentes visitas dos membros da Família a consultórios médicos para que tratassem doenças sexualmente transmissíveis (frequentemente passadas para o próprio Wilson) e quando Susan Atkins teve problemas dentários Wilson também pagou o tratamento. Ele tinha que cobrir essas e outras despesas da Família enviando as contas para a Brother Records, cuja gerência acabou se queixando disso – por quanto tempo Dennis pretendia manter aquelas sanguessugas, afinal? Dennis não tinha resposta para isso, além de uma certeza crescente de que Charlie não tinha intenção de ir a lugar algum até conseguir um contrato com a Brother Records – apesar de Charlie não desconfiar de que isso era improvável, ao contrário de Wilson. Além disso, o cara sempre era interessante e as garotas sempre eram divertidas. Wilson deixou as coisas como estavam.

Wilson podia deixar, mas Charlie não. Seguidores de gurus ou quaisquer outros líderes espirituais esperam que eles mantenham as coisas interessantes e em constante movimento. Status quo é algo inaceitável porque isso oferece aos discípulos tempo demais para que notem defeitos pessoais ou falhas na liderança. Os Beatles perderam a crença em Maharishi em seu acampamento na Índia após rumores terem se espalhado de que ele comia carne e dava em cima de suas seguidoras. A devoção dos Beach Boys a Maharishi foi abalada quando ele provou ser um buraco negro financeiro em uma turnê nacional. Charlie não era famoso como Maharishi, mas vivia a mesma pressão constante para corresponder às expectativas da Família. Em grande parte, até então, ele havia conseguido. Todos iam até Charlie se sentindo frágeis; ele acalmava seus medos, reafirmando-lhes que eram especiais e tinham potencial para se tornarem ainda melhores se o ouvissem e seguissem. Ele lhes deu um senso de pertencimento que a maioria jamais havia sentido com suas famílias de origem. Graças à influência de Charlie sobre Dennis Wilson, eles desfrutavam de luxuosa hospitalidade na mansão de uma estrela do rock. Enquanto antes se sentiam perdidos e miseráveis, agora se sentiam amados e felizes, exatamente como Charlie havia prometido.

Mas a novidade inevitavelmente se desvaneceria. Mergulhos no lixo e passeios em um ônibus escolar velho e amassado por fim acabariam parecendo rotineiros, até mesmo entediantes, em vez de aventureiros. No momento, Wilson continuava a ser um anfitrião gracioso e generoso, mas por quanto tempo? Charlie deu a entender claramente que Wilson deveria se tornar um membro integral da Família. Wilson parecia considerar isso, mas nunca deu o primeiro passo. Acima de tudo, ele se identificava como um Beach Boy e não pretendia abdicar daquilo, bem como dos bens que amava, para tornar-se um seguidor canino de Manson. O mais perigoso de tudo para Charlie era sua permanente incapacidade de garantir aquele indescritível contrato de gravação, não apenas pelo risco de não alcançar seu sonho de fama mundial, mas também pelo perigo de que seus seguidores o vissem falhar na conquista de algo. Tudo o que era preciso para que alguns perdessem a fé nele era apenas uma pequena fenda na sua armadura, e a negativa da Universal e a aparente falta de interesse da Brother eram possíveis dicas de que, talvez, afinal de contas, Charlie Manson não era superior, muito menos a possível reencarnação de Cristo. Charlie precisava fornecer uma distração, alguma missão fresquinha para ocupar a atenção da Família, e por volta do fim de maio ele a anunciou.

Uma vez que a Família deveria permanecer unida para sempre, Charlie informou a seus seguidores que eles precisavam de um lar permanente. Ele designou Susan Atkins, na metade da gestação, para liderar alguns dos outros de volta ao condado de Mendocino e procurar algum lugar apropriado. Poderia ser uma casa ou algum local afastado da cidade onde pudessem se estabelecer por um longo período. Pat e Yeller iriam junto, além de Mary Brunner e o pequeno Ursinho Puff. Eles poderiam pegar o ônibus escolar e enviar notícias regularmente. Colocar Susan no comando foi um golpe de mestre de Charlie – ela adorava a autoridade extra e tomou aquilo como um sinal de confiança. Ela fez o possível para imitá-lo quando dava ordens aos outros. Eles estavam ressentidos, mas ainda faziam o que ela mandava. Enquanto isso, Charlie tinha uma de suas seguidoras mais volúveis fora do caminho por um tempo. O plano de achar um alojamento para toda a Família indicava aos membros que ficaram que aproveitar a generosidade de Dennis era apenas algo temporário – água encanada, uma piscina, geladeiras abarrotadas e aparelhos de som sofisticados não faziam parte do objetivo final do grupo, que, como Charlie explicava, era alcançar o nível mais alto de existência para finalmente abrir mão de tudo, exceto de amor de uns pelos outros.

Mas Susan e os outros estragaram a experiência em Mendocino. Logo que chegaram e alugaram um lugar na pequena cidade de Philo, pais começaram a reclamar para a polícia do condado que seus filhos menores de idade estariam recebendo drogas de mulheres que moravam no que os vizinhos apelidaram de "Casa Hippie". Logo após a ligação de uma mãe, policiais encontraram seu filho de 17 anos sofrendo violentas alucinações causadas por drogas na propriedade alugada. Susan, Mary, Yeller, Pat e alguns visitantes foram presos por uma variedade de acusações por posse de drogas e o bebê Ursinho Puff foi colocado em um abrigo. Agora Charlie precisava encontrar um jeito de resgatá-las, mas ele próprio não podia deixar Los Angeles – era importante que permanecesse por perto para lidar com Wilson e Jakobson e conseguir assinar com a Brother Records ou outro selo. Ele então chamou Bobby Beausoleil e pediu-lhe que fosse a Mendocino para ver o que poderia ser feito. Beausoleil era bem-disposto. Ele havia passado o verão dirigindo pela costa da Califórnia em sua caminhonete, que havia equipado com uma tenda dobrável e uma cama para fornecer abrigo durante a noite. Como de costume, tinha companhia feminina. Gail, sua namorada, ainda estava com ele, assim como Gypsy. Desde que falara com Charlie pela última vez, Beausoleil havia acrescentado uma terceira garota ao seu harém informal. O nome dela era Leslie Van Houten.

Leslie, então com 18 anos, era natural de Monrovia, subúrbio de Los Angeles. Aos 14 anos, sua confortável criação de classe média foi abalada pelo divórcio de seus pais, só que Leslie parecia compensar isso bem, fazendo inúmeros amigos e tocando saxofone barítono na banda marcial do colégio. Mas Leslie também era rebelde. Ela constantemente questionava a autoridade, tirava notas apenas medianas apesar de sua inteligência aguçada e, como muitos adolescentes na metade dos anos 1960, tornou-se sexualmente ativa numa idade precoce, desenvolvendo gosto por drogas, geralmente maconha e LSD. Durante o verão de 1967, quando tinha 17 anos, Leslie fugiu com o namorado para o Haight por algumas semanas. Eles se desiludiram com o que encontraram lá – o uso de drogas pesadas era feroz e, em vez da calorosa acolhida hippie que esperavam, o jovem casal foi recebido com hostilidade nas ruas abarrotadas de gente. Leslie estava grávida quando retornaram para Monrovia; apesar de querer ter o bebê, sua mãe defendeu firmemente o aborto e venceu. Leslie ficou ressentida; ela terminou o curso de secretariado e, então, em vez de ir trabalhar em alguma empresa de Los Angeles, partiu novamente para São Francisco, desta vez com uma amiga chamada Dee, que buscava uma reconciliação com o marido. Leslie queria que o rompimento com os pais e irmãos fosse permanente; após chegarem ao Haight, ela ligou para eles para dizer que os estava deixando e que jamais ouviriam notícias suas. Para se sustentar, ela passou a trabalhar como uma Kelly Girl.[1] Mas então Dee conheceu Bobby Beausoleil numa festa e o levou para casa, onde ele, Gail e Gypsy conheceram Leslie. Eles sugeriram que Leslie se juntasse a eles e ao pitbull branco de Bobby na sua viagem sem destino pela costa e ela concordou – aquilo soava como a aventura hippie com a qual ela sempre sonhara.

Houve um momento em que Leslie quase ficou para trás, o qual ela se lembraria depois como algo decisivo na sua vida. Os quatro não cabiam na cabine da caminhonete de Beausoleil e quando os outros foram buscá-la para a viagem ela decidiu ir na carroceria. Beausoleil

1 Trabalhadoras temporárias da empresa Kelly Services. O termo Kelly Girl é bastante usado para designar trabalhadores temporários, independentemente da empresa onde trabalham ou sexo do trabalhador. Em 1957, devido ao sucesso do termo Kelly Girls, a Kelly Services passou a se chamar Kelly Girl Service, Inc. Nove anos depois, a empresa mudou novamente o nome para Kelly Services, Inc.

achou que ela já estava a bordo antes de realmente ter subido e acelerou, deixando Leslie em pé na calçada. Os outros três confortavelmente sentados na frente não se deram conta de que a haviam deixado. Leslie esperou por quase 15 minutos, pensando se eles voltariam, e, conforme o tempo passava, imaginando que talvez aquilo fosse um presságio, que talvez devesse permanecer no Haight ou mesmo voltar para Monrovia. Mas ela pensou na ligação que havia feito para a família e em como dissera ter partido para sempre; por isso, esperou pacientemente até que alguém na caminhonete finalmente notou a ausência. Voltaram para buscá-la, mas foi por pouco. Mais tarde, Leslie pensou em como sua vida poderia ter sido diferente.

O começo da viagem, no geral, foi tranquila. Os quatro viajantes foram aonde queriam, até mesmo mendigando quando precisavam de dinheiro ou quando Beausoleil tocava violão por gorjetas. Eles aproveitaram o clima agradável e belas paisagens. Mas Gail não estava satisfeita em dividir o seu homem com duas outras garotas e Gypsy constantemente sugeria a Leslie que elas deviam ir embora. Bobby não iria levá-las a lugar algum, mas Gypsy insistia. Havia aquele cara chamado Charlie, que ela conhecera através de Beausoleil, um verdadeiro guru que poderia ensiná-las a viver melhor. Ela até mesmo insinuou que Charlie poderia ser algo mais do que um mortal. Leslie ficou intrigada, especialmente depois de Beausoleil e Gail discutirem bastante entre si, mas ela ficou pouco animada com o fato de Gypsy referir-se a Charlie e seu grupo como uma comunidade. Na limitada experiência hippie de Leslie, garotas solteiras como ela não eram bem-aceitas nas comunidades porque as mulheres lá não queriam dividir seus homens com as recém-chegadas. Apesar de Gypsy garantir que as outras garotas do grupo de Charlie eram legais, Leslie não queria causar nenhum aborrecimento. Ela decidiu que continuaria com Beausoleil pelo menos por mais algum tempo.

Depois de Charlie entrar em contato e pedir a Beausoleil que o ajudasse com o problema no condado de Mendocino, Bobby dirigiu até Los Angeles para que pudessem discutir isso pessoalmente. Charlie e a Família estavam no rancho naquele dia, em vez de estarem na casa de Dennis Wilson. Beausoleil estacionou a caminhonete e ele, Gail e Gypsy desceram; Leslie, que não estava de bom humor, deixou a cabine apenas por alguns momentos. Ela achou o equipamento de filmagem interessante e viu que as garotas do grupo eram amigáveis e não chatas, como Gypsy havia comentado. Mas Charlie, a quem Leslie tinha visto apenas de passagem, não pareceu tão especial e logo

Beausoleil e elas estavam de volta à caminhonete, rumo ao condado de Mendocino. Ele percebeu que não havia nada que pudesse fazer – os policiais do condado mantiveram Susan e os outros detidos na cadeia do condado durante a maior parte do verão, quando eles foram condenados por acusações de porte de drogas e sentenciados à prisão. Mary Brunner recebeu de volta a custódia de Ursinho Puff e todos voltaram para Charlie em Los Angeles. Não havia mais a conversa de encontrar um lar permanente para a Família. Leslie e Gypsy seguiram com Beausoleil, mas na medida em que as brigas dele com Gail aumentavam Leslie começou a pensar que talvez logo se deixaria convencer sobre ela e Gypsy se juntarem à Família.

As brigas na caminhonete de Bobby não eram nada se comparadas ao tumulto nacional em 1968, especialmente naquele verão. Tom Hayden concluiria, mais de quarenta anos depois, que nunca houve na história nacional 12 meses em que tantos eventos catastróficos ocorressem em tão rápida sucessão. Revoltas raciais irrompiam com assustadora regularidade; parecia que todos os grandes guetos da cidade estavam em chamas. Em 6 de junho, com a América ainda atordoada pelo assassinato de Martin Luther King apenas duas semanas antes, o senador Robert Kennedy foi assassinado em Los Angeles, na mesma noite que venceu as primárias presidenciais dos democratas na Califórnia. Além do horror do evento em si, a morte de Kennedy inflamou ainda mais a oposição da juventude ao processo político americano. Com Kennedy morto e Eugene McCarthy hesitante, o vice-presidente Hubert Humphrey se tornou o candidato democrata. Estudantes radicais, que associavam Hubert Humphrey à escalada militar de Lyndon Johnson no Vietnã, estavam indignados e alguns decidiram que o tempo de protestos pacíficos havia terminado. A liderança da SDS [Estudantes para uma Sociedade Democrática] fez planos para interromper a Convenção Nacional Democrata em Chicago no mês de agosto; Bill Ayers recordaria em suas memórias que a "insubordinação [se tornou] a própria vida. Vá além, nós dizíamos. Choque, ofenda, afronte, abuse, perturbe. Não respeite limites. Perca o controle".

Nas semanas finais do verão de 1968, Charlie estava ofendendo, exagerando, abusando e perturbando. Como resultado, estava perdendo o controle sobre Dennis Wilson. Havia algo em Charlie, Neil Young refletiu muito tempo depois, que no fim acabava por afastar as pessoas – seu senso desproporcional de autoimportância e poder. Charlie acreditava que tinha o direito de ter e fazer tudo o que queria. Qualquer um que não caísse na lábia de Charlie acabava percebendo isso e se aborrecendo. Por meses, Wilson havia sustentado Charlie e a Família. Eles presumiam que tudo o que ele tinha era deles – suas roupas, seus carros, seus discos de ouro – e por um tempo estava tudo bem para Wilson. Charlie queria ser uma estrela do rock e Wilson fez o que podia para ajudar – não era culpa dele se ninguém mais estava impressionado o bastante com as músicas de Charlie para oferecer-lhe um contrato de gravação. Em vez de ser grato pelo que Wilson havia feito, Charlie continuava exigindo ainda mais. Não era apenas sua insistência constante por um contrato de gravação, apesar disso já ser ruim o bastante. Charlie também esperava ser aceito por Wilson, Jakobson e Melcher como um de seus pares. Por eles terem sido legais o bastante levando-o a algumas festas e alguns clubes, ele acreditava que era parte do pessoal da elite e esperava ir sempre. Quando Charlie era convidado, invariavelmente encontrava um jeito de se tornar o centro das atenções, como fez na Whisky a Go Go certa noite, quando dominou a pista de dança. Os traços que Wilson inicialmente achara intrigantes em Charlie haviam se tornado irritantes.

Também havia a maneira como Charlie perseguia todas as garotas que encontrava, mesmo quando elas claramente não estavam interessadas. Wilson se divertia com as garotas da Família sempre que tinha oportunidade, mas ele tinha outras namoradas. Uma delas, uma adolescente apelidada de Croxey, esteve na casa várias vezes e não ficou interessada quando Charlie tentou convencê-la a se juntar à Família. Croxey também não participava das orgias de Charlie. Uma vez, quando se viu sozinho com a garota e ela se recusou a fazer sexo com ele, Charlie puxou uma faca e disse: "Sabe, eu poderia te cortar em pedacinhos". Croxey o desafiou a fazer isso e Charlie recuou. Era uma história em que Wilson podia acreditar, porque Charlie o havia ameaçado com uma faca também. A maioria das pessoas teria expulsado Charlie, mas Wilson deixou para lá. Charlie não estava esfaqueando ou cortando a garganta de ninguém.

Por um sentimento de culpa, Dennis arranjou para que Charlie fizesse algumas gravações no estúdio caseiro de seu irmão Brian. Estava claro para ele, embora não para Charlie, que a Brother Records jamais ofereceria a Charlie um contrato. Dennis tinha tentado fazer com que aquilo acontecesse e falhou. Dar a Charlie uma chance de ter suas músicas gravadas com equipamento de ponta ainda era uma oportunidade considerável, especialmente levando em conta que Brian não gostava dele e que Dennis precisou implorar para que permitisse as gravações.

Charlie não percebia a importância desse esforço feito em função dele, mas Dennis sim, e isso aliviava sua consciência. E – quem sabe? – talvez Charlie inesperadamente criasse alguma magia musical e saísse de lá com fitas de qualidade que podiam conseguir-lhe um contrato em algum lugar, no fim das contas. A questão principal era que Dennis queria se livrar de qualquer sentimento de obrigação com Charlie.

Wilson chegou a levar Stephen Despar, que havia construído o estúdio para Brian e trabalhou em alguns dos álbuns dos Beach Boys, para conduzir a sessão. Antes de Despar conhecer Charlie, Dennis o aconselhou a não acreditar em nada que pudesse ter ouvido da equipe da Brother Records – Charlie tinha talento, mas era frequentemente incompreendido. Despar teve boa vontade; depois de trabalhar com o excêntrico Brian, que no momento estava bastante acima do peso e gostava de gravar vestindo apenas calças de pijama, ele percebeu que seria impossível conduzir uma sessão com alguém mais esquisito.

Despar estava acostumado a músicos chegando com vários instrumentos e esperava partituras das músicas que pretendiam gravar para que ele pudesse ter uma ideia melhor do que esperavam pôr na fita. Charlie tinha apenas um violão, mas ele também levou várias garotas da Família cuja única função era enrolar baseados e pedir para usarem os banheiros do andar de cima. Brian Wilson nem sequer deixou o quarto para cumprimentar Charlie. A esposa de Brian, Marilyn, horrorizada com seus visitantes desleixados, em particular com Susan Atkins, limpou todos os banheiros da casa com desinfetante depois que eles partiram.

Despar esperava que Dennis fosse com Charlie e produzisse a sessão, mas Dennis não apareceu. Então Despar fez o melhor que pôde para arrumar os microfones e deixar Charlie confortável. Quando Charlie tirou um cigarro, mas não conseguiu encontrar fósforos nos bolsos, Despar foi até a cozinha de Brian e conseguiu fósforos para ele. Charlie fez questão de agradecer-lhe efusivamente. Eles então começaram a gravar, mas aquilo simplesmente não funcionou. Charlie se aborrecia até mesmo com instruções simples para se aproximar do microfone ou avisos de que seu violão estava desafinado. Aquelas eram as canções dele e ele as executaria daquele jeito; o trabalho de Despar era manter a fita rodando. Despar tinha todo o direito de se sentir ofendido – Brian Wilson e os outros Beach Boys também eram temperamentais, mas eram artistas estabelecidos com excepcionais credenciais musicais, não um aspirante maltrapilho cujas músicas, até onde Despar podia afirmar, não tinham nada de especial. Apesar disso, Dennis tinha lhe pedido para fazer o possível por Charlie, então Despar sugeriu que tentassem de novo na noite seguinte. Talvez o cara estivesse mais relaxado e um pouco mais cooperativo. Mas não adiantou: Charlie se irritou com todas as sugestões e puxou uma faca para Despar quando ele decidiu que tinha ouvido o bastante. Despar saiu e chamou um alto funcionário da Brother Records, dizendo "esse cara é psicótico". Foi dito a Charlie que o que havia sido gravado até então era o bastante. Despar o informou que a sessão estava encerrada e de algum modo Charlie se convenceu de que tudo correu tão bem que um contrato com a Brother Records estava próximo.

Não estava, mas Dennis, ao ouvir as fitas, achou que "Cease to Exist" tinha potencial. Os Beach Boys estavam se preparando para gravar outro álbum e Dennis queria contribuir com várias faixas. Talvez, com alguns ajustes, "Cease to Exist" pudesse ser uma delas. Quando Dennis contou-lhe o que havia considerado, Charlie ficou entusiasmado. Ele esperava que a música fosse gravada pelos Beach Boys exatamente como ele a havia escrito ou ao menos que a letra permanecesse intacta. Wilson deixou que ele acreditasse nisso.

Perto do fim do verão, os Beach Boys deixaram Los Angeles para uma breve turnê de shows. Charlie e a Família permaneceram na casa de Wilson, na Sunset Boulevard, enquanto ele estava fora. Eles já haviam assumido todas as suas posses e agora tinham se apoderado de uma de suas contas. Quando Wilson voltou para casa, após sua semana na estrada, ficou surpreso por ser convocado pelos contadores do escritório da Brother Records. Eles exigiram saber como era possível que Dennis tivesse acumulado uma dívida de 800 dólares no *drive-thru* da Alta Dena Dairy durante o tempo em que os Beach Boys estiveram fora em turnê. Wilson percebeu o que tinha acontecido, mas a conta estava em seu nome e a Brother Records tinha que pagá-la. Ele ficou possesso com a despesa, desta vez realmente irritado com Charlie. Quando Wilson somou tudo, incluindo uma Mercedes que alguém da Família havia destruído, ele calculou que seus hóspedes de verão haviam lhe custado pelo menos 100 mil dólares. Aquilo tinha de acabar.

Mas Wilson não tomou a iniciativa óbvia de expulsar Charlie e a Família. Ele ainda gostava da maioria das garotas, acreditava que Charlie tinha potencial como colaborador em letras de músicas e – afinal – Charlie era assustador. Quando o cara brandia sua faca era difícil dizer se estava brincando ou se era a sério. Wilson, então, optou por uma separação sem confronto. Seu aluguel na Sunset Boulevard estava prestes a vencer. Algumas semanas antes disso, Wilson empacotou alguns pertences essenciais e se mudou, sem avisar a Charlie que estava indo embora ou para onde ia. Ele alugou uma casa depois da Pacific Coast Highway. Como não pretendia eliminar completamente todo o contato com Charlie e os outros, Wilson certificou-se de que seu novo lar fosse pequeno demais, para que a Família não pudesse se mudar para lá assim que descobrisse seu paradeiro.

Quando o senhorio de Wilson pôs Charlie e a Família para fora da casa na Sunset Boulevard, aquilo foi algo inconveniente, mas não catastrófico para eles. Embora fossem sentir falta da boa-vida à custa de Wilson, o grupo tinha uma opção, um lugar onde eles já haviam ficado algumas vezes. Agora fariam com que o acordo deles com o proprietário, trêmulo e quase cego, fosse permanente. Recolhendo os despojos de Dennis Wilson – roupas, bugigangas e até mesmo alguns dos discos dos Beach Boys –, todos se amontoaram no velho ônibus escolar e rumaram para o Rancho Spahn.

Os ranchos

Quando o ônibus da Família quebrou novamente e o reparo necessário estava além das habilidades de mecânico de Charlie, Sandy Good disse que tinha um amigo nas redondezas que provavelmente poderia consertá-lo. Ele morava num rancho a 56 quilômetros a noroeste do centro de L.A., perto de Simi Valley e das montanhas de Santa Susana. Charlie foi verificar e ficou animado com o que descobriu. O Rancho Spahn era um paraíso bucólico, distribuído ao longo de centenas de hectares, com bonitas e irregulares colinas, penhascos altos, cortados por riachos, com cavernas e habitado por todo tipo de vida selvagem. O set de um filme de faroeste tomava conta do vale, imediatamente reconhecido por qualquer um que tivesse crescido assistindo aos onipresentes programas de TV com caubóis dos anos 1950, já que muitas das séries foram filmadas lá. A maior parte do set consistia em tendas com as partes frontais, sem paredes adicionais, mas havia algumas construções completas, incluindo um salão. Outras poucas cabanas estavam distribuídas ao redor da propriedade. Charlie logo percebeu que aquele era um lugar perfeito para os seus seguidores; tudo o que ele tinha que fazer era convencer o octogenário proprietário George Spahn a deixar o grupo mudar-se para lá.

Spahn tinha seus movimentos limitados devido a sua visão deficiente. Ele ganhava dinheiro fora do rancho alugando cavalos para visitantes que queriam fugir da cidade e perder-se nas trilhas a cavalo. Por 1,50 dólar por pessoa, podia-se selar um cavalo e cavalgar pelos morros da propriedade. Spahn empregava vários rancheiros para tomar conta dos cavalos, lidar com os clientes e, se houvesse tempo livre, para manter o set de filmagens limpo e em estado razoável – às vezes, em vez de alugar cavalos, as pessoas queriam somente dar uma olhada no lugar que tinham visto com tanta frequência na TV. Como a manutenção era esporádica, o lugar parecia malcuidado quando Charlie chegou. Sua tática para com Spahn foi simples: ele e alguns amigos gostariam de viver no rancho. Embora não tivessem dinheiro para pagar aluguel, eram bons trabalhadores e começariam a trabalhar intensamente para manter o set de filmagem brilhando (ou tão limpo quanto possível, já que havia poeira por toda parte naquela região) e ajudariam os rancheiros quando necessário. O próprio Charlie tinha muita experiência com cavalos, pois havia trabalhado numa pista de corridas de cavalos em sua cidade natal, no oeste da Virgínia. Felizmente, as garotas que se mudariam com Charlie ficariam contentes em executar afazeres domésticos para Spahn e o que mais pudessem para tornar seus dias um pouco mais confortáveis. Seria um acordo?

Já havia outros inquilinos informais no rancho e Spahn não se importaria com alguns mais. Para assegurar que seu anfitrião não mudaria de ideia, Charlie colocou Lynne como sua empregada. Fazer sexo com George estava entre suas funções, além de limpar e preparar as refeições do velho homem. Estava tudo bem para ela, pois Charlie a havia ensinado que todo tipo de amor era válido. Spahn obviamente gostava do contato físico com Lynne, principalmente de dar-lhe pequenos e rápidos beliscões. Lynne reagia com um grito alto, agudo e estridente, então George começou a chamá-la de "Squeaky" ["Rangente"]. O apelido pegou. Em pouco tempo, os membros da Família também passaram a chamá-la dessa maneira.

Spahn talvez estivesse esperando meia dúzia de pessoas na mudança para o rancho, mas o número inicial de recém-chegados era quase vinte e, dentro de poucos meses, cresceu para mais ou menos quarenta. Charlie explicou que a maioria deles era de itinerantes e amigos seus, que ficariam lá por um dia ou dois antes de partir. Mas, na verdade, os outros inquilinos é que foram embora. Charlie e a Família os instigaram a partir, para que pudessem pegar as melhores cabanas da propriedade. Para abrigar seus outros seguidores que não tinham teto suficiente, Charlie pediu a Tex Watson que construísse alpendres adicionais e que transformasse as partes frontais do set de filmagens em estruturas completas. Para manter Tex na corda bamba e para que ele continuasse disposto a executar seu trabalho sem remuneração alguma, Charlie inicialmente o impediu de ser um membro integral da Família. Era permitido que ficasse no rancho e que fizesse o que lhe era dito, mas Charlie disse que ele ainda não havia rendido seu ego o suficiente a ponto de tornar-se permanentemente parte do grupo. Se Tex trabalhasse duro e nunca reclamasse, talvez pudesse convencer Charlie. Frequentemente entorpecido por drogas e bebidas, Tex passava cada hora de seu dia tentando demonstrar o quanto era desprovido de ego e um trabalhador disposto.

Sobretudo, Charlie apreciava o que a localização do rancho tinha a lhe oferecer – o tipo de isolamento necessário para manter os membros da Família livres de qualquer influência que não fosse a sua. Era difícil prender a atenção dos membros quando ele tentava pregar seus sermões na casa de Wilson. Os outros amigos do baterista estavam constantemente saindo e entrando. No Rancho Spahn, Charlie podia direcionar qualquer um até um morro isolado ou uma colina e pregar o quanto quisesse sem risco de distrações. Como Wilson abandonara a mansão no fim do verão, Charlie e a Família tiveram que partir também – para Charlie, uma simples questão de colocar todos no ônibus e levá-los até o rancho. Apesar de George Spahn não ter notado qualquer diferença, seu bando de rancheiros astutos notou. Eles eram guiados por Juan Flynn, um alto veterano do Exército que lutou no Vietnã. Shorty Shea sonhava com uma carreira no cinema e logo despertou a antipatia de Charlie por aconselhar George Spahn a vender o rancho para incorporadores. Johnny Swartz era útil porque emprestava seu Ford 1959 amarelo e surrado para viagens até a cidade. O adolescente Steve Grogan parecia tão idiota que alguns membros da Família acreditavam que ele era retardado. Diferentemente de Flynn e Shea, Grogan adorava tudo sobre Charlie e seus seguidores e implorava para juntar-se a eles. Para Charlie, inteligência importava bem menos do que lealdade e Grogan logo foi aceito como parte da Família. Seu novo nome agora era Clem e às vezes o chamavam de Scramblehead [Cabeça dura, em tradução literal]. Havia outras pessoas que trabalhavam no rancho e que, depois de algumas semanas ou meses, mudavam-se.

Flynn esperava que a Família conseguisse a posse do rancho com muito trabalho duro. Charlie não poderia concordar mais – quando não estava pregando para eles ou colocando-os para trabalhar em prol dos seus próprios interesses, ele queria mantê-los ocupados. Isso evitava que pensassem demais. Sob a supervisão de Flynn, eles limpavam os estábulos, as selas, ajudavam no aluguel dos cavalos quando o número de visitantes era grande, carregavam o feno, aparavam os arbustos e executavam quaisquer outras tarefas que fossem necessárias. Charlie era cuidadoso para evitar que algum seguidor pensasse que Flynn, de alguma maneira, pudesse tomar sua posição de líder na Família. Certo dia, Flynn queria todos de pé, trabalhando, mas Charlie, no entanto, mandou que fossem para o salão do set de filmagens, fazendo com que se sentassem para que ele pregasse seu sermão. Flynn, cujo temperamento às vezes era terrível, esbravejou e foi em direção a Charlie para atacá-lo. Eram fisicamente opostos. Flynn era mais de trinta centímetros mais alto do que o miúdo Charlie. Mas, com a Família assistindo, Charlie não cedeu. Flynn chegou até o rosto de Charlie, elevando-se sobre ele e gritando. Calmamente, Charlie pegou um maço de cigarros, riscou um fósforo e acendeu um cigarro. Então, olhando Flynn direto nos olhos, ele segurou o fósforo em chamas contra a fina pele de seu próprio pulso e então um mau cheiro peculiar de carne queimada se espalhou pelo ar. Charlie nem ao menos piscou. Ele calmamente disse para Flynn: "Sabe, irmão, não há nada como a dor". Totalmente murcho, o pesado rancheiro afastou-se e a Família foi lembrada por que Charlie Manson era seu líder incontestável.

Fosse usando o ônibus escolar, o Ford de Johnny Swartz ou qualquer tipo de veículo disponível, Charlie e outros membros da Família dirigiam até L.A. ou pelos arredores do país, fora do Rancho Spahn. Eram necessárias viagens diárias para surrupiar comida das caçambas de lixo dos armazéns. Charlie continuava recrutando novos seguidores; agora, na maioria das vezes, ele confiava nos seguidores atuais para convidar possíveis discípulos de fora do rancho. Em seguida, Charlie conversava com eles e via como interagiam com os membros da Família. Num certo ponto, qualquer um que fizesse promessas seria interrogado sobre dinheiro e posses – deveria existir alguma vantagem imediata para Charlie para que uma pessoa fosse convidada a juntar-se à Família. A decisão de Charlie era sempre a final; se ele não achasse que um candidato era aceitável, não importaria o que os outros pensassem. Uma vez que alguém era aceito no rebanho da Família, havia um período de transição no qual Charlie colocava o recém-chegado sob supervisão de um dos veteranos – Pat, Susan, Mary, Squeaky ou Little Paul Watkins. Nem todos passavam por esse período de experiência, principalmente se o único e real interesse de Charlie fosse alguma quantia em dinheiro ou um carro. Uma vez que os indesejáveis tivessem se despojado de qualquer coisa que Charlie quisesse, eles eram mandados embora.

Charlie então começou a reforçar uma nova regra que se aplicava às suas seguidoras mulheres. Não era permitido que mulher alguma carregasse dinheiro, nem mesmo centavos. Quando elas saíam para pedir esmolas, um dos homens sempre as acompanhava e todo o dinheiro coletado deveria ser imediatamente entregue a ele. Charlie nunca explicou por que impôs essa nova ordem, mas era uma regra muito comum entre cafetões. Se uma das mulheres quisesse fugir, não teria dinheiro suficiente para fazer uma ligação de um telefone público para amigos ou parentes, pagar um táxi ou uma passagem de ônibus. Foi mais uma maneira que Charlie encontrou de manter seus seguidores sob controle absoluto. Durante todo o verão e o outono, a Família se expandiu. Entre os membros que haviam se tornado veteranos, estavam Cathy Gillies ("Capistrano"), Tom Walleman ("TJ"), John Phillip Haught ("Zero"), Simi Valley Sherri e dois outros visitantes que Charlie, a princípio, queria mandar embora. Gypsy e Leslie Van Houten haviam finalmente se separado de Bobby Beausoleil. Quando se apresentaram a Charlie no Rancho Spahn, ele mandou que voltassem. Beausoleil era um amigo de grande utilidade e Charlie não queria ofendê-lo tirando dele suas mulheres, porém Gypsy foi contra e Charlie reconsiderou. Gypsy, que estava perto dos 30 anos, era um pouco mais velha do que a maioria dos membros da Família. Preparada para devotar-se completamente a Charlie, estava bem claro que ela fora uma eficiente recrutadora para ele – Gypsy já havia convencido Leslie a fazer parte da Família. Leslie era mais inteligente do que Charlie gostava que seus seguidores fossem; pessoas inteligentes poderiam questionar seus ensinamentos. Porém, ela era muito atraente e, junto com Ruth Ann, conseguiu para Charlie duas lindas moças, que eram usadas para conseguir o que queriam de homens que não faziam parte da Família. Outro atributo de Leslie, que foi o que provavelmente pesou a seu favor para Charlie, eram suas habilidades de secretária, incluindo taquigrafia. Charlie designou-lhe a tarefa de acompanhá-lo sempre que ele compusesse músicas, já que sempre tinha dificuldade para se lembrar delas; agora Leslie iria taquigrafá-las para gravá-las e, mais tarde, anotá-las. Às vezes, ela ficava frustrada porque Charlie cantarolava sons em vez de palavras. Quando ele o fazia, Leslie "traduzia" o som em palavras da melhor maneira possível. E, como Charlie havia previsto, Gypsy logo se tornou líder entre as mulheres, uma autoridade comprometida em assegurar que todas as instruções de Charlie fossem seguidas minuciosamente.

Depois que a Família adaptou-se ao rancho, um funcionário da Free Clinic chegou para passar algum tempo com eles. Alan Rose estava fascinado com Charlie e seus seguidores desde que os encontrou no Haight e achou que poderia juntar-se a eles. Em vez disso, depois de algumas semanas, Rose decidiu retornar para São Francisco – lá havia certa questões pessoais com as quais precisava lidar – e ele e o fundador da clínica, David E. Smith, decidiram escrever um artigo sobre o grupo. Em setembro de 1970, eles finalmente publicaram o texto no *Journal of Psychedelic Drugs*, onde explicavam, em termos claros e objetivos, como Charlie usava o sexo para enfraquecer mulheres inexperientes, esgotando o dinheiro e quaisquer posses materiais que seus seguidores tinham, e excluía todos aqueles que julgava indesejáveis. Além disso, eles disseram que o verdadeiro enigma era: "Por que [...] essas jovens garotas eram tão atraídas e cativadas por um místico perturbado como Charlie?" Mas como Rose, Smith e outros descreveram, em um dia típico no rancho havia muito pouco de perturbador. Charlie tentava acalmar seu rebanho através de pregações, drogas e sexo, intercalados por árduo trabalho físico, a fim de manter todos razoavelmente cansados.

O dia começava cedo. Todos estavam acordados antes das 7h para alimentar os cavalos e levá-los ao pasto. Então, após um apressado café da manhã – geralmente, sobrava alguma comida do jantar da noite anterior –, os cavalos eram selados para que estivessem prontos para as cavalgadas de qualquer eventual visitante. Alguns membros da Família ficavam disponíveis para servirem de guia nas trilhas, enquanto o restante limpava os estábulos e lidava com o feno fresco. Uma vez que tudo havia sido feito, era possível que Juan Flynn designasse outros trabalhos de reparo e, durante as manhãs, quando parecia não haver mais nada a fazer, Charlie juntava todos para executarem atividades improdutivas, a fim de mantê-los ocupados, como varrer a poeira que havia por toda parte, nas calçadas de madeira do set de filmagens, ou fazendo ajustes insignificantes num lugar onde, durante séculos, a natureza havia deixado sua marca. Às vezes, a impressão de alguns membros da Família era que Charlie os fazia cavar buracos para depois preenchê-los, mas suas ordens não deveriam ser contestadas. Se alguém se queixasse, outros membros da Família, geralmente liderados por Gypsy ou Little Paul, seriam repreendidos em alto e bom som – como *se atrevem* a questionar Charlie?

As manhãs eram dedicadas ao trabalho. Não havia pausa para almoço – as duas únicas refeições do dia eram café da manhã e jantar. Mais tarde, frequentemente havia sessões de LSD orquestradas por Charlie. Ele marcava uma hora e levava todos para uma das construções do set de filmagens ou os guiava para um canto isolado do rancho. Doses do ácido eram passadas de mão e mão – o próprio Charlie depositava a droga na boca de seus seguidores, mas às vezes ele mesmo não tomava nada, para que permanecesse no controle de suas faculdades. Então, já que todos estavam "viajando", Charlie falava, na maioria das vezes sobre si mesmo, como Jesus. Algumas vezes ele simulou ser crucificado. Ele enfatizava que o LSD era sagrado, que poderia fazê-los aprender mais sobre si mesmos e perceber quem realmente eram.

No final da tarde, geralmente as mulheres saíam para arranjar comida e às vezes retornavam com todos os tipos de doação; outras vezes, de mãos cheias de produtos amassados e moles. O que quer que conseguissem, compunha o menu do jantar. A presença durante essas refeições era obrigatória. As mulheres cozinhavam e todos se sentavam enquanto os pratos eram passados de mão em mão. Primeiro os homens comiam, depois as mulheres, que ficavam com o que sobrava. Cada pessoa beliscava algo nos pratos que chegavam às suas mãos e, então, passava adiante. Nada era desperdiçado. Era bizarro. Certa vez, a Família ganhou um pacote de Cool Whip (marca de chantilly) em potes de plástico. Durante o jantar daquela noite, todos mergulhavam suas mãos nos potes e lambiam o Cool Whip de seus dedos.

À tarde ou depois do jantar, todos se reuniam enquanto Charlie pregava. Na maioria das vezes, com seu violão, ele cantava seus sermões; as garotas levantavam-se e dançavam enquanto o ouviam. Outras vezes, Charlie escolhia uma abordagem bíblica – porque Jesus muitas vezes ensinava através de parábolas. Uma lição marcante para a Família envolvia um rei e uma rainha. Todos os dias, o rei dizia à rainha: "Estou com fome". E ela respondia: "Deixe-me preparar-lhe um sanduíche". O rei comia o sanduíche e todos ficavam felizes. Essa era a rotina deles, até que um dia o rei disse que estava com fome e a rainha respondeu: "Querido, estou muito cansada. Você se importaria, só por hoje, de fazer seu próprio sanduíche?" O rei disse: "Certo". Mas enquanto ele estava a caminho da cozinha a rainha disse: "Você me faria um também?" E todos os dias, dali por diante, a rainha pedia que o rei lhe fizesse um sanduíche. Seus papéis haviam sido nitidamente invertidos. Charlie explicou que era desse jeito que as mulheres enganavam e tomavam o controle. Elas apelavam para o amor dos homens, para seu senso de solidariedade, e os homens caíam. Muita coisa estava errada na sociedade moderna, alertou Charlie. Segundo ele, os homens estavam cada vez mais perdendo o comando. Mas não seria assim na Família. Naquele abençoado e iluminado grupo, as mulheres serviam aos homens e todos ficavam mais satisfeitos com isso.

Depois da refeição e da pregação, havia música. Charlie geralmente cantava suas próprias canções e todos se juntavam para cantar o refrão. Ou então tocavam Beatles, o álbum *Magical Mystery Tour* repetidas vezes, ou álbuns do Moody Blues, uma banda inglesa cujo uso de acompanhamento orquestrado era considerado sem igual. O único outro tipo de música que Charlie permitia naquela época era um sucesso entre os dez mais, "Born To Be Wild", da banda americana Steppenwolf. Charlie gostava das músicas dos Doors e do Jefferson Airplane, mas não as considerava apropriadas para aquela parte especial do dia. Alguns membros da Família resmungavam para si mesmos sobre o quanto Squeaky era sortuda; ela passava a maior parte do tempo na casa principal cuidando do velho e cego George, que tinha seu rádio sintonizado em música country o dia todo, do tipo *steel guitar,*[1] que era acompanhada de lamentos, geralmente conhecida como *shitkicker*. Ninguém na Família gostava exatamente de músicas no estilo *shitkicker,* mas pelo menos não era *Magical Mystery Tour,* Moody Blues ou as músicas de Charlie todas as noites, durante a noite inteira. É claro que ninguém reclamava com Charlie quanto a isso ou perto de seus chefes designados, Watkins e Gypsy.

Geralmente, as sessões de sexo envolviam pares aleatórios durante as tardes ou depois do jantar, ou da pregação de Charlie à noite. Cada um da Família deveria estar disposto a dormir com qualquer outro membro. Era proibido formar pares permanentes, como casais, mas às vezes Charlie designava duas pessoas para ficarem juntas, para que dessa maneira uma pudesse ficar de olho na outra. Depois de admitir Tex Watson como membro integral da Família, Charlie "cedeu" Mary Brunner a ele, como uma parceira sexual fixa. Charlie continuou a preferir a jovem Dianne Lake, uma adolescente recrutada na comunidade de seus pais que desenvolveu um sentimento de posse em relação a ele. Quando Charlie fazia sexo com outra mulher da Família - ele considerava uma obrigação dar seu corpo uma vez para cada uma delas de vez em quando, e elas achavam isso uma honra -, Dianne ficava irritada com as outras garotas.

O sexo no grupo era completamente orquestrado por Charlie. Ele especificava quem iria fazer o quê e com quem. Às vezes, as sessões

1 *Steel guitar* é a técnica de tocar um violão ou guitarra utilizando um cilindro nas cordas, o que gera um som descrito, na época, como relaxante.

eram prolongadas e complexas – Charlie dizia que os atos, sacramentais, eram uma maneira de acabar com todas as falsas inibições que foram impostas aos membros da Família por uma sociedade repressora. Isso soava bem para os participantes, embora houvesse a inconveniência de um número maior de mulheres do que de homens. Mas fazer algo que causaria horror aos caretas tornou as orgias muito mais divertidas. Era a *libertação*.

Como uma regalia especial, Charlie encorajava a Família a encenar fantasias em grupo. Eles corriam em volta do set de filmagens e, entre os morros do rancho, fingiam ser caubóis ou piratas aventureiros em seus navios imaginários. Muitas das meninas gostavam de se vestir de fadas; elas imaginavam que asas haviam crescido em suas costas e que podiam voar. Charlie encorajava temas relacionados a elfos. Às vezes, durante as "viagens" causadas pelo LSD, Charlie sugeria que talvez chegasse uma época que as meninas realmente se tornariam fadas, duendes, com asas e tudo mais.

Charlie mantinha o controle também de outras formas. Sempre que algum membro da Família passava por Charlie no rancho, principalmente nas calçadas feitas de madeira do set de filmagens, ele parava na frente da pessoa e fazia caretas, também sacudindo as mãos. O membro da Família tinha que imitar todas as expressões e gestos de Charlie. Uma imitação perfeita significava que a pessoa se sairia bem na iluminação do caminho espiritual. Falhas ao imitar as caretas e movimentos de Charlie significavam a presença de um ego exacerbado e o seguidor era firmemente castigado por ele.

Ainda assim, Charlie era considerado louvável. Ele tinha um entendimento aguçado do quanto cada membro da Família podia ser punido sem que sucumbisse. Somente quando alguém sentia que o indivíduo não conseguiria continuar, que não havia gratificação, Charlie, o líder incontestável, chegava para ter uma conversa amigável ou para sugerir que eles fossem dar uma caminhada e apreciassem o companheirismo um do outro. Ele tinha um tato excepcional e sabia exatamente como dar uma tapinha no ombro ou gentilmente acariciar os cabelos de alguém.

Uma das regras mais inflexíveis de Charlie era que crianças não deveriam ser criadas – "arruinadas" – pelos pais biológicos, mesmo que fizessem parte da Família. Ursinho Puff, filho de Charlie e Mary Brunner, era considerado filho de todos os membros veteranos da Família. Quando Susan Atkins deu à luz um menino em outubro, ela teve seu bebê levado e mantido com Ursinho Puff separado do grupo. Susan deu ao seu filho o nome de Ze Zo Ze Cee Zadfrack, porque "parecia um bom nome". Conforme a Família se expandia para incluir mais pais, suas crianças juntavam-se a Ze Zo Ze Cee em uma área separada. Havia um tipo de competição entre as mulheres para ter o próximo bebê. Charlie incitava todas elas para que ficassem grávidas - porque, sobretudo, era algo natural para as mulheres - e todas queriam ter bebês. Cada uma delas queria que Charlie fosse o pai biológico. Com exceção de Ursinho Puff, Charlie não tinha filhos com as mulheres de seu rebanho. Sandy Good seria a próxima a ficar grávida no Rancho Spahn. O pai era um recém-recrutado chamado Joel Pugh. Às vezes, Sandy dizia que eram casados e usava seu último nome. Quando ela solicitou o seguro social, foi uma grande ajuda. Charlie detestava o governo, mas gostava dos benefícios que poderia lhe proporcionar.

Relógios de pulso, calendários e qualquer coisa que marcasse o tempo eram proibidos; Charlie dizia a todos que queria que se concentrassem no *agora* e que não se preocupassem com aparelhos eletrônicos sem alma dizendo qual era a hora correta. Óculos também não eram permitidos. Charlie dizia que não importava qual fosse o estado de sua vista, devia-se privilegiar a maneira natural de ver o mundo e que somente coisas naturais eram boas. Os novos membros eram despojados de seus óculos de imediato; alguns deles desenvolveram estrabismo permanente. Livros também não eram permitidos no rancho. Tudo que precisavam saber era o que Charlie queria que soubessem. De acordo com Charlie, a proibição dos livros se devia ao fato de que os autores eram maléficos, tentando jogar com o controle da mente dos leitores. Ele chegou a queimar alguns livros na frente de todos. Havia apenas uma exceção - Charlie tinha uma Bíblia.

Pelo fato de pregar tanto e de ter tantas regras para diversas coisas, era inevitável que às vezes Charlie caísse em contradição ou que agisse de maneira que parecesse oposta ao que havia dito. A contradição mais óbvia era seu antissemitismo. Charlie frequentemente dizia ser a reencarnação de Jesus, mas detestava judeus e pregava que eram um povo mau. Outra contradição era frequentemente demonstrada durante as "viagens" dos membros da Família com o uso do LSD. Um componente crucial da filosofia de Charlie era que o LSD deveria ser usado para explorar a consciência interna - o efeito da droga os ajudaria a superar as inibições impostas pela sociedade. O que quer que sentissem durante as "viagens" era invariavelmente correto. Durante as sessões coletivas de uso do LSD, a ordem de Charlie era que permanecessem sentados nos lugares que ele os colocasse. Às vezes, um membro da Família era dominado pelos efeitos da droga a ponto de levantar-se sem a permissão de Charlie. Sempre que isso acontecia, Charlie golpeava o desobediente com seu punho ou, às vezes, com uma das cadeiras. Isso era o oposto do que havia ensinado, já que inibia a reação natural ao uso de uma droga sagrada, mas logo em seguida explicava que se havia a impressão de que ele estava violando as regras de sua filosofia isso significava que seus seguidores simplesmente ainda não eram astutos o suficiente para entender o que acontecia. Encontrar falhas em Charlie, na verdade, expunha falhas neles próprios. Eles aceitavam as explicações de Charlie porque acreditavam nele. Eles podiam cometer erros e interpretar mal algumas questões, mas qualquer coisa que Charlie dissesse ou fizesse tinha de estar certa. Em suas visões, eles eram todos estúpidos e Charlie dava seu melhor para tentar torná-los inteligentes. As agressões eram parte desse "presente" que Charlie oferecia.

Além de gostar de manter seus seguidores isolados, Charlie ainda os encorajava a limitar o número de visitantes. Dennis Wilson, aliviado por estar livre do contato diário com a Família, começou a aparecer esporadicamente no rancho e ficava feliz em entregar alguns dólares quando precisavam. Ele estava sempre pronto para brincar nos fardos de feno com algumas das meninas. Wilson realmente gostava de muitas delas e se preocupava com seu bem-estar no Rancho Spahn. Ele disse a Charlie que os Beach Boys estavam planejando gravar "Cease to Exist". Ter um single gravado por um artista de outra banda não era o estrelato instantâneo que Charlie almejava e acreditava merecer, mas pelo menos já era um começo. Quando "Cease to Exist" se tornasse um sucesso mundo afora e todos soubessem que havia sido escrito por Charlie Manson, as coisas finalmente começariam a decolar na sua carreira como artista. Levaria mais tempo do que Charlie havia previsto, mas estava a ponto de acontecer. A certeza de que estava prestes a atingir a fama foi reforçada quando Terry Melcher fez algumas visitas ao rancho. Melcher ainda não havia se comprometido a ouvir ou a levá-lo ao estúdio para uma audição, mas pelo menos estava mantendo contato. Bancando o anfitrião cortês, Charlie sempre disponibilizava Ruth Ann a Melcher para seu bel-prazer. As outras moças também ficavam disponíveis, mas Ruth era a favorita de Melcher.

Gregg Jakobson também aparecia por lá, geralmente com Melcher ou Wilson. Ele ainda estava certo de que havia algo vendável relacionado a de Charlie – talvez não fosse música, talvez um filme ou um documentário de televisão. No final, ele passou um tempo considerável andando pelo rancho com Charlie e conversando com ele, tentando obter informações de sua experiência. Charlie tinha muitas histórias interessantes para contar sobre ser um filho bastardo de uma prostituta adolescente e sobre como foi terrivelmente abusado no reformatório e na prisão. Charlie contou a Jakobson sobre a invenção do "jogo insano" para conseguir sobreviver e vangloriou-se de que agora era fácil para ele "mudar de papel" e alterar sua personalidade instantaneamente para se encaixar em qualquer companhia ou situação em que se encontrasse. Jakobson o observou fazê-lo – paternal, porém firme, com a Família; obsequioso e suficiente com George Spahn; igualmente camarada e musical com Wilson e Melcher; e um cúmplice caipira e bruto com gangues de motoqueiros. Charlie gostava de receber visitas ocasionais dos motoqueiros, pois eles tinham experiência em consertar motocicletas e a Família sempre parecia ter uma ou duas quebradas. Ele não os queria visitando o rancho com muita frequência porque exigiam cerveja. Álcool era outra coisa que Charlie bania entre seus seguidores. Ele dizia que era um entorpecedor da mente, não um expansor. Como adoravam beber, os motoqueiros sempre esperavam que a Família saísse e mendigasse o suficiente para conseguir comprar algumas caixas de cerveja. Charlie e a Família não se incomodavam em ocasionalmente praticar roubos a lojas, o que não consideravam roubo, porque para eles tudo pertencia a todos. Mas era praticamente impossível sair sorrateiramente de uma loja com uma caixa de cervejas escondida debaixo da camisa.

Sexo com estranhos tornou-se uma rotina diária para as mulheres da Família. Charlie levou todos os homens que ele quis para impressionar e agradar naquele dia – não só Wilson, Melcher ou Jakobson, como motoqueiros e traficantes de drogas – e dizia às mulheres para fazerem fila em frente a eles. Charlie às vezes segurava as costas das lindas meninas, mantendo-as como um prêmio especial para os visitantes VIPS. Cada homem era encorajado a escolher a garota que quisesse e Charlie ordenava a ela que fosse com o homem em questão e fizesse tudo que lhe fosse ordenado. Se a garota se recusasse a fazer algo, significava que ainda tinha algum tipo de bloqueio e Charlie a punia, às vezes fazendo-a tirar a roupa até ficar completamente nua na frente de todos para então ridicularizá-la. Era eficiente. Cada uma delas aprendeu a não recusar convite algum e a nunca parecer relutante ou melindrosa.

Charlie gostava de mostrar sua habilidade musical quando Wilson, Melcher e Jakobson estavam por perto. Ele sempre fazia piadas sobre as condições primitivas no Rancho Spahn comparadas ao luxo da mansão de madeira de Wilson, especialmente sobre os montes de esterco de cavalo que se espalhavam por toda a propriedade. O esterco atraía um enxame de moscas. Um dia, Charlie, Wilson e Jakobson estavam perambulando pela área de aluguel de cavalos e foram parar num lugar cheio de pequenos morros de lixo e moscas por toda parte. Charlie havia levado seu violão e parou por lá, com insetos voando à sua volta, e começou a tocar e a cantar uma canção que ele havia feito de improviso sobre as moscas, seus zumbidos e o que isso de fato significava. Jakobson era próximo de muitos artistas bem-sucedidos, até mesmo de alguns gênios da música, como Brian Wilson, e achava que Charlie tinha o ritmo de todos eles na hora do improviso. Refletindo muitos anos depois, Jakobson concluiu que Charlie poderia ter sido um cantor natural de rap, "reportando" nas músicas todos os detalhes de sua vida difícil nas ruas. Ao saber que Charlie e a Família estavam vivendo no Rancho Spahn, Phil Kaufman foi visitá-los. Ninguém parecia feliz em ver Kaufman. Charlie o ignorou claramente. O contato de Kaufman com a Universal não tinha dado certo e agora Charlie estava trabalhando com Wilson, Melcher e Jakobson. Para ele, Kaufman não tinha mais nada a oferecer além de amizade e não havia nenhuma vantagem que Charlie pudesse tirar disso. Depois de uma hora sendo tratado friamente por todos, Kaufman foi embora, percebendo já ter visto tudo que tinha para ver em relação a Charlie e seus seguidores; tudo aquilo de paz e amor, e a expectativa de ter as pessoas fazendo coisas por eles. Mas pelo menos não estavam machucando ninguém. Eram egoístas, porém inofensivos.

Autoridades locais logo souberam que um grupo de hippies havia se mudado para o Rancho Spahn, perto de Simi Valley. Eles aparentavam ser só mais uma comunidade de pacifistas cabeludos e já existiam pelo menos algumas centenas deles em Los Angeles e nas proximidades. Alguns deles, aliás, viviam aglomerados bem em torno do Rancho Spahn. Aquela área parecia atrair esquisitões. É evidente que todas as comunidades, incluindo a recém-formada no Rancho Spahn, desrespeitavam as leis antidrogas, mas se a polícia fosse prender todos que fumavam maconha ou usavam ácido não teria tempo para mais nada. A comunidade do Rancho Spahn talvez exigisse observação, já que muitos veículos pareciam ser levados para lá. Supostamente, hippies não deveriam roubar, mas furto de carros parecia uma possibilidade. O verdadeiro problema era que o Rancho Spahn ficava ao longo da linha férrea Los Angeles–Ventura e havia algumas questões quanto à jurisdição. Nenhum departamento policial queria, de fato, assumir responsabilidade pelo reforço policial naquela área, então ninguém observava o que Charlie e a Família aprontavam.

Charlie isolou a Família da maioria das notícias do mundo exterior, com exceção dos exemplos esporádicos de o quanto as coisas estavam ficando fora de controle. Ele usava certos episódios para enfatizar o quão sortudos eram por estarem a salvo abrigados no rancho Spahn sob a sua supervisão – eles provavelmente não durariam muito caso dessem as costas para Charlie e fossem embora. Naquele outono de 1968, Charlie tinha muitos fatos violentos para citar, que começaram no fim de agosto, com a Convenção Nacional Democrata, em Chicago. Iniciada no dia 26, pacifistas e estudantes radicais lotaram o Parque Lincoln. Até mesmo a paz no Vietnã foi derrotada por delegados democratas e o vice-presidente Humphrey foi o nomeado do partido para presidente. A polícia de Chicago, seguindo as instruções do prefeito Richard Daley, atacou os manifestantes, sufocando-os com nuvens de gás lacrimogêneo e agredindo-os com cassetetes. As redes de televisão transmitiram a carnificina para um público que, horrorizado, assistiu às cenas; tossindo e sangrando, os manifestantes ainda foram capazes de cantar "The whole world is watching" ["O mundo inteiro está assistindo"]. Em seguida, facções irreconciliáveis começaram a surgir entre os radicais. Alguns ainda protestaram sonoramente, sem violência, contra o sistema político. Outros acreditavam que era hora de responder à violência com mais violência para "trazer a guerra para casa". Alguns acreditavam que uma eleição colocando Hubert Humphrey contra Richard Nixon poderia eleger um presidente dedicado a executar mudanças. A abordagem malplanejada de Humphrey, denominada "política da alegria", teve consequências desastrosas, enquanto Nixon focou na plataforma da lei e ordem. Depois de presenciar uma reunião republicana em Toledo, o colunista Jimmy Breslin observou que "Quando Richard Nixon terminou, havia a mão de um estrangulador vinda de todos os campos de milho do Ohio". Na imaginação de todos os eleitores mais velhos, o estrangulador era jovem e de cabelos longos. Os americanos voltavam-se uns contra os outros em meio ao medo e à frustração, e a discordância era passada de geração para geração. Em um ano marcado por assassinatos, guerra, conflitos raciais e de crescente desobediência governamental, não havia mais otimismo. Em 5 de novembro, Nixon, com pouca diferença de votos, derrotou Humphrey e a população esperou pelo que estava por vir.

Em 9 de setembro, na Inglaterra, os Beatles gravavam músicas para o próximo álbum previsto para ser lançado antes do fim do ano. Uma música de McCartney havia sido gravada nesse álbum. A banda estava tendo problemas internos de relacionamento e uma das causas de desarmonia foi a predileção de McCartney em compor baladas românticas que estavam cada vez mais em desacordo com as composições mais críticas de John Lennon. Mas a música que McCartney apresentava agora era muito mais áspera do que tudo que Lennon já havia feito em anos. Ostensivamente sobre uma popular atração de parque de diversões britânico envolvendo uma forte queda, McCartney imaginou-a como "a ascensão e queda do Império Romano, e essa foi a queda, o fim, a derrota".[2] McCartney expôs em alto e bom som a canção, que falava sobre estar no fundo do poço, voltar ao topo e decair rapidamente, mas sem se deixar destruir. Seus companheiros de banda comportavam-se como espíritos desordeiros e McCartney mais tarde relembrou: "Fizemos tudo que pudemos para sacanear". Ele batizou a música de "Helter Skelter".[3]

Dois dias depois, em Los Angeles, os Beach Boys gravaram algumas músicas também. Dennis Wilson estava fazendo os últimos ajustes em "Cease to Exist", mudando parte da letra, assim como a melodia, entre outros ajustes. A versão original de Charlie explicava a uma garota que "submissão é uma dádiva" para ser dada ao seu irmão; Dennis mudou "irmão" para "amante", transformando o tema de iluminação espiritual para entrega sexual. Em vez de deixar de *existir*, a garota era seduzida para deixar de *resistir*. Dennis mudou o titulo também – "Cease to Exist" ["Deixar de Existir"] tornou-se "Never Learn Not to Love" ["Nunca Aprenda a Não Amar"]. Os Beach Boys colocaram sua característica harmonia musical e o resultado foi considerado aceitável o suficiente para ser incluído no álbum. Dennis citou seu próprio nome nos créditos como compositor solo. Isso foi deliberadamente um insulto. Wilson vinha pensando insistentemente em todo o dinheiro que gastou com Charlie e a Família, e, além disso, em uma viagem recente até o Rancho Spahn, Clem pegou a Ferrari de Wilson, seguindo o conselho de Charlie, e a destruiu. O cara causou grandes perdas a Wilson, que concluiu que as canções de Charlie serviriam como pagamento. Era a realeza do show business de Los Angeles em ação – cada Beach

2 No original, "*the rise and fall of the Roman Empire, and this was the fall, the demise, the going down*", versos de "Helter Skelter".

3 *Helter skelter* é o nome de um brinquedo britânico muito popular, que consiste em um tobogã em formato de espiral, onde a queda é sempre o fim da brincadeira. Além disso, o termo *helter skelter* pode significar também confusão, algazarra, desorganização.

Boy podia fazer o que quisesse e aspirantes como Charlie não poderiam detê-los. Claro, Charlie ficaria possesso quando descobrisse, mas talvez, a partir dessa situação, aprendesse quem era o chefe, se posteriormente ele e Wilson trabalhassem em quaisquer outras canções.

Mesmo com "Cease to Exist" transformada em "Never Learn Not to Love", Charlie estava preocupado com outra coisa. As coisas no Rancho Spahn estavam bem em sua maior parte, mas ainda existiam muitas distrações para a Família. Charlie passou a controlar o acesso de seus seguidores aos carros e o rancho era muito longe de Los Angeles para que qualquer um dos membros caminhasse ate lá, mas os motoqueiros ofereciam carona quando qualquer um pedia e era muito fácil para pessoas como Susan saírem sem nenhum tipo de supervisão. Às vezes, os membros da Família pediam aos hóspedes que ficassem durante a noite sem antes pedir a permissão de Charlie. Certa manhã, Charlie teve de expulsar um sujeito que havia passado a noite com Leslie numa gruta do rancho sem autorização. No dia seguinte, o idiota voltou com alguns amigos mal-encarados e disse a Leslie, bem na frente de Charlie e de alguns membros da Família, que se ela quisesse poderia ir embora com eles. Felizmente, Leslie escolheu ficar com Charlie, mas e se ela não tivesse tomado esta decisão? Isso poderia ter encorajado os outros membros a deixar o rancho também. O objetivo de Charlie era conseguir um contrato de gravação e a Família era uma de suas principais ferramentas para conseguir isso. O fato de ter seguidores ansiando por cada palavra sua e executando seus comandos agradecidamente satisfazia sua obsessão por estar no comando.

Com cerca de três dúzias de membros em seu rebanho, Charlie agora estava menos preocupado em recrutar do que manter o controle sobre seus seguidores, embora ainda abrisse algumas exceções ocasionais – uma professora escolar, cujo apelido dado pela Família foi Juanita, chegou com um carro e muito dinheiro, talvez 10 mil dólares –, Charlie informou Little Paul Watkins e Gypsy que ele não queria que ninguém aparecesse com futuros membros. O que ele queria agora era algum tipo de lugar muito longe da cidade, da civilização, para que pudesse ser a única influência sobre a Família. Charlie encontraria um jeito de ir e voltar de Los Angeles; ele não iria perder seus contatos com a indústria da música. Graças a um dos membros da Família, Charlie tinha uma possível localização em mente.

Às vezes, Cathy Gillies falava sobre "Grandma's Place" ["Lugar da Vovó"], uma propriedade chamada Rancho dos Myers, que era bem longe, nas profundezas do Vale da Morte, um lugar difícil de chegar até mesmo de carro. Charlie organizou uma expedição de vistoria e isso era tudo que buscava. Chegar lá a partir de Los Angeles levava horas, primeiro cruzando a rodovia, depois atravessando a estrada de chão no interior e, por fim, se arriscando pela visivelmente impenetrável Goler Wash, onde havia o vale Panamint e outros percursos cheios de penhascos, com nomes horrendos, como Última Chance e montanhas do Funeral, vistos por cima como dentes serrilhados. Toda aquela área era selvagem e áspera. Os assentamentos espalhados no esquecido condado de Inyo – Trona, Shoshone – eram mais postos militares do que cidades; Independence, uma sede de província, não era muito melhor. Na cidade mais próxima, Ballarat, uma aparente cidade fantasma, havia o que sobrou de um armazém e o único lugar onde era possível comprar coisas de necessidade básica. A vida selvagem era abundante, mas a humana não. A população do lugar era de menos de duas pessoas a cada quilômetro e meio quadrado. Muitas dessas pessoas eram visitantes, exploradores em busca de ouro. Dos habitantes permanentes, a maioria era de iconoclastas deliberadamente desligados do mundo exterior. Reforço policial, a preocupação de Charlie, era algo esporádico. Havia poucos policiais no condado e alguns guardas florestais cuidavam do Parque Nacional Vale da Morte. Na maioria das vezes, os habitantes do deserto eram deixados sozinhos, do jeito que Charlie queria.

Em algumas áreas, era possível viver decentemente, porém sem luxo. Córregos subterrâneos cortavam o solo do deserto, então, às vezes, poços e irrigação eram usados. Os parentes de Cathy Gilles deixaram seu rancho quase atraente, com uma horta e algumas poucas construções bem-feitas. Charlie ficou atraído por essa propriedade; a área habitada do Rancho Barker consistia de duas casas de pedra, uma choupana e uma pequena piscina que proporcionava água. Havia um gerador para suprir a limitada eletricidade; a propriedade ficava a oitenta quilômetros de qualquer linha de transmissão de energia. A casa principal tinha um fogão a lenha e um banheiro com chuveiro e uma pia. A cidade grande mais próxima era Las Vegas, bem acima da estrada Califórnia–Nevada. O rancho era primitivo e até então sem qualquer traço de modernidade, o que fazia com que parecesse o fim do mundo. Charlie procurou pela dona, Arlene Barker, e pediu permissão para que ele e sua Família pudessem ficar por lá. Ele explicou que era um músico importante, que precisava de um lugar isolado como aquele para trabalhar em seu novo material. Para convencê-la, ele deu a Barker um álbum de ouro dos Beach Boys que havia sido tirado do alojamento de

Dennis Wilson, na Sunset Boulevard. Barker concordou e a maior parte da Família mudou-se para o rancho. Charlie deixou alguns membros para trás no Rancho Spahn e, provavelmente, com o dinheiro da recém-chegada Juanita, mandou o membro da Família Bruce Davis e o marido de Sandy Good, Joel Pugh, para Londres, onde passariam um tempo na sede da cientologia. Charlie sempre estava procurando materiais novos para suas pregações. Davis retornou alguns meses depois, mas Pugh ficou para trás. Quase imediatamente, muitos dos recém-chegados ao Rancho Barker começaram a reclamar. O lugar era extremamente quente. O Rancho Spahn já era ruim o suficiente, mas pelo menos não ficava tão distante de todos os lugares, como o Rancho Barker ficava. Havia telefones e muitos lugares com sombra em Spahn, não era como em Barker, onde não havia nem mesmo sinal de rádio e era preciso ter cautela e checar cada pedra para ver se não havia cobras ou escorpiões. Como a comida era feita em fogão a lenha, era preciso cortar a lenha para que as refeições fossem preparadas e isso era terrível de se fazer no meio daquele calor extremo. Charlie fez o seu melhor para acabar com as reclamações. Em breve, ele advertiu, as coisas no mundo externo ficariam realmente ruins – combates nas ruas – e "jovens amantes" como a Família seriam alvos específicos. Ele encontrara um lugar onde todos estariam a salvo e agora estavam reclamando? Qual era o problema com eles? Eles formariam uma comunidade perfeita no deserto e logo outros jovens amantes fugindo das multidões sedentas por sangue nas cidades iriam até eles. Os seguidores de Charlie seriam o símbolo da única pureza que restava no mundo. E em algum lugar do deserto haveria um buraco escondido que levaria a túneis maravilhosos, permitindo que qualquer um viajasse para qualquer lugar do mundo. Charlie e a Família encontrariam esse buraco. Ele mencionava isso com frequência em Barker durante as "viagens" de LSD. A ideia do buraco escondido chamou atenção de seu público entorpecido pelo ácido. Por que não poderia existir tal coisa? Eles tentaram se ajustar às suas novas e duras condições de vida, mas alguns problemas, com os quais Charlie não contava, logo surgiram.

No Rancho Spahn, conseguir comida de Los Angeles nas áreas onde havia armazéns era muito fácil, mas isso já não era possível no Vale da Morte, onde não havia mercados ou armazéns. Uma vez, quando o estoque de comida ficou baixo, Charlie mandou que as mulheres procurassem plantas comestíveis no deserto. Quando elas disseram que não entendiam nada de plantas do deserto, Charlie disse que como mulheres deveriam saber esse tipo de coisa, que saíssem e conseguissem algo.

Mas elas não conseguiam, mesmo depois de ele ter gritado e as acusado de não serem mulheres. Então, para alimentar a Família, Charlie tinha que comprar comida do limitado estoque da loja em Ballarat ou trazer comida da cidade, o que era inconveniente por conta da dificuldade de se viajar naquelas condições entre o rancho e Los Angeles ou Las Vegas. Comprar comida também requeria dinheiro e no deserto Charlie não tinha recursos para adquiri-lo. Ele tentou enviar algumas das garotas para Las Vegas a fim de mendigar, mas elas não obtiveram sucesso com os visitantes em frente aos cassinos. Elas diziam que precisavam de doações para comprar comida para uma tribo de índios. Charlie considerou um perigo real deixar que seus seguidores passassem muito tempo lá; ele os levara para o Vale da Morte a fim de mantê-los longe de influências malignas externas e Las Vegas era um mar de tentações.

A queda no suprimento de droga também era uma preocupação. Em Los Angeles, Charlie podia ter acesso a quanto ácido e erva quisesse, através dos motoqueiros que visitavam o Rancho Spahn ou de traficantes. No passado, Charlie fazia trocas para conseguir drogas – motocicletas doadas para a Família, trabalhos artesanais realizados pelas mulheres e favores sexuais com algumas das garotas, se era isso o que o fornecedor queria. Mas no deserto não havia ninguém com quem trocas de quantidades significativas de drogas pudessem ser feitas. Charlie precisava de um suprimento constante de LSD para as sessões de viagem do grupo e maconha ajudava todos a espairecer das frustrações encontradas nas primitivas condições de vida do Rancho Barker.

O isolamento do Rancho Barker era uma vantagem significante, mas a manutenção adequada de suprimentos de comida e drogas era uma desvantagem, o que pesava na balança a favor do Rancho Spahn. O dilema de Charlie era conseguir convencer seus seguidores de que Barker era onde deveriam estar. A confiança deles em Charlie poderia ser abalada se ele dissesse que era melhor voltar para Spahn. Ele precisava de uma justificativa e antes do Dia de Ação de Graças Dennis Wilson deu uma a Charlie.

Wilson não era um homem que guardava rancor e embora lhe faltasse disciplina ele não era um tolo. "Never Learn Not to Love", seu trabalho refeito de "Cease to Exist" de Charlie, havia sido bem-aceito. Não era a melhor música do vindouro álbum dos Beach Boys; "Do it Again", um tributo harmonioso de Brian Wilson e Mike Love aos bons e velhos tempos de sol e surfe, seria a primeira canção lançada como um single e "I Can Hear Music", uma regravação de uma canção pop antiga, foi agendada como a segunda a ser lançada. Mas "Never Learn Not to

Love", com os créditos de Dennis como compositor solo, foi considerada forte o bastante pelo resto da banda para ser uma candidata ao lado B para um dos lançamentos ou pelo menos um terceiro single do álbum. Se "Never Learn Not to Love" se tornasse um sucesso, isso significava royalties extras para Dennis. Então ele esperava receber de volta parte do dinheiro que havia investido em Charlie e na Família e até era possível que futuras colaborações com Charlie pudessem resultar em mais lucros. De fato, Charlie provavelmente não ficaria feliz quando descobrisse as alterações em "Cease to Exist", mas se Wilson contasse a história da maneira correta – "Ei, você teve uma canção gravada e talvez isso seja somente o começo, isso não e ótimo?" – então talvez Charlie rapidamente superasse isso e colaborasse mais. Além disso, Wilson não se importaria em passar um tempo a mais com as garotas da Família. Ele sabia que Charlie havia levado a maioria das pessoas para o Rancho Barker, então, por volta do fim de novembro, Wilson decidiu dirigir até lá e contar a Charlie as boas notícias, insistindo para que voltassem para Los Angeles para uma comemoração adequada. Wilson convidou Gregg Jakobson para viajar com ele. Um dos veículos que a Família usava para locomover-se até o Rancho Barker era um jipe que pertencia a Jakobson, que sempre usaram e nunca devolveram. Ele então pensou em pegar seu jipe de volta e aproveitaria a chance de ver Ruth Ann novamente. Levou uma eternidade para que os dois chegassem a Barker; para Jakobson, parecia que estavam ultrapassando o limite do mundo. Eles chegaram e receberam calorosas boas-vindas e Wilson deu a Charlie a notícia parcial de que sua música havia sido gravada, e que seria lançada no álbum dos Beach Boys, chamando-o para voltar para Los Angeles e festejar. Charlie ficou entusiasmado.

Charlie percebeu que não poderia ficar longe de Los Angeles num momento tão importante; certamente todo o pessoal da indústria fonográfica que ouvisse o álbum (ele se chamaria *20/20*) acharia "Cease to Exist" a melhor canção e gostaria de conhecer o cara que a compusera. A Família teria de mudar-se de volta para o Rancho Spahn imediatamente. Charlie não revelou a seus seguidores que suas ambições pessoais eram o motivo do retorno. Ele explicou que os invernos no Vale da Morte eram tão rigorosos quanto os verões escaldantes. As construções nas quais os seguidores estavam abrigados não eram aquecidas. Preocupando-se com a saúde da Família, Charlie havia decidido levá-los de volta para Los Angeles. Quando o inverno terminasse, ele consideraria retornar para o Rancho Barker. Todos estavam felizes, principalmente Charlie.

Wilson e Jakobson passaram a noite no Rancho Barker. Wilson tinha autorização para farrear com as garotas que escolhesse. Jakobson, que importunava Charlie para ter seu jipe de volta, não obteve permissão para fazer sexo com Ruth Ann. Charlie queria mandar uma mensagem, mas não queria podá-lo, já que Jakobson ainda poderia ser útil para Charlie conseguir um contrato com uma gravadora. Ele então disse a Jakobson que podia dormir com Leslie. Jakobson inicialmente ficou irritado, mas Leslie era linda e ele a achou meiga, então acabou concordando. No dia seguinte, ele, Wilson e Charlie voltaram para Los Angeles, com a maior parte da Família. Charlie deixou alguns membros para trás a fim de assegurar que ninguém invadiria o espaço da Família em Barker.

• • •

Houve uma complicação imediata. Squeaky aproximou-se de George Spahn e, certo de que ele concordaria, perguntou se o resto da Família poderia voltar para o rancho. Mas Spahn a surpreendeu respondendo que não. George a surpreendeu novamente dizendo que o fato de ter cabeludos por lá pegou mal para o lugar. Charlie, preocupado com a iminência da fama, preferiu não tentar convencer Spahn. O velho homem permitiu que alguns membros da Família, às vezes, ficassem por lá – ele não queria perder a ajuda de Squeaky. Enquanto isso, Charlie encontrou uma casa de dois andares na rua Gresham, em Canoga Park, acima de Topanga. Havia dinheiro suficiente para alugar o lugar por alguns meses. Ele transferiu a Família para lá e esperou pelo álbum *20/20* dos Beach Boys, que seria lançado em janeiro; coisas importantes certamente aconteceriam logo em seguida. Durante esse período, Charlie manteve as garotas ocupadas cuidando do lixo e os homens cuidando dos carros. Passou pela cabeça de Charlie que, caso realmente se mudassem para o Vale da Morte novamente, seria uma boa ideia ter uma frota de veículos capazes de transitar por aquela área. Tex e os outros começaram a reformar os carros, transformando-os em buggies. Charlie pregava e supervisionava as sessões de uso de ácido e, à noite, relaxava em uma banheira de água quente, enquanto Leslie lia a Bíblia para ele, sempre o Livro do Apocalipse. Charlie adorava todas as histórias e algumas delas eram citadas em seus sermões. Cada vez mais referia-se a si mesmo como o "Segundo Enviado de JC", que era o termo usado para fazer alusão a Jesus Cristo. Às vezes, mandava que todos berrassem como ovelhas, porque ele era o Bom Pastor, e assim faziam.

Charlie não só interpretava a Bíblia para seus seguidores como também a defendia. Embora todos respeitassem e temessem Charlie, às vezes suas ordens despertavam alguns tímidos protestos, especialmente entre as mulheres, quando ele as lembrava de que eram subservientes aos homens. Ele sempre citava a Bíblia como a base de suas regras – como os modernos evangélicos fundamentalistas nas TVs a cabo e nas rádios de hoje, Charlie explicava que se algo estivesse nas Escrituras tinha de ser verdade e que, portanto, não toleraria argumentações contrárias. Eles não deviam e não podiam criar problemas com Charlie, pois ele era JC de volta à Terra, ou a Palavra de Deus. Em seguida, os antigos seguidores de Charlie ridicularizaram a crença que havia sido espalhada de que a Família praticava satanismo ou era simpatizante. Charlie era Jesus que retornava, e Satanás e todos os seus seguidores eram inimigos, não aliados. Era mais difícil manter a Família ocupada na cidade do que nos ranchos Barker ou Spahn, mas, mesmo assim, Charlie e seus seguidores voltaram para Los Angeles. Os Beatles lançaram seu novo álbum. Era um disco duplo, preenchido com muitas músicas para a Família ouvir repetidas vezes, assim como haviam feito com *Magical Mystery Tour*. A banda chamou o álbum de *The Beatles*, mas a desafiadora capa em branco foi um ponto de partida impressionante para os populares designs psicodélicos. O álbum adquiriu quase que instantaneamente um nome universal: *White Album*, ou *Álbum Branco*.

A Bíblia e os Beatles

O *Álbum Branco* era composto por trinta canções excepcionalmente ecléticas, variando de um arremedo de música popular - um frenético rock 'n' roll - até uma canção de ninar. Embora seus fãs não soubessem disso, os Beatles estavam devastados por conta de desavenças que ocorreram ao longo de todo o processo de gravação do álbum - em certo ponto, o baterista Ringo Starr deixou a banda, embora isso nunca tenha vindo a público, pois em poucas semanas ele foi convencido a voltar. Dois discos de vinil vieram como resultado das discussões internas, pois nenhum dos integrantes da banda queria que as canções de sua autoria fossem cortadas para dar espaço à canção de outro integrante. A crítica elogiou o álbum de uma maneira geral - afinal, era dos *Beatles* -, mas depois de apoiar lançamentos anteriores feitos pela banda, considerando-os claramente de cunho social, muitos ouvintes não conseguiram encontrar qualquer consistência ou tema desta vez.

Charlie definitivamente não estava confuso. Ele reuniu a Família perto da casa alugada da rua Gresham para ouvir o *Álbum Branco* repetidas vezes. Ele mandou que prestassem atenção especialmente nas músicas "Piggies", "Blackbird", "Revolution 1", "Revolution 9" e "Helter Skelter". Embora cada canção do álbum tivesse significado profético, Charlie explicou que aquelas músicas eram mapas musicais que levavam a um futuro imediato. "Piggies" descrevia o sentimento de repulsa quanto aos autointitulados ricos e poderosos e concluía que eles precisavam de "uma bela pancada". "Blackbird" previa a revolta dos negros perseguidos – aquele era o momento certo para eles se erguerem. "Revolution 1" era um chamado para o armamento. "Revolution 9" – uma mistura de efeitos eletrônicos e batidas, incluindo o estrondo de uma metralhadora e gritos humanos – era a trilha sonora da fúria que estava por vir. "Helter Skelter" era um nome formal dado ao caos que logo se instalaria. Na melhor tradição de Dale Carnegie, Charlie assegurou que seus seguidores sentissem que essas interpretações eram tanto deles quanto suas; em tom grave, ele pediu que todos comentassem sobre as músicas e então teceu todos os comentários feitos dentro de um contexto maior. Todos deveriam sentir-se incrivelmente orgulhosos. Charlie declarou que o *Álbum Branco* não só era um chamado coletivo para o armamento do mundo inteiro: estava especificamente direcionado a Charlie e à Família. Em algum ponto de 1969, a Família retornaria ao Rancho Barker, no Vale da Morte, e os Beatles se juntariam a eles. Charlie determinou isso com base em um verso da música "Honey Pie", que se referia à travessia do Atlântico. Com sua habitual presunção de superioridade e seus direitos de posse, Charlie estava certo de que os Beatles iriam até ele e seus seguidores. Para agilizar o processo, ele enviou convites por meio de cartas e telegramas para o escritório dos Beatles, na Inglaterra. Não houve resposta, mas Charlie não se deu por vencido. Os Beatles eram só parte da verdade que então revelava. Em seu sermão, ele pregou para a Família que a revolta negra era iminente não só porque os Beatles previram, mas porque estava na Bíblia. Na verdade, além da revolta, a Bíblia também profetizou os próprios Beatles e Charlie Manson. Estava tudo lá, no livro final do Novo Testamento.

O Apocalipse de João, erroneamente definido como Apocalipse, finaliza a Bíblia cristã com uma perturbadora nota. João, o narrador, havia sido exilado em uma ilha por autoridades desconhecidas por pregar a palavra de Jesus. Como recompensa por sua fé, Jesus garantiu a ele o entendimento ou o poder de revelação sobre os sinais que anunciariam o retorno de Cristo. João, por sua vez, escreve sobre o que ele aprendeu para uma série de comunidades cristãs, com o intuito de avisá-los sobre o que acontecerá. Para alguns cristãos, a Revelação é inteiramente simbólica e simplesmente representa a promessa de que Jesus retornará; para outros, é a descrição literal do que vai acontecer: bestas com chifres e tudo mais. Para imaginações alimentadas por doses frequentes e copiosas de LSD, era muito fácil acreditar nas profecias apocalípticas de João – e, sobretudo, na interpretação única que Charlie dava a elas.

A Revelação, explicou Charlie, previa que gafanhotos apareceriam; gafanhotos, claro, eram besouros [*beetles*] – os Beatles. João disse que os gafanhotos teriam "escamas, parecidas com armaduras de ferro" – de acordo com Charlie, essas armaduras eram os violões dos Beatles. E ainda tinha mais. A Revelação também falou de anjos que viriam à Terra com os quatro primeiros seres, os Beatles. O quinto, "a quem foi dada a chance de entrar no poço sem fundo", era Charlie. O poço sem fundo era um buraco no deserto do Vale da Morte, o qual Charlie já mencionara à Família. A Revelação e o *Álbum Branco* – com a ajuda de Charlie – eram claros: estava prestes a acontecer a revolta dos oprimidos do mundo, em sua maioria negros, humilhados por tempo demais. Todos teriam sua chance de ter poder e agora seria a vez dos negros. Algo chamado Helter Skelter, um evento ou uma série deles, ainda a serem determinados, daria início à batalha. Os negros matariam a maioria dos brancos e escravizariam os sobreviventes opressores, o que seria justo. Os brancos haviam feito dos negros seus escravos e agora os papéis seriam invertidos. Mas aqui surgia a desvantagem: assim como a Bíblia profetizou – e a Bíblia sempre estava certa –, Charlie guiaria a Família para o poço sem fundo, onde eles permaneceriam escondidos enquanto o mundo inteiro enfrentaria o caos. Depois de um tempo – não importava quanto, porque o tempo não importava, centenas de anos, talvez –, a Família se expandiria para 144 mil, o equivalente a doze tribos de Israel, o número especificado em Apocalipse 14:3. Enquanto isso, os negros descobririam que não tinham inteligência e organização suficientes para governar o mundo. Então Charlie e a Família emergiriam do poço sem fundo e tornar-se-iam governadores reconhecidos. Charlie, obviamente, seria o primeiro entre eles. Ele já havia convencido muitos de seus seguidores de que era Jesus reencarnado. Não foi necessária uma mudança radical na fé deles para que acreditassem nessa nova versão. Charlie enfatizou que todos tinham as provas de que precisavam – o Apocalipse e o *Álbum Branco.*

A Família ficou dominada por essas notícias. Charlie mantinha um controle rígido através de seus métodos de recompensa e punição. As mulheres, em particular, eram lembradas de que se permanecessem fiéis enquanto estivessem vivendo no poço, naquela maravilhosa cidade no subsolo, poderiam se transformar na criatura que quisessem. Muitas delas queriam virar fadas aladas e Charlie prometeu que, quando o momento estivesse próximo, elas começariam a sentir suas asas surgindo nas costas. Mas um terrível destino esperava por qualquer um que tentasse deixar a Família naquele momento, alertou. Todos eram brancos e quaisquer desertores que não fossem mortos no cataclismo racial que estava para acontecer certamente seriam escravizados e serviriam a mestres negros. As opções eram escravidão ou seguir as regras.

Houve um desertor inesperado: Tex Watson, um dos seguidores mais submissos de Charlie. Tex de repente achou claustrofóbica a posição de membro da Família e foi embora. Ele ficou em Los Angeles, mantendo-se através da venda de drogas em uma bicicleta e com uma namorada nova. Entre os motoqueiros, Charlie tinha uma excelente rede de informantes e provavelmente logo saberia onde Tex estava. Ele não tinha pressa para encontrá-lo; enquanto a maioria da Família estava preocupada com o novo prospecto de Helter Skelter, Charlie também tinha que ater-se a seu longo e antecipado lançamento como músico. O disco duplo dos Beatles era bom, mas o álbum de Charlie, aquele cujos produtores começariam a gravar depois que a versão dos Beach Boys de "Cease to Exist" fosse lançada, superaria o *Álbum Branco* tanto comercialmente quanto como um álbum precursor.

Charlie esperava que "Cease to Exist" estivesse no álbum dos Beach Boys chamado *20/20*, que estaria nas lojas em 27 de janeiro de 1969. Mas a banda escolheu antecipar *20/20* lançando muitos singles do álbum. O segundo single, lançado em dezembro de 1968, tinha "Bluebirds over the Mountain" em seu lado A. "Cease to Exist", no lado B, estava completamente retrabalhada e com o título "Never Learn Not to Love", com os créditos de compositor solo dados a Dennis Wilson. Charlie não tinha noção disso até ouvir o álbum – e, quando o fez, explodiu. Para ele, era uma traição do pior tipo. Charlie dissera a Wilson que não havia problemas em fazer mudanças na música, mas que a letra não poderia ser mudada de maneira alguma. Wilson sabia que não deveria mexer na letra, mas mesmo assim o fez e não disse nada a Charlie. O insulto foi agravado pelo fato de "Bluebirds over the Mountain"/"Never Learn Not to Love" despencar na parada de singles, ficando na posição de número 61. Se o álbum tivesse obtido êxito, Charlie ainda poderia ter ganhado algum reconhecimento dos produtores pela criação de um sucesso ou ao menos por sua versão final. Mas, com o fracasso, Charlie agora era o compositor de uma canção fracassada, sem crédito algum, e no mundo fechado da indústria fonográfica isso era pior do que não ter gravado canção alguma.

Em seu pensamento furioso, teria sido natural que Charlie quisesse se vingar de Wilson, mas de alguma maneira ele conseguiu manter-se sob controle. Dennis Wilson era um traidor e ficou claro que não dava mais para confiar nele como colaborador de composição, muito menos como um agente da carreira musical de Charlie. Por meses, Wilson verdadeiramente havia tentado conseguir um contrato em uma gravadora para Charlie, além de ter aberto as portas de sua casa para ele e a Família, mas isso para Charlie não significava nada. Em certo ponto, Charlie interpretou tamanha generosidade como uma fraqueza pessoal; como um criminoso veterano, ele tinha aquele desprezo por comportamentos ingênuos. Mas sua ambição tolheu qualquer outra consideração. Embora Wilson tivesse atrapalhado os planos de glória e fama de Charlie, que ele não só almejava, mas também certamente merecia, Charlie ainda precisava dele de uma maneira crítica, o que lhe causava inquietude.

Até dezembro de 1968, já fazia um ano que Charlie vinha trabalhando suas conexões no cenário musical de Los Angeles. Durante esse tempo, sua música tinha sido avaliada por Gary Stromberg na Universal, que a recusou. A Brother Records não queria nada com seu trabalho. Gregg Jakobson ainda estava tentando ajudar, mas ele estava mais interessado em produzir um filme sobre a Família do que conseguir um contrato musical para Charlie. Dennis Wilson já não tinha mais utilidade. Fazer ao menos um desses contatos era conseguir mais do que a maioria dos candidatos a estrelas do rock que iam diariamente para Los Angeles. Charlie havia aproveitado muito mais seu poder de acesso, mas ainda assim não conseguiu nada, com apenas uma exceção.

Embora Terry Melcher ainda não tivesse ouvido as fitas de Charlie, muito menos o escutado pessoalmente, ainda não o recusara. Ele havia feito algumas visitas sociais à Família no Rancho Spahn, embora na maioria das vezes fosse para se divertir com as garotas (principalmente com Ruth Ann), não para desfrutar da companhia de Charlie. Levou um tempo, mas Charlie enfim compreendeu como funcionava a indústria fonográfica. No começo, ele acreditava que tudo que precisava para assinar um contrato era o apoio das estrelas do rock, como Dennis Wilson ou Neil Young. Mas o endosso de celebridades significava pouco comparado ao poder desfrutado pela maioria dos produtores bem-sucedidos e nenhum produtor na cidade era mais bem-sucedido do que Melcher. Se Melcher desse o aval, Charlie conseguiria um contrato com a Columbia, um dos nomes mais prestigiados entre as gravadoras. Junto com Gregg Jakobson, Dennis Wilson era o melhor amigo de

Melcher. Se Charlie agredisse Wilson, de forma física ou verbal, aquilo certamente resultaria no término de qualquer possível interesse de Melcher em relação a Charlie. Por mais duro que fosse, Charlie tinha de se esforçar para se dar bem com Wilson, tinha de deixar seu pensamento de traição para trás e pensar que tudo estava bem entre eles até Melcher finalmente lhe dar uma chance – e, se tivesse essa chance, Charlie estava certo de que tudo correria do jeito que desejava. Ele sabia que era um grande músico; nenhuma das contrariedades o fez ter a menor dúvida quanto a isso. Era uma época de desafios: manter a Família animada quanto a Helter Skelter; preparar-se para um eventual retorno ao Rancho Barker; e, o mais importante entre as obrigações e atenções, conseguir o que queria de Terry Melcher. Charlie estava preparado para focar sua intensidade, astúcia e charme para alcançar seu objetivo. Mas havia um dilema pessoal que, no momento, impedia que Melcher fizesse audições, muito menos gravar Charlie Manson.

Em 20 de abril de 1968, o padrasto de Melcher, Marty, morreu depois de um mal fulminante. Eles não eram próximos, mas Terry e sua mãe, Doris Day, tinham um relacionamento de muito amor, mais como de irmãos do que de mãe e filho. Durante seu casamento, Day deixou Marty assumir o controle de toda a parte financeira, sem que ela se envolvesse – ela fazia filmes e álbuns, e ele lidava com o dinheiro. Um dos maiores talentos de Hollywood, Day era bem-paga, por isso, supunham, era uma mulher muito rica. Quando Marty morreu, foi natural que ela pedisse a seu único filho para assegurar que tudo estava em ordem. Melcher começou a investigar e, para seu horror e o de sua mãe, eles descobriram que Marty e seu sócio haviam acabado com cada centavo. E o pior era que Day estava atolada em dívidas e com contas atrasadas.

No implacável mundo do show business, parecer bem-sucedido é crucial. Se a notícia de que Doris Day estava falida se espalhasse, os produtores ofereceriam salários mais baixos, acreditando que ela aceitaria por estar desesperada. Como agravante, Day tinha uma imagem pública de boa moça, com espírito iluminado, mas essa situação poderia fazer com que seus fãs perdessem interesse quando descobrissem que tal imagem não condizia com a realidade. Melcher planejava resguardar o que pudesse para proteger a reputação e as finanças de sua mãe, trabalhando ininterruptamente e tentando manter o assunto em segredo. Esse processo levou quase cinco anos. Um juiz finalmente beneficiou Day com mais ou menos 23 milhões de dólares pelos danos causados pelo sócio de Marty Melcher. E ela ainda teve problemas até mesmo para receber parte do dinheiro.

Mas, no final de 1968 e começo de 1969, a preocupação imediata de Terry Melcher era proteger o quanto fosse possível as propriedades de sua mãe. Antes do Natal, ele e Candy Bergen se mudaram da Cielo Drive para uma casa de praia que pertencia a Day. Embora seu novo endereço fosse conhecido por amigos como Gregg Jakobson, Dennis Wilson e Rudi Altobelli, eles tentaram manter a mudança em sigilo. Charlie Manson era um que não tinha a menor ideia de que Melcher não morava mais na Cielo. Melcher deixou a poeira baixar; quando não estava trabalhando nos estúdios da Columbia com uma de suas atuais bandas, ele sempre estava ocupado cuidando das finanças desajustadas de sua mãe. Muito da frustração devia-se ao fato de Charlie não encontrar mais Melcher nas festas. Respeitando a privacidade de seu amigo, Jakobson e Wilson não podiam fazer muito mais do que dizer que, da próxima vez que encontrassem com Melcher, avisariam que Charlie queria falar com ele. Mas apesar dos esforços ininterruptos de Charlie para entrar em contato, Melcher não estava falando com ninguém, com exceção de contadores e advogados.

Por volta de janeiro de 1969, a revolta juvenil era um fenômeno que se espalhara mundo afora. Havia aglomeração e tumultos por toda parte, mas em nenhum outro lugar tamanha fúria generalizada estava sendo extravasada como na América. A liderança entre estudantes radicais fragmentava-se entre debates calorosos sobre uma maneira mais efetiva de mudanças políticas e sociais. Alguns ativistas, como Tom Hayden, defendiam as aglomerações, marchas e ações similares para ganhar o apoio do público, instigando as autoridades a agirem com exagero. Bernardine Dohrn e Mark Rudd guiaram uma facção da SDS, prometendo aos Estados Unidos "trazer a Guerra para casa", instigando atos violentos e intimidadores. Seus seguidores tornaram-se largamente conhecidos como Weathermen [Meteorologistas]. Outro segmento de radicais teve suas causas públicas conhecidas através de práticas bizarras a fim de zombar do *status quo*. Chefiados por Abbie Hoffman, eles se autointitularam Yippies.

Manifestantes estavam nas ruas da capital Washington em 20 de janeiro para a cerimônia de tomada de posse de Richard Nixon como presidente. Enquanto Nixon inaugurava seu novo endereço convidando todos os americanos para "compartilhar com ele a majestade daquele momento", não muito longe da base do monumento de Washington os Yippies encenavam uma inauguração cerimonial com um porco vivo. De alguma maneira, o porco se soltou. Havia chovido o dia todo e os Yippies escorregavam e gritavam enquanto misturavam-se na lama atrás do porco. Outras formas de protesto naquele dia não foram tão engraçadas; durante a passeata inaugural, pedras ricochetearam no carro fortemente blindado que levava o novo presidente e a primeira-dama pelas ruas. Os manifestantes representavam todas as idades e etnias. A avenida Pennsylvania estava cheia, com uma variedade de manifestantes cujas agendas estavam às vezes em conflito. Muitos manifestantes antiguerra ficaram frente a frente com um pregador que incitava as pessoas a matar um comunista em nome de Cristo. Todos na América pareciam frustrados e bravos.

Assim que assumiu seu cargo, o presidente Nixon manteve sua promessa para a base eleitoral mais antiga e conservadora, apoiando a repressão a manifestantes estudantis. Ele começou a insistir para que as autoridades reforçassem a lei, negando a estudantes universitários condenados por crimes (como perturbação da ordem ou resistência à prisão) o direito de receber bolsas de estudo federais ou empréstimos. Nixon declarou que protestos juvenis que se excedessem simplesmente não eram aceitáveis: "Não é um exagero a afirmação de que a civilização começou a morrer".

Violência – ou pelo menos potencial para isso – parecia onipresente e Los Angeles não era uma exceção. Em janeiro, os líderes dos Panteras Negras, Alprentice "Bunchy" Carter e John Huggins, foram mortos no campus da Universidade da Califórnia, Los Angeles (UCLA) no momento que estavam engajados num caloroso debate sobre liderança dos novos programas de estudo para negros nas universidades. Seus assassinos eram membros de uma gangue chamada "Escravos Unidos". Líderes radicais acreditavam que o FBI havia secretamente orquestrado os assassinatos, com base, em parte, num documento do FBI que explorava (se não promovia diretamente) uma potencial rixa entre os Panteras e os Escravos. O incidente lembrou os brancos de que havia militantes negros armados espreitando por toda a parte. O chefe de polícia de Los Angeles, Edward M. Davis, estimulou uma paranoia racial. Quando ele substituiu Tom Reddin, que se recusou a ser comentarista de TV local, ele percebeu que todo cidadão responsável e cumpridor da lei deveria "trancar as portas, comprar um cão policial, nos ligar quando estivermos disponíveis e rezar".

Mais uma vez, Charlie usou as notícias para apoiar o que pregava para a Família. A guerra entre as raças era iminente. Estava nos jornais e na TV. Em fevereiro, Charlie começou a descrever o evento que poderia engatilhar Helter Skelter – talvez alguns negros quisessem entrar nas casas de brancos ricos. Talvez os negros radicais de Watts viajassem até Bel Air, cometessem alguns assassinatos hediondos e, depois disso, escreveriam algumas palavras nas paredes com o sangue das vítimas. Aquilo provavelmente daria início a Helter Skelter.

Rudi Altobelli não queria deixar vazia por muito tempo a propriedade que ele alugava na Cielo. Ficar na pequena casa de hóspedes enquanto Melcher e Bergen ocupavam a casa principal tinha funcionado bem para ele. Logo depois que se mudaram, Altobelli deixou que Gregg Jakobson o convencesse a permitir que um Papai Noel – um sósia chamado Dean Moorehouse – se mudasse para passar alguns dias, mas Rudi queria inquilinos que pudessem pagar 1.200 dólares por mês. Ele expulsou Moorehouse e espalhou pelos quatro cantos que Cielo, com sua privacidade de condomínio no topo da montanha e vista inigualável, estava disponível. Altobelli estava determinado a alugar somente aos inquilinos certos, preferencialmente para pessoas do show business que ficariam felizes em permitir que o proprietário do imóvel continuasse vivendo na casa de hóspedes. Não demorou para que os candidatos perfeitos surgissem.

Em junho de 1968, o filme de Roman Polanski *O Bebê de Rosemary* havia se tornado um sucesso enorme e feito do diretor polonês uma celebridade nos Estados Unidos. Sharon Tate, uma atriz com quem se casara em janeiro daquele ano, ainda não era uma estrela. Ela havia atuado em *Valley of the Dolls* [*O Vale das Bonecas*, 1967] – um filme que retratava o lado mais sórdido da fama – e em outro de Polanski chamado *Fearless Vampire Killers* [*A Dança dos Vampiros*, 1967], além de ter feito um nu pitoresco para a revista *Playboy* – seu marido fez as fotos. Tate parecia ser a principal estrela em ascensão de Hollywood, não só pelo talento como atriz, mas também por ser um adorno extremamente belo para estrelas maiores em filmes do *mainstream*.

Com o sucesso substancial de *O Bebê de Rosemary* e, agora, Polanski fazendo parte de Hollywood, ele e sua esposa precisavam de uma base em Los Angeles, embora gastassem um tempo considerável na Inglaterra e pelo resto da Europa cuidando de projetos cinematográficos. Eles tiveram dificuldade de achar o lugar certo para morar, ficando por um tempo em um apartamento em Chateau Marmont, na Sunset Boulevard, e depois alugando a casa da atriz Patty Duke, que ficava em Hollywood Hills. O lugar realmente não era adequado para eles. Eles queriam algo magnífico, que fosse proporcional ao novo e alto status de Polanski, portanto continuaram procurando. Enquanto isso, o casal contratou uma governanta chamada Winifred Chapman. Tate esperava engravidar logo. Apesar de sua imagem de celebridade e de suas fotos nua, ela tinha um coração caseiro.

Quando eles souberam da propriedade de Altobelli, na Cielo Drive, Polanski e Tate ficaram interessados; os planos que tinham de encontrar um novo lar tornaram-se urgentes agora que haviam descoberto que Tate estava grávida. Em 12 de fevereiro de 1969, ela chamou Terry Melcher para perguntar sobre Cielo e Melcher tinha coisas ótimas a dizer sobre a época em que morou lá. Polanski, então, contatou Altobelli, um acordo foi feito e ele e Sharon se mudaram três dias depois. Eles adoraram e sabiam que seus amigos adorariam também. Polanski e Tate eram pessoas sociáveis e pretendiam dar muitas festas noite afora e ter hóspedes que ficassem durante um longo período. Como havia planejado, Altobelli ficou na casa de hóspedes. Com bastante frequência, Polanski e Tate passariam muito tempo longe de casa, então ter o proprietário vivendo no lugar significava ter alguém para ficar de olho nas coisas. Claro que Altobelli às vezes também precisava viajar, mas ele havia prometido que, se estivesse ausente ao mesmo tempo que o casal, encontraria um caseiro temporário para ficar na casa de hóspedes.

No final de fevereiro, Charlie decidiu que era hora de a Família se mudar da casa alugada em Gresham. Ele vinha pregando que deveriam começar os preparativos para Helter Skelter, juntando suprimentos para levar com eles para o deserto. Nesse intervalo, Charlie sentiu que seria melhor para todos retornar por um tempo ao Rancho Spahn, onde haveria espaço para estocar as coisas que eles vinham juntando. Squeaky foi enviada para seduzir George Spahn e convencê-lo a deixar a Família voltar. Charlie também deu a Squeaky uma tarefa adicional. O Rancho Spahn era um lugar útil, cheio de cômodos e mais perto de Los Angeles do que o Rancho Barker. Squeaky deveria encontrar uma maneira de convencer o velho George a deixar o rancho para ela em seu testamento. Quanto tempo mais poderia o velho e debilitado homem viver, afinal? Squeaky conseguiu em parte; George, relutante, disse que os cabeludos poderiam voltar para o rancho durante um tempo, mas ele jamais mudaria seu testamento. Charlie manteve o aluguel da casa em Gresham por mais um tempo e isso foi bom. No decorrer do mês seguinte, Spahn passaria expulsando a Família; eles iam embora para Gresham e Squeaky persuadia George a ceder novamente – isso até o dia que Charlie decidiu que não importava se Spahn permitiria que eles ficassem por lá ou não. Eles ficariam até que partissem para o deserto.

Para assegurar que as coisas dariam certo quando voltassem para Barker, Charlie enviou vários membros da Família, incluindo o adolescente Brooks Poston e a professora escolar Juanita para ficarem lá. Não era uma tarefa da qual gostavam. O Vale da Morte era um lugar inóspito, tão intensamente frio no inverno quanto quente no verão. Porém, ninguém desobedecia a Charlie.

De certa forma, o contingente no Rancho Barker tinha mais facilidade do que o restante da Família que ainda estava no Rancho Spahn. Previamente, Charlie havia mantido todos ocupados com tarefas com os rancheiros. Agora ele conduzia cursos de sobrevivência no deserto. Todos tinham que aprender a como viver em condições extremas. Charlie testava todos para ver quanto tempo podiam ficar sem água. Para enganar os perseguidores, ele demonstrava como andar pela areia ou pela poeira sem deixar pegadas nítidas. Charlie também disse que havia encontrado um especialista em caratê que iria até o Rancho Spahn ensinar a eles como lutar corpo a corpo, mas essa pessoa nunca apareceu.

De qualquer maneira, luta corporal não seria a principal forma de defesa da Família se eles tivessem que lutar no Helter Skelter até conseguirem chegar ao poço sem fundo no deserto. Sempre havia facas por perto e agora Charlie ordenava que todos carregassem uma, geralmente uma faca dobrável. Charlie trouxe de volta seus velhos jogos, mandando que várias mulheres ficassem paradas em frente a um quadro enquanto ele atirava facas na direção de suas cabeças e perto de seus rostos. Elas precisavam perder o medo de facas, explicou.

E agora também havia armas. Charlie começou a pegar tudo o que podia, trocando carros e drogas por armas. Havia espingardas e rifles, guardados em esconderijos em torno do Rancho Spahn de forma que os rancheiros não pudessem encontrá-las e assim reclamar para o chefe. Havia algumas pistolas também. Uma delas, com um longo cano .22, foi chamada de Buntline depois de supostamente ter sido usada pela lenda do Velho Oeste Wyatt Earp. Nos meses seguintes, a Família juntou um grande arsenal. Às vezes, Charlie e alguns dos homens iam até um desfiladeiro com pistolas para praticar tiro ao alvo. Os morros que cercavam o lugar abafavam o som dos tiros.

Mesmo com as facas e as armas, Charlie nunca sugeriu a qualquer membro da Família que atacasse alguém. Eles estavam treinando somente para autodefesa, caso fosse necessário. Da maneira que Charlie explicou, o objetivo era evitar a batalha sangrenta, não participar dela. Os negros ficariam furiosos; mas somente depois que a fúria inicial passasse e eles voltassem suas atenções para percorrer o mundo em vez de conquistá-lo é que perceberiam que precisariam de Charlie e da Família. Já que Helter Skelter estava tão iminente, o desafio imediato era se preparar para escapar. Eles planejavam uma rota exata do Rancho Spahn até o Rancho Barker, marcando lugares específicos ao longo do caminho onde contêineres de comida poderiam ser escondidos – se estivessem tentando despistar perseguidores próximos, eles não teriam tempo de parar e procurar comida. Charlie ordenou que as mulheres testassem conservas e coisas do tipo para preservar a comida que seria enterrada em barris ao longo da rota. Elas se esforçaram ao máximo, mas não obtiveram sucesso e Charlie as repreendeu. Tal falha estava colocando o destino da Família – e do mundo – em risco.

Os homens e as mulheres da Família estavam igualmente designados para outro aspecto crucial do plano de fuga. Charlie decretou que o transporte para o deserto seria feito em um comboio de buggies especialmente equipados para dunas. Eles perceberam em sua primeira estadia no Vale da Morte que veículos comuns não conseguiam ir muito longe em um terreno irregular. Havia muitos buggies para percorrer dunas à venda nas concessionárias em Los Angeles, mas a Família estava sempre apertada precisando de dinheiro e Charlie não tinha intenção alguma de pagar pelos carros – os veículos seriam adquiridos através de troca ou roubo. Certa época daquela primavera, Charlie conseguiu um carro e partiu para modificá-lo a fim de ser usado durante um longo tempo no deserto. Ele queria roçadeiras presas ao para-choque da frente, painéis extras dos lados e um guincho soldado ao chassi do carro. Charlie levou seu projeto a sério – essa equipagem dos buggies de dunas seria o padrão a ser seguido nas modificações dos próximos veículos. Ele planejava colocar os buggies dentro do set de filmagens para que pudessem trabalhar neles longe da poeira que o vento soprava.

Assim que o trabalho com o buggy começou, Tex Watson retornou ao rancho. Ele havia sentido falta da disciplina da Família durante o tempo que ficou afastado; para ele, parecia que a vida no mundo fora do rancho era autoindulgente demais. Charlie às vezes ficava estranho, mas pregava sobre coisas importantes e, se algum tipo de guerra racial viesse a acontecer, seria melhor estar com ele. Quando Tex chegou em Spahn, Charlie o perdoou por ter ficado ausente. Foi uma decisão prática da parte de Charlie – Tex era um mecânico talentoso e suas habilidades eram extremamente necessárias no salão onde trabalhavam nos buggies. Mesmo com Tex ajudando, o trabalho com o buggy levou muito mais tempo do que Charlie queria. Quando estavam finalmente prontos para um teste de direção, as modificações tinham deixado o carro largo demais para que pudesse passar pelas portas do salão. Foi necessário um esforço combinado de todos para virar o veículo de lado. Então, eles tinham que puxar pela calçada e colocá-lo de volta sobre suas rodas novamente. Após o esforço, Charlie pulou para dentro do buggy; todos os outros correram apressadamente, seguindo-o em uma alegre procissão que durou até o momento que Charlie tentou dirigir o veículo atravessando um riacho raso. O peso de todos os adornos fez o carro afundar, até o topo das rodas, no fundo do riacho lamacento. Todos tentaram puxar para soltar o carro, mas as rodas estavam muito atoladas no fundo. Charlie passou uma corrente pelo guincho e no outro lado a amarrou no galho de uma árvore próxima. Ele tentou puxar o buggy para liberá-lo da lama grudenta, mas o galho quebrou. Frustrado, Charlie deu passos largos e gritou que ninguém sairia dali até que o buggy fosse retirado da lama e levado de volta ao abrigo do rancho – e era melhor eles fazerem logo aquilo, sem desculpas.

Os membros restantes da Família entrelaçaram a corrente do guincho em volta de outro galho da árvore e tentaram novamente. Gypsy agarrou a corrente para evitar que balançasse. Dessa vez, o guincho pareceu funcionar; o buggy se deslocou na lama. Assim que os pneus começaram a emergir, a corrente de alguma maneira envolveu o polegar de Gypsy. Ela gritou de dor; seu polegar estava sendo lentamente arrancado de sua mão. Mas Charlie havia mandado que tirassem o buggy de lá, sem desculpas – e se ela soltasse a corrente para salvar seu dedo e não conseguisse tirar o buggy da lama? Por um longo e agonizante momento, Gypsy preferiu prolongar sua dor para não arriscar falhar com Charlie. Quando ela finalmente soltou, eles guincharam o buggy e o libertaram da lama do riacho, mas foi por pouco que ela não perdeu o dedo.

As peças para a reforma do buggy eram caras. Suprimentos essenciais para sobrevivência no deserto também custavam caro. A Família precisava de imediato de uma fonte de renda – depender de doações de benfeitores já não era o bastante. O primeiro impulso de Charlie foi usar as mulheres para conseguir dinheiro. Ele considerou a possibilidade de elas serem contratadas como dançarinas que exibiam os seios em uma boate para o público masculino de Los Angeles. Mas os gerentes das boates, ao observarem as mulheres da Família, recusaram todas. Com exceção de Susan Atkins, o restante tinha seios relativamente pequenos. Charlie então considerou enviar algumas das mulheres para o norte, em Sacramento, para trabalhar no prostíbulo de seu amigo Pete. Isso envolveria custos com transporte e Pete ficaria com uma porcentagem do que as mulheres conseguissem ganhar com a prostituição. Como Charlie prezava por cada centavo isso estava fora de questão. Então a Família tentou transformar uma das construções que havia no rancho em uma boate. Eles pintaram a parte de dentro de preto, improvisaram um design psicodélico malfeito, conectaram o toca discos e colocaram cerveja no gelo. O nome do bar era Helter Skelter.

Os clientes do bar Helter Skelter eram rancheiros, motoqueiros e garotos de muitas áreas que ficavam felizes em frequentar um lugar onde não pediam identidade e todos podiam fumar maconha à vontade. Eles bebiam cerveja, ouviam música – a maior parte delas do *Álbum Branco* – e observavam algumas das mulheres da Família que serviam de dançarinas. Às vezes, Charlie cantava. Um pote com uma etiqueta escrito "Doações" ficava em evidência exposto no balcão. As coisas foram bem por alguns dias, até policiais locais acusarem George Spahn de abrir um bar sem um alvará. O velho ficou possesso de raiva, principalmente porque teve de pagar uma multa de 1.500 dólares. Aquele foi o fim do bar Helter Skelter e Charlie teve de encontrar rapidamente outra maneira de ganhar dinheiro. Por fim, tomou a decisão mais óbvia. Era o ano de 1969 e ele estava em Los Angeles, afinal. Sempre era possível ganhar dinheiro rápido através do tráfico de drogas. Mas, para fazer isso, ele precisava de uma aliança mais próxima com alguns dos motoqueiros.

Desde os anos 1950, quando o primeiro passeio dos Hells Angels foi organizado em San Bernardino, o sul da Califórnia serviu de base não oficial para dezenas de gangues de motoqueiros. Muitos deles tinham estruturas organizacionais formais, com escritórios, obrigações e até associados. Embora muitos fossem motoqueiros entusiasmados, que simplesmente gostavam de interagir com colegas de gostos parecidos depois do trabalho e nos finais de semana, outros eram mais sinistros – para estes, a violência e o tráfico de drogas eram comuns. Os Hells Angels eram de longe o grupo mais evidente e, embora seus membros alegassem que nunca haviam começado nenhuma briga, constantemente havia notícias de disputas e prisões entre eles. Muitos cidadãos comuns temiam os Angels e qualquer outro clube de motoqueiros que se parecesse com eles. O estilo "fora da lei" era algo de que gostavam.

Os Hells Angels nunca se envolveram com Charlie Manson; eles se achavam importantes demais para se incomodarem com alguém tão sem importância. Mas a Família tinha uma atração considerável pelos menos famosos Straight Satans, que gostavam de bancar os durões foras da lei que viviam da forma que queriam e desafiavam qualquer um a detê-los. Muitos dos Straight Satans trabalhavam durante o dia, mas nas horas de folga gostavam de pilotar até o Rancho Spahn, onde mexiam em suas motos e, às vezes, seguiam a sugestão de Charlie de apreciar as mulheres. Era uma associação onde havia benefício mútuo – os motoqueiros ajudavam a Família na manutenção das motos, mantendo-as em bom estado. Mas agora Charlie queria expandir o relacionamento. Os Satans se juntariam à Família no tráfico de drogas. Às vezes, a droga que Charlie pegava dos fornecedores era vendida diretamente aos motoqueiros. Outras vezes, os Straight Satans faziam parcerias com a Família como revendedores, distribuindo as drogas em festas para terceiros. Eles eram obedientes, principalmente quando Charlie oferecia mimos extras a seus parceiros de negócios. Quando queriam sexo, podiam escolher entre as mulheres disponíveis da Família, como sempre, mas agora as garotas mais bonitas, Ruth Ann e Leslie, eram colocadas em disponibilidade constante para eles. O fato de as duas gostarem de passar o tempo com os motoqueiros ajudava. Além de se divertirem, eles faziam uma importante contribuição ao plano de fuga para Helter Skelter.

Alguns membros dos Straight Satans passavam muito tempo no Rancho Spahn, principalmente o tesoureiro do clube, Danny DeCarlo, que estava tendo problemas com a esposa em casa. Tanto quanto ou até mais que os outros, DeCarlo se divertia com as mulheres da Família, que o apelidaram de "Donkey Dan" ["Jumento Dan"] devido a um suposto atributo físico. Para um motoqueiro presunçoso como DeCarlo, era o máximo dos elogios. Charlie astuciosamente fez de DeCarlo seu chefe de contatos com a hierarquia dos Straight Satans e ele levou o cargo a sério. DeCarlo tentou manter Charlie satisfeito com esse arranjo – ele, sobretudo, não queria que suas visitas às garotas fossem suspensas. Quando Charlie admirou uma espada que pertencia ao presidente do clube dos Straight Satans, George Knoll – Charlie sempre gostou de qualquer coisa que tivesse uma lâmina –, DeCarlo negociou um acordo para que Knoll lhe desse a espada e em troca uma de suas multas de trânsito seria paga por Charlie. A espada tornou-se imediatamente a favorita de Charlie; ele tinha uma bainha especial para colocar a espada soldada no chassi de seu buggy pessoal.

Embora Charlie precisasse dos Straight Satans por perto para facilitar a venda das drogas, a presença deles causava problemas. George Spahn ainda estava negociando com incorporadores, que haviam deixado bem claro que ter tantas pessoas indesejáveis na propriedade inevitavelmente prejudicaria o preço das propostas de compra. Squeaky, mandada por Charlie para espiar as conversas de George e avisar sobre quaisquer possíveis problemas, informou seu líder que o rancheiro Shorty Shea às vezes se voluntariava para ajudar George a livrar o rancho dos motoqueiros e da Família. Shea era claramente um inimigo que devia ser observado.

Além de irritar George Spahn, os Straight Satans chateavam alguns membros da Família com suas descrições depreciativas de pessoas negras, chamando-os de crioulos burros e incapazes. Em sua retórica Helter Skelter, Charlie vinha tomando cuidado para não ser excessivamente crítico com os negros. Ele ensinou aos seus seguidores que eles eram diferentes dos brancos e que esse era o único carma ou destino que eles poderiam apontar em seus opressores. Porém, Charlie explicou que os negros não foram feitos para ficar no comando, o que deixaria a Família numa eventual situação de vantagem, que os negros eram inferiores intelectualmente, mas não subumanos. Quando os motoqueiros se tornaram presença constante no Rancho Spahn com toda aquela conversa sobre negros, Charlie reuniu seus seguidores e explicou que, nos dias seguintes, eles poderiam até vê-lo conversando com os motoqueiros sobre críticas raciais, mas Charlie enfatizou que não era no que acreditava. Ele só estava fingindo ter os mesmos preconceitos para manter os motoqueiros satisfeitos, uma pequena e necessária decepção em prol do futuro plano de fuga para Helter Skelter. Ninguém na Família deveria levar a conversa de Charlie a sério. Mas logo depois daquilo Charlie começou, às vezes, a deixar de lado suas declarações diárias sobre Helter Skelter e, em vez disso, passou a discursar sobre "o jardim de flor humana" e como as raças não deveriam se misturar porque haveria então apenas um tipo de flor, ao invés de um jardim cheio de flores únicas e lindas. A maneira de Charlie dizer isso não pareceu ser racista.

O que Charlie também não suspeitava, ou ignorava por não poder fazer muito a respeito, era o hábito de os motoqueiros passarem drogas pesadas para os membros da Família. Charlie permitia maconha praticamente a qualquer hora e LSD em doses controladas. Mas os Straight Satans cediam regularmente qualquer droga com que pudessem ter algum ganho, em geral anfetamina, que costumava causar paranoia e tendências violentas nos usuários. Os motoqueiros estavam por todo o rancho e gostavam de passar pílulas sorrateiramente para os membros da Família. Charlie não podia observar tudo ao mesmo tempo. Em particular, Susan e Tex gostavam das delícias extras. Embora eles por um lado temessem e obedecessem a Charlie, por outro organizavam o uso das drogas às escondidas, o que se tornou bem comum. Muitos dos outros ingeriam frequentemente anfetamina a fim de desenvolver atitudes cada vez mais ilimitadas. Como Charlie continuou pregando sobre a guerra que estava a caminho, mais membros da Família sentiram-se preparados para a luta.

Charlie também estava passando dos limites. Ele estava sob uma enorme pressão. Havia o esquema do novo negócio com os Straight Satans para ser monitorado, o desafio de manter a Família convencida da iminência do Helter Skelter e a frustração constante de tentar fazer contato com Terry Melcher, sua última esperança para conseguir um contrato musical com uma gravadora. Little Paul Watkins somou mais peso à já pesada carga de Charlie ao reportar, depois de uma visita ao Rancho Barker, que os membros da Família haviam conhecido Paul Crockett. Paul era um rato do deserto e tinha um conhecimento considerável sobre cientologia. Brooks Poston e Juanita conversavam muito com ele e Crockett estava encontrando aparentes falhas nas coisas que Charlie havia lhes dito. Para Watkins, parecia haver o risco de que Brooks pudesse deixar a Família para viver e trabalhar com Crockett. Charlie certamente não permitiria isso - desde o Haight, ele andava paranoico, com medo de perder seus seguidores para gurus rivais -, mas também não podia ir embora de Los Angeles com tudo o que estava acontecendo.

Em certo ponto, ele descontou suas frustrações em Watkins, dando um bote nele e envolvendo suas mãos ao redor de sua garganta. Não era blefe; Charlie pretendia estrangular seu seguidor até a morte. Watkins lutou, mas sentiu seu corpo perder as forças. Então, convencido de que estava perto de morrer, ele parou de lutar para escapar e, no momento que fez isso, Charlie soltou suas mãos. Watkins decidiu que a melhor maneira de lidar com Charlie numa atmosfera violenta era não resistir de maneira alguma. Aquilo pareceu fazê-lo parar. Watkins concluiu que "a morte é a viagem de Charlie" e que embora Charlie pregasse sobre amor, tudo o que ele realmente queria era matar pessoas. O ataque de Charlie a Watkins foi um raro momento de péssima decisão. Até aquele momento, Watkins havia sido um de seus discípulos mais confiáveis e dependentes. Agora, ele começava a ter dúvidas.

Se ele e Little Paul Watkins tivessem dito o que pensavam um ao outro naquela primavera, Gregg Jakobson talvez tivesse concordado. Embora Dennis Wilson estivesse fazendo visitas menos frequentes e Terry

Melcher não estivesse mantendo contato com Charlie, Jakobson continuava a ir ao Rancho Spahn. Ele decidira que Charlie não tinha um real potencial como artista musical. Pessoalmente, Jakobson achava que Charlie era capaz de encantar qualquer tipo de público; suas canções não eram ruins e sua habilidade de improvisar era excepcional. Usando generosas expressões faciais e gestos, ele podia melhorar a mediocridade musical através de sua personalidade, mas como Jakobson sabia bem de sua experiência como reconhecedor de talentos na indústria da música, aquilo não era o suficiente. Lançar um show de sucesso era uma coisa, mas eram os álbuns o que as pessoas ouviam. A única coisa que podiam fazer era ouvir, o público não via o artista, e era aí que Charlie deixava a desejar. Charlie ainda achava que Melcher poderia assinar um contrato para gravar um álbum e Jakobson estava feliz em deixar Melcher lidar com esse problema.

Jakobson ainda achava que Charlie e a Família seriam um assunto interessante para a produção de um filme documentário se, claro, obtivesse algum lucro. Às vezes, discutia sobre o projeto com Charlie – que não sabia direito qual era a diferença entre um documentário e um longa-metragem – e achava que ele gostava da ideia de ser uma estrela de cinema. Charlie discordou da abordagem de Jakobson, que queria apresentar a Família como uma comunidade que provava ser possível viver do jeito que você quisesse, caso fosse engenhoso o bastante. Jakobson adorava principalmente o negócio com o lixo, a ideia de que comiam bem o que era o lixo de outras pessoas. Para Jakobson, a Família era composta de um grande elenco. Além de Charlie, havia a louca Susan, o doce porém burro Tex, a de falsa aparência inocente Squeaky, a socialmente estranha Pat e a pequena sexy Ruth Ann. Apresentá-los como personagens peculiares e determinados a conseguir melhores condições de vida poderia muito bem fazer com que o público se apaixonasse por eles. Charlie, porém, queria que ele e seus seguidores fossem mostrados como *foras da lei*, que desafiavam corajosamente as autoridades e se safavam. Eles discutiam para lá e para cá e um dia Charlie sugeriu que caminhassem além da fronteira do rancho, onde um empreendimento de moradias estava acontecendo. Charlie perguntou: "O que isso te lembra?" Quando Jakobson respondeu que aquilo era somente pessoas construindo casas, Charlie disse: "Não, é como um cemitério". Jakobson estava cheio das brincadeiras alegóricas com as palavras sem fim de Charlie e exclamou: "Você só fala merda". Ele se chocou quando Charlie puxou um revólver, apontou para ele e perguntou: "O que você faria se eu puxasse o gatilho?" Jakobson não tinha certeza se ele estava falando sério, mas não daria a Charlie a satisfação de vê-lo assustado. "Acho que estaria morto", respondeu. Charlie guardou a arma e encurtou a conversa como se nada tivesse acontecido. Jakobson ficou revoltado. Ele ainda queria fazer o acordo do filme; era profissional o bastante para digerir qualquer ojeriza a favor de seus negócios. Mas, depois do incidente da arma, Jakobson ficou convencido de que "o principal negócio" de Charlie era o medo, não o amor.

Foi uma época agitada para a Família. Para frear suas energias nervosas e afiar suas habilidades de sobrevivência, Charlie montou pequenos esquadrões de seguidores e os levou para noites afora a fim de "espreitarem sorrateiramente". O objetivo era entrar nas casas silenciosamente sem alertar as pessoas que dormiam dentro delas. Os membros da Família moviam furtivamente a mobília e outros itens de um lugar para outro e então saíam tão silenciosamente quanto haviam entrado. Na manhã seguinte, as vítimas acordavam e percebiam, pelos objetos reposicionados, que alguém havia invadido suas casas e escapado. A consternação eram ainda maior quando descobriam que nada havia sido roubado – então por que esses intrusos misteriosos vieram, afinal? A maioria dessas aventuras da Família acontecia perto do Rancho Spahn, mas às vezes se estendiam até vizinhanças luxuosas. Certa vez, eles até invadiram uma casa em Bel Air, pertencente a John e Michelle Phillips, integrantes do The Mamas and the Papas. Era um ótimo jogo mental para brincar com as pessoas e a Família adorava. Eles também estavam provando para si mesmos que podiam entrar em qualquer casa, em qualquer lugar, a qualquer hora.

Em meados de março, Charlie recebeu um recado de que Terry Melcher iria finalmente ouvi-lo interpretar algumas de suas canções. Charlie vinha mantendo todos ocupados preparando-os para o Helter Skelter, mas o cataclismo da guerra racial perdeu a cor, comparado ao fato de Charlie finalmente conseguir um contrato musical. Ele mandou que todos os seus seguidores largassem tudo o que estavam fazendo e se preparassem para a visita de Melcher. Como a maioria deles ainda não havia percebido o quanto Charlie era obcecado em tornar-se uma estrela do rock, eles ficaram intrigados, sem entender o motivo do alarde com a visita de Melcher. Afinal de contas, ele já havia estado lá antes, embora não estivesse frequentando o rancho nos últimos tempos. Charlie enfeitou o set de filmagens e limpou os montes de esterco dos cavalos e feno velho, pois poderiam ofender o olfato do visitante. Ele ordenou que as mulheres assassem biscoitos e bolos e outros quitutes especiais, e não os que aproveitavam do lixo, caso Melcher sentisse fome. Charlie preparou-se, como nunca havia feito antes – era chegado o grande momento. Ele tomou banho, lavou e aparou seus cabelos, e vestiu roupas especiais. Algumas semanas antes, Charlie havia informado as mulheres de que ele queria camisa e calças feitas de pele de cervo, costuradas com ataduras de couro. O traje feito de pele representaria o comprometimento da Família em voltar à terra. Nenhuma outra pessoa deveria ter roupas feitas de pele de cervo – talvez todos os outros pudessem quando fossem suficientemente iluminados. Como Charlie não permitia que matassem animais, as peles de cervo foram compradas de um distribuidor a um preço considerável. As roupas seriam para Charlie – portanto, a despesa não era um fator importante. Aquele cervo ainda teria que morrer para que sua pele fosse comercializada. Era uma daquelas aparentes contradições do que Charlie pregava e praticava, mas nesses casos ele ensinara a todos que o erro era deles, não seu. Quando as peles do cervo chegaram ao Rancho Spahn, as mulheres descobriram que precisariam ser amaciadas e esticadas antes de serem costuradas. Elas passaram por um trabalhoso processo de fricção em óleos e, então, de estiramento das peles, ao redor das construções do rancho, antes de tornarem-se um modelo de couro aprovado e até mesmo atraente para Charlie. Ele vestiu as roupas antes da hora prevista da chegada de Melcher; elas seriam mais um lembrete para o insatisfeito produtor de que em Charlie ele encontraria alguém carismático e original. Charlie planejou tudo nos menores detalhes: quando a hora da audição chegasse, Charlie estaria com seu violão *aqui*, as mulheres que fariam as vozes de fundo ficariam *ali* e Melcher sentaria no lugar certo para apreciar o desempenho. Uma vez que tudo estivesse pronto, todos se juntariam próximos ao portão do rancho para cumprimentar Melcher – mas ele nunca apareceu.

Roman Polanski e Sharon Tate estavam adorando morar na Cielo. Eles redecoraram algumas coisas, mas deixaram muitas outras como estavam, incluindo um fio com fileiras de luzes de Natal que Candy Bergen havia enroscado por entre a cerca que havia em volta da propriedade. À noite, as luzes coloridas piscavam contrastando com o fundo do céu negro, estrelas brilhantes, e até com as luzes mais brilhantes da cidade monumental mais abaixo.

Os novos inquilinos deram uma festa memorável de inauguração da casa. John Phillips relembra a festa: "Cada um que estava lá tinha um affaire". Se as credenciais de Tate como atriz eram inconsistentes, por outro lado ela era uma pessoa tão boa que até mesmo as celebridades mais esnobes do show business ficavam encantadas por ela. Muitas outras festas se seguiram a esta, algumas formais e muitas improvisadas. Polanski estava sempre viajando, mas Tate espontaneamente convidava amigos para jantar ou para se sentar e conversar. Muito de sua conversa era sobre sua gravidez; Tate estava ansiosa para tornar-se mãe.

A fama de Roman Polanski, de viver desenfreadamente, logo levou a fofocas sobre as atividades na Cielo. Mas o efeito não era negativo. Acima de tudo, o falatório sem fundamento reforçou a reputação de Polanski e Tate como um dos casais mais glamourosos e na moda de Hollywood.

Era mais fácil então para pessoas de fora passarem pelo portão eletrônico da Cielo do que quando Terry Melcher morou lá. Tate simplesmente não era tão protegida; além disso, quase nunca ficava em casa sozinha. Mesmo quando Polanski estava fora, havia amigos com ela o tempo todo, geralmente o cabeleireiro de celebridades Jay Sebring, que fora namorado de Tate antes que ela o deixasse para ficar com Polanski. Depois do término, eles continuaram próximos. Voytek Frykowski, que conhecia Polanski desde a época em que moravam na terra natal de ambos, a Polônia, também era um frequente visitante da Cielo. Ele ia com sua namorada, Abigail Folger, conhecida por seus amigos como Gibby. Com sua fortuna familiar assegurada – a família Folger era proprietária de uma empresa de café de mesmo nome –, Gibby foi voluntária no Departamento de Previdência Social de Los Angeles. Ela era um dos investidores do salão de Sebring. Frykowski era menos endinheirado e certamente menos filantropo do que Folger. Parecia ser sustentado pela namorada e, de acordo com relatórios policiais subsequentes, "ele usava cocaína, mescalina, LSD, maconha [e] haxixe em grandes quantidades". Mas Frykowski era o amigo mais antigo de Polanski e aquilo fez com que ele se tornasse amigo de Sharon Tate também. Rudi Altobelli gostava muito de Tate e gostava mais ainda de passar algum tempo com ela, assim como o iraniano Shahrokh Hatami, fotógrafo pessoal de Tate. Hatami, Sebring, Frykowski e Folger estavam com Sharon na casa principal e Altobelli, do lado de fora, na casa de hóspedes, no domingo, 23 de março, quando um visitante chegou sem ser convidado.

Charlie estava furioso por Terry Melcher ter faltado à audição no Rancho Spahn, como havia prometido. O insulto foi gigantesco – Charlie tinha um talento enorme, então como um *produtor* se atrevia, mesmo um cara famoso como Melcher, a tratá-lo daquela maneira? Mas, além de mexer com o ego de Charlie, o não comparecimento de Melcher o constrangeu perante a Família. O poder de Charlie sobre seus seguidores dependia, em grande parte, da crença de que era o mais sábio de todos, provavelmente Jesus reencarnado e, de acordo com os sermões de Charlie, o futuro governador do mundo Helter Skelter. Era sempre uma questão de satisfazer as vontades de Charlie; o que ele quisesse que acontecesse tinha de acontecer. Ele não podia ser visto falhando e Charlie cometeu um deslize quando deixou que todos percebessem o quão importante era a promessa da audição de Melcher. Seu controle sob a Família, com mão de ferro, poderia ser reduzido ou até mesmo desaparecer em função disso. A solução então era encontrar Terry Melcher e fazê-lo ir ao rancho imediatamente; só assim a Família veria por si mesma que ninguém deixava de cumprir uma promessa feita a Charlie Manson.

Charlie então saiu para tentar encontrá-lo. Ele não teve tempo de marcar um encontro com Melcher na Columbia. Aquilo poderia levar até semanas, mesmo que Charlie conseguisse de alguma forma persuadir as secretárias e os assistentes espalhados por lá. Ele também não podia esperar encontrar Melcher em uma festa com lista de convidados exclusiva e perguntar o que havia acontecido. Charlie não era mais convidado para todas as festas. O melhor e mais rápido jeito de confrontar Melcher era ir até a Cielo. É claro que o sujeito havia deixado claro que não queria Charlie em sua casa, mas e daí? Para Charlie, tudo se encaixava em um perfeito equilíbrio – o contrato musical que ele almejava e a obediência contínua da Família. Ele correria o risco de despertar a ira de Melcher indo até sua casa sem ser convidado. Melcher poderia ficar com tanta raiva que talvez lhe desse as costas definitivamente, mas ele preferiu tentar a sorte. Além disso, Charlie tinha muita segurança em sua habilidade de convencer qualquer um a fazer qualquer coisa que ele quisesse.

No dia 23 de março, Shahrokh Hatami olhou pela janela da casa principal na Cielo e viu alguém andando no jardim. Hatami foi até a varanda para poder ver melhor. O camarada era baixo, com cabelos longos. Não parecia muito especial, em nenhum aspecto, mas Hatami ficou irritado porque ele agia como se fosse o dono do lugar. Hatami perguntou o que ele queria e o intruso disse que estava procurando por alguém. Ele mencionou um nome que Hatami não reconheceu – o fotógrafo não fazia parte do cenário do rock 'n' roll de Terry Melcher e Dennis Wilson. Hatami queria que o homem fosse embora, mas havia a possibilidade de que ele fosse um dos amigos de Altobelli, que estava na casa de hóspedes logo abaixo, numa trilha de terra. "Esta é a residência do Polanski", disse Hatami. Disse também que talvez o homem que ele estava procurando poderia estar na casa de hóspedes e gesticulou em direção à trilha, informando que ele deveria tomar "a viela preta" ou o caminho de terra. Sharon Tate ouviu vozes na varanda e perguntou quem era. Separados por uma distância de cerca de dois metros, ela e Charlie Manson se fitaram. Charlie então desceu o caminho de terra em direção à casa de hóspedes e Hatami e Tate voltaram para a casa principal.

Rudi Altobelli estava no chuveiro quando o cachorro começou a latir. Ele vestiu um roupão, abriu a porta e viu Charlie em sua varanda. Charlie começou a se apresentar, mas Altobelli interrompeu: "Eu sei quem você é, Charlie. O que você quer?" Charlie disse que estava procurando Melcher e Altobelli respondeu que ele havia se mudado. Charlie queria saber para onde. Altobelli, que não havia se impressionado com Charlie nas poucas vezes que o havia encontrado, mentiu e disse que não sabia. Altobelli esperava que Charlie fosse embora, mas ele tentou aprofundar a conversa, perguntando o que Rudi fazia da vida. Aquilo irritou Altobelli ainda mais; Charlie sabia muito bem que ele era um agente – no passado, tentara fazer com que Altobelli o cadastrasse como cliente depois de tocar algumas fitas de suas canções. O camarada era um sem talento e Altobelli não tinha interesse em desperdiçar mais tempo na varanda da casa de hóspedes. "Eu gostaria de continuar com esta conversa, Charlie", disse ele, "mas estou saindo do país amanhã e preciso fazer as malas." Era verdade – Altobelli e Tate pegariam um voo para Roma pela manhã. Polanski estava trabalhando em um filme lá. Charlie ainda se estendeu um pouco. Altobelli perguntou por que ele havia voltado para a casa de hóspedes e Charlie respondeu que as pessoas na casa o haviam mandado ir até lá. Altobelli disse que não gostava que seus inquilinos fossem incomodados e que Charlie não deveria fazer isso novamente. Ele então finalmente foi embora.

Durante o voo para Roma, Tate perguntou a Altobelli: "Aquele cara de aparência horripilante foi vê-lo ontem?"

Charlie continuou tentando contatar Melcher, dizendo a todos os conhecidos que tinham em comum que estava tentando entrar em contato. Ele havia reunido todos de volta no Rancho Spahn a fim de se prepararem para Helter Skelter. O foco era conseguir mais buggies. A Família conseguiu permutar ou comprar alguns e roubar outros. Charlie, Tex e alguns outros homens agenciaram a venda de drogas com os motoqueiros. Bobby Beausoleil estava novamente de volta; ele tinha uma namorada nova, Kitty Lutesinger, que estava grávida. Charlie permitiu que alguns membros se juntassem à Família, um deles um velho companheiro de prisão e mestre em falsificação, que se autointitulava Bill Vance, e uma adolescente, chamada Barbara Hoyt, que fugira de casa, um local perto de Canoga Park. Vance foi designado para conseguir carteiras de habilitação falsas e outros documentos e Hoyt tornou-se a principal babá. Com Sandy e Lutesinger esperando bebês, o cuidado com as crianças estava se tornando prioridade. Charlie continuou a encorajar as mulheres da Família a engravidar. Era a melhor maneira de continuar expandindo o grupo até o número de 144 mil previsto no Apocalipse. Quando alcançassem aquele número, a Família emergiria para tomar o controle do mundo. Cada bebê contava.

Uma das responsabilidades contínuas de Little Paul Watkins era procurar potenciais doadores e em abril ele conseguiu contato com Charles Melton. Melton, que vivia no estilo hippie em Topanga Canyon, herdara recentemente uma grande quantia em dinheiro – ele, no entanto, doou mais da metade para várias causas. Watkins levou Melton para Spahn e apresentou-o à Família. Melton não entregou dinheiro algum, mas ficou intrigado com o que viu. Tex Watson perambulou pelo rancho e admirou a barba de Melton, dizendo: "Talvez Charlie permita que eu deixe minha barba crescer algum dia". As palavras de Charlie ainda eram lei para a Família; seu controle se estendia até os pelos faciais de seus seguidores.

Rudi Altobelli cumpriu sua promessa a Polanski e Tate, contratando um caseiro para ficar na Cielo sempre que todos estivessem fora. William Garretson, do Ohio, de 19 anos, fora para Los Angeles e já planejava voltar para casa em breve. Altobelli disse ao rapaz que se ele ficasse de caseiro na casa de hóspedes sempre que ele estivesse fora da cidade lhe pagaria 35 dólares por semana para tomar conta dos cachorros e gatos, e ficar de olho nas coisas. Às vezes, os inquilinos de Altobelli podiam estar em casa enquanto Garretson estivesse lá e ele não devia perturbá-los. Sempre que Garretson achava que era hora de visitar Ohio, Altobelli pagava sua passagem de avião. Era um bom acordo para Garretson, então ele aceitou.

Em determinada época no mês de abril, Voytek Frykowski e Abigail Folger mudaram-se para a casa principal da Cielo. Polanski e Tate estavam fora do país – Tate queria passar o máximo de tempo possível com seu marido antes que sua gravidez entrasse em fase avançada a ponto de seu obstetra proibi-la de voar. Embora Tate confiasse em Rudi Altobelli implicitamente e soubesse que ele havia contratado um caseiro, ela ainda se sentia mais segura se alguns amigos estivessem na casa na sua ausência. Quando ela estava em casa e Polanski estava fora,

Frykowski e Folger faziam-lhe companhia. Eles aparentemente estavam passando por um momento difícil em seu relacionamento. Folger havia acabado de desistir do seu trabalho voluntário no condado. Eles eram bem-vindos na Cielo para passar quanto tempo quisessem

Em 16 de abril, autoridades do gabinete do xerife do condado de Los Angeles fizeram uma busca no Rancho Spahn. Houve denúncias de hippies roubando buggies e alguns foram vistos no rancho. Alguns dos veículos que os oficiais apreenderam haviam sido roubados, mas a Família tinha os documentos de muitos outros. Os oficiais prenderam os membros da Família presentes na época – Leslie e alguns outros; Charlie não estava lá – e os oficiais os acusaram de roubo de automóveis. Foi um gesto em vão. Não havia como provar quem de fato havia roubado os buggies ou quem do rancho tinha conhecimento dos roubos. As acusações foram retiradas alguns dias depois. Como a frota de buggies de dunas da Família estava incompleta, eles simplesmente roubaram alguns mais. Ninguém foi intimado pelos roubos. Charlie havia antecipado que naquela noite poderia haver buscas e instruiu todos como agir se fossem presos. Ninguém deveria admitir ter cometido qualquer crime, porque, antes de tudo, não havia como acusá-los. Mas, principalmente, eles jamais deveriam mencionar Helter Skelter ou falar sobre o poço sem fundo no deserto, porque os policiais pensariam que eles eram loucos e os mandariam para hospícios onde teriam seus cérebros destruídos com choques elétricos. Nenhum deles queria que isso acontecesse, avisou Charlie.

Charlie também explicou a seus seguidores que se algum dia fosse preso, por um período de poucos dias ou por alguns anos, ele agiria como "Charlie Louco", falando violentamente coisas sem sentido até que seus captores se frustrassem e eventualmente o libertassem. Mas a Família não deveria acreditar – seria apenas um truque que ele usaria com os policiais pelo tempo que fosse necessário.

Quatro dias depois da busca feita no Rancho Spahn, Tex Watson foi preso em Van Nuys por estar sob a influência de drogas em público. Alguém no rancho tinha um naco de raiz de beladona, um alucinógeno potente, e Tex usou um pouco. Em seguida, ele se viu deslizando suas mãos e joelhos por uma calçada em Van Nuys, murmurando "Bip, bip". A polícia o levou para a delegacia, tirou sua foto para identificação e colheu suas impressões digitais antes de trancá-lo numa cela até que a "viagem" passasse um pouco e ele pudesse ir embora. Não foi considerado um crime grave – em abril de 1969, pessoas sob o efeito de drogas em público eram comuns em Los Angeles e em seus subúrbios. Tex voltou ao rancho e alguns membros da Família acharam que a beladona deixou algum tipo de sequela nele. Antes, Tex sempre foi calmo e de natureza doce. Agora parecia mais rude, mesmo que só de vez em quando, e mandão, de uma maneira que jamais havia sido antes. Tex de repente pareceu considerar-se o braço direito de Charlie e o líder representante da Família sempre que ele não estivesse no rancho. Phil Kaufman, ao encontrar o "Tex pós-beladona", ficou tão irritado com sua nova atitude forçada que lhe aplicou um soco no rosto. Algumas das mulheres da Família ficaram com medo de Tex, mas Charlie não estava preocupado. Um Tex mais durão e mais ríspido poderia ser útil em algum momento.

Bobby Beausoleil ficou por perto mais tempo que o habitual. Ele tinha esperanças de tornar-se uma estrela do rock e, se Charlie conseguisse o contrato sobre o qual vivia falando com Terry Melcher, talvez pudesse sugerir algo para Beausoleil. Ele então passou um tempo no rancho e Charlie continuou comentando que queria contato com Melcher. Finalmente, em torno da segunda semana de maio, Melcher respondeu. Ele iria ao Rancho Spahn para ver Charlie apresentar suas canções em 18 de maio. Melcher não se desculpou por ter deixado Charlie esperando na vez anterior, mas prometeu que desta vez iria sem falta. Charlie estava finalmente dando um tiro certeiro. Pela segunda vez, ele mandou que a Família deixasse as responsabilidades de Helter Skelter de lado e se concentrasse em fazer com que tudo estivesse perfeito para a visita de Melcher. Novamente fez com que as mulheres ensaiassem com ele praticamente sem parar; elas foram instruídas a não só cantar nos refrões, mas também a tirar a roupa e dançar com a música de maneira provocante. Melcher experimentaria não só o prazer auditivo, mas também o visual. Charlie sabia como organizar situações para aliciar a resposta que desejava. Como Melcher não poderia ficar impressionado? Nada daria errado desta vez. Charlie estava prestes a conseguir o contrato musical e a fama que merecia.

Sonhos frustrados

Os Estados Unidos estavam fervilhando em maio de 1969. A tensão crepitava por todo planeta. O primeiro pouso lunar da humanidade foi marcado para o final de julho, mas ainda havia uma sensação geral de mau agouro, como se o trauma de 1968 tivesse sido apenas um preâmbulo.

Focado mais sobre o Vietnã e as tensões internacionais, o presidente Nixon desdenhou dos hippies e estudantes radicais, encontrando pouca ou nenhuma diferença entre eles. Ele também não tinha empatia com os manifestantes negros. Embora não fosse antagônico em relação às minorias e acreditasse em programas de governo para reforçá-las social e economicamente, o presidente considerava os negros inferiores aos brancos. Nixon palestrou ao seu pessoal que "a chave é criar um sistema que reconheça isso ao mesmo tempo que pareça não o fazer".

Assim, com o tempo esquentando, os negros dos guetos da cidade voltaram a atacar e os jovens radicais brancos que haviam previamente estudado artigos sobre a organização de marchas pacíficas de protesto começaram a se debruçar sobre diagramas de bombas caseiras.

Existia uma abundância de novas provas para citar como sinais adicionais do esperado Helter Skelter, mas Charlie ignorou tudo. No Rancho Spahn, preparativos para a guerra foram postos de lado mais uma vez para que todos pudessem ficar prontos para a chegada de

Terry Melcher. Charlie ficou indignado quando Melcher o deixou esperando em março e agora seu desespero para impressioná-lo em maio tornou-se óbvio até mesmo para seus mais cegamente devotados seguidores: nada importava mais para o seu líder do que conseguir um contrato de gravação. Se eles não perceberam antes o quanto Charlie queria isso, agora eles sabiam. Em 18 de maio, enquanto esperava Melcher aparecer em Spahn, a imagem mais nítida entre seus seguidores era que Charlie estava *nervoso*.

Melcher chegou ao rancho pronto para começar a trabalhar. Seu tempo era limitado, ele não tinha interesse em petiscos fresquinhos ou em mexer com as meninas. Charlie queria uma chance para fazer um teste – tudo bem, disse Melcher, toque a sua música. Charlie pegou seu violão e dedilhou. As mulheres desnudas começaram a cantarolar e acompanharam com percussão. Poucos tamborins foram usados. O resto das pessoas batia pedaços de madeira. Eles continuaram cantando a música de Charlie e dançando, balançando sob o sol empoeirado. Charlie colocou tudo o que tinha em seu desempenho. Melcher ouviu atentamente. Charlie fez uma pequena pausa. Durante esse tempo, tentou envolver Melcher em uma conversa filosófica, explicando como era possível que todos "existissem em um lugar" sem restrições, onde vivessem bem sob o lixo de outras pessoas. Melcher não estava interessado. Ele estava lá para avaliar a música de Charlie, não o estilo de vida da Família. Charlie tocou e cantou um pouco mais e então o teste estava terminado.

Embora Charlie antecipasse uma oferta de contrato imediato, Melcher foi evasivo. Tomando Charlie de lado, disse coisas educadas e interessantes sobre várias canções. Ele sabia de um cara, Mike Deasy, que além de ser um grande guitarrista tinha sua própria van de gravação e se interessava em gravar música tribal indígena. Melcher disse que voltaria com Deasy, que poderia gostar do que Charlie estava fazendo. Ele deu 50 dólares a Charlie, todo o dinheiro que tinha consigo, para comprar feno para os cavalos do rancho ou qualquer coisa que a Família precisasse. Melcher tinha crescido em casas com despensas e geladeiras totalmente abastecidas. A conversa de Charlie sobre alimentar não só os adultos da Família mas também os seus filhos em latas de lixo incomodava.

Melcher foi embora logo após entregar o dinheiro. A Família estava reunida em torno de Charlie perguntando o que Melcher dissera. Será que Charlie obteve o seu contrato de gravação? Foi um momento delicado para ele. Melcher tinha prometido voltar e ouvir Charlie novamente, mas desta vez com alguém que pudesse querer gravar com ele. Mesmo no seu momento mais autoilusório, Charlie não poderia confundir a mensagem subjacente de que Melcher provavelmente não estava interessado. Ele poderia mudar de ideia após a segunda sessão, mas, por enquanto, Charlie tinha de dizer a seus seguidores algo. Então Charlie disse que Terry Melcher lhe dera dinheiro. Charlie fez questão que a Família pensasse que o dinheiro era algo como um bônus de assinatura. E Melcher ia voltar em breve com uma van de gravação! Charlie explicou por que recusou a oportunidade de assinar um contrato com Melcher no local – afinal de contas, a palavra de Charlie Manson era o seu compromisso e ele não acreditava em contratos escritos.

A tática funcionou. Até então, pelo que os seguidores de Charlie sabiam, o teste tinha sido um tremendo sucesso; e é claro que tinha de ser – ele era infalível.

Terry Melcher deixou o Rancho Spahn naquele dia certo de que Charlie Manson, musicalmente, não tinha nada a oferecer. Ele lembrou mais tarde que as músicas de Charlie eram "abaixo da média e, pelo que sabia, ele mesmo não era diferente de todos os outros hippies esfomeados que [frequentemente] tocavam na Sunset Boulevard, uma centena de vezes por dia e que pareciam, se vestiam, falavam e cantavam exatamente como Charles Manson; cantavam sobre os mesmos tópicos de paz e revolução, sobre os mesmo temas que estavam nos álbuns dos Beatles". Era possível, Melcher acreditava, que seu amigo Mike Deasy pudesse ver algo na música de Charlie que ele não conseguiu ver. No entanto, se Deasy fizesse qualquer gravação com Charlie seria para um nicho de público e poucas cópias seriam vendidas, muito menos do que o enorme número necessário para fazer de Charlie um astro mais famoso do que os Beatles. Melcher conversou com Deasy e eles concordaram em ir para Spahn em 6 de junho, ou seja, Charlie teve quase três semanas para construir suas esperanças novamente.

Durante aquelas três semanas, Charlie colocou todo o mundo de volta para trabalhar em Helter Skelter. Havia buggies em vários estágios de conserto espalhados pelo rancho. Para levá-los até os edifícios onde Tex e os motoqueiros trabalhavam, eram necessárias amarras particularmente fortes, então Charlie foi a uma loja, em Santa Monica, e comprou várias centenas de metros de três camadas de corda de náilon branco, muito mais barato do que correntes de reboque. Todo o mundo foi mantido trabalhando em um ritmo febril e enquanto trabalhavam os membros da Família conversavam sobre o contrato de gravação de Charlie com Melcher. Apesar das advertências de Charlie sobre a guerra que se aproximava, a maioria dos membros da Família não estava feliz em voltar para o desolado Rancho Barker. O tempo que passaram na mansão de Dennis Wilson ainda estava muito presente em suas mentes. Se Charlie se tornasse uma estrela do rock, como, é claro, ele inevitavelmente se tornaria, então todos poderiam viver em algum lugar, como Wilson, em vez de barracos em desertos infestados de escorpiões. Isso certamente era muito mais atraente.

Em 6 de junho, Melcher e Deasy chegaram a Spahn. Gregg Jakobson estava com eles. Charlie tocou suas músicas, com as mulheres da Família fornecendo vocais de fundo e percussão. Em uma tentativa espetacularmente equivocada de hospitalidade, alguém deu LSD a Deasy e ele fez uma terrível viagem. Melcher e Jakobson tiveram que levá-lo para casa e enquanto eles o guiavam para o carro, com Charlie andando ao lado deles e o resto da Família atrás, o veterano dublê de Hollywood Randy Starr, que muitas vezes aparecia em Spahn, cambaleou para cima do grupo. Ele estava todo de preto, bêbado, e acenando com um velho revólver de seis balas. Starr se lembrou de Melcher devido ao personagem Lee Marvin no filme *Cat Ballou* [*Dívida de Sangue,* 1965] - no que lhe dizia respeito, o cara não oferecia nenhuma ameaça real. Mas Charlie, confrontado com o fim de seus sonhos de ser uma estrela do rock, gritou: "Não tire vantagem de mim, seu filho da puta". Jakobson relembra: "Bateram demais [em Starr] bem na nossa frente". Melcher ficou revoltado. Claro, o cara tinha o dobro do tamanho de Charlie, mas estava apenas bêbado e agindo estupidamente. Não havia nenhuma razão para espancá-lo.

Alguns dias depois, talvez pessoalmente, mas provavelmente por telefone, pois Melcher não tinha tempo a perder fazendo outra viagem até Spahn, Charlie teria a resposta que, em algum nível, ele sabia que estava por vir. Melcher não era insensível às esperanças de Charlie; era um clássico produtor, com tato para dar notícias ruins: "Você é bom, mas eu não saberia o que fazer com você". E com isso o sonho de Charlie Manson de se tornar uma estrela do rock e ser mais famoso do que os Beatles estava essencialmente acabado.

O perigo constante para gurus é que eles devem continuar produzindo novas maravilhas para os seus seguidores. Eles não podem deixar uma ação tornar-se obsoleta ou parecer errado sob alguma coisa - ou, pior que isso, falhar publicamente. Charlie tinha deixado a Família ver o quanto ele queria um contrato de gravação; eles, afinal, fizeram parte do seu esforço, que deu em nada. Se começassem a duvidar dele por causa disso, quanto tempo levaria antes que perdessem a fé em Helter Skelter e assim se recusassem a partir para uma vida de austeridade no Vale da Morte? Eles já estavam se perguntando quando Charlie iria gravar seu primeiro álbum pela Columbia. Charlie tinha que pensar em algo rápido, uma explicação para a rejeição de Terry Melcher não ter a ver com uma falha de sua parte. E então ele veio com uma ideia brilhante.

Terry Melcher, Charlie disse a seus seguidores, tinha lhe prometido um contrato e depois renegou o acordo. Vocês não se lembram que Melcher deu dinheiro a Charlie, um pré-pagamento em maio? E, em seguida, depois que ele retornou, em junho, Melcher não disse que ia ligar para Charlie e começar tudo? Charlie acreditou na palavra de Melcher porque ele parecia ser honesto. Quando Charlie prometia alguma coisa, ele cumpria. Mas Terry Melcher não. Apesar de ter ficado impressionado com a música – todos se lembram do quão impressionado ele ficou, não é? –, por algum motivo decidira barrar a música de Charlie para o resto do mundo. Terry Melcher *traiu* Charlie, assim como aqueles traidores de Jesus na Bíblia, e por isso este foi mais um sinal de que as profecias do Apocalipse e do *Álbum Branco* estavam se confirmando. Esse ato hediondo de Melcher foi apenas mais uma peça do quebra-cabeça apocalíptico encaixando-se perfeitamente no lugar. Assim como Charlie havia previsto, Helter Skelter estava chegando rápido.

A Família acreditava nele. Nesse ponto, tiveram pouca escolha. Eles entregaram suas vidas e vontades a Charlie. Eles avançavam nos preparativos para Helter Skelter, mas enquanto o faziam sentiam uma mudança permanente em seu líder. Antes, Charlie sempre intercalava qualquer raiva interior com períodos de calma exterior. Mas, depois de Terry Melcher, Leslie Van Houten relembra que Charlie "parou de fingir que não estava com raiva. Ele ficava louco o tempo todo".

Charlie percebeu que Melcher tinha sido sua última boa chance de um contrato de gravação, mas não chegou a desistir. Embora se mantivesse firme perante a Família, durante o verão de 1969 Charlie fez alguns esforços de última hora para alistar novos patronos superstars. Bobby Beausoleil mostrou as músicas de Charlie para Frank Zappa. Gypsy conheceu Paul Rothchild, o produtor dos Doors, e tocou para ele as fitas de Charlie gravadas em 1968 em Van Nuys. Charlie apresentou algumas de suas canções para Cass Eliot, vocalista do The Mamas and the Papas. Nenhum deles se interessou e isso não melhorou a disposição de Charlie.

A aproximação da Família com Helter Skelter ficou mais obscura, até mesmo sinistra. Sob o comando de Charlie, eles começaram a roubar coisas durante a sua arrepiante escalada, muitas vezes itens que poderiam ser negociados ou vendidos, em geral cartões de crédito, se pudessem obtê-los. Charlie descobriu onde Terry Melcher morava na praia de Malibu e enviou uma equipe de rastreadores para lá. Eles roubaram um telescópio de sua varanda, pretendendo, com o roubo, passar uma mensagem de que sempre poderiam encontrá-lo. Mas Melcher não tinha ideia de que havia sido roubado pela Família; ele pensou que um ladrão qualquer levara o telescópio. Depois de negar um contrato de gravação a Charlie, ele não tinha sequer pensado nele novamente.

Charlie começou a sugerir que as assustadoras ações poderiam ser incrementadas. Talvez alguns porcos pudessem ser sequestrados ou até mesmo amarrados em suas casas e açoitados até a morte – uma constante na mente de Charlie, tema frequente nas suas pregações durante as viagens do grupo com LSD. Todo o mundo que tinha medo da morte era tolo, Charlie pregava, porque a vida e a morte eram a mesma coisa. Ele tinha uma pergunta para os seus seguidores: "Vocês morreriam por mim?" Sob a influência constante da droga e do próprio Charlie, eles asseguravam que sim.

Mas naquele verão alguns deles começaram a questioná-lo. Eles não gostavam da perspectiva de viver no Rancho Barker, alguns estavam nervosos com as armas e o comportamento assustador ou apenas cansados de servir aos chamados de Charlie. Pat Krenwinkel foi embora com um motoqueiro; Charlie os achou no sul de Los Angeles e disse a Pat que ela teria de voltar para casa com ele. Pat ficou tão surpresa com a sua capacidade de encontrá-la que atribuiu a façanha aos poderes especiais de Charlie, em vez de levar em conta seus extensos contatos com motoqueiros, e ela o obedeceu. Quando Leslie Van Houten começou a resmungar, Charlie colocou-a em seu buggy e a levou ao topo das montanhas Santa Susana. Ao estacionar, ele disse: "Se você quiser me deixar, salte". Leslie não queria saltar e acabou ficando.

Charlie não conseguiu impedir todas as deserções, especialmente entre os contingentes que enviara ao Vale da Morte enquanto permanecia em Spahn. Ele recebeu a notícia de que Brooks Poston havia deixado o Rancho Barker para trabalhar com o rival Paul Crockett e que Juanita também o abandonara para se casar com um dos parceiros de Crockett. Charlie precisava de algum tipo de rebelião para, diante dos seus seguidores, interpretar como o início de Helter Skelter, para que eles acreditassem que não tinham opção a não ser permanecer com ele, mas os negros não estavam cooperando. Ele disse a Watkins que qualquer atraso era o resultado de negros sendo estúpidos o suficiente para não saber como iniciar o Helter Skelter. Bem, isso deveria acontecer naquele verão e, aparentemente, Charlie seria o único a mostrar-lhes como fazê-lo. Watkins chegou ao seu limite. Quando Charlie o enviou para Barker a fim de verificar as coisas por lá, ele também se juntou a Paul Crockett. Charlie perdera seu recrutador mais eficaz. Isso o deixou ainda mais determinado a manter o resto da Família unida. A melhor maneira de fazer isso era levá-los para longe de Los Angeles, até o Vale da Morte, onde seriam ainda mais dependentes de Charlie. Claro, Crockett estava lá, mas Charlie tinha planos para ele.

A Família sofreu uma perda adicional por causa de uma prisão. Steve Grogan – Clem Scramblehead –, membro da Família do Rancho Spahn, foi preso por agressão sexual infantil e exposição indecente. Ele disse à polícia que "as crianças me queriam [...] a coisa caiu em minhas calças e os pais ficaram animados". Apesar de sua merecida reputação como o mais retardado de todos os seguidores, Clem era um discípulo muito útil. Ele faria qualquer coisa que Charlie quisesse desde que não fosse muito complicado. E agora ele tinha ido embora.

Sem mais chances de conseguir um contrato de gravação por meio de contatos em L.A., a Família queria saber quando exatamente Helter Skelter ia começar. Além disso, Paul Crockett estava caçando seus seguidores no Rancho Barker, por isso Charlie estava desesperado para sair do Rancho Spahn e ir até o Vale da Morte. Mas o dinheiro continuava a ser um problema. Sem grana, eles não conseguiriam viver muito tempo no deserto. As vendas de drogas eram a melhor fonte de dinheiro rápido e Charlie decidiu trabalhar com outros contatos além dos Straight Satans. Luella, a menina com quem Tex Watson viveu durante seis meses, ainda estava traficando drogas. Em 1º de julho, Tex ligou para dizer a ela que tinha 25 quilos de maconha. Luella concordou em levar um comprador, que adiantaria 2.500 dólares, e depois pegaria alguns quilos para si mesma para ter um bom lucro. O que Tex não compartilhou com ela foi que não havia 25 quilos. Ele estava indo para tomar os 2.500 dólares e "queimar" Luella e seu comprador. Se eles rastreassem Tex até Spahn, Charlie juraria que ele desaparecera semanas antes.

Tudo deu errado. O comprador de Luella era um traficante negro chamado Bernard Crowe, cujo apelido nas ruas era Lotsapoppa. Tex pegou os 2.500 dólares, mas Lotsapoppa e seus rapazes resolveram manter Luella com eles até que tivessem a erva em mãos. Disseram a Tex detalhadamente o que aconteceria com ela se estivesse blefando. Tex jurou que estava falando a verdade e, em seguida, levou o dinheiro para Charlie em Spahn. Lotsapoppa logo viu que havia sido enganado e chamou o dono do rancho, exigindo falar com Tex. Charlie, fiel ao plano, disse que Tex tinha ido embora e que não fazia ideia de como entrar em contato com ele. Lotsapoppa descreveu o que estava prestes a fazer com Luella. Charlie não se importou com isso, mas ficou apavorado com o que ouviu em seguida: Lotsapoppa declarou ser um membro dos Panteras Negras. Se não conseguisse sua erva ou o seu dinheiro, ele ia se reunir com o exército de seus amigos, ir até o Rancho Spahn e matar todo mundo.

Eis uma ameaça que Charlie levou a sério. Na prisão, fora intimidado por muçulmanos negros e desde a sua breve estadia em Berkeley ele acreditava que os Panteras Negras eram letais para qualquer um com quem cruzassem. Grande parte da pregação de seu Helter Skelter implicava os muçulmanos e as atitudes dos militantes dos Panteras, que se espalhavam por toda a comunidade negra. Os brancos não poderiam enfrentá-los. Na verdade, no verão de 1969, a organização dos Panteras estava em desordem e sem condições de organizar um ataque a um rancho como o Spahn. Na verdade, Lotsapoppa nem ao menos era membro dos Panteras. Mas Charlie acreditou nele. Ele não quis dar o dinheiro de volta – precisava ir para o Vale da Morte e, além disso, já estava preocupado com o seu domínio sobre a Família, que poderia estar crescendo aos poucos. Ele não podia deixar que o vissem recuar. Então Charlie, certo de que fora encurralado, disse a Lotsapoppa que o encontraria na casa do traficante em North Hollywood. Então, ele e T.J. Walleman, outro membro da Família, partiram. No caminho, Charlie explicou o que eles fariam: ele tinha uma arma, que esconderia na parte de trás da calça de Walleman. Quando entrassem no apartamento de Lotsapoppa, Charlie estaria logo atrás de Walleman. E, ao sinal de Charlie, Walleman puxaria a arma e atiraria em Lotsapoppa. Como de costume, Charlie queria alguém para fazer o trabalho sujo.

Lotsapoppa tinha dois cúmplices com ele no apartamento. Walleman perdeu a coragem e Charlie teve que puxar a arma ele mesmo. Walleman depois disse a Tex Watson que a pistola falhou na primeira tentativa, mas, em seguida, Charlie conseguiu atirar no peito de Lotsapoppa. O grande homem negro tombou. Charlie então acenou com a arma para os outros dois traficantes e ele e Walleman fugiram de volta para Spahn. Charlie ficou furioso com Walleman por ter entrado em pânico. Depois de ter visto em primeira mão que Charlie era capaz de assassinar, Walleman fugiu do rancho. Charlie se gabou para todos de como tinha feito o que era necessário e de como tocou o Pantera Negra para longe; apenas ficou lá, em pé, sem medo – e o matou. Mas ele continuou convencido de que, a qualquer momento, um esquadrão de Panteras Negras, empenhados em vingança, bem como em recuperar os 2.500 dólares, poderia lançar um ataque contra o rancho. Charlie ordenou aos homens da Família e aos amigos motoqueiros que montassem vigília; ele distribuiu algumas das armas adquiridas para a fuga ao deserto. Charlie salientou que ele mesmo não tinha medo – era a Família que ele queria proteger. Todos estavam em alerta para os infiltrados dos Panteras. Nenhum foi descoberto, mas, ao longo das semanas, a Família ficou desconfiada quando mais turistas negros do que o habitual chegavam ao rancho para alugar cavalos. Charlie se preocupava até mesmo quando ônibus cheios de negros passavam pela entrada do rancho. Ele disse para a Família que os Panteras foram dar uma olhada em suas defesas. Charlie queria que Helter Skelter começasse com um ataque de negros contra brancos, mas não *contra ele*. Ele usou o incidente Lotsapoppa como prova de que a guerra estava definitivamente se aproximando. Eles precisavam arrecadar dinheiro e sair para o deserto antes de serem forçados a isso. Charlie manteve os vigias armados. Gypsy disse a um entrevistador de televisão décadas mais tarde que "não era mais paz e amor e hippies. Era quase como um exército".

Mas era um exército do qual Gypsy não tinha intenção de desertar. Com a recente detenção de Clem e as deserções de Watkins, Poston, Juanita e agora Walleman, a Família precisava se restabelecer e Gypsy foi a recrutadora de Charlie. Poucos dias depois do atentado a Lotsapoppa, ela conheceu uma excelente candidata.

Em 1968, Bob e Linda Kasabian estavam vivendo em uma comunidade no Novo México quando o casamento acabou. Linda levou sua filha recém-nascida e foi morar com sua mãe em Milford, New Hampshire. Bob Kasabian foi para o sul da Califórnia, onde conheceu e logo compartilhou um trailer em Topanga Canyon com um hippie chamado Charlie Melton. Bob gostava de lá e, em meados de junho de 1969, entrou em contato com Linda e sugeriu que se reconciliassem. Ela e a bebê Tanya poderiam ficar com ele e Melton no trailer. Linda achou que valia a pena tentar. Ela e Tanya chegaram a Topanga Canyon mais ou menos no começo de julho. Bob e Melton tinham um plano de ir para a América do Sul, comprar um barco e navegar ao redor do mundo. Linda não tinha certeza se queria fazer isso.

A reconciliação de Linda e Bob não estava indo bem. Mesmo depois de apenas alguns dias, não parecia que as coisas estavam diferentes. Quanto mais considerava passar meses em um barco com ele navegando ao redor do mundo, mais a ideia lhe parecia desagradável.

Mas ela também não estava ansiosa para voltar para sua mãe em New Hampshire. Sentia-se presa.

Então, uma nova opção se apresentou. Uma mulher vivaz chamada Gypsy apareceu para visitar Charlie Melton. Ele visitara a comunidade onde Gypsy vivera não muito tempo antes e ela estava apenas sendo simpática em manter contato. Gypsy e Linda começaram a se falar. Gypsy lhe contou tudo sobre a Família e, especialmente, Charlie Manson, um belo homem a quem todos admiravam. No Rancho Spahn, todos iriam gostar de Linda e Tanya e, claro, cuidar delas. Gypsy convidou Linda para ir com ela em uma visita. Ela o fez e quase imediatamente ficou com Tex Watson. Fizeram amor e conversaram até tarde da noite. Linda lhe disse que queria fazer parte da Família. Tex sabia que Linda estivera com Charlie Melton, que tinha dinheiro. Tex lhe disse que deveria roubar um pouco daquele dinheiro e levá-lo para o rancho quando ela e sua filha se juntassem à Família. Linda achou engraçado roubar de um amigo, mas também pensou que impressionaria a Família se chegasse com um monte de dinheiro para contribuir. Ela pegou 5 mil em dinheiro do trailer de Melton e, junto com sua filha, levou-o para Spahn. Só então conheceu Charlie Manson, que estava consertando um dos tratores da fazenda. Charlie pegou o dinheiro, assustando Linda ao tocar em suas pernas e, em seguida, a questionou sobre sua vida. Quando soube que Linda tinha uma carteira de motorista válida, permitiu que ela ficasse. Tanya foi levada para junto das outras crianças da Família e Linda para a Família principal. Alguns deles a achavam hostil e fria, não gostavam dela. Mas era a opinião de Charlie que contava e ele queria Linda lá.

Em 19 de julho, Clem surpreendeu a Família aparecendo no Rancho Spahn. O tribunal o enviara ao Hospital Estadual Camarillo para uma bateria de testes psiquiátricos a fim de determinar se ele era intelectualmente funcional. Mas Camarillo não tinha instalações seguras e Clem simplesmente saiu para se juntar ao seu líder Charlie.

No dia seguinte, os astronautas americanos Neil Armstrong e Buzz Aldrin caminharam na lua. A notícia estava no rádio e na televisão. Mas, no Rancho Spahn, onde havia a crença generalizada na divindade de Charlie Manson, em Helter Skelter e no poço sem fundo do deserto, o passeio na lua foi visto com ceticismo. As mulheres estavam sentadas em seu círculo de costura diária e uma delas comentou: "Há alguém na lua hoje". E a outra respondeu: "Eles estão fingindo". Nada era real a menos que Charlie dissesse isso, mas ele não tinha interesse em qualquer um que andasse na lua. Ele estava empenhado em conseguir dinheiro suficiente para deixar Spahn e ir para o Vale da Morte antes que os Panteras Negras atacassem.

Charlie sentia tanta urgência que se preparou para usar a força. Os chamados amigos provavam sua lealdade dando-lhe dinheiro, muitas vezes, sem qualquer desculpa ou atraso. Se eles não o fizessem de forma voluntária, Charlie os obrigaria. Dennis Wilson era um alvo óbvio. Charlie o procurava e, quando não o encontrava, deixava mensagens. Um bilhete deixado em um dos lares temporários de Wilson assegurava ao Beach Boy: "Você não pode ficar longe de mim". Certa vez, Charlie deixou um cartucho de bala. Ele sabia que Wilson iria entender.

No fim de julho, Charlie não podia mais esperar uma resposta de Wilson e direcionou sua atenção para outro lugar. Professor de música e ocasionalmente traficante de drogas, Gary Hinman tinha alguns carros e dinheiro suficiente para planejar uma viagem ao Japão. Era hora de demonstrar sua lealdade com a Família, juntando-se a eles – neste caso, todos os seus pertences, incluindo sua conta bancária, seriam de Charlie – ou entregando todo o dinheiro que tinha. Bobby Beausoleil deu a desculpa perfeita para pressionar Hinman. Beausoleil havia acabado de lhe pagar mil dólares por mil tabletes de mescalina; ele recebeu o dinheiro dos Straight Satans, que planejavam fazer uma festa com a droga. Mas, depois de provar a mercadoria, os Satans alegaram que o lote fora contaminado. Eles ficaram furiosos e exigiram que Beausoleil lhes devolvesse seu dinheiro. Bob então se preparou para confrontar Hinman. Charlie achou que a demanda de Beausoleil deveria incluir não só os mil dólares dos Satans, mas o dinheiro adicional para ajudar a financiar o voo da Família até o deserto para Helter Skelter. De qualquer forma, Hinman era proprietário de dois carros. Ele valeria alguma coisa.

Bobby Beausoleil nunca foi um membro da Família. Ele e Charlie eram amigos cujos interesses às vezes coincidiam. Nenhum dos dois queria os Satans irritados – Beausoleil porque eles o eliminariam se não recebessem o dinheiro da droga e Charlie porque, desde que se contentassem em ficar zanzando por Spahn, os motoqueiros eram sua principal linha de defesa em caso de ataque dos Panteras Negras. Beausoleil não tinha intenção de aderir à Família em seu voo para o Vale da Morte – Helter Skelter era coisa de Charlie, não dele. Mas ele não se importaria em ajudar seu amigo a financiar um plano para tirar mais dinheiro de Hinman.

Em 25 de julho, sexta-feira, um membro da Família, de longa data, Bruce Davis, levou Beausoleil, Mary Brunner e Susan Atkins para a casa de Hinman. Beausoleil estava armado com uma pistola e uma faca. Depois que Hinman convidou-os para entrar, Beausoleil exigiu seus mil dólares. Hinman se recusou, insistindo que houve algum engano e que as drogas que ele vendera a Beausoleil eram boas. Beausoleil disse a Susan para apontar a arma para Hinman enquanto olhava pela casa à procura de itens no valor de mil dólares – se Hinman não entregasse o dinheiro, talvez os Satans pegassem algo em troca. Hinman tentou desarmar Susan e quando Beausoleil saltou para ajudar a dominá-lo a arma disparou. A bala não atingiu ninguém, alojando-se sob a pia da cozinha. Beausoleil, que era bastante forte, pôs Hinman sob controle. Ele o espancou por um tempo, exigindo todo o dinheiro que Gary tinha. Hinman negou que tivesse qualquer dinheiro ali. Relutantemente concordou em assinar uma procuração se desfazendo dos seus dois carros, um ônibus Volkswagen e uma perua Fiat. O valor dos dois veículos somados era de mais de mil dólares.

Beausoleil ficou satisfeito, mas ainda havia as necessidades financeiras de Charlie a se considerar. Ele chamou Charlie no rancho, explicando que, mesmo depois de ter apanhado muito, Hinman negou ter dinheiro. Charlie estava certo de que Hinman tinha, e ele queria. Pouco antes da meia-noite, Bruce Davis levou Charlie para a casa de Hinman. Charlie levara sua espada e quando Hinman alegou que não entendia o que estava acontecendo, que sempre fora um amigo da Família, Charlie decepou sua orelha quase pela metade. Ele rosnou que esperava que Hinman desse a Beausoleil tudo o que tinha e então ele e Bruce retornaram a Spahn.

Pelo resto da noite, por todo o sábado e também no domingo, Beausoleil agrediu Hinman. Susan e Mary insistiam com ele para entregar o dinheiro e acabar com seu sofrimento. Hinman, por sua vez, insistia que não tinha dinheiro para lhes dar. Beausoleil intermitentemente contatava Charlie em Spahn com notícias da falta de progresso. Em certo ponto, Hinman ameaçou chamar a polícia; foi quando Beausoleil e as duas mulheres finalmente saíram. Isso era algo que Charlie não podia permitir. Se Hinman contasse à polícia sobre o envolvimento da Família com drogas e Charlie fosse preso, qualquer investigação posterior poderia relacioná-lo ao assassinato de Lotsapoppa. Como um perdedor de tempo integral em liberdade condicional, Charlie poderia esperar uma pena máxima. Durante uma chamada telefônica no final do domingo, Beausoleil disse a Charlie que "por causa da orelha cortada ele vai até a polícia". Charlie respondeu: "Você sabe o que fazer". Hinman tinha de morrer e, uma vez morto, seu assassinato poderia muito bem fazer avançar a profecia de Charlie com seu Helter Skelter. Os Panteras Negras estavam muito na mente de Charlie desde seu confronto com Lotsapoppa e ele decidiu implicá-los, ordenando Beausoleil a deixar evidências aparentes de que os Panteras mataram Hinman. O símbolo dos Panteras era uma pegada. Beausoleil, após esfaquear Hinman várias vezes, mergulhou a mão no sangue de Hinman, que estava morrendo, e imprimiu uma pegada na parede. Em seguida, usando o dedo de uma luva mergulhado na piscina sangrenta, Beausoleil escreveu "PORCO POLÍTICO" na parede perto da pegada de sangue.

Beausoleil, Susan e Mary andaram pela casa, tentando remover todas as suas impressões digitais, mas eles deixaram algumas. Após roubarem um conjunto de gaitas escocesas que Hinman frequentemente tocava, eles dirigiram seu Fiat e o ônibus Volkswagen de volta a Spahn e esperaram as histórias sobre como os Panteras Negras cruelmente assassinaram um inocente homem branco em sua casa. Depois de dois dias sem nenhuma notícia na TV, Beausoleil retornou à casa de Hinman para ver se o assassinato havia pelo menos sido descoberto. Não havia. Ele comentou depois, ao voltar para Spahn, sobre o sinistro som das larvas "corroendo" o corpo morto de Hinman. Ele ficou preocupado com a possibilidade de a pegada ensanguentada, de alguma forma, levar até ele e tentou limpá-la da parede, mas ela já havia secado. Beausoleil também fez uma segunda tentativa de limpar superfícies para quaisquer impressões digitais, mas mais uma vez seu trabalho foi desleixado. Ele também foi negligente com a arma do crime. Em vez de descartar a faca ensanguentada, escondeu-a no pneu do Fiat de Hinman. Ele manteve o Fiat para uso próprio. Charlie se desfez do ônibus Volkswagen, talvez com os Straight Satans, a fim de cobrir os mil dólares.

Charlie queria que os detalhes do assassinato de Gary fossem mantidos em segredo do resto da Família, mas isso foi impossível. Beausoleil queria se vangloriar; mesmo sendo amigos, havia também um forte senso de competição entre ele e Charlie, que havia conseguido um monte de privilégios se gabando de atirar em Lotsapoppa. Agora Beausoleil também tinha provas de que era um cara durão. Ele contou ao Straight Satan Danny DeCarlo, que repassou os detalhes para Tex. Susan também não conseguiu resistir a se exibir. Quando disse para outras mulheres que ela e Beausoleil mataram Gary, alguém perguntou como era. Susan respondeu: "Foi realmente estranho e ele fez barulhos engraçados". Yeller ficou enojada com os comentários de Susan; ela e um integrante da Família chamado Bill haviam secretamente se tornado um casal, em violação à regra de Charlie de que todos-pertencem-a-todos.

Eles decidiram fugir por onde os seguidores aguardavam os Panteras Negras. Pouco antes de partirem, eles encontraram Pat Krenwinkel e a chamaram para ir junto. Pat se lembrou de como Charlie facilmente a tinha seguido da última vez que ela o deixou e disse que preferia ficar. Mas Charlie perdeu mais dois seguidores.

Kitty Lutesinger, a namorada grávida de Bobby, também estava chateada com o que ouviu de Susan e implorou para Bobby tirá-la de Spahn e da Família. Ele se recusou.

No dia 31 de julho, quinta-feira, alguns amigos de Gary Hinman foram até sua casa para uma visita. Não houve resposta às batidas na porta da frente e eles notaram nuvens de moscas zumbindo através de uma janela aberta. Preocupados, eles chamaram a polícia. O departamento do xerife do condado de Los Angeles tinha jurisdição para Topanga Canyon. Os oficiais Paul Whiteley e Charles Guenther encontraram o corpo de Hinman e passaram os dias seguintes coletando evidências. A pegada sangrenta e as palavras na parede eram medonhas, mas o que mais interessou os homens da lei foi uma impressão digital tirada da cena do crime. Os amigos de Hinman disseram que seus dois carros não estavam lá. Whiteley e Guenther enviaram uma mensagem de rádio para todas as viaturas sobre o Fiat e o Volkswagen.

Charlie considerou Linda Kasabian suficientemente hábil para se juntar à grávida Sandy em um dia de mendicância em Topanga. Vagando, elas foram apanhadas por Saladin Nader, que dirigia um Jaguar e lhes disse ser um ator que havia aparecido em um filme libanês. Nader levou Linda e Sandy para seu apartamento em Santa Monica. Sandy estava cansada e quis tirar uma soneca. Enquanto isso, Nader e Linda fizeram sexo. Depois ele as deixou em um shopping center no Vale de San Fernando. As mulheres gostaram de conhecer Nader; ele parecia ser um cara especialmente agradável. Quando voltaram para Spahn, contaram a Charlie sobre ele.

Era um momento tenso para Charlie. Ele prometeu que Helter Skelter começaria naquele verão – e o verão estava acabando. Seus esforços para arrecadar dinheiro suficiente para financiar um longo tempo de realocação da Família no Rancho Barker foram infrutíferos. Os Panteras Negras poderiam atacar a qualquer momento. Dois assassinatos, o de Lotsapoppa e de Gary Hinman, ainda poderiam ser rastreados até Charlie e Bobby Beausoleil em Spahn. O Rancho Spahn não poderia nem mesmo ficar disponível como uma base para a Família por muito mais tempo – Squeaky relatou que incorporadores estavam pressionando George Spahn a vendê-lo e Shorty Shea, funcionário do rancho, continuou se oferecendo para expulsar Charlie e a Família se Spahn desse a ordem. Charlie tinha que pensar em algo. E, para fazer isso, ele precisava de um tempo longe de todos os outros, uma viagem onde ele não teria de suportar os constantes tormentos do dia a dia.

Charlie anunciou que dirigiria rumo ao norte por alguns dias a fim de encontrar novos recrutas para a Família. Enquanto estivesse fora, todos deveriam ficar atentos para um possível ataque dos Panteras Negras, além de se prepararem para o Vale da Morte. Em 3 de agosto, Charlie saiu, dirigindo um furgão Ford 1952 de cor creme que a Família havia adquirido recentemente. Não era o mais rápido, mas era confiável. Charlie levou com ele um dos cartões de crédito de combustível que a Família havia roubado e o usou sempre que precisou abastecer. Ele parou primeiro para encher o tanque nas proximidades de Canoga Park e seguiu para Big Sur. Parando de novo para abastecer ao longo do caminho, ele conheceu a adolescente Stephanie Schram, que estava pedindo carona de São Francisco até San Diego, onde vivia com sua irmã mais velha. Ela disse a Charlie que tinha ido a São Francisco com um namorado, mas que ele era mandão demais. Schram era bonita e uma diversão para Charlie num momento em que ele precisava. Charlie usou todo o seu charme, o nada-é-errado e você-é-perfeita, a lenga-lenga que lhe serviu tão bem desde os seus dias em Haight-Ashbury. Schram se apaixonou por ele. Charlie prometeu levá-la para a casa de sua irmã, em San Diego. Eles usaram LSD e fizeram sexo. Em 6 de agosto, voltaram para Spahn e jantaram com a Família. Schram inicialmente foi odiada pelos seguidores de Charlie, especialmente pelas mulheres. Como Patricia Krenwinkel dois anos antes, ela havia pensado que Charlie seria seu namorado exclusivo, mas então percebeu que teria de compartilhá-lo. Charlie a acalmou com a promessa de que seria pelo menos seu parceiro monogâmico por algumas semanas e, na manhã seguinte, ele e Schram se dirigiram até San Diego para recolher suas roupas e outros pertences pessoais na casa da irmã. O pernoite em Spahn permitiu a Schram conhecer todos, menos Beausoleil, que fora para São Francisco no dia anterior no Fiat.

Na Cielo Drive, as coisas estavam agitadas. Roman Polanski estava na Inglaterra trabalhando em um filme, mas Sharon Tate esperava que ele retornasse em breve. Oito meses de gravidez e ela sofria com o calor do verão de L.A., mas reuniu energia para começar a decorar um quarto para o bebê. Tate recebia amigos para almoços e em uma noite naquela semana, terça ou quarta-feira, organizou uma pequena festa para o diretor francês Roger Vadim. Mas Tate agora passava menos tempo entretendo porque se cansava com muita facilidade.

Voytek Frykowski estava animado porque tinha amigos chegando do Canadá. Eles não iriam ficar na Cielo, onde Frykowski e Abigail Folger ocupavam o quarto de hóspedes, mas eles certamente seriam convidados por Tate para jantar. Jay Sebring era esperado para ficar uma noite ou duas. Ele fazia questão de fazer companhia a Tate sempre que Polanski estava fora, tanto que algumas pessoas pensavam que ele poderia estar tentando reconquistá-la. Rudi Altobelli estava fora da cidade também, então William Garretson ficou na casa de hóspedes para ficar de olho nas coisas. O garoto passou alguns dias da semana em noitadas até tarde com os amigos, por isso não se sentia muito bem. Assim que Altobelli voltou, ele estava pronto para ir para casa, em Ohio.

Beausoleil não levou Kitty Lutesinger com ele para São Francisco. Ele, afinal, era um fugitivo e sabia que podia se mover mais rápido sem uma namorada grávida. Usar o Fiat de Hinman como carro de fuga foi um plano débil. Seu proprietário assassinado não havia prestado atenção na manutenção. Beausoleil não foi muito longe, pois o Fiat quebrou perto de San Luis Obispo. Dois policiais rodoviários verificaram o veículo. Um alerta os informou sobre o carro ligado a um assassinato em Topanga Canyon. Beausoleil foi preso e a faca ensanguentada que usou para esfaquear Hinman descoberta no pneu do carro.

Os detetives do condado de L.A. Paul Whiteley e Charles Guenther saíram para interrogá-lo. Beausoleil primeiro tentou dizer-lhes que havia acabado de comprar o carro de um cara negro; ele esperava que o álibi pudesse funcionar se os policiais acreditassem que Hinman tivesse sido assassinado pelos Panteras Negras. Mas não funcionou e eles também ligaram a impressão digital de Beausoleil a uma impressão digital no sangue que ele havia esquecido de limpar da casa de Hinman. Beausoleil mudou sua história; agora alegava que ele e duas amigas, cujos nomes não revelaria, chegaram até a casa de Hinman e o encontraram gravemente ferido e tentaram tratar seus ferimentos. Em agradecimento, Hinman deu o Fiat para eles. Beausoleil disse acreditar que ele morrera após eles partirem. Whiteley e Guenther não acreditaram em uma palavra sequer. Beausoleil foi transferido para a prisão do condado de L.A. e acusado de homicídio.

Cerca de 160 quilômetros ao sul, Charlie também estava sendo pego pela lei. Em seu caminho para buscar as roupas de Stephanie Schram na casa de sua irmã, em San Diego, ela e Charlie foram parados por um policial rodoviário sob uma não especificada "violação mecânica". O policial pediu para ver a carteira de motorista de Charlie, que admitiu não ter uma. Ele foi multado às 18h15 em 7 de agosto por operar um veículo sem licença e assinou o papel-carbono com o seu verdadeiro nome, em vez de um nome falso.

Charlie e Schram dirigiram para San Diego. Enquanto ela recolhia suas coisas, Charlie conversou com sua irmã. Eles falaram sobre o *Álbum Branco* e Charlie explicou que os Beatles estavam notificando o mundo do que estava prestes a acontecer – uma guerra terrível onde os negros abateriam a maioria dos brancos e os únicos sobreviventes se refugiariam em um fim de mundo no deserto. Charlie profetizou que muito em breve "As pessoas serão mortas, elas vão ser jogadas mortas em seus gramados". Levou algum tempo para Schram arrumar suas coisas, então, naquela noite, ela e Charlie pararam na estrada no caminho de volta para Spahn e dormiram no veículo.

Beausoleil ligou para o Rancho Spahn da prisão do condado de L.A. Linda Kasabian recebeu a chamada, pois Charlie ainda não havia retornado de San Diego. Beausoleil explicou ter sido sido preso por homicídio – ele ressaltou que Charlie deveria saber que tudo corria bem e que estava mantendo o silêncio.

Charlie deveria voltar a qualquer momento e teria de tomar a decisão sobre o que fazer com Beausoleil, caso houvesse alguma coisa. Linda e algumas das outras mulheres falaram sobre possíveis planos. Mesmo não tendo se juntado oficialmente à Família, Beausoleil ainda era um deles. Todo o mundo sabia alguma coisa sobre o assassinato de Hinman, embora apenas Susan e Mary Brunner, que estiveram presentes, soubessem o que realmente havia acontecido. A morte era o mesmo que a vida, nenhuma ação foi errada e por isso havia pouca preocupação com Hinman. Em vez disso, o foco era como libertar o amigo deles. Alguém se lembrou de um filme sobre assassinatos *copycat*[1] o qual levou um assassino a ser libertado da prisão – talvez eles pudessem fazer algo parecido. Foi apenas uma sugestão de uma discussão do grupo. Charlie saberia o que fazer.

A empregada doméstica Winifred Chapman chegou até a casa na Cielo às 8h na sexta-feira. Tinha muito a fazer. Tate, Frykowski e Folger

1 Comportamento de criminosos que repetem/copiam as ações de um criminoso anterior. Um assassino *copycat*, por exemplo, copia o crime de um assassino anterior com o objetivo de simplesmente fazer igual (nesse sentido, ele pode ser um "fã" do assassino) ou de confundir a polícia, que pode pensar que o suspeito/assassino preso é inocente.

não se dedicaram muito à limpeza. Por volta de 8h30, o faz-tudo Frank Guerrero começou a pintar um quarto destinado a servir como berçário. Ele tirou as telas de fora das janelas para mantê-las livres de respingos.

Por volta das 11h, Polanski ligou para Tate de Londres. Ela estava preocupada com a possibilidade de ele não estar de volta a tempo de comemorar seu aniversário no dia 18, mas Polanski prometeu que estaria em casa bem antes disso. Ela disse ao marido que o havia matriculado em uma classe para novos pais. Dois amigos seus se juntaram a ela para o almoço. Tate depois disse a outro amigo pelo telefone que não haveria qualquer reunião na Cielo naquela noite.

Guerrero saiu por volta de 13h30, parando durante o dia para que a pintura das paredes do berçário tivesse tempo de secar. Chapman percebeu que havia manchas na porta da frente e as esfregou vigorosamente para removê-las, com uma mistura de água e vinagre.

Em algum momento durante o final da manhã e o início da tarde, Charlie e Schram chegaram ao Rancho Spahn. Ele foi imediatamente informado sobre a prisão de Beausoleil. Charlie sabia que enfrentava um problema sério. A chamada de Beausoleil para o rancho deveria tranquilizar Charlie, mas a implicação no ar era que, se Charlie não o libertasse, Beausoleil poderia começar a falar. Charlie, então, seria ligado ao assassinato de Hinman e, além disso, Beausoleil também sabia sobre o atentado a Lotsapoppa. A Família estava desesperada para ver Beausoleil livre, mas ninguém queria isso mais do que Charlie. Ele tinha de agir rapidamente. Bobby Beausoleil não era um homem paciente.

Naquela tarde, Sharon Tate tirou uma soneca em seu quarto, na Cielo. Abigail Folger saiu para comprar uma bicicleta e providenciou que fosse entregue na sua casa antes do final do dia. Jay Sebring ligou para dizer que estava a caminho. Mesmo tendo decidido que não seria a anfitriã da noite, Tate não considerou Sebring uma companhia. Ele fazia parte de sua família. Assim que Tate desligou o telefone, Chapman informou a patroa que estava indo embora. Tate, sempre solícita, sugeriu que ela pernoitasse para evitar andar de ônibus pela cidade no calor do verão, mas Chapman educadamente recusou.

Joe Vargas, o jardineiro que cuidava do gramado na Cielo, disse ao zelador William Garretson para regar o jardim no final de semana. O clima quente estava queimando a grama.

Por volta de 16h30, dois baús pertencentes a Roman Polanski foram entregues. Tate estava dormindo de novo. Vargas assinou o recibo de entrega e os empurrou para um canto.

Folger teve seu encontro regular com um psiquiatra no final da tarde. Frykowski saiu para visitar amigos por um tempo. Ambos retornaram rápido e Sebring chegou por volta das 18h, juntando-se a Tate, Frykowski e Folger na casa principal. Garretson se fechou na casa de hóspedes com o cão weimaraner de Rudi Altobelli. Ele ainda não se sentia bem.

O instinto de Charlie dizia-lha para fugir. Se Beausoleil o entregasse para os homens da lei do condado, Charlie precisaria estar distante, em algum lugar secreto, talvez em Chicago ou Indianópolis (ele havia passado um tempo nesses lugares antes). Sem chance de um contrato de gravação, não havia nenhuma razão para Charlie ficar por perto em L.A. Teria de deixar a Família para trás – ele se moveria mais rápido sem eles. Onde quer que terminasse, depois de mentir por um tempo, Charlie poderia recrutar novos seguidores. Se alguma coisa estava certa era o fato de sempre existir pessoas à procura de alguém para dizer-lhes no que acreditar e o que fazer. Entretanto, Charlie dedicou mais de dois anos para reunir a Família, rastreando recrutas e descartando qualquer um com inteligência ou sem nada pra contribuir. Houve alguns problemas, mas ele ainda tinha um núcleo sólido que, por ora, faria o que ele dissesse. Eles pensavam que Charlie era Jesus e acreditavam nele. Talvez houvesse uma maneira de sair daquela situação sem que precisasse fugir para recomeçar do zero.

Assim, Charlie se uniu com os seus seguidores em Spahn e insinuou que poderia deixá-los. Ouviu a resposta que queria: ele não podia ir embora, eles o amavam, eles estavam juntos como um só e prontos para fazer o que fosse necessário. Todos se reuniram em torno de Charlie e ele os incentivou a falar sobre o que poderiam fazer para livrar Beausoleil. Uma sugestão foi lançar um ataque à prisão do condado de L.A., libertando-o. A ideia de assassinatos *copycat* também foi mencionada e, embora não tenha imediatamente dito que sim, isto deu a Charlie a base de um plano.

Ele esperava que a polícia pensasse que a pegada e as palavras "PORCO POLÍTICO" rabiscadas nas paredes de Gary Hinman com seu próprio sangue fossem as provas de que os Panteras Negras cometeram o assassinato. Se a polícia e a mídia fizessem seu trabalho, isso poderia iniciar represálias de brancos, retaliação de negros e, em seguida, Helter Skelter – se não uma guerra racial apocalíptica, pelo menos violência local entre as raças, derramamento de sangue suficiente para impressionar a Família e mostrar que Charlie tinha o poder de iniciar eventos cataclísmicos. Mas não foi assim que aconteceu, talvez porque Hinman não fosse importante o suficiente. O conceito ainda era válido. A vítima ou vítimas só tinham de ser mais importantes. E, se aparentes assassinatos *copycat* pudessem libertar Bobby Beausoleil, melhor ainda.

Charlie ordenou que Squeaky desse para Mary Brunner e Sandy Good alguns dos cartões de crédito roubados pela Família. Ele disse para as duas mulheres irem para a cidade até uma loja da Sears, uma rede de departamentos, e pegar algumas coisas – houve memórias conflitantes sobre o que elas supostamente deveriam levar para o rancho. Charlie juntou todo o mundo e anunciou solenemente: "Agora é a hora de Helter Skelter". Ele não acrescentou nenhum detalhe. A Família foi instruída a deixá-lo sozinho. Charlie tinha um plano para amadurecer.

Ninguém na Cielo queria cozinhar. Como Tate estava cansada, foi a um restaurante, em Beverly Boulevard, com Sebring, Frykowski e Folger. Uma garçonete lembrou-se de que eles deixaram o lugar por volta das 21h45. Eles estavam em casa às 22h ou pouco depois, quando a mãe de Folger ligou e falou com ela.

Por volta de 23h, Squeaky recebeu um telefonema de Sandy Good e teve que dar a Charlie mais uma má notícia. Sandy e Mary haviam sido presas por usar cartões de crédito roubados. Havia diversos cartões com ela, incluindo três emitidos para um homem que havia morrido em um acidente de trânsito. Os policiais fizeram muitas perguntas sobre onde e como elas haviam roubado aquilo. Sandy disse que ela e Mary estavam detidas no Instituto Brand Sybil, uma prisão de Los Angeles para mulheres. Cada fiança custava 600 dólares, muito mais dinheiro do que a Família tinha em mãos em Spahn.

A última coisa que Charlie precisava era de Mary ou Sandy admitindo algo para os policiais e dando-lhes outra razão para farejarem em volta do rancho. O evento que ele agora estava prestes a orquestrar envolvia arranjar dinheiro para as fianças, assassinatos *copycat* para libertar Bobby e precipitar, de alguma forma, Helter Skelter. Os eventos, àquela altura, estavam numa espiral fora de controle, mas Charlie estava determinado a retomar o controle da situação. Não havia tempo a perder; deveria acontecer naquela noite.

Charlie saiu para encontrar Tex Watson. Além de Charlie, Tex era o único que anteriormente havia estado na casa da Cielo.

Tate

Charlie Manson incutiu duas crenças fundamentais em seus seguidores – ele deveria ser obedecido e, com exceção de si mesmo, os membros da Família eram as pessoas mais especiais do mundo. Eles guardaram esses ensinamentos no coração. Como Charlie, eles desenvolveram um senso de direito, complementado por lembretes constantes de que todas as coisas eram iguais, o amor e o ódio, a santidade e o pecado, a vida e a morte. A Família foi criada para governar a Terra após Helter Skelter. Era uma ordem dos Beatles e da Bíblia passada através de Charlie. Reinariam com benevolência e o mundo se tornaria um lugar muito melhor. Eles, portanto, deveriam e fariam o que fosse necessário para instaurar aquela época gloriosa. Se isso significava realizar assassinatos *copycat* para salvar Beausoleil, que, afinal, era um deles, e em seguida, algumas mortes – não assassinatos, porque o espírito era o que contava e você não pode matar o espírito de qualquer pessoa –, tudo não passaria de um sacrifício aceitável em prol de um eventual bem maior.

Enquanto Charlie se preparava para falar com Tex, por volta das 23h30 daquela sexta-feira, 8 de agosto, a discussão da Família sobre assassinatos *copycat* para salvar Bobby Beausoleil deu a Charlie uma visão maior. Soava bem o fato de não estarem hesitando sobre a chacina, embora, é claro, fosse muito mais fácil falar do que realmente realizar. Mas se aquilo acontecesse e se então as vítimas fossem famosas, alguma forma de conflito racial poderia ser provocada e Charlie teria o Helter Skelter que prometeu aos seus seguidores. Talvez ficasse confinado a algumas partes de L.A. em vez de se espalhar por todo o país, mas ele sempre conseguia pensar em alguma explicação para justificar isso. Além do mais – esta foi a parte que tinha de permanecer em segredo, já que era fundamental que a Família acreditasse que todas as declarações e atos de Charlie eram altruístas –, se Beausoleil estivesse fora da prisão ele não ligaria Charlie ao assassinato de Gary Hinman ou ao tiro disparado contra Lotsapoppa. E se os assassinatos *copycat* não libertassem Beausoleil, mas precipitassem uma violência racial, a polícia estaria muito ocupada com os tumultos para investigar a morte de um casal de desconhecidos.

Charlie teve que apontar as vítimas certas aos seus seguidores para que isso pudesse servir aos seus próprios propósitos e os deixassem aparentemente responsáveis por tudo. Se algo desse errado, poderia dizer que não teve culpa alguma. Ele precisou tomar decisões rápidas como o fogo, cada parte de um processo de planejamento global complexo, e naquela noite Charlie demonstrou maestria deslumbrante na psicologia individual e dinâmica de grupo. Tudo começou com Tex Watson.

No seio da Família, as mulheres serviam aos homens e, se o assassinato tivesse de ser feito, um homem tinha de estar no comando. Não havia muitos candidatos. Só Tex reunia todos os atributos necessários. Ele era grande e durão, um ex-atleta ossudo do colegial que ainda estava em forma física decente, apesar de seu ininterrupto uso de drogas. Tex desejava ser importante; nas últimas semanas, estava agindo de maneira mais instável e agressiva, dando ordens a outros membros da Família que estavam ao redor, como se fosse extraoficialmente o segundo em comando. Acima de tudo, ele tinha uma dívida com Charlie, que agora começava a conversa lembrando-o desse detalhe. Não muito tempo antes, Charlie disse, ele falhara em uma transação de drogas e colocou toda a Família em perigo. Lotsapoppa estava prestes a reunir seus irmãos Panteras Negras para ir até o rancho e matar todo o mundo – tudo por causa de Tex Watson. Charlie teve de entrar em cena. Bobby Beausoleil teve de eliminar Gary Hinman porque ele chamaria a polícia e entregaria a Família. Bobby fez esse sacrifício por seus amigos, incluindo Tex. Agora, a Família havia decidido que alguns deles deveriam sair naquela noite e cometer assassinatos *copycat* para resgatar Bobby. A missão tinha de ter um líder, alguém que dissesse aos outros o que fazer e como. Tex era o líder? Será que ele tinha isso dentro dele? Será que assumiria essa responsabilidade? Charlie e Bobby haviam matado por Tex. Ele não estaria obrigado a retribuir de alguma forma?

Tex tomou ácido durante o dia e também cheirou Methedrine, uma marca de metanfetamina, que ele e Susan Atkins haviam secretamente escondido. Os produtos químicos em seu sistema combinavam com a sua ambição de líder dentro da Família, como braço direito de Charlie. Tex concordou que ele seria o líder dos assassinatos *copycat* – era seu dever. Isso ainda não resolvia a questão de quem iria morrer, mas Charlie tinha algumas ideias bem úteis sobre isso. É claro que esses assassinatos foram decisão da Família, não dele, mas se estavam determinados a sair e cometê-los então é claro que tinham algumas pessoas em mente, pessoas *importantes*, celebridades cujas mortes estampariam manchetes, obtendo o máximo de publicidade. Dessa forma, a polícia poderia acreditar que os assassinos de Hinman ainda estavam lá fora, cometendo assassinatos enquanto Beausoleil estava sob custódia. Se Tex acertasse o alvo e as vítimas certas, Bobby seria solto quase que imediatamente.

Retomando Dale Carnegie ("Que o outro companheiro sinta que a ideia é dele"), Charlie guiou Tex. Ele perguntou se Tex não estaria pensando naquele lugar no qual Terry Melcher morava. Melcher não morava mais lá, mas quem morava devia ser rico e famoso também; ricos e famosos eram o único tipo de gente que poderia pagar por aquele lugar. Tex sabia como chegar lá partindo de Spahn. Ele e algumas das mulheres poderiam ir até a Cielo e matar todo o mundo, e marcar com sangue o lugar com palavras escritas nas paredes, assim como fez Beausoleil na casa de Gary Hinman. Tex disse que talvez não se lembrasse de quais palavras escrever. Charlie lhe disse para não se preocupar – uma das mulheres que estaria com ele saberia. Em seguida, eles falaram sobre o que levar: corda para amarrar as pessoas e, claro, facas, roupas escuras para usar no caminho e outras limpas para colocar depois. Charlie deu a Tex uma Buntline calibre .22, alertando que seria melhor apenas usar as facas e, se possível, abrir fogo apenas como um último recurso. E Tex precisaria de alicate para as linhas de telefone. Havia um portão eletrônico na entrada da propriedade – Tex se lembrava, não é? Era bem provável que ao apertar o botão para abri-lo um alarme pudesse disparar na casa; Tex e os outros deveriam então escalar o muro. Charlie não poderia ter dado mais apoio. Manson o manipulou tão bem que, mais tarde, quando ele afirmou que Charlie ordenou os assassinatos e este jurou que foi tudo ideia de Tex e da Família, e não dele, os dois estavam contando uma versão da verdade.

William Garretson sentiu fome, mas não havia comida na casa de hóspedes na Cielo. Ele desceu a colina íngreme e pegou uma carona até a Sunset Strip, onde comprou cigarros e comida congelada. Em seguida, engatou de volta para a Cielo, chegando em algum momento depois das 22h. As luzes estavam acesas na casa principal, como de costume, mas haviam apenas três carros estacionados do lado de fora – um Porsche pertencente a Jay Sebring, um Firebird de Abigail Folger e um Camaro alugado que Sharon Tate estava dirigindo. Isso significava que não era uma das grandes noites de festas dos inquilinos. Garretson realmente não sabia muito sobre eles. Ele só queria fazer o seu trabalho de vigiar a propriedade e cuidar dos cães de Altobelli. Garretson voltou para dentro da casa de hóspedes. Ele esquentou o jantar e se preparou para uma noite tranquila.

Com Tex escalado, foi a vez de Charlie escolher as mulheres que iriam com ele. Ruth Ann Moorehouse especulou mais tarde que Charlie "enviou as mercenárias", mas cada uma das três foi selecionada porque tinha uma forma específica de contribuir – Susan, que fora com Beausoleil até a casa de Hinman e sabia o que havia sido escrito nas paredes de lá; Pat, cuja timidez e falta de habilidades sociais levaram a maioria das pessoas a acreditar que ela era fria e insensível; e Linda Kasabian, que tinha uma carteira de motorista válida. Charlie sabia que Susan era capaz de qualquer coisa, que Pat acreditava não haver opção senão obedecer em todas as coisas e que Linda queria impressionar o resto da Família. As instruções de Charlie para cada uma das mulheres foram as mesmas: vestir roupas escuras, pegar uma muda de roupa e sua faca, em seguida ir com Tex e fazer exatamente o que ele mandasse. Elas saíram correndo para obedecer.

Steve Parent, de 18 anos, havia recentemente se formado no colegial e queria cursar uma faculdade júnior[1] no outono. Para juntar dinheiro, ele conciliou dois empregos: um trabalho integral (em uma empresa de encanamento) como entregador e turnos noturnos ocasionais como vendedor em uma loja de som. Algumas semanas antes, Parent dera carona a William Garretson até a Cielo. Garretson apreciou o passeio e disse a Parent para aparecer a qualquer hora para fazer uma visita – ele

1 Alternativa bem popular nos Estados Unidos para os dois primeiros anos do curso de graduação. Faculdades júnior oferecem cursos de dois anos, geralmente equivalentes aos dois primeiros anos de um curso completo de graduação. Esses dois anos têm como propósito fundamental proporcionar uma base forte de conhecimentos gerais antes que o estudante comece a se concentrar numa área mais específica de conhecimento.

morava na parte de trás da casa de hóspedes. Isso deu a Parent a impressão de que Garretson provavelmente tinha muito dinheiro.

Na sexta-feira, dia 8, Parent decidiu vender seu rádio relógio AM/FM para arrecadar alguns dólares a mais para a escola. Lembrou-se do cara a quem dera carona há um tempo. Parent, que tinha saído à noite com o Rambler branco de seus pais, decidiu dirigir até a Cielo e ver se seu passageiro queria comprar o rádio-relógio. Se o cara estivesse com dinheiro, ele poderia estar propenso a fazer compras por impulso. Parent sabia tudo sobre as suas restrições de vendas na loja de som. Valia a pena tentar – mesmo que não fizesse uma venda na Cielo, Parent poderia dirigir e ter um bom resto de noite com os amigos.

Tex e Susan ficaram prontos de uma forma que não fora sugerida por Charlie. Eles pegaram de seu esconderijo a metanfetamina e cheiraram um pouco. Como sempre, a droga os deixou mais ousados e mais agressivos, exatamente o efeito que desejavam.

Pat não conseguia encontrar sua faca. Não seria bom manter todo o mundo esperando enquanto continuava procurando, então ela voltou e se juntou a Charlie, Tex, Susan e Linda sem a faca.

Charlie disse a Tex para pegar o Ford amarelo 1959 de Johnny Swartz. Tex buscou o carro e as meninas se amontoaram na parte de trás. Mesmo sendo Linda a única com uma carteira de motorista válida, Tex ficou atrás do volante. Linda sentou-se com ele na frente. Susan e Pat estavam atrás. Quando o carro estava quase se afastando, Charlie disse para Susan "Faça alguma bruxaria", uma referência às palavras "PORCOS POLÍTICOS" escritas com sangue na casa de Gary Hinman. Enquanto Tex dirigia o velho Ford para fora do portão de entrada do rancho, e apesar da conversa naquele dia sobre assassinatos *copycat*, as três mulheres ainda não sabiam que matariam alguém. Elas haviam recebido ordens para levar suas facas, mas não havia nada de novo nisso. Desde que Charlie mencionou pela primeira vez Helter Skelter, os membros da Família geralmente andavam armados para que pudessem se defender em caso de ataque.

Tex não falou nada enquanto dirigia e assim as mulheres cochichavam entre si sobre o objetivo da expedição – talvez estivessem indo de novo fazer alguma travessura horripilante e roubar coisas. Uma semana antes, Pat fora enviada com Tex para roubar um buggy de um estacionamento. Algumas das outras mulheres, tirando Pat, Susan e Linda, voltavam de suas caminhadas com itens surrupiados. Por isso, acharam que seria algo parecido. As mulheres pararam de cochichar e se acomodaram em seus lugares, imaginando aonde estavam indo. Tex não tinha contado a elas e elas não perguntaram.

• • •

Por volta das 23h45, William Garretson foi surpreendido com uma batida na porta. Steve Parent tinha ido até a Cielo, aberto o portão eletrônico, pressionado o botão do lado de fora e colocado o seu Rambler na entrada da garagem. Parent lembrou Garretson sobre a carona e mostrou-lhe o rádio-relógio. Garretson não estava realmente interessado em comprá-lo, mas educadamente permitiu que Parent o ligasse, configurasse o horário atual e demonstrasse como o rádio funcionava bem.

Tex tinha certeza de que sabia qual a melhor rota de Spahn para a Cielo, mas se perdeu no caminho. Eles acabaram em Beverly Hills e tiveram que pegar a Sunset Boulevard em direção a Benedict Canyon.

Garretson disse a Parent que não queria o rádio-relógio, mas, para compensar, ofereceu uma cerveja ao rapaz de 18 anos. Parent bebeu e perguntou se poderia usar o telefone. Ele ligou para um amigo que disse que estava tendo problemas para criar um sistema de som – Steve poderia ir junto e dar-lhe uma mão? Parent disse que sim e conversou com Garretson enquanto terminava sua cerveja. Ele então desligou o rádio-relógio, que indicava 0h15.

Tex guiou o Ford na íngreme Cielo Drive, passando por casas espalhadas em intervalos curtos ao longo do caminho. Além de sua largura estreita e curvas apertadas, havia a pressão adicional de manter um olhar atento nos cervos que se aventuravam a pastar depois de escurecer. No topo da colina, Tex parou na frente do portão eletrônico fechado e disse às mulheres para esperarem. Daquele ponto, nenhum deles podia realmente ver a casa principal ou a casa de hóspedes atrás dela. Como Charlie havia instruído, Tex agilmente escalou um poste de telefone e cortou com alicate os fios de ligação para a casa principal e para a casa de hóspedes. Em seguida, recuou o carro descendo a colina, uma manobra complicada que ele executou sem problemas, e deixou as mulheres voltarem a pé. Tex colocou a arma calibre .22 dentro da calça e entrelaçou três dobras de corda branca por cima do ombro.

Garretson caminhou com Parent até o Rambler. Quando eles disseram boa-noite, o cão weimaraner de Altobelli começou a latir. Garretson disse a Parent que era o "latido para as pessoas", o que significava que seres humanos estavam andando ao redor da propriedade. Não parecia haver nenhuma razão para alarme, talvez alguém estivesse saindo da casa principal. Garretson disse adeus e voltou para dentro da casa de hóspedes.

Tex sussurrou para que as mulheres o seguissem ao subir a cerca. Havia uma inclinação do lado direito da estrada, por isso não era especialmente difícil. Uma vez lá dentro, Tex disse que, na verdade, estavam indo para a casa grande, onde Terry Melcher vivera, e matariam todos na casa. As mulheres não recuaram; elas não esperavam matar ninguém, mas naquele momento, Pat lembrou mais de quarenta anos depois, "nós éramos pequenos gatinhos perdidos mentalmente". Charlie havia ordenado que fizessem o que Tex ordenasse. Elas fariam.

Parent entrou no Rambler e começou a dirigir lentamente pelo caminho, fazendo algumas curvas em direção ao portão principal, que estava fechado. Ele precisou parar o carro e abaixar a janela para apertar o botão que o abriria.

Tex ouviu o carro se aproximando e assobiou para as mulheres saltarem para o mato e deitar-se. Ele puxou o calibre .22 para fora da calça com a mão direita e pegou uma faca com a esquerda. Parent se encolheu quando Tex surgiu das sombras e apareceu diante da janela aberta do seu carro. Ele implorou: "Por favor, por favor, não me machuque. Eu sou seu amigo. Eu não vou contar". Tex cortou-o com a faca – Parent foi esfaqueado em seu braço esquerdo. Então, ignorando ou esquecendo as instruções de Charlie para usar a Buntline apenas como último recurso, Tex atirou no adolescente quatro vezes à queima-roupa. Parent caiu morto, pendendo para o outro lado no banco da frente do carro.

A uma centena de metros de distância, na casa abaixo da encosta da Cielo, a sra. Seymour Kott se sentou na cama, acordando com o que ela achava que poderiam ser "três ou quatro tiros". Mas ela não ouviu mais nada, então voltou a dormir. Um oficial de patrulha de segurança privada, sentado em seu carro estacionado em uma rua nas proximidades, também pensou ter ouvido tiros. Como não sabia dizer especificamente de que direção vieram – as áreas acústicas eram instáveis –, ele reportou a informação à Divisão Oeste do Departamento de Polícia de Los Angeles. O oficial que atendeu a ligação ainda comentou: "Eu espero que nós não tenhamos um assassinato". Mas não enviou ninguém para investigar.

Por um momento, Tex pensou sobre como as faíscas dos tiros refletiram nos óculos de Parent, então, pela janela do lado do motorista, colocou o Rambler em ponto morto. Ele o empurrou por um curto caminho de volta até uma calçada e estacionou o carro. Tex sussurrou para as mulheres saírem dos arbustos e acompanhá-lo até a casa principal. Eles relaxaram durante o caminho até a entrada da garagem e enquanto faziam a curva puderam ver a casa principal e as bonitas luzes de Natal brilhando em cima da cerca.

A acústica peculiar do desfiladeiro engolfou o som dos tiros para aqueles dentro da casa principal. Abigail Folger estava lendo um livro no quarto de hóspedes. Voytek Frykowski dormia no sofá da sala de estar. No quarto principal, Sharon Tate e Jay Sebring estavam deitados na cama, conversando em voz baixa. Folger usava uma camisola branca. Tate estava usando roupa íntima, que muitas vezes era seu traje na casa quando fazia muito calor. O roupão de Tate estava jogado sobre os ombros. Voytek e Sebring estavam totalmente vestidos.

Na casa de hóspedes, Garretson também não ouviu os tiros. Ele colocou uma música, ligou a TV e começou a escrever cartas. Garretson também tentou fazer uma ligação, mas, apesar de Parent ter acabado de usar o telefone, por alguma razão, a linha estava muda.

Enquanto os quatro membros da Família se aproximavam da casa principal, Tex disse a Linda para ir até a parte de trás e ver se havia alguma porta ou janela destrancada. Linda estava hesitante, mas, fora da vista de Tex, andou pelos fundos da casa e ficou lá por alguns momentos. Em seguida, ela voltou e lhe disse que tudo estava fechado, o que não era verdade. As janelas recém-pintadas do quarto do bebê permaneciam abertas e suas telas não haviam sido colocadas de volta no lugar. Mas, na frente da casa, ao lado da porta da frente, uma janela que dava para o hall de entrada estava aberta atrás de uma tela. Calmamente, Tex cortou uma longa fenda horizontal na tela, puxou a tela solta e, em seguida, empurrou a janela. Disse a Linda para voltar para o portão e vigiar – alguém já deveria ter ouvido os tiros que mataram Steve Parent. Tex subiu pela janela e fez sinal para que Susan e Pat o seguissem.

Linda silenciosamente voltou, passando pelo Rambler com o corpo do adolescente no banco da frente. Embora mais tarde tenha dito que sua mente estava em branco, ela se manteve vigilante, como Tex ordenara.

Dentro da casa principal, Tex, Susan e Pat caminharam pelo hall de entrada até a sala. Eles viram Voytek Frykowski dormindo no sofá. Tex sussurrou para Susan ir verificar o resto da casa e ver quem mais estava lá. Frykowski, despertado pelo som suave da voz de Tex, murmurou "Que horas são?" e, em seguida, "Quem é você? O que você quer?". Tex chutou sua cabeça, com força, antes de responder: "Eu sou o diabo e estou aqui para fazer o negócio do diabo". Susan ficou paralisada quando Frykowski acordou. Com um impaciente movimento de cabeça, Tex queria que ela fizesse o que foi ordenada a fazer. Atordoado, Frykowski tentou dizer alguma coisa, mas Tex sussurrou: "Outra palavra e você está morto".

Pat lembrou que não levara uma faca. Enquanto Susan explorava a casa e Tex pairava sobre o atordoado Frykowski, Pat desceu até onde Linda estava de vigia. Ela pegou emprestada a faca de Linda e voltou para junto de Tex na sala de estar.

Susan andou pelo corredor e olhou através de uma porta aberta para o quarto de hóspedes. Abigail Folger olhou por cima de seu livro e sorriu. Ela não ficou chocada ao ver um estranho na casa. Tate e Polanski sempre acolhiam bem todos os convidados. Aquela mulher parecia ser mais uma. Susan sorriu e acenou com o dedo. Folger acenou de volta e retomou a leitura. No final do corredor, Susan olhou para o quarto principal e viu Sharon Tate e Jay Sebring batendo papo. Eles aparentemente estavam em uma conversa profunda e não notaram Susan. Ela voltou para a sala de estar, passando pelo quarto de Folger novamente, acenando para ela pela segunda vez. Quando se juntou a Tex novamente, disse bem baixinho que havia mais três pessoas na casa. Tex pediu para que os trouxesse até ele.

Susan, primeiramente, foi até o quarto de hóspedes, apontou a faca para Folger e ordenou-lhe que fosse para a sala. Pat se manteve ali com a faca enquanto Susan ia até o quarto principal para encontrar Tate e Sebring. Ela lhes disse: "Venham comigo. Não digam uma palavra ou vocês estão mortos". Eles humildemente se levantaram da cama e caminharam à frente dela pelo corredor. Quando chegaram à sala, Tate viu Tex e Pat em pé. Ela hesitou e Tex rudemente agarrou seu braço e arrastou-a para a frente.

Frykowski cambaleou no sofá, ainda um pouco tonto por ter sido chutado na cabeça. Tex estava com a corda, mas mandou Susan amarrar as mãos de Frykowski nas costas com uma toalha. Ela teve problemas em atar a toalha grossa, mas fez o melhor que podia. Tex usou a corda para amarrar as mãos de Sebring. Ele reclamou da violência e Tex o advertiu: "Mais uma palavra e você está morto". Frykowski engasgou e disse a Sebring: "Ele fala sério". Tex enrolou mais corda em volta do pescoço de Sebring e, em seguida, amarrou a outra ponta em torno de uma viga no teto. Tex, em seguida, amarrou a corda no pescoço de Tate. A mulher começou a chorar e Tex rosnou para ela calar a boca. Sebring protestou: "Não vê que ela está grávida?" Tex, então, atirou no seu abdômen. Sebring desabou no tapete da sala. Tate gritou e continuou a soluçar.

Tex olhou ao redor da sala e anunciou: "Eu quero todo o dinheiro que vocês têm aqui". Folger disse que tinha dinheiro em seu quarto. Susan marchou para lá e Folger removeu algumas notas de seu bolso. Susan deu o dinheiro para Tex, cerca de 70 dólares. Desapontado, ele disse: "Quer dizer que isso é tudo o que você tem?" Tate argumentou que não tinha dinheiro em casa, mas se tivessem tempo poderiam conseguir alguma coisa. Tex achou que ela poderia estar enrolando, certa de que alguma ajuda estava a caminho de alguma forma. Ele disse: "Você sabe que eu não estou brincando". E Tate respondeu que sabia.

Tex estava frustrado. Charlie dissera para levar algum dinheiro; eles foram até aquela casa porque pessoas ricas moravam lá e agora Tate estava dizendo que não tinha nenhum dinheiro. Isso deixou Tex furioso. Deitado no chão, Jay Sebring gemeu. Tex, agachado sobre ele, começou a esfaqueá-lo, enfiando a faca de novo e de novo, até que ele finalmente ficou imóvel, o suficiente para convencer Tex de que estava morto. Tate e Folger gritaram durante todo o ataque. Quando Tex finalmente acabou e se levantou, com sangue escorrendo de sua faca, uma das mulheres perguntou melancolicamente: "O que você vai fazer com a gente?" Embora fosse um questionamento óbvio, a resposta de Tex foi contundente: "Vocês todos vão morrer".

Folger e Tate começaram a implorar por suas vidas. Desde que Tex chutou Voytek Frykowski até ele ficar em um estado de semiconsciência, Frykowski permaneceu caído no sofá, mas ao ouvir sua sentença de morte, de repente, ficou de pé e começou a puxar as mãos da toalha que Susan havia desajeitadamente atado ao redor de seus pulsos. Tex gritou para Susan: "Mate-o". Ela tentou, mas Frykowski ficou com as mãos livres e lutou com ela. Os dois rolaram no chão, com

Frykowski puxando os longos cabelos de Susan enquanto ela cegamente o apunhalava com sua faca, afundando a lâmina principalmente nas pernas de Frykowski. Ele gritou enquanto lutava. Em algum momento, Susan perdeu a faca.

Perto do portão, Linda ouviu claramente os gritos de Frykowski. Instintivamente, começou a caminhar de volta para a casa principal, parando do lado de fora.

Enquanto Pat segurava Folger com uma faca e Tate assistia impotentemente, Tex tentou ajudar Susan a terminar com Frykowski. Ele disparou alguns tiros e o golpeou na cabeça com o cabo da Buntline. Frykowski ainda conseguiu ficar de pé e alcançar o gramado, com Tex em seu encalço. Frykowski correu e Tex pulou em cima dele, batendo e esfaqueando-o até que ele ficasse imóvel. A poucos passos de distância, Linda assistia a tudo com horror. Ela estava perto o suficiente da sala para ver Susan e gritou: "Por favor, faça isso parar, as pessoas estão vindo". Ela estava mentindo, mas era a única coisa em que podia pensar no momento. Susan disse que não havia nada que pudesse fazer. Linda correu de volta para a entrada da garagem, passou por cima da cerca e parou na colina onde Tex estacionara o Ford amarelo 1959 de Johnny Swartz.

De volta à casa principal, Folger se afastou, correndo também para o gramado. Pat correu atrás dela e a pegou. Na tentativa de matá-la, Pat a esfaqueou várias vezes e continuou sem saber se ela morrera. Tex, certo de que tinha terminado de uma vez por todas com Frykowski, estava perto. Pat o chamou e disse não ter certeza de que Folger estava morta. Tex disse que enquanto se certificava, Pat deveria ir para "trás da casa" – ele apontou na direção da casa de hóspedes – e matar quem estivesse lá.

Pat estava tremendo, com medo de seguir a ordem de Tex e também de desobedecê-lo. Mas se comprometeu, andando pelo beco entre a casa principal e a casa de hóspedes até que ficou fora da vista de Tex. Então ela esperou por alguns instantes e voltou. Disse a Tex que olhara por uma janela e que não havia ninguém na "casa de trás". Ele acreditou e só por isso William Garretson não morreu.

Tex esfaqueou Folger várias vezes; mais tarde, ele escreveu que a mulher ainda estava, de fato, viva quando chegou perto e que ela murmurou, pouco antes de receber o golpe fatal: "Eu desisto, você me pegou". Com Folger e Frykowski mortos no gramado e Jay Sebring sem vida no chão da sala, restava apenas Sharon Tate. Susan a vigiava ao lado do sofá. Tex e Pat voltaram para a sala de estar e Tate começou a suplicar – não pela sua vida, mas pela vida de seu filho ainda não nascido. Eles poderiam levá-la com eles, Tate implorou, e matá-la depois que o bebê nascesse. Mas Charlie não tinha dito nada sobre adiar os assassinatos. Ele queria imediatamente o máximo de publicidade. Susan segurou Tate enquanto Tex a esfaqueou. Sharon Tate soluçou por sua mãe enquanto morria.

Quando tudo acabou, Tex, Susan e Pat examinaram a cena do crime. Era horrível o suficiente? A corda de náilon, atada ao redor do pescoço de Sebring e de Tate, foi amarrada por cima de uma viga no teto. Do lado de fora, no gramado, o rosto de Frykowski foi mutilado até ficar irreconhecível e a camisola branca de Folger agora estava saturada de sangue. Eles achavam que era o suficiente. Tex pensou que foram cuidadosos em não deixar impressões digitais ou quaisquer outros indícios. Ele pegou os 70 dólares de Folger e se preparou para tirar Susan e Pat da casa. Havia outros objetos de valor para serem resgatados – Sebring usava um relógio caro e havia um pouco de dinheiro ao lado da cama de Tate –, mas após a carnificina eles só queriam ir embora. Pouco antes, Tex lembrou que Charlie lhes disse para escrever algo escabroso com sangue, algo que parecesse ser uma prova de que as pessoas que haviam matado Gary Hinman ainda estavam à solta. Tex disse para Susan escrever a mensagem. Ela não queria usar a mão, então mergulhou uma toalha no sangue de Tate e cuidadosamente escreveu "PORCO" do lado de fora da porta da frente.

Tex, Susan e Pat estavam cobertos de sangue. Suas roupas estavam encharcadas e Tex tinha um pouco de sangue nas mãos. Ele se descuidou na saída e não se lembrou de escalar o muro de novo, apertando o botão para abrir o portão com o dedo indicador sujo de sangue. Os três atravessaram o portão da propriedade e desceram o morro até o Ford amarelo onde Linda esperava.

Na ida, houve pouca conversa no carro enquanto os quatro atravessavam a Cielo, mas no caminho de volta para o Rancho Spahn todos falavam ao mesmo tempo. Susan disse a Tex que tinha perdido sua faca na casa e ele, irritado, gritou com ela. Pat se queixou de que sua mão doía – ao esfaquear Folger e atingir com frequência os ossos da vítima, o impacto machucou sua mão. Todos eles estavam com raiva de Linda por ter fugido da cena. Enquanto dirigia pela Benedict Canyon Drive, Tex trocou suas roupas ensanguentadas por outras novas. Susan e Pat retiraram suas vestes também sujas de sangue e colocaram roupas limpas que haviam deixado no carro durante os assassinatos. Linda enrolou todas as roupas descartadas em um pacote e, por ordem de Tex, jogou para fora do carro na descida íngreme, ao lado da estrada. Um pouco mais adiante, também se desfez das facas e, em seguida, da Buntline .22. Antes de jogá-la, eles notaram que partes do cabo da arma tinham quebrado, sem dúvida quando Tex bateu com ele em Frykowski. Mas eles decidiram não voltar para a Cielo a fim de recuperar os fragmentos do cabo do revólver e a faca de Susan.

Depois de alguns quilômetros, Tex conduziu o carro, de Benedict Canyon a Portola Drive, até uma rua lateral residencial. Ele estacionou na calçada da casa número 9.870, onde havia uma mangueira esticada até o quintal. Tex abriu a torneira e o grupo esguichou água nas mãos e no rosto para tirarem os respingos de sangue. Era cerca de uma da manhã. Eles tentaram ficar quietos, mas a água corrente e os murmúrios despertaram Rudolf Weber, que correu para ver quem estava no quintal de sua casa tão tarde da noite. Tex explicou que eles estavam lá fora andando e queriam uma bebida, mas o Ford estacionado bem atrás dele fez com que Weber não acreditasse nisso. Weber caminhou na direção deles, mas Tex, Susan e Pat pularam de volta no carro. Weber, pela janela do lado do motorista, que estava aberta, ainda tentou pegar a chave da ignição, só que Tex foi muito rápido. O carro acelerou, mas não antes que Weber anotasse sua placa: GYY 435.

Quando chegaram de volta à entrada do Rancho Spahn, Charlie estava esperando com um membro da Família, Nancy Pitman. Sua primeira pergunta foi por que eles estavam de volta tão cedo. Tex disse que tudo estava bagunçado, mas todos na Cielo foram mortos. Susan, ansiosa como sempre por elogios, se gabava de ter matado por ele e Charlie respondeu que ela havia feito aquilo para si mesma. Ele queria saber quanto dinheiro conseguiram pegar e ficou com raiva quando soube que o butim somava apenas 70 dólares. Eles deveriam ter ido de casa em casa na Cielo, Charlie rosnou. Ele perguntou como deixaram o local do crime. Foi exatamente como na casa de Gary Hinman? Será que eles escreveram palavras de bruxaria? As respostas não o satisfaziam. Bruscamente, ele perguntou se alguém sentiu remorso. Após assegurarem que não, Charlie lhes disse para limpar o bocado de sangue espalhado dentro e fora do carro. Quando isso foi feito, Charlie entrou no Ford e voltou para a Cielo.

Charlie entrou na casa e limpou as superfícies para eliminar impressões digitais. Ele mudou algumas coisas ao redor, transportando os dois baús entregues no início do dia para o corredor, e jogou uma toalha branca sobre a cabeça de Jay Sebring. Ele colocou à vista um par de óculos que encontrou em algum lugar. Havia uma grande bandeira estadunidense em um lado da sala de estar. Charlie colocou-a teatralmente sobre o sofá, perto do corpo ensanguentado de Sharon Tate. A bandeira bem visível ao lado do cadáver de uma mulher grávida certamente chocaria os investigadores e obteria várias menções da mídia. Charlie estava tão preocupado em arrumar perfeitamente o local do assassinato que não vasculhou a casa atrás de dinheiro, cartões de crédito ou outros objetos de valor. Ele também não verificou a casa de hóspedes. Quando sentiu que tudo estava do jeito que queria na casa principal, voltou a Spahn e foi para a cama. O amanhecer não estava longe.

Poucos minutos antes das 5h, o entregador do *Los Angeles Times* jogou um exemplar do jornal na caixa de correio do lado de fora do portão na Cielo. Ele notou um fio cortado pendendo do poste de telefone. Por volta de 7h30, Seymour Kott, o vizinho mais próximo no morro, também viu o fio cortado ao sair para pegar seu jornal.

Winifred Chapman chegou ao trabalho, como de costume, pouco depois das 8h. Ela viu o fio pendurado e pensou que poderia ser um poste caído. Mas como o portão abriu ao pressionar o botão do lado de fora da cerca, ela então se caminhou em direção à casa, passando pelo Rambler branco sem olhar para dentro. Seus empregadores tinham hóspedes o tempo todo durante a noite e eles às vezes estacionavam seus carros na propriedade. Em vez de contornar a casa para chegar até a entrada principal, passando pelo gramado, Chapman usou a entrada de empregados, na parte de trás. A primeira coisa que notou foi que os baús estavam em um lugar diferente e então ela viu sangue; no início, percebeu algumas manchas nos baús e depois deu de cara com poças por toda a parte. Chapman olhou para a sala de estar, por cima do sofá. Como a porta da frente estava aberta, ela pôde ver um corpo no gramado.

Ela correu para fora. Ao passar novamente pelo Rambler, desta vez olhou para dentro do veículo e viu outro corpo. Vizinhos ouviram seus gritos: "Assassinato, morte, corpos, sangue!" Chamaram a polícia.

Duas unidades de carros de patrulha responderam a uma chamada da Linha 2 sobre um "possível homicídio" às 9h14. Um vizinho listou para o policial Jerry Joe DeRosa as pessoas que acreditava viverem na casa – o diretor de filmes Roman Polanski e sua esposa, dois de seus amigos, o proprietário do imóvel, Rudi Altobelli, que estava fora em uma viagem, e um garoto chamado William Garretson, o zelador. A sra. Polanski era uma atriz chamada Sharon Tate.

Chapman mostrou a DeRosa como abrir o portão da frente. Ele viu o corpo no Rambler, mas esperou que seu companheiro, o policial

William Whisenhunt, se juntasse a ele para ir até a casa. Armas em punho – DeRosa tinha um rifle e Whisenhunt carregava uma espingarda –, eles cautelosamente se aproximaram da casa. Enquanto inspecionavam os outros carros, um terceiro policial, Robert Burbridge, chegou ao local. Os três cruzaram o gramado e viram dois corpos. A tela da janela havia sido cortada, o que aparentemente mostrava como o assassino ou os assassinos entraram na casa. Mas os oficiais viram outra janela quebrada sem uma tela, que se abria para o quarto do bebê. Eles levantaram a janela e entraram. No que parecia ser a sala de estar, encontraram mais dois corpos massacrados, um homem e uma mulher. Os cadáveres foram amarrados por laços ao redor do pescoço; uma corda de náilon branca que os ligava fora enrolada sobre uma viga no teto. Enormes poças e manchas de sangue estavam por toda parte.

Não havia outros corpos na casa, mas o vizinho que ajudava mencionou uma casa de hóspedes. Ante a aproximação dos agentes, que caminharam até a porta da casa, um cão começou a latir e eles puderam ouvir assobios e uma voz masculina: "Shhh, fica quieto". Os policiais chutaram a porta e o weimaraner de Altobelli atacou. Whisenhunt bateu a porta na cabeça do cão para prendê-lo e Garretson tentou acalmar o animal. Para a polícia, o rapaz de 19 anos parecia um pouco incoerente, talvez por causa de alguma droga. Garretson foi arrastado para fora e andou entre os corpos no gramado. Abigail Folger estava tão mutilada e ensanguentada que Garretson a identificou como Winifred Chapman. Ele disse que Voytek Frykowski era o irmão mais novo de Roman Polanski. Garretson jurou aos oficiais que ficou trancado na casa de hóspedes durante toda a noite. Ele não tinha visto ou ouvido nada. Ninguém acreditou nele – a casa de hóspedes não estava muito longe da casa principal, talvez cem metros. Os oficiais leram para Garretson seus direitos e o prenderam por assassinato. DeRosa o levou para a entrada, passando pelo Rambler – Garretson disse não reconhecer o corpo nele –, até o portão fechado. DeRosa apertou o botão com o dedo, enxugando a impressão digital sangrenta descuidadamente deixada lá por Tex Watson poucas horas antes. DeRosa então chamou a central pelo rádio relatando cinco homicídios e um suspeito sob custódia no endereço da Cielo. Repórteres e equipes de TV da cidade sempre escutavam a frequência da polícia e o anúncio de um assassinato em massa despertou-os imediatamente. Em poucos minutos, membros da mídia começaram a chegar ao local – foram tantos que seus carros e caminhões de produção congestionaram a estrada estreita por todo o caminho até a parte inferior da colina.

Enquanto a mídia clamava por informações, mais oficiais e investigadores do LAPD chegavam ao portão e entravam na casa. Eles encontraram vários itens de possíveis evidências – óculos, impressões digitais espalhadas, três pedaços do cabo quebrado de uma arma. Havia pegadas de sangue por toda a casa e algumas delas foram seguidas pela polícia. O químico forense Joe Granado pegou 45 amostras de sangue de várias poças e perdeu muitas outras.

Ao meio-dia, William Tennant, agente de Polanski, chegou e identificou todos os corpos, exceto aquele no Rambler. Um sargento da polícia finalmente fez uma declaração aos meios de comunicação que aguardavam na rua: "É como um campo de batalha lá em cima". As famílias das quatro vítimas identificadas foram notificadas. A mãe e o pai de Steve Parent passaram o dia se perguntando por que seu filho sempre confiável não tinha voltado para casa na noite anterior ou mesmo por que não se deu ao trabalho de ligar para dizer onde estava. Em meio ao burburinho na casa principal, ninguém pensou em verificar as placas do Rambler.

Os primeiros boletins espocavam em todo o país: "Cinco mortos em Bel Air".

Detetives da divisão de homicídios foram designados para o caso e o primeiro deles chegou no início da tarde. O sargento Michael McGann notou a palavra "PORCO" rabiscada com sangue na porta da frente. Os corpos foram deixados no local. McGann trabalhava com homicídios havia cinco anos, mas sua reação inicial foi: "Isso [é] o pior". O detetive Danny Galindo foi colocado no comando das evidências, preservando cada item. Maconha foi encontrada no carro de Jay Sebring, juntamente com um grama de cocaína. Um manual de sexo escrito em chinês apareceu em um dos quartos. Um rolo de filme foi descoberto no sótão; quando os detetives o assistiram na delegacia, viram Polanski e Tate fazendo sexo. O filme foi discretamente devolvido a Polanski.

A faca perdida de Susan Atkins foi encontrada debaixo de uma almofada no sofá. Mas o interesse imediato dos investigadores foi o que Galindo depois descreveu como "uma quantidade considerável de drogas" à vista por toda a casa. Quase 10 gramas de maconha foram encontrados em um saco plástico dentro de um armário da sala de estar. Trinta gramas de haxixe estavam na cabeceira da mesa do quarto de hóspedes, assim como dez cápsulas de MDA, uma droga psicodélica. Os investigadores encontraram resíduos de maconha em um cinzeiro na cama de Tate, um cigarro em uma mesa ao lado da porta da frente e mais dois na casa de hóspedes. Para os padrões da época era muito;

se o zelador adolescente não fosse o assassino, McGann poderia pensar que o massacre provavelmente se deu por conta de alguma transação de drogas que não saiu conforme o planejado. Mas Garretson continuou sendo o principal suspeito. O parceiro regular de McGann, que estava de férias, foi substituído pelo sargento Jess Buckles no caso. O tenente Robert Helder, supervisor de investigações da polícia de Los Angeles, estava no comando. No geral, eles eram um grupo mais velho – o assassinato de uma estrela de cinema ganharia uma grande atenção da mídia e o diretor Ed Davis queria que o caso tivesse uma rápida e satisfatória conclusão.

Vazamentos para os meios de comunicação eram inevitáveis. No início da tarde, os noticiários revelaram as identidades de quatro das vítimas. O público soube que Voytek Frykowski, Abigail Folger e Jay Sebring estavam mortos e quase todas as notícias na TV, no rádio e nos jornais impressos davam destaque ao assassinato da herdeira milionária do café e do mais famoso cabeleireiro da América, com Frykowski recebendo apenas uma ou outra menção. Mas, desde o início, a atenção centrou-se na morte sanguinária de uma estrela de cinema. Foi em sua morte que Sharon Tate atingiu instantaneamente o status de estrela. A partir da tarde de 9 de agosto em diante, o massacre na Cielo seria simplesmente conhecido como os "assassinatos Tate".

Charlie, que dormiu até tarde, perdeu os primeiros boletins da TV. Mas muitos outros membros da Família se reuniram para assistir e Susan manifestou particular alegria em fazer parte de algo tão interessante. Não houve anúncio oficial ou uma explicação para aqueles que não estiveram presentes na Cielo; em vez disso, os que participaram estavam orgulhosos, se vangloriando de sua participação, principalmente Susan e Tex. Os dois queriam que seus colegas soubessem que eles foram selecionados para realizar uma tarefa árdua e que a ordem para realizá-la partira de Charlie. Os detalhes eram confusos; a maioria deles sabia com certeza que cinco pessoas haviam morrido. Na adrenalina inicial de ter feito notícia, de ter realizado algo tão espetacularmente horrível, que era tudo o que os comentaristas de TV poderiam especular a respeito – *quem poderia ter feito uma coisa tão horrível e por quê?* –, os membros da Família não perceberam que nenhum dos noticiários mencionou um possível envolvimento dos Panteras Negras ou qualquer possível ligação entre aqueles assassinatos e o assassinato de Hinman. As histórias estavam limitadas à horrível morte de uma atriz de cinema e de algumas outras pessoas.

William Garretson foi interrogado na prisão, a oeste de Los Angeles. Suas respostas ainda não pareciam fazer muito sentido. Ao adolescente foi concedido um advogado e ele foi transferido para a sede da polícia de Los Angeles, em Parker Center. Sua história continuava a mesma; ele não sabia muito sobre as pessoas que viviam na casa principal. Na noite anterior, ele teve um visitante, um garoto chamado Steve Parent, que tentou lhe vender um rádio-relógio pelo qual não teve interesse. Ele passou a noite trancado na casa de hóspedes ouvindo música e escrevendo cartas. Não viu nem ouviu nada.

Pelo fato de Garretson não ter identificado Parent na cena do crime, a polícia não vinculou sua visita a Cielo para vender o rádio-relógio ao corpo encontrado no Rambler. Mas um repórter que esperava do lado de fora na Cielo anotou o número da placa do carro e verificou com uma fonte do Departamento de Veículos Motorizados. O carro foi registrado em nome de Wilfred e Juanita Parent, no subúrbio de El Monte. Eles não estavam em casa quando o repórter chegou no fim da tarde, mas ele verificou com os vizinhos e descobriu o nome de seu padre. O padre disse ao jornalista tudo sobre Steve, que aparentemente sabia tudo a respeito de aparelhos de som e rádios.

O nome de Steve Parent foi se espalhando entre a imprensa quando a polícia de Los Angeles finalmente fez a sua própria verificação. Um oficial foi até a porta da residência dos Parent e pediu a Wilfred para ligar para um número de telefone. Era o telefone do legista – havia um corpo à espera de identificação.

A polícia de Los Angeles anunciou para a mídia que necrópsias seriam realizadas nas vítimas e que uma coletiva de imprensa ocorreria no domingo, 10 de agosto. O advogado de Garretson concordou que seu cliente fizesse, no domingo, um teste no detector de mentiras. Até lá, o rapaz de 19 anos de idade permaneceria sob custódia, pois ainda era o único suspeito oficial. O detetive Danny Galindo foi escalado para passar a noite de guarda na cena do crime. O lugar o enervava completamente. Ele queria deitar e descansar um pouco, mas havia sangue por toda parte e ele não conseguia encontrar um canto limpo na sala de estar. Tinha sangue espalhado por todas as paredes. Por fim, ele entrou em um quarto e cochilou o máximo que pôde.

Charlie levantou-se a tempo de pegar algumas reportagens de TV do final da tarde e início da noite. Ele percebeu o que os outros não haviam notado – não havia menção aos Panteras Negras ou ao assassinato de Hinman. Pessoas famosas morreram na Cielo – a imagem da atriz estava sendo transmitida para todos os cantos –, mas isso ainda não era a reação que Charlie precisava. Bobby Beausoleil não estava mais perto de ficar livre. Não houve agitações sobre Helter Skelter. Charlie sempre teve grande confiança em suas próprias ideias. Por Hinman ter sido um homem inconsequente, talvez seu assassinato já tivesse sido esquecido pelos policiais, especialmente por ter acontecido algumas semanas antes. Bem, a atriz era alguém que não podiam esquecer, não com a notícia de sua morte tão proeminente. Talvez todo o plano de assassinatos *copycat* relacionados aos Panteras tivesse que ter começado com ela, não com Hinman.

Naquela noite, Charlie se deixou levar pelo humor geral da Família de que havia algo para comemorar. Ele permitiu que todo o mundo fumasse maconha e então tirou o violão e cantou por um tempo. Só depois que todos foram para a cama ele chamou Tex, Susan, Pat, Linda e mais dois seguidores - Clem e Leslie. Ontem à noite foi muito ruim, Charlie disse a eles. Houve muito pânico na casa. Eles então sairiam novamente naquela noite para fazer direito. Para ter certeza de que não haveria erros desta vez, Charlie os acompanharia para lhes mostrar como é que se faz.

Todos foram colocar suas roupas escuras, enquanto Charlie esperava no Ford amarelo. Mais de quarenta anos depois, Pat admitiu: "Na primeira noite, nós não sabíamos. Na segunda noite, nós sabíamos". Mais pessoas estavam prestes a morrer.

CAPÍTULO CATORZE

LaBianca e Shea

Uma grande onda de calor atingiu L.A. na noite de sábado. As temperaturas do dia anterior não ficaram abaixo de 32 graus Celsius, mas caíram para a casa dos 20, proporcionando um frescor abençoado para toda a cidade através de uma suave brisa. Com a escuridão chegando, um nevoeiro vindo do oceano esgueirou-se para o continente e seus vacilantes tentáculos estenderam-se para grande parte dos subúrbios. Mas não houve nevoeiro suficiente para obscurecer a visão ao longo das estradas. Foi uma noite muito agradável para se dirigir em torno de Los Angeles.

Sete pessoas – Charlie, Tex, Clem, Linda, Susan, Pat e Leslie – era muita gente para caber confortavelmente no Ford de Johnny Swartz, mas um grupo maior do que o da noite anterior era necessário. Charlie tinha em mente pelo menos duas chacinas separadas; duplicar as cenas de assassinato faria com que fosse muito mais provável que a polícia e a mídia acreditassem na questão de assassinatos no estilo *copycat* e ligassem tudo ao assassinato de Hinman. Usar duas equipes com três membros cada parecia uma decisão acertada. Mais uma vez, Charlie não tinha a intenção de fazer ele mesmo o trabalho sujo. Clem foi uma ótima aquisição ao grupo, pois faria tudo o que lhe fosse dito. Leslie era inteligente o suficiente para deixar uma cena de assassinato do jeito que

Charlie queria, com as sangrentas palavras certas, pistas para os Panteras Negras e sem impressões digitais.

Charlie deu a Tex uma nova arma e também uma baioneta que a Família adquirira em uma loja de artigos militares. Em seguida, eles entraram no Ford, com Linda ao volante, Charlie ao seu lado, Tex espremido ao lado de Charlie e Pat, Susan, Leslie e Clem entalados no banco traseiro. Além do desconforto físico de muitas pessoas atoladas em um espaço muito pequeno, a atmosfera naquele carro recendia ao que estavam prestes a fazer. Ninguém sugeriu ligar o rádio para ouvir alguma música. A única conversa foi unilateral, com Charlie latindo ordens para Linda fazer várias manobras, muitas vezes esperando para dizer a ela qual caminho seguir. Quando perdia alguma indicação ela precisava voltar, o que irritava Charlie. Algumas vezes, ele a cutucava com o cotovelo, dizendo-lhe repetidamente o quão estúpida era.

Todo o mundo havia fumado erva naquele dia. Tex e Susan também mergulharam em seu estoque de metanfetamina. Talvez fosse o efeito das drogas e o fato de que Charlie não dizia para onde estavam dirigindo, mas parecia a todos no carro que eles serpenteavam pelas ruas residenciais indefinidamente, sem sentido real do destino, parando aqui e ali para Charlie sair e fazer um reconhecimento.

Leno e Rosemary LaBianca tinham acabado de voltar para o lago Isabella, ao norte de Los Angeles. Eles tinham originalmente dirigido até lá na terça-feira para deixar uma lancha que seria usada no fim de semana pelo adolescente Frank Struthers, filho de Rosemary de um casamento anterior. O plano era levar Frank e o barco de volta no sábado.

Os LaBianca eram de classe média alta. Leno administrava uma rede de supermercados e Rosemary era sócia de uma butique. Depois de deixar o barco no lago na terça-feira, eles voltaram para sua confortável casa na Waverly Drive, no bairro de Los Feliz, uma área muito agradável, de luxo, tranquila e segura. Os LaBianca haviam trabalhado arduamente para se tornarem bem-sucedidos, especialmente Rosemary. Ela começou em um orfanato e trabalhou como garçonete em drive-ins e restaurantes até montar seu próprio negócio, ganhando muito dinheiro no mercado de ações. Todo o mundo gostava dela. Leno tinha um monte de amigos, mas era um jogador crônico cuja paixão por corrida de cavalos era maior do que suas habilidades como apostador. Seu outro hobby era colecionar moedas raras. Rosemary e Leno pareciam ser muito próximos, o tipo de gente que não tinha inimigos.

Os LaBianca haviam perdido as primeiras reportagens frenéticas sobre os assassinatos Tate porque, na companhia de Suzanne, filha de 21 anos de Rosemary, levaram o Thunderbird de Leno numa viagem de 240 quilômetros até o lago Isabella para pegar Frank e seu barco. Mas Frank ainda não queria voltar. Ele havia pedido à mãe e ao padrasto para deixá-lo ficar mais uma noite – Frank voltaria para casa com a família de um amigo no final do domingo. Isso pareceu razoável para Rosemary e Leno. Eles então engataram o barco no Thunderbird e voltaram para casa com Suzanne.

O tráfego no final da tarde de sábado foi intenso e eles não chegaram aos arredores de L.A. antes de escurecer. Os LaBianca não conseguiram deixar Suzanne em seu apartamento antes de uma da manhã no domingo. Em seguida, o casal parou em uma banca 24h para comprar jornal. Leno gostava de ler a seção de esportes antes de ir para a cama. Ele queria atualizar as informações sobre os cavalinhos. Leno sempre comprava seu jornal na banca de John Fokianos. Fokianos estava trabalhando quando Leno e Rosemary passaram por lá, ainda rebocando a grande lancha atrás de seu Thunderbird. Os LaBianca eram pessoas sociáveis. Mesmo cansados de sua viagem, eles conversaram com Fokianos por alguns minutos, discutindo a grande notícia do dia, os assassinatos Tate. O *Los Angeles Times* havia publicado uma edição especial curta sobre eles, relatando apenas alguns fatos básicos conhecidos, com a polícia de Los Angeles prometendo uma coletiva de imprensa em algum momento no domingo. Pelo fato de Leno ser um bom cliente, Fokianos não cobrou pela edição especial do *Los Angeles Times*. Questionado mais tarde pela polícia, Fokianos disse que estava certo de que o horário era quase duas horas da manhã, pois logo depois que os LaBianca foram embora todos os bares fecharam e ele tinha um monte de clientes que queriam pegar o jornal para ler sobre o assassinato de Sharon Tate. Isso era tudo sobre o que as pessoas queriam conversar.

Charlie fez um show ao considerar várias vítimas potenciais – um padre em uma igreja, um motorista cujo carro brevemente parou ao lado do Ford –, com Linda fazendo o seu melhor para seguir suas erráticas indicações. No banco de trás, Susan e Leslie cochilavam. Depois de mais de uma hora rodando a esmo, as instruções de Charlie para Linda de repente tornaram-se específicas. Ela seguiu para a área residencial de Los Feliz, virando ali e acolá até que o Ford cruzou lentamente a Waverly Drive. Tex, Susan e Pat sabiam exatamente onde estavam – eles haviam festejado naquela rua, na casa de Harold True antes de sua mudança, alguns meses antes.

Rosemary LaBianca estava pronta para ir dormir. Ela entrou no quarto e vestiu a camisola. Leno colocou um pijama, mas depois voltou para a sala de estar para ler a seção de esportes antes de dormir. Ele e Rosemary podiam acordar tarde no dia seguinte.

Charlie ordenou que Linda estacionasse ao longo do meio-fio, logo abaixo da casa na Waverly onde Harold True vivera. Ele disse aos outros para que esperassem no carro enquanto dava uma longa caminhada até a entrada ao lado da velha casa de Harold. Ele acreditava que a melhor oportunidade para policiais e meios de comunicação tirarem conclusões erradas era matar pessoas ricas e importantes. Pelos padrões de L.A., os moradores de Los Feliz não se encaixavam nesse perfil. Eles poderiam ser de classe média alta, mas estavam bem abaixo, social e economicamente, dos moradores de Bel Air e de Beverly Hills. Mas Charlie não pensava assim, pois cresceu em lugares onde qualquer pessoa com uma casa de dois andares e um carro era considerada rica. Para ele, não havia muita diferença entre Cielo Drive e Waverly Drive. Quem morasse na casa ao lado de Harold serviria muito bem.

De volta ao Ford, os seis membros da Família se contorciam inquietos enquanto esperavam Charlie voltar. Eles se perguntavam por que ele os havia feito parar naquele local – certamente não queria que matassem Harold e, além disso, Harold não morava mais ali. Ele caminhou para a casa ao lado da de Harold e eles o perderam de vista por um tempo. O que exatamente Charlie estava fazendo?

Charlie caminhou de volta, não parecendo estar com pressa. Ele disse a Tex para ir com ele e os dois homens voltaram para a casa. Charlie levou Tex até uma janela e fez sinal para que ele pulasse lá dentro. Tex viu um homem aparentemente dormindo no sofá com um jornal sobre o rosto. Charlie pegou a pistola e Tex a baioneta. A porta dos fundos estava destrancada e eles entraram. Charlie, com o cano da arma, cutucou Leno LaBianca, que acordou e balbuciou: "Quem é você? O que você quer?" Com a mesma voz suave que usou para tranquilizar os membros da Família nas horríveis viagens de ácido, Charlie murmurou que ninguém ia se machucar, então ele deveria apenas relaxar. Ele assegurou a Leno que aquilo era apenas um assalto. Em seguida, ordenou que Leno ficasse de bruços no sofá. Toda a comunicação foi em sussurros. Os invasores ainda não sabiam quem mais poderia estar na casa.

Antes de sair do Rancho Spahn naquela noite, Charlie pegou algumas tiras de couro, que levava em torno do pescoço. Ele puxou uma tira e disse a Tex para amarrar as mãos de Leno. Tex obedeceu. Leno queixou-se que a tira estava muito apertada, mas Charlie o ignorou e perguntou se havia mais alguém na casa. Leno disse que sua esposa estava no quarto. Charlie disse a Tex para vigiar o prisioneiro e foi buscá-la. Ele e Rosemary surgiram poucos momentos depois; ela parecia apavorada, mas cooperativa. Tex notou que ela usava um vestido azul puxado desajeitadamente sobre uma camisola rosa. Ela manteve o recato, mesmo tendo uma arma apontada para si. Rosemary foi obrigada a se sentar no sofá ao lado do marido; Leno reclamou novamente sobre o desconforto da tira de couro e sua esposa perguntou se era possível que ele ficasse em uma posição mais confortável. O desconforto de Leno não significava nada para Charlie. Ele perguntou se o casal tinha algum dinheiro. Leno mencionou a carteira de Rosemary em seu quarto e Tex foi buscá-la. Assim que Charlie estava com a carteira, buscou Pat e Leslie no carro. Novamente dentro da casa, Charlie os instruiu a levar Rosemary LaBianca de volta para o quarto. "Certifique-se de que todos façam alguma coisa", Charlie disse para Tex, e saiu. Ele entrou novamente no Ford, mandando Linda se mover para o lado e ficando atrás do volante. Clem e Susan permaneceram no banco de trás. Charlie liderou, a distância, a segunda noite de assassinatos da Família.

Na sala de estar dos LaBianca, Tex pegou uma fronha do quarto, usando-a para encapuzar Leno, e passou a extensão elétrica de uma luminária em volta de sua cabeça e da boca para amordaçá-lo. Fez o mesmo com Rosemary no quarto, avisando-a para não fazer nenhum barulho porque ele estaria ouvindo. Pat vasculhou a cozinha, puxando facas das gavetas. Tex ainda segurava a baioneta. Ele pensou que, embora Leslie parecesse relutante em participar no que ia acontecer a seguir, Pat não estava apenas disposta, mas ansiosa. Tex estava errado. Ela estava com medo – não dos LaBianca, ela se lembra, mas dela mesma. Pat não tinha vontade de matar ninguém, mas acreditava que se hesitasse Tex contaria a Charlie, que poderia bater nela, talvez até matá-la, a fim de mostrar para o resto da Família as consequências de não seguir suas ordens. Enquanto Pat escolhia uma faca e voltava para o quarto onde Rosemary LaBianca estava amarrada e amordaçada, com a mão livre ela encostou na porta por um momento e, segundo contou décadas mais tarde, implorou a Deus, em silêncio, "para fazer aquilo parar". "Mas isso não aconteceu e eu nunca mais acreditei em Deus desde então. Ele não respondeu às orações." Consciente de seu próprio bem-estar, ao contrário dos LaBianca, Pat estava pronta para prosseguir.

Leno sentiu o que estava por vir. Ele começou a se debater e a gritar. Tex ficou surpreso com o fato de que ele, amordaçado como estava, pudesse fazer tanto barulho. Pat e Leslie entraram no quarto com Rosemary no momento que Tex golpeou a garganta de Leno com a baioneta. Ele continuou apunhalando Leno, que por alguns momentos gorgolejou "Estou morto, estou morto" até ficar imóvel. Tex se certificou de que ele realmente estava.

O ataque e as últimas palavras de Leno foram claramente escutados no quarto em que Rosemary estava. Balançando-se para se libertar, ela gritou: "O que vocês estão fazendo com o meu marido?" A fronha e o fio da extensão ainda estavam em volta do seu pescoço; a corda usada para amordaçar Rosemary também foi atada a outra pesada luminária, que caiu no chão enquanto ela lutava, arrastada pela mulher. Pat fez repetidos esforços para esfaqueá-la e Tex apareceu com a baioneta para acabar com Rosemary enquanto Leslie recuava para o corredor. Quando Rosemary caiu com a luminária e o fio atrás de si, Pat foi até a sala e, em seguida, retornou e disse a Tex que Leno ainda estava vivo. Tex o esfaqueou mais um pouco e, então, um dos dois, Tex ou Pat, cortou a pele do abdômen exposto de Leno até formar a palavra "GUERRA". Pat cravou um longo garfo na barriga do cadáver e introduziu uma pequena faca de cozinha em sua garganta, por baixo da fronha. Charlie queria uma cena de crime espetacular e ela lhe daria uma.

Com o cadáver de Leno suficientemente mutilado, Tex e Pat voltaram sua atenção para Rosemary. Leslie ainda não havia participado além de ajudar Pat a segurar Rosemary no quarto enquanto Tex esfaqueava Leno na sala. Tex então ordenou que ela profanasse o cadáver de sua segunda vítima. Rosemary caiu morta de bruços e teve o vestido e a camisola arrancados de seu corpo. Leslie então a esfaqueou repetidamente nas nádegas e nas pernas. Tex não sentiu entusiasmo nela, mas pelo menos Leslie enfim fazia algo conforme Charlie instruíra.

Em seguida, os três voltaram sua atenção para a cena do crime. Eles apanharam um saco de moedas de 5, 10 e 25 centavos (Leno aparentemente planejava colocá-las entre as raridades de sua coleção). Charlie queria todo o dinheiro que pudesse conseguir. Leslie pegou uma toalha e limpou as impressões digitais de lugares que eles acreditavam que poderiam ter tocado. Eles escreveram "Ascensão" e "Morte aos Porcos", com sangue, nas paredes. Pat acrescentou "Healter Skelter" (em vez de

"Helter") na porta da geladeira. Em algum momento enquanto trabalhavam eles atacaram a geladeira para fazer um lanche – melancia e achocolatado. Eles deixaram as cascas de melancia na pia.

Assim que Charlie dirigiu o Ford para fora da Waverly Drive, ele entregou a carteira de Rosemary LaBianca para Linda no banco da frente. Disse-lhe para tirar todo o dinheiro e limpar todas as impressões digitais. Havia apenas algumas moedas; Linda ficou impressionada com a foto de uma mulher de cabelos escuros sobre a carteira de motorista. Charlie disse que conduziria o carro para um "bairro de cor" (bairro de negros). Ela deveria jogar a carteira pela janela do carro quando ele mandasse. A intenção era que uma pessoa negra a encontrasse, usasse os cartões de crédito e acabasse sendo ligada aos assassinatos da Waverly Drive. Linda esperou pela ordem, mas em vez disso Charlie parou em um posto de gasolina Standard (atual Chevron) em Sylmar; havia um restaurante Denny nas proximidades. Ele disse a Linda para colocar a carteira no banheiro feminino do posto de gasolina; algumas mulheres negras certamente a encontrariam lá. Linda deixou a carteira na pia do banheiro. Enquanto ela executava a tarefa, Charlie deixou Clem e Susan no carro, caminhou até o restaurante e pediu quatro milk-shakes para viagem.

Com a carteira de Rosemary eliminada de uma forma que poderia incriminar ainda mais os negros, Charlie pareceu ter relaxado um pouco. Ele deixou Linda dirigir novamente, dando indicações casuais que ela seguiu até que chegassem à praia. Chegando lá, Charlie finalmente permitiu que Susan e Clem saíssem do carro e os quatro caminharam um pouco pela areia, com Charlie principalmente focando em Linda, não falando de assassinatos ou Helter Skelter, apenas mantendo uma conversa amigável. Ela contou que descobrira recentemente estar grávida. Charlie ficou tão encantado com a notícia que segurou a mão de Linda enquanto caminhavam. Em certo ponto, um carro de patrulha se aproximou; dois policiais saíram e perguntaram o que eles estavam fazendo. Charlie explicou que ele e seus amigos estavam apenas dando um passeio, o que satisfez os policiais. Charlie, Linda, Susan e Clem retornaram ao Ford e Charlie disse a Linda para conduzir o veículo até Venice. Ele perguntou se ela, Susan ou Clem sabia quem morava lá. Eles responderam que não. Charlie então perguntou a Linda se ela e Sandy Good não conheceram um cara, enquanto pediam esmolas em Venice, há não muito tempo atrás. Linda enfim se lembrou de Saladin Nader – ela e Sandy ficaram no apartamento dele por um tempo. Sim, ela disse a Charlie, e agora que pensou a respeito ela também se lembrou que Nader era algum tipo de ator. Charlie queria saber se ela poderia encontrar o local onde esse ator morava e Linda conseguiu. Quando eles estavam do lado de fora do prédio em Venice, Charlie perguntou se Linda achava que o ator deixaria ela, Susan e Clem entrarem. Linda respondeu que talvez sim e Charlie entregou-lhe uma faca, ordenando que cortasse a garganta do homem. Linda respondeu que não poderia: "Eu não sou você, Charlie". Era o tipo de resposta que poderia ter resultado em uma surra, mas a noite já estava avançada e Charlie queria mais assassinatos antes do amanhecer. Ele pediu para Linda mostrar qual era o apartamento do ator. Entraram pela escada; Linda deliberadamente conduziu Charlie até a porta errada.

Na casa dos LaBianca, Charlie preparara o caminho para os assassinos. Desta vez, ele simplesmente levou Linda, Susan e Clem de volta para fora, onde lhes deu as instruções: Linda bateria na porta. Quando o ator os deixasse entrar, ela cortaria sua garganta e Clem o mataria – Charlie entregou a Clem a arma que levara naquela noite. Charlie não assimilou a recusa anterior de Linda de matar o ator. Esperava que ela fizesse o que ele mandasse. Ele disse que enquanto cometiam o assassinato dirigiria o Ford de volta ao Rancho Spahn. Quando Linda, Clem e Susan terminassem, deveriam pegar carona de volta para o rancho. Mais uma vez, Charlie seria capaz de afirmar que ele, pessoalmente, não matou ninguém – foram os membros da Família, que executavam seus próprios esquemas de assassinatos no estilo *copycat*.

Charlie foi embora e Linda, Susan e Clem voltaram para dentro do prédio e subiram as escadas. Linda foi para uma porta que não era a do ator e bateu. Um estranho sonolento e grogue apareceu e perguntou o que ela queria. Linda disse "Desculpe-me" e fez com que Susan e Clem acreditassem que ela não sabia onde o ator morava. Amanheceria em breve e não havia tempo para entrarem em contato com Charlie e saber se ele queria que ficassem longe de Spahn até que matassem mais alguém. Eles então enterraram a arma na praia e foram de carona para casa.

Ao chegarem no rancho, encontraram Tex, Pat e Leslie, que já haviam retornado. Eles deram a sorte, após uma longa caminhada na Waverly Drive, de pegar carona com um cara que visitara Spahn algumas vezes e tinha uma queda por Leslie. Era um verdadeiro cavalheiro que insistiu em levá-los até lá. Eles então o convidaram para tomar café da manhã no caminho, pagando a refeição com algumas moedas do saco que haviam tomado dos LaBianca. Charlie estava em algum lugar no rancho, mas não procuraram por ele. Ninguém trocou ideias sobre o que haviam feito. Tinha sido uma noite longa e desgastante e todo o mundo só queria dormir.

Na manhã de domingo, os jornais de Los Angeles soltaram manchetes em suas páginas sobre os assassinatos na Cielo. Agora, as histórias incluíam "assassinatos rituais". O *Los Angeles Times* mencionou a prisão de Garretson, a palavra "Porco" escrita na porta da frente com sangue, a "calcinha de biquíni e um sutiã" que Tate estava usando quando foi morta e os "recentes rumores em Hollywood" de que seu casamento com Polanski estava passando por problemas. A polícia deixou claro que "nenhum motivo poderia ser imediatamente determinado".

Charlie acordou em Spahn com um humor terrível. Ele andou ao redor da fazenda, abordando os vários assassinos, a exigir garantias de que eles haviam apagado todas as suas impressões digitais e descartado suas roupas sujas de sangue. Teriam deixado qualquer coisa que pudesse ligar os assassinatos a ele e à Família? Eles lhe asseguraram que cuidaram de tudo.

Os meios de comunicação se reuniram no Palácio da Justiça de Los Angeles na manhã de domingo. As necrópsias dos assassinatos Tate começaram às 9h e a polícia de Los Angeles prometera uma coletiva de imprensa quando acabassem. O legista Thomas Noguchi, que havia realizado um exame de campo nos cinco corpos da Cielo, supervisionava os trabalhos. Foi um processo longo e trabalhoso, pois os corpos estavam muito mutilados. Sharon Tate sofreu 16 facadas, cinco das quais poderiam ter sido fatais. Jay Sebring havia sido baleado uma vez e esfaqueado sete vezes. As facadas em Abigail Folger totalizavam 28. Voytek Frykowski, a vítima que lutou mais arduamente, foi baleado duas vezes, esfaqueado 51 vezes e atingido 13 vezes na cabeça com um objeto pontiagudo. Steve Parent tinha um ferimento de defesa e foi baleado quatro vezes. Algumas balas foram recuperadas dos corpos, todas de calibre .22 disparadas da mesma arma. Cada ferida em cada vítima teve que ser cuidadosamente medida no comprimento e na profundidade, e então gravada. Isso estendeu as necrópsias até o meio da tarde.

Michael McGann, detetive sênior da divisão de homicídios designado para o caso Tate, participou das necrópsias. Ele esperava que não fossem durar muito tempo, mantendo-o longe de sua mesa e de qualquer outra investigação. Isso significou que ele não estava disponível no domingo de manhã, quando dois detetives do gabinete do escritório do xerife de Los Angeles, Paul Whiteley e Charles Guenther, ligaram para falar com quem estava no comando do caso Tate. Eles foram encaminhados para o sargento Jess Buckles, companheiro temporário do McGann. Whiteley e Guenther disseram a Buckles que investigavam um assassinato que tinha paralelos assustadores com os assassinatos na Cielo. Sua vítima, um homem chamado Gary Hinman, também havia sido violentamente esfaqueado até a morte em sua casa, e o assassino ou assassinos escreveram "PORCO POLÍTICO" em uma parede com seu sangue. Havia um suspeito sob custódia chamado Bobby Beausoleil; ele era um cara muito estranho que morava em um velho rancho de filmes fora de Los Angeles com um grupo liderado por alguém chamado Charlie. Havia um monte de gente convencida de que ele era Jesus Cristo. Os policiais do condado queriam conversar e investigar se os assassinatos de Hinman e Tate estavam ligados. Buckles disse que não havia sentido desperdiçar o tempo de todos. A polícia de Los Angeles já estava certa de que os assassinatos de Tate estavam relacionados com drogas, por isso obrigado por ligar e boa sorte no seu caso. Mais tarde, McGann ficou sabendo sobre a chamada e perguntou a Buckles o que Whiteley e Guenther queriam. Buckles disse "Não foi nada" e McGann deixou passar. Graças a isso, Jess Buckles frustrou as esperanças de Charlie de que os assassinatos de Tate fossem ligados ao de Hinman e atrasou os esforços da polícia de Los Angeles para resolver os assassinatos Tate.

A resposta de Buckles para os detetives do condado refletia com precisão a teoria de trabalho do LAPD. A maconha encontrada na Cielo não parecia significativa. Praticamente todo o mundo nos círculos de entretenimento de L.A. fumava um pouco da erva. Mas Frykowski tinha, há algum tempo, sido um suspeito das autoridades em negociação de drogas mais pesadas. O FBI chegou a sugerir que a Alfândega investigasse um carregamento de bens de consumo enviado por mar, da Inglaterra para os EUA, destinado a Frykowski e Polanski, uma vez que, de acordo com o FBI, "relatos da imprensa indicam remessa de entorpecentes relacionada com este caso [Tate]". Nada novo veio dessa investigação, mas no domingo, 10 de agosto, o LAPD sentiu que eles descobririam evidências ligando algum traficante de drogas aos assassinatos Tate. Essa teoria foi reforçada quando um polígrafo utilizado no domingo à tarde eliminou Garretson como suspeito. Os investigadores ainda não acreditavam que o rapaz de 19 anos nada ouvira enquanto cinco assassinatos estavam sendo cometidos a alguns metros da casa de hóspedes na Cielo – ele provavelmente se encolhera de medo enquanto as vítimas estavam sendo massacradas. Mas agora estavam certos de que Garretson não havia assassinado ninguém e então uma das primeiras coisas que o porta-voz do LAPD tinha a dizer à mídia era que seu principal suspeito fora inocentado e liberado.

Enquanto Noguchi finalmente concluía a necrópsia no Palácio da Justiça, um amigo de Tex Watson de L.A. o contatou em Spahn para dizer que recebera um telefonema de Elizabeth Watson, sua mãe. A sra. Watson estava preocupada, pois não tinha notícias de seu filho havia seis meses – poderia o amigo pelo menos tranquilizá-la dizendo-lhe que estava bem? Tex contou a Charlie sobre a mensagem de seu amigo. Os membros da Família geralmente não tinham quaisquer contatos com seus parentes a menos que Charlie desse a permissão. Charlie estava distraído com as preocupações sobre as impressões digitais negligenciadas e outras pistas possíveis e retrucou que Tex deveria retornar para sua mãe.

Tex, paranoico com todas as drogas pesadas que estava ingerindo e os pensamentos de que em duas noites havia matado sete pessoas, convenceu-se de que sua mãe fora contatada pelo FBI. Talvez eles tivessem encontrado suas impressões digitais na Cielo ou na Waverly Drive. Ele não ligou para a mãe de volta, mas disse a Charlie que o fez e que ela contara que o FBI entrou pela casa procurando Tex. Charlie ficou atordoado. Ele já estava paranoico com potenciais ataques dos Panteras Negras e apreensivo por conta do LAPD. Agora, o FBI estava em seus calcanhares. Mesmo se tivesse planejado mais algum assassinato estilo *copycat* em Los Angeles, esta última notícia o teria feito mudar de ideia. Charlie disse a todos para focar nos preparativos de mudança para o Rancho Barker, no Vale da Morte. Eles levariam suas coisas e algum dinheiro e, assim que possível, sairiam para o deserto, onde encontrariam o poço sem fundo e estariam a salvo das perseguições.

• • •

Rudi Altobelli foi informado dos assassinatos e voou de volta para Los Angeles, chegando no domingo à noite. Ele não teve vontade alguma de visitar a cena do crime, então perguntou aos seus amigos Terry Melcher e Candy Bergen se poderia ficar com eles em sua casa de praia. Mas Altobelli ficou preocupado que, assim que a polícia terminasse de vasculhar a casa no morro em busca de pistas, ela fosse invadida por catadores em busca de recordações macabras. Então ligou para Gregg Jakobson e perguntou se podia se mudar para a Cielo por um tempo. Jakobson o fez, mas o lugar o assustou muito e ele permaneceu por apenas alguns dias.

Roman Polanski também voltou para Los Angeles na noite de domingo. Ele fez uma breve declaração à imprensa alertando o público para não prestar atenção em boatos sensacionalistas da mídia, então se isolou em um apartamento no complexo dos estúdios da Paramount. O LAPD pediu-lhe para fazer um teste no detector de mentiras a respeito dos assassinatos na Cielo. Ele cooperou e foi eliminado de ser um suspeito potencial.

Por volta de 20h30, no domingo, Frank Struthers chegou em casa na Waverly Drive. Ele foi deixado na rua e começou a subir a longa entrada, de onde viu que seu padrasto, Leno, havia deixado a lancha do lado de fora em vez de colocá-la na garagem, como de costume. Isso incomodou o rapaz, bem como o fato de que todas as persianas estavam puxadas para baixo. Ele bateu na porta de trás em vez de caminhar para dentro; não houve resposta. Realmente preocupado, Frank foi até um telefone público nas proximidades e chamou sua irmã mais velha, Suzanne, que foi encontrar Frank junto com Joe Dorgan, seu namorado. Os três voltaram para a casa na Waverly e entraram pela porta dos fundos. Suzanne ficou na cozinha, enquanto Joe e Frank foram até as salas de jantar e de estar, onde viram o corpo de Leno no chão. Havia algo enfiado em seu estômago. Eles voltaram para a cozinha e disseram a Suzanne que as coisas estavam bem, mas que precisavam sair de lá imediatamente. Suzanne sabia que algo estava errado; além dos olhares em seus rostos, ela notara algumas palavras escritas na porta da geladeira, aparentemente com tinta vermelha.

Os vizinhos ajudaram Joe, Suzanne e Frank a chamarem a polícia. Os policiais chegaram um pouco depois das 22h30. Entrando na casa, viram Leno na sala de estar e encontraram Rosemary no quarto. O estado dos corpos era repugnante. Eles haviam sido esfaqueados inúmeras vezes; o garfo na barriga de Leno e a palavra "GUERRA" entalhada em seu abdômen ajudavam a formar o quadro nauseante. Os policiais notaram "Morte para os Porcos" e "Ascensão" rabiscadas com sangue nas paredes e "Healter [sic] Skelter" na porta da geladeira. Eles chamaram uma ambulância e detetives.

Danny Galindo ainda estava na sede principal do LAPD no Parker Center, escrevendo relatórios sobre a investigação preliminar dos assassinatos na Cielo. Ele recebeu um telefonema de um amigo jornalista, informando-o que "temos mais um daqueles malditos [assassinatos], exatamente igual ao que você está cobrindo". O repórter disse para Galindo que este último fora ainda mais revoltante. Uma das vítimas tinha uma faca encravada ao lado de sua garganta. Galindo mal desligou e o telefone tocou novamente. Desta vez, um supervisor ordenou-lhe que fosse para Waverly Drive. Ao chegar ao local, Galindo foi atingido pelas semelhanças entre os assassinatos ocorridos lá e na Cielo. O LAPD não queria que ninguém falasse com a imprensa, mas a mídia ficara sabendo dos assassinatos na Waverly ouvindo a frequência do rádio da polícia e assim um monte de jornalistas se aglomerou na rua. Eles encheram Galindo de perguntas, querendo saber se esses assassinatos estavam relacionados com os cinco anteriores. Galindo disse a um repórter da TV: "Eu acho que é mais um caso estilo *copycat*". As pistas pareciam levar aos mesmos assassinos sádicos que atacaram em duas noites seguidas em bairros tão amplamente separados geográfica e socialmente. Mas o instinto imediato de Galindo, partilhado pelos superiores do LAPD e colegas policiais, era que algum filho da puta doente tinha lido sobre os assassinatos Tate e não conseguiu resistir, imitando-os.

A imprensa pediu a outros oficiais comentários sobre a cena do crime e alguns ofereceram informações das gravações. Foi logo de conhecimento comum entre os meios de comunicação que havia mais palavras escritas em sangue neste segundo local de assassinato, "Morte para os Porcos" e "Ascensão." Mas de alguma forma não souberam sobre "Healter Skelter" na porta da geladeira.

Na segunda-feira de manhã, 11 de agosto, os moradores de Los Angeles pegaram seus jornais e souberam que houve uma segunda cena de assassinatos incomuns: "Um casal de Los Feliz foi encontrado morto na noite de domingo sob circunstâncias bizarras, o que fez a polícia afirmar que pode haver conexão com o estranho ritual de assassinato da atriz Sharon Tate e de quatro outros em Benedict Canyon". A cobertura de notícias enfatizou que o mesmo tipo de palavras foi escrito com sangue em ambas as cenas de crimes.

Assim que o LAPD concluiu que os assassinatos na Cielo estavam relacionados às drogas, eles rapidamente pensaram que havia um motivo claro para os assassinatos dos LaBianca também. Leno devia uma quantia significativa de dinheiro – quase 250 mil dólares – em apostas. Um ex-parceiro de negócios contou à polícia que Leno também poderia ter caído em conflito com a máfia. Essas informações acabaram num beco sem saída, mas tiveram tempo para se espalhar.

Desde o início, os casos de Tate e LaBianca foram prejudicados pela falta de vontade das equipes de investigação em compartilhar informações. Os detetives do caso Tate eram mais velhos, veteranos da divisão de homicídios, que acreditavam não existir um substituto para a experiência de campo. A equipe LaBianca era composta por detetives mais jovens que gostavam de empregar as mais recentes ferramentas tecnológicas. Eles frequentemente operavam a partir do mesmo esquadrão, mas nunca efetivamente cooperaram. A administração do LAPD não estava preocupada – afinal, os casos realmente não tinham nada a ver um com o outro, pelo menos em termos de autoria. *Copycat*? Talvez. O mesmo autor ou autores? Não.

O medo era generalizado em Los Angeles na segunda-feira. A carnificina na Cielo propagou ondas de pânico pelos ricos enclaves da cidade. Mesmo cercas eletrônicas não foram suficientes para manter as pessoas seguras. Antes do assassinato de Sharon Tate, as lojas de artigos esportivos em Beverly Hills vendiam apenas algumas armas de fogo por dia. Nos dois dias desde a sua morte, uma loja vendeu duzentas. Cães de guarda eram colocados à venda por 200 dólares, mas agora o preço havia saltado para 1.500. Para as pessoas mais modestas, os assassinatos LaBianca eram muito mais aterrorizantes do que os eventos sangrentos na Cielo. Era mais excitante do que assustador para o público em geral compreender que uma estrela de cinema havia sido morta em circunstâncias terríveis. Mas Leno LaBianca e sua esposa eram proprietários de pequenas empresas, pessoas comuns, e se assassinos insanos haviam perseguido e assassinado o casal, então ninguém estava a salvo. Por toda a cidade, todos esperavam por cada reportagem.

Charlie Manson queria que os assassinatos resultassem em pânico generalizado e, no sentido mais estrito, ele conseguiu o que queria. Mas não foi o pânico racial incendiário que ele almejara. Charlie leu os artigos sobre os assassinatos Tate e LaBianca e nenhum fazia qualquer menção aos Panteras Negras como potenciais agressores. Ele não conseguia entender o motivo – eles haviam deixado as palavras de sangue e Bobby Beausoleil até imitou o símbolo, a pata da pantera, na parede de Gary Hinman. A tensão racial continuava em alta em L.A. Qual era o problema com os policiais, com a mídia? Como eles poderiam deixar passar algo tão óbvio?

Mas era Charlie quem tinha perdido o óbvio. Em outras grandes cidades norte-americanas – Nova York, Chicago, Washington – em 1969, negros e brancos se misturavam livremente, como parte da vida diária no metrô, nas lojas, nas esquinas. Mas L.A. era única – suas estradas e expansões efetivamente acabaram separando uma raça da outra.

Watts podia explodir em chamas, mas um carro de militantes negros armados na Cielo ou na Waverly Drive seria motivo imediato para ligar para a polícia. Charlie se lembrou dos Panteras Negras discutindo com transeuntes brancos sobre contribuições em Berkeley e São Francisco. A maioria das pessoas brancas que vivia em Bel Air e Los Feliz provavelmente nunca viu um Pantera Negra. Com todo o esquema de Charlie para instigar Helter Skelter, o LAPD e os meios de comunicação nunca consideraram que os assassinatos Tate ou LaBianca pudessem ter motivação racial. Nesse sentido crítico, sua trama havia falhado.

Ainda assim, Charlie usou a cobertura da imprensa para enfatizar que, com sua liderança, a Família tinha feito uma coisa grande e importante. Ele geralmente proibia jornais em Spahn, mas agora vibrava com os jornais da cidade e as suas enormes manchetes alarmistas e proclamou aos seus seguidores: "Começou". Talvez ainda não o Helter Skelter profetizado pelos Beatles e pela Bíblia, mas ainda era a gênese da violência generalizada. Eles tinham que sair da cidade rapidamente por causa do Apocalipse. Ninguém questionou Charlie quando ele insistiu que as pessoas logo iriam pegá-los em Spahn.

Ele estava certo.

Durante meses, os homens da lei do condado de Los Angeles ouviram rumores de atividades ilegais com carros no Rancho Spahn – carros roubados e, em particular, uso de drogas. A batida no início de abril não rendera resultados satisfatórios. Agora eles decidiram tentar novamente, desta vez uma maciça invasão surpresa incorporando helicópteros, policiais a cavalo, para perseguir suspeitos nas colinas do rancho onde os carros não podiam ir, e mais de uma centena de pessoas, de modo que cada centímetro de Spahn fosse investigado. Um mandado judicial autorizou a realização da operação de busca e apreensão na quarta-feira, 13 de agosto, mas a operação foi inexplicavelmente adiada para sábado.

Charlie enviou Linda Kasabian para visitar Bobby Beausoleil na cadeia do condado. Aparentemente, os assassinatos Tate e LaBianca no estilo *copycat* não seriam ligados ao assassinato de Gary Hinman e Charlie precisava pensar em alguma outra maneira de manter Beausoleil tranquilo, pelo menos até que Charlie e a Família se perdessem nos resíduos do Vale da Morte. A mensagem de Charlie que Linda deveria transmitir era breve: "Não diga nada. Tudo está bem". Mas, quando chegou à cadeia do condado, ela não tinha nenhuma identificação e não a deixaram entrar.

Charlie estava muito menos preocupado com os dois membros da Família sob custódia do LAPD. Mary Brunner e Sandy Good ainda estavam detidas sob a acusação de usar cartões de crédito roubados, mas Charlie não tinha tempo a perder com o aumento de sua fiança. Sandy agora estava no fim da gravidez e em uma audiência preliminar naquela semana foi liberada. Ela imediatamente voltou para a Família em Spahn. Mas o tribunal manteve Mary em custódia com uma nova acusação de falsificação. Ela deveria permanecer na prisão até setembro, quando foi concedida uma liberdade condicional.

Antecipando-se ao deslocamento da Família para o deserto, Charlie enviou alguns membros na frente para o Vale da Morte. Parecia uma boa ideia manter Tex longe de Spahn, caso o FBI aparecesse por lá procurando por ele. Dianne Lake o acompanhou - Stephanie Schram a substituíra como namorada não oficial de Charlie. Eles tiveram um momento desconfortável enquanto esperavam o resto da Família para se juntar a eles. Tex estava com uma postura ambivalente em relação a permanecer no grupo. Ele pensou muito sobre ligar para seus pais e pedir uma passagem aérea para casa. Dianne, com apenas 15 anos, foi pega por um delegado de Shoshone, que pensou que ela era uma fugitiva. Dianne finalmente convenceu-o de que tinha 19 anos e foi liberada. Tex foi questionado pelo mesmo delegado quando foi pego nadando nu em uma vala de irrigação. Com um humor brincalhão, Tex deu ao homem da lei sua idade e data de nascimento corretos, mas disse que seu nome era Charles Montgomery. E o delegado assim escreveu.

• • •

Sharon Tate se tornou uma das mais famosas atrizes de sua geração - postumamente. Na terça-feira, 12 de agosto, *Valley of the Dolls* foi relançado em nível nacional, o mesmo acontecendo com outros filmes em que ela teve pequenas participações. Por toda a América, Tate recebeu a homenagem máxima para uma estrela - seu nome estava acima do título nas marquises dos cinemas.

No mesmo dia, um visitante apareceu no Rancho Spahn. Com seu cabelo curto e mãos limpas, Al Springer não lembrava um motoqueiro, mas era um leal membro dos Straight Satans, que pareciam todos iguais. Os Satans não estavam felizes com Charlie nem com a Família desde a malfadada transação de drogas com Bobby Beausoleil; com uma única exceção, desde então eles raramente apareciam no rancho. Danny DeCarlo, o tesoureiro dos Satans, ainda vivia no rancho se divertindo com as mulheres da Família e ajudando a converter carros em buggies. Springer foi para Spahn convencer DeCarlo a ir embora, mas acabou virando alvo em um campo de recrutamento de Charlie, que se imaginava comandando um exército de motoqueiros no deserto, foras da lei andando de motos ou dirigindo buggies e lutando contra todos os inimigos da Família. Charlie disse a Springer que poderia ter todas as garotas que quisesse se permanecesse em Spahn. Springer tentou colocar Charlie em seu lugar perguntando como ele conseguia suportar tantas mulheres ao mesmo tempo.

Charlie não conseguiu resistir de se gabar. Ele disse a Springer que gostava de sair à noite com o seu cutelo, aquele que costumava pertencer aos Straight Satans. Ele batia nas portas de bairros luxuosos e cortava as pessoas que o atendiam. Charlie alegou ter "apenas na outra noite derrubado cinco deles". Parecia um absurdo para Springer, mas DeCarlo disse que era verdade e que havia mais – DeCarlo ouvira falar de Tex e Clem e como eles assassinaram um cara chamado Henland, além de "um negro". Charlie supostamente cortou a orelha de Henland fora com sua espada e atirou no outro homem com um calibre .22 de cano longo.

Springer não tinha interesse em deixar os Satans para ficar com a Família. Ele era muito exigente e achou que os barracos no rancho estavam sujos e as mulheres infectadas. Mas ficou um pouco mais, ouvindo Charlie tagarelar. Em algum momento, alguém mencionou ter escrito uma palavra em uma geladeira, algo sobre porcos ou negros, Springer não entendeu direito o quê. Mas Charlie e os outros foram muito claros ao dizer que planejaram essas coisas com o objetivo de colocar a culpa nos Panteras Negras. Ele não tinha nenhuma dúvida sobre isso. Springer não ignorou Charlie exatamente. Droga, DeCarlo disse que estava com medo de que, se fosse embora, a Família pudesse matá-lo. Eles não gostavam de desertores. Springer foi evasivo e levou ao conhecimento dos outros Satans que DeCarlo sentia que Charlie não o deixaria partir. Isso os irritou de verdade; eles começaram a planejar como iriam até Spahn para pegar seu amigo de volta, com Charlie e seu pessoal querendo ou não.

Linda Kasabian não aguentava mais. Por duas noites ela participara de uma onda de assassinatos e agora acreditava que os outros membros da Família eram "pequenos robôs", totalmente sob o demoníaco controle de Charlie. Quando Charlie disse-lhe para voltar até a cadeia do condado e tentar novamente ver Bobby Beausoleil a fim de levar o recado de que tinha de manter a calma, Linda concordou prontamente. Ela pegou um carro emprestado e deixou Spahn, mas em vez de dirigir para L.A. foi para o Novo México, onde seu ex-marido, Bob, ainda estava morando. Além do risco que corria de ser pega por Charlie, Linda assumiu um risco adicional, deixando sua filha, Tanya, para trás com a Família. Ela apostou que não importava o quanto todos ficassem com raiva dela, eles pareciam amar e se importar muito com crianças.

Linda encontrou Bob e contou-lhe tudo, incluindo os assassinatos Tate. Ele queria voltar com ela para o rancho imediatamente, para que pudessem resgatar Tanya, mas Linda estava convencida de que Charlie os mataria se tentassem. Durante vários dias eles discutiram sobre isso.

A mídia de L.A. saturou os telespectadores e leitores com a cobertura ininterrupta dos assassinatos Tate. Com exceção de alguns artigos curtos, Leno e Rosemary LaBianca desapareceram. Em 13 de agosto, leitores do *Los Angeles Times* ficaram sabendo sobre a quantidade substancial de drogas encontrada na cena do crime na Cielo (em contradição direta com a história original do *Times* de 10 de agosto, que afirmou que "narcóticos não foram encontrados"); no dia 14, o *Times* descreveu em detalhes o funeral de Sharon Tate, listando as muitas estrelas na multidão de pessoas que foram chorar por ela. No dia 15, o *Los Angeles Times* informou que autoridades federais agora "admitiam" estar focando as investigações Tate em drogas "e dívidas de jogo". Aparentemente, através de um vazamento, o jornal misturou por acidente o caso Tate com o caso LaBianca.

O grande interesse nos assassinatos em L.A. foi interrompido por quatro dias a partir de 15 de agosto. Quatrocentas mil pessoas, a maioria delas jovens de cabelos compridos, se reuniram em uma fazenda ao norte do estado de Nova York para o festival de música de Woodstock. A multidão e o festival estavam em uma escala diferente de qualquer outra coisa. O festival comemorou a consciência hippie de paz e amor, tanto quanto ou mais do que a música em si. Quando o líder Yippie Abbie Hoffman tentou interromper o show do The Who com a sua retórica política,[1] a banda jogou-o para fora do palco sem cerimônia. Houve uma longa chuva torrencial, mas em vez de correr para se esconder,

1 Após a música "Pinball Wizard", enquanto o guitarrista do The Who Pete Townshend afinava sua guitarra, Abbie Hoffman entrou no palco, pegou o microfone e disse: "Acho isso um monte de merda! Enquanto isso, John Sinclair apodrece na prisão!" Hoffman se referia ao líder do Partido dos Panteras Brancas e produtor da banda de rock MC5, que havia sido preso e condenado a nove anos de prisão por posse de maconha. Irritado com a invasão ao palco, Townshend o golpeou com a guitarra e gritou: "Foda-se! Sai da porra do meu palco!"

muitos jovens preferiram brincar na lama. Alguns conservadores durões zombaram de suas atitudes. "Vejam esses dopados de cabelos compridos, eles não têm bom senso suficiente para sair da chuva." Mas, para grande parte do país, Woodstock foi um lembrete suave de que, em meio à trágica notícia dos assassinatos em Los Angeles e o impasse no Vietnã, ainda era possível para os jovens se reunir e se divertir, em vez de protestar ou causar tumultos. Talvez os hippies fossem realmente dóceis e inofensivos, afinal.

Na sexta-feira à noite, 15 de agosto, o Rancho Spahn tornou-se a antítese do Woodstock paz e amor: oito ou nove Straight Satans apareceram roncando suas motos para resgatar Danny DeCarlo e chutar o traseiro de Charlie Manson. Os Satans pularam de suas motos e foram à procura de Charlie, que acreditavam estar encolhido em algum lugar. Em vez disso, mais tranquilo do que nunca, ele caminhou até os motoqueiros e os cumprimentou calorosamente. Isso os pegou desprevenidos. Quando eles ameaçaram arrebentar todo o rancho, Charlie ignorou a ameaça e ofereceu-lhes comida e drogas. As mulheres da Família apareceram, agindo amigavelmente, e alguns dos Satans saíram com elas para se divertir. Depois de um tempo, os motoqueiros se reuniram e lembraram por que foram até lá. DeCarlo estava no rancho em algum lugar e eles exigiram que fosse levado a sua presença. Foi quando Charlie, ainda agradável, mas também firme, mencionou que os homens da Família estavam em cima do telhado no set de filmagem. Eles tinham armas apontadas e iriam atirar se Charlie desse a ordem. Al Springer checou as espingardas que Charlie havia lhe mostrado em uma das cabanas. Com certeza, algumas das armas estavam faltando. Assim, os Satans vociferaram por algum tempo, mas, em seguida, partiram em suas motos, desviando da conversa mole do fanfarrão que pretendiam socar até que ficasse irreconhecível ou perdesse muito sangue. Como um gesto para manter as aparências, eles levaram de volta a espada que Charlie tanto amava e deixaram para trás um dos seus membros – Robert Reinhard deveria encontrar DeCarlo de manhã e tirá-lo de Spahn, mas ele não teve essa chance.

Ao amanhecer, no sábado, todos no rancho foram acordados pelo barulho de helicópteros pairando e megafones estridentes dando ordens para saírem das construções com as mãos para cima. A batida se estendeu por horas – levou muito tempo para localizar as dezenas de veículos escondidos nas remotas seções do rancho. Os membros da Família haviam construído esconderijos elaborados nas moitas e barrancos. Finalmente, todos os carros foram encontrados e apreendidos, incluindo o Ford 1959 de Johnny Swartz, e todos os membros da Família ficaram sob custódia, menos um. Os policiais do condado ainda não tinham apanhado Charlie, que acreditavam ser o líder. Continuaram procurando até que alguém finalmente o viu escondido sob uma das edificações do set de filmagem. Charlie foi arrastado para fora e informado de que todos seriam presos por roubo de carros. Seus captores não conseguiam entender por que o homenzinho desalinhado parecia tão aliviado. Eles arrastaram seus prisioneiros – 26 ao todo – para a cadeia. Havia sido um bom trabalho.

Por volta da mesma hora, no sábado, a equipe de Explosivos e Armas de Fogo do LAPD usou os pedaços quebrados do cabo da arma encontrados na cena do crime para identificar a marca específica utilizada nos assassinatos Tate. Era uma Hi Standard Longhorn calibre .22, apelidada de Buntline Special. Foi um passo importante na investigação Tate – agora os detetives poderiam consultar os donos das lojas de armas para ver quem poderia ter comprado esse modelo ou se uma dessas armas havia sido penhorada, vendida ou encontrada em algum lugar após o dia 9 de agosto.

Ávidos por novas informações – além de descobrir o modelo da arma usada na Cielo, o LAPD tinha feito muito pouco progresso –, os jornais de L.A. encheram suas páginas com especulações. Em 16 de agosto, o *Los Angeles Times* revelou que um informante indicara à polícia três possíveis suspeitos dos assassinatos Tate. Era verdade: ao longo das semanas seguintes, os investigadores acompanharam freneticamente desde as pistas mais vagas até as mais prováveis. Nenhum desses suspeitos marginais era o cara. Depois de ter sido inocentado de qualquer envolvimento, Roman Polanski anunciou uma recompensa de 25 mil dólares para qualquer pessoa com informações levassem à captura e à condenação dos assassinos de Tate. Por causa da quantia significativa e por conta da ampla divulgação de que algumas estrelas conhecidas de Hollywood contribuíram com o dinheiro, a notícia da recompensa incentivou dicas ainda mais improváveis para a polícia.

No domingo, 17 de agosto, a seção de notícias locais do *Los Angeles Times* apresentou uma retrospectiva: "Anatomia de um assassinato em massa em Hollywood". Muito menos proeminente era um artigo de apenas uma coluna, "Casal LaBianca, vítimas de um assassino, recebem ritos finais". Uma história ainda menor informou aos leitores: "Polícia ataca rancho, 26 suspeitos presos por roubo de carros". Sem saber, o *Times* tinha as sete vítimas e seus assassinos juntos na mesma página.

Na segunda-feira, todas as acusações contra Charlie e seus seguidores foram retiradas e eles foram libertados. A data relativa ao mandado de busca e apreensão nunca foi alterada de 13 para 16 de agosto, tornando-se ilegal. A maioria dos carros recuperados durante a batida era roubada, mas não havia nenhuma maneira de provar a culpa dos prisioneiros, cada qual em sua instância. A Família foi autorizada a voltar para Spahn, com exceção das crianças – incluindo a filha de Linda, Tanya. Os oficiais do condado estavam preocupados com as condições de vida na fazenda e as crianças permaneceram em um orfanato.

Enquanto isso, no Novo México, Linda Kasabian estava desesperada para conseguir seu bebê de volta e para não cair nas garras de Charlie. Bob não era de grande ajuda. Não importava o quanto ela explicasse sobre os assassinatos Tate, ele ainda pensava que poderia apenas dirigir até Los Angeles e recuperar Tanya, como se ela estivesse na casa de uma babá. Linda convenceu Joe Sage, um monge zen de Taos, a ligar para Charlie em seu nome. Ela contou tudo a Joe e mesmo assim ele ficou muito calmo a respeito. Ele ligou para o rancho e perguntou a Charlie se a história de Linda sobre os assassinatos era verdade. Charlie respondeu que Linda era uma garota surtada que ficou muito estranha e fugiu. Ela estava com medo de falar com Charlie, mas conversou com Pat, que a repreendeu por abrir sua boca grande. Em seguida, outra mulher da Família – Linda achou que era Squeaky – lhe disse que o condado mantinha Tanya em um orfanato. Linda poderia incomodá-los agora. Ela entrou em contato com o condado e teve que passar por uma série de entraves burocráticos antes que Tanya lhe fosse entregue. Mas Linda não disse nada às autoridades sobre os assassinatos na Cielo ou na Waverly Drive, pois, se o fizesse, no mínimo seria considerada cúmplice.

Havia tanta especulação varrendo a cidade sobre os assassinatos Tate que a polícia de Los Angeles se sentiu obrigada a divulgar um quadro de itens de "esclarecimento":

1. Entorpecentes foram encontrados no local [em Cielo].
2. Nenhum dos corpos tinha ferimentos nos órgãos sexuais.
3. A palavra "PORCO", escrita com sangue, foi encontrada no local. As letras eram "P-I-G" e não "P-I-C". [Rumores davam conta de que "Pic" podia ser o nome do assassino.]
4. No momento, não há nenhuma evidência que conecte esses assassinatos com quaisquer outros.

Os esclarecimentos não tiveram efeito sobre os rumores.

A invasão dos Straight Satans e a batida das autoridades do condado de Los Angeles fizeram com que todos em Spahn ficassem paranoicos, Charlie mais do que todos. Ele ainda acreditava que os Panteras Negras pudessem atacar a qualquer momento e a polícia de Los Angeles e o FBI deveriam estar à espreita também. Charlie nunca encontrou falhas em si mesmo – seus planos eram sempre perfeitos; seus seguidores e os vários dependentes em Spahn não – e então olhou em volta à procura de bodes expiatórios. Ele selecionou dois. Danny DeCarlo foi o primeiro. Charlie esperava que usando as mulheres da Família para conquistar DeCarlo isto resultaria no recrutamento do restante dos Satans, como uma espécie de unidade de cavalaria da Família. Depois do que aconteceu na sexta-feira, isso claramente não ia acontecer, provavelmente por causa de DeCarlo. DeCarlo havia sido preso na batida do condado, mas voltou para Spahn com todo o mundo. Charlie já fizera com que ele não fosse tratado como um convidado bem-vindo e futuro membro da Família; as mulheres rejeitaram seus avanços e quando ele tentava ser camarada os homens se afastavam. DeCarlo havia passado muito tempo saindo com Charlie; ele o tinha visto perder a cabeça e usar de violência. Começando no final de julho, após Gary Hinman, ele já ouvira toda a conversa sobre os assassinatos. Ele então fazia o seu melhor para ficar fora do caminho de Charlie e, pelo menos por um tempo, evitou a sua ira.

Shorty Shea não teve tanta sorte.

Até certo ponto, Charlie entendia por que os Straight Satans tinham ido ao rancho. Eles estavam cismados com o negócio da droga em julho e queriam Danny DeCarlo, seu tesoureiro do clube, de volta no covil. Mas ele meditou sobre a batida da polícia do condado de Los Angeles. O Rancho Spahn estava na periferia de seu território e eles já haviam procurado a Família lá recentemente, em abril. Não havia razão evidente para eles estarem de volta tão cedo, a menos que alguém os tivesse avisado sobre os carros roubados e os buggies. Quando Charlie tentou descobrir quem os dedurou, logo pensou em um candidato óbvio. Durante meses, o rancheiro Shorty Shea vinha pedindo para George Spahn expulsar a Família ou até mesmo vender a terra para os incorporadores. Squeaky tinha ouvido Shorty se oferecer para despejar a Família e relatou a Charlie. Fazia sentido que Shorty abrisse o bico sobre os veículos roubados para a polícia do condado, que foi até o rancho e fez seu trabalho sujo.

Charlie e seus seguidores haviam escapado da batida, mas ainda assim foi um golpe terrível para os seus planos de se mudar para o Vale da

Morte. A maioria dos buggies preparados para o uso no Rancho Barker foi confiscada pelo condado. Os carros que permaneceram eram inúteis em terreno desértico. Agora eles teriam de acumular uma nova frota e isso levaria muito tempo – Charlie queria sair de L.A. rápido, antes que outros braços da lei, como o LAPD ou o FBI, fossem atrás dele. Shorty Shea não tinha o direito de causar problemas para Charlie Manson. Ao longo das últimas sete semanas, havia o dedo de Charlie em ataques mortíferos contra nove pessoas. Agora era a vez de uma décima.

Em uma noite no final de agosto, provavelmente no dia 25 ou 26, Shorty Shea entrou em um carro com Charlie, Clem e Bruce Davis. Eles não dirigiram para longe, apenas para algum ponto na propriedade de Spahn. Por volta de 22h, Barbara Hoyt, dormindo em um trailer em um terreno alto no set de filmagem, foi despertada pelo som de um grito. No início, ela pensou ter sido imaginação, mas, em seguida, houve mais gritos que "continuaram acontecendo e acontecendo e acontecendo". Shorty Shea nunca mais foi visto. Bruce Davis teria dito a alguns membros da Família que ele, Clem e Charlie, armados com baionetas compradas de excedentes do Exército, levaram Shea para longe do rancho, de modo que não houvesse testemunhas, e "o desmembraram como se fosse um peru de Natal". Levou algum tempo para Shea morrer e a maior parte da Família acreditava que Charlie havia desmembrado o seu cadáver e enterrado os pedaços ao redor do rancho. Depois, Bruce Davis encheu alguns baús com as posses de Shea, carregados em um automóvel do rancheiro assassinado, e então ele e Gypsy levaram o carro para o Parque Canoga, onde foi abandonado.

Na manhã seguinte, alguns dos outros rancheiros perguntaram a Charlie se ele vira Shorty Shea. Charlie disse que acreditava que Shea viajara para São Francisco: "Contei-lhe sobre um trabalho por lá".

No final de agosto, tanto as equipes de investigações Tate quanto LaBianca prepararam relatórios de progresso para a administração do LAPD. O relatório do esquadrão Tate listou cinco suspeitos – William Garretson e quatro indivíduos sugeridos pelos informantes. Eles observaram que todos os cinco haviam sido descartados. A equipe Tate ainda não tinha explicação para a palavra "PORCO" escrita com sangue na porta da frente da Cielo. O relatório da equipe LaBianca consideravelmente informou mais detalhes, incluindo a especulação sobre as sangrentas palavras "Ascensão", "Morte para os Porcos" e "Healter Skelter" deixadas na Waverly Drive. Mais novos e mais sintonizados com o rock 'n' roll do que os detetives do caso Tate, os investigadores do caso

LaBianca observaram que o mais recente álbum dos Beatles incluía as canções "Helter Skelter", "Blackbird" e "Piggies", e as letras dessas músicas poderiam de alguma forma estar relacionadas com as palavras rabiscadas pelos assassinos. Essa linha de raciocínio não foi enfatizada no relatório e não teve a merecida atenção.

Nenhum dos dois relatórios mencionou qualquer possível conexão entre os dois eventos.

Até o final de agosto, histórias sobre os assassinatos Tate continuaram a aparecer em jornais e revistas de todo o país e o interesse geral continuou. Mas outros eventos violentos invadiram as manchetes e reportagens também, particularmente o primeiro de uma série de explosões de edifícios federais e grandes empresas em todo o país por manifestantes radicais. De 31 de agosto de 1969 até o final de maio de 1970, esses ataques totalizaram quase 250, ou uma média de cerca de um a cada dia. A violência atormentava a América; o terrível assassinato de uma atriz foi incorporado à consciência pública, mas acompanhado de eventos mais brandos, igualmente deploráveis. Somente em L.A. é que a história continuava a dominar a imprensa local. A consciência era de que em algum cantão da cidade os assassinos se escondiam, talvez se preparando para atacar novamente.

Mas, na primeira semana de setembro, isso já não era mais realidade. Apesar de ter sido prejudicado pela falta de buggies, Charlie decidiu que não podia mais esperar. A Família roubou alguns carros – um SUV Toyota vermelho, com tração nas quatro rodas, era o mais apreciado entre eles – para substituir parcialmente a frota perdida na batida da polícia do condado. Charlie colocou a Família nos veículos e levou seus seguidores para o deserto.

CAPÍTULO QUINZE

O Vale da Morte

Por envolver tantas pessoas e cargas de suprimentos, realocar a Família no deserto exigiu várias viagens ao longo de uma semana. Por estar levemente limitado ao seu compromisso com o Vale da Morte, Charlie deixou algumas das mulheres em Spahn, tanto para fornecer-lhe uma base de operações em L.A. como para enviar notícias caso policiais aparecessem procurando por ele. Mas ele e mais de duas dúzias de seus seguidores se mudaram; eles eram muitos para caber nas barracas do Rancho Barker. Alguns invadiram o vizinho Rancho Myers; a avó de Cathy Gillies, que não vivia na propriedade, provavelmente não estava ciente da volta dos visitantes temporários que ela permitira ficar por lá no final de 1968.

Charlie não permitiu a seus seguidores se reajustarem às suas novas e primitivas condições de vida. Desde o momento que chegaram, todos na Família se engajaram em esforços frenéticos na preparação do ataque que Charlie jurava estar por vir. Às vezes, ele era vago sobre quem, exatamente, era o inimigo – outras vezes, ainda eram os militantes negros empenhados em limpar qualquer traço da população branca, mas ele também mencionava "a lei". A questão era que alguma forma de agressão violenta estava por vir e a Família tinha de estar pronta para combatê-la. Poços tiveram de ser escavados para guardar armas e alimentos não perecíveis e bunkers foram improvisados nas encostas. No implacável calor de verão do deserto, o trabalho era árduo, mas aquelas não eram as únicas tarefas impostas por Charlie. Em algum momento, todos os dias, esquadrões de membros da Família tinham que caminhar para o deserto e procurar o poço sem fundo onde Charlie profetizou que todos iriam se esconder até Helter Skelter finalmente acabar e os negros implorarem à Família para que saíssem e governassem o mundo. Charlie continuou descrevendo o poço em detalhes: tudo sobre o túnel superior que os guiaria para baixo até uma grande cidade, como sua atmosfera mágica permitiria que todos evoluíssem para qualquer tipo de seres dos quais eles gostassem e, por fim, a notícia maravilhosa de que ninguém envelheceria enquanto estivesse lá embaixo, de modo que quando voltassem para o mundo da superfície ainda seriam jovens e fortes, prontos para reinarem por um longo tempo sob a direção de Charlie.

Os verdadeiros crentes em Charlie – Squeaky, Sandy, o confuso Clem – levavam sua palavra ao pé da letra. Outros gostavam tanto de suas descrições do poço que não permitiam a si mesmos questionar a veracidade de Charlie; Leslie, em especial, queria se tornar um elfo com asas. Muitos, desgastados pelo trabalho físico e pelas temperaturas sufocantes, concordavam porque estavam exaustos demais para questionar suas ordens. Charlie permaneceu no comando total. À noite, ele reunia todos em volta de fogueiras, distribuía fortes doses de ácido e descrevia o mundo que em breve viria, um lugar onde desfrutariam de todo luxo e onde aquele difícil momento no Vale da Morte seria apenas uma memória distante. Eles deveriam ser gratos a ele, Charlie lembrava. Ele estava se colocando em grande risco para salvá-los. Às vezes, descrevia de forma detalhada como atirou em Lotsapoppa e também mencionava a morte de Shorty Shea, enfatizando que Shorty teve que morrer por ter denunciado a Família. A mensagem subjacente era a de que Charlie mataria qualquer um que o traísse, incluindo membros da Família.

Era um difícil modo de se viver, mas os homens da Família ainda tinham algumas vantagens, ao contrário das mulheres. Os homens serviam como vigias armados, empoleirados na sombra e evitando qualquer movimento enervante sob o sol implacável. Eles eram os primeiros a se servir nas refeições, pegavam as maiores porções e podiam relaxar depois. As mulheres tinham que cortar lenha, cozinhar, comer os restos deixados pelos homens e cuidar das crianças – naquele momento, não havia muitas, apenas o filho de Susan, Ze Zo Ze (que ela roubou de volta dos pais adotivos após a batida a Spahn), e um bebê chamado

Ivan, recentemente entregue por Sandy Good. Mesmo desgastadas a ponto de um colapso, toda mulher era obrigada, sem reclamar, a manter relações sexuais com qualquer homem da Família caso eles exigissem. Para muitas das mulheres, em comparação, a vida em um poço sem fundo soava bem melhor.

Ruth Ann Moorehouse, 17 anos, era uma das poucas mulheres otimistas e cheias de energia. A maioria delas temia ataques antecipados, mas Ruth Ann olhava mais à frente – para ela, seria apenas uma parte da grande aventura, uma que ela não queria perder, já que ainda não tivera a chance de matar alguém por Charlie. Ruth Ann confidenciou a Danny DeCarlo que mal podia esperar para pegar o seu primeiro porco. Aquilo foi demais para DeCarlo, que suspeitou que Charlie estava decidido a eliminá-lo, assim como fez com Shorty Shea. DeCarlo fugiu do Rancho Barker e se escondeu na companhia de alguns de seus velhos parceiros dos Straight Satans, em Venice; por causa de toda aquela "conversa de assassinato" que ouvira em Spahn e no deserto, DeCarlo continuou achando que Charlie fosse capaz de enviar alguém da Família para matá-lo.

Embora DeCarlo tenha corrido, outro indivíduo de fora da Família continuou por perto. O desmedido rancheiro de Spahn, Juan Flynn, acompanhou a Família até o deserto, não para se juntar, mas para saber o que havia acontecido com seu amigo Shorty. Não demorou muito para Juan descobrir – Charlie se gabou sobre o assassinato de Shea, em uma das noites diante da fogueira. Mas Juan não sabia ao certo o que fazer com a informação; claramente, Charlie Manson era um homem perigoso e se Juan fosse até a polícia e Charlie por algum motivo não fosse preso, então ele e seus seguidores iriam de imediato atrás dele. Juan ficou em Barker, sem saber o que fazer.

A conversa de assassinato – cacos e pedaços sobre Tate e LaBianca, a conversa aberta de Charlie sobre matar Lotsapoppa e Shorty Shea – enervou alguns dos membros da Família. Barbara Hoyt ouviu Susan Atkins fofocar com Ruth Ann; ela não prestou atenção até Susan mencionar o nome "Tate". Ela então escutou com um crescente sentimento de horror quando Susan deu detalhes a Ruth Ann sobre Tate ser a última a ser esfaqueada e como, ao morrer, ela chamou pela mãe. Apesar de seu próprio exibicionismo sobre Lotsapoppa e Shorty Shea, Charlie advertira os assassinos de Tate e LaBianca para manterem silêncio. Eles obedeceram até certo ponto; nem Charlie foi capaz de resistir ao cantarolar sobre esses assassinatos para Al Springer, assim como Tex ao contar a Clem e Danny DeCarlo. Susan, em hipótese alguma, nunca poderia deixar de se gabar, exagerando em sua própria importância.

Algumas das garotas mais jovens, como Barbara Hoyt, Stephanie Schram e Kitty Lutesinger, começaram a deixar de lado as questões envolvendo o círculo íntimo de Charlie. Elas sabiam que algumas coisas violentas haviam acontecido, mas não estavam certas de quem se envolvera, nem no quê. Agora, no deserto, elas descobriram sobre Tate e LaBianca, e ficaram assustadas o suficiente para pensar em fugir. Mas era difícil saber para onde correr – mesmo alcançando as construções mais próximas no condado de Inyo, uma caminhada a pé levaria horas e Los Angeles parecia um planeta distante. Além disso, todos sabiam que Charlie poderia encontrá-los em qualquer lugar.

Em 1º de setembro, o mesmo dia que a Família começou seu êxodo para o Vale da Morte, Steven Weiss, 10 anos, viu uma arma caída perto do pulverizador de água no jardim da casa de sua família, em Beverly Glen. O lote da família Weiss acabava em uma das ruas que conectavam a estrada Benedict Canyon com a Cielo Drive. Steven pegou a arma cuidadosamente pela ponta do cano – como fã da série de TV *Dragnet*, sabia que não deveria deixar nenhuma impressão digital na arma. Ele a entregou para o pai, Bernard, que imediatamente chamou o LAPD. O oficial de patrulha que respondeu o chamado verificou que a arma era um Hi Standard Longhorn calibre .22 com o cabo quebrado. O cano estava dobrado; havia sete câmaras vazias e duas com munições no tambor de nove balas. Ele agradeceu aos Weiss e levou a arma até o escritório da Divisão de Serviços em Van Nuys. A arma foi colocada em um envelope e armazenada com a etiqueta "Evidência Encontrada", e foi parar num armário na Seção de Propriedades.

Dois dias depois, com base nos pedaços quebrados de um cabo encontrado na cena de assassinato na Cielo, os investigadores do caso Tate enviaram uma série de panfletos para outros departamentos pedindo qualquer informação sobre um revólver Hi Standard Longhorn .22 porventura descoberto recentemente. Ao todo, eles enviaram a solicitação a trezentos departamentos, incluindo forças policiais distantes, como as do Canadá. Entretanto, os panfletos não chegaram até a Divisão de Serviços de Van Nuys.

Charlie irritou-se com Paul Crockett, que se apossou de Brooks Poston e Little Paul Watkins. Três deles foram abertamente prospectados na área do Rancho Barker – às vezes, Charlie e a Família os encontravam. Ele então resolveu tentar uma cartada para cima de Paul Crockett. Se a cientologia jorrada não poderia converter o rato para a causa da Família, Poston e Watkins certamente retornariam ao rebanho. Charlie fez sua primeira jogada, doutrinando Crockett sobre a iminência de

Helter Skelter e da urgência de encontrar o poço para evitar a aniquilação. Crockett ficou impressionado – não pelas profecias de Charlie em si, mas pela rápida loquacidade com que ele fazia suas previsões apocalípticas. Ele deixou claro que não comprara nada daquilo. Com Crockett capaz de resistir, Poston e Watkins recusavam o cortejo de Charlie, mesmo quando ele se gabou para Watkins que, assim como havia prometido antes, na primavera, mostrara a "Blackie" como Helter Skelter começaria. Charlie também sugeriu a Poston que uma boa maneira de voltar a se juntar à Família e salvar a si mesmo das hordas de negros era matar um líder de assentamento no deserto de Shoshone, um que incomodava Dianne Lake por ela ser menor de idade. Poston se recusou.

Desapontado com Crockett, Charlie quis eliminá-lo. Ele disse a Juan Flynn para demonstrar sua lealdade matando o veterano prospector. Em vez disso, Juan fugiu de Barker para se juntar a Crockett, Poston e Watkins. Para Charlie, isso significou que um guru rival se estabelecera para seduzir seu pessoal de forma sistemática. Ele não gostara disso na época do Haight, portanto, no Vale da Morte, isso não ficaria assim. Alguns membros da Família foram enviados para espionar Crockett e voltar com ideias de como atacá-lo. Crockett supôs que algo estava acontecendo. Ele e alguns outros começaram a pensar em ir embora. Crockett estava relutante em deixar Charlie assustá-lo, mas parecia que o cara era capaz de tudo. Todo o mundo no deserto era estranho, mas esse cara bateu o recorde.

Na edição de 3 de setembro do *Los Angeles Times*, Robert A. Houghton, chefe adjunto do LAPD, admitiu que, apesar de entrevistar mais de três centenas de pessoas, o departamento ainda não tinha um principal suspeito nos assassinatos Tate. Houghton disse que o LAPD suspeitava de mais de um autor, mas era apenas um palpite. O departamento não tinha ideia de onde o assassino ou assassinos estavam "localizados hoje" e Houghton nem sequer desconfiava se poderiam atacar de novo: "Pessoalmente, acho que não. Profissionalmente, não posso descartar".

Os investigadores não estavam sendo preguiçosos ou desleixados. Embora os oficiais designados para os casos Tate e LaBianca pudessem ter feito considerável progresso se compartilhassem informações, individualmente estavam sobrecarregados, o que os impedia de se concentrarem em tempo integral em apenas uma investigação. O ano de 1969 foi bastante violento em Los Angeles. Entre os 169.922 grandes crimes investigados pelo LAPD, 388 eram homicídios, um aumento de 9% em relação ao ano anterior. Não era incomum um investigador trabalhar em vinte casos ao mesmo tempo. Mesmo com tamanha divulgação, isto ainda não era uma desculpa para os investigadores designados para o caso não trabalharem em outras investigações além dos assassinatos Tate.

Ed Davis, chefe de polícia de L.A., pediu paciência, principalmente porque os investigadores estavam cobrindo uma densa e populosa área metropolitana: "Infelizmente, o assassino ou assassinos não deixaram cartões de visitas e este é o tipo de caso em que você começa com 200 milhões de suspeitos".

Em 4 de setembro, Bobby Beausoleil ficou sabendo que seu julgamento pelo assassinato de Gary Hinman começaria em 12 de novembro. As evidências contra ele ainda estavam sendo recolhidas por Whiteley e Guenther, oficiais do condado de Los Angeles. Em particular, eles queriam questionar Kitty Lutesinger, a namorada grávida de Beausoleil, mas ela havia sumido de vista.

Depois de apenas algumas semanas no deserto, os suprimentos de drogas e alimentos da Família começaram a ruir. Perder suas oportunidades noturnas de viagens de ácido era uma coisa, mas quase morrer de fome era outra bem pior. A despensa no Rancho Barker foi reduzida a um saco de arroz, um pouco de leite em pó e um recipiente de canela. Eles fizeram o seu melhor para racionar o que sobrou enquanto Charlie viajava emergencialmente para Los Angeles no ônibus escolar da Família para furtar dinheiro para a comida. Com a despensa de seus seguidores quase vazia, Charlie não tinha tempo para cultivar potenciais novos doadores; ele focou nas pessoas que já conhecia. Dennis Wilson disse que não tinha 1.500 dólares dólares para entregar a Charlie e deu-lhe o pouco que tinha nos bolsos. Gregg Jakobson não tinha dinheiro sobrando, mas advertiu o caótico Charlie, de olhos selvagens, ao voltar para o deserto: "Você não pertence mais à cidade". De alguma forma, Charlie conseguiu arrecadar dinheiro suficiente para encher o ônibus com provisões. Ele correu de volta para o Vale da Morte, todos desfrutaram de uma boa refeição e a crise foi evitada, mas apenas por um tempo. Quando esse novo suprimento de comida acabou, Charlie novamente teve de buscar dinheiro para comprar mais, e este ciclo se repetiria diversas outras vezes. Quanto tempo seus seguidores levariam para perguntar por que Helter Skelter não havia começado e por que eles ainda não haviam encontrado o poço sem fundo que Charlie assegurava estar em algum lugar perto de Goler Wash? A pressão sobre Charlie era constante e implacável. Então algo aconteceu para aborrecê-lo ainda mais.

Charlie acreditava, ou pelo menos esperava fervorosamente, que o Vale da Morte fosse isolado o suficiente para desencorajar seus seguidores a deixá-lo. Mas alguns membros da Família, como Barbara Hoyt e Simi Sherri, decidiram arriscar. Escapulindo dos guardas que Charlie designara, as duas jovens mulheres caminharam por 16 horas através de alguns dos terrenos mais inóspitos do país, finalmente alcançando um armazém geral em Ballarat. Elas pegaram uma carona para Los Angeles, onde Hoyt ficou com a avó, e de lá voltou para a casa da mãe, em Canoga Park. Ela esperava a Família em sua porta a qualquer minuto e dormia de noite segurando a maior faca que tinha em casa. Hoyt contou à mãe tudo o que tinha ouvido sobre os assassinatos de Tate e Shorty Shea, mas ela não acreditou.

Os moradores de L.A. permaneceram ansiosos por notícias sobre o caso Tate. Em 19 de setembro, Thomas Noguchi, legista do condado de Los Angeles, anunciou em uma coletiva de imprensa que tinha certeza de que as cinco vítimas da Cielo morreram nas mãos de mais de um assassino. O objetivo do anúncio era obviamente dar aos meios de comunicação algo além do frustrante fato de que a polícia continuava sem fazer progressos. Além de oferecer sua opinião profissional sobre a existência de "dois, possivelmente três" assassinos, tudo que Noguchi tinha a oferecer eram as bizarras características do crime, que sugeriam "possível psicopatia grave [por parte] de pelo menos um dos assassinos". Ele também mencionou que as drogas "poderiam estar envolvidas". Três dias depois, Joyce Haber, colunista de fofocas do *Los Angeles Times*, narrou a viagem de Roman Polanski em setembro para Nova York, completando com detalhes sobre uma peça da Broadway a que ele assistira e uma parada no restaurante Elaine's. Na cabeça da mídia e do público, a morte de Sharon Tate rapidamente passou de tragédia a entretenimento.

A fuga de Barbara Hoyt e Simi Sherri pegou Charlie de jeito. E se elas fossem as primeiras de muitas? Ele repreendeu seus guardas por deixar as meninas fugirem e reuniu toda a Família para anunciar que qualquer futuro desertor seria recapturado e morto. Ou eles estavam com Charlie, ou contra ele, enfatizou, e ele ainda carregava a autoridade da Bíblia e dos Beatles. Ele levara seus seguidores para o deserto a fim de salvá-los e eles tinham que mostrar o seu apreço sem duvidar ou reclamar.

A melhor maneira para Charlie manter todos na linha foi cansando-os demais para que o questionassem ou fugissem. Ele redobrou os esforços diários para encontrar o poço sem fundo, fazendo seus seguidores investigarem cada penhasco rochoso ou buraco de cobra. Às vezes, suas buscas os levavam até o Monumento Nacional do Vale da Morte, uma área patrulhada pelo Serviço Nacional de Parques. Charlie ensinou a Família que um policial uniformizado era o mesmo que qualquer outra pessoa. Era irritante ter de fugir para o deserto só para encontrar mais porcos uniformizados por lá. Assim como os policiais do condado de Los Angeles e do LAPD, os guardas do parque eram seus inimigos.

No mesmo dia que o legista Noguchi realizou sua coletiva de imprensa, a Família estava à procura do poço sem fundo. Como de costume, eles não o encontraram, mas depararam com algo que os chateou bastante. Ao voltar para o rancho, uma enorme escavadeira bloqueava a estrada pela qual costumavam passar. Depenaram a máquina, tirando peças úteis, jogaram gasolina sobre ela e atearam fogo, um ato de vandalismo intencional que teve consequências previsíveis. Guardas florestais avistaram a fumaça e descobriram marcas de pneus que os levaram diretamente ao amontoado de metal fumegante; eles concluíram que o carro dirigido pelos incendiários era um Toyota com tração nas quatro rodas. Quando os guardas perguntaram aos moradores locais se recentemente viram um carro desses, eles disseram que um bando de hippies vivia lá perto e dirigia um Toyota vermelho com tração nas quatro rodas, mais um ou dois buggies. Os guardas então começaram a procurar os hippies.

Dois dias depois, o guarda florestal Dick Powell estava em patrulha na área quando viu um Toyota vermelho com tração nas quatro rodas; Tex e várias das garotas estavam em um passeio. Tex conseguiu correr para uma moita, mas Powell questionou as garotas antes de deixá-las ir. O guarda registrou o número da placa do Toyota. De volta a seu posto, Powell descobriu que a placa não havia sido registrada para o Toyota. Oficiais locais notificaram a Polícia Rodoviária da Califórnia e planos foram discutidos para enviar uma equipe conjunta ao deserto para encontrar o carro e aqueles que o estavam usando.

Em 23 de setembro, Mary Brunner foi finalmente libertada em condicional após ficar detida cerca de seis semanas por fraude de cartão de crédito. Ela parou brevemente no Rancho Spahn e retornou para sua cidade natal, em Wisconsin, onde sua mãe agora cuidava de Ursinho Puff. A sra. Brunner obteve a custódia da criança no condado de Los Angeles após a batida de 16 de agosto no Rancho Spahn.

O julgamento de David Dellinger, Rennie Davis, Tom Hayden, Abbie Hoffman, Jerry Rubin, Lee Weiner, John Froines e Bobby Seale, conhecidos como Chicago 8, sob acusação de cruzar as linhas do estado para incitar um motim e "engajar-se em atos para incentivo à conspiração" durante a Convenção Nacional Democrata de 1968 começou no tribunal do juiz Julius Hoffman, de Chicago. Além de suas crenças conservadoras fundamentais, o juiz Hoffman era um defensor da etiqueta na corte. Seale, um Pantera Negra, após repetidamente chamar o juiz de racista e porco fascista, foi amarrado e amordaçado em seu assento na mesa da defesa, a mando de Hoffman, que em seguida o condenou a quatro anos de prisão por desacato. O julgamento dos outros sete continuou. Para jovens radicais, o julgamento era o exercício máximo da supressão governamental sobre uma dissidência legítima. Grupos como os Meteorologistas anunciaram publicamente planos de represálias violentas, incluindo "Dias de Ira"[1] com ataques a influentes empresas de Chicago.

O guarda florestal Powell e o policial rodoviário da Califórnia James Pursell dirigiram até o Rancho Barker em 29 de setembro. Embora não tivessem certeza se encontrariam um Toyota vermelho lá, sabiam que hippies estavam vivendo na propriedade. Mas Charlie levara quase todos da Família à procura do poço sem fundo e os oficiais encontraram apenas duas jovens mulheres. Elas deram respostas vagas para as perguntas e não havia nenhum sinal do veículo. Frustrados, Powell e Pursell voltaram para o deserto. Não muito além do Rancho Barker, eles passaram por um caminhão dirigido por Paul Crockett, com Brooks Poston no banco do carona. Os policiais pararam o veículo e perguntaram se os dois homens sabiam de um bando de hippies dirigindo um Toyota vermelho com tração nas quatro rodas. Era a oportunidade que Crockett estava esperando. Ele e Poston jorraram descrições sobre um líder louco chamado Charlie e seus seguidores drogados, de como esses malucos esquisitos tinham suas orgias sexuais e escondiam armas e como Charlie havia convencido todos de que ele representava a Segunda Vinda de Cristo. A Família - que era como eles chamavam a si mesmos - falava sobre matar pessoas e evidentemente o fizeram. Os oficiais tinham o necessário para pegá-los, já que eles eram perigosos. O que Crockett e Poston alegaram parecia inacreditável, mas Powell e Pursell decidiram verificar imediatamente a área ao redor do Rancho Barker. Em um local distante, por trás da propriedade, eles encontraram sete jovens mulheres, a maioria nua. Tentando não olhar muito, Pursell perguntou quem eram e o que estavam fazendo. Uma ruiva magra, que Pursell descobriu mais tarde ser Squeaky Fromme, respondeu animadamente: "Nós somos bandeirantes da região da Baía de São Francisco. Será que você e o guarda gostariam de ser nossos chefes bandeirantes?" Pursell e Powell tentaram questionar as mulheres, mas, da mesma forma como ocorrera com as outras duas garotas questionadas

1 A expressão *Dies irae* ("dia da ira") é extraída da Bíblia: "Esse dia será um dia da ira, dia de angústia e de aflição, dia de ruína e de devastação; dia de trevas e escuridão, dia de nuvens e de névoas espessas, dia de trombeta e de alarme, contra as cidades fortes e as torres elevadas".

anteriormente no rancho, eles receberam apenas respostas vagas e sem sentido. Sem razão válida para prender as sete mulheres, os oficiais relutantemente foram embora. Mas eles continuaram a varredura na área e descobriram dois veículos escondidos sob as lonas. Um deles era um buggy e o outro um Toyota vermelho com tração nas quatro rodas. Ambos os veículos tinham suportes para armas soldados em suas estruturas com um rifle em cada. Os homens da lei anotaram as placas dos veículos e correram de volta até a sede para verificar seus registros. Antes de partir, removeram várias peças do motor do Toyota para inutilizá-lo.

Tão logo os oficiais desapareceram no horizonte, Tex Watson emergiu do seu esconderijo. Usando partes do motor de outro carro, ele substituiu as peças que os oficiais retiraram do Toyota e então dirigiu até as montanhas para se esconder.

Quando Pursell e Powell verificaram os números de identificação dos veículos, descobriram que tanto o Toyota quanto o buggy eram roubados, este último apenas alguns dias antes, subtraído de uma garagem de carros usados de L.A. Pelo que sabiam, no mínimo havia ladrões de carros operando no Rancho Barker. Com base no que foi passado por Paul Crockett e Brooks Poston, talvez houvesse mais. Chefes do Serviço Nacional de Parques, da Polícia Rodoviária da Califórnia e do escritório do xerife do condado de Inyo começaram a elaborar um plano para uma invasão ao rancho.

Crockett e Poston deixaram seu encontro com Powell e Pursell mais encucados do que nunca. Eles contaram sua história aos homens da lei, que pareciam não ter compreendido a enormidade do que ouviram. Charlie e seu bando sanguinário provavelmente estavam em algum lugar e se descobrissem a delação de Crockett e Poston certamente buscariam vingança. Paul Crockett era um homem orgulhoso. Ele odiava a ideia de Charlie Manson fazê-lo dar no pé, mas o bom senso venceu a coragem. Crockett, Poston, Watkins e Flynn foram para bem longe de Goler Walsh, refugiando-se em Independence, um assentamento no condado de Inyo.

Charlie ficou assustado quando soube pelas garotas do encontro com Powell e Pursell, e como tentaram inutilizar o Toyota. Ele não precisava de mais policiais indo atrás dele e da Família. Naquela noite, ele e Tex entraram em um carro e patrulharam a área em volta dos ranchos Barker e Myers. Eles pensaram que poderiam ver à distância os faróis dos veículos dirigidos pelos guardas florestais que estariam à procura deles. Isso foi o suficiente para Charlie. Ele previu que Powell e Pursell poderiam ir até o Rancho Myers. Charlie deu a Tex uma espingarda e ordenou que esperasse no sótão do prédio principal. Quando os homens da lei se aproximassem, Tex deveria explodi-los em pedaços. Charlie foi embora e Tex pegou a arma e subiu para ficar à espreita em um abafado e desconfortável esconderijo.

Setembro havia sido um mês frustrante para os encarregados do LAPD nos casos Tate e LaBianca. Nem sequer apresentaram o relatório mensal. Eles não tinham ideia do que fazer a seguir. O chefe Davis estava fora de si – ter os assassinos de Tate à solta por aí não era bom para a imagem do departamento. Ele queria o anúncio de algo novo – e rápido. Tentando acalmar o chefe, alguém do departamento vazou para a imprensa que a arma usada nos assassinatos na Cielo, e que estava sendo procurada, era uma calibre .22 com o cabo quebrado. Ninguém na divisão de Van Nuys aparentemente prestou atenção nas enxurradas de histórias dos jornais, mas, em Beverly, Glen Bernard Weiss prestou. Seu filho havia encontrado exatamente tal arma e ele chamara o LAPD semanas antes. Mas se era a mesma arma usada no assassinato de Tate, por que os policiais estavam alegando que ainda não a haviam encontrado? Weiss ficou intrigado e decidiu deixar de lado. Ele achava que a polícia sabia o que estavam fazendo.

Tex se cansou de esperar por Pursell e Powell. Enquanto suava no sótão abafado do Rancho Myers, Tex começou a pensar sobre o poço sem fundo e todo o esforço que ele e o resto da Família estavam fazendo para achá-lo. Talvez não existisse nada disso. Talvez Charlie estivesse delirando. Tex não estava mais com vontade de seguir as ordens de Charlie e o líder havia deixado claro que estava pronto para matar qualquer um que não o fizesse.

A Família tinha uma caminhonete estacionada atrás da casa. Tex subiu nela e acelerou para longe do deserto. Na sua cabeça, estava fugindo dos guardas florestais e de Charlie ao mesmo tempo. Ele seguiu até San Bernardino e ligou para os pais pedindo dinheiro para uma passagem de avião até o Texas. Ao encontrá-lo no aeroporto de Dallas, sua irmã insistiu para ele ir até uma barbearia cortar o cabelo e assim parecer mais jovem. A pequena cidade do Texas não tinha tolerância para cabelos longos.

Em 3 de outubro, Crockett e Poston se encontraram em Independence com Don Ward, xerife do condado de Inyo. O contato anterior perto do Rancho Barker foi rápido. Desta vez, eles conversaram em detalhes sobre Charlie e a Família, contando ao incrédulo Ward sobre Helter Skelter, o poço sem fundo e a promessa de Charlie à Família de que viveriam centenas de anos para depois emergirem das sombras para governar o mundo. Ward gravou a entrevista; Crockett advertiu-o a não subestimar Charlie, "um homem muito inteligente [que] beira a genialidade". Se Ward sabia sobre a invasão antecipada ao Rancho Barker, isso ele não mencionou. Ele agradeceu Crockett e Poston pelo encontro e guardou a gravação.

Tex Watson não durou muito tempo na casa de seus pais. Pouco depois de chegar, e embora seus pais estivessem batendo na porta perguntando se estava bem, ele se trancou em seu quarto e gritou para seus pais irem embora. Quando enfim saiu, alguns dias depois, pediu dinheiro e foi embora. Tex voou para o México e perambulou por lá alguns dias antes de ir para a Califórnia. Ele continuava pensando em Charlie, pensando se o cara estava certo e se Helter Skelter estava prestes a acontecer.

Os Meteorologistas lançaram seus "Dias de Ira" sobre empresas influentes e moradores da classe alta de Chicago em 8 de outubro. A noite começou com discursos, mas transformou-se em vandalismo de lojas e carros. Seis Meteorologistas foram baleados, 28 policiais ficaram feridos e houve 68 prisões. Dois dias depois, aconteceu de novo, desta vez com 36 policiais e 123 manifestantes feridos. Em busca de mudanças, uma parcela de uma grande cidade norte-americana estava sendo dilacerada por brancos, não por negros. Sem deixar se abater pelos feridos e presos, os Meteorologistas prometeram novos atos anarquistas de violência. Mark Rudd posteriormente escreveu: "Éramos, naquele momento, um culto clássico, verdadeiros crentes, cercados por um mundo hostil que nós rejeitávamos e que nos rejeitava de volta". O mesmo manifesto poderia ter sido adotado por Charlie e a Família no Vale da Morte, especialmente porque os Meteorologistas também comemoravam com sexo grupal e viagens de ácido.

Os Meteorologistas pelo menos se escondiam dos seus opressores em apartamentos com água encanada e eletricidade, com acesso a restaurantes e mercearias. A Família, por outro lado, habitava um deserto inóspito à procura de um poço sem fundo, sempre com fome e queimados pelo sol escaldante. Charlie ficou atordoado pela deserção de Tex e determinou que não haveria mais nenhuma, alertando os outros sobre as terríveis consequências de tentar deixá-lo. Com Tex fora, o meio retardado Clem tornou-se o braço direito de Charlie, empunhando uma espingarda e agora, obviamente, esperando uma chance para provar ao seu amado líder que estava entusiasticamente disposto a matar ao seu comando. Mas, apesar de tudo que Charlie pudesse fazer, havia discórdia. Squeaky e Sandy delatariam qualquer um que ouvissem reclamar de Charlie, mas agora a Família estava dissolvida em pequenas panelas. Mais novos, os recentes seguidores claramente evitavam os veteranos. Ao contrário dos outros, Bruce Davis, Squeaky e Sandy tinham os ouvidos de Charlie. Havia elementos de desconfiança, especialmente após Susan comentar sobre entrar numa briga com um homem que puxou seu cabelo. Ela disse que o esfaqueou nas pernas para que ele a deixasse. Por Susan sempre ser exagerada, aqueles que não haviam estado nas cenas dos assassinatos não tinham certeza se o que ela dizia era ou não verdade.

Kitty Lutesinger ficou especialmente horrorizada com o orgulho de Susan. Após a prisão de Bobby Beausoleil, os líderes da Família explicaram a Lutesinger que ele fora preso sob acusação de pequenos roubos. Só então Kitty descobriu que o pai do seu filho ainda não nascido seria julgado por assassinato. Ela estava grávida de cinco meses e era uma miserável no calor do Vale da Morte. Charlie não abusou fisicamente dela, mas nos últimos tempos ela presenciara Stephanie Schram apanhar – sempre que Charlie se sentia frustrado, parecia bater em mulheres e ele, nos últimos tempos, andava frustrado o tempo todo. Lutesinger e Schram simpatizavam uma com a outra. Elas odiavam o deserto e queriam ir embora. Na noite de 9 de outubro, as duas viram sua chance. Charlie fora para L.A. tentar mendigar mais dinheiro. A comida estava novamente acabando. Na sua ausência, os guardas do perímetro não eram tão vigilantes. As garotas foram capazes de esgueirar-se, mas a escuridão da noite do deserto logo confundiu seu senso de direção. Lutesinger e Schram ficaram perdidas no escuro, sem ideia de qual caminho tomar em direção à cidade de Ballarat. Elas entraram em pânico por uma boa razão: ao amanhecer, quando o desaparecimento delas fosse descoberto, os guardas armados de Charlie, liderados pelo louco Clem, iriam procurá-las. Mas, sem querer, tinham apenas circundado o rancho em vez de ir para longe dele. Havia pouca chance de que elas pudessem iludir os perseguidores da Família por muito tempo.

Oficiais da Polícia Rodoviária da Califórnia, do Serviço Nacional de Parques e do escritório do xerife do condado de Inyo planejavam invadir os ranchos Barker e Myers por volta das quatro horas da manhã de 10 de outubro. Eles deram duro apenas para se locomover – muitos trechos de Goler Wash eram intransponíveis, mesmo usando carros com tração nas quatro rodas. Enquanto se arrastavam lentamente, tropeçaram em dois homens dormindo no chão com uma espingarda atravessada entre eles. Clem e um novo recruta da Família estavam supostamente de guarda; eles foram os dois primeiros detidos na invasão. Os oficiais prenderam outro vigia e se dirigiram para os principais barracos de Barker. Lá também prenderam Leslie, Pat, Gypsy, Susan,

Squeaky e outro membro da Família, Little Patty. Foram então para o Rancho Myers e a lista de presos acrescentou Sandy, Ruth Ann, Nancy Pitman e outra mulher. Todas as dez mulheres deram pseudônimos; seria perda de tempo conversar com elas para estabelecer seus nomes reais. Os oficiais também encontraram dois bebês – o filho de Susan, Ze Zo Ze, e Ivan, o recém-nascido de Sandy. A esposa do guarda florestal Powell acompanhou a invasão e serviu de vigia para todas as prisioneiras. Ela também cuidou dos bebês.

Os homens da lei fizeram buscas nas instalações do rancho e descobriram suprimentos de armas, gasolina e um pouco de comida. Havia onze veículos; oito eram roubados. Nenhum dos prisioneiros agiu como se fosse culpado ou estivesse envergonhado. Algumas das mulheres urinaram no chão na frente dos oficiais. A sra. Powell levou as crianças até onde estavam os carros estacionados dos oficiais. Os presos adultos, algemados e levados até Independence, foram acusados de roubo, incêndio criminoso e receptação de propriedade roubada.

Alguns dos oficiais ficaram para trás fazendo um inventário de tudo que haviam encontrado em ambos os ranchos. Era quase noite quando terminaram. Enquanto se afastavam, duas jovens emergiram de uma moita e imploraram para serem levadas com eles. Elas se identificaram como Kitty Lutesinger e Stephanie Schram. Embora as garotas tivessem admitido que faziam parte da Família, elas juraram que estavam enojadas e tentando fugir de lá. Temiam por suas vidas e queriam proteção. Lutesinger e Schram foram levadas sob custódia pelos policiais até Independence. Lá elas foram mantidas separadas das outras prisioneiras e suas famílias foram contatadas. A mãe de Lutesinger lhe disse que detetives de Los Angeles estavam tentando encontrá-la para perguntar sobre Bobby Beausoleil e alguém que ele supostamente assassinou. Os policiais de Inyo concordaram em contatar seus parceiros do condado de Los Angeles pela manhã. Lutesinger estava disposta a cooperar. Ela só queria ir para casa.

Alguém em uma das fazendas fugiu e ligou para Charlie no Rancho Spahn para lhe dizer o que acontecera. Charlie poderia ter fugido, deixando todo o mundo para trás – entretanto, eles haviam saído de problemas em invasões anteriores, a mais notável em agosto, em Spahn. Certamente poderiam se safar novamente. Charlie passou todo o dia 11 fazendo contatos em L.A. em busca de dinheiro, então dirigiu de volta para Barker, onde se reuniu com os membros remanescentes da Família – Bruce Davis, Dianne Lake, Zero (John Philip Haught) e alguns outros. Os policiais fizeram sua invasão; agora, enquanto classificavam as evidências, Charlie ficaria em Barker pensando no que fazer a seguir. Foi uma péssima decisão; Charlie deveria ter percebido que a lei manteria um olho sobre o lugar esperando para ver quem poderia aparecer. Mas, assim como o resto da Família, Charlie estava desgastado por semanas de tensão e sofrimento físico no deserto. Ele não estava mais alerta.

Em Independence, os homens da lei se reuniram para analisar a invasão de 10 de outubro. Eles recuperaram uma considerável quantidade de produtos roubados e fizeram um bom número de prisões, mas nenhum deles era o líder do grupo, o cara chamado Charlie, que supostamente era Jesus. Ele parecia inteligente demais para voltar ao Rancho Barker. Mesmo que ninguém estivesse lá, ainda havia algum material a ser recuperado. Eles decidiram voltar a Barker na tarde do dia 12.

Pursell, Powell e outro oficial apareceram de mansinho em Barker, pouco antes do anoitecer. Viram vários homens saindo de uma das lavanderias próximas e entrando na casa principal. Assim que Pursell percebeu que o xerife Ward tinha uma unidade de reforço no lugar, ele pediu a Powell para cobrir a frente do prédio enquanto arrombava a porta de trás com sua Smith & Wesson. Sete pessoas estavam sentadas ao redor de uma mesa de cozinha. Pursell ordenou que levantassem as mãos. Dianne Lake, Bruce Davis, Zero e os demais obedeceram.

A noite caiu rapidamente no deserto. Estava escuro na hora que os prisioneiros foram algemados e colocados na traseira de um caminhão caindo aos pedaços para serem levados de volta para Independence. Pursell decidiu dar uma última olhada. Estava muito escuro para ver alguma coisa direito, mas havia uma vela acesa em uma caneca de vidro sobre a mesa. Pursell carregou a vela até um pequeno banheiro, movimentando-a perto das paredes e em torno do chuveiro e da pia. Havia um armário fechado sob a pia e pareceu a Pursell que a luz bruxuleante da vela iluminou alguns fios longos de cabelo pendurados na fresta da porta fechada. Era um armário pequeno em um espaço apertado. Parecia impossível que alguém pudesse se espremer lá dentro, mas Pursell manteve a vela próxima e viu que a porta foi aberta e que uma minúscula figura se desdobrava lá dentro com seus braços e pernas. Pursell gritou: "Se você fizer um movimento em falso, eu explodo sua cabeça". O diminuto homem surgiu para responder "Oi", atingindo o policial com uma voz bastante amigável: "Ele era tão educado quanto poderia ser". Perplexo com a aparência bastante calma do homem, Pursell perguntou: "Qual o seu nome?" O prisioneiro respondeu: "Charlie Manson". Contando a história muitos anos depois, Pursell relembra: "Muitas pessoas me perguntaram, incluindo um juiz, 'Por que você não atirou nele?'

e eu sempre respondi 'Como você pode atirar num cara cuja primeira palavra para você é 'Oi'?'" Embora os outros seguidores capturados naquela noite e dois dias antes estivessem vestindo trapos, Charlie vestia um *buckskins*[2] relativamente limpo, atado com tiras de couro.

Pursell escoltou Charlie para fora; ele foi algemado e colocado no caminhão com os outros sete prisioneiros. Eles pegaram mais três membros da Família no caminho para a estrada principal. Ficaram todos amontoados no mesmo banco do caminhão como os oito primeiros, vigiados por Pursell. Os outros homens da lei estavam na cabine do caminhão e em outro veículo, que deixaram a uma curta distância do rancho. O segundo caminhão seguiu de perto atrás do primeiro, com os faróis iluminando os presos do caminhão à frente. No caminho de volta até Independence, Pursell notou que as prisioneiras agiam como garotas indisciplinadas de colégio, cochichando e rindo umas com as outras. Era irritante e Charlie finalmente notou; ele as calou com um único olhar furioso. Ele então se virou para Pursell e amigavelmente informou que os negros estavam prestes a se levantar contra os brancos e que haveria uma guerra que seria vencida pelos negros. Pursell e os outros oficiais seriam os primeiros alvos porque eram policiais e brancos. A única coisa inteligente que os policiais poderiam fazer, Charlie disse, seria soltá-los e em seguida correr para salvar suas vidas. Pursell não lhe deu ouvidos e eles foram levados para a cadeia do condado de Inyo. Eles pareciam estar mortos de fome e correram quando viram comida. Charlie se queixou dizendo ser errado que oficiais do Parque Nacional participassem da aplicação da lei: "Vocês deveriam estar lá fora dizendo às pessoas sobre as flores e os animais".

Contando aqueles que já estavam sob custódia após a primeira invasão, as celas da cadeia do condado ficaram lotadas, com 27 homens e mulheres da Família. Frank Fowles, promotor distrital do condado, chegou e o último lote de prisioneiros da Família foi acusado por roubo e incêndio. Charlie foi fichado como "MANSON, CHARLES M., AKA [TAMBÉM CONHECIDO COMO] JESUS CRISTO, DEUS".

Após suas prisões, a maior parte da Família manteve a inabalável lealdade a Charlie. Ele os advertira de que se caíssem nas mãos da lei jamais deveriam revelar qualquer informação sobre a Família – se isso acontecesse, os policiais achariam que eram loucos e os mandariam para algum lugar onde seriam esgotados por descargas elétricas diretamente

2 Roupa geralmente composta de uma jaqueta e calça, ambas de camurça, um tipo de couro felpudo retirado de cervos ou alces. *Buckskins* são muitas vezes enfeitados com uma franja.

aplicadas no cérebro. O estado caótico do país reforçou as palavras de Charlie - num tempo maluco, tudo parecia possível e a paranoia era plausível. Nas celas apertadas da prisão do condado de Inyo (as cadeias estavam tão lotadas que as autoridades tentaram sem sucesso transferir alguns dos prisioneiros para custódia federal, uma vez que, dentre outros crimes, eles destruíram uma escavadeira dentro dos limites do Parque Nacional), Charlie esperou que a maioria dos seus seguidores fosse mais forte do que nunca. Mas havia algumas exceções entre as mulheres mais jovens que recentemente haviam escapado de suas garras - Barbara Hoyt, agora de volta com sua mãe; Stephanie Schram, farta dos maus-tratos de Charlie; e Kitty Lutesinger, que, em primeiro lugar, nunca se sentiu confortável com a Família e agora sabia que estava sendo procurada para interrogatório pelas autoridades do condado de Los Angeles, que investigavam o assassinato de Hinman. Lutesinger não sentiu qualquer resquício de lealdade para com Charlie ou até mesmo Beausoleil. Em 12 de outubro, enquanto a maioria das autoridades do condado de Inyo, do Serviço do Parque Nacional e da Polícia Rodoviária da Califórnia realizava uma segunda invasão ao Rancho Barker, Lutesinger se encontrou com Paul Whiteley e Charles Guenther, investigadores do condado de L.A., que haviam corrido até Independence ao saberem que ela estava sendo mantida em prisão preventiva por lá. Lutesinger ficou feliz em dizer o que sabia.

Lutesinger disse a Whiteley e Guenther que sabia que seu namorado Bobby fora enviado por Charlie para obter dinheiro de Gary Hinman. Bobby levou duas garotas com ele, Sadie e outra mulher de cabelo ruivo. Lutesinger não lembrava seu nome; todos na Família mudavam seus nomes com frequência e ela não sabia direito como eles chamavam a si mesmos. De qualquer forma, houve uma briga na casa de Hinman e ele foi morto. Lutesinger não conseguia se lembrar de quem ela ouviu isso, mas todo o mundo em Spahn falava a respeito. Sadie, cujo nome real era Susan, mas ela se passava por Sadie o tempo inteiro, contou mais tarde sobre uma briga com um homem que puxou o seu cabelo e como ela o esfaqueou na perna algumas vezes. Então ela aparentemente ajudou a matar Hinman. Tudo o que Lutesinger contou aos oficiais sobre a outra garota, a ruiva, era que ela era magra.

Whiteley e Guenther verificaram; Susan Atkins, apelido Sadie Mae Glutz, também estava sob custódia. Eles passaram a noite em Independence e na manhã seguinte interrogaram Susan. Bobby Beausoleil iria a julgamento em meados de novembro; havia, portanto, muito pouco tempo para recolher provas. Os oficiais do condado de L.A. disseram a

Susan existir uma testemunha que a implicava no assassinato de Gary Hinman. O que ela gostaria de dizer a respeito?

Charlie tinha avisado seus seguidores a não divulgar qualquer informação para a polícia. Mas Susan assumiu o pior – Beausoleil deve tê-la delatado – e, além disso, não pôde resistir à chance de se mostrar. A história que ela contou a Whiteley e Guenther corroborou a maior parte da contada por Lutesinger. Ela e Beausoleil foram até Hinman para pegar dinheiro. Como ele não deu a eles o que queriam, Bobby cortou o rosto de Hinman com uma faca. Ele e Susan esperaram dois dias para que ele mudasse de ideia. Eles voltaram e Susan foi para um quarto. Quando ouviu Hinman implorando por sua vida, ela disse "Não, Bobby", e então viu Hinman cambaleando devido a uma facada no peito. Ela e Beausoleil esperaram até acharem que ele estava morto e então tentaram limpar suas impressões digitais. Quando estavam saindo, escutaram os estertores de Hinman e então Beausoleil voltou e acabou com ele. Em seguida, pegaram um dos carros da vítima e retornaram ao Rancho Spahn. Susan nunca admitiu ter esfaqueado Hinman ou alegou que ela e Beausoleil foram até ele sob as ordens de Charlie. Mas isso não importava para Whiteley e Guenther, pois eles tinham o testemunho que iria ajudar a condenar Beausoleil. Eles pediram para Susan repetir sua história com um gravador ligado, mas ela se recusou. Então foi transportada de volta para o condado de Los Angeles. Com base no testemunho de Lutesinger, Squeaky e Pat também foram levadas para o condado de L.A., pois eram os únicos membros da Família em custódia que tinham o cabelo avermelhado. Mary Brunner, a ruiva que estivera com Beausoleil e Susan na casa de Hinman quando ele foi assassinado, estava em Wisconsin.

Squeaky e Pat ficaram presas somente um dia. Elas alegaram não ter presenciado o assassinato de Hinman e, além da descrição vaga de Lutesinger de uma ruiva magra, não havia nenhuma prova de que elas realmente haviam estado lá. Um guarda sentiu pena de Pat e a ajudou a entrar em contato com os pais. Ela ficou em L.A. por alguns dias com o pai, depois viajou até o Alabama para ficar com a mãe. Tão logo foi solta, Squeaky correu de volta para Independence. Ela queria estar perto de Charlie caso precisasse dela.

Em 15 de outubro, manifestantes abarrotaram as ruas da América – 50 mil em Nova York, 100 mil em Boston, 20 mil em Washington; ao todo, mais de um milhão de manifestantes participaram do que os organizadores chamaram de Moratória Nacional contra a guerra ainda não declarada, mas muito real, ao Vietnã. O presidente Nixon insistiu com seus assessores que aquilo "não era nada" e fez a mídia entender que enquanto as pessoas marchavam pelas ruas ele assistia a um jogo de futebol americano. Apenas uma pequena porcentagem dos manifestantes agitou bandeiras do Vietnã do Norte ao som de palavras de ordem pró-Ho Chi Minh, mas foram essas pessoas que tiveram destaque na cobertura da televisão, enfurecendo os espectadores que apoiavam a guerra. John Ehrlichman, um dos assessores mais próximos do presidente, posteriormente advertiu o líder da Moratória, David Hawk: "Você está nos obrigando a chegar ao ponto de distribuir sentenças de morte por infrações de trânsito". Dado o espírito da época, era difícil saber se ele estava brincando.

Enquanto a maioria da nação focava na Moratória, oficiais do tribunal do condado de Inyo trabalhavam nas acusações contra a Família Manson. Como no caso da invasão ao Rancho Spahn, em 16 de agosto, era difícil ligar individualmente os membros da Família ao roubo de um veículo específico e ninguém entre eles admitiu ter queimado a escavadeira gigante. Até o final da sessão do tribunal, cerca da metade dos prisioneiros foi libertada, incluindo Sandy, Bruce Davis, Cathy Gillies e Zero. A maioria dos membros libertados da Família voltou para L.A., permanecendo no Rancho Spahn ou em Venice. Sandy e seu bebê, Ivan, além de Squeaky se mudaram para um hotel em Independence. Sandy e Squeaky não eram particularmente íntimas, mas agora estavam fortemente ligadas por conta de sua devoção a Charlie.

Charlie permaneceu em custódia porque Kitty Lutesinger disse às autoridades tê-lo visto ao volante de um dos buggies roubados. Mas essa acusação não pôde ser provada e ele ficou detido por incêndio criminoso, embora esta acusação provavelmente também fosse indeferida caso os investigadores não apresentassem provas conclusivas.

No LAPD Parker Center, os investigadores designados para o caso LaBianca sentiam ter esgotado quase todas as pistas possíveis. Uma das últimas coisas a serem feitas era contatar seus parceiros no condado de Los Angeles para perguntar se eles tinham alguma informação sobre assassinatos similares com vítimas esfaqueadas e palavras escritas nas paredes com sangue.

Whiteley e Guenther estavam nos escritórios do condado de L.A. quando um membro do LAPD que investigava o caso LaBianca telefonou. Whiteley e Guenther falaram sobre o assassinato de Hinman e compartilharam suas últimas informações com base no que escutaram de Lutesinger e Susan Atkins. Os investigadores do caso LaBianca estudaram com cuidado as cópias das transcrições dos depoimentos, mas ficaram desapontados. Sim, havia semelhanças entre os assassinatos de Hinman e LaBianca. Mas as discrepâncias os incomodaram. Lutesinger implicava este cara, Manson, no assassinato de Hinman, mas Susan Atkins, que realmente estivera presente quando Hinman morreu, não o mencionara. Lutesinger disse que Susan ajudara a esfaquear Hinman; Susan disse que foi Beausoleil. Sim, os policiais do condado haviam estabelecido que Beausoleil conhecia Manson e andava bastante com ele e seus amigos, mas nada do que a mulher dissera a Whiteley e Guenther ligava Manson e seu pessoal aos LaBianca.

Mesmo assim, era algo novo e os investigadores do caso LaBianca ficaram de olho. Eles começaram a juntar arquivos relacionados a Charles Manson e aos membros de sua autodenominada Família. Também conversaram com Lutesinger, que pouco tinha a acrescentar ao que já havia contado aos investigadores do condado, além do fato de que uma vez Charlie tentou transformar uma gangue de motoqueiros chamada Straight Satans no exército da Família. Apenas um deles, um cara chamado Danny, ficou interessado. O resto deles ria de Charlie. Mas Danny ficou com eles por um tempo apenas. A equipe do LAPD contatou a polícia em Venice e pediu ajuda para encontrar um Straight Satan chamado Danny. Kitty também falou sobre alguém chamado Tex, cujo primeiro nome também era Charles. Ela achava que o sobrenome do cara era Montgomery.

A administração do departamento de polícia esperava outro relatório de progresso, mas a equipe LaBianca não queria parecer perdida. Eles preencheram algumas páginas com descrições, cruzando informações com outros homicídios recentes, e acrescentaram um novo nome na parte inferior de sua lista de suspeitos: MANSON, CHARLES.

A mídia local aborrecia o LAPD em busca de novas notícias sobre a investigação Tate. Ela fora assassinada havia dois meses – por que a polícia ainda não apanhara os assassinos? Em 18 de outubro, o *Los Angeles Times* citou que o tenente Robert Helder, chefe dos investigadores do caso Tate, tinha uma nova evidência que "nos aponta na direção dos assassinos". Helder não especificou a tal evidência, mas apenas que era uma pista crucial.

Whiteley e Guenther, os investigadores do condado de L.A., assumiram que a equipe LaBianca desfizera qualquer ligação entre os seus assassinatos e o de Gary Hinman. Aquilo era problema deles; os policiais tinham seu próprio caso contra Bobby Beausoleil. No entanto,

Whiteley e Guenther continuaram encucados com algo na declaração de Kitty Lutesinger: ela jurou que Susan lhe disse para esfaquear um homem nas pernas. Gary Hinman foi esfaqueado no peito. Mas, como todos os outros, Whiteley e Guenther haviam lido histórias sobre os assassinatos Tate e se lembraram que uma das vítimas mortas na casa da atriz era um homem esfaqueado nas pernas. E se Susan estivesse falando sobre esse assassinato e Lutesinger tivesse suposto que ela quis dizer Hinman? Os investigadores do condado já haviam sido desacreditados antes pelo LAPD; um dia após os assassinatos na Cielo, eles tentaram dizer ao investigador do LAPD, o sargento Buckles, que poderia haver uma ligação entre Tate e Hinman. Buckles achou que não, que o caso Tate na verdade girava em torno de drogas. Whiteley e Guenther tentaram de novo. Contataram a equipe Tate e explicaram o que Lutesinger havia dito sobre Susan Atkins esfaquear uma pessoa nas pernas, dando-lhes as informações de contato de Kitty. A equipe Tate anotou tudo e agradeceu-lhes; conversar com Lutesinger foi adicionado à sua lista de tarefas, embora não fosse uma prioridade. Havia outra pista que parecia mais quente – a mencionada pelo tenente Helder ao *Times*.

Em 23 de outubro, o LAPD realizou uma coletiva de imprensa e revelou que a alardeada pista era um par de óculos de grau descoberto na cena do assassinato na Cielo. Um folheto descrevendo os óculos foi enviado a milhares de oftalmologistas e revistas especializadas de grande circulação. O LAPD esperava que alguém se lembrasse de ter receitado os óculos, o que poderia levar à prisão de pelo menos um dos assassinos de Tate. Foi uma tentativa que deu trabalho e Helder se recusou a fazer comentários quando um repórter pediu-lhe para confirmar que tal esforço rendeu pistas de apenas sete suspeitos, todos descartados.

Tex Watson decidiu que o mundo lá fora não fazia sentido e que queria voltar para Charlie no Vale da Morte. Era verdade que Charlie prometera matar qualquer um da Família que fugisse, mas ele aceitara Tex em sua deserção anterior e, provavelmente, o faria de novo. Tex matara por ele. Mesmo que Charlie não gostasse disso, ele teria que valorizá-lo por sua capacidade de manter os buggies em funcionamento naquele deserto acidentado.

Tex retornou para o Rancho Barker, mas todo o mundo tinha ido embora. Um velho morador da área contou-lhe sobre as prisões, como todos eles foram levados para Independence sob acusações de roubo e incêndio criminoso. Tex não queria correr o risco de ser preso, então correu de volta para L.A. e mais uma vez ligou para seus pais, novamente pedindo uma passagem aérea para casa. Antes que enviassem o dinheiro, fizeram Tex prometer que desta vez ficaria com eles. Tex prometeu. Ele na verdade queria manter distância da polícia da Califórnia.

Squeaky e Sandy visitavam frequentemente a cadeia do condado de Inyo. Charlie começou a transmitir mensagens para que elas levassem aos outros membros da Família que foram libertados e voltaram para L.A.: eles deveriam continuar com sua crença em Charlie e, acima de tudo, manter a boca fechada. Charlie tinha dúvidas especialmente em relação a Zero, que sempre lhe pareceu fraco.

Squeaky e Sandy fizeram o possível, mas por um tempo foi difícil encontrar Susan Atkins. Ela fora transferida para o Instituto Sybil Brand, a medonha cadeia de L.A. para mulheres. Com seus três andares de celas e uma variada coleção de prisioneiras, incluindo mulheres verdadeiramente violentas que procuravam qualquer desculpa para intimidar recém-chegadas, o lugar assustou Susan. Ela foi alocada num dormitório perto de outras duas recém-chegadas, Ronnie Howard e Virginia Graham. Ronnie e Virginia eram velhas amigas. Elas se conheciam desde quando eram prostitutas e Ronnie havia se casado com o ex-marido de Virginia. Ronnie era acusada de forjar uma prescrição médica e Virginia fora pega por violar sua liberdade condicional. Elas tiveram pena da menina, logo apelidada de "Sadie Louca" pelas outras presas devido ao seu comportamento exagerado – ela cantava, dançava, era alegre demais, desafiava as outras detentas. Susan ficou satisfeita por fazer amigas; as presas com maior tempo de casa podiam trabalhar e Susan e sua nova amiga Virginia viraram mensageiras, levando recados entre os funcionários da prisão. Durante suas atribuições, Susan e Virginia conversavam. À noite, no dormitório, Susan cochichava para Ronnie. Ronnie e Virginia tinham muitas histórias legais para contar, mas nenhuma se comparava com as de Susan. Susan queria surpreendê-las – e assim ela o fez.

CAPÍTULO DEZESSEIS

Desvendando

Por quase três meses, investigadores que trabalharam nos assassinatos Tate e LaBianca fizeram pouco progresso significativo. Eles não tinham pistas ou suspeitos promissores e falharam em considerar qualquer ligação entre os crimes. Mas ao longo de um período de cinco semanas, a partir do início de novembro, evidências cairiam em seu colo e eles começariam a resolver os crimes.

Em 3 de novembro, Virginia Graham e Susan Atkins sentaram-se em um banco do Instituto Sybil Brand, entediadas por não terem o que fazer. Virginia perguntou por que Susan estava lá e ficou surpresa ao ouvir “Assassinato em primeiro grau”. Susan explicou que um cara no condado a delatou – ela não percebera que a informante era Kitty Lutesinger, não Bobby Beausoleil. Virginia deixou o assunto de lado; era melhor não saber detalhes sobre o que outros detentos fizeram. Mas Susan não deixou o assunto esfriar. No dia seguinte, ela disse a Virginia que a vítima assassinada era alguém chamado Gary Hinman; ela, Bobby Beausoleil e outra garota o mataram. A segunda garota passara pelo Sybil Brand, mas não por assassinato, e agora ela estava de volta ao Wisconsin com seu bebê. Susan também contou que os policiais foram estúpidos. Eles achavam que ela segurara Hinman enquanto

Bobby o esfaqueava, quando, na verdade, foi o contrário. Mas era bom os policiais serem idiotas, pois assim nunca conseguiriam provar nada. Dali por diante, Susan passou a tagarelar sobre "Charlie", que a guiava e a alguns outros – que ela chamava de "a Família" – pelo deserto para encontrar um poço sem fundo onde eles viveriam. Ah, e Charlie era realmente Jesus Cristo.

Virginia pensou que a garota fosse louca.

• • •

Duas noites depois, a polícia de Venice recebeu um telefonema feito de uma casa perto da praia. Era sobre a descoberta de um corpo. John Philip Haught, "Zero", estava ferido mortalmente com um tiro na cabeça. Amigos que estiveram lá com ele – Cathy Gillies, Bruce Davis e vários outros membros da Família – disseram aos investigadores que Zero estava jogando roleta-russa com uma arma calibre .38. A história que contaram foi aceita e a morte de Zero registrada como suicídio. Depois a polícia de Venice descobriu que em vez de uma bala no tambor e sete espaço vazios, a arma tinha sete balas e apenas um espaço vazio. Os policiais tinham coisas mais importantes a fazer do que perder mais tempo com um hippie que provavelmente estava chapado o suficiente para não saber quantas balas estavam na arma antes de girar o cilindro e puxar o gatilho. O membro da família que Charlie considerava o elo fraco estava agora fora de jogo.

Dois detetives que se juntaram à equipe de investigações do caso LaBianca dirigiram até Independence para entrevistar os membros da Família que ainda estavam sob custódia. O interrogatório de Charlie foi breve. Perguntaram-lhe se tinha alguma informação sobre os assassinatos LaBianca ou Tate e ele disse que não. Todos os outros interrogados deram a mesma resposta – com uma exceção. Leslie Van Houten sentia-se mal porque estava convencida de que, apesar de asas de elfos terem prematuramente brotado em suas costas, ela ainda não estava em segurança, pois não encontrara o poço sem fundo. Distraída com essa preocupação, ela não negou que Susan Atkins pudesse estar envolvida no assassinato de Gary Hinman. Leslie admitiu estar ciente dos assassinatos Tate, embora alegasse não ter conhecimento dos assassinatos LaBianca. Algumas "coisas" não especificadas levaram-na a acreditar que algumas pessoas na Família poderiam ter algo a ver com Tate.

Leslie quis pensar sobre isso à noite. Na manhã seguinte, afirmou não ter mais nada a dizer aos investigadores do LAPD.

Antes de voltar para L.A., os investigadores do caso LaBianca pediram para ver os objetos pessoais da Família. Eles notaram que a calça de couro de cervo e o mocassim de Charlie eram amarrados com tiras de couro como as usadas para atar as mãos de Leno LaBianca. Eles levaram algumas das tiras com eles.

Susan continuou dando informações a Virginia. Após revelar todos os detalhes sobre a morte de Gary Hinman, ela mudou de assunto. Havia um caso bastante conhecido, Susan disse, no qual os policiais estavam "tão longe do caminho" que nunca seria resolvido, "aquele em Benedict Canyon". Virginia tinha certeza do que Susan estava falando, mas queria confirmar – ela quis dizer *Sharon Tate*? Susan fez que sim e confidenciou a Virginia: "Você sabe quem fez isso? Você está olhando para ela". Susan não conseguia parar de tagarelar. Eles mataram as pessoas na Cielo porque queriam cometer um crime que chocasse o mundo. Escolheram a casa porque conheciam o cara, Terry Melcher, que morava lá. Ela falou sobre Charlie ordenando-lhes que vestissem roupas escuras e de como estacionaram o carro e caminharam até o portão. Quatro deles fizeram isso, um homem, Susan e outras duas meninas. Nos primeiros que eles viram, Charles atirou. Virginia presumiu que ela se referia ao homem que previamente mencionara como Charlie, o líder de Susan.

Susan apimentou sua história, mergulhando em detalhes horríveis, um após o outro. Tate e Jay Sebring foram amarrados com laços em torno do pescoço. Susan esfaqueou Voytek Frykowski várias vezes e quando correu para o gramado eles acabaram com ele. Sharon Tate morreu por último, implorando por sua vida, mas Susan riu dela e a matou, e então provou seu sangue, "quente, pegajoso e agradável". Depois que ela e os outros três foram embora, pararam em uma casa para lavar as mãos. Um homem correu e tentou pegar a chave do carro, mas eles fugiram. E então Susan também contou o que eles fizeram "aos outros dois" na noite seguinte.

Virginia quis ficar longe de Susan e pediu licença para tomar um banho. Mas, nos dias seguintes, Susan continuou falando com Virginia e também com Ronnie. Além dos assassinatos Tate e LaBianca, ela reclamava de Terry Melcher e de como Charlie estava furioso porque Melcher quebrou sua promessa, sobre viver na casa do Beach Boy

Dennis Wilson, e como Dennis e Gregg Jakobson fizeram coisas pela Família. Na ausência de Susan, Virginia e Ronnie conversaram. Aquela garota louca estaria falando a verdade? Tão surreal quanto parecia, ela alegou que eles tinham uma lista da morte só de celebridades, incluindo Frank Sinatra e Elizabeth Taylor. Susan disse que Sharon Tate seria apenas a primeira pessoa famosa que eles matariam. Toda vez que Susan falava com Virginia ou Ronnie, ela acrescentava mais detalhes horrendos, incluindo como escreveu "Porco" com o sangue de Tate na porta da frente na Cielo. Em todas essas histórias, Susan atribuiu a si mesma um papel de liderança. Ela esfaqueou Gary Hinman e Sharon Tate. Além de Charlie, ela era a estrela. E Susan fez uma terrível profecia: mais pessoas morreriam.

Embora as prisioneiras do Sybil Brand tivessem regras informais rígidas sobre delação, Virginia e Ronnie discutiram se deveriam contar a alguém sobre o que Susan estava dizendo. Elas decidiram esperar um pouco e ver o que mais ela diria. Talvez a garota admitisse ter inventando tudo aquilo e então escapariam dessa situação difícil. Assim elas esperavam.

Em 12 de novembro, Susan Atkins foi para uma audiência preliminar no tribunal para o caso do assassinato de Hinman. Por meio do testemunho de Whiteley e Guenther, investigadores do condado de L.A., ela percebeu que Kitty Lutesinger, e não Bobby Beausoleil, a delatara. Ao retornar para seu dormitório no Sybil Brand, uma raivosa Susan comentou com Virginia e Ronnie que a vida de Lutesinger agora "não valia nada".

Virginia não poderia escutar Susan por mais tempo, pois soube que seria transferida para a principal prisão feminina do estado, em Corona, a pouco mais de sessenta quilômetros a leste de L.A., a fim de cumprir sua sentença. Ronnie ficaria em Sybil Brand com Susan. Ela e Virginia ainda não haviam decidido se delatariam Susan.

Enquanto Virginia arrumava seus poucos pertences antes de ser transferida para Corona, os investigadores do caso LaBianca no Parker Center, centro de L.A., receberam um telefonema da polícia de Venice, que sabia que os colegas gostariam de conversar com um Straight Satan chamado Danny. Os policiais de Venice ainda não haviam topado com ele, mas tinham outro Satan sob custódia. Se tivessem interesse, podiam ir até lá conversar com ele. O nome do motoqueiro era Al Springer e a polícia de Venice o levou até uma sala de interrogatório no Parker Center.

Springer tinha muito a dizer sobre Charlie Manson e a Família. Ele relatou tudo sobre Charlie se gabar de ter uma espada e bater nas portas de pessoas ricas e matá-las quando abriam. Al quis saber se eles sabiam sobre um cadáver que tinha uma orelha cortada. Bem, Charlie disse que fizera aquilo. Disse também que matou um cara negro, com uma Buntline .22 de cano longo. Algumas dessas informações Springer obteve de Charlie, outras de Danny DeCarlo, que ouvira de Charlie, "Tex" e de alguns outros. Mas Springer jurou que em 11 ou 12 de agosto Charlie disse diretamente a ele que "nós derrubamos cinco deles em apenas uma noite". Então ele quis saber se os investigadores do caso LaBianca sabiam sobre "alguém tendo sua geladeira rabiscada". Apesar de todos os outros vazamentos, o LAPD manteve em segredo a escrita de "Healter Skelter" na porta da geladeira dos LaBianca. Al Springer teve de ser levado a sério.

Muito do que Springer disse concentrava-se nos assassinatos Tate em vez de nos LaBianca. Alguém do esquadrão LaBianca buscou o sargento Mike McGann, da equipe de investigadores do caso Tate. Springer repetiu para McGann o que já havia dito aos investigadores LaBianca e acrescentou novas informações sobre o assassinato de alguém chamado Shorty. Danny DeCarlo contou a Springer que havia rumores sobre Shorty ter a cabeça, braços e pernas cortados fora por ter dito ou feito algo que enfureceu Charlie. O que os policiais de L.A. precisavam fazer, Springer insistia, era encontrar DeCarlo. Danny estava morto de medo de Charlie e da Família, com certeza diria o que sabia sobre eles. Com a ajuda de Springer, DeCarlo foi localizado na casa da mãe. Ele tivera alguns problemas legais e pensou que o LAPD podia ajudá-lo a evitar as acusações se voluntariamente falasse sobre Manson. Danny então concordou em ir ao Parker Center no dia seguinte.

Finalmente, os investigadores dos casos Tate e LaBianca estavam trabalhando juntos.

Em 12 de novembro, o país ficou apreensivo com uma tragédia diferente. A história do jornalista Seymour Hersh dava conta de que o Exército estava investigando um assassinato em massa muito acima das sete vítimas de Los Angeles. Em março de 1968, o tenente William Calley supostamente comandou o assassinato de mais de três centenas de mulheres indefesas, crianças e velhos enquanto procurava soldados norte-vietnamitas na aldeia My Lai, no Vietnã do Sul. Calley, secretamente acusado de assassinato pelos militares em setembro de 1969, afirmou em sua própria defesa que simplesmente cumpria ordens de destruir o inimigo e foi do seu entendimento que homens, mulheres e crianças deveriam ser classificados da mesma forma. O artigo de Hersh inflamou ainda mais o movimento antiguerra em um momento crítico – outra marcha de protesto estava marcada para 15 de novembro, em Washington.

• • •

Ronnie Howard estava profundamente perturbada pela previsão de Susan Atkins de que seu líder Charlie e a chamada Família planejavam matar mais pessoas. No dia que sua amiga Virginia foi levada para a prisão feminina em Corona, Ronnie disse a uma carcereira em Sybil Brand que sabia quem era o responsável pelos assassinatos Tate-LaBianca. Ronnie pediu permissão para ligar para a polícia de L.A. a fim de dizer-lhes o que sabia. A carcereira respondeu que não tinha autoridade para deixar Ronnie fazer tal ligação, mas que a solicitação seria transmitida a seu chefe imediato. Levaria alguns dias para que houvesse resposta. Ronnie protestou, afirmando que o LAPD deveria ser informado imediatamente; se não fosse assim, mais pessoas poderiam morrer. Se ela mesma não estava autorizada a fazer a ligação, a carcereira faria? Mas ela respondeu ser contra as regras dar um telefonema em nome de uma interna.

Danny DeCarlo chegou ao Parker Center e se encontrou com a equipe de investigadores LaBianca em 13 de novembro. Embora estivesse disposto a falar sobre o estranho estilo de vida de Charlie Manson e seus seguidores, DeCarlo disse que Charlie jamais comentara algo sobre os assassinatos Tate-LaBianca. Os investigadores disseram para DeCarlo voltar na segunda-feira 17 para gravar seu testemunho.

Na prisão de Corona, Virginia Graham decidiu contar a alguém sobre o que ouvira de Susan Atkins. Ela pediu para falar com Vera Dreiser, uma psicóloga da prisão, de sua confiança, conhecida de outros lugares. Ela foi instruída a preencher um formulário de solicitação. Em seguida, Virginia foi levada para se encontrar com diferentes psicólogas em sua unidade prisional. Ela protestou, pois queria falar com a dra. Dreiser e com mais ninguém. A permissão foi concedida, mas Virginia foi informada que o encontro levaria semanas para acontecer.

Bobby Beausoleil foi a julgamento pelo assassinato de Gary Hinman na sexta-feira, 14 de novembro. Havia consideráveis evidências contra ele, mas faltava à promotoria uma testemunha definitiva que tivesse visto Beausoleil matar Hinman ou pelo menos ouvido o réu confessar o crime. Os investigadores encontraram marcas da palma da mão e digitais de Beausoleil na casa de Hinman; ele fora preso no carro de Hinman; a arma do crime, coberta com o sangue da vítima, fora encontrada num dos pneus do carro. Susan Atkins disse aos investigadores Whiteley e Guenther que acreditava ter ouvido Beausoleil matar Hinman no quarto ao lado do que ela estava, mas isso ainda não constituía testemunhas oculares do esfaqueamento.

No sábado, uma das maiores manifestações antiguerra da história americana foi realizada em Washington. Duzentos e cinquenta mil manifestantes marcharam pelas ruas e, quando a escuridão caiu, fizeram uma vigília à luz de velas. Informado sobre a vigília por seus conselheiros na Casa Branca, o presidente Nixon teve um pensamento: por que não ter helicópteros do Exército pairando sobre os manifestantes para que suas hélices soprassem as velas acesas? Mas ele foi persuadido a desistir da ideia.

Na segunda-feira, 17 de novembro, Danny DeCarlo não apareceu para seu encontro às 8h30 com os investigadores do caso LaBianca. Mas, naquela manhã, Ronnie Howard foi levada de ônibus para uma audiência no tribunal em Santa Monica. As mulheres tiveram permissão para usar um telefone público enquanto esperavam pelo ônibus. Uma fila para o telefone formou-se rapidamente – todas queriam fazer ligações. Mas Ronnie subornou as mulheres à sua frente por 50 centavos cada para deixá-la fazer sua ligação primeiro. Ela telefonou para a Divisão de Beverly Hills do LAPD e disse ao oficial que a atendeu que sabia as identidades dos assassinos dos casos Tate e LaBianca. Ligações com essa eram feitas o tempo todo. O oficial respondeu que a divisão responsável por tais casos era outra – por que não ligava para lá? Mesmo que as mulheres que esperavam o ônibus estivessem limitadas a uma chamada cada, Ronnie se manteve firme no telefone e ligou para os policiais de Hollywood. O oficial com quem conversou demonstrou muito mais interesse na sua história. Ronnie se identificou e repetiu a mensagem: ela sabia quem tinha assassinado Tate e os LaBianca. O policial de Hollywood prometeu enviar alguém para falar com ela imediatamente, mas Ronnie disse que estava indo para o tribunal, só não disse qual. Ainda assim, o oficial anotara seu nome e fez algumas checagens.

Ronnie esperou durante todo o dia até ser chamada perante o juiz e, enquanto esperava, pensava se os policiais de Hollywood realmente iriam até o tribunal de Santa Monica conversar com ela. Mas ninguém apareceu e, depois de sua audiência, ela marchou de volta para o ônibus e retornou ao Sybil Brand.

• • •

Danny DeCarlo finalmente chegou ao Parker Center às 17h do dia 17 de novembro. Ele explicou que no caminho até lá uma blitz o parou na estrada - Danny tinha várias multas pendentes e foi preso. Tão logo foi solto, ele correu para cumprir o compromisso.

Trancado em uma sala de interrogatório com três detetives e um gravador ligado, DeCarlo falou sobre Manson e seus seguidores, começando com uma detalhada descrição de suas experiências com eles ao longo de cinco meses. Ele assegurou à polícia ser a melhor fonte que poderiam encontrar - Danny era praticamente um membro da Família. Os policiais foram agraciados com informações primárias, mas após algum tempo começaram a pressionar DeCarlo. O que ele sabia sobre os assassinatos? Danny tinha muito a dizer sobre isso também. Sim, Bobby Beausoleil matou Gary Hinman - ele ouvira a confissão do próprio Beausoleil. E havia outras pessoas envolvidas além de Beausoleil e Susan Atkins. Mary Brunner estava lá, Bruce Davis tinha envolvimento e, claro, Charlie era o mentor da coisa toda. Foi Charlie quem cortou fora a orelha de Hinman com uma espada dos Straight Satans, pega de volta por um dos motoqueiros em 15 de agosto, no Rancho Spahn. Os Satans estavam tão irritados com Charlie que quebraram a espada ao meio. DeCarlo entregou os fragmentos da espada aos detetives. Continuando a narrativa, ele contou que Charlie, na noite do assassinato de Hinman, disse a Beausoleil por telefone para ir em frente. Beausoleil e as garotas estavam seguindo as ordens de Charlie quando mataram Hinman e também quando escreveram com sangue algo como "mate os porcos" em uma parede para fazer com que parecesse um assassinato cometido pelos Panteras Negras. Em seguida, DeCarlo falou sobre como Charlie usou uma Buntline .22 para matar um Pantera Negra em decorrência de um problema com transação de drogas. Os policiais o incentivaram a continuar e perguntaram se ele sabia alguma coisa sobre Shorty Shea. DeCarlo disse que Charlie o matara, assim como "fizera com Tate". Danny queria alguma garantia de que suas acusações pendentes seriam retiradas se continuasse a colaborar. Os oficiais prometeram a DeCarlo que se houvesse cooperação, se o que dizia era mesmo verdade, então estariam com ele "100% [...] de modo que você não terá de ir para a cadeia".

DeCarlo continuou falando.

• • •

Dois detetives do LAPD foram até o Instituto Sybil Brand e pediram para conversar com Ronnie Howard. O encontro se deu em uma pequena sala e Ronnie lhes disse tudo o que ouvira de Susan Atkins, além do que Virginia Graham lhe contou sobre suas conversas com Susan. Os oficiais acreditaram em cada palavra, especialmente por Susan ter dado detalhes (como perder sua faca Buck na Cielo) a Ronnie que não eram de conhecimento público. Eles providenciaram que Ronnie fosse transferida para uma unidade de isolamento e voltaram rapidamente para o Parker Center, a fim de anunciar a solução do caso Tate.

Danny DeCarlo tinha acabado de contar sobre o assassinato de Shorty Shea – como Charlie o cortara inteiro porque não gostava de delatores – quando seu interrogatório foi interrompido pelos detetives que haviam interrogado Ronnie Howard momentos antes no Sybil Brand. Após uma pausa de quase uma hora, o interrogatório de DeCarlo recomeçou, mas agora havia um foco específico. O que ele sabia sobre o assassinato de Sharon Tate? DeCarlo sabia muito, começando com Clem dizendo a ele que haviam pegado "cinco porcos" e como, por volta da noite de 8 ou 9 de agosto, alguns membros da Família – Danny achava que poderiam ser Charlie, Tex e Clem – foram lá e o fizeram. De acordo com Ronnie Howard, Susan Atkins alegou ter ajudado nos assassinatos Tate com duas outras garotas chamadas Katie e Linda. DeCarlo disse também que conhecia a garota chamada Katie, mas, DeCarlo advertiu, os policiais precisavam saber que ninguém na Família falava seus nomes reais. Ele conhecia uma Katie e também uma Linda, mas quando os detetives perguntaram sobre um membro da Família chamado Charles Montgomery, DeCarlo disse nunca ter ouvido falar. Danny sabia que o carro usado pelos assassinos para ir até a Cielo, um Ford 1959, pertencia a Johnny Swartz, um rancheiro de Spahn.

Ao todo, DeCarlo falou por sete horas. Perto do fim de seu depoimento, mencionou os 25 mil dólares de recompensa oferecidos por Roman Polanski. Ele achava que merecia receber parte da grana. O policiais cometeram um erro informando-lhe sobre a morte de Zero.

DeCarlo estava certo de que era um assassinato, não suicídio, e após ouvir a respeito disse à polícia que não testemunharia publicamente contra Charlie e a Família porque era muito perigoso. Ele estava disposto a testemunhar contra Beausoleil, mas em troca da suspensão de suas acusações. O advogado de Beausoleil se opôs fortemente ao fato de a promotoria ter uma nova testemunha após o julgamento já ter começado, mas o testemunho de DeCarlo foi autorizada pelo juiz.

Na tarde seguinte, Aaron Stovitz, chefe da divisão de julgamentos do gabinete do promotor distrital da cidade de Los Angeles, e Vincent Bugliosi, mais um promotor ambicioso dentre várias centenas de promotores distritais de L.A., foram informados por seu chefe de que seriam promotores nos julgamentos dos assassinatos Tate e LaBianca, que agora pareciam estar próximos. Stovitz e Bugliosi se inteiraram das últimas descobertas, incluindo os interrogatórios de Ronnie Howard e Danny DeCarlo.

Como membro mais jovem da dupla de promotores, foi trabalho de Bugliosi atuar com os investigadores dos casos Tate e LaBianca e acompanhar toda e qualquer nova informação. O promotor de 35 anos estava entusiasmado, como sempre ocorria quando trabalhava em um caso. Todos no universo da promotoria tinham suas ambições, mas ninguém mais do que Bugliosi, cujo placar em 104 júris era-lhe amplamente favorável: 103 a 1. Entre seus pares, circulava sua reputação de desavergonhada autopromoção e eles gostavam de atacar sua sensibilidade pronunciando deliberadamente de forma errada seu último nome: "BUG-li-o-si" (*bug*, inseto em inglês) em vez de "BU-li-o-si" (com o "g" mudo). Às vezes, eles realmente o enfureciam chamando-o de Buggy ou Bugsy. Mas tanto amigos como rivais concordavam que ninguém no gabinete do promotor distrital trabalhava tão duro na preparação de um julgamento quanto ele. Bugliosi foi agraciado ao ser designado para o julgamento Tate-LaBianca; era o típico julgamento de alta publicidade que, se corresse bem, poderia transformar a carreira do jovem promotor.

Bugliosi começou acompanhando a equipe de investigadores ao Rancho Spahn. Danny DeCarlo foi com eles, mas insistiu em ser algemado para dar a impressão de que estava lá à força. George Spahn deu permissão para uma busca na propriedade. Dezenas de pessoas estranhas rondavam o rancho, quase todos jovens. DeCarlo levou os policiais a lugares onde afirmou que Manson e a Família gostavam de praticar tiro ao alvo com a Buntline .22 – Bugliosi queria comparar as cápsulas e fragmentos de bala com as encontradas na Cielo. Eles coletaram 68 balas, inteiras ou em partes, e 22 cápsulas. (A segunda viagem ao rancho, cinco meses depois, rendeu mais 23 cápsulas calibre .22).

De volta ao Parker Center, após sua visita inicial ao Rancho Spahn, Bugliosi soube que seria oferecido algum tipo de acordo a Susan Atkins em troca do seu testemunho contra Charlie e outros envolvidos nos assassinatos Tate e LaBianca. Bugliosi foi contra – de acordo com Ronnie Howard, Susan admitira ter esfaqueado Gary Hinman e Sharon Tate. Eles estavam apenas começando a montar o caso contra ela. Por que oferecer imunidade imediata quando, se lhe fosse dado um tempo, ele poderia construir um caso hermético contra todos de uma vez? Foi dito a Bugliosi que o chefe Davis queria que o caso fosse levado às pressas para o grande júri; o público estava impaciente e a imagem do LAPD parecia pior a cada dia que eles não anunciavam ter resolvido o assassinato de Tate. O acordo seria oferecido a Susan Atkins em breve.

Em seguida, Bugliosi e cinco membros da equipe de investigadores Tate e LaBianca foram até o condado de Inyo. Com a ajuda de Frank Fowles, promotor do distrito, eles entrevistaram os policiais envolvidos na invasão ao Rancho Barker e inspecionaram as evidências coletadas. Muitos itens foram enviados de volta a L.A. para análises laboratoriais. Bugliosi conversou com Squeaky e Sandy, que deram explicações complicadas de como Charlie Manson era "amor, [algo que] você não pode definir". Enquanto falavam, Bugliosi concluiu que elas pareciam "ter voltado até certo ponto de suas infâncias. [...] garotinhas brincando de joguinhos de garotinhas". Ele entrevistou as cinco mulheres da Família em custódia no condado de Inyo – Leslie, Gypsy, Ruth Ann, Dianne Lake e Nancy Pitman. Nenhuma delas forneceu alguma informação útil. Clem e Charlie eram os homens restantes da Família presos no condado. O promotor Fowles disse a Bugliosi que Clem tinha um advogado que insistia para seu cliente ser examinado por dois psiquiatras – eles determinaram que Clem era "atualmente insano". A pedido de Bugliosi, Fowles concordou em parar todas as ações envolvendo Clem.

Bugliosi viu naquela tarde Charlie se declarar inocente das acusações no tribunal do condado de Inyo. Ele ficou impressionado com o quão relaxado Charlie parecia estar, mesmo algemado. Era como se ele tivesse preocupações com o mundo. O juiz estipulou a fiança de Charlie em 25 mil dólares. Os casos Tate e LaBianca ainda estavam sendo construídos contra Charlie; Bugliosi não estava pronto para prendê-lo ainda, mas não quis se arriscar com a possibilidade de algum membro da Família pagar a fiança de Charlie dando-lhe a oportunidade de desaparecer. Ele pediu a Fowles para chamá-lo caso alguém aparecesse com os 25 mil. Se isso acontecesse, não importaria se Bugliosi estava se sentindo pronto ou não, ele acusaria Charlie formalmente. Mesmo se ninguém pagasse a fiança, ainda era incerto se ele poderia ser considerado culpado por incêndio. A qualquer momento, um juiz do condado poderia retirar as acusações e libertar Charlie. Os promotores de L.A. estavam correndo contra o relógio.

Charlie sabia o que estava acontecendo. Alguns membros da Família matavam o tempo no Rancho Spahn quando os investigadores do LAPD foram lá checar balas e cápsulas calibre .22. A chegada de Bugliosi no condado de Inyo e as perguntas que ele fez certamente estavam colocando o LAPD atrás da Família pelos casos Tate e LaBianca. Squeaky e Sandy eram mensageiras de confiança, levando para Charlie informações e executando suas instruções. Susan estava em Sybil Brand, o que era ruim. Charlie não sabia de Tex e Pat. Ele precisava achá-los. Linda, claro, fugira logo após os assassinatos. Leslie estava sob forte vigilância na prisão de Independence. Ela estava bem debaixo do polegar de Charlie. Zero, o provável elo fraco, estava morto. Charlie podia sentir que ainda estava tudo bem. O principal era ninguém admitir coisa alguma, como ele os havia ensinado. Mas no caso de as coisas saírem do controle, Charlie precisava de um álibi para Tate e LaBianca. Ele começou a trabalhar nisso.

Assim que voltou para seu escritório em L.A., Bugliosi emitiu um "procura-se" para Charles Montgomery, a sombria figura que, de acordo com Kitty Lutesinger, poderia estar envolvida em algum ou em todos os assassinatos. Além da declaração de Lutesinger, Bugliosi também tinha uma ficha policial do condado de Inyo da ocasião em que o tal Montgomery foi pego nadando nu. Mais nenhuma informação veio à tona; o cara era feito fumaça, impossível de se rastrear.

As cinco mulheres da Família nas celas do condado foram transferidas para Sybil Brand em L.A. Sob instruções de Bugliosi, foram mantidas separadas. Ele acreditava que havia entre elas algum tipo estranho de "coesão", que reforçava suas determinações individuais de não cooperar.

Frank Fowles, promotor do condado de Inyo, chamou Bugliosi. Sandy Good dissera a alguém que Charlie havia bolado um álibi. Se fosse acusado de participação nos casos Tate e LaBianca, ele diria que não estava nem perto de L.A. nas noites em que o resto da Família juraria que isso ocorrera. Simples e eficaz. Como os promotores de L.A. poderiam provar o contrário? Bugliosi ficou preocupado. Chamou uma dupla de investigadores do caso LaBianca e disse a eles que precisavam encontrar alguma evidência de onde Manson esteve durante toda a semana em que ocorreram os assassinatos. Bugliosi ficou satisfeito quando os policiais não perguntaram o motivo. Eles eram profissionais.

Em 26 de novembro, o julgamento de Bobby Beausoleil pelo assassinato de Gary Hinman terminou com um júri dividido. Quatro jurados foram tão dissuadidos por Danny DeCarlo que se recusaram a votar pela condenação. Os promotores imediatamente anunciaram que iriam recorrer. Bugliosi foi designado para o caso. Se tudo corresse bem nas investigações, numa segunda tentativa eles seriam capazes de construir um forte caso contra Beausoleil.

Duas semanas após fazer seu pedido inicial, foi finalmente concedida a Virginia Graham a oportunidade de contar à psicóloga da prisão de Corona o que sabia sobre os assassinatos Tate-LaBianca. A psicóloga atendeu Virginia junto com um dos investigadores do caso. Tudo o que ela dizia combinava com o que os investigadores já haviam escutado de Ronnie Howard. A comprovação reforçou a convicção deles de que estavam no caminho certo.

Investigadores do LAPD interrogaram cinco mulheres da Família transferidas para o Sybil Brand. Nenhuma informação útil foi arrancada de Dianne Lake, Gypsy, Ruth Ann ou Nancy Pitman, mas Leslie se abriu um pouco quando soube que Zero supostamente cometera suicídio. Percebendo que ela ficara atordoada com a notícia, o sargento Mike McGann, que conduzia a entrevista, resolveu atacá-la. Ele disse a Leslie que sabia que Charlie Manson era um dos cinco assassinos de Tate. Leslie murmurou não achar que Charlie "estava entre eles" e, além disso, apenas quatro pessoas estiveram envolvidas na Cielo. Três eram mulheres e uma das garotas, chamada Linda, não matou ninguém. Isso confirmou o que Susan Atkins dissera a Ronnie Howard, que "Linda não estava [presente]". McGann continuou pressionando. Qual era o último nome de Linda? Quem disse a Leslie que Linda estava na Cielo? Leslie voltou-se para seu mau humor e não falou mais. Ela sugeriu que sabia coisas sobre 11 assassinatos. O LAPD estava investigando nove – cinco na Cielo, dois na Waverly Drive, mais Gary Hinman e Shorty Shea. Mas McGann não conseguiu tirar de Leslie nada sobre os outros dois. Não seria a última vez que um membro da Família mencionaria assassinatos que as autoridades desconheciam.

McGann tentou mexer com Leslie. Ela não respondeu quando ele disse que Susan implicara Katie (Pat), mas ficou em choque quando McGann acrescentou que Susan se gabava de, na noite posterior aos assassinatos na Cielo, ter saído e matado mais duas pessoas. Leslie se recusava a falar, mesmo McGann lhe oferecendo 24 horas de proteção se ela cooperasse. A sessão ainda foi útil para Bugliosi e outros investigadores. Eles tiveram a confirmação de que Susan, Pat e Linda eram as três mulheres na Cielo, embora não tivessem ideia de quem era ou onde estava Linda. Mas o interrogatório também foi proveitoso para Charlie. Leslie soube que Susan estava falando e através dos membros da Família, que a visitavam no Sybil Brand, provavelmente Squeaky e Sandy, ela passou essa informação para Charlie, na cadeia do condado de Inyo. Ninguém entendia as fraquezas e inseguranças de Susan Atkins melhor do que Charlie Manson. Ciente de que ela o estava traindo, provavelmente como consequência de sua compulsão em aparecer, Charlie poderia traçar contramedidas.

Um rancheiro em Spahn disse aos detetives que o sobrenome de Linda era Kasabian. Oficiais do condado de Los Angeles identificaram Katie como Patricia Krenwinkel, que havia sido libertada e estava com o pai após a invasão ao Rancho Barker. O LAPD contatou o sr. Krenwinkel, que disse que Pat estava com a mãe no Alabama. Linda, no entanto, era difícil de se achar; ninguém sabia aonde ela poderia ter ido. Charles Montgomery também permanecia desaparecido.

Susan Atkins, que ainda não fora oficialmente interrogada pelos investigadores Tate-LaBianca, teve um advogado designado pelo tribunal. Richard Caballero estudou as evidências acumuladas contra ela e aconselhou sua nova cliente, como única chance de evitar a pena de morte na Califórnia, a cooperar com a polícia. Ele disse a Susan que Charlie era "uma força trabalhando em sua vida mais forte do que você".

• • •

Membros das equipes de investigação Tate e LaBianca começaram a interrogar moradores de L.A. mencionados por Susan a Ronnie Howard e Virginia Graham. Gregg Jakobson foi cooperativo. Ele falou sobre seu interesse pela música de Charlie e pelo estilo de vida da Família, e como tentou sem sucesso fazer com que seu amigo Terry Melcher gravasse músicas de Charlie ou financiasse um filme sobre a Família. Mas Charlie não poderia ter a intenção de matar Melcher na noite dos assassinatos na Cielo, disse Jakobson, pois ele sabia na época que Melcher havia se mudado. Jakobson tentou falar sobre as estranhas crenças de Charlie, mas o interrogador não estava interessado em nada daquilo. Ele só queria ouvir sobre o rancor de Charlie por Melcher. Em uma reflexão tardia, ele perguntou se Jakobson conhecia um cara chamado Charles Montgomery, cujo apelido provavelmente era Tex. Jakobson disse que sim, mas o último nome de Tex era Watson, não Montgomery. O LAPD checou o nome Charles *Watson* e descobriu que ele havia sido preso em abril em um episódio relacionado a drogas em Van Nuys. As digitais eram compatíveis com uma encontrada na porta da frente na Cielo. A procura levou apenas mais algumas horas até confirmarem que Watson era de uma pequena cidade do condado de Collin, Texas, não muito longe de Dallas. Investigadores ligaram para o xerife local – Tom Montgomery, primo de Tex. Ele animou os policiais de L.A. ao dizer que Tex estava vivendo lá e que o buscaria imediatamente.

Tex havia saído com uma antiga namorada. Ao retornar, seu pai o esperava. Ele perguntou ao filho se sabia alguma coisa sobre um assassinato na Califórnia. Tex disse que não e ele, seu pai e Maurice, seu primo, dirigiram até a prisão do condado, em McKinney. O xerife Tom Montgomery timidamente disse a Tex que precisava levá-lo sob custódia, mas que o mal-entendido seria esclarecido em breve: "Nós temos certeza de que você não cometeu nenhum assassinato". A notícia da prisão de Tex se espalhou rapidamente na pequena comunidade, mas ninguém que o conhecia acreditou que seria capaz de matar alguém. Ele era um cara tão doce.

Gregg Jakobson estava disposto a ajudar os investigadores do LAPD. Dennis Wilson e Terry Melcher não. Dennis temia a ira dos outros Beach Boys. Desde o início não gostaram de Manson e agora, graças a Dennis, logo seriam ligados a um maluco e seu culto assassino – dificilmente a melhor associação para uma banda cuja marca registrada eram canções sobre sol e diversão. Para Dennis, cuja autoestima era sempre instável, os Beach Boys e seu lugar na banda eram as coisas mais importantes no mundo. Então, quando a polícia foi interrogá-lo, Dennis minimizou seu relacionamento com Charlie. Sim, o cara e seus amigos ficaram com Wilson por um tempo. E daí? Muita gente fazia isso – ele estava vivendo numa casa grande na época. Claro, Charlie teve uma audição na Brother Records. Isso é o que você faz quando tem uma gravadora, experimenta quase todos os aspirantes a estrelas da música para ver se algum deles realmente tem talento. Charlie não, e foi isso.

Melcher resistiu também. A Columbia ficaria desapontada em ter seu produtor, o garoto prodígio, publicamente associado a assassinos em massa cabeludos. Melcher sabia que não dava para evitar completamente a mancha de Manson, mas pelo menos podia limitá-la. Onde Wilson evitou detalhes, Melcher mentiu. Ele alegou que só se encontrou com Manson umas duas vezes no Rancho Spahn, aonde foi para escutar a música do cara por insistência de Gregg Jakobson. Ele não ficou impressionado, embora tenha lhe entregado o dinheiro que tinha no bolso, com pena especialmente das criancinhas, que pareciam tão esfarrapadas e famintas. A questão de Manson aparentemente pensar que ele havia faltado com sua palavra em arranjar-lhe um contrato de gravação era novidade, insistia Melcher. Ele não entendia por que Manson poderia ter ido à sua antiga residência na Cielo em busca de vingança, se era este o motivo por trás do assassinato de Tate. Os investigadores disseram ter ouvido falar que Melcher gostava de brincar com as mulheres da Família e ele prontamente mostrou fotos de algumas de suas recentes namoradas, incluindo a espetacular Candy Bergen. Ele então perguntou: "Se eu tenho beldades como essas em minha cama, por que eu pegaria doenças com essas cadelas sujas de Manson?" Os policiais podem não ter acreditado nele, mas a regra implícita de aplicação da lei em L.A. aparentemente prevalecia – celebridades têm passagem onde pessoas comuns não têm. Melcher teve sua palavra aceita, mas a equipe de investigação obteve uma informação útil. Ele admitiu que uma vez Dennis Wilson deu-lhe uma carona para casa, na Cielo, e Charlie Manson estava junto no banco de trás, tocando seu violão. Mas, segundo Melcher, Dennis o deixou no portão. Charlie não entrou, muito menos teve acesso à casa. Para os investigadores, foi a confirmação de que Charlie Manson estivera na Cielo pelo menos uma vez. Ele sabia onde era o lugar.

Na tarde de domingo, 30 de novembro, Richard Caballero se reuniu com Bugliosi no Parker Center para conversar sobre um acordo para sua cliente. Aaron Stovitz tinha fornecido a Caballero cópias dos interrogatórios gravados com Virginia Graham e Ronnie Howard, e deixou claro para o advogado de defesa que os promotores estavam prontos para pedir a pena de morte para Susan. Bugliosi fez uma oferta – se

Susan cooperasse, considerariam deixá-la declarar-se culpada de assassinato em segundo grau, com uma pena de prisão perpétua. Caballero comunicou a oferta a Susan, no Sybil Brand, enfatizando que o caso contra ela era muito sólido. Se não fizesse o acordo, morreria na câmara de gás. Susan respondeu que não podia decidir. Caballero voltou ao Parker Center e falou sobre a indecisão de Susan com Bugliosi. Ele achava que Susan poderia concordar em testemunhar perante o grande júri contra Charlie, mas nunca em um tribunal público. O poder de Charlie sobre ela ainda era muito forte. Não importava o que ela eventualmente pudesse prometer à promotoria – sua devoção a Charlie faria com que ela mudasse de ideia e se retratasse a qualquer momento. Bugliosi pediu para Caballero continuar tentando. Por enquanto, ele tinha um caso contra Susan e Tex Watson pelos assassinatos na Cielo, mas para implicar Manson, Pat e Linda ele só podia contar com as orgulhosas palavras de Susan a Ronnie Howard e a Virginia Graham. A preocupação maior dos promotores era com a possibilidade de que os réus exigissem um julgamento coletivo. Em julgamentos coletivos, a lei da Califórnia determina que a acusação não pode usar como evidência uma declaração de um réu que implique seus corréus. Neste caso, qualquer coisa que Susan dissera sobre os assassinatos poderia ser usada apenas contra ela, não contra Charlie ou qualquer outro que ela alegasse ter participado dos assassinatos Tate e LaBianca. Para ter certeza da condenação dos outros, os promotores precisavam de informações de Susan, muitas mais, que pudessem ajudá-los a construir casos individuais contra todos os suspeitos.

Embora contra a vontade de muitos membros da sua equipe, em 1º de dezembro o chefe Davis insistiu em manter uma coletiva de imprensa às 14h para anunciar que o LAPD havia solucionado os assassinatos Tate e LaBianca. Por semanas, o departamento teve pouco progresso a relatar. Agora havia suspeitos, em ambos os casos, que poderiam ser publicamente identificados, e também um motivo: vingança contra Terry Melcher no caso Tate. Seriam os trabalhos acumulados dos investigadores que Davis iria anunciar. Mas a coletiva de imprensa quase degringolou antes de o chefe encontrar-se com os meios de comunicação. Às sete da manhã o xerife Montgomery telefonou para Aaron Stovitz para avisar que se L.A. não enviasse um mandado de prisão para o condado de Collin em duas horas ele teria de libertar Tex. Stovitz e Bugliosi precisaram correr para encontrar um juiz que assinasse um mandado de prisão para Tex, que chegou a Collin minutos antes de o prazo expirar. Foi apenas o primeiro de inúmeros obstáculos que oficiais e advogados do Texas impuseram aos promotores para que Tex fosse a julgamento em L.A. O processo de apelação do translado levaria quase nove meses entre tribunais estaduais e distritais.

Nesse vaivém, Stovitz e Bugliosi também emitiram mandados de prisão para Pat Krenwinkel e Linda Kasabian. Após alguns telefonemas para autoridades no Alabama, Pat foi presa pouco antes da coletiva de imprensa do chefe Davis. O paradeiro de Linda ainda era desconhecido, mas pelo menos o mandado colocaria as autoridades em seu encalço pelo país afora.

O chefe Ed Davis não se conteve quando se dirigiu à imprensa. De acordo com ele, após 8.750 horas de ininterruptas investigações, o LAPD resolveu não só o caso Tate, mas também os crimes dos LaBianca. Mandados foram emitidos para três indivíduos – Tex, Pat e Linda. Acusações para mais quatro ou cinco indivíduos foram feitas. Davis não mencionou Susan nem Charlie, mas não foi preciso. Fontes entre os repórteres logo mencionaram um "bando de nômades assassinos" e seu líder. Dentro de um dia, esboços do perfil de Manson começaram a aparecer nos jornais. A manchete do *Los Angeles Times* proclamava: "Rancor contra o filho de Doris Day ligado aos assassinatos Tate". Segundo o artigo, os LaBianca foram as vítimas posteriores de uma "banda ocultista". Repórteres descobriram que Richard Caballero, advogado de Susan, estava contente de abastecê-los com frases de efeito. Ele explicou que sua cliente participara dos assassinatos sob o "feitiço hipnótico" de Charlie e que ela "disse, a respeito de Manson, que 'Nós pertencemos a ele, e não a nós mesmos'". Isso era parte da estratégia de Caballero para estabelecer as bases para seu apelo de insanidade, caso não conseguisse fazer algum acordo com os promotores.

Mas o advogado de defesa ainda desejava um acordo. Após a coletiva de Davis, ele pediu permissão a Stovitz para levar Susan ao seu escritório. Longe do Sybil Brand, sugeriu, em algum ambiente mais favorável para uma conversa. Caballero gravaria em fita o que quer que Susan lhe dissesse. Se seu caso fosse a julgamento, ele tocaria a fita para psiquiatras. Se um acordo fosse feito, ele deixaria os promotores ouvirem a gravação antes de irem ao grande júri. Stovitz concordou com o plano.

Reportagens da coletiva de imprensa de Davis saíram por todo o país. Houve diversas reações entre aqueles que conheceram Charlie Manson. Phil Kaufman, que passara um tempo com ele na prisão, estava convencido de que Charlie e seus seguidores não poderiam ter cometido os assassinatos de Tate e LaBianca. Ele sabia que eram estranhos, mas não pensava neles como assassinos. Mas a prima de

Charlie, Jo Ann, relembra que, quando ouviu as notícias em West Virginia, ficou "muito triste e horrorizada, mas não surpresa. Se você realmente conhece Charles, qualquer coisa terrível que ele faça não será nenhuma surpresa".

Stovitz e Bugliosi não queriam que o chefe Davis realizasse a coletiva de imprensa, mas os benefícios de suas investigações tiveram consequências imediatas. Em 2 de dezembro, Linda Kasabian voluntariamente se entregou à polícia em Concord, New Hampshire. Ela disse que esteve na Cielo na noite dos assassinatos, mas que não havia participado. Linda também afirmou que cooperaria com qualquer esforço para extraditá-la para a Califórnia.

Por insistência de sua mãe, que finalmente acreditou nas horríveis histórias contadas por sua filha de 17 anos, Barbara Hoyt apareceu para falar com a polícia. Ela confessou ter ouvido os gritos de Shorty na noite que ele foi massacrado, bem como Susan se gabando sobre seu papel nos assassinatos Tate. Os investigadores sentiram que havia muito mais a ser explorado em Hoyt, que prometeu estar disponível quando necessário.

Mary Brunner contatou a polícia em Eau Claire, no Wisconsin, e fez um acordo de cooperação com o condado de Los Angeles em troca de imunidade no caso Hinman. Além de oferecer testemunho no assassinato de Hinman, Mary foi direta sobre Tex Watson e as conversas com Charlie sobre alguns outros assassinando Shorty Shea. Ela disse à polícia que após a morte de Shorty seu carro foi deixado em algum lugar de Canoga Park. O LAPD iniciou uma busca no local.

• • •

Richard Caballero levou a fita de Susan Atkins ao Parker Center, na noite de 3 de dezembro, para Bugliosi e membros da equipe de investigação Tate e LaBianca ouvirem. Por eles estarem negociando um acordo, Caballero permitiu-lhes ouvir por duas horas Susan nomear os participantes e descrever, muitas vezes em detalhes grotescos, os assassinatos. Susan deixou claro que, embora não tivesse ido junto, Charlie ordenara os assassinatos na Cielo. Os quatro que foram naquela noite eram ela, Tex, Pat e Linda. Na noite seguinte, Charlie foi até a casa na Waverly Drive e depois enviou Tex, Pat e Leslie com ordens de matar os LaBianca. Susan não presenciou esses assassinatos – apesar de ter sido enviada por Charlie junto com Clem e Linda –, mas

Pat e Leslie, posteriormente, contaram a ela sobre as mortes. Susan também afirmou que "a razão para Charlie escolher Cielo foi instilar medo em Terry Melcher, pois Terry nos deu sua palavra em algumas coisas e nunca cumpriu".

Havia duas diferenças significantes entre o testemunho gravado de Susan e suas declarações para Virginia e Ronnie no Sybil Brand. Agora, em vez de apresentar a si mesma como uma assassina exuberante, Susan afirmava ter esfaqueado Voytek Frykowski apenas em autodefesa e que em vez de massacrar Sharon Tate ela "apenas" segurou a atriz grávida enquanto Tex sim a golpeava com uma faca. Mas os investigadores ainda tinham de saber mais para garantir a Caballero um acordo para sua cliente.

Outro advogado de defesa tinha o mesmo objetivo para seu novo cliente. Gary Fleischman, um advogado de Los Angeles, representou Linda Kasabian, que chegou a L.A. e foi para o Sybil Brand. Stovitz encontrou-se brevemente com ela e seu advogado lá. Ele saiu com a impressão de que Linda estava disposta a cooperar, mas Fleischman não permitiria isso até ser oferecida a ela imunidade em troca de seu testemunho. Stovitz e Bugliosi decidiram não oferecer nada por ora. Eles iriam se concentrar em costurar um acordo com Caballero e Susan. Se por alguma razão não funcionasse, Kasabian poderia ser uma alternativa satisfatória.

Em 4 de dezembro, Susan Atkins teve sua oferta, uma excepcionalmente generosa. Se ela testemunhasse a verdade para o grande júri, a promotoria não pediria a pena de morte pelos assassinatos de Hinman, Tate ou LaBianca. Se Susan escolhesse não testemunhar nos julgamentos antecipados de homicídio ou mesmo se ela mais tarde mudasse de ideia em relação às suas declarações, os promotores não poderiam usar seu testemunho ao grande júri contra ela ou quaisquer corréus. Caballero se gabou posteriormente de que sua cliente "não se rendeu em nada e teve tudo em troca". O advogado de defesa habilmente acelerou o acordo unilateral avisando aos promotores que, devido à influência de Charlie sobre ela, a qualquer momento Susan poderia decidir não testemunhar. Sem tal testemunho, era quase certeza de que Charlie, Tex e Pat não seriam levados a júri popular e no fim das contas poderiam até ser libertados. Stovitz e Bugliosi deram a Caballero tudo o que ele exigiu para sua cliente e combinaram que Susan testemunharia perante o grande júri no dia 5 de dezembro.

Uma impressão digital de Pat tirada pelo departamento de polícia de Mobile, Alabama, combinava com uma digital encontrada no interior do quarto de Sharon Tate na Cielo. Agora ela e Tex eram colocados na cena do crime. Mas os promotores ainda tinham apenas a palavra de Susan de que Charlie era o cérebro por trás dos assassinatos Tate.

Na noite posterior, Bugliosi reuniu-se com Susan no escritório de Caballero. "Charlie está olhando para nós neste exato momento e ele pode ouvir tudo que estamos dizendo", Susan disse. Bugliosi pensou que ela fosse louca, "provavelmente não legalmente insana, mas louca de qualquer forma". Ele e Stovitz estavam baseando um grande caso nas palavras de uma garota extremamente maluca.

Às nove da manhã do dia seguinte, Aaron Stovitz fez Susan Atkins jurar perante os 21 membros do grande júri. Por lei, dois terços deles tiveram de concordar com quaisquer indiciamentos. Susan renunciou ao seu direito de não incriminar a si mesma e, persuadida por Stovitz e Bugliosi, contou novamente sua história. Seu testemunho durou o dia inteiro. Alguns dos detalhes eram tão explícitos que um recesso foi declarado quando um sufocado jurado teve de sair da sala. Quando o grande júri – em sua maioria brancos de classe média para alta – entrou em recesso por conta do fim de semana, eles já tinham ouvido Susan comentar não apenas sobre os assassinatos de Tate e LaBianca, como também as maravilhas de Charlie e do poder que Susan acreditava vir dele: "As palavras que vinham da boca de Charlie [...] vêm do que eu chamo de Infinito". Os promotores ficaram satisfeitos quando ela disse que Charlie "[nos] programou para fazer coisas". Susan até fez uma breve alusão a Helter Skelter, "a última guerra na face da Terra". Stovitz e Bugliosi estavam confiantes de que aquele era o caminho certo para conseguir as acusações que desejavam.

No fim de semana, a cobertura de imprensa do testemunho de Susan ("Orgia de uma assassina: suspeita conta ao júri sobre os assassinatos Tate") competia pelo espaço de primeira página com notícias sobre Altamont Speedway, festival de rock realizado no norte da Califórnia. Menos de quatro meses após o festival de Woodstock ter celebrado a música como um meio de unir pessoas em uma atmosfera de paz e amor, no sábado, 6 de dezembro, um negro foi esfaqueado até a morte pelos Hells Angels durante a apresentação dos Rolling

Stones. Era o lado escuro yang para o esperançoso Woodstock yin,[1] e mais uma prova para um grande número de americanos conservadores de que os cabelos longos não eram apenas socialmente subversivos, mas também perigosos.

Na segunda-feira, o grande júri se reuniu novamente e ouviu várias testemunhas, incluindo Danny DeCarlo, Gregg Jakobson e três das cinco mulheres da Família que haviam sido transferidas da prisão do condado de Inyo para o Sybil Brand. Gypsy não iria testemunhar e os promotores não chamaram Leslie porque Susan havia acabado de apontá-la como uma das assassinas dos LaBianca. Ruth Ann, Dianne Lake e Nancy Pitman juraram não saber nada sobre os assassinatos, mas isso não importava. Da forma mais negativa possível, Susan havia impressionado os jurados. Naquela tarde, os promotores a indiciaram em sete acusações de assassinato e uma de conspiração para cometer assassinato, esta última para Charles Manson, Charles Watson, Susan Atkins, Linda Kasabian e Patricia Krenwinkel. Por ela ter se envolvido apenas na segunda noite, Leslie Van Houten foi indiciada em duas acusações de assassinato e uma de conspiração para cometer assassinato. Mas Stovitz e Bugliosi estavam bastante conscientes de que os indiciamentos eram apenas o primeiro passo. O sucesso da acusação ainda dependia de Susan Atkins e, com base em suas descrições de adoração a Charlie para o grande júri, ela poderia voltar-se contra ele a qualquer momento. Eles precisavam de muito mais.

• • •

Em seu testemunho, Susan não tocou no assassinato de Shorty Shea, mas logo após ela se encontrar com o grande júri os promotores descobriram algo no caso. As informações dadas por Mary Brunner sobre o descarte do carro de Shorty após sua morte foram precisas. Os investigadores encontraram seu Mercury 1962 em Canoga Park no exato local que ela mencionara. Dentro do veículo, havia uma caixa de sapato com várias impressões da palma da mão de um dos membros de longa data da Família, Bruce Davis. A polícia também encontrou as botas de caubói de Shorty manchadas com sangue seco.

1 Segundo a filosofia chinesa, o yin-yang é a representação do positivo e do negativo, o princípio da dualidade, onde o positivo não vive sem o negativo e vice-versa.

Como o translado de Charlie do condado de Inyo para Los Angeles era iminente, Squeaky e Sandy se mudaram do deserto para L.A. Elas e vários outros membros da Família, que haviam se espalhado após a invasão ao Rancho Barker em meados de outubro, precisavam de uma base e se voltaram para o antigo amigo de cadeia de Charlie, Phil Kaufman. Kaufman não havia gostado dos seus recentes encontros com a Família no Rancho Spahn. Após rejeitar uma tentativa de Charlie de recrutá-lo, os seguidores de Manson começaram a tratá-lo de forma hostil. Agora eles precisavam dele e agiam como se fossem amigos de longa data. Mas se havia algo que deixava Kaufman furioso era acusar um homem inocente; não importava o que a TV ou os jornais diziam, ele estava certo de que Charlie não tinha nada a ver com os assassinatos Tate ou LaBianca. Claro, o cara era um criminoso, ele infringiu a lei várias vezes e de várias maneiras, mas existe uma grande diferença entre fazer isso e matar pessoas. Por isso, ele permitiu que as garotas passassem a noite em sua casa quando elas o procuraram.

Richard Caballero acreditava que Susan mudaria seu testemunho mais cedo ou mais tarde. Depois que fizesse isso, os promotores não poderiam mais usar nada daquilo que foi dito a eles ou ao grande júri. Certamente ficariam furiosos e fariam tudo que estivesse ao seu alcance para construir um caso sólido contra Susan e enviá-la à câmara de gás. Caballero sentiu que a melhor defesa para sua cliente era provar o total controle de Charlie sobre ela e antes de Susan se calar ele fez de tudo para que a história sob sua própria perspectiva caísse nos ouvidos do público e da mídia. Sem contar aos promotores, ele começou, às escondidas, a negociar um acordo que resultaria em um livro pré-julgamento apresentando Susan como uma prisioneira do mestre do mal Charlie, que sofrera lavagem cerebral e estava sob seu poder. Havia muitos escritores e jornalistas que queriam um pedaço exclusivo da história de Manson. Não demorou muito para que Caballero chegasse a algum lugar.

No Sybil Brand, Susan começou a receber suas primeiras visitas, algumas mulheres da Família que estavam hospedadas na casa de Phil Kaufman. Elas disseram a Susan que a amavam e mencionaram como seu filho estava sob custódia dos Serviços Familiares de L.A. A Família ajudara Susan antes a pegar Ze Zo Ze de volta após ele e outras crianças do rancho terem sido levados pelo Serviço Social durante a invasão a Spahn, em 16 de agosto. Elas enfatizaram que poderiam encontrar o garoto novamente.

Na tarde do dia 9 de dezembro, Charles Milles Manson, endereço transitório, ocupação músico, foi formalmente acusado no tribunal do condado de Inyo pelas mortes de sete pessoas e imediatamente transladado para a prisão no nono andar do Palácio da Justiça, no centro de L.A. Começando com a coletiva de imprensa em 1º de dezembro e passando pelo testemunho ao grande júri até os indiciamentos, o apetite do público por apenas um vislumbre da presença de Charlie atingiu níveis frenéticos, graças à cobertura sensacionalista da mídia. Repórteres autodenominados privilegiados escreviam que Charlie e a Família praticavam magia negra e sacrifícios de animais. Especulações na TV e nos jornais alardeavam que Charlie usava hipnose para controlar a mente dos seus seguidores. Os raros artigos relevantes ("Manson queria uma guerra racial, dizem amigos", na edição de 7 de dezembro do *Los Angeles Times*) foram praticamente ignorados. Nove de dezembro tornou-se a festa de debutante de Charlie, a primeira oportunidade real para a imprensa e o público de um bom vislumbre dele. Enquanto era levado do condado de Inyo e colocado numa van de transporte até L.A., Charlie tinha um ar de Cristo no Getsêmani[2] - cabelos e barba longos, roupas simples, olhos expressivos mesmo quando se arrastava em meio a uma envolvente falange de policiais. Ele não se parecia com um líder maligno de um culto assassino. Ele não parecia de forma alguma ameaçador.

Na chegada de Charlie ao Palácio da Justiça, havia uma grande multidão reunida do lado de fora e uma ainda maior lá dentro. Centenas de advogados distritais, defensores públicos e funcionários de escritório deixaram suas mesas no prédio para dar uma boa olhada no notório prisioneiro. Charlie foi conduzido por um longo corredor e antes que o vissem barulhos de metal batendo no chão foram ouvidos. Quando Charlie enfim apareceu, era difícil dizer imediatamente o que parecia ou o que vestia porque ele estava envolto da cabeça aos pés com pesadas correntes. Um promotor lembrou-se da primeira aparição do

2 Getsêmani é um jardim situado no sopé do monte das Oliveiras, em Jerusalém (atual Israel), onde se acredita que Jesus e seus discípulos tenham orado na noite anterior à sua crucificação. De acordo com o Evangelho segundo Lucas, a angústia de Jesus no Getsêmani foi tão profunda que "seu suor tornou-se grandes gotas de sangue, que corriam até ao chão". Segundo a tradição cristã ortodoxa, o Getsêmani também é o local onde os apóstolos sepultaram a Virgem Maria.

fantasma de Marley em *A Christmas Carol* [*Um Conto de Natal*, 1843], de Charles Dickens. O LAPD não queria dar chances para Charlie escapar.

Charlie tinha motivos para se desesperar. Ele foi acusado de sete dos mais notórios assassinatos da história americana moderna. Um dos seus seguidores o havia denunciado para o grande júri e outros teriam a oportunidade de fazer o mesmo. Todo o poder do gabinete do escritório do promotor e do LAPD se juntou contra ele. Mas Charlie tinha os seus recursos. Seu controle sobre muitos dos seus seguidores, mesmo aqueles em custódia, permanecia intacto. Ele também tinha a comprovada capacidade para virar situações ruins a seu favor. Se fosse desafiado para uma batalha de inteligência com os investigadores, isso não necessariamente significava derrota para Charlie. Sua vida estava em jogo, mas enquanto o levavam para dentro do Palácio da Justiça, subindo por um elevador até as celas no nono andar, ele não parecia assustado ou mesmo intimidado. No fim das contas, Charlie parecia se divertir em ver as pessoas perplexas olhando para ele.

Eles estavam certos. Por 35 anos Charlie Manson desejou ser o centro das atenções, culminando em sua ambição de ser maior do que os Beatles. Enquanto marchava arrastando correntes para dentro das celas, com câmeras fotográficas e espectadores observando-o fascinados, Charlie sentiu que finalmente estava chegando perto. Ele quis essa atenção durante toda a vida e estava preparado para aproveitá-la ao máximo.

Charlie está famoso

A chegada de Charlie algemado ao tribunal de Los Angeles aumentou em vez de satisfazer o interesse público pelos assassinatos Tate-LaBianca. Anteriormente, a maior parte da cobertura da mídia limitou-se a especulações e matérias ocasionais sobre a falta de progresso na investigação do caso Tate; os LaBianca eram essencialmente ignorados. Havia muita coisa acontecendo na América e no mundo, em grande parte tragédias em larga escala, destacadas em primeira página e nas transmissões de rádio. Notícias de guerras e conflitos raciais haviam saturado a consciência do público nos últimos quatro anos e aquelas matérias pareciam nunca acabar. As origens daquilo tudo eram complexas e as pessoas estavam cansadas de pensar a respeito. Com o caso Tate-LaBianca, Charlie e a Família ofereciam um horror mais simples – um homem esquisito e seus seguidores aparentemente assassinaram uma famosa atriz grávida e mais seis outras pessoas. Em *The White Album*, uma coletânea de ensaios sobre a década de 1960, Joan Didion refletiu sobre os assassinatos e concluiu que "a paranoia foi satisfeita". Charlie Manson satisfez a paranoia de diferentes facções sociais, dando a todos o que eles queriam – um bicho-papão, mártir e talvez herói.

Era impossível ignorar Charlie; havia notícias sobre ele para ler ou assistir todos os dias. Existia uma atração inegável: que detalhe suculento seria revelado a seguir? Los Angeles se encontrava em meio a uma guerra jornalística; o *Times* e o *Herald Examiner* competiam para ver quem atraía mais leitores com as histórias horripilantes de Manson. A mídia nacional também não se cansava de Charlie. As maiores revistas enviaram pelotões de repórteres e fotógrafos para McMechen, West Virginia, para escreverem sobre a infância de Charlie. O diretor de habitação pública do condado teve que designar uma sala especial para entrevistas, de modo que os moradores não fossem importunados nas ruas. Mas poucos queriam falar a respeito de Charlie e os que concordaram apenas ajudaram a aumentar sua fama, exagerando as angústias de sua infância. Falou-se muito que Charlie era filho de mãe solteira, uma prostituta adolescente que o havia abandonado, e que quando não estava em reformatórios era maltratado por parentes insensíveis. Levou muito tempo para que os repórteres encontrassem Kathleen no noroeste do país, mas, para proteger a filha Nancy, ela não quis nada com a imprensa. A diretora da escola primária de McMechen, intrigada com tudo que lia e ouvia, decidiu localizar a ficha de Charlie na sala empoeirada onde os registros de estudantes eram armazenados. A ficha não estava lá; poucos dias após Charlie ter se tornado uma celebridade, alguém a roubara. Um mercado negro de relíquias de Manson já estava florescendo.

Para todos aqueles assustados com os estudantes radicais e manifestantes contrários à guerra, Charlie e a Família eram uma prova de que os cabeludos não eram apenas baderneiros, mas perigosos. Não importava o fato de eles não serem estudantes nem manifestantes. Eles pareciam ser – e isso era o bastante. Para qualquer um que acreditasse que drogas tinham potencial para transformar pessoas jovens e normais em lunáticos assassinos, informações sobre o uso regular de LSD pela Família confirmavam seus piores medos. Ateus e agnósticos poderiam citar – e realmente citavam – a interpretação distorcida de Charlie para o Livro do Apocalipse como evidência de que fundamentalistas religiosos eram monstros. Críticos do rock 'n' roll destacaram a fixação de Charlie pelos Beatles – viram como músicas assim incitam desastres? (No seu perspicaz *Waiting for the Sun*, Barney Hoskyns escreveu que Charlie e Altamont "conseguiram desfazer totalmente a ideia de que o rock era uma força positiva de mudança".)

Mas Charlie também satisfez a paranoia dos jovens desiludidos. Os manifestantes antiguerra e os estudantes radicais desconfiavam profundamente do governo e consideravam inimigos os políticos eleitos e homens da lei. A aparência dócil de Charlie e os pedidos inicialmente polidos para representar a si mesmo no tribunal (prontamente negados) indicaram a muitos descontentes que ali estava um homem inocente massacrado por parecer e agir de modo diferente. Os ativistas mais radicais foram mais além; a culpa presumida de Charlie e de seus seguidores o tornava admirável. Em dezembro, no último encontro formal da SDS antes de o grupo se fragmentar em várias facções irreconciliáveis, Bernardine Dohrn fez um discurso elogiando-os: "Percebam! Primeiro eles mataram aqueles porcos, então jantaram na mesma sala que eles. E ainda enfiaram um garfo na barriga da vítima. Selvagem!" A saudação dos Meteorologistas passou a ser quatro dedos erguidos no ar, representando o garfo espetado no abdômen de Leno LaBianca. Para eles, lembra Mark Rudd, os assassinatos Tate-LaBianca foram "um dedo grande e gordo na cara deste país [...] aqui está um pouco do seu próprio remédio, seus hipócritas".

Na cela do nono andar do Palácio da Justiça, as cartas endereçadas a Charlie começaram a chover, centenas por dia. Algumas eram críticas daqueles que o achavam repugnante; outras sugeriam que ele salvasse sua alma através de oração; um bom número pedia autógrafos – mas para aqueles que faziam a triagem das cartas daquele detento, as mais perturbadoras vinham de garotas adolescentes que queriam a permissão de Charlie para se juntar à Família. Aquilo soava maravilhoso e Charlie tinha que agradecer a Squeaky, Ruth Ann e a alguns dos seus outros seguidores ainda livres. Charlie não era o único com um senso aguçado de relações públicas.

As mulheres da Família não duraram muito com Phil Kaufman. Cada uma achava que tinha a melhor ideia do que Charlie queria que fizessem e discutiam constantemente. Kaufman se cansou disso e lhes disse para pararem de brigar ou irem embora. Elas partiram de volta para o Rancho Spahn. George Spahn não ficou feliz em revê-las, mas logo mudou de ideia. Squeaky assumiu o comando e começou a convidar a imprensa para visitá-los. Publicações locais e nacionais logo passaram a apresentar longos artigos sobre o estilo de vida simples da Família; fotógrafos os exibiram realizando tarefas para o rancho, brincando em seus riachos e cavernas (a pequena e sexy Ruth Ann sempre posava na frente) ou mesmo saindo para revirar lixo. As pessoas começaram a ir até Spahn e a alugar cavalos, porque os seguidores de Manson em geral eram aqueles que lhes entregariam as rédeas. O contingente da Família havia diminuído, mas agora havia novos recrutas. A Família selecionava alguém promissor em uma conversa e então o convidava para seus jantares. A adição mais importante foi Dennis Rice, que chegou com seus quatro filhos pequenos e um cartão de crédito. Dennis se tornou o fio condutor da Família até Charlie, visitando-o na cadeia e retornando com instruções. Squeaky assumiu a responsabilidade de visitar as mulheres da Família que estavam na cadeia, lembrando-as para continuarem em silêncio e obedecendo a Charlie. Gypsy e Nancy Pitman foram libertadas em meados de dezembro - ficou claro no testemunho de Susan Atkins ao júri que elas não tiveram participação nos assassinatos e não havia provas de que tivessem cometido quaisquer outros crimes. Assim que foram libertadas, elas se juntaram aos outros em Spahn. Todas as mulheres eram cuidadosas em enfatizar para a imprensa que Charlie "é amor". Elas diziam não saber nada a respeito dos assassinatos, apenas que seguir Charlie as fazia felizes - e, reforçavam, *livres*. Os repórteres não perceberam nenhuma evidência de seguidores robóticos e manipulados em Spahn, e isso se refletiu em suas matérias, exatamente como Squeaky e os outros pretendiam.

No dia 10 de dezembro, a promotoria tirou a sorte grande. Um frentista em Sylmar encontrou a carteira de Rosemary LaBianca enquanto limpava a caixa de descarga do banheiro feminino. A carteira de motorista dela e os cartões de crédito ainda estavam dentro - a esperança de Charlie de que algum negro encontrasse e utilizasse os cartões não havia se concretizado. A carteira estava encharcada demais para recolher impressões digitais, mas a descoberta corroborava o testemunho de Susan Atkins ao júri.

Os investigadores de San Jose anunciaram sua intenção de interrogar Charlie e os membros da Família sobre o assassinato de duas adolescentes em 2 de agosto, dentro da jurisdição deles. Havia a suspeita de que os homicídios estavam ligados aos casos Tate e LaBianca porque cada uma das garotas fora esfaqueada inúmeras vezes. Por fim, determinou-se que não havia evidência ligando Charlie ou a Família ao crime de San Jose. Mas esta foi só a primeira de muitas vezes que a polícia desconfiou de membros da Família Manson cometendo outros assassinatos além daqueles já conhecidos.

O juiz William B. Keene indiciou Charles Manson no dia 11 de dezembro. Charlie vestia roupas de couro e o *Los Angeles Times* noticiou que "ele parecia apreciar" a multidão que se espremia no tribunal para vê-lo. Keene designou o defensor público Paul Fitzgerald para representar Charlie, o que significava um potencial conflito de interesse, uma vez que ele também fazia parte da equipe de defesa de Bobby Beausoleil. Fitzgerald sentia ter boas chances de livrar Charlie; ele diria depois aos repórteres que "tudo que a acusação tem são duas impressões digitais e Vince Bugliosi", uma menção aos recordes impressionantes do promotor como acusador. Bugliosi concordou intimamente e providenciou para que Susan Atkins fosse levada do Sybil Brand, no domingo, dia 14, para dar uma volta com os investigadores e apontar onde ela acreditava que Linda Kasabian havia descartado as roupas ensanguentadas, as facas e a Buntline .22 após os assassinatos na mansão de Tate.

O juiz pode ter designado Paul Fitzgerald, mas havia um grande número de advogados em Los Angeles esperando convencer Charlie a representá-lo. Era o tipo de caso notório onde uma vitória virtualmente garantiria uma atuação lucrativa. Durante as seis semanas seguintes, Charlie recebeu 139 visitas de advogados que esperavam ganhar sua confiança e o caso. Começava um rodízio de advogados por Charlie, Susan, Pat e Leslie.

O juiz Keene impôs uma lei do silêncio; ninguém associado ao caso deveria discutir evidências com a imprensa. Mas, como Bugliosi amargamente observou, "os rumores se multiplicavam como bactérias". Ele próprio ouviu o boato de que o advogado de Susan, Richard Caballero, havia feito um acordo com um grupo de mídia europeu para publicar sua história assim que a transcrição do testemunho dela ao júri se tornasse público. No domingo, ele pegou o jornal e descobriu que a verdade era ainda pior. O *Los Angeles Times* alardeava na primeira página: "A HISTÓRIA DE 2 NOITES DE ASSASSINATO DE SUSAN ATKINS". Com a permissão de sua cliente, Caballero e seu assistente, trabalhando com jornalistas locais, transformaram as gravações que Caballero havia feito com Susan em um livrinho que deveria ser publicado apenas na Europa em 14 de dezembro. Mas de alguma forma o *Los Angeles Times* conseguiu uma cópia e imprimiu o conteúdo. Agora todo o mundo, incluindo Charlie, sabia o que Susan alegava.

Enquanto os cidadãos de Los Angeles ainda digeriam o relato colorido de Susan com seus ovos e café matinais, ela deu um passeio de sete horas pelas ruas de Bel Air. Susan aproveitou a saída melhor do que os investigadores que a acompanhavam; ela foi incapaz de se lembrar dos locais de desova de Linda. A justificativa dela em um bilhete para uma companheira de cela do Sybil Brand foi que "era um dia tão lindo que minha memória desapareceu". Ela gostava de enviar cartas autorizadas e "pipas", bilhetes ilegais passados entre as internas. Suzan enviou um a Ronnie Howard, declarando que não estava brava com ela por dedurá-la, mas apenas magoada: "Sim, eu queria que o mundo o conhecesse [Manson]. Certamente parece que eles o conhecem agora. [...] Agora eu sei que tudo foi perfeito. Aquelas pessoas não morreram por ódio ou qualquer coisa feia. Não vou defender nossas crenças. Estou apenas dizendo como as coisas são".

Susan não percebeu como as coisas eram. Ronnie entregou o bilhete ao seu advogado, que o enviou a Bugliosi. Sob as leis da Califórnia, quaisquer cartas na cadeia ou mensagens de conteúdo incriminador poderiam ser usadas contra o remetente; diferente do testemunho de Susan ao júri, o conteúdo de seus bilhetes ainda poderia ser apresentado como evidência se ela renunciasse ao acordo com a promotoria.

Bugliosi continuou a acumular evidências, às vezes por meio de obstinada pesquisa, outras vezes por simples sorte. Examinando as caixas de evidências da investigação em curso sobre o caso LaBianca, ele encontrou referências ao interrogatório de Al Springer e uma carta enviada a Charlie enquanto ele estava na cadeia em Independence. A carta era assinada por "Harold". Bugliosi se lembrou de Susan mencionar uma festa na casa de "Harold", perto da casa dos LaBianca, na Waverly Drive. A carta de Harold incluía um endereço e dois números de telefone. Bugliosi pediu aos detetives do caso LaBianca que o encontrassem.

Tendo lido o relato pessoal de Susan no jornal de domingo, na segunda-feira uma equipe de TV local saiu em busca dos itens descartados após os assassinatos Tate. Quase imediatamente encontraram roupas ensanguentadas em um aterro depois da Benedict Canyon Road. A polícia havia procurado por semanas, mas a equipe de TV fez a descoberta em 10 minutos. Os laboratórios da polícia de Los Angeles compararam o sangue nas roupas com o das vítimas na Cielo e, além disso, um longo fio de cabelo preso em uma das peças foi identificado como pertencente a Susan Atkins.

Na terça-feira, Bernard Weiss decidiu procurar os policiais de Van Nuys para falar a respeito da arma que seu filho Steven achara em setembro. A história de Susan Atkins no *Los Angeles Times* mencionava uma .22 usada nos assassinatos Tate – como a polícia ia ter certeza de que a arma de Steven não seria aquela que procuravam? O oficial em Van Nuys encaminhou Bernard à divisão de homicídios no Parker Center. Ele ligou para lá e explicou que a arma encontrada por seu filho possuía a coronha quebrada, exatamente como a que eles acreditavam ter vindo da Cielo. Bernard foi informado que "não podemos verificar o relato de cada cidadão a respeito de cada arma que encontramos". Sua ligação seguinte foi para um vizinho que trabalhava para uma emissora de TV local. A emissora ligou para o Parker Center e mais tarde, naquela noite, a Buntline .22 foi finalmente coletada em Van Nuys. Testes nos projéteis recuperados na cena do crime provaram ser a arma utilizada nos assassinatos na Cielo. Quando algumas das cápsulas encontradas no Rancho Spahn foram combinadas com a Buntline .22, a arma do crime foi solidamente ligada à Família.

Charlie usou o seu tempo na cadeia para elaborar um plano para o seu julgamento. Sua estratégia era dúbia. Primeiro, queria defender a si mesmo, o que lhe daria a chance de proferir grandes discursos e, além disso, impressionar sua plateia de uma forma memorável. Aquela era sua grande chance, seu grande palco. Segundo, ele não queria que os advogados que representavam Susan, Pat ou Leslie separassem os casos de seus clientes do dele. Depois de fazer isso, a primeira manobra inevitavelmente seria submeter as moças a exames psiquiátricos, que podiam muito bem atestar que Charlie havia feito uma lavagem cerebral nelas a ponto de não serem responsáveis pelas próprias ações. O último argumento de Charlie seria que os assassinatos foram cometidos sem o seu conhecimento, por autores mentalmente capazes, que tinham vontade própria em vez de seguirem ordens de Charlie. Ele precisava manter o mais absoluto controle sobre as três para garantir que, se a hora chegasse, elas se declarariam culpadas e o isentariam. Susan havia se desgarrado e tinha um advogado agindo segundo os interesses dela e não dos de Charlie, mas ele estava certo de que se tivesse uma chance de falar com ela logo a traria de volta para o rebanho, não importando o que o advogado de Susan quisesse. Pelo que tinha lido no *Times*, Susan ainda o idolatrava. Pat permanecia presa no Alabama; a mando de Charlie, Squeaky a encheu de cartas incitando-a a solicitar translado para Los Angeles, onde a influência de Charlie seria mais forte. Linda Kasabian seria um problema maior. Numa tentativa fracassada de conseguir libertá-la sob fiança, os advogados de Linda alegaram que ela acompanhara os assassinos nas noites de 9 e 10 de agosto apenas porque tinha medo de que Charlie matasse sua filha se ela não seguisse suas ordens. Claramente seria sua defesa no julgamento.

Leslie trocou de advogado quando ele desafiou os interesses de Charlie e pediu que ela fosse examinada por um psiquiatra. Muitas outras mudanças de advogado ocorreriam antes que Charlie estivesse seguro de ter uma equipe unida. Enquanto isso, ele requisitou o direito de defender a si mesmo, cujo pedido o juiz Keene relutantemente afirmou que consideraria. Alertando Charlie de que ele estava cometendo “um triste e trágico erro”, na noite de Natal Keene concordou em dar essa permissão.

Bugliosi prestava bastante atenção nas manobras de Charlie e supôs que ele estava providenciando para que Tex Watson levasse a culpa, especialmente se o advogado de Watson lá no Texas fosse bem-sucedido em suspender o translado. Bugliosi imaginou que em algum momento Charlie faria as mulheres alegarem que os homicídios foram todos ideia de Tex e que elas seguiam ordens dele na noite dos assassinatos Tate e LaBianca, não de Charlie.

Em 26 de dezembro, Rudolf Weber contou a Bugliosi sobre as pessoas que encontrou usando a mangueira para se lavarem no gramado dele, por volta de uma da manhã do dia 9 de agosto. Ele pôde fornecer apenas uma descrição genérica e não conseguiu selecionar Tex, Susan, Pat ou Linda em uma grande quantidade de fotos, mas informou a placa do carro deles: GYY 435. Bugliosi verificou e o número coincidia com a placa do Ford de Johnny Swartz. O promotor foi visitar Swartz, que havia abandonado Spahn e ido trabalhar em outro rancho. Swartz disse a Bugliosi que Manson havia ameaçado matá-lo certa vez após uma discussão e que ele afirmou ter ajudado Shea a conseguir uma entrevista de emprego em São Francisco, o que ocorreu após o desaparecimento de Shorty. Mas aquilo não podia ser verdade, disse Swartz, porque depois do sumiço de Shorty ele viu Danny DeCarlo e um homem, membro da Família, cada um portando as .45 de estimação de Shea, que jamais deixaria aquelas armas para trás.

Dianne Lake, uma garota de 16 anos, não tinha muito a dizer durante o interrogatório, após ter sido presa em Independence. Mas em 30 de dezembro ela abriu a boca para os investigadores de lá. De acordo com Lake, Tex disse a ela que havia matado Sharon Tate por ordem de Charlie. Ela teria visto Leslie Van Houten queimar uma bolsa e uma corda em Spahn, aproximadamente uma semana antes da batida policial de 16 de agosto. Dianne disse que Leslie havia lhe contado sobre ter esfaqueado alguém que já estava morto e como, depois de cometerem os assassinatos em uma casa em Los Feliz, uma palavra foi escrita com sangue na porta da geladeira. Leslie mencionou ter aberto a geladeira e retirado uma caixa de leite achocolatado. Lake também se lembrava de alguém carregando um pequeno saco de moedas. Leno LaBianca possuía uma coleção de moedas.

Depois disso, os oficiais do condado não sabiam exatamente o que fazer com Lake. Ela era menor, enviada de bom grado pelos pais para Charlie Manson; as autoridades não queriam mandá-la de volta para eles. Por fim, a puseram numa instituição mental, onde seus problemas emocionais seriam tratados até que Stovitz e Bugliosi precisassem de seu testemunho no tribunal.

Charlie desfrutava de sua fama recém-conquistada, mas aquilo não era o bastante. Ele ainda queria ser uma estrela do rock e acreditava que sabia como fazer isso. Havia fitas por aí tocando suas músicas; a Família tinha algumas, além das gravações feitas no estúdio de Brian Wilson. Charlie achou que Dennis Wilson as possuía. Tudo que Wilson tinha que fazer era devolver as fitas para a Família e eles teriam uma ótima seleção para lançar em discos de vinil. As pessoas correriam para comprá-los – quem não iria querer ter um álbum de Charlie Manson? Além de colocar Charlie no topo das paradas, as vendas também gerariam dinheiro para pagar suas despesas legais. Charlie não queria defensores públicos. E, claro, os álbuns poderiam ser lançados sem precisar se ajoelhar aos pés de alguma grande gravadora. Phil Kaufman saberia como fazer com que eles fossem prensados e distribuídos.

Mas havia uma pedra no caminho. Quando Charlie telefonou para Dennis a cobrar da prisão, um cara atendeu e recusou-se a aceitar a chamada, mesmo após Charlie gritar "Você vai se arrepender pra caralho". Charlie mandou Squeaky procurar Dennis. Ela o localizou na casa de Gregg Jakobson. Furiosa por alguém ter sido tão desrespeitoso com Charlie quando ele ligou a cobrar, Squeaky disse a Wilson para entregar as fitas ou então seria morto. Ele respondeu que as fitas já haviam sido entregues à promotoria. Isso deixou Squeaky apenas com as fitas que Charlie havia gravado com Gregg Jakobson no pequeno estúdio em Van Nuys. Ela as levou para Phil Kaufman e explicou o que Charlie queria que ele fizesse. Charlie pegou o telefone e suplicou a Kaufman: "Você precisa lançar a minha música".

Kaufman ainda tinha certeza de que Charlie e seu bando de patetas não eram culpados, então concordou em ajudar. Ele usou seu próprio dinheiro para conseguir que 2 mil cópias fossem prensadas e as capas impressas. O álbum foi intitulado LIE [*Mentira*] e a capa era uma fotografia mal-encarada de Charlie, recentemente estampada na capa da revista *Life*. Kaufman fez piada nos créditos, listando a si mesmo como produtor e usando seu número de prisioneiro na Ilha Terminal no lugar do sobrenome. Parte da contracapa era uma reimpressão de uma entrevista que Charlie deu a um jornaleco local, em maior parte sobre sua infância terrível: "Sem mãe, sem pai. Entrando e saindo de orfanatos e lares adotivos. [...] Não posso dizer às pessoas nada que elas já não saibam. Mas eu posso cantar para elas e tenho algumas músicas que falam o que eu gostaria de dizer se ao menos tivesse algo a dizer".

Squeaky também escreveu algumas coisas no encarte: "Ele é vosso irmão – e nós somos ele. Ele nos mostrou a porta para o amor dentro de cada um de nós – e agora nós todos somos as chaves. Isso está dentro de vocês. Passem adiante". Kaufman e Squeaky convocaram uma entrevista coletiva para anunciar que o álbum, que incluía canções originais de Charlie, como "Cease to Exist", "People Say I'm No Good" e "Don't Do Anything Illegal", estaria em breve nas lojas.

Os detetives do caso LaBianca localizaram Harold True e Aaron Stovitz o interrogou. Ele admitiu conhecer Charlie e a Família; eles o visitaram na sua casa alugada na Waverly Drive "quatro ou cinco vezes" antes de True se mudar, em setembro de 1968. Uma vez que os LaBianca não se mudaram para a vizinhança antes de novembro, True jamais os havia encontrado e não fazia ideia se Manson os conhecia. Mas o interrogatório esclareceu que Charlie havia estado na Waverly Drive várias vezes antes do assassinato dos LaBianca.

Stovitz e Bugliosi se preocuparam com o fato de que as peças do caso estavam se juntando muito lentamente. Se Susan Atkins não renegasse o acordo eles teriam seu testemunho, mas até então as limitadas evidências físicas haviam colocado apenas Tex e Pat na cena do crime na Cielo e ambos estavam sob a custódia de outro estado e resistindo aos translado. Bugliosi enviou um memorando para o promotor distrital Evelle Younger, admitindo que sem o testemunho de Susan eles estavam em apuros. Seu receio era que Charlie pudesse requisitar um julgamento imediato. Ele e Stovitz concordavam que teriam de blefar, dando indicação de que também estavam ansiosos para levar o caso a julgamento. Charlie era um veterano em vigarice; naquele momento, eles é que tentariam ludibriá-lo. Independentemente de ter caído nessa ou não, Charlie estava feliz com o status quo recém-adquirido. Houve a capa da *Life* e um grande artigo no *New York Times* descreveu a Família como uma gangue que "vivia uma vida de indolência, sexo liberal, corridas noturnas de motocicleta e obediência aparentemente cega a um guru misterioso". Com o álbum próximo do lançamento, Charlie esperava se tornar uma estrela do rock também. O período pré-julgamento foi emocionante. Charlie não tinha pressa para que aquilo terminasse.

Ele frequentemente se divertia aparecendo no tribunal para fazer pedidos esdrúxulos. Em 17 de janeiro de 1970, ele exigiu sua libertação imediata porque seu encarceramento o privava de "sua liberdade espiritual, mental e física de forma inconstitucional e em desarmonia com as leis de Deus e dos homens". Se as acusações contra ele fossem retiradas, disse Charlie, isto pouparia todos de um monte de problemas.

O juiz respondeu secamente: "E desapontar todas estas pessoas? Nunca, sr. Manson". Charlie não estava nem um pouco desapontado. Seu pedido bizarro atraiu mais cobertura da imprensa. Dez dias depois, ele estava de volta ao tribunal contestando "a relação hedionda do *establishment* com o [meu] indiciamento". Ele se recusou a declarar-se culpado ou inocente. O juiz determinou que não responder equivalia a uma declaração de inocência. O dia 9 de fevereiro foi provisoriamente estabelecido para o julgamento, mas o juiz observou que era improvável que o julgamento começasse naquela data. Ainda havia muitas questões legais a serem resolvidas, incluindo se Tex e Pat seriam devolvidos ao estado da Califórnia.

Vislumbrando uma data de julgamento, Stovitz e Bugliosi discutiram os motivos para os crimes que eles tentariam provar. Eles discordaram imediatamente. Stovitz preferia a tese de roubo, mais conservadora. Os assassinos foram até Cielo e Waverly Drive com o objetivo de conseguir dinheiro para sua mudança para o deserto e, possivelmente, para a fiança de Mary Brunner, a mãe do filho de Charlie. Em ambas as noites, as vítimas do assalto foram mortas. Mas Bugliosi afirmou que aquilo era ridículo. Muito pouco foi levado em cada noite - aproximadamente 70 dólares de Abigail Folger na Cielo e a carteira de Rosemary LaBianca, talvez um saco de moedas, e uma caixa de leite achocolatado da Waverly Drive. Muitos itens valiosos foram deixados para trás em ambos os locais dos crimes. Bugliosi queria convencer o júri de que as motivações dos assassinos e o plano principal de Charlie era iniciar uma guerra racial e deixar evidências incriminando os Panteras Negras. Stovitz retrucou que roubo, ao menos, era um motivo comum que o júri poderia compreender. O lance de Helter Skelter era esquisito demais. Além disso, como poderiam provar essa história? Bugliosi concordou que precisavam de mais evidências para escolher a abordagem de sua preferência.

Havia um segundo ponto fundamental de discórdia entre os dois promotores, apesar de não ter nada a ver com a estratégia de julgamento. Stovitz achava que o julgamento dos assassinatos Tate-LaBianca era importante; haveria considerável interesse público e cobertura da imprensa, mas no fim aquilo seria esquecido. Bugliosi acreditava no contrário: o caso de Manson era único na vida; o julgamento e todos que se sobressaíssem seriam sempre lembrados.

O condado de Inyo retirou as acusações de incêndio contra Charlie após a cidade de Los Angeles indiciá-lo por homicídio. Bugliosi estava nervoso o bastante com o seu caso a ponto de ligar para o promotor do condado de Inyo, Frank Bowles, e pedir que as acusações de incêndio fossem refeitas. Se Manson fosse libertado em Los Angeles, Bugliosi o queria atrás das grades em algum outro lugar.

A lei do silêncio permanecia para todos os associados ao caso, mas em 6 de fevereiro o *Los Angeles Times* noticiou: "Teoria liga álbum dos Beatles aos assassinatos". "Investigadores" não identificados disseram ao repórter que "o próprio Manson" considerava os Beatles profetas e que músicas deles do *Álbum Branco*, incluindo "Helter Skelter", formaram a base para os assassinatos Tate-LaBianca, os quais "Manson esperava que a polícia acreditasse [...] terem sido cometidos por negros [e] que uma rebelião negra viria a seguir, à qual apenas ele e sua Família sobreviveriam". Naquele mesmo dia, uma matéria do *Times* afirmou que "O encarcerado Manson exerce um estranho controle sobre a Família" e previu que Charlie planejava usar "advogados em modo de cooperação" para controlar táticas de julgamento e testemunhos. Foi um golpe duplo de relações públicas na acusação.

Mas Charlie acreditava que estava manipulando a mídia também. Em 6 de fevereiro, ele deu uma extensa entrevista para David Felton e David Dalton, dois repórteres da *Rolling Stone*, que havia se estabelecido como principal publicação da contracultura. Charlie começou o mesmo sermão que proferia frequentemente aos seus seguidores: todo o mundo é Deus e o Diabo ao mesmo tempo. Todos os seres humanos são parte uns dos outros e a vida humana isoladamente não tem nenhum valor real. As crianças são puras até que os pais as arruínem. Os negros estavam prestes a subjugar os brancos e isto tinha sido profetizado pelos Beatles e pela Bíblia. Ele citou eventos recentes – os sete de Chicago estavam a um passo de serem condenados porque o juiz "viu naqueles caras o que queria ver". (Charlie estava parcialmente certo; duas semanas depois, cinco dos sete manifestantes foram declarados culpados por incitação; dois foram inocentados de quaisquer acusações.) Charlie prometeu que não iria se calar em seu julgamento e reconheceu que "provavelmente sou um dos homens mais perigosos do mundo se eu quiser ser". Ele convidou os escritores para visitarem a Família em Spahn e perguntarem aos seus seguidores qualquer coisa que desejassem. Eles fizeram isso. Dalton e Felton não encontraram um bando de almas simples e amorosas lá. Os membros da Família agora calculavam possíveis lucros com direitos de publicação e especiais de TV. Eles disseram aos escritores da *Rolling Stone* que não forneceriam mais boas histórias de graça e ainda se queixaram que àquela altura os Beatles certamente já deveriam ter ouvido falar da prisão de Charlie.

Por que a banda não tinha corrido para salvá-lo? Eles pediram aos escritores: "Digam-lhes para ligarem. Deem-lhes o nosso número".

Bugliosi decidiu interrogar Gregg Jakobson mais uma vez. Jakobson tornou-se a primeira pessoa de fora da Família a falar longamente sobre a crença de Charlie em Helter Skelter, dando a Bugliosi uma possível testemunha se Stovitz concordasse em apresentar aquela motivação ao júri. Então Bugliosi conversou novamente com Terry Melcher. Melcher relatou ter ouvido de Rudi Altobelli que Manson foi certa vez até a Cielo procurando por ele. Essa era a informação fundamental que poderia provar que Manson conheceu o terreno da Cielo cruzando o portão eletrônico quando ele e Dennis Wilson deixaram Melcher em casa. Altobelli estava fora do país a negócios, mas Bugliosi pretendia falar com ele no momento que retornasse a Los Angeles.

Melcher agora estava morrendo de medo de Charlie e da Família e particularmente dos membros que não estavam na cadeia. Ele contratou um guarda-costas e mantinha uma escopeta à mão. Para Melcher, a coisa mais assustadora era que ele não conseguiria identificar nenhum dos potenciais assassinos da Família numa multidão: "[Eles] se assemelhavam a quaisquer jovens num show do Grateful Dead ou dos Byrds".

As mulheres da Família, lideradas por Squeaky, bombardearam Pat Krenwinkel no Alabama com mensagens para que aceitasse o translado. Ela concordou e foi indiciada em Los Angeles em 24 de fevereiro. Pat solicitou representação de Paul Fitzgerald, que para Charlie era aceitável. Fitzgerald demitiu-se da defensoria pública para focar em tempo integral sua nova cliente. A complexidade do caso o fascinou.

Altobelli corroborou o relato de Melcher quando voltou a Los Angeles. Sim, Manson havia adentrado no terreno da Cielo e batido na casa de hóspedes para falar com ele. Tate, Folger, Frykowski e Sebring estavam todos na mansão principal àquela hora. Tate certamente tinha visto Charlie; ela perguntou a Altobelli sobre o "cara de aspecto assustador" no voo deles para Roma, no dia seguinte. Ah, e havia mais alguém na Cielo naquela noite que provavelmente falou com Charlie – Shahrokh Hatami, o fotógrafo pessoal dela. Altobelli achou que Bugliosi devia falar com Hatami. E, obviamente, Altobelli preferia não testemunhar no julgamento que se aproximava, se fosse possível. Bugliosi disse que não poderia fazer nenhuma promessa e, com base na potencial importância do seu testemunho, Altobelli deveria esperar ser chamado para o banco das testemunhas.

Shahrokh Hatami lembrou que certa vez na Cielo ensinara a alguém o caminho de volta para a casa de hóspedes. O cara era pequeno e irritou o fotógrafo porque agia de forma bastante presunçosa. Hatami foi bastante rude ao mandá-lo de volta à casa de hóspedes. Sharon Tate saiu para ver quem estava lá. Por um momento, ela e o visitante indesejado estiveram a apenas alguns passos de distância. Hatami desenhou um diagrama da mansão principal, da casa de hóspedes e do terreno, marcando onde cada um estava. Bugliosi ficou em êxtase. Agora ele não tinha apenas uma testemunha colocando Charlie dentro dos portões da Cielo, como podia provar ao júri que Charlie em pessoa vira pelo menos uma das vítimas na mansão principal.

O condado de Inyo enviou a Bugliosi a fita do xerife Don Ward interrogando Paul Crockett e Brooks Poston a respeito de Charlie e a Família. Bugliosi os ouviu falar sobre Helter Skelter e o poço sem fundo, e fez arranjos para conversar com eles em Los Angeles. Ele não achou que Crockett tivesse potencial para ser uma boa testemunha. O velho garimpeiro assegurou a Bugliosi que Manson jamais seria condenado, uma vez que "ele não faz nada que alguém possa imputar-lhe". Brooks Poston foi muito mais útil. O adolescente contou como Charlie poderia fazer novos seguidores se curvarem à sua vontade, utilizando-se de persuasão e drogas. Ele tinha muito a dizer sobre Charlie usar a Bíblia e canções dos Beatles para predizer Helter Skelter. Também sugeriu que Bugliosi falasse com Little Paul Watkins, a quem Charlie usava para levar garotas para a Família.

Watkins foi o melhor achado de Bugliosi até então. Ele fora um membro de longa data da Família e um dos "tenentes" de maior confiança de Charlie. Ele descreveu Charlie organizando orgias para forasteiros que pretendia impressionar e citou seu fascínio pelo medo e pela morte. Com base no que tinha ouvido de Watkins, Poston e Jakobson, Bugliosi agora acreditava que seu plano de vender ao júri a ideia de que Helter Skelter era a motivação dos assassinatos estava correto. Watkins, em particular, falou longamente sobre a crença de Charlie de que após uma massiva guerra racial ele governaria o mundo. O ponto fraco na apresentação de Helter Skelter ao júri poderia estar em explicar por que o próprio Charlie pensava que levaria vantagem por instigar isso. Agora Bugliosi possuía as razões.

Squeaky Fromme e outros membros da Família regularmente iam ao Sybil Brand e pressionavam Susan Atkins para que se encontrasse com Charlie, demitisse seu advogado e reconsiderasse seu testemunho ao júri. Susan titubeou. Ela disse a Caballero que estava certa de que não testemunharia contra Charlie e os outros quando fossem levados a julgamento. Enquanto isso, ela quis se encontrar com Charlie. Stovitz e

Bugliosi estavam seguros de que quando isso acontecesse Charlie exerceria novamente seu controle sobre Susan e ela desistiria do acordo com a promotoria. Eles contataram os advogados de Linda Kasabian e ofereceram-lhe imunidade em troca de cooperação total. Os advogados concordaram e em 28 de fevereiro ela se encontrou com Bugliosi. Com quase nove meses de gravidez, Linda parecia calma e sincera. Ele gostou mais dela do que de Susan. Linda foi com os investigadores até a Cielo e descreveu os eventos macabros em detalhes explícitos, irrompendo em lágrimas às vezes.

Susan teve seu encontro com Charlie em 5 de março. Mais tarde, ela escreveu que teve de escolher entre duas terríveis opções. Susan acreditava que se cooperasse com a promotoria Charlie faria com que ela e o filho fossem mortos. Se ela fizesse como Charlie havia exigido e desistisse do acordo de cooperação, os promotores sem sombra de dúvida pediriam pena de morte para ela. Susan tinha mais medo de Charlie do que da câmara de gás, então no dia seguinte demitiu Robert Caballero, que insistia para que ela cooperasse com os promotores, e o substituiu por Daye Shinn, um dos advogados que tentaram representar Charlie.

A cobertura feita pela imprensa do encontro de Susan e Charlie – um relato descreveu a "reunião de cela" deles como "alegre" – foi ofuscada pelas notícias de uma terrível explosão em Greenwich Village, Nova York. Um casarão de dez cômodos foi destruído. Investigadores descobriram que ele estava sendo usado pelos Meteorologistas como fábrica rudimentar de bombas. Três dos seus membros morreram na explosão, que foi causada por uma bomba malconstruída. Baseados na evidência coletada no local e no testemunho dos sobreviventes, concluiu-se que o grupo pretendia provocar explosões em um baile para militares em Fort Dix, Nova Jersey, com a intenção de matar todos ali – dando à América, nas recordações de Mark Rudd, "um gostinho do que vem sendo servido diariamente no Sudeste Asiático". Aquele plano tinha fracassado, mas os bombardeios domésticos terroristas ao longo do país continuaram a se intensificar. O governo estimava que houvesse no momento uma média de quarenta por semana. Quase todos os explosivos eram caseiros e muitos eram construídos de acordo com as instruções no *The Blaster's Handbook*, uma cartilha para fabricação de bombas publicada pelo Departamento de Explosivos da du Pont Corporation (grande empresa norte-americana de químicos) e facilmente acessível a qualquer um.

No mesmo dia que o casarão em Greenwich explodiu, LIE foi lançado. Phil Kaufman conhecia o mundo da música o bastante para saber que tinha de começar por baixo. Seu plano era colocar as primeiras centenas de álbuns em *head shops*, locais de Los Angeles que atendiam clientes da contracultura, e então, quando aquelas cópias fossem abocanhadas, provando que haveria uma demanda mais ampla, encaixaria *LIE* em cadeias de lojas de discos onde pudesse ser vendido em maior quantidade. Mas quando Kaufman levou o LP para as pequenas lojas, ninguém quis estocá-lo. Uma coisa era os proprietários de *head shops* acharem Charlie fascinante, mas outra coisa era aparentemente apoiar assassinos colocando seu disco à venda. Kaufman deu o melhor de si, mas logo percebeu que não havia mercado, underground ou qualquer outro, para um álbum de Charlie Manson.

Kaufman percebeu isso, mas Charlie não. Ele achou impossível crer que o mundo não estava implorando para ouvir sua música. Phil Kaufman só podia estar mentindo quando disse que nenhuma loja iria estocar os discos; ele devia estar vendendo os álbuns, mas dizia que não estava, e embolsando os lucros em vez de repassar o dinheiro para Charlie custear suas despesas legais. Charlie mandou alguns membros da Família até a casa de Kaufman para exigir o dinheiro da venda dos discos. Quando Kaufman disse que não havia dinheiro para lhes dar, eles o ameaçaram e exigiram que lhes entregasse todas as cópias de *LIE* que não tivessem sido vendidas. Ele se recusou. Voltaram uma segunda vez brandindo facas e Kaufman teve de mantê-los a distância com uma espingarda. Numa terceira visita, os membros da Família cercaram a casa dele e gritaram "Dê-nos a música". Em vez disso, Kaufman surgiu de dentro da casa apontando uma Magnum .357 e os perseguiu rua abaixo. Ele decidiu que os membros da Família não eram tão inofensivos, afinal, e que Charlie provavelmente ordenara que alguns dos seus seguidores cometessem os assassinatos Tate-LaBianca. Kaufman ainda esperava vender os álbuns e recuperar seu investimento, mas advogados representando o filho de Voytek Frykowski obtiveram uma ordem judicial garantindo que quaisquer rendimentos fossem revertidos para o garoto. Para Kaufman restou uma garagem cheia de LPs e a certeza de que por um longo tempo aquele filho da puta de duas caras tinha escondido dele seu lado assassino.

Em 10 de março, Daye Shinn anunciou que Susan Atkins modificaria seu testemunho ao júri e alegaria que, pressionada pela promotoria, inventara tudo. Stovitz e Bugliosi disseram aos repórteres que esperavam por isso desde que Susan pôde visitar Manson e que ainda tinham evidências suficientes para acusá-la, junto com Charlie, Pat, Leslie e Tex, quando ele fosse finalmente transladado do Texas para a Califórnia. Os promotores se encontraram com o promotor Younger e ficou acertado que eles pediriam pena de morte para todos os acusados.

Charlie conseguiu o que queria com Susan, mas perdeu outra batalha legal. O juiz Keene, que anteriormente havia concordado em deixar Charlie atuar como seu próprio advogado, reverteu a decisão, com base no fato de que desde sua decisão original ele determinara que Charlie seria incapaz de defender-se de forma competente. Charlie gritou "Não existe amor neste tribunal" e Gypsy e Sandy Good, sentadas na seção da plateia, puseram-se de pé e gritaram insultos a Keene. Ele as encarcerou por cinco dias e apontou Charles Hollopeter, um dos advogados mais bem-sucedidos da cidade, como defensor de Charlie. Hollopeter imediatamente pediu que Charlie fosse examinado por um psiquiatra. Aquilo o enfureceu, e ele exigiu de Keene que ao menos o permitisse escolher seu próprio advogado. O juiz concordou e Charlie escolheu Ronald Hughes, 35 anos, um advogado corpulento e desajeitado que nunca havia trabalhado numa causa criminal. Ele caiu nas graças de Charlie lidando com a burocracia legal necessária para transferir os direitos das músicas de Charlie para Phil Kaufman como parte do processo de lançamento do álbum. Charlie claramente pretendia que Hughes fosse um testa de ferro – não havia meio de Charlie permitir que outra pessoa orquestrasse sua defesa. Diante dessa falta de experiência judicial, Hughes era alguém que os promotores não se importariam em encarar no tribunal.

Qualquer prazer que Stovitz e Bugliosi tivessem na escolha do advogado de Charlie não durou muito. Em alguns dias, ele preteriu Hughes em favor de Irving Kanarek, notório por suas táticas ultrajantes. (Hughes foi deslocado para defender Leslie Van Houten.) De alguma forma, Charlie ouvira falar de Kanarek, que rotineiramente confundia juízes e promotores e colocava jurados para dormir alongando julgamentos com longos interrogatórios de testemunhas e objeções frequentes que pareciam táticas de obstrução. Seu objetivo aparente era provocar algum erro do juiz ou da promotoria que lhe permitisse vencer ou apelar da sentença. Kanarek gabou-se do fato de que, ao contrário dos advogados que imploraram a Charlie pelo trabalho de destaque, Charlie é que o tinha procurado. A abordagem defensiva de Kanarek era exatamente o tipo que causaria mais problemas a Stovitz e Bugliosi. O plano deles de apresentar Helter Skelter como motivação era delicado, além de uma estratégia complicada, na melhor das circunstâncias. Com Kanarek interrompendo para atrasar e confundir em cada oportunidade, as chances de prenderem a atenção do júri no decurso de um longo julgamento seriam bastante reduzidas. Contratar Kanarek foi um golpe de mestre da parte de Charlie.

Linda Kasabian deu à luz um menino que batizou de Angel. A mãe dela levou o recém-nascido para New Hampshire e Linda retornou ao Instituto Sybil Brand. Ela foi isolada das outras internas e continuou a cooperar com a promotoria.

Os investigadores conseguiram uma cópia de uma multa aplicada a Charlie em 7 de agosto de 1969, por dirigir sem carteira de motorista próximo a Oceanside, quase na metade do caminho entre Los Angeles e San Diego. Pela lei, todas as evidências acumuladas pela promotoria tinham de ser compartilhadas com a defesa, mas Bugliosi esperava que negligenciassem a sua importância. Se fosse alegado que Charlie não estava nas imediações de Los Angeles por volta do horário dos assassinatos Tate-LaBianca, a multa provaria que ele estava. Haveria a confirmação adicional de Linda Kasabian, que disse aos promotores que Charlie voltara ao Rancho Spahn na noite de 8 de agosto, quando mandou Mary Brunner e Sandy Good às compras e elas foram presas por utilizarem cartões de crédito roubados. A velha van que elas estavam dirigindo, mencionada no relatório da prisão, era a mesma citada na multa de Charlie.

Então veio a surpresa – Bernard Crowe, "Lotsapoppa", não estava morto, afinal. Ele se fingiu de morto em julho quando Charlie atirou nele e havia passado dezoito dias na UTI de um hospital com um projétil da Buntline .22 alojado perto da coluna. O projétil ainda estava lá quando o seu advogado contatou Bugliosi e agendou uma entrevista. Bugliosi concluiu que Lotsapoppa poderia ser útil como testemunha de acusação se o júri declarasse Charlie culpado na fase da pena do julgamento. Ele era a prova viva de que Charlie era capaz de matar.

Pouco depois, Lotsapoppa foi preso por porte de drogas e levado a julgamento. Charlie, sob guarda reforçada, passou por ele no salão, deu uma segunda olhada, surpreso, e então disse: "Desculpe por ter feito aquilo, mas você sabe como é".

Pat Krenwinkel recusou-se a ceder à promotoria uma amostra de sua caligrafia para comparação com as palavras "Healter Skelter" escritas com sangue na porta da geladeira dos LaBianca. Os promotores apreciaram a sua recusa; agora eles poderiam usá-la no tribunal como evidência circunstancial de culpa.

Bobby Beausoleil foi julgado uma segunda vez pelo assassinato de Gary Hinman. O juiz Keene presidiu a sessão. Bugliosi foi dispensado da acusação para concentrar-se no caso Tate-LaBianca. A Mary

Brunner foi garantida total imunidade em troca do testemunho de que presenciara Bobby matar Hinman. Beausoleil, certo de que Charlie ordenara Mary a entregá-lo, levantou-se e alegou que tinha sido Charlie quem matara Hinman. Beausoleil jurou que ele próprio era testemunha ocular do homicídio, não um participante. O júri declarou Beausoleil culpado e o sentenciou à morte. Charlie, Susan e Bruce Davis foram indiciados pela morte de Hinman. David fugiu antes que pudesse ser preso.

Em 10 de abril de 1970, uma coletiva de imprensa do recém-lançado álbum solo de Paul McCartney anunciou o fim dos Beatles. Qualquer esperança que Charlie e a Família tinham de que a banda os defendesse foi perdida. Ele e seus advogados cogitaram chamar os Beatles individualmente como testemunhas, uma vez que Charlie acreditava que eles iriam, sob juramento, apoiá-lo. Mas as cartas para o escritório dos Beatles não obtiveram resposta e os advogados não foram capazes de descobrir os endereços residenciais deles.

Os promotores achavam que havia um ponto fraco no testemunho de Linda Kasabian. Ela fornecera relatos escritos em primeira pessoa sobre as noites dos assassinatos Tate-LaBianca e Rudolf Weber corroborou algumas das coisas ditas por ela sobre o dia 9 de agosto. Mas a promotoria não havia encontrado ninguém para confirmar qualquer parte do testemunho dela sobre a noite seguinte. Bugliosi pediu aos investigadores do caso LaBianca para vasculharem o bairro de Venice atrás do ator que Charlie havia ordenado que Linda matasse. Eles o localizaram. Saladin Nader admitiu que havia pego duas caronistas no início de agosto de 1969 e identificou fotos de Linda e Sandy, que ele corretamente afirmou estar grávida na época. Bugliosi e Stovitz gostariam de ter mais testemunhas para sustentar a versão de Linda sobre os eventos de 10 de agosto, mas nenhuma pôde ser encontrada.

O juiz Keene havia afrontado Charlie ao não permitir que ele atuasse como seu próprio advogado, e em 13 de abril Charlie revidou. Sob as leis da Califórnia, era permitido aos réus apresentar uma queixa de preconceito contra um juiz e requerer que ele fosse removido do caso. Charlie preencheu uma e Keene deixou o cargo em favor de Charles H. Older, cuja primeira atitude foi fixar uma nova data de julgamento para o dia 15 de junho.

Do Sybil Brand, em Los Angeles, Leslie Van Houten enviou uma carta a Tex Watson na prisão do condado de Collin, Texas. "Você sabe que a união faz a força", ela escreveu. "Eu mesma, bem como os outros, adoraríamos que você estivesse conosco ao longo deste julgamento. [...]

Realmente espero em breve ver sua face radiante aqui". Tex não caiu no papo de Leslie. Ele e seu advogado texano continuaram a lutar contra os pedidos de translado dos promotores de Los Angeles, argumentando que a publicidade excessiva tornava impossível que Tex tivesse um julgamento justo lá. Stovitz e Bugliosi concluíram que teriam de julgar Charlie, Susan, Pat e Leslie em junho e esperar por uma chance de pegarem Tex num julgamento à parte.

Charlie se sentia otimista o bastante com relação às suas chances para mandar Clem e Gypsy de volta ao Vale da Morte com uma mensagem para Paul Crockett, Brooks Poston e Little Paul Watkins. Clem falou para Watkins: "Charlie diz que quando ele sair será melhor vocês todos não estarem pelo deserto".

Então Mary Brunner refutou seu testemunho de que presenciara Bobby Beausoleil matar Gary Hinman. O juiz Keene, ainda presidindo o caso de Beausoleil, rejeitou a petição de Bobby para anular a sentença de morte e conceder um novo julgamento. Keene afirmou que havia evidências suficientes para condenar Beausoleil, mesmo se o testemunho de Mary fosse desconsiderado. Ele foi mandado a San Quentin para aguardar a execução e os promotores discutiram se Mary deveria ser presa e indiciada pelo assassinato de Hinman também. Prometeram-lhe imunidade para testemunhar contra Beausoleil, o que ela fez. Não havia nada no acordo que previsse uma situação em que ela se desdissesse após Bobby ser condenado. Mas se ela não violara a letra do acordo, claramente violara o espírito da coisa e então Mary foi indiciada por homicídio. Em algumas semanas, o indiciamento foi rejeitado em uma corte superior. Mary voltou para a Família no Rancho Spahn. A seguidora original de Charlie retornara ao serviço.

Na primavera, as manifestações antiguerra nos campi universitários se tornaram violentas. Em 4 de maio, a Guarda Nacional baleou e matou quatro estudantes que protestavam na Universidade do Estado de Kent, em Ohio. Em uma quinzena, uma rebelião na Universidade do Estado de Jackson, no Mississippi, predominantemente negra, custou a vida de dois estudantes, um deles ainda no colegial. Protestos desencadeados pelas seis mortes eclodiram em universidades por todo o país; a Guarda Nacional foi chamada para restaurar a ordem em 21 campi e aproximadamente 350 escolas e universidades foram temporariamente fechadas por ordem da diretoria ou por ataques estudantis. Cerca de oitenta continuaram fechadas pelo restante do semestre. Houve considerável repúdio popular aos manifestantes. Uma pesquisa Gallup indicou que 58% dos entrevistados culpavam os estudantes da Kent por acarretarem suas próprias mortes. A Gulf Oil distribuiu 22 milhões de adesivos "América – ame-a ou deixe-a". Em Nova York, operários atacaram uma manifestação estudantil e feriram setenta participantes. Bob Schieffer, ainda iniciando sua carreira na CBS, recordou-se de que "No que dizia respeito à contracultura e aos jovens manifestantes [antiguerra], um grande percentual da população achava que eles eram terríveis e queria apenas que desaparecessem".

Charlie suplantou a cobertura das revoltas e fechamentos dos campi quando deu início a uma série de protestos extremados no tribunal. Primeiro ele se levantou e deu as costas ao juiz Older após perder uma apelação pela mudança de julgamento de Los Angeles para outro local. Após Charlie ter sido removido à força e colocado em uma sala trancada, Susan, Pat e Leslie dramaticamente se levantaram e também deram as costas ao juiz. Older apelou aos advogados das moças para que as aconselhassem a ter um comportamento apropriado no tribunal. Paul Fitzgerald se desculpou dizendo que era inútil tentar porque "existe um controle minúsculo sobre as clientes neste caso". Older mandou remover as mulheres também e quando Charlie e as moças retornaram ao tribunal na sexta, 12 de junho, ele os advertiu que um julgamento podia ser adiado por truques semelhantes – eles realmente queriam correr o risco? Charlie respondeu "Você não me dá escolha. Pode me matar agora" e estendeu os braços, representando uma crucificação. As três moças fizeram o mesmo. Older mandou removê-los novamente e desta vez Charlie brigou com um oficial de Justiça que tentou tirá-lo do tribunal. Enquanto era arrastado pela porta, Susan gritou para Older: "Você pode nos matar também, porque nós não teremos um julgamento justo". Ela, Pat e Leslie começaram a gritar "Matem-nos" enquanto oficiais femininas as arrastavam para fora. Após terem saído, Older negou uma série de pedidos de Kanarek, sendo que um deles era que o corpo de Charlie fosse suprimido do rol de evidências, o que significava que nenhuma testemunha poderia identificá-lo diante do júri. Então o juiz anunciou que o julgamento começaria conforme agendado, com a seleção do júri tendo início na segunda-feira, 15 de junho.

A seleção do júri durou cinco agonizantes semanas. Após perceberem que o juiz Older pretendia reter os selecionados durante todo o julgamento, que se esperava durar seis meses, muitos na lista de jurados alegaram impedimentos como motivos para não servirem. Outros foram dispensados porque eram abertamente contrários ou pareciam incomodados quanto à pena de morte. Kanarek era frequentemente advertido por Older por arrastar o processo fazendo perguntas irrelevantes aos prováveis jurados. Stovitz e Bugliosi apresentaram uma petição para que Kanarek fosse removido do caso, mas ela foi negada. Charlie organizou uma coletiva de imprensa improvisada no tribunal para declarar que a única coisa que havia matado na vida foi um frango. Insatisfeito com as matérias recentes que o rotulavam como "líder de uma seita" e alegando que a repercussão negativa convenceria todos de sua culpa antes que ele fosse julgado, Charlie censurou os repórteres: "Se vocês contribuem para isso, vocês são parte disso. A culpa é tanto de vocês quanto de qualquer um".

Se Charlie achava que a grande imprensa o tratava injustamente, ele foi realmente esmagado no fim de junho, quando a *Rolling Stone* publicou uma matéria investigativa de autoria de Felton e Dalton. Não era a maravilha que Charlie previra. Em vinte páginas devastadoras, os repórteres arrasaram Charlie, a maior parte do tempo citando-o longamente. Discursos sobre o fim dos tempos e as guerras raciais vindouras que fascinaram seguidores doidões de ácido nos ranchos Spahn e Barker, assim como no Haight, apareceram como loucuras na publicação. Charlie tagarelava sobre suas mensagens dos Beatles e dizia que "a morte é psicossomática". Felton e Dalton descreveram a Família no Rancho Spahn como "crianças do filme *Village of the Damned* [*A Aldeia dos Amaldiçoados*, 1960]". Charlie e a Família haviam estado nos noticiários ao longo de sete meses. O fascínio por eles continuava, mas agora a novidade tinha ido embora. Ao serem examinados mais a fundo, seus defeitos ficaram óbvios. Durante junho e julho, Charlie aprendeu a diferença entre notoriedade e popularidade.

O promotor Evelle Younger, de Los Angeles, não gostou mais do artigo da *Rolling Stone* do que Charlie e a Família. Um membro não identificado da equipe de acusação havia conversado longamente com os jornalistas sobre o caso e o que seria feito contra Charlie. Younger não conseguiu provar se havia sido Stovitz ou Bugliosi, mas chamou ambos ao seu escritório e os advertiu: "Chega de entrevistas". Eles acharam que Younger estava sendo hipócrita, uma vez que ele próprio havia concedido diversas entrevistas relacionadas a Charlie. Os dois promotores supuseram que Younger não determinara que eles não podiam responder diretamente as perguntas da imprensa, mas apenas que não podiam discutir coisa alguma em detalhes.

A imprensa cobriu cada momento do processo de seleção do júri tão exaustivamente que o juiz Older transferiu os procedimentos para seu gabinete pessoal. Os exames individuais duraram tanto que Older adicionou 45 minutos a cada dia no tribunal. Ao todo, 205 pessoas foram entrevistadas antes que a seleção de um júri com 12 pessoas e seis suplentes finalmente fosse finalizada, em 21 de julho. Os procedimentos do julgamento, na presença do júri recém-eleito, deveriam começar na sexta, 24 de julho.

Stovitz e Bugliosi possuíam um plano de batalha: Helter Skelter era o motivo e a teoria da "responsabilidade indireta" no crime de conspiração seria o principal argumento para a condenação. Como Bugliosi explicou no best-seller que se tornou o seu relato do julgamento, "cada conspirador é criminalmente responsável por todos os crimes cometidos por seus coconspiradores se tais crimes foram cometidos para alcançar o objetivo da conspiração. Essa regra se aplica mesmo se o conspirador não estiver presente na cena do crime". A acusação tentaria convencer os jurados de que Charlie, Susan, Pat e Leslie tinham a intenção de desencadear uma guerra racial - que resultaria neles governando o mundo - cometendo sete homicídios. Charlie, o mentor da trama, era tão culpado de assassinato quanto as três mulheres, mesmo que não estivesse presente no momento das mortes. Susan, Pat e Leslie foram participantes ativas, não robôs irracionais. (Essa ideia também combatia qualquer possível alegação da defesa de que Tex era responsável por organizar os assassinatos.) Os dois promotores tinham trabalhado duro recolhendo evidências e testemunhas. Eles estavam preparados para vencer um julgamento convencional.

Mas Charlie havia decidido que o julgamento não seria convencional. Ele tinha o senso inato de relações públicas e o timing de um artista talentoso. Por meses, ele havia sido famoso, o que era gratificante, mas aqueles meses eram as preliminares. O julgamento seria o evento principal, a sua apoteose. Havia a possibilidade bastante real de que tudo acabasse com Charlie sentenciado à morte na câmara de gás. Aquilo significava que o julgamento teria que ser tão memorável que a fama de Charlie ultrapassaria sua vida. As explosões bizarras e bem cronometradas de Charlie assegurariam isso - ele conseguia planejá-las diariamente. Charlie acreditava que tinha controle sobre os seus quatro advogados escolhidos a dedo, mas muito daquilo dependeria das três moças, que no passado não haviam sido suas seguidoras mais devotas e confiáveis. Pat e Leslie tentaram abandonar a Família - Charlie teve de procurar Pat e precisou dissuadir Leslie. Susan era vaidosa e impulsiva. Agora ele precisava que elas seguissem inquestionavelmente suas ordens.

Ajudou o fato de que durante a fase de seleção do júri elas passaram a maior parte do tempo diante dele no tribunal. A proximidade sempre era crucial para que Charlie mantivesse seu poder sobre os outros. Linda Kasabian, Dianne Lake, Stephanie Schram, Kitty Lutesinger e Barbara Hoyt, todas cooperando com a promotoria, haviam sido afastadas de Charlie por tempo suficiente para se livrarem da sua influência, se não do medo que sentiam dele. Assim, nos últimos dias antes do julgamento, Charlie tinha seguidoras fiéis, como Sandy e Squeaky, constantemente visitando Susan, Pat e Leslie na cadeia, lembrando-as da obrigação de todos os membros da Família de permanecerem leais aos outros e obedecerem a Charlie. As três acusadas também compartilhavam da certeza de que estavam presas a Charlie pela culpa – como Leslie Van Houten relembrou muitos anos depois, em 9 e 10 de agosto "uma linha estava sendo cruzada". Além da câmara de gás, elas não tinham nenhum lugar para ir, a não ser voltar para Charlie. Assim como haviam sido suas cúmplices em assassinato, agora fariam parte de sua equipe de apoio no tribunal.

No fim, quem poderia ter certeza da resposta de um júri? Sempre era possível que os jurados preferissem as esquisitices de Charlie à estratégia convencional da promotoria. Meses antes, Charlie alertou os membros da Família que se um dia fosse preso agiria como "Charlie Louco". Agora, mais do que nunca, aquilo seria verdade.

O julgamento

Os promotores estavam determinados a controlar o tom do julgamento. Para prevenir interrupções dos seguidores de Charlie sentados nas cadeiras dos espectadores, Stovitz intimou como potenciais testemunhas de acusação todos os membros conhecidos da Família. Sob a lei da Califórnia, eles foram barrados no tribunal enquanto outras testemunhas estavam depondo. Bugliosi faria a declaração de abertura da promotoria; batendo forte em Helter Skelter, ele esperava conquistar o júri antes de a defesa ter a oportunidade de apresentar seus contra-argumentos. Ele e Stovitz tiveram um bom momento com uma série de testemunhas iniciais, que estabeleceram os fatos básicos de Tate-LaBianca, antes de chamar suas testemunhas mais importantes para depor. Stovitz e Bugliosi acreditavam que Linda Kasabian balançaria os jurados mais céticos com seu testemunho ocular das duas terríveis noites de carnificina. O plano de jogo, baseado em suas consideráveis habilidades profissionais e apoiado por todos os recursos do Gabinete do Promotor Distrital de Los Angeles e do LAPD, estava no lugar e eles estavam prontos para colocá-lo em prática.

Então Charlie entrou na sala do tribunal e sem esforço algum levou o jogo para longe deles. Algum tempo antes de os oficiais o buscarem em sua cela no nono andar, Charlie usou algo pontiagudo para talhar um X em sua testa, entre suas sobrancelhas. Fora do tribunal, um seguidor distribuiu cópias de um comunicado impresso de Charlie. A mensagem era mal-escrita, mas habilmente bem-construída: "Vocês criaram o monstro. Eu não sou de vocês, não venho de vocês [...] Eu me marquei com um X do seu mundo. Nenhum homem ou advogado está falando por mim. Eu falo por mim mesmo. Não estou autorizado a falar com palavras então falo com a marca que estarei usando em minha testa". Não havia nada que os promotores pudessem fazer: Charlie não violara nenhum procedimento do tribunal.

Bugliosi havia sido colocado na equipe de acusação por Evelle Younger devido à sua dinâmica presença no tribunal; agora ele faria seu melhor para tirar o foco do júri da sangrenta testa de Charlie para o caso em si. Ele mal começou a interagir com o júri quando Irving Kanarek saiu da mesa de defesa para protestar: "Ele agora está fazendo uma declaração de abertura para nós". O juiz Older negou e nas duas horas seguintes um padrão emergiu. Bugliosi proferiria poucas frases, Kanarek protestaria e Older negaria - aconteceu nove vezes ao todo antes de o jovem promotor finalmente conseguir descrever Helter Skelter, "uma guerra civil de negros e brancos", que Manson e seus seguidores esperavam precipitar com "estes sete incríveis assassinatos [que] foram talvez os mais bizarros, selvagens e assustadores já registrados nos anais do crime". No momento em que Bugliosi concluiu, Kanarek exigiu que Older declarasse o julgamento inválido. O juiz recusou.

No fim do primeiro dia, um dos três assessores do condado, que servia como oficial de Justiça no julgamento, relatou que Charlie ofereceu a ele 100 mil dólares se o ajudasse a escapar. Os outros oficiais disseram que Susan, Pat e Leslie prometeram sexo em troca da liberdade. Elas não fizeram isso abertamente, à vista e aos ouvidos de todos. Os oficiais acreditavam que havia algo por trás disso; e eles estavam certos. Todos os dias, antes de o tribunal entrar em recesso, os quatro réus e seus advogados eram autorizados a se reunir ao lado da sala de audiências principal. Era uma sala onde réus indisciplinados poderiam ser colocados, a critério do juiz, durante o julgamento. O lugar era equipado com uma mesa e alto-falantes. Charlie o chamou de "casa de rato", e o usava toda manhã como um local privado, para dar às três mulheres as instruções do dia. Charlie dizia a Susan, Pat e Leslie o que elas deveriam fazer e mostrava-lhes os sinais que faria com as mãos quando fosse a hora de atuarem no intuito de perturbar o julgamento - durante os depoimentos das testemunhas de acusação, quando Charlie tocava o nariz ou puxava o lóbulo da orelha, elas esfregavam os dedos indicadores nos lábios para fazer um som de "blá-blá-blá", ou viravam de costas para o juiz, ou soltavam risos em uníssono. As três mulheres servilmente obedeciam, honrando Charlie a ponto de as três também talharem um X em suas próprias testas. As mulheres da Família do lado de fora do tribunal fizeram o mesmo, permanentemente queimando a marca em sua própria carne. Para que a marca não sumisse e se tornasse permanente, elas usaram um ferro de solda.

Em cada encontro na manhã, se qualquer um dos quatro advogados de defesa se opusesse às instruções de Charlie sobre o que fazer no tribunal, tal dissidência era punida com lembretes afiados de que ele sabia exatamente onde seus defensores viviam. Fitzgerald era sempre o que mais protestava. Ele pensava que o caso poderia ser ganho pelos métodos tradicionais – se Charlie apenas o deixasse trabalhar, ele conseguiria convencer o júri de que o tema Helter Skelter abordado pela promotoria era ridículo. Então, no início do julgamento, Fitzgerald foi para casa e encontrou Squeaky em sua cama oferecendo-lhe duas opções: ou se divertia com ela e cooperaria com Charlie, ou então da próxima vez encontraria outros membros da Família não tão amigáveis. Posteriormente, as rés lembrariam que nunca eram deixadas sozinhas com seus advogados. Charlie sempre estava presente. Ele monitorava cada palavra dita entre eles.

Barrados no tribunal e preocupados com seu líder e companheiras em julgamento, os membros da Família no Rancho Spahn tinham de se preocupar com sua própria segurança. Mal tinha começado o julgamento e eles sofreram uma série de ataques noturnos. Pessoas dirigiam até o rancho durante a noite, seguiam a estreita estrada para as colinas acima dos edifícios do set de filmagem, onde os seguidores de Charlie dormiam, e atiravam neles. Ninguém foi atingido, mas se os ataques continuassem seria apenas questão de tempo até que alguém se ferisse ou morresse. A Família não tinha mais armas – todas foram confiscadas durante a invasão ao Rancho Barker. Eles não acreditavam que o condado ou a polícia da cidade os protegeria; assim, em vez de denunciar as agressões, eles se armaram em autodefesa. Confeccionaram estilingues, compraram sacos de bolinhas de ferro e se esconderam atrás de pedras na beira da estrada. Na noite seguinte, quando um carro cheio de atacantes apareceu, a Família usou os estilingues para atirar as bolinhas de ferro no para-brisas e nas janelas, quebrando-as e atirando os cacos nos ocupantes. Os ataques pararam, mas os membros da Família continuaram montando guarda à noite.

Os oficiais de Justiça chegaram a um entendimento com Charlie. No tribunal, era responsabilidade do juiz Older mantê-lo na linha e os oficiais do tribunal não queriam qualquer tipo de problema quando tivessem Charlie sob sua responsabilidade. Passavam bastante tempo com ele, indo até o nono andar a fim de levá-lo para o tribunal, sentado-se com ele em frequentes ocasiões, quando o juiz o mandava para a "casa de rato", e escoltando-o de volta até sua cela no fim do dia. No caminho pelos corredores até a sala de audiências, os oficiais tinham de andar com ele através dos fotógrafos e seus flashes. Oden "O.P." Skupen, um veterano oficial do condado de Los Angeles, não tinha intenção de deixar Charlie atuar para os fotógrafos: "Se você tentar qualquer porcaria e me envergonhar, vou te levar até os armários e te espancar pra caralho". Não importava o quão desvairado ele era no tribunal, nos corredores Charlie sempre se comportou.

Os oficiais também revistavam Charlie antes e após cada dia de julgamento. Era desagradável para todos o fato de uma sonda ter de ser introduzida na cavidade do seu corpo. Charlie jurou que não esconderia nada no reto, o que realmente não fez, mas regras são regras. Ele cheirava muito mal; prisioneiros no nono andar eram autorizados a usar o chuveiro apenas uma vez por semana. Embora Charlie fizesse suas palhaçadas no tribunal, os oficiais geralmente não tinham problemas em lidar com ele. Charlie passou muito tempo na prisão e sabia como agir quando não estava em público. Os oficiais fumavam e Charlie implorava cigarros sempre que podia. Enquanto se comportou, eles não se importavam em dar-lhe alguns. Particularmente, achavam estranho como Charlie controlava as três garotas no tribunal, mas do lado de fora da sala de audiências ele se sentia à vontade obedecendo aos oficiais. Era como se o cara quisesse mandar e ser mandado.

Em 27 de julho, Bugliosi chamou Linda Kasabian para depor. Ele havia feito seu melhor para ter certeza de que ela parecesse apresentável ao júri, proibindo-a de usar um vestido longo porque "[vestido] longo é para noite". As testemunhas até então – os pais de Sharon Tate e Steve Parent, Winifred Chapman, governanta da Cielo, e William Garretson, o caseiro – haviam testemunhado. Se o júri acreditasse em Linda, a promotoria ganharia. Stovitz e Bugliosi fizeram com que ela fosse levada ao tribunal por uma rota indireta, mas de alguma forma alguém da Família descobriu e Sandy Good confrontou Linda do lado de fora do tribunal. Sandy gritou "Você vai matar todos nós, você vai matar todos nós" antes de Linda entrar.

No momento que um oficial do tribunal começou a tomar o juramento de Linda, Kanarek protestou, alegando que ela era insana devido ao severo uso de drogas. Ele continuou protestando quando Bugliosi iniciou seu interrogatório – foram cerca de cinquenta protestos ao todo. Cada um foi rejeitado por Older, mas às vezes levava dez minutos ou mais para Kanarek falar e isso impediu a construção de qualquer linha de raciocínio pelo promotor. Fazendo o melhor que podia, Bugliosi guiou Linda através de uma descrição do porquê ela ter se juntado à Família e como todos caíram sob o controle de Charlie. No terceiro dia de depoimento de Linda, Charlie começou a fazer gestos de quem corta uma garganta em direção ao banco das testemunhas e o total de protestos de Kanarek superou duzentos. Older finalmente considerou que Kanarek desacatara o tribunal e o condenou a uma noite na cadeia. No dia seguinte, Kanarek protestou mais do que nunca, tantas vezes que até Charlie perdeu a paciência; ele chegou a perguntar a Older se podia protestar contra os protestos de seu próprio advogado. O juiz disse que não.

Linda permaneceu comportada. Ela se perdeu apenas ao descrever os assassinatos na Cielo, chorando às vezes. Quando Bugliosi perguntou o que Voytek Frykowski gritou a Tex Watson enquanto era esfaqueado, Linda simplesmente disse: "Não houve palavras, foi além de palavras, apenas gritaria".

Em 30 de julho, Bugliosi concluiu seu interrogatório e a defesa iniciou suas perguntas à testemunha. Fitzgerald foi o primeiro. Ele atacou o argumento de Linda de que ela seguiu as ordens de Charlie porque tinha medo dele. Mas quando Fitzgerald perguntou "Do que você tinha medo?", Linda respondeu: "Eu apenas tinha medo. Ele era um cara bruto". O advogado de defesa tentou envergonhá-la citando todas as orgias das quais ela admitira ter participado no Rancho Spahn. Linda não se intimidou. Disse ter feito sexo com todos os homens de lá, em algum momento, e confirmou que tinha gostado. Fitzgerald ficou sem palavras e Stovitz e Bugliosi se extasiaram. Certamente esse tipo de honestidade ajudaria a convencer o júri de que tudo o que ela dizia era verdade. Apesar de todo o histrionismo e dos adiamentos por parte dos réus e seus advogados, os promotores começaram a sentir que tinham o caso nas mãos.

Mas eles foram surpreendidos de uma forma que não poderiam ter previsto.

Richard Nixon construiu sua carreira política com os votos dos americanos da classe trabalhadora branca. Ele primeiramente começou a se destacar como um feroz anticomunista oposicionista à Ameaça Vermelha. Venceu a acirrada disputa para a Casa Branca em 1968, proclamando-se "o candidato da ordem e da lei", uma mensagem sutil para os negros manifestantes e estudantes radicais. Durante a campanha, Nixon alegou que tinha um plano secreto para acabar com o conflito no Vietnã, mas após chegar à presidência ele veio com um papo de "paz com honra", um termo ambíguo que parecia questionar o patriotismo de qualquer pessoa. Ele e o vice-presidente Spiro Agnew acusaram os jovens manifestantes antiguerra de apoiarem os comunistas ou de serem manipulados. O julgamento de Charlie Manson foi uma dádiva de Deus para Nixon, uma prova de que poderiam acusar jovens de cabelos longos não apenas de imorais (todas essas orgias) e viciados em drogas (o tempo todo em viagens de LSD), mas também perigosos (eles mataram pessoas, até mesmo mulheres grávidas). Como um advogado, Nixon estava ciente de que ao comentar um julgamento em andamento o mesmo poderia ser anulado – como os jurados não poderiam se deixar influenciar pela opinião do presidente? Mas ele não pôde resistir.

Em 3 de agosto, Nixon fez um discurso em Denver. Ele gostava de atacar a imprensa; e a mídia estava cheia de histórias sobre o testemunho de Linda Kasabian. Fazendo uma observação em vez de responder a uma pergunta, Nixon declarou: "Notei [...] a cobertura do caso Charles Manson. Primeira página todos os dias nos jornais. Geralmente tem alguns minutos no noticiário da noite. Aqui está um homem que é culpado, direta ou indiretamente, de oito assassinatos sem motivo. Aqui está um homem que, na medida em que a cobertura é feita, parece ser uma figura glamourosa, uma figura fascinante para os jovens que ele comandou em suas operações [...] o juiz parece ser o vilão". Tudo isso provava, segundo Nixon, que a imprensa americana "glorificava e construía como heróis pessoas envolvidas em atividades criminosas".

Em instantes, as declarações de Nixon voaram pelas agências de notícias nacionais. O júri fora proibido de ter acesso aos jornais e de assistir aos telejornais. E por isso os promotores sentiram que os jurados provavelmente não souberam imediatamente da declaração do presidente. O juiz Older convocou Stovitz, Bugliosi e os quatro advogados de defesa para seus aposentos a fim de discutir a situação. Kanarek imediatamente pediu a anulação do julgamento – certamente alguém do júri saberia da história e contaria para os outros. Older recusou e Kanarek solicitou que cada jurado fosse questionado para determinar se ele ou ela sabia da declaração de Nixon. Older também negou esse pedido. Ele instruiu os oficiais de Justiça para que fossem ainda mais vigilantes a fim de impedir os jurados de ler ou ver notícias e ordenou que o julgamento fosse retomado.

Kanarek começou a questionar Linda Kasabian, continuando na manhã seguinte. Quando Linda admitiu ter feito cinquenta viagens de LSD, Kanarek pediu-lhe para descrever em detalhes a vigésima terceira. Bugliosi protestou dizendo que a pergunta era ridícula e Older aceitou. Os promotores acreditavam ter se esquivado da bala de Nixon, mas, durante a sessão da tarde, alguém – Older culpou o advogado de defesa Daye Shinn – deu a Charlie uma cópia do *Los Angeles Times* e ele triunfalmente agitou a enorme manchete "MANSON CULPADO, DECLARA NIXON" na frente do júri. Logo depois, Susan, Pat e Linda se levantaram e disseram a Older em perfeito uníssono: "Meritíssimo, o presidente disse que somos culpadas, por que então continuar com o julgamento?"

O secretário de imprensa de Nixon disse que a mídia havia distorcido a fala do presidente. Mas Charlie tinha a última palavra. Quando foi levado ao tribunal no dia 5 de agosto, ele mostrou um manuscrito que dizia "NIXON CULPADO". Os oficiais o tomaram dele e riram ao mesmo tempo, mas tiveram que entregar de volta a Charlie. Qualquer coisa podia ser verdade sobre esse cara, mas ele tinha senso de humor.

Irving Kanarek questionou Linda a semana inteira. Em certo ponto, ele mostrou fotos das vítimas da Cielo. Ficou óbvio para todos que o júri estava tão horrorizado ao ver as fotos quanto Linda – Kanarek acabou reforçando o ponto de vista da promotoria de que os assassinatos foram particularmente horríveis. Charlie gritou para que ele parasse. Quando Kanarek finalmente terminou, Daye Shinn iniciou seu trabalho pela defesa e perguntou a Linda se ela acreditava em Papai Noel. Na mesa em formato de L da defesa, em frente ao juiz e às testemunhas, Susan, Leslie e Pat bocejavam, deixando claro que estavam entediadas. Fitzgerald perguntou a Older se poderia dar a elas alguns lápis de cor e papel em branco. As três jovens ficaram alegremente rabiscando enquanto sua ex-amiga dava um testemunho que poderia lhes custar a vida.

Na manhã de 12 de agosto, Charlie se recusou a deixar sua cela e teve de ser carregado até o tribunal. Ao passar em frente à sala de Older arrastado, Charlie disse que não falaria em protesto ao seu tratamento na cadeia do Palácio da Justiça. As pessoas faziam fila para espiar sua cela e Charlie reclamou: "Eles até levam os filhos nos fins de semana para darem uma olhada na aberração". Ele se queixou sobre a frequência das revistas corporais e de não poder mais dar telefonemas. Older não era simpático e Charlie permaneceu pouco cooperativo no tribunal nos dias seguintes. Os oficiais precisavam removê-lo regularmente até a "casa de rato". Todas as vezes um oficial tinha de permanecer lá com ele. No instante que a porta atrás dele era trancada, Charlie se acalmava. Ele implorava um cigarro e muitas vezes praticava sua próxima explosão "espontânea". Às vezes, gabava-se de como Susan, Leslie e Pat estavam cuidando dele. Charlie nunca parecia preocupado com a possibilidade da pena de morte, embora tenha dito aos oficiais que estava sendo coagido. Ele até fazia piada a respeito. Quando Skupen perguntou "Charlie, quando te mandarem para a câmara de gás você vai me convidar?", ele sorriu e respondeu "Claro que vou te convidar, Skupen".

Em 13 de agosto, o juiz Older garantiu formalmente imunidade a Linda em troca do seu testemunho. Charlie marcou a ocasião enviando-lhe uma carta. Ele escreveu: "O amor nunca pode parar, se é amor. [...] Se você não dissesse o que está dizendo não haveria julgamento".[1] Ele a adverte: "Não deixe ninguém ter isso ou eles encontrarão uma maneira de usar contra mim".

Linda deu a carta para Bugliosi. Kanarek alegou que ela a roubara de Charlie.

O testemunho de Linda foi convincente, mas não perfeito. Antes de finalmente ser liberada, em 19 de agosto, ela admitiu ter roubado para a Família 5 mil dólares de Charles Melton e revelou ao júri como deixou sua filha pequena para trás no Rancho Spahn quando fugiu para salvar sua própria vida. Mas Stovitz e Bugliosi ficaram satisfeitos durante todo o seu testemunho; ela não fez nenhuma declaração que não tivesse relação com o que dissera à promotoria antes do julgamento. Livre para ir aonde quisesse, Linda deixou L.A. para se juntar a sua mãe e aos dois filhos em New Hampshire. Kanarek advertiu que poderia ligar para ela a qualquer momento para voltar a depor.

• • •

A promotoria perdeu quatro testemunhas. Randy Starr, o dublê de filmes que Charlie espancou na frente de Terry Melcher, havia morrido. Bugliosi achou suspeito e ordenou uma necrópsia, que indicou que Starr morreu de causas naturais. O estranho marido de Linda Kasabian, Robert, e seu amigo filantropo hippie, Charles Melton, cansaram de esperar uma convocação para depor e partiram para o Havaí. Seu advogado informou a Bugliosi que eles se refugiaram em uma pequena ilha desconhecida e que não havia maneira de contatá-los. O ator libanês Saladin Nader sumiu e o LAPD não pôde encontrá-lo. Mas Stovitz e Bugliosi concluíram que essas perdas foram mais do que compensadas pela decisão de Juan Flynn em mostrar a cara. O irascível homem do Rancho Spahn se recusara a cooperar com os promotores. Mas quando membros da Família começaram a ameaçá-lo para assegurar que não mudaria de opinião e testemunhasse, Flynn decidiu desafiá-los. Stovitz e Bugliosi tiveram inicialmente Flynn interrogado em 18 de agosto pelo sargento Philip Sartuchi, da equipe de investigação do caso LaBianca. Sartuchi deu aos promotores a ótima notícia quando eles deixaram o

1 Essa palavra foi escrita originalmente por Charles Manson de forma bastante errada. Ele diz no original "*tryle*" em vez de "*trial*".

tribunal. Flynn contou que Charlie pessoalmente lhe disse "Eu sou o cara" que cometeu os assassinatos Tate-LaBianca e, antes disso, em algum momento de junho ou julho de 1969, Charlie acrescentou "Bem, eu tenho que liderar isso. A única maneira de ter Helter Skelter funcionando é ir até lá e mostrar ao negro como fazer, matando um monte desses malditos porcos". Além disso, Flynn se lembrou de Susan Atkins dizendo a ele em uma noite de agosto que "Nós estamos indo matar alguns porcos de merda". Flynn acreditava que isso ocorreu na noite do assassinato dos LaBianca.

Depois de falar com Sartuchi, Flynn passou a se esconder. Ele periodicamente procurava Bugliosi para lhe assegurar que estava disposto a testemunhar. Mas não queria que Charlie ou alguém da Família soubesse onde encontrá-lo.

Apesar das travessuras dos réus, o julgamento estava indo bem para a acusação. Stovitz e Bugliosi seguiram com uma série de testemunhas – John Swartz, vários moradores da Cielo, Rudolf Weber – que coletivamente apoiaram o testemunho de Linda. O detetive Michael McGrann testemunhou sobre a grande quantidade de drogas encontrada na Cielo; Stovitz e Bugliosi queriam isso no registro antes que a defesa pudesse apresentar o fato como prova de que os assassinatos poderiam ter relação com drogas. Quando a defesa não teve perguntas para o médico legista David Katsuyama, cuja imprecisão no banco das testemunhas frustrou os promotores, que temeram oportunidades excepcionais de interrogatório para a defesa, Stovitz e Bugliosi acreditaram que estavam no caminho para a vitória. Até mesmo Charlie parecia abatido. Durante um intervalo, quando o júri estava fora da sala do tribunal, ele confidenciou ao juiz Older: "Nós fomos muito bem no primeiro [...] nós meio que perdemos o controle quando o depoimento começou".

Em seguida, Susan Atkins alegou que estava com dor de estômago.

Susan começou a se remexer na mesa da defesa enquanto Katsuyama testemunhava sobre a profundidade dos ferimentos sofridos pelos LaBianca. Ela queixou-se de dores no estômago e seus exagerados gemidos distraíam a todos. Sob ordens do juiz, Susan foi examinada e diagnosticada com problemas no cólon. Após ser tratada com laxantes e enemas, ela foi liberada para voltar ao tribunal, mas implorou a Older para deixá-la ir embora de novo porque ainda estava com muita dor. O médico que tratou Susan disse ao juiz que ela estava boa; mesmo que estivesse experimentando "dores de simpatia" ou mesmo fingindo. Older ignorou as reclamações de Susan e o julgamento foi reiniciado. Depois, um repórter perguntou a Stovitz sua opinião sobre a alegada doença de Susan. Stovitz, apressando o passo, retrucou: "Foi um desempenho digno de Sarah Bernhardt". No dia seguinte, Younger, promotor do distrito, chefe de Stovitz, o retirou do caso por violar instruções de não fazer declarações à imprensa. Stovitz e Bugliosi protestaram – foi um comentário de passagem, não uma entrevista, e, além disso, eles estavam trabalhando bem juntos. Younger foi inflexível: Stovitz estava fora do caso. Bugliosi estava agora no comando e seria assessorado por Stephen Kay, assistente da promotoria do distrito. Ao contrário de Stovitz-Bugliosi, Bugliosi-Kay não era uma parceria igual. Eles estavam no meio do julgamento e não havia tempo para Kay estudar as transcrições e ficar no mesmo patamar. Bugliosi disse a ele que "Helter Skelter é a teoria, ponto final" e instruiu seu novo colega de tribunal em relação ao seu comportamento no julgamento. Por exemplo, Kay nunca deveria voltar-se para seus papéis quando os jurados estivessem presentes, porque isso significava romper o contato visual com eles. Kay não queria elevar o trabalho de Bugliosi – o cara era tão descaradamente ambicioso –, mas ficou impressionado com sua ética de trabalho. Durante o tempo em que atuou com Bugliosi na acusação dos assassinatos Tate-LaBianca, Kay nunca o viu dormir mais do que três ou quatro horas por noite.

Kay também teve fortes impressões sobre os quatro réus. Charlie era o mestre mental, sempre esperando por qualquer oportunidade para interromper os procedimentos e pensar nos três ou quatro passos posteriores. Susan Atkins era assustadora; claramente estava ansiosa para fazer qualquer coisa que Charlie quisesse. Kay achou Pat Krenwinkel fria e insensível. E Leslie Van Houten intrigou o jovem promotor: ela era tão inteligente, mas mesmo assim caiu nas garras da Família. A acusação e a defesa estavam sentadas lado a lado e Kay estava ao lado de Leslie. Eles conversavam durante os intervalos e tiveram um longo debate sobre a pena de morte. Kay acreditava que a pena de morte desencorajava bandidos a cometer crimes, Leslie não. Embora discordassem, ele ficou impressionado com os argumentos dela. E surpreso: ele e uma garota de Manson estavam tendo uma conversa racional.

Nos meses desde que retornou para viver com a mãe, Barbara Hoyt foi inundada com telefonemas de Squeaky e Sandy. Elas insistiam para que Barbara se mantivesse leal a Charlie e à Família e não cooperasse com os promotores. Ela estava dividida. Em 5 de setembro, seus antigos amigos ofereceram um acordo. Se Barbara não testemunhasse, seria presenteada com uma viagem ao Havaí. Ela aceitou e no dia seguinte Barbara e Ruth Ann voaram para Honolulu. Elas ficaram a maior parte do tempo tendo longas conversas no quarto do hotel. Após alguns dias, Ruth Ann disse que tinha de voltar a L.A., mas Barbara podia ficar um pouco mais no Havaí. Elas foram até o aeroporto onde, pouco antes de seu voo, Ruth Ann comprou um hambúrguer para Barbara. Enquanto ela engolia os últimos pedaços do sanduíche, Ruth Ann disse "Apenas imagine se houvesse dez doses de ácido nisso", uma quantidade muito além do que qualquer dose normal. Ruth Ann embarcou em seu avião; logo depois Barbara entrou em colapso. Pouco antes de perder a consciência, implorou a um homem que estava de pé sobre ela para chamar o "sr. Bugliosi". Após o tratamento de emergência por overdose de drogas, Barbara se recuperou e voltou ao continente. Agora estava determinada a testemunhar contra Charlie. Bugliosi, furioso, disse ao LAPD que ele queria acusar todos os membros da Família envolvidos por tentativa de assassinato. Ruth Ann, Squeaky, Gypsy, Clem e Dennis Rice (cujo cartão de crédito foi usado para comprar as passagens de avião) foram denunciados, mas não indiciados até 18 de dezembro. Até então, eles permaneceram livres e sob o comando de Charlie. Rice visitava Charlie regularmente, levando suas últimas ordens ao restante da Família.

Em 11 de setembro, Tex Watson foi finalmente transladado para a Califórnia. Durante seu longo tempo na prisão do condado de Collin, no Texas, recebeu dezenas de cartas de Squeaky e Gypsy que pediam para ele permanecer forte e leal a Charlie. Em uma breve aparição no tribunal do juiz Older (Paul Fitzgerald queria que ele fosse formalmente identificado pelo júri), Tex vestia um blazer azul, calça cinza e tinha o cabelo com corte rente. Bugliosi achou que ele parecia o "típico garoto bonzinho do colégio". Se a defesa esperava convencer o júri de que Tex, e não Charlie, era a mente por trás dos assassinatos Tate-LaBianca, Bugliosi acreditava que sua aparência conservadora tornaria isso muito mais difícil.

O *Los Angeles Times* observou que Tex "trocou sorrisos" com Susan, Pat e Leslie. Ele não fez declarações no tribunal ou para a imprensa. Irving Kanarek protestou contra a presença de Tex no tribunal e exigiu a anulação do julgamento. Posteriormente ele ficou preso até ser acusado, em 28 de setembro.

Os Meteorologistas resgataram Timothy Leary da prisão federal de San Luis Obispo, onde cumpria sua pena de dez anos por posse de drogas. Foi um plano envolvendo boa dose de ousadia e risco – o guru do ácido cinquentão tinha de subir o muro da prisão, mover-se engenhosamente ao longo de pouco mais de sessenta metros de fio elétrico e, em seguida, pular de uma altura considerável até o chão. Depois de publicar uma declaração desafiadora – "Neste momento deixe-nos não mais falar de paz. [...] Ouçam, americanos, seu governo é um instrumento de total, letal maldade" –, Leary fugiu para a Argélia, aparecendo em uma coletiva de imprensa com o ex-Pantera Negra Eldridge Cleaver, também um fugitivo da lei americana. (Leary seria recapturado três anos depois no Afeganistão, época em que ficou feliz em identificar todos que o ajudaram a escapar de San Luis Obispo a fim de cumprir uma sentença reduzida de três anos.)

A Família não se importava com Timothy Leary – Charlie era o único herói –, mas os detalhes de sua fuga foram inspiradores. Claramente as prisões não eram insuperáveis. Era algo para eles pensarem a respeito caso Charlie fosse condenado.

Começando na quarta-feira, 16 de setembro, pedestres na calçada do lado de fora do Palácio da Justiça de L.A. tiveram de desviar das pessoas sentadas no local. A esquina das ruas Spring e Temple tornou-se a sede não oficial da Família. Quatro ou cinco seguidores de Charlie chegavam toda manhã antes de Older iniciar o julgamento no oitavo andar e ficavam até os procedimentos finais do dia. Então pegavam carona de volta para Spahn ou então se amontoavam dentro de uma velha van e passavam a noite. Apesar de Clem e alguns outros homens ocasionalmente juntarem-se a eles, a maioria eram mulheres. Squeaky e Sandy estavam lá todos os dias e, às vezes, Ruth Ann, apesar da gravidez avançada. Mesmo estando no caminho, elas não incomodavam os que passavam. Sorriam e conversavam com qualquer um que parasse para falar com elas, enfatizando que Charlie era tudo sobre o amor. Além do X permanentemente entalhado na testa, as mulheres não pareciam ameaçadoras. Às vezes, elas se divertiam brincando de adoleta ou acenando para os carros enquanto esticavam as pernas. Algumas ofereciam biscoitos e outras guloseimas, e alegremente posavam para fotos.

Mas Bugliosi e Kay não as achavam encantadoras. Certa noite, quando Bugliosi deixou o Palácio da Justiça, Sandy levantou-se e o seguiu, segurando uma faca. Bugliosi a chamou de "vadia maldita" e ela recuou. Em outra ocasião, Sandy e Squeaky se aproximaram de Kay e de sua mulher em um estacionamento e sussurraram que fariam na casa deles o que fizeram na de Sharon Tate. Então sorriram e foram embora. Kay tinha uma historinha com Sandy: eles se conheceram quando ele tinha 15 e ela 14 anos. Haviam almoçado com suas mães em uma casa de panquecas em Burbank. Kay foi embora antes de a refeição acabar porque achou Sandy "um pouco arrogante e esnobe".

Durante uma pausa no tribunal, Charlie disse a Bugliosi para não levar Sandy e sua faca a sério: "Se eu tivesse todo o poder e controle que você diz que tenho, eu poderia simplesmente dizer [a um membro da Família] 'Vai, pega o Bugliosi', e ele o faria".

Charlie e a Família tinham razão para temer Barbara Hoyt no banco das testemunhas. Recuperada da overdose de LSD no Havaí, Barbara testemunhou sobre tudo o que tinha visto e ouvido, especialmente a empáfia de Susan sobre os assassinatos de Tate e de seus amigos. Bugliosi também aproveitou a oportunidade para usar o comportamento de Barbara, como integrante da Família, a fim de exemplificar o domínio de Charlie sobre seus seguidores. Em particular, o promotor perguntou sobre a maneira pela qual Charlie ordenou que Barbara satisfizesse Juan Flynn. O vocabulário sexual de Barbara falhou. Ela finalmente gaguejou que Charlie mandou oferecer a Flynn "'aquilo' oral." Durante o interrogatório, Kanarek exigiu saber por que ela obedecera. Desta vez, Barbara encontrou as palavras exatas: "Tive medo de não obedecer".

No sábado, 26 de setembro, um incêndio irrompeu por Simi Hills e queimou grande parte do Rancho Spahn. Três cavalos morreram queimados e o set de filmes de faroeste foi destruído. Enquanto as chamas alcançavam quase vinte metros de altura, as mulheres da Família cantavam e dançavam – "Helter Skelter está chegando".

Barbara Hoyt foi substituída no banco de testemunhas por Juan Flynn, que brilhou ao olhar para Manson enquanto apresentava um depoimento que o prejudicaria: ele se lembrou de Charlie admitindo os assassinatos de Tate, de Susan falando em pegar "alguns porcos de merda" e de ver Charlie, Susan, Tex, Linda, Leslie, Pat e Clem dirigindo o Ford de Johnny Swartz na noite dos assassinatos do casal LaBianca. Kanarek acusou Flynn de fazer tudo na esperança de que a cobertura da mídia o ajudasse a conseguir pequenos papéis em filmes de faroeste. "Você reconhece", disse Kanarek, "que há muita publicidade neste caso contra o sr. Manson, certo?" Flynn respondeu: "É o tipo de publicidade que eu não gostaria, seu grande impostor".[2] Em vez de censurar a testemunha por apelidar Kanarek, o juiz Older sorriu e encerrou a sessão da manhã.

As provas estavam sendo montadas contra os réus e Charlie sabia disso. Ele não podia impedir Flynn de testemunhar, mas podia ao menos interrompê-lo. Naquele dia e por muitos que se seguiram com Flynn testemunhando, todos os quatro réus periodicamente cantavam

2 *Catfish*, no original, expressão antigamente usada para definir uma pessoa que agia de modo a esconder suas reais intenções, um impostor. Atualmente, a expressão é utilizada para designar aqueles que criam perfis falsos em redes sociais na internet a fim de obter alguma vantagem.

e gesticulavam. Certo dia, Charlie levantou e cantou “A velha égua cinzenta não é o que costumava ser, ela é um juiz agora” e as garotas o acompanharam, em coro, “Você é apenas uma mulher, isso é tudo”. Na sexta-feira, 2 de outubro, Charlie virou-se para os espectadores do julgamento e disse “Olhem para vocês mesmos. Vocês estão caminhando para a destruição. [...] É o dia do seu julgamento, não do meu”. E as três mulheres, em coro: “É o dia do seu julgamento”. Older mandou que os retirassem do tribunal. Após terem partido, o juiz permitiu que a acusação tocasse uma fita de Flynn sendo entrevistado por um oficial do condado de Inyo. O júri ouviu o trabalhador do Rancho Spahn dizer: “[Charlie] me agarrou pelos cabelos assim, colocou uma faca na minha garganta e então disse: ‘Você não sabe que sou eu quem está por trás de todas essas mortes?’”

Na segunda-feira, 5 de outubro, o detetive Paul Whiteley, do escritório do xerife de Los Angeles, tomou sua posição. Seu testemunho foi breve e os advogados de defesa não o interrogaram. Mas antes que Whiteley pudesse sair, Charlie perguntou a Older: “Eu poderia interrogá-lo?” Quando Older recusou, Charlie disse: “Você está usando este tribunal para me matar. Eu vou lutar por minha vida de uma forma ou de outra. Você deveria me deixar fazer isso com palavras”. Older ameaçou retirar Charlie do tribunal. Ele rosnou: “Eu vou removê-lo”, e então acrescentou: “Eu tenho um pequeno sistema próprio”. Older ignorou e instruiu Bugliosi a chamar sua próxima testemunha. Manson gritou: “Você acha que estou brincando?” Ele pegou um lápis afiado e saltou sobre a mesa em direção a Older. Os oficiais o seguraram antes que pudesse ir mais longe. Ao mesmo tempo que era arrastado para a sala de isolamento adjacente, Charlie gritava para Older: “Em nome da justiça cristã, alguém deve cortar sua cabeça fora!” Susan, Pat e Leslie levantaram e cantaram; Older mandou retirá-las do tribunal também.

Older proibiu a presença dos réus no tribunal por vários dias. Charlie acompanhou o julgamento pelo alto-falante da “casa de rato”. As três mulheres foram confinadas em uma sala do júri com alto-falantes para que também pudessem ouvir os testemunhos. Virginia Graham e Ronnie Howard contaram sobre o que Susan havia lhes dito e escrito. Gregg Jakobson também testemunhou e recontou as interpretações de Charlie sobre as músicas dos Beatles e o Apocalipse. Shahrokh Hatami e Rudi Altobelli colocaram Charlie na Cielo em 23 de março de 1969.

Older autorizou Charlie e as mulheres a voltarem ao tribunal no dia em que Terry Melcher testemunhou. Quando Melcher viu Charlie, ele implorou a Bugliosi para deixá-lo testemunhar em alguma outra sala. Melcher só foi capaz de testemunhar e suportar o brilho constante de Charlie após tomar um calmante. Quando terminou de depor, Charlie sorriu para ele.

Guiados pelas perguntas de Bugliosi, Brooks Poston e Little Paul Watkins explicaram ao júri o quão seriamente a Família se preparou para Helter Skelter no Vale da Morte. Watkins enfatizou a crença da Família de que Charlie representava a Segunda Vinda de Cristo. Poston admitiu que, por um longo tempo, pensou que Charlie era o próprio Jesus. Então contou que uma vez Charlie pediu para que ele assassinasse o xerife de Shoshone.

Os oficiais se esforçaram para fazer o melhor possível em relação ao confinamento dos jurados. Eles os levavam para jantares em restaurantes interessantes e nos fins de semana organizavam viagens de ônibus para lugares como a Fazenda Knott's Berry. Ao final do quarto mês do julgamento, o oficial O.P. Skupen acreditava que o júri de Manson era um dos melhores que já havia monitorado. Apesar de todas as palhaçadas de Charlie e de todos os sinistros testemunhos que ouviram, nenhum deles parecia abalado. Eles exibiam um excepcional bom senso e isso fazia Skupen acreditar que era algo ruim para Charlie e as garotas. Não importa o quanto sobre eles aparecia nos jornais e na TV, as travessuras de Charlie simplesmente não estavam funcionando. Charlie podia parecer mais frio do que o inferno no caminho para o tribunal, podia se gabar na sala de isolamento de que tudo estava indo do jeito que queria, mas em algum nível o cara tinha de saber que os jurados não estavam engolindo suas atuações.

Tex Watson, à espera do seu próprio julgamento, parou de comer e agiu como um louco, o suficiente para ser enviado ao Hospital Estadual de Atascadero para exames psiquiátricos. Quando Charlie soube, pediu para conversar com Bugliosi. Ele disse ao promotor que se pudesse ter apenas meia hora com Tex ele se endireitaria. Bugliosi riu e respondeu: "Eu não posso me dar ao luxo de correr esse risco. Se o curar, então todo o mundo acreditará que você é Jesus Cristo".

As testemunhas finais de acusação foram Dianne Lake e dois psiquiatras que a examinaram. Trezentas e vinte exibições de pessoas, incluindo fotos de Tate e da cena do crime de LaBianca, foram formalmente inseridas como evidências para que o júri pudesse estudá-las durante as deliberações. Então, às 16h27 da tarde de segunda-feira, 16 de novembro, a acusação descansou do caso. O julgamento durara 22 semanas. Ainda havia pelo menos outros dois ou três meses pela frente. O juiz Older concluiu que todos os envolvidos mereciam uma pequena pausa antes de a defesa ter sua vez. Ele declarou recesso até a quinta-feira de manhã. Nesse meio-tempo, Charlie encontrou-se com Susan, Pat e Leslie e lhes disse o que queria que fizessem.

Em 19 de novembro, os advogados de defesa fizeram seus movimentos de rotina para o juiz rejeitar todas as acusações contra seus clientes. Nunca custou tentar – o pedido era comum, um hábito. Após o juiz rejeitar as manobras, Paul Fitzgerald disse a Older: "A defesa descansa". Tão logo disse isso, Pat, Susan e Leslie saltaram e pediram a oportunidade para testemunhar. Fitzgerald, Daye Shinn e Ronald Hughes foram convidados a se aproximar e sussurraram para Older que não queriam seus clientes prestando depoimento ao júri – as três, sem dúvida, iriam jurar que eram as culpadas dos assassinatos Tate-LaBianca e Charlie completamente inocente. Bugliosi percebeu o que estava acontecendo e se juntou aos três advogados em seu protesto. O promotor estava em perigo novamente. Ele poderia ser passado para trás por Charlie, que tinha reservado essa surpresa para o final.

Older, ciente de que qualquer decisão que tomasse poderia formar as bases para um apelo de Kanarek, finalmente determinou que as três mulheres poderiam testemunhar após a remoção do júri. Quaisquer declarações admissíveis que fizessem poderiam ser adicionadas ao registro do julgamento. Seus próprios advogados e Bugliosi, se preferissem, não tinham sequer que questioná-las. Susan, Pat e Leslie poderiam dizer o que quisessem. Isso foi bom para os advogados, mas as mulheres insistiram que era inaceitável. Elas queriam o júri para ouvir diretamente o que tinham a dizer. Older disse não e elas se recusaram a ficar na sala.

Charlie disse que ficaria feliz em ir lá e testemunhar, com ou sem júri.

Era a sua grande oportunidade. O júri não estava presente, mas Charlie tinha a plateia de espectadores do tribunal e, mais importante, a mídia. Ele nunca frequentou a faculdade de Direito, mas sabia tudo sobre as etapas finais de um julgamento por assassinato na Califórnia. Primeiro viria o veredicto do júri de culpa ou inocência e neste ponto não parecia haver dúvidas sobre o que eles votariam. Em seguida, vinha a parte da sentença, com os jurados decidindo se ficariam com Bugliosi e seu pedido para a câmara de gás ou então a prisão perpétua. Mas o drama real era o veredicto inicial, inocente ou culpado, e a única coisa que poderia influenciar seria um bravo desempenho de Charlie no banco das testemunhas. Ele sabia exatamente como fazer isso. Charlie disse ao juiz Older que não queria ser interrogado por seu advogado, Irving Kanarek. O advogado de defesa ficaria sentado porque seu cliente não queria ser interrompido. Charlie Manson estava prestes a entregar uma *declaração*.

Ele falou por mais de uma hora, começando com uma descrição de autopiedade sobre sua horrível infância: "Eu nunca fui para a escola, então nunca consegui ler e escrever muito bem. Fiquei na cadeia e me tornei estúpido". Charlie declarou que longe de liderar seus seguidores em atos de maldade, ele formou uma Família de párias "que você não queria, pessoas que estavam à beira da estrada, que os seus pais tinham chutado". De acordo com Charlie, "Você faz dos seus filhos o que eles são [...] essas crianças que vieram a você com suas facas, elas são seus filhos. Você as ensinou. Eu não as ensinei".

De fato, Charlie disse" "Eu sou apenas o que vocês fizeram de mim. Eu sou apenas um reflexo seu [...] Sou apenas o que vive dentro de todos e em cada um de vocês". Sim, eles poderiam sentenciá-lo à morte, mas "vocês querem me matar? Ha! Eu já estou morto, por toda a minha vida". Charlie admitiu que se ressentia: "Às vezes, penso sobre dar algo em troca a vocês [...] Se pudesse, eu arrancaria esse microfone e bateria em seus cérebros com ele, porque é isso o que vocês merecem [...] Se pudesse ficar bravo com vocês, eu tentaria matar cada um de vocês. Se isso é culpa, eu aceito isso".

Charlie não estava desistindo de seu último plano de incriminar as mulheres em benefício próprio. Ele queria fazer uma declaração memorável no tribunal de Older, mas não queria morrer asfixiado numa câmara de gás. Assim, ele continuou dizendo que não era responsável por nada que as mulheres fizeram na Cielo e na Waverly Drive: "Essas crianças encontraram a si mesmas. O que elas fizeram, se elas fizeram, é com elas. Elas terão de explicar isso a vocês".

Quanto ao próprio Charlie, ele estava injustamente sendo perseguido. "É tudo medo de vocês. Vocês procuram alguma coisa para se projetar e pegam um pequeno zé-ninguém, velho e sujo, que come ao lado de uma lata de lixo e que ninguém quer, que foi chutado para fora da prisão, jogado através de cada buraco do inferno que possa imaginar, e o arrastam e o colocam num tribunal. Vocês esperam que eu quebre? Impossível. Vocês me quebraram anos atrás. Vocês me mataram anos atrás".

O juiz Older perguntou se Charlie havia terminado. Ainda não.

"Não matei ninguém nem ordenei que alguém fosse morto", disse Charlie. "Posso ser implicado em várias e diferentes ocasiões por várias e diferentes pessoas que poderiam acreditar que eu era Jesus Cristo, mas ainda não decidi o que eu sou ou quem eu sou".

Older instruiu Charlie a se ater às questões.

Charlie admitiu que possuía uma Buntline .22 no Rancho Spahn, mas a arma "pertencia a todos". Pessoas como Linda Kasabian, Dianne

Lake e Little Paul Watkins iam até ele, não o contrário. Ele não se lembrava de dizer "Pegue uma faca e uma muda de roupa e faça o que Tex diz". Quanto a Helter Skelter, "é confusão. Confusão vindo rápido [...] não é minha conspiração. Não é minha música. Eu ouço o que ela diz. Ela diz 'Ascensão', diz 'matar'. Por que pôr a culpa em mim? Eu não escrevi a música".

Ele vociferou no fim, sua voz cada vez mais alta, seu minúsculo corpo ascendendo sobre a cadeira no banco das testemunhas: "E os seus filhos? Você diz que há apenas alguns? Há muitos, muitos mais, caminhando na mesma direção. Eles estão correndo pelas ruas e estão indo diretamente para vocês".

Bugliosi fez a Charlie algumas perguntas. Older perguntou se ele queria agora depor perante o júri. Ele não sentia a necessidade de um segundo show e disse a Older: "Já aliviei toda a pressão que eu tinha". Satisfeito com seu desempenho, acreditando ser memorável, Charlie disse às três mulheres: "Vocês não precisam testemunhar agora". Bugliosi entendeu – Charlie não estava dispensando as confissões das garotas, apenas atrasando-as até a fase de sentença, se, ao que parecia, fosse haver uma. Foi o momento de Charlie e ele não tinha intenção de compartilhá-lo.

O juiz Older deu um recesso de dez dias para que a acusação e a defesa pudessem preparar seus argumentos finais.

Na segunda-feira, 30 de novembro, o julgamento recomeçou. O advogado de Leslie Van Houten, Ronald Hughes, não estava lá. A falta de experiência de Hughes ficou patente durante todo o julgamento e, para piorar as coisas, era desajeitado e constantemente tropeçava nos pés de Leslie quando levantava para protestar. Após Hughes permanecer desaparecido por vários dias, o juiz Older nomeou o respeitado advogado Maxwell Keith para substituí-lo. Keith precisava de tempo para preparar a defesa, então Older promoveu mais um recesso. Embora o juiz e os advogados se encontrassem diariamente, o julgamento não começou até 21 de dezembro. Older disse aos jurados que teriam de ficar incomunicáveis durante o Natal.

Nesse meio-tempo, houve uma busca por Hughes. Quando o julgamento originalmente entrou em recesso por dez dias, em 19 de novembro, Hughes disse aos outros advogados de defesa que iria acampar, em Sespe Hot Springs, norte de Los Angeles. Até mesmo as equipes armadas de busca, a bordo de helicópteros, falharam em encontrá-lo. Os esforços terminaram em meados de dezembro quando Hughes foi encontrado morto. Mesmo após o corpo em decomposição do advogado ter sido descoberto seis semanas depois – aparentemente ele se afogou num riacho –, Bugliosi acreditava que ele poderia ter sido morto pela Família sob as ordens de Charlie. Logo após Hughes desaparecer, Bruce Davis e Nancy Pitman se entregaram à polícia. Davis se entregou por ter sido acusado das mortes de Hinman e Shea, e Pitman sob acusação de falsificação. Parecia perfeitinho demais para Bugliosi – talvez eles estivessem tentando desviar qualquer nova investigação que pudesse ligá-los à morte de Hughes. Pitman ficou presa por alguns dias antes de ser liberada. Em 17 de dezembro, Davis, juntamente com Charlie e Clem, foi acusado pelo assassinato de Shorty Shea.

Em 18 de dezembro, Squeaky, Ruth Ann, Gypsy, Clem e Dennis Rice foram indiciados por conspiração para impedir o depoimento de Barbara Hoyt no julgamento Tate-LaBianca. O juiz soltou Squeaky, Gypsy e Rice sob fiança (Clem permaneceu em custódia no condado de Inyo acusado de posse ilegal de armas), e Ruth Ann, grávida de nove meses, ficou em liberdade provisória.

Em 21 de dezembro, o juiz pediu ordem no tribunal. Mal fez isso e Leslie se levantou e o repreendeu por indicar Keith em substituição a Hughes. Ela disse ao juiz que não tinha nada a ver com o desaparecimento do seu advogado original e insinuou que Older pudesse estar por trás disso. Charlie gritou com o juiz também, que ordenou que os quatro réus fossem levados do tribunal. Bugliosi, então, começou com seus argumentos finais. Os advogados de defesa falaram em seguida e então a promotoria faria sua última declaração antes de o júri se retirar para discutir o veredicto.

Bugliosi começou com uma série de gráficos, resumindo as provas apresentadas e economizando qualquer tipo de apelo emocional em sua declaração. Demorou um pouco – desde 24 de julho, a acusação havia introduzido centenas de itens. Bugliosi ainda estava resumindo as evidências quando Older permitiu que os réus retornassem ao tribunal. As três mulheres imediatamente começaram a conversar em voz alta e Older mandou que fossem retiradas novamente. Ao ir embora, Susan pegou algumas notas da mão de Bugliosi e as rasgou. Bugliosi pegou-as de volta e rosnou "Sua vadiazinha". O juiz proibiu que os quatro réus retornassem até o júri anunciar seu veredicto. Se Susan pensou que perder algumas de suas notas iria atrapalhar Bugliosi, ela estava enganada. Ele havia memorizado a maioria de suas observações. Ele disse ao júri que a Família era "um bando unido de robôs" e Charlie "o mestre ditatorial de uma tribo de escravos bajuladores".

Em 28 de dezembro, Bugliosi declarou que "As pessoas do estado da Califórnia têm o direito de um veredicto de culpa" e se afastou para os argumentos finais de cada um dos quatro advogados de defesa. Paul Fitzgerald, falando em nome de Pat Krenwinkel, tentou transformar as palavras de Bugliosi em vantagem para sua cliente, dizendo ao júri que "robôs sem cérebros não podem ser culpados de assassinato em primeiro grau" porque tal acusação envolve premeditação. Sim, uma das impressões digitais de Pat estava aparentemente dentro da casa na Cielo, mas Fitzgerald sugeriu que talvez ela estivesse lá "como uma convidada ou amiga".

O advogado de Susan Atkins, Daye Shinn, atacou o caráter das testemunhas de acusação. Será que os membros do júri, ele perguntou, convidariam Virginia Graham para suas casas no Natal?

Demorou menos de noventa minutos para Shinn completar sua declaração final. Irving Kanarek levou uma semana. Mais uma vez aborrecendo Charlie, que ouvia a fala na "casa de rato", ele expôs todas as facetas do julgamento. Em certo momento, o júri podia ouvir Charlie gritando "Você só está piorando as coisas!". No quinto dia do argumento de Kanarek, o júri enviou uma nota a Older solicitando NoDoz, um marca de cafeína em pílulas. A essência da declaração de Kanarek era que Tex Watson era o cérebro por trás dos assassinatos. Charlie era apenas um espectador inocente.

Maxwell Keith, representando Leslie Van Houten, falou por último. Ele era novo no julgamento, mas seus argumentos foram melhores do que os de qualquer um dos advogados de defesa. Ele começou com uma sarcástica referência a *Linda* Van Houten, ressaltando que Leslie estava numa real desvantagem devido à falta de familiaridade do seu advogado com o caso. Como Fitzgerald, ele lembrou os jurados das próprias palavras de Bugliosi – se Leslie era um "robô sem cérebro", como, em qualquer sentido, ela poderia ter cometido um assassinato premeditado na Waverly Drive? Mas ele também levantou um ponto-chave sobre o papel limitado de Leslie no assassinato de Rosemary LaBianca: "Ninguém no mundo pode ser culpado de assassinato [esfaqueando] pessoas após elas já estarem mortas. Tenho certeza de que violar alguém que já está morto é um crime neste estado, mas ela não é acusada disto".

A fala final de Bugliosi levou dois dias. Ele respondeu aos argumentos dos quatro advogados de defesa e admitiu que se referira a Susan, Pat e Leslie como "robôs". Mas isso não significava que deviam ser absolvidas dos crimes: "Elas não estão sofrendo, senhoras e senhores, de qualquer capacidade mental diminuída. Elas estão sofrendo de um coração diminuído, de uma alma diminuída". Ele concluiu com o que a mídia chamou depois de a lista de chamada dos mortos. "Sharon Tate, Abigail Folger, Voytek Frykowski, Jay Sebring, Steven Parent, Leno

LaBianca e Rosemary LaBianca não estão aqui entre nós neste tribunal, mas de seus túmulos eles clamam por justiça. A justiça só poderá ser restituída de volta a este tribunal com o veredicto de culpa".

Os jurados se retiraram para deliberação na tarde de sexta-feira, 15 de janeiro de 1971. Dez dias depois, eles mandaram dizer a Older que haviam chegado aos veredictos e o juiz os convocou ao tribunal. Depois de concordar com Bugliosi e os quatro advogados de defesa que a fase da sentença, se houvesse, começaria em três dias, Older solicitou aos oficiais de Justiça a presença de Charlie, Susan, Pat e Leslie. No caminho para o tribunal, Charlie piscou para as meninas e elas riram e piscaram de volta. Em seguida, os quatro ouviram, impassíveis, que foram considerados culpados de todas as acusações. Enquanto o júri saía, Charlie lhes disse: "Vocês todos são culpados". Ao ser levado de volta para a cela no nono andar, Charlie disse ao oficial que o escoltava: "O que você esperava?" Ele não parecia preocupado.

Kathleen Maddox, a mãe de Charlie Manson, estava em Los Angeles quando o júri considerou seu filho culpado de assassinato. Por mais de um ano, ela ficara horrorizada com a maneira como ele havia sido descrito e pelas histórias sobre a liderança que exercia sobre um grupo de seguidores loucos. Durante esse tempo, Kathleen não tentou entrar em contato com Charlie. Ela estava convencida de que o filho era um doente mental – o que mais poderia explicar as coisas que andou fazendo por aí? Sua esperança era que, em vez de ser mandado para a câmara de gás, Charlie recebesse algum tipo de ajuda psiquiátrica. Kathleen tinha certeza de que era disso que ele precisava. Ela não perdoava o que ele havia feito – ela chorava quando pensava nas pessoas que tinham morrido.

Kathleen também se incomodava com as muitas histórias sobre Charlie afirmar que era filho de uma mãe incapaz, que sofrera uma infância de privações e que ninguém nunca o amara. Kathleen foi para Los Angeles durante os últimos dias do julgamento e um repórter do *Los Angeles Times* a reconheceu. Ela aceitou ceder uma entrevista. Em 26 de janeiro, "Mãe fala sobre a vida de Manson quando garoto" competia com "Veredicto de Manson: todos culpados" pelo espaço da primeira página. Kathleen fez o seu melhor para que o repórter entendesse. Ela contou sobre o quão restritiva sua mãe, Nancy, fora; como ela mesma cometera alguns erros quando garota; tudo sobre Colonel Scott, pai de Charlie; e sua luta para criar o filho corretamente. Kathleen disse que Charlie foi um menino mimado que sempre teve de tudo e nunca precisou batalhar para conseguir as coisas. Quando a matéria foi publicada, ela viu que a história tinha muitos erros: há uma citação sua afirmando que Charlie nascera fora do casamento, quando na verdade ela era casada com William Manson na época; e Charlie é retratado como um irmão amoroso, que adorava sua irmãzinha, Nancy, quando de fato ele ficara furioso ao receber a notícia da adoção da criança. Kathleen percebeu que os repórteres não eram confiáveis e voltou para casa. Nos meses seguintes, ela recebeu cartas de vários jornalistas famosos solicitando uma entrevista na TV para contar sua história – mas ela nunca respondeu.

Pouco antes da fase de sentença começar, Charlie enviou uma mensagem através de Sandy e Squeaky para Susan, Pat e Leslie: elas deveriam assumir a culpa e jurar que cometeram os assassinatos sem qualquer ordem ou sugestão dele. Meses antes, Charlie perguntara a todos os seus seguidores se morreriam por ele. Agora ele esperava que três deles cumprissem sua palavra.

Vincent Bugliosi chamou apenas duas testemunhas na fase de sentença: um policial do Oregon, que testemunhou Susan Atkins, com uma arma em punho, afirmar que esperava uma oportunidade para atirar nele, e Lotsapoppa, uma prova viva de que Charlie era capaz de tentativa de assassinato assim como de ordená-lo. Correu tudo bem durante o depoimento do policial do Oregon, mas quando Lotsapoppa se sentou no banco das testemunhas Charlie se levantou e pediu para ele mesmo interrogar o traficante. Older disse a Charlie que ele poderia sugerir perguntas, mas seu advogado é que teria de fazê-las. Ele anotou várias e entregou-as a Kanarek, que ignorou a lista e fez suas próprias perguntas a Lotsapoppa. Charlie gritou com ele para que usasse suas perguntas, mas o advogado disse que não. Charlie saltou para o lado de Kanarek e deu-lhe um forte soco no braço; Kanarek gritou de dor. Os oficiais de Justiça já se preparavam para conter Charlie, mas estacaram quando viram um leve meneio de cabeça do juiz Older. Ele aparentemente gostou de ver Irving Kanarek adquirir alguns hematomas. Charlie ainda bateu com o cinto no braço do seu advogado várias vezes antes de Older finalmente acenar para que os oficiais levassem Charlie embora para a "casa de rato".

Bugliosi descansou da acusação no dia 1º de fevereiro. A defesa começou chamando os pais de Pat e a mãe de Leslie. Os três disseram que amavam suas filhas e que estavam confusos com o que aparentemente elas haviam feito. Um desfile dos membros da Família tomou o banco das testemunhas – Squeaky, Sandy, Gypsy, Ruth Ann e Clem. Seus testemunhos divagavam – Charlie trouxe um pássaro morto de volta à vida com um sopro; ele acariciou cascáveis; pessoas não entendiam como a morte não era nada para se levar a sério. Mas, apesar da tagarelice, havia sérias acusações. De acordo com Gypsy, Gary Hinman foi morto por Susan Atkins, Leslie Van Houten e Linda Kasabian, o cérebro por trás dos assassinatos na Cielo e na Waverly Drive – e tudo porque ela estava apaixonada por Bobby Beausoleil e queria realizar assassinatos no estilo *copycat* para que ele fosse solto. Charlie não tinha nada a ver com isso. Durante os dias em que os membros da Família testemunharam, a notícia de que Tex Watson fora considerado competente para ir a julgamento se espalhou. Seu caso de assassinato começaria tão logo a fase de sentença do julgamento de Charlie, Susan, Pat e Leslie acabasse.

Susan Atkins testemunhou em 9 de fevereiro e imediatamente confessou que participou dos assassinatos na Cielo e na Waverly. Ela também insistiu ter assassinado Gary Hinman e deu detalhes escabrosos sobre o abate de Sharon Tate. Charlie, ela insistia, não teve nada a ver com os assassinatos de 9 de agosto, pois ele estava no Rancho Spahn dormindo.

Older ficou com pena dos jurados e os liberou do isolamento. Eles foram para casa em 16 de fevereiro pela primeira vez em mais de oito meses e retornaram ao tribunal no dia seguinte para ouvir o depoimento de Pat Krenwinkel. Pat apoiou o testemunho de Susan de que Linda Kasabian arquitetou os assassinatos *copycat* e contou aos jurados sobre o esfaqueamento de Abigail Folger e a mutilação de Leno LaBianca. Leslie depôs em seguida, mas foi vaga sobre se ela ou Mary Brunner estava envolvida na morte de Gary Hinman. Ela alegou que não se lembrava de Charlie ordenando os assassinatos. Leslie concordou que em algum lugar, em algum momento, ela poderia ter mencionado algo sobre Charlie entrar na casa dos LaBianca, mas quando o promotor a pressionou ela gritou: "Sr. Bugliosi, você é um homem mau!" Com Linda Kasabian colocada como a verdadeira criminosa, a defesa chamou-a para depor. Mas Linda manteve-se calma durante o agressivo interrogatório. Ela negou veemente tudo que Gypsy, Susan, Pat e Leslie haviam dito.

Três membros da Família foram as testemunhas finais da defesa. Cathy Gillies disse que Charlie não tinha nada a ver com qualquer assassinato; nunca houve qualquer discussão sobre uma guerra racial; e as mortes de Tate-LaBianca foram assassinatos *copycat* para libertar Bobby Beausoleil. Só lamentou o fato de que na noite em que os LaBianca morreram ela não pôde estar junto e participar, pois não havia espaço suficiente no carro. Mary Brunner declarou que a polícia lhe disse que seria acusada do assassinato de Gary Hinman se não implicasse Charlie. Nancy Pitman jurou que Charlie nunca deixou o rancho na noite dos assassinatos dos LaBianca. Ela foi liberada do testemunho em 16 de março e a defesa descansou. Charlie nunca testemunhou em seu nome – ele disse tudo o que queria em sua longa arenga em janeiro. Ele também não queria desviar a atenção dos jurados das confissões de Susan, Pat e Leslie.

Na fase de sentença do julgamento, a promotoria fez uma declaração final e depois foi a vez da defesa. A promotoria, então, apresentou seus últimos argumentos uma segunda vez, novamente seguida pela defesa, fechando sua participação. Vincent Bugliosi levou apenas dez minutos para apresentar seu primeiro argumento final. Se os assassinatos Tate-LaBianca não eram casos de pena de morte para os quatro réus, então nenhum outro assassinato seria: "Esses réus são monstros humanos, mutações humanas".

Irving Kanarek admitiu que "o sr. Manson não é tudo de bom", mas "o sr. Manson é inocente de tudo isso que está diante de nós". Durante três dias, Kanarek insinuou: Charlie só estava sendo julgado para que alguém (ele não especificou que era Bugliosi, mas sua fala era clara) no escritório do procurador distrital "possa ganhar uma estrela de ouro". Susan, Pat e Leslie disseram que Charlie não estava envolvido nos assassinatos e também alegaram que não sentiam remorso pela morte de sete pessoas. Se estavam mentindo sobre Charlie não ter ordenado os assassinatos, por que não mentir um pouco mais e dizer que lamentavam por suas vítimas, para o caso de o júri sentir pena delas e não sentenciá-las à morte? Sobre as cinco pessoas que morreram na Cielo, Kanarek assegurou ao júri que se pelo menos alguns deles não tivessem "envolvimento com algum tipo de episódio com narcóticos, esses eventos não teriam acontecido". Quando Kanarek finalmente concluiu, Daye Shinn argumentou que Susan Atkins ainda era jovem, apenas 22 anos. Não importava o que havia feito, ela ainda poderia ser reabilitada se não fosse condenada à morte. Maxwell Keith sugeriu que os jurados considerassem "o chamado dos mortos-vivos", os membros da Família cujas vidas "foram tão prejudicadas". Sobre sua cliente, completou: "Não estou pedindo para que vocês a perdoem. [...] Ela merece viver. O que ela fez não foi obra da verdadeira Leslie". Paul Fitzgerald observou que sua cliente de 23 anos, Pat, vivera "aproximadamente 200 mil horas". As duas noites dos assassinatos totalizaram talvez três horas. "Ela está sendo julgada exclusivamente pelo que ocorreu durante três de suas 200 mil horas?"

Charlie se sentiu menos confiante após os argumentos iniciais dos quatro advogados de defesa. Antes de o julgamento recomeçar, na manhã de 23 de março, ele chamou Bugliosi e disse: "Se eu pegar a pena de morte haverá muito derramamento de sangue". Informado sobre a ameaça, Older de imediato isolou novamente o júri, uma vez que esse era o tipo de ataque público destinado a aparecer nos jornais.

Bugliosi abriu sua derradeira declaração ao júri sugerindo que Susan, Pat e Linda haviam mentido para isentar Charlie e "o fato de que estavam mentindo [...] apenas prova o domínio de Manson sobre elas". A questão de assassinato *copycat* era um absurdo; os sete assassinatos foram cometidos para precipitar Helter Skelter. Charlie merecia morrer, assim como as três mulheres. Seus advogados sublinharam sua juventude, mas Leslie tinha 21, Susan 22 e Pat 23, "adultos, de qualquer forma, e completamente responsáveis por seus atos". Ninguém as forçou a ir com Tex e matar pessoas inocentes: "Tudo o que precisavam fazer era não fazer". O júri estava prestes a ouvir as declarações finais dos advogados de defesa, que pediriam misericórdia para seus clientes - ok, mas por acaso as sete vítimas mereceram misericórdia? Bugliosi fechou reformulando sua declaração anterior: "Se a pena de morte significa alguma coisa no estado da Califórnia, e não palavras vazias, este é o caso apropriado".

Quando os advogados de defesa começaram suas falas finais, Kanarek leu para os jurados capítulos do Novo Testamento e observou: "Nós não estamos sugerindo que o sr. Manson é alguma divindade ou um tipo de Cristo, ou qualquer coisa parecida, mas como podemos saber?" Shinn disse que Susan Atkins inicialmente confiou nos promotores e tentou cooperar, mas eles a traíram. Keith argumentou com o júri que, em muitos aspectos, concordava com Bugliosi. Charlie dominava as três acusadas e ordenou os assassinatos na Cielo e na Waverly Drive. A questão de assassinatos *copycat* era um disparate. Os testemunhos da fase de sentença de Leslie, sua cliente, e de Susan e Pat apenas provavam que Charlie ainda as controlava. Mas Keith não achava que os quatro mereciam a câmara de gás. Charlie era louco, ele havia "infectado [as garotas] com sua loucura". Fitzgerald descreveu para os jurados como era medonha a morte dos condenados à câmara de gás.

O juiz Older enviou o júri para deliberação na sexta-feira, 26 de março. Eles anunciaram na tarde de segunda-feira a decisão. Foi tão rápido que havia poucas dúvidas sobre o que eles decidiram.

Charlie sabia que seu plano não funcionara. Ele deixou Skupen, o oficial de Justiça, levá-lo até a mesa e ficou lá com Susan, Pat e Leslie, enquanto outro funcionário do tribunal se preparava para anunciar seu destino. Então Charlie perdeu a calma. Ele estava sempre pronto, ansioso até, para insistir que a vida humana era insignificante, mas desta vez a vida era a sua própria. Tão logo o oficial começou a ler o veredicto, Charlie saltou e gritou: "Vocês, pessoas, não têm autoridade sobre mim! Eu sou melhor do que a metade de vocês aqui!" Older mandou que os oficiais de Justiça o levassem para a "casa de rato". Ele teve de ser arrastado, mas logo que a porta se fechou atrás de si Charlie ficou imóvel. Skupen ficou trancado com Charlie; no alto-falante, eles ouviam o juiz exigir ordem no tribunal. Charlie pediu um cigarro. Skupen entregou-lhe um, dizendo: "Porra, Charlie, eu queria ver aquilo". Charlie murmurou: "Bem, eu não". Lá fora, o oficial anunciou que o júri condenara os quatro à morte. Susan, Pat e Leslie gritaram para os jurados, advertindo-os para trancar suas portas e ficarem atentos aos seus filhos. Após o julgamento, perguntada por um repórter de TV sobre sua opinião, Sandy sussurrou: "Morte? Isso é o que vocês terão". Mas dentro da "casa de rato" Charlie não tinha nada a dizer. Ele fumou e fitou o espaço até o tribunal ser esvaziado. Então Skupen levou Charlie pelo braço até sua cela no nono andar, onde esperou por sua transferência para o Corredor da Morte de San Quentin.

Poucos meses depois, durante uma longa entrevista, Jann Wenner, o fundador da revista *Rolling Stone*, perguntou ao ex-Beatle John Lennon o que ele achava de Charlie Manson e de toda aquela trágica história envolvendo a música "Helter Skelter". Lennon respondeu que Manson era "maluco" por conseguir ver qualquer tipo de mensagem na música, acrescentando que pessoalmente nunca prestou atenção na letra, pois não fazia diferença. Até onde dizia respeito aos Beatles, Lennon afirmou, "Helter Skelter"[3] era só barulho.

3 When I get to the bottom I go back to the top of the slide,/ Where I stop and I turn and I go for a ride,/ Till I get to the bottom, and I see you again,/ Yeah, yeah, yeah, yeah!// But do you, don't you, want me to love you?/ I'm coming down fast, but I'm miles above you.// Tell me, tell me, tell me,/ Come on, tell me the answer./ Well, you may be a lover,/ But you ain't no dancer.// Now Helter Skelter,/ Helter Skelter,/ Helter Skelter,/ Yeah!// Well will you, won't you want me to make you?/ I'm coming down fast, but don't let me break you./ Tell me, tell me, tell me the answer./ You may be a lover,/ But you ain't no dancer.// Look out! Helter Skelter,/ Helter Skelter,/ Helter Skelter, ooh.// Look out! 'Cause here she comes!// When I get to the bottom/ I go back to the top of the slide,/ And I stop and I turn and I go for a ride,/ And I get to the bottom, and I see you again,/ Yeah, yeah, yeah, yeah!// Well, do you, don't you want me to make you?/ I'm coming down fast, but don't let me break you./ Tell me, tell me, tell me the answer./ You may be a lover,/ But you ain't no dancer.// Look out! Helter Skelter,/ Helter Skelter,/ Helter Skelter, ooh.// (Shout, ad lib:) Look out!/ Helter Skelter!/ She's coming down fast!/ Yes, she is.

CAPÍTULO DEZENOVE

O homem errado no lugar certo e na hora certa

Em 19 de abril de 1971, o juiz Charles Older sentenciou formalmente Charlie, Susan, Pat e Leslie a morrerem na câmara de gás. Se considerasse adequado, o juiz poderia reduzir a pena de um, ou de todos, à prisão perpétua, mas Older disse não ter encontrado circunstâncias atenuantes: "Eu devo concordar com o promotor – se este não é o caso adequado para a pena de morte, qual seria?" A voz de Charlie sacudiu quando ele humildemente disse a Older "Aceito este tribunal como meu pai. [...] Aceito o julgamento de meu pai", mas ele percebeu, como todos os outros, que sua execução não era iminente. Apelações em seu nome e no das mulheres levariam pelo menos dois anos, talvez até cinco, e haveria mais julgamentos pela frente. Charlie, Susan e Bruce Davis enfrentariam acusações por seus papéis no assassinato de Hinman; Charlie, Bruce e Clem por suas participações no de Shea.

Eles não foram os únicos membros da Família no banco dos réus. Três dias antes de Older proferir a sentença de Charlie e das três mulheres, em outro tribunal Squeaky, Gypsy, Clem, Dennis Rice e Ruth Ann não contestaram a acusação de provocar a overdose de LSD de Barbara Hoyt. Eles pegaram, cada um, noventa dias de cadeia. Ruth Ann nunca apareceu para cumprir a sentença. Os outros quatro cumpriram a pena e foram soltos.

Charlie foi enviado temporariamente para confinamento indivudal em San Quentin até ser solicitado em L.A. para os julgamentos de Hinman e Shea. Susan declarou-se culpada pelo assassinato de Hinman e foi transferida para a Instituição Prisional para Mulheres, a 64 quilômetros a leste de L.A. Ela se juntou a Leslie e Pat, que haviam chegado primeiro, e todas foram colocadas em celas especiais, isoladas do resto da comunidade prisional. Susan acreditava que Leslie e Pat estavam ressentidas pelas conversas com Virginia Graham e Ronnie Howard que levaram o LAPD a Charlie e à Família. Posteriormente, Susan escreveu que após chegar à prisão elas agiram de forma hostil. Leslie e Pat se lembram de que não estavam ressentidas, mas apenas emocionalmente exaustas, por conta do longo julgamento, para cumprimentar Susan com algum entusiasmo. E, de qualquer maneira, elas estavam indo para a câmara de gás; então, para quê ter ressentimento? Juntas, as três mulheres assistiam à televisão, imploravam cigarros dos guardas e esperavam a execução.

Em junho, Charlie fez uma cena quando foi decidido que ele seria julgado à parte pelos assassinatos de Hinman e Shea. Ele arrancou o botão de sua camisa, arremessou-o na direção do juiz Raymond Choate e gritou: "Você já viu alguém que não pertence a uma mulher?" Quando os procedimentos do tribunal iniciaram-se em julho, Squeaky, Sandy e outras mulheres remanescentes da Família tomaram suas antigas posições na calçada do lado de fora do tribunal. Charlie se esmerou em comportamentos teatrais e dramáticos, primeiro tentando declarar-se culpado e gabando-se de ter decapitado uma vítima não especificada; depois, no dia seguinte, retirando a confissão de culpa. Parecia que o julgamento de Charlie referente a Hinman-Shea seria uma imagem espelhada do Tate-LaBianca, mas desta vez seus seguidores estavam determinados a não deixar que o destino de seu líder fosse decidido por um júri. Os Meteorologistas haviam libertado Timothy Leary. A Família iria fazer o mesmo por Charlie.

Em San Quentin, enquanto aguardava o julgamento em L.A. pelos assassinatos de Hinman-Shea, Charlie fez um acordo com os membros da Irmandade Ariana para protegê-lo de outros prisioneiros em troca de sexo com as mulheres da Família. Um indício de que a parceria envolveu mais do que proteção e sexo veio quando Charlie insistiu que um preso de San Quentin e líder da Irmandade, Kenneth Como, fosse intimado a depor em seu nome no caso Hinman-Shea. Ele foi transferido para L.A. em julho para que pudesse testemunhar, mas escapou da prisão e foi acolhido pela Família, que o escondeu. Agora eles contavam com um inteligente criminoso de carreira para ajudar a traçar o próximo movimento.

Como e a Família acreditavam que se acumulassem armas suficientes poderiam sequestrar um avião no aeroporto de Los Angeles e matar um passageiro de hora em hora até Charlie e todos os outros membros da Família que estavam presos fossem libertados. Eles concordaram que pelo menos algumas pessoas deveriam ser fuziladas antes de suas exigências serem atendidas. Era preciso obter armas e adquirir dinheiro para a fuga. Primeiro eles foram atrás do dinheiro. Em 13 de agosto, roubaram 2.600 dólares de uma distribuidora de cerveja no subúrbio de L.A. Oito dias depois, Como, Gypsy, Mary Brunner, Dennis Rice e mais duas pessoas assaltaram uma loja de armas em Hawthorne, Califórnia. Tomando como reféns um funcionário e dois clientes, eles carregaram uma van com cerca de 140 rifles, espingardas e pistolas. Mas o alarme silencioso foi acionado e a polícia cercou a loja antes que os ladrões pudessem escapar. Todos os seis foram presos. Com a ajuda de Sandy, Como escapou novamente, mas foi recapturado poucas horas depois. Gypsy, Mary, Como e Rice – apelidados pela mídia de "Os Quatro de Hawthorne" – receberam severas penas que variavam entre dez anos de cadeia até prisão perpétua. Em algum ponto durante o fracassado plano de tentativa de resgate, Como e Gypsy se apaixonaram. O juiz negou o pedido de Como para se casarem antes de serem enviados para suas respectivas prisões. Mary e Gypsy foram enviadas para a Instituição Prisional para Mulheres e alojadas com Susan, Pat e Leslie. As cinco mulheres davam-se razoavelmente bem – Susan sentia que Gypsy e Mary eram mais simpáticas com ela do que Pat e Leslie.

Susan nunca mais viu seu filho Ze Zo Ze. Ele foi adotado e teve o nome trocado.

Sandy Good foi condenada a seis meses por seu papel na segunda fuga de Como. Isso fez com que Squeaky liderasse o que restou da Família, com a posterior ajuda de Sandy após deixar a prisão. Anteriormente, as duas mulheres nunca haviam sido próximas, mas agora as circunstâncias ditavam o contrário. Com tantos membros trancafiados e o acesso a Charlie limitado, era difícil manter tudo organizado e todos leais. Charlie não tinha nenhuma intenção de permitir que a Família se desintegrasse e deixava isso claro para Squeaky e Sandy toda vez que elas conseguiam se comunicar. Para tanto, Squeaky começou a escrever um livro não só com o objetivo de lembrar os membros da Família de seu dever para com Charlie, mas também de atrair outros leitores a se juntarem a eles.

Em agosto, Tex Watson foi a julgamento pelos assassinatos Tate-LaBianca. Vincent Bugliosi foi o promotor principal. Tex declarou-se inocente por razões de insanidade; ele admitiu abertamente ter participado dos assassinatos, embora enfatizasse que agira sob as ordens de

Charlie. Após dois meses e meio de julgamento, que incluiu os testemunhos de Linda Kasabian, Little Paul Watkins, Brooks Poston e a explicação de psiquiatras, Tex foi considerado culpado e sentenciado à morte. Steve Grogan – Clem – recebeu o mesmo veredicto do júri e foi sentenciado pelo assassinato de Shorty Shea, mas neste caso o juiz determinou que "Grogan era muito estúpido" para cometer um assassinato sozinho e reduziu a pena para prisão perpétua. Bruce Davis foi sentenciado à prisão perpétua por Hinman-Shea, bem como, desnecessariamente, Charlie, que já estava marcado para morrer na câmara de gás por Tate-LaBianca, a menos que a sentença fosse anulada por um recurso.

Notícias sobre Charlie e a Família ainda marcavam presença nas manchetes, mas nem tanto. Ele se ressentia pela perda da fama. Em particular, Charlie reclamava que todos os seus ex-amigos na música o haviam abandonado. Em dezembro de 1971, ele se tornou o nonagésimo sétimo prisioneiro colocado no Corredor da Morte de San Quentin. O grande número de condenados à sua frente na fila para a câmara de gás significava que ficaria por ali um bom tempo.

Sua estadia no Corredor da Morte teve um mau começo. Alguns prisioneiros ficaram furiosos com a atitude arrogante de Charlie em relação às cartas que recebia. Homens condenados em San Quentin ansiavam por cartas e raramente recebiam alguma. Antes, em qualquer dia, a população do Corredor da Morte recebia ao todo não mais do que trinta cartas; mas, após a chegada de Charlie, centenas passaram a ser entregues por lá. Isso foi motivo de ciúme generalizado. O que fez a desigualdade ficar ainda mais irritante é que Charlie jogava tudo no lixo sem se preocupar em olhar para elas. Isso estimulou um tipo profundo de ressentimento que poderia levar Charlie a ser atacado. Roger Dale Smith, que vivia na cela ao lado de Charlie, chamou-o e exigiu saber por que ele não lia suas cartas. Charlie admitiu que não sabia ler muito bem, então evitava a frustração de tentar e não entender. Smith, apelidado de "Almofada de Alfinetes" por sobreviver a mais de 135 facadas na prisão, ansiava por algo para ajudar a passar o tempo no Corredor da Morte. Ele se ofereceu para ler algumas das cartas enviadas a Charlie. A natureza das mensagens, basicamente a mesma de quando Charlie estava na prisão em L.A., surpreendeu Smith – havia ameaças de morte, garantias de orações em seu nome, congratulações por encarar a situação, pedidos de autógrafos e solicitações para se unir à Família por parte de jovens mulheres. Smith, cuja violência era lendária entre seus companheiros condenados, espalhou no Corredor da Morte que Charlie agora gozava de sua proteção. Charlie passava silenciosamente seus dias dedilhando um violão; quando uma carta lhe interessava, ele ditava uma resposta para Smith.

Em 18 de fevereiro de 1972, a Suprema Corte da Califórnia votou para abolir a pena de morte (6-1). Na Instituição Prisional para Mulheres, Susan Atkins, Pat Krenwinkel e Leslie Van Houten receberam a notícia com alegria. Charlie, temporariamente de volta a L.A. para depor no julgamento de Bruce Davis pelo assassinato de Hinman-Shea, apenas sorriu. Sob a lei da Califórnia, suas sentenças, bem como a de Tex Watson, foram automaticamente reduzidas para prisão perpétua. Eles estariam elegíveis para liberdade condicional em sete anos. Tex foi transferido para uma prisão perto de San Luis Obispo, onde foi designado para trabalhar na unidade psiquiátrica como atendente. Susan, Leslie e Pat permaneceram onde estavam, isoladas da população carcerária por mais quatro anos. Mas agora elas podiam trabalhar com tapeçaria, plantar pequenos jardins e ter sessões obrigatórias com psiquiatras. Levou tempo para que sua crença em Charlie enfraquecesse. Às vezes, elas se reuniam e cantavam algumas de suas canções, incluindo "Home Is Where You're Happy" ["Lar é Onde Você é Feliz"].

Charlie passou por uma série de transferências entre prisões de segurança máxima na Califórnia. Ninguém o queria. Sua mera presença atraía a mídia e o público, e nas ocasiões em que lhe foi permitido integrar-se à população carcerária outros prisioneiros o ameaçaram. Se Charlie se encontrasse na mesma prisão com Roger Dale Smith, ele tinha um protetor. Do contrário, estava sozinho. Seu acordo de proteção com a Irmandade Ariana foi desfeito porque Charlie denunciou o relacionamento de Gypsy com Kenneth Como – mulheres da Família não deveriam amar ninguém, somente Charlie. Quando Como e Charlie se encontraram, na Prisão Estadual de Folsom, houve uma briga; Como, maior e mais forte, e alguns dos seus companheiros da Irmandade bateram muito em Charlie, transferido de volta para San Quentin pouco depois. A crise na Família continuou. Kenneth Como foi reconhecido por Gypsy e Mary Brunner como seu novo líder. Squeaky contatou todos os membros da Família que podia, implorando que permanecessem fiéis a Charlie. Squeaky e Sandy trabalharam duro para manter as coisas unidas, alugando uma série de casas em todo o estado, oferecendo lugares para viver a outras mulheres da Família, como Nancy Pitman, e às vezes alinhando-se com membros da Irmandade Ariana. Esses acordos foram explosivos. Os homens às vezes sustentavam as casas cometendo assaltos e havia uma considerável paranoia sobre potenciais delatores dentro do grupo. Quando um deles, James Willett, foi assassinado, Squeaky e Nancy Pitman estavam entre as que foram presas pelo crime. Nancy recebeu uma sentença de cinco anos e Squeaky foi liberada por falta de provas. A esposa de Willett morreu posteriormente após jogar roleta-russa, numa triste cena que lembrou a morte de Zero vários anos antes. Nunca se soube ao certo quantos assassinatos estavam ligados à Família.

Além de ser incumbida por Charlie de manter a Família unida, Squeaky também se sentia responsável por manter o líder – e seus seguidores – em evidência para o público. Charlie não foi o único entre eles que gostou de ser famoso. Squeaky continuou trabalhando em seu livro; o manuscrito agora tinha centenas de páginas, muitas desenhadas e ilustradas. Ela exaltava a filosofia de mundo de Charlie como uma comunidade única e estendida, com cada um fazendo parte de um todo. Violência e assassinato foram omitidos. Squeaky levou seu trabalho até uma editora na Costa Leste e esperou com confiança por uma oferta de contrato. Em vez disso, ela recebeu uma observação incisiva: "Chega desse negócio de Amor-Amor-Amor. Onde está o Matar-Matar-Matar?" Squeaky concluiu que seria necessário mais do que seu livro para que o mundo lembrasse que nada era mais importante do que Charlie Manson e, por associação, seus mais devotados discípulos.

Durante o verão de 1973, Kathleen Maddox faleceu de uma repentina hemorragia cerebral. Ela nunca se recuperou emocionalmente do trauma causado por Charlie. Embora Kathleen acreditasse que desde criança Charlie fosse incorrigível, ela se sentia responsável por seus crimes. Se ao menos ela tivesse sido uma boa mãe, ou mais rigorosa com ele, ou mais branda, ou alguma outra coisa, qualquer coisa. Sua filha Nancy se lembra que toda vez que Kathleen via Doris Day na televisão ela desabava em lágrimas.

Bruce Davis alegou ter encontrado o Senhor na prisão e queria compartilhar a Boa Palavra com outras pessoas. Ele começou escrevendo para Susan Atkins. Ela inicialmente não entendeu o propósito de suas cartas, pensando que ele estava tentando seduzi-la. Entretanto, Susan já estava inspirada o suficiente por suas cartas e por sua própria Bíblia para experimentar a epifania em 1974. Ela declarou-se renascida e começou a servir a Deus com o mesmo entusiasmo de quando servia a Charlie Manson. Em cartas, anunciou sua nova fé e se comparou a Moisés e a Paulo. Ela publicou um livro de memórias intitulado *Child of Satan, Child of God* [*Filha de Satã, Filha de Deus,* em tradução literal]. No processo, distanciou-se de Leslie Van Houten, que pensava que Susan estava tomando o caminho mais fácil dizendo que agora estava perdoada por todos os seus pecados. As duas mulheres não se falariam por mais de vinte anos.

Embora não procurassem o cristianismo como base para redenção pessoal, Leslie e Pat aos poucos se afastaram de Charlie. Sem sua presença constante em suas vidas, pressionando-as com sermões hipnóticos e abuso físico, elas tentaram recuperar um sentido para o equilíbrio emocional. Gypsy e Mary Brunner saíram em liberdade condicional; Mary, com sucesso, desapareceu da vista do público, criando seu filho e de Charlie no anonimato. Gypsy se reuniu com a imprensa após sua libertação e falou sobre gravar seu próprio álbum. Mas Susan, Pat e Leslie permaneceram encarceradas na Instituição Prisional para Mulheres, na esperança de que em algum momento o conselho de liberdade condicional decidisse que elas também tinham pagado o suficiente por seus crimes.

Tex Watson também anunciou que havia encontrado o Senhor. Ele começou um ministério evangélico e, com a ajuda de um capelão da prisão, publicou um livro de memórias sobre o seu tempo com a Família e o milagre de sua conversão cristã. No livro, Tex especula que Charlie estava possuído por demônios. A resposta de Charlie, que incluiu Susan, foi esta: "Se eles estão seguindo Deus da maneira que me seguiram, com seus próprios interesses sempre em mente, então Deus não deve estar muito orgulhoso".

Charlie também tinha uma nova fé, embora tenha sido imposta ao restante de suas seguidoras em vez de a si mesmo. Ele escreveu para Squeaky dizendo que ela deveria considerar-se agora uma freira na "Ordem do Arco-Íris", cujos membros deveriam evitar qualquer tentação carnal: "Sem fornicar nem mostrar o rabo". Squeaky e as outras freiras não deveriam comer carne, fumar nem usar maquiagem. Elas não deveriam assistir a "filmes com violência". Cada vez mais, Charlie ensinava-as sobre questões ambientais. Os verdadeiros inimigos eram corporações que poluíam a natureza. Squeaky e Sandy reuniram uma miscelânea de novos seguidores autodenominada Tribunal Popular Internacional de Retribuição – vigilantes ambientais que se vingariam de empresas poluidoras. Esses criminosos seriam avisados por carta que deviam parar de poluir ou morreriam. Sandy e Squeaky enviaram comunicados à imprensa, mas seus planos foram frustrados quando o dilúvio de histórias que elas estavam prevendo não se materializou. A mídia tinha coisas mais importantes para escrever. Em agosto de 1974, o escândalo político Watergate derrubou o republicano Richard Nixon, que renunciou à presidência.[1] O cessar fogo no Vietnã se desfez assim

1 O caso Watergate foi um escândalo político ocorrido entre 1972 e 1974, depois que o *Washington Post* revelou que o presidente tinha conhecimento do assalto à sede do Comitê Nacional Democrata, no Complexo Watergate, em Washington, D.C., quando cinco pessoas foram detidas ao tentar fotografar documentos e instalar aparelhos de escuta no escritório do Partido Democrata.

que as tropas americanas se retiraram; os vietcongues cercaram e invadiram Saigon. A intervenção militar que dilacerou a sociedade americana no fim das contas não serviu para nada.

O retorno de Charlie à ribalta teve início de modo surpreendente. Apesar das ambições de Vincent Bugliosi, o julgamento de Tate-LaBianca não lhe serviu como trampolim político. Em 1972 ele perdeu a difícil corrida para promotor distrital. Mas, em novembro de 1974, Bugliosi e o veterano escritor de crimes Curt Gentry publicaram *Helter Skelter*, a primeira narração, em primeira pessoa, de Bugliosi sobre a prisão de Charlie, o julgamento e a condenação. Escrito de forma talentosa e num ritmo excepcional – na página de abertura, ele declarou: "A história que você está prestes a ler o assustará demais" –, *Helter Skelter* foi uma sensação, vendendo bastante nas primeiras semanas, chegando a 7 milhões de cópias ao todo. Se a maior parte do mundo havia esquecido Charlie, agora era forçada a se lembrar. Ele foi descrito por Bugliosi como carismático e um degenerado conivente, que atraiu seguidores dispostos a matar inocentes em busca de uma visão doentia, apocalíptica, de poder pessoal. A imagem de monstro manipulador foi marcada de maneira inesquecível na imaginação dos leitores. Uma minissérie de TV baseada no livro foi ao ar dois anos depois, alcançando grande popularidade. Graças a *Helter Skelter*, Charlie foi novamente entronado como a celebridade mais sinistra da América.

Dez meses depois, Squeaky tornou *Helter Skelter* melhor.

Squeaky Fromme odiou o livro e falava isso abertamente para quem quisesse ouvir. Em particular, ela se ressentia das fortes sugestões de Bugliosi de que a Família Manson havia assassinado mais do que as nove pessoas que estavam no registro público. Foi um momento difícil para Squeaky. Seu próprio livro permaneceu inédito. Ela e Sandy não foram autorizadas a comunicar-se diretamente com Charlie – oficiais da prisão pensavam que as cartas que ele enviava e recebia incluíam códigos para uma tentativa de fuga. As duas mulheres se mudaram para Sacramento para ficar mais perto de Charlie em Folsom, mas ele havia sido transferido de volta para San Quentin. Squeaky queria que o público sempre se lembrasse de Charlie, mas não por causa de um livro que estava tornando Bugliosi rico e famoso. A grande questão para Charlie era sobre o meio ambiente, não alguns assassinatos de seis anos antes. Algo memorável devia ser feito para chegar a esse ponto.

Na manhã de 5 de setembro de 1975, o presidente Gerald Ford caminhava pela rua indo do seu hotel para o California State Capitol, sede do governo estadual, em Sacramento, onde se encontraria brevemente com o governador Jerry Brown. O cronograma de Ford não era segredo; havia sido publicado nos jornais locais. Uma pequena multidão alinhou-se à caminhada do presidente. Entre os presentes estava Squeaky, vestindo sua habitual roupa vermelha de freira e escondendo debaixo de suas vestes uma poderosa pistola semiautomática Colt .45. Ford percebeu aquela roupa colorida; a mulher parecia querer apertar sua mão. Quando ele se virou para ela, Squeaky levantou a arma. Ela foi atacada por um agente do Serviço Secreto, que agarrou a arma e a derrubou no chão. Enquanto outros agentes levavam Ford embora, Squeaky resmungou "Dá para acreditar? Não disparou" e perguntou ao agente que a derrubou: "Por que você o está protegendo? Ele não é um servidor público".

Com Squeaky sob custódia, autoridades invadiram o apartamento onde ela vivia com Sandy e outra mulher. Sandy negou saber qualquer coisa sobre a tentativa de assassinato, mas confessou que ela e sua amiga estavam tentando "alertar as pessoas" sobre os perigos da poluição. Caixas de evidências foram levadas, incluindo materiais ameaçadores que seriam enviados a executivos de empresas.

Em San Quentin, Charlie jurou que Squeaky agira por conta própria. Um porta-voz da prisão disse aos repórteres que a reação inicial de Charlie foi "evasiva e de surpresa". Mas, para muitos leitores de *Helter Skelter* e para aqueles que acompanhavam sua história nos jornais e na TV, a tentativa de assassinato de Ford provava que mesmo dentro de sua cela Charlie Manson ainda controlava potenciais assassinos. Squeaky estava sob custódia, mas quantos mais de seus partidários poderiam estar lá fora? Se o desejo de Charlie era o de matar, nem mesmo o presidente estava a salvo.

O julgamento posterior deu a Squeaky toda a publicidade que ela queria para Charlie, mas não por suas causas ambientais. Os procedimentos dominaram as manchetes nacionais e as capas de revistas semanais. Em novembro, Squeaky foi considerada culpada de tentativa de assassinato do presidente e sentenciada à prisão perpétua. Quando a sentença foi formalmente aprovada pelo tribunal, ela se jogou no chão e gritou. Sandy posteriormente foi acusada de violação dos regulamentos do Serviço Postal por enviar cartas ameaçadoras e recebeu uma sentença de 15 anos. Ela e Squeaky foram enviadas para a prisão federal de mulheres em Alderson, West Virginia.

Em outubro de 1975, quatro anos e meio depois de ser condenada pelo envenenamento por LSD de Barbara Hoyt, Ruth Ann Moorehouse foi presa em Sacramento. Ruth Ann disse que em abril de 1971 estava grávida de nove meses e não queria dar à luz na prisão. Ela acrescentou que desde o seu desaparecimento se casou, teve um segundo filho e se divorciou. Três semanas depois, o Superior Tribunal da Califórnia considerou Ruth Ann livre, observando que ela não tinha mais nada a ver com a Família e que, enquanto ainda era uma criança, foi "jogada a esmo no culto de Manson por seu pai". Ruth Ann foi representada no tribunal por Paul Fitzgerald.

Os tribunais da Califórnia revogaram a condenação de assassinato de Leslie Van Houten em 1976, determinando que Maxwell Keith não tivera tempo suficiente para se preparar como seu advogado após substituir Ronald Hughes. Como Vincent Bugliosi havia saído do escritório da promotoria, Stephen Kay foi o promotor do novo julgamento de Leslie. Os jurados tiveram de determinar se ela era culpada de assassinato em primeiro grau ou homicídio culposo. Se eles escolhessem a segunda opção, Leslie seria libertada com base no tempo já cumprido. O júri ficou num impasse, com sete votando por assassinato em primeiro grau e cinco por homicídio culposo. Nesse meio-tempo, Leslie pagou fiança e passou alguns meses no mundo. Mas o segundo júri decidiu por sua culpa no assassinato e ela voltou para a Instituição Prisional para Mulheres.

Squeaky e Sandy queriam muito ser transferidas de West Virginia para a nova prisão feminina em Pleasanton, Califórnia. Com exceção de uma entrevista para um jornal na qual Squeaky assegurou que a Família Manson estava prosperando, elas haviam se comportado em West Virginia e seus pedidos foram atendidos. Mas, após chegarem a Pleasanton, voltaram para suas antigas intransigências. Squeaky atacou outra presa com um martelo, gritando que a vítima era "uma branca rica e vadia de classe média que não merecia viver". Squeaky foi imediatamente enviada de volta a West Virginia; Sandy foi autorizada a ir com ela.

Charlie escreveu ao diretor da Penitenciária de West Virginia, em Moundsville, o mesmo local onde sua mãe e seu tio Luther ficaram presos, perguntando se podia ser transferido para lá. O diretor respondeu que acolhê-lo "seria um dia frio no inferno". Charlie permaneceu em uma prisão da Califórnia, em Vacaville, onde teve permissão para se integrar ao restante dos presos. Foi um erro. Ele foi atacado por outro detento. Jan Holmstrom, que cumpria pena pelo assassinato do próprio pai, encharcou Charlie com solvente e ateou fogo. Charlie sofreu queimaduras de segundo e terceiro graus no rosto, no couro cabeludo e nas mãos. Holmstrom, que havia discutido com Charlie sobre religião, disse às autoridades penitenciárias que "Deus me disse para matar Manson". Posteriormente, Charlie foi transferido novamente para San Quentin.

De volta à prisão de West Virginia, Squeaky ansiava por um contato ou até mesmo por notícias de Charlie. Em dezembro de 1987, ela fugiu após ouvir uma falsa reportagem sobre Charlie ter sido diagnosticado com câncer no testículo. Squeaky foi recapturada dois dias depois, tendo conseguido andar pouco mais de três quilômetros. Pela tentativa de fuga, ela poderia ter adicionada à sua sentença mais cinco anos e uma multa de até 250 mil dólares. Mas os esforços de Squeaky foram tão ineficazes que o juiz acrescentou apenas 15 meses e uma multa de 400 dólares. A partir de então, ela passou a ser transferida para uma série de prisões pelo país, terminando em Fort Worth, Texas.

Charlie permaneceu uma figura icônica e controversa. Qualquer coisa sobre ele era notícia, incluindo aparições antes das datas predeterminadas para pedir liberdade condicional, quando frequentemente realizava seus espetáculos histriônicos, o que acabava por boicotá-lo completamente, assim como aos outros seguidores presos. Sua saída em liberdade condicional nunca seria levada em consideração e ele sabia disso.

Mas ele também sabia como aproveitar ao máximo seu momento de celebridade, usando os meios de comunicação em intervalos cuidadosamente selecionados para lembrar o público o quão perigoso ele continuava sendo. A mais notória explosão de Charlie foi ao ar em 1988, quando ele vociferou para o entrevistador de TV Geraldo Rivera: "Eu vou cortar em pedaços mais alguns de vocês filhos da puta. [...] Eu vou empilhar vocês até o céu". Assistindo a Charlie na TV e lendo suas entrevistas, Leslie Van Houten sentiu-se frustrada – todos pensariam que Charlie era sempre raivoso e sanguinário. Que tipo de idiotas poderiam segui-lo? Ninguém sabia ou se importava com a forma com que Charlie, quando queria, conquistava as pessoas, com palavras suaves e sorrisos cordiais. Mas Leslie se lembrou da promessa de Charlie para a Família que, se um dia fosse preso, interpretaria o "Charlie Louco". O que o mundo vira em todos os anos desde sua prisão e condenação pelos assassinatos de Tate e LaBianca era uma encenação. Ela concluiu que, além de tudo, Charlie Manson era um homem de palavra.

Em 1988, uma banda chamada Lemonheads gravou a música de Charlie "Home Is Where You're Happy"; em 1993, o Guns N' Roses apresentou uma versão de "Look at Your Game, Girl". Charlie recebeu os respectivos royalties, mas nunca viu um centavo. Graças ao julgamento original, em 1971, todo o dinheiro foi para Bartek, o filho de Voytek Frykowski.

Susan Atkins foi diagnosticada com câncer no cérebro em 2008 e faleceu no ano seguinte. No final de sua vida ela repudiou Charles

Manson e trabalhou vigorosamente em programas destinados a ajudar jovens mulheres presas. Em 1987, ela se casou com o advogado James Whitehouse, que a representou em suas audiências finais de liberdade condicional. Ele continua dedicado à sua memória. Susan também se reconciliou com Leslie Van Houten, que disse: "Susan morreu tendo a única coisa que ela sempre quis – alguém para amá-la".

Em 2009, Squeaky Fromme saiu em liberdade condicional. Após sua libertação, ela se recusou a dar entrevistas e mudou-se para o estado de Nova York, onde foi flagrada em um carro com um adesivo que dizia "Pagã, Nascida de Novo".

Charles "Tex" Watson hoje dirige o Ministério do Amor Abundante na Prisão Estadual de Mule Creek, em Ione, Califórnia. Em junho de 2012, um juiz do Texas concedeu ao LAPD o direito de rever as fitas cassetes gravadas em 1969 e 1970 por Watson e seu advogado, Bill Boyd. A base para o pedido do LAPD foi que Watson poderia ter discutido assassinatos adicionais da Família Manson nas fitas.

Pat Krenwinkel e Leslie Van Houten permanecem na Instituição Prisional para Mulheres. Elas andam livremente entre as outras detentas. Ambas possuem diplomas universitários e Leslie fez mestrado. Ela trabalha em programas educacionais para prisioneiras; Pat treina cães de resgate para servir a deficientes.

A casa na Waverly Drive onde Leno e Rosemary LaBianca morreram permanece a mesma, com exceção de um número de rua alterado. Uma piscina e uma garagem foram adicionadas. O bairro Los Feliz é tranquilo.

Mas a casa na Cielo, onde Terry Melcher viveu e Sharon Tate e quatro outros morreram, foi demolida em 1994 e substituída por uma estrutura totalmente nova ao fim da estreita e sinuosa estrada. O último residente da casa original foi o músico Trent Reznor, que em 1993 se mudou para lá e construiu um estúdio para gravar o álbum *Downward Spiral* com sua banda Nine Inch Nails. Reznor não sabia que os infames assassinatos Tate ocorreram na casa e só soube após se mudar para lá. Ele disse que isso o excitou e o perturbou ao mesmo tempo. Reznor nomeou seu estúdio de gravação "Le Pig" em uma alusão à palavra rabiscada com sangue por Susan Atkins 24 anos antes. Tempos depois, qualquer som ouvido à noite o deixava nervoso. Ele decidiu se mudar, em parte porque ele voltava para casa e sempre encontrava buquês de rosas mortas e velas acesas no portão da frente. Ele nunca teve certeza, mas após saber do fato disse que elas foram deixadas lá em homenagem a Sharon Tate ou Charlie Manson.

Desde 1998, Charlie está encarcerado na Prisão Estadual da Califórnia, em Corcoran, cerca de quatro horas de carro ao norte de Los Angeles. A assustadora prisão é rodeada de torres e cercada por pastagens. Charlie vive na Unidade de Habitação e Proteção, reservada para aqueles considerados em perigo pela população geral. Está longe de ser um prisioneiro-modelo; ele perdeu o privilégio de dar telefonemas por ter sido flagrado em posse de celulares não autorizados e passou um tempo na solitária por transportar armas escondidas. Outros prisioneiros ajudam Charlie com suas cartas – Roger Dale Smith era seu principal assistente, até morrer de câncer em 2004. Charlie ainda recebe dezenas de cartas por mês e raramente escreve de volta; ele responde apenas a quem envia dinheiro para a ATWA – Air, Trees, Water, Animals [Ar, Árvores, Água, Animais], uma organização fundada por Charlie com o objetivo de proteger o meio ambiente. Algumas outras cartas são entregues aos amigos fora da prisão para que respondam o que bem entenderem. Seus admiradores mantêm o website da ATWA, que oferece folhetos relacionados a Manson, arte e música a fim de arrecadar fundos para a causa. Através de amigos fora de Corcoran, que criaram versões eletrônicas de suas escritas, Charlie frequentemente publica mensagens em outro website, muitas vezes criticando o sistema jurídico. Elas são reproduzidas na íntegra, com erros gramaticais e tudo.

Quando ele não perde os privilégios por suas transgressões, os dias de Charlie na prisão são simples. Ele gosta de trabalhar em obras de arte – os esboços e pequenas esculturas são às vezes enviados para os partidários e contribuintes do ATWA –, tocar violão e ler a Bíblia. Charlie também gosta de ler a *National Geographic*. Na hora das refeições, ele pula a carne e prefere queijo, biscoitos, saladas, batata frita e macarrão Ramen. Charlie continua a ouvir música, principalmente rock 'n' roll antigo, bem como Sinatra. Seu ator favorito é John Wayne e ele também é fã do comediante George Lopez.

Às vezes, seus companheiros de prisão perguntam a Charlie sobre a verdade de Tate-LaBianca. O que realmente aconteceu nas noites de 9 e 10 de agosto de 1969? A resposta de Charlie é sempre a mesma: "Eu não sei de nada".

E ele pisca.

Graças a *Helter Skelter*, à tentativa fracassada de Squeaky de assassinar Gerald Ford e ao "Charlie Louco" executado com perfeição, Charlie Manson continua a ser um nome familiar mais de quarenta anos depois dos sete assassinatos. Sobreviver simplesmente tem muito a ver com isso. Quase todo o mundo já esqueceu o nome dos adolescentes atiradores que mataram 13 pessoas em Columbine, em 1999, e do homem que atirou e matou 32 pessoas no campus da Virginia Tech, em 2007. Mas Eric Harris, Dylan Klebold e Seung-Hui Cho morreram no local. (Charlie não matou nenhum dos vitimados no caso Tate-LaBianca, mas o seu nome é associado aos crimes.) Se a Suprema Corte da Califórnia não tivesse derrubado a pena de morte em 1972 e Charlie tivesse sido executado alguns anos depois, ele poderia também estar praticamente esquecido. Mas, em vez disso, há bizarras audiências de liberdade condicional, amplamente divulgadas, discussões em websites e publicidade suficiente para manter o constante interesse do público que ele sempre almejou. Depois de tantos anos, Charlie claramente não se importa com o que pensamos sobre ele, apenas com o que fazemos. Como sempre foi, ele representa diferentes coisas para diferentes pessoas. Para muitos, ele é o mal personificado. Alguns sentem pena pela terrível infância que ele alegou ter vivido – como poderia sua vida acabar senão de forma ruim? Uma porcentagem menor vê Charlie como um herói antigovernista, que nunca fez nada de errado além de enfrentar a opressão e falar a verdade. Muitos adolescentes modernos o imaginam como uma estrela do crime; camisetas de Manson são comuns entre estudantes no colegial. Mas existe uma crença quase universal de que Charlie é um produto dos anos 1960, uma era da história americana na qual o país estava à beira da ruína. E essa crença é errada.

Charlie Manson *é* um produto da década de 1960 – e também das décadas de 1930, 1940 e 1950. Os assassinatos Tate-LaBianca (e os de Gary Hinman e de Shorty Shea, embora estes tenham sido em grande parte esquecidos) foram o ápice de uma horrível coincidência. Invariavelmente, Charlie encontrou a si mesmo em lugares e situações perfeitas para explorar os outros em seu próprio benefício. Quando a década de 1960 chegou, Charles Manson já era um predador da vida social. Quase todo o mundo que tinha alguma relação com ele foi prejudicado de certa maneira e Charlie nunca se importou. Gregg Jakobson compara Charlie a uma célula cancerígena, por danificar tudo que existe de saudável ao seu redor. Não há nada de místico ou heroico em Charlie – ele era um sociopata oportunista. A perturbadora década de 1960 não criou Charlie, mas aquele tempo fez o possível para ele florescer como um todo; uma flor maligna. Em todos os sentidos, um tema atravessa e define sua vida: Charlie Manson sempre foi o homem errado no lugar certo e na hora certa.

MANSON

FOTOGRAFIAS

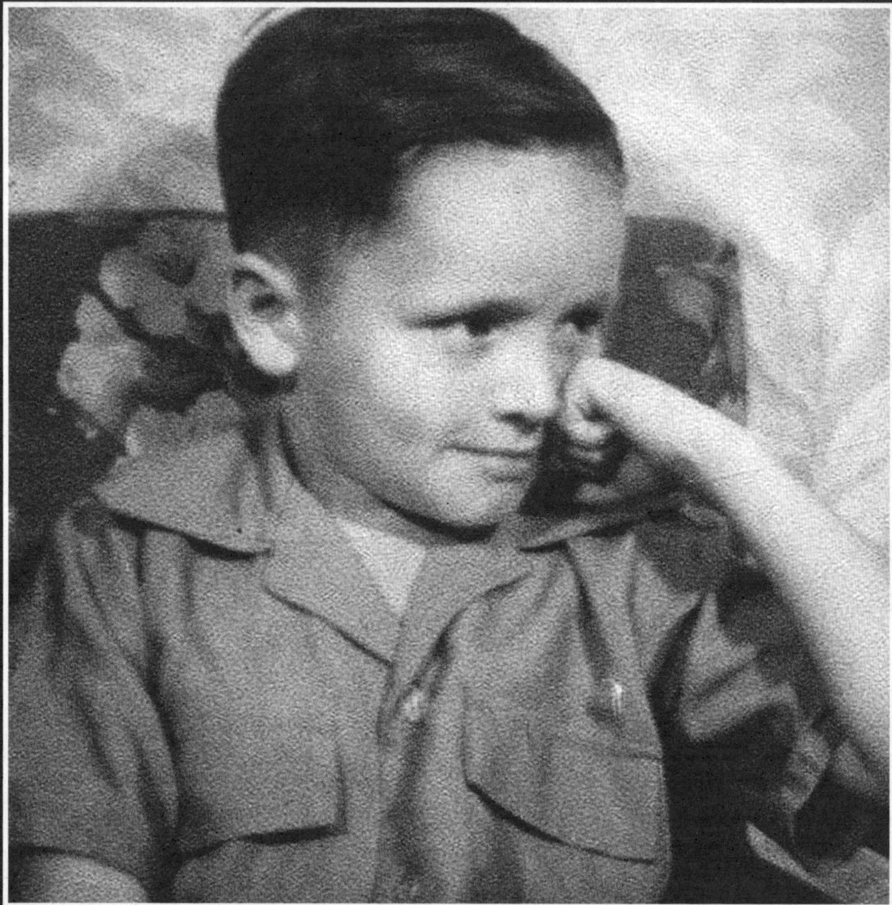

AO LADO, MANSON AO 5 ANOS, POUCO ANTES DO SEU PRIMEIRO DIA NA ESCOLA. NESTA PÁGINA, JO ANN, PRIMA DE MANSON, NANCY MADDOX, SUA AVÓ MATERNA, E O PEQUENO CHARLIE

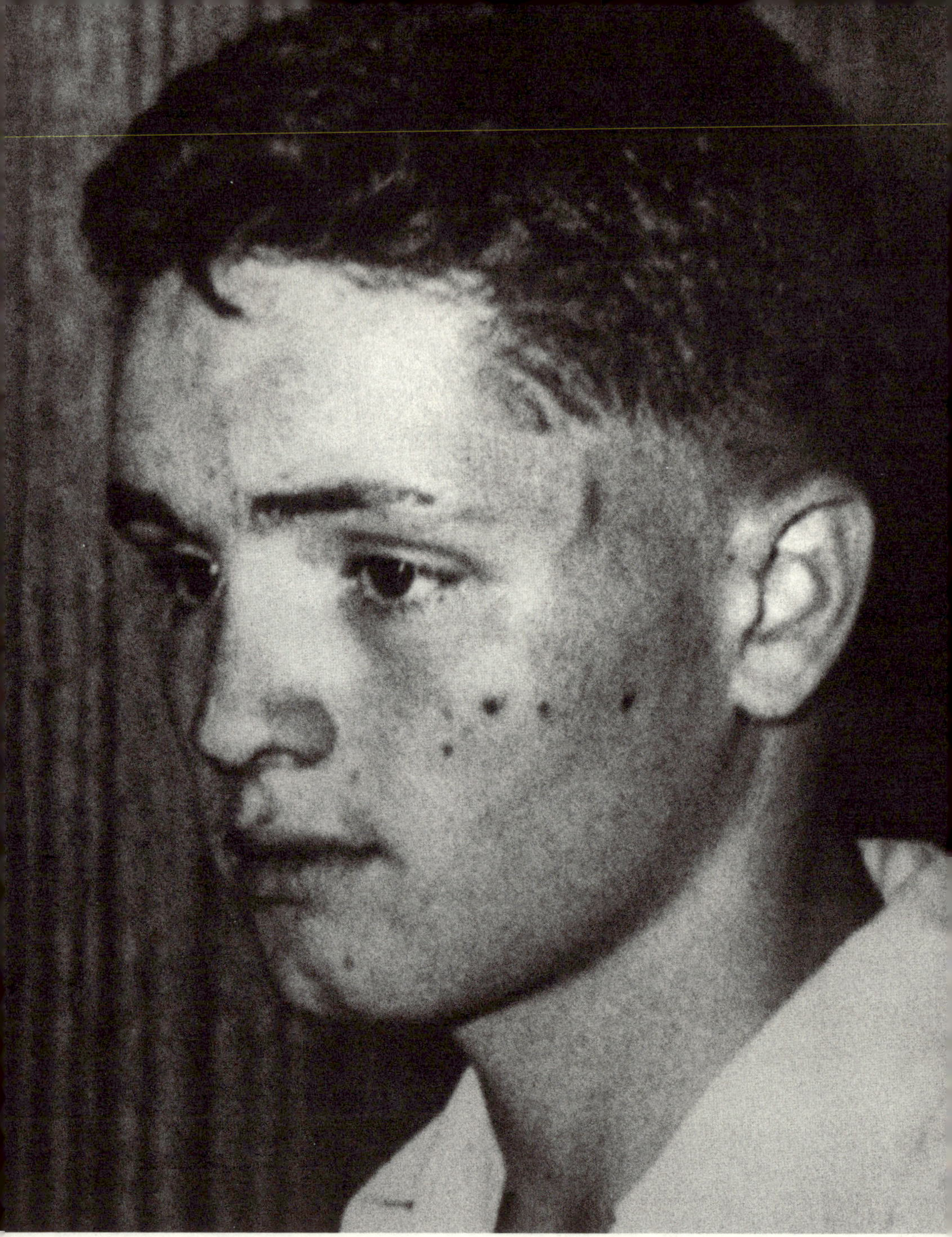

NESTA PÁGINA, CHARLES MANSON AOS 14 ANOS SOB CUSTÓDIA EM INDIANÁPOLIS, EM 1949. AO LADO, O CASAMENTO DE CHARLES MANSON, AOS 20 ANOS, COM A ADOLESCENTE ROSALIE WILLIS, 15, QUE DUROU APENAS DOIS ANOS

MANSON
JEFF GUINN

VISTA ÁREA DO RANCHO BARKER, NO VALE DA MORTE, CALIFÓRNIA, ÚLTIMA MORADIA DE MANSON E SUA FAMÍLIA

© VERNON MERRITT III/THE LIFE PICTURE COLLECTION/GETTY IMAGES

VISTA EXTERNA DO RANCHO BARKER, NO VALE DA MORTE, CALIFÓRNIA, NO FINAL DE 1969. MANSON E SEUS SEGUIDORES FORAM PARA LÁ EM 1968, ONDE MORARAM ATÉ SEREM PRESOS, EM 12 DE OUTUBRO DE 1969

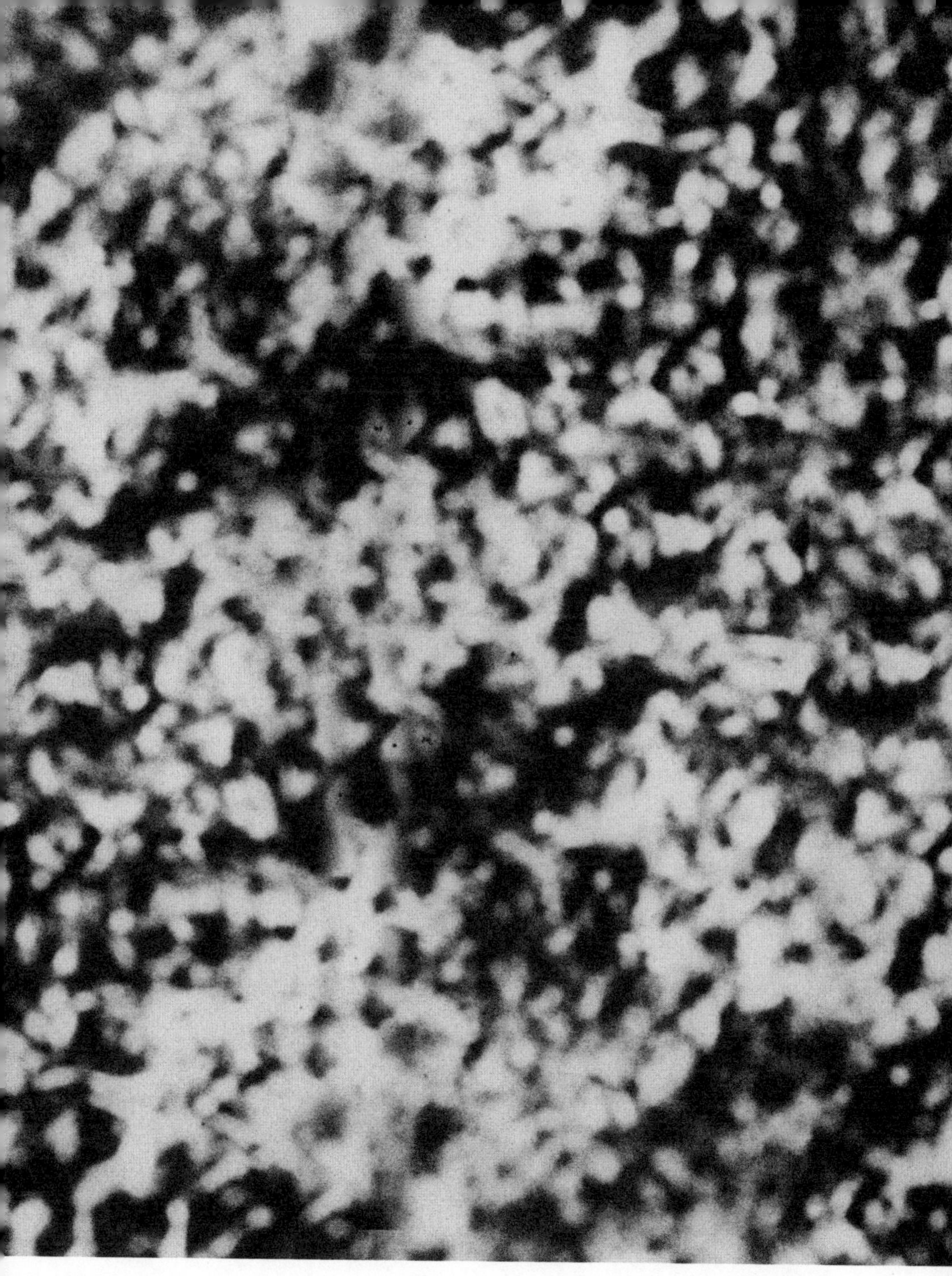

SHARON TATE, MESES ANTES
DE SER ASSASSINADA

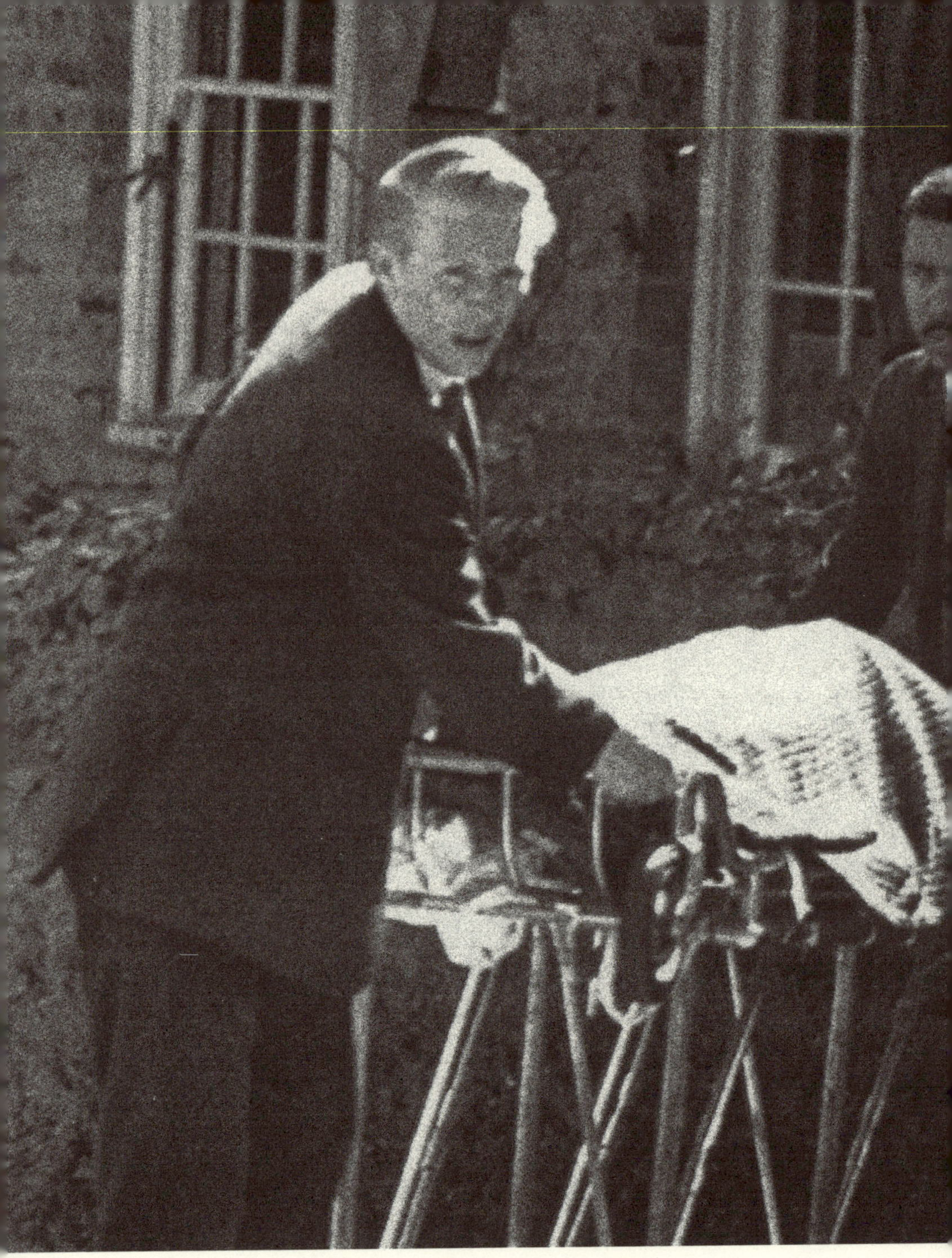

O CORPO DA ATRIZ SHARON TATE É REMOVIDO DE SUA CASA NA CIELO DRIVE, EM LOS ANGELES. ELA E QUATRO AMIGOS FORAM ASSASSINADOS POR MEMBROS DA FAMÍLIA MANSON EM AGOSTO DE 1969

AO LADO, MANSON E SEU ADVOGADO. ACIMA, O PROMOTOR DISTRITAL VINCENT BUGLIOSI SENDO ENTREVISTADO NO COMEÇO DAS AUDIÊNCIAS SOBRE OS ASSASSINATOS TATE

MANSON, AO CENTRO DE BARBA, E O DEFENSOR PÚBLICO FRED SCHAEFER AO SEU LADO, OUVEM AS ACUSAÇÕES DURANTE AS AUDIÊNCIAS PRELIMINARES, EM DEZEMBRO DE 1969

© AP PHOTO/
WALLY FONG

427

MANSON
JEFF GUINN

CATHY GILLIES, KITTY LUTESINGER, SANDY GOOD, BRENDA MCCANN, TODAS MEMBROS DA FAMÍLIA MANSON, EM VIGÍLIA NA CALÇADA EM FRENTE AO PALÁCIO DA JUSTIÇA, EM LOS ANGELES, DURANTE O JULGAMENTO

ACIMA, MANSON É ESCOLTADO DO TRIBUNAL APÓS SER CONSIDERADO CULPADO DE SETE ASSASSINATOS NO CASO TATE-LABIANCA, EM 25 DE JANEIRO DE 1971. AO LADO, MANSON RECEBE SUA PENA, EM 4 DE MARÇO DE 1971

DA ESQUERDA PARA DIREITA, SUSAN ATKINS, PATRICIA KRENWINKEL E LESLIE VAN HOUTEN SORRIEM APÓS SEREM SENTENCIADAS À PENA DE MORTE, EM 29 DE MARÇO DE 1971

AO LADO, LESLIE VAN HOUTEN, MEMBRO DA FAMÍLIA MANSON, CHEGA PARA SEU NOVO JULGAMENTO, EM 26 DE ABRIL DE 1977. ACIMA, MANSON EM 1978

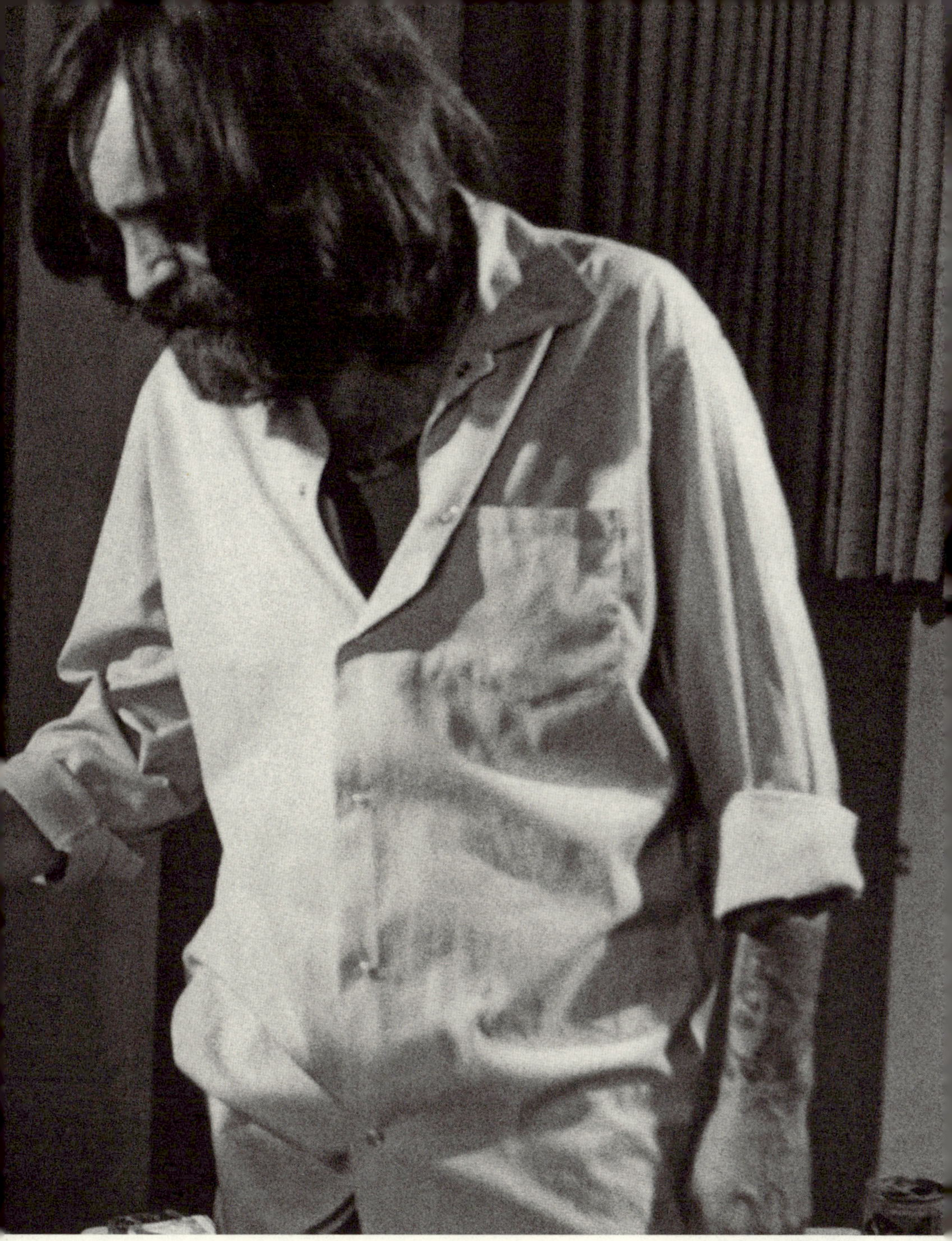

MANSON PARTICIPA DO PROGRAMA TOMORROW COAST TO COAST, ENTREVISTADO POR TOM SNYDER, EM 12 DE JUNHO DE 1981

CHARLES MANSON EM SUA CELA EM VACAVILLE, CALIFÓRNIA, EM JULHO DE 1982

AO LADO, MANSON EM UMA DE SUAS AUDIÊNCIAS PARA A CONDICIONAL, EM SAN QUENTIN, CALIFÓRNIA, EM 4 DE FEVEREIRO DE 1986. ACIMA, SHARON TATE

© BILL RAY/TIME & LIFE PICTURES/GETTY IMAGES

SHARON TATE APARA O CABELO DO MARIDO, O DIRETOR ROMAN POLANSKI, NO BANHEIRO DA CASA DO CASAL EM LONDRES, EM 1968

BELOVED W
SHARON TA
1943
PAUL RICH
THE

OF ROMAN
POLANSKI
1969
POLANSKI
ABY

KODAK TRI-X PAN FILM
KODAK SAF.ETY FILM

KODAK SAF.ETY FILM
KODAK TRI-X PAN FILM

NOTA SOBRE FONTES

Durante um período de dois anos enviei mais de quarenta cartas solicitando uma entrevista com Charlie Manson na Prisão do Estado de Corcoran. Ele respondeu diretamente uma vez, em uma carta enviada em 17 de maio de 2012. Nela, ele divagava sobre vigaristas "falando em vir" e concluiu: "Agora você tem uma carta e eu não tenho tempo para desperdiçar". Ele acrescentou uma observação: "Eles apenas não vão me deixar ter uma entrevista como eu quero". Ele não respondeu minha correspondência posterior. Charlie, no entanto, passou algumas de minhas cartas para um amigo seu que se correspondeu comigo por um tempo, quase sempre por e-mail. Ele enfatizou como Charlie é desconfiado em relação a quem afirma escrever livros a seu respeito. Nos últimos anos, sua capacidade de se comunicar com outras pessoas do lado de fora tem sido limitada por sua perda de privilégios, como telefonemas – o meio preferido de comunicação de Charlie é o telefone. Se ele tivesse me visto, duvido que a entrevista fosse útil em qualquer sentido que não fosse me permitir descrever sua aparência física. Nas poucas entrevistas cuidadosamente selecionadas que concedeu, ele usou o "Charlie Louco", reclamando sem sentido. O mesmo ocorre em suas mensagens oficiais emitidas pela ATWA. Em um panfleto oferecido no website da ATWA por 10 dólares, Charlie afirma: "Nós temos dois mundos que têm sido conquistados pelos militares da revolução. A revolução pertence a George Washington, aos russos, aos chineses. Mas, antes disso, existe Manson. Eu tenho 17 anos perante a China. Eu não posso explicar isso de forma que vocês possam compreender".

Vários ex-membros da Família e outros associados à história de Manson se recusaram a dar entrevistas após saberem que eu não pagaria para conversar com eles. Quando entrevistei Gregg Jakobson, paguei para dormir em sua pequena pousada no Oregon por três noites após concluir que ficar lá custaria menos do que ficar em um quarto de hotel em Portland ou Eugene. Gregg e sua mulher, Kathy, fizeram dois jantares caseiros que estavam deliciosos.

Nancy, a irmã de Charlie, e Jo Ann, sua prima, concordaram em conversar comigo apenas se eu não revelasse suas identidades. Por essa razão, em nenhuma parte deste livro divulguei seus sobrenomes, onde vivem ou qualquer descrição física delas. Foi muita coragem de Nancy e de Jo Ann darem entrevistas depois de passar grande parte de suas vidas tentando evitar serem relacionadas a Manson.

APÊNDICE: O DEPOIS DE PESSOAS-CHAVE

A carreira de **Roman Polanski** floresceu na esteira da morte de sua esposa. Em 1974, o filme *Chinatown*, dirigido por ele, foi indicado para vários Oscars, vencendo na categoria Melhor Roteiro. Mas, em 1977, Polanski foi preso por agressão sexual a uma menina de 13 anos. Ele fugiu para a Europa e tem lutado contra a extradição para a América desde então. Seus filmes continuam a ganhar elogios da crítica. Ele venceu o Oscar de direção por *O Pianista*, em 2002.

Os **Beach Boys** gradualmente recuperaram sua popularidade e prosperaram com shows, culminando com uma triunfante turnê em comemoração aos cinquenta anos de aniversário, em 2012. Mas eles fizeram isso sem Dennis Wilson, que se afogou enquanto mergulhava em Marina Del Rey, em 28 de dezembro de 1983. Em seus últimos anos, Dennis foi atormentado pelo abuso de álcool e drogas. Mas antes de sua morte ele lançou *Pacific Ocean Blue*, um magnífico álbum que confirmava sua genialidade como compositor e intérprete. Várias das músicas foram escritas com Gregg Jakobson, que coproduziu o álbum.

Terry Melcher nunca acreditou que a música de Charlie fosse, de qualquer forma, especial ou merecedora de gravação. Após o julgamento Tate-LaBianca, Melcher produziu vários outros álbuns para os Byrds e também trabalhou com os Beach Boys, produzindo algumas de suas músicas e coescrevendo o sucesso da banda, “Kokomo”. Melcher também ajudou a ressuscitar a carreira de sua mãe, trabalhando como produtor executivo do programa de TV *The Doris Day Show*. Ele morreu de câncer em 2004.

Gregg Jakobson, o outro membro original dos Golden Penetrators, trabalhou no ramo da música e de restaurantes em torno de L.A. antes de se mudar para o Oregon, onde ele e sua mulher, Kathy, administram uma pousada, em Corvallis Valley. Em 2008, Jakobson ajudou na “edição legado” de *Pacific Ocean Blue*, de Dennis Wilson, que incluía faixas inéditas de estúdio, assim como na de *Bambu*, que Dennis tinha intenção de lançar como seu próximo álbum.

Phil Kaufman vive hoje em Nashville e continua a ser uma parte vital da música por lá, ainda trabalhando como gerente de turnê para vários artistas.

Depois de perder pela segunda vez a eleição para promotor distrital de Los Angeles, em 1976, **Vincent Bugliosi** começou a advogar e continuou a escrever livros – sete tornaram-se best-sellers e dois, além de *Helter Skelter*, atingiram o primeiro lugar.

Clem, que agora usa seu nome, Steve Grogan, sofreu conversão religiosa e levou as autoridades ao lugar, no velho Rancho Spahn, onde Shorty Shea foi enterrado. Apesar da crença quase universal do contrário, Shea não havia sido desmembrado. Grogan usou seu tempo na prisão produtivamente, estudando mecânica e comportando-se como preso-modelo. Em 1985, ele saiu em liberdade condicional; dois anos e meio depois foi liberado da condicional e tornou-se o primeiro assassino condenado da Família a estar completamente livre.

Linda Kasabian vive sob um nome diferente no Noroeste dos EUA. Ela ainda mantém contato com Vincent Bugliosi, que a seu pedido não compartilha suas informações de contato.

Bobby Beausoleil está preso no Oregon como parte de um programa de compartilhamento de prisioneiros com o estado da Califórnia. Ele continua a escrever e a gravar músicas. Seu trabalho mais notável é a trilha sonora de *Lucifer Rising*, o filme de Kenneth Anger no qual Beausoleil originalmente trabalhou no Haight.

Em dezembro de 1985, **Sandy Good** foi colocada em liberdade condicional, concluída com sucesso em 1989. Ela encontrou um namorado igualmente devotado a Charlie. Juntos, eles montaram e por vários anos mantiveram websites na internet em sua honra. Como **Ruth Ann Moorehouse** e **Mary Brunner**, Sandy por fim saiu de cena.

Em outubro de 2012, o estado da Califórnia recomendou **Bruce Davis** para liberdade condicional devido ao seu "ajuste positivo [...] e por completar com sucesso programas de autoajuda e educação vocacional e acadêmica". Um conselho anterior também havia recomendado sua libertação, mas o então governador Arnold Schwarzenegger rejeitou. Em 1º de março de 2013, o governador da Califórnia Jerry Brown seguiu o exemplo, anulando a última recomendação para liberdade condicional de Davis.

Charlie na Whisky

PRÓLOGO [PG. 019-025]

As descrições dos eventos têm como base entrevistas com Gregg Jakobson, Lorraine Chamberlain, Phil Kaufman, Mary F. Corey e Charles Perry. *Riot on Sunset Strip*, de Domenic Priore, é uma excepcional história sobre essa famosa rua de meados da década de 1960.

PÁGINAS

019 **três carros descem a Sunset Boulevard:** *Entrevista com Gregg Jakobson.*

019 **a vizinhança de Haight-Ashbury em São Francisco ainda se apega:** *Entrevista com Charles Perry.*

019 **Enquanto a desordem civil varria o resto da América:** *Barney Hoskyns,* Waiting for the Sun: A Rock 'n' Roll History of Los Angeles *(Backbeat Books, 2009), p. 132-43; Domenic Priore,* Riot on Sunset Strip: Rock 'n' Roll's Last Stand in Hollywood *(Outline Press, 2007), p. 25; entrevista com Mary F. Corey.*

020 **socializassem com o público:** *Entrevista com Lorraine Chamberlain.*

020 **Juntos faziam parte:** *Entrevista com Gregg Jakobson.*

020 **Sua filosofia era:** *Ibid.*

021 **a boate mais famosa da cidade:** *Priore, p. 41-2.*

021 **deuses do rock Mick Jagger e Keith Richards:** *Entrevista com Phil Kaufman.*

021 **Qualquer um em Los Angeles que pretendia:** *Ibid.; David Crosby e Carl Gottlieb,* Long Time Gone: The Autobriography of David Crosby *(Doubleday, 1988), p. 90.*

021 **Melcher entregou as chaves:** *Entrevista com Gregg Jakobson.*

022 **Manson presumiu que era uma companhia bem-vinda:** *Ibid.*

023 **os convidados da casa de Wilson acumularam uma conta de 800 dólares:** *Ibid.*

023 **Nas semanas seguintes, Wilson começou:** *Steven Gaines,* Heroes & Villains: The True Story of the Beach Boys *(Da Capo, 1995), p. 212.*

023 **A boate não era particularmente grande:** *Priore, p. 41-2.*

024 **serem surpreendidos por um tumulto:** *Entrevista com Gregg Jakobson.*

Nancy e Kathleen

CAPÍTULO UM [PG. 026-038]

É sempre preocupante quando escritores de não ficção dizem saber o que pessoas há muito tempo falecidas pensavam. Mas nos casos de Nancy e Kathleen, nas partes de suas vidas descritas neste capítulo, nós sabemos seus pensamentos, pois elas revelaram isso à prima de Manson, Jo Ann, e à sua irmã, Nancy, ambas entrevistadas por mim. A avó de Jo Ann compartilhou muitas confidências com ela, incluindo suas frustrações com sua filha mais nova, suas reações quando Kathleen se casou com William Manson e quando Kathleen e Luther foram condenados à prisão pelo "Assalto com Frasco de Ketchup". Jo Ann também forneceu informações intuitivas do namoro e posterior casamento de sua mãe com o padrasto (eles frequentemente a levavam em seus encontros). Kathleen contou a Nancy como ela se rebelou contra as regras de sua mãe inspiradas na Bíblia e como conheceu e ficou íntima de Colonel Scott.

Outros entrevistados para este capítulo incluem Lyle Adcock, Vincent Bugliosi, Jim Powers, George Wolfford, John P. Maranto, Virginia Brautigan, Robert Smith, Lon Dagley e Jim Kettel. Eu ofereço um agradecimento especial a Virginia Brautigan por me emprestar a cópia pessoal de Nancy Maddox sobre sua *Autointerpretação da Bíblia, Volume III*, que contém as passagens sublinhadas descritas aqui.

A irmã de Manson, Nancy, disponibilizou fotos de Nancy Maddox segurando seu netinho Charlie.

Documentos judiciais e cópias das declarações de confissão feitas por Luther Maddox, Nancy Maddox e Julia Vickers possibilitaram a descrição detalhada do roubo de agosto de 1939 que resultou na prisão da mãe e do tio de Manson.

PÁGINAS

026 **As pessoas não consideravam Nancy uma fanática:** *Entrevista com Virginia Brautigan.*

026 **Charlie Milles Maddox, também do Kentucky:** *Estatísticas Vitais do Escritório do Estado do Kentucky;* Ashland Daily Independent, *27 out. 1931.*

027 **alcançaram a confortável classe média:** *Entrevista com Lyle Adcock.*

027 **Ashland era um porto de negócios:** *James Powers e Terry Baldridge,* Ashland *(Arcadia Publishing, 2008), p. 7-8.*

027 **Charlie e Nancy conseguiram comprar uma casa:** *Registro do Escritório do Condado de Boyd.*

027 **Nancy curvava-se e agradecia diariamente:** *Entrevista com Jo Ann.*

027 **ela se lamentava e dizia:** *Ibid.*

027 **Charlie deixou para a viúva uma pensão:** *Entrevista com John P. Maranto.*

028 **Nancy com frequência ficava com sua neta:** *Entrevista com Jo Ann.*

029 **Caso o restante da família não compreendesse o conceito:** *Entrevista com Virginia Brautigan.*

029 **Bill Thomas provou ser:** *Entrevista com Jo Ann.*

030 **Nancy foi criada como protestante:** *Entrevista com Lyle Adcock.*

030 **Igreja nazarena, com regras conservadoras:** *Entrevistas com Robert Smith e Lon Dagley.*

030 "Os Grandes Cinco": *Entrevista com Robert Smith.*

030 Havia um espaço vazio entre o fogão: *Entrevista com Nancy.*

030 Ela considerava Nancy uma pessoa dura: *Ibid.*

031 O problema era que em Ashland: *Entrevista com George Wolfford.*

031 Esnobes cidadãos de Ashland: *Ibid.*

032 Os dois filhos de Scott logo ganharam reputação: *Ibid.*

032 Ele a fez achar que era: *Entrevista com Nancy.*

032 Quando contou a novidade para Colonel Scott: *Ibid.*

033 De alguma forma, ela o faria: *Entrevista com Jo Ann.*

033 Ela queria um homem como Charlie Maddox: *Entrevista com Nancy.*

033 Muito pouco se sabe sobre William Manson: *Entrevista com Lyle Adcock.*

033 Nancy não fora informada com antecedência sobre o casamento: *Entrevista com Jo Ann.*

034 Nancy e Glenna se preocupavam: *Ibid.*

034 Nancy, inquieta e esperando pelo pior: *Entrevista com Virginia Brautigan.*

034 Kathleen foi ao tribunal no Kentucky: *Entrevistas com Vincent Bugliosi e Lyle Adcock; Vincent Bugliosi e Curt Genty,* Helter Skelter: The True Story of the Manson Murders *(W.W. Norton, 1994, 25ª Edição de Aniversário), p. 137. Uma lei do Kentucky, de 1980, que garantia a confidencialidade dos registros juvenis incidia sobre esse arquivo. Mas, em 1970, Bugliosi obteve uma cópia do arquivo para uso no julgamento de Charles Manson.*

035 Na tarde do dia primeiro de agosto de 1939: *A descrição do "Assalto com Frasco de Ketchup" veio do Relatório de Investigação A1633 do Departamento de Segurança Pública do Estado de West Virginia, que incluía o relatório da investigação e as declarações pós-prisões de Luther Maddox, Kathleen Maddox e Julia Vickers.*

037 o montante somava 27 dólares: *Artigos de jornais colocaram o montante entre 30 e 35 dólares, mas relatórios iniciais da polícia declaravam que 27 dólares foram retirados da carteira de Martin; a carteira em si foi avaliada em 1 dólar pelos investigadores.*

037 Não havia desafio: *Se Kathleen e Luther realmente tinham feito uma série de roubos em Chicago, como sua mãe Nancy acreditava, eles certamente estariam melhor do que estiveram em Charleston. Caso contrário, eles teriam sido pegos pela polícia em alguma dessas supostas tentativas anteriores. Mas não há registros policiais de Kathleen e Luther sendo presos em Chicago. Acredito que o episódio em Charleston foi a primeira tentativa deles de roubo.*

038 Nancy Maddox se aproximou de sua neta Jo Ann e sussurrou: *Entrevista com Jo Ann.*

Moundsville e McMechen

CAPÍTULO DOIS [PG. 039-048]

Entrevistas para este capítulo incluíram Jo Ann, Nancy, Lyle Adcock, Virginia Brautigan, Richard Hawkey, Greg Park, Tom Stiles, Don Clutter, Becky Clutter, Jason Clark-Miller e Fred Brautigan.

PÁGINAS

039 **Logo após Kathleen ser levada:** *Em 1986, a Grove Press publicou* Manson in His Own Words: The Shocking Confessions of "The Most Dangerous Man Alive", *de Nuel Emmons. Emmons e Manson se conheceram após seus caminhos se cruzarem por duas vezes na cadeia antes dos assassinatos Tate-LaBianca, em 1969. Após Manson ser condenado, Emmons contatou seu velho conhecido de prisão e o visitou em várias ocasiões. O resultado foi um curioso livro que Emmons disse ter escrito a fim de trazer a própria versão de Manson de sua vida sem que a história fosse distorcida por intermediários. Ninguém que conhecia bem Manson achou que a voz em primeira pessoa da narrativa se parecia com ele. Emmons alegou que as palavras no livro não eram dele e que viajou pelo país entrevistando pessoas que haviam conhecido o agora notório Manson. Tudo foi checado – "um longo processo", ele observa na Introdução do livro.*

Manson posteriormente repudiou o livro, dizendo que era algo que Emmons queria fazer e então ele deixou. Emmons morreu em novembro de 2002, insistindo até o fim que tudo que escreveu era preciso. Não era. Mesmo a mais superficial pesquisa revela que muitos "fatos" apresentados em Manson in His Own Words *são demonstravelmente falsas. Talvez Manson tenha mentido para Emmons, que falou na verificação, ou Emmons apenas deu sua opinião sobre Manson, sem verificar os fatos. Creio que Emmons fez o seu melhor em interpretar as palavras semi--incoerentes de Manson e produziu uma miscelânea de tolices incorretas. Estou inclinado para esta terceira opção.*

Por exemplo, quando Emmons relaciona as memórias da infância de Manson na primeira pessoa, ele escreve que Charlie foi para McMechen para viver com seu tio Bill e tia Joanne. Jo Ann era prima de Manson. O primeiro capítulo também inclui uma passagem comovente onde Charlie Maddox, avô de Manson, explica ao menino de 6 anos que sua mãe "não voltaria para casa por um longo tempo" devido à prisão. Em setembro de 1939, quando Kathleen e Luther foram condenados por roubo, Charlie Maddox já estava morto há quase oito anos. Manson nunca conheceu o avô.

Quando parece que Emmons está relatando as próprias palavras de Manson sobre um evento específico de sua vida, eu cito a passagem para refletir os interesses próprios de Manson sobre algo a fim de influenciar a opinião pública. Algumas vezes, parece que Charlie disse a verdade e Emmons escreveu dessa forma.

040 **McMechen, com uma população de aproximadamente 4 mil:** *Entrevistas com Virginia e Fred Brautigan, Tom Stiles, Don e Becky Clutter, Richard Hawkey e Greg Park.*

041 **O pequeno Charlie Manson era uma criança desagradável:** *Entrevistas com Jo Ann e Nancy.*

041 **Eles tentaram demonstrar alguma afeição:** *Entrevista com Jo Ann.*

042 **a prisão não era projetada para se assemelhar:** *Minha descrição do cárcere – sua aparência física, as condições desumanas para os presos, sua reputação na comunidade local – é baseada no material* West Virginia Penitentiary *(Arcadia Publishing, 2010), de Jonathan D. Clemins, e duas visitas guiadas à prisão, bem como uma entrevista com um gestor da instalação em sua encarnação atual como museu público. As lendas locais sobre uma vítima decapitada e pendurada, bem como outras mortes misteriosas entre os presos ganharam mais força após a Penitenciária de West Virginia obter a reputação nacional de lugar assombrado. A "fama" resistiu mesmo após a prisão ser fechada, em 1995, por condições de superlotação, que uma investigação considerou "punição incomum e cruel". Quando as redes de televisão atuais começaram a transmitir séries com temática paranormal, a Penitenciária de West Virginia e seus fantasmas foram temas em programas como* The Scariest Places on Earth *(ABC),* Ghost Adventures *(Travel Channel) e* Fear *(MTV).*

044 **Qualquer contato amoroso que ela tentasse:** *Entrevistas com Tom Stiles e Jason Clark-Miller.*

044 **os antigos residentes de McMechen ainda se arrepiam:** *Entrevistas com Jo Ann, Virginia Brautigan, Richard Hawkey, Don e Becky Clutter, e Jason Clark-Miller.*

046 **atrair constantemente a atenção dos valentões:** *Entrevista com Jo Ann.*

047 **Outro incidente consolidou:** *Ibid.*

047 **Durante os dois anos e meio que viveu com a família Thomas:** *Entrevistas com Virginia Brautigan, Lyle Adcock, Nancy e Jo Ann.*

048 **Charlie tinha apenas más lembranças:** *Clara Livsey,* The Manson Women: A "Family" Portrait *(Richard Marek, 1980), p. 135-37.*

Kathleen e Charlie

CAPÍTULO TRÊS [PG. 049-062]

Uma das frustrações em narrar os primeiros anos de Manson é que os registros do juizado de menores e das escolas reformatórias estavam frequentemente selados. Durante a acusação de Manson no caso de assassinato Tate-LaBianca, Vincent Bugliosi obteve acesso aos arquivos de Manson. Ele os usou como evidência no tribunal e os mencionou em seu livro sobre o caso. Eu discuti com ele em uma série de entrevistas por telefone. É por isso que neste capítulo muitas menções aos julgamentos juvenis de Manson e sua estadia e transferências de reformatórios são creditadas a *Helter Skelter.*

Entrevistas para o capítulo incluem Vincent Bugliosi, Jo Ann, Nancy, Tom Stiles, Jason Clark-Miller, Sara Dolan, Lyle Adcock, Michele Deitch, Volker Janssen e Gregg Jakobson.

PÁGINAS

049 **Muitos dos detentos a quem haviam concedido liberdade condicional:** *Entrevista com Tom Stiles.*

049 **Van Watson contratou Kathleen:** Charleston Gazette, *15 set. 1971.*

050 Ela percebeu que o interesse de Charlie: *Entrevista com Nancy.*

050 Charlie acabou sendo supervisionado: *Entrevista com Jo Ann.*

050 Embora Van Watson não se lembrasse do nome do sujeito: Charleston Gazette, *15 set. 1971.*

050 Kathleen recaiu em outro mau hábito: *Ibid.*

051 Em uma dessas reuniões, conheceu Lewis: *Entrevista com Nancy. Lewis é identificado apenas por seu primeiro nome para proteger a identidade de Nancy.*

051 Desde os primeiros dias de seu casamento: *Entrevista com Nancy.*

052 A preocupação de Kathleen com seu filho era tão grande: *Ibid.*

052 ele assustava Kathleen: *Ibid.*

052 ela às vezes sentia que estava enlouquecendo: *Ibid.*

053 Ela ouviu falar sobre programas de assistência social: *Ibid.*

053 A Escola Gibault para Meninos: *Isaac McIntosh,* Gibault Home for Boys *(Federal Writer's Project, 1936). Esta unidade mudou de nome várias vezes. Quando Manson ficou lá era conhecida como Escola Gibault para Meninos.*

054 Charlie alegou que era regularmente espancado: *Livsey, p. 136-37.*

054 Gibault considerou Charlie: *Bugliosi, p. 137.*

054 Machucava Kathleen ter de mandá-lo de volta: *Entrevista com Nancy.*

054 Foi ideia de Jo Ann: *Entrevista com Jo Ann.*

054 Em vez disso, Luther vivia com a mãe: *Ibid.*

055 Quando morreu, em 1950: *Certificado do Departamento de Saúde do Estado de West Virginia.*

055 Na véspera de Natal, todos se arrumaram: *Entrevista com Jo Ann.*

055 Ele mais uma vez foi: *Bugliosi, p. 137-38.*

057 Mas, ao contrário de Gibault, os garotos na unidade de Plainfield: *William J. Siebold,* The Hill: A History of the Indiana Boy's School, 1901-1999 *(Ed. do Autor), p. 3-5, 12, 59, 60-4, 146; Albert Deutsch,* Our Rejected Children *(Little, Brown 1950), p. 46-50.*

058 Ao ser estuprado, [você] pode: *Marlin Marynick.* Charles Manson Now *(Cogito Media Group, 2010), p. 71-2.*

058 Relatos de professores indicam: *Bugliosi, p. 138.*

058 Charlie desenvolveu um mecanismo de defesa para toda a vida: *Entrevistas com Gregg Jakobson e Volker Jansen.*

058 Kathleen ainda estava tentando salvar: *Entrevista com Nancy;* Los Angeles Times, *26 jan. 1971.*

059 Charlie se juntou a outros seis garotos: Kokomo Tribune, *20 out. 1949.*

059 quando tinha 16 anos, Charlie tentou fugir de novo: Kokomo Tribune, *19 fev. 1951 e 10 mar. 1951; Bugliosi, p. 138.*

059 **Sua nota no teste de QI foi 109:** *Entrevista com Sara Dolan.*

059 **Suas notas foram satisfatórias:** *Bugliosi, p. 138.*

060 **Aos alunos mais promissores:** *Ibid.*

061 **Mas isso provou estar além dele:** *Entrevista com Bugliosi; Bugliosi, p. 138-39.*

062 **Especialistas modernos em psicologia infantil:** *Entrevistas com Volker Janssen, Michele Deitch, e Jason Clark-Miller.*

McMechen novamente

CAPÍTULO QUATRO [PG. 063-072]

Junto com a assistente de pesquisa Sara Tirrito, passei vários dias em McMechen me encontrando com pessoas que se lembravam de Charlie Manson. Após tantos anos, estavam menos relutantes em conversar sobre Manson do que quando ele foi preso e julgado pelos assassinatos Tate-LaBianca. McMechen ainda não mudou muito; visitar o lugar é como viajar de volta para a década de 1950.

PÁGINAS

063 **Os residentes da cidade eram deliberadamente provincianos:** *Entrevista com Richard Hawkey.*

063 **A cidade de Wheeling, alguns quilômetros ao norte, era amplamente reconhecida:** *Entrevistas com George T. Sidiropolis, Bill Miller, Richard Hawkey, David Javersak e John Catlett.*

064 **a preocupação imediata de Charlie:** *Entrevistas com Virginia Brautigan, Jo Ann e Nancy.*

064 **Ele foi finalmente contratado na Wheeling Downs:** *Entrevistas com Lyle Adcock e George T. Sidiropolis.*

064 **Os pais de McMechen tentavam dar aos seus filhos:** *Entrevistas com Fred Brautigan, Becky Clutter e Don Clutter.*

065 **O recém-chegado Charlie, sem nenhuma habilidade social:** *Entrevista com Virginia Brautigan.*

065 **Ele poderia morar com Nancy apenas:** *Entrevista com Virginia Brautigan. Nancy Maddox era amiga íntima dos parentes de Virginia.*

065 **e muitos não consideravam a igreja um local aconchegante e convidativo:** *Entrevista com Becky Clutter.*

065 **embora, à sua maneira, ainda acreditasse:** *Entrevista com Nancy.*

066 **Uma vez fora do alcance de Nancy:** *Entrevista com Virginia Brautigan. Ela frequentou as aulas dominicais com Charlie na Igreja nazarena.*

066 **Charlie equivocadamente tentou glorificar-se:** *Entrevista com Virginia Brautigan.*

067 **os adolescentes em McMechen tinham alguma familiaridade com o pecado:** *Entrevistas com John Catlett e Fred Brautigan.*

067 **lhes era permitido comprar doses de uísque:** *Entrevista com Richard Hawkey.*

067 **Eles nunca ouviram a palavra "maconha":** *Entrevistas com Richard Hawkey e David Javersak.*

067 **Os adolescentes nazarenos se aproximaram:** *Entrevista com Virginia Brautigan. Durante o sensacional julgamento Tate-LaBianca, em 1970, a mídia nacional invadiu McMechen, buscando freneticamente contos escabrosos dos tempos de Charlie. Para evitar que os moradores fossem bombardeados por jornalistas batendo à sua porta, o oficial do condado George Sidiropolis arranjou para que os cidadãos sozinhos dessem entrevistas. Depois de apenas alguns dias, os forasteiros foram embora – consternados, lembra Sidiropolis, pela falta de revelações suculentas. Muitos residentes antigos alegam que nem mesmo se lembram de Charlie. Aqueles que o descreveram como um ladrãozinho dizem que ele não foi notável na história da cidade. Dezesseis anos após Charlie se gabar para seus colegas das aulas dominicais sobre ficar chapado, o ostracismo ainda permanecia no local.*

067 **Jo Ann ficou atônita:** *Entrevista com Jo Ann.*

068 **A característica das prostitutas que mais atraía:** *Entrevista com Phil Kaufman.*

068 **Clarence Willis era apelidado de Caubói:** *Entrevista com George T. Sidiropolis.*

069 **o bebê chegou cedo:** *Entrevistas com Virginia Brautigan e David Javersak.*

069 **Nancy ofereceu uma recepção:** *Entrevista com Virginia Brautigan.*

069 **Jo Ann e seu marido mantiveram distância:** *Entrevista com Jo Ann.*

069 **Ethel Miller, que todos na cidade amavam:** *Entrevista com Bill Miller.*

070 **Charlie finalmente fez alguns amigos:** *Entrevistas com John Catlett, Richard Hawkey e Jason Clark-Miller.*

070 **De alguma maneira, Charlie arranjou um violão:** *Entrevista com Jo Ann.*

070 **particularmente gostava de Frankie Laine:** *Entrevista com Phil Kaufman.*

070 **As tentativas de Charlie de se adaptar:** *Entrevista com Virginia Brautigan.*

071 **a máfia de Wheeling não esperava:** *Entrevista com George T. Sidiropolis.*

071 **mas achava que, de alguma maneira:** *Entrevista com Jo Ann. A maioria das lendas de Manson reza que Charlie foi para a Califórnia e sua mãe o seguiu após o filho ir para a prisão por violar o Dyer Act. Na verdade, Kathleen foi para o oeste primeiro.*

071 **Charlie até mesmo chegou a ligar para Jo Ann, lá em Ohio:** *Entrevista com Jo Ann.*

072 **O juiz ordenou testes psiquiátricos:** *Bugliosi, p. 140-41; Ed Sanders,* The Family *(Da Capo, 2002), p. 3-4.*

Prisão

CAPÍTULO CINCO [PG. 073-091]

O fato de o Instituto Dale Carnegie e a Igreja de cientologia serem frequentemente mencionados neste capítulo não implica que seus ensinamentos e materiais impressos são de modo algum responsáveis pelo comportamento criminoso de Charlie Manson ou de qualquer outra pessoa. Charlie usou o que ele aprendeu dessas fontes de uma maneira que o Instituto Dale Carnegie e a Igreja de cientologia nunca pretenderam.

Lyle Adcock fez excelentes pesquisas sobre a vida de Rosalie Willis após o divórcio de Charlie e eu lhe agradeço por compartilhar as informações comigo neste livro.

PÁGINAS

073 **Era uma das várias prisões federais:** *Entrevista com Phil Kaufman.*

074 **ele continuava fascinado por cafetões:** *Sanders, p. 4; Entrevista com Stephen Kay.*

074 **Seus meses iniciais na Ilha Terminal foram iluminados:** *Bugliosi, p. 141.*

074 **Os oficiais da prisão até o restringiam:** *Ibid.*

074 **Kathleen teve que contar a notícia a Charlie:** *Sanders, p. 4.*

075 **A vida adulta de Rosalie teve um difícil início:** *Entrevista com Lyle Adcock.*

075 **No dia 10 de abril, ele foi pego:** *Bugliosi, p. 141.*

075 **uma revisão no sistema penal nacional:** *Entrevistas com Volker Janssen e Jason Clark-Miller.*

077 **Era como se Dale Carnegie não apenas lesse sua mente:** *Entrevista com Phil Kaufman.*

078 **Ele passou o resto de sua pena:** *Sanders, p. 4.*

078 **Kathleen tinha algumas dúvidas:** *Entrevista com Nancy.*

078 **Em uma rápida sequência, Charlie trabalhou:** *Sanders, p. 5.*

078 **A carreira de Charlie como cafetão:** *Entrevista com Vincent Bugliosi; Bugliosi, p. 142; Sanders, p. 5.*

079 **Charlie foi preso ao tentar descontar:** *Bugliosi, p. 142-43.*

080 **Em dezembro, ele tentou expandir seu território:** *Sanders, p. 6.*

081 **A penitenciária de Washington se estendia:** *"Doors Closing at McNeil Island Prison After 135 Years",* Seattle Times, *28 fev. 2011.*

082 **Hubbard ensinou como mudar a si mesmo:** *L. Ron Hubbard,* What is Scientology? Based on the Works of L. Ron Hubbard *(Bridge Publications, 1998), p. 673.*

083 **ele ainda tinha sua mãe:** *Entrevista com Nancy. A história de Charlie enquadrando Kathleen quando ela adotou uma menina em vez de comprar-lhe um violão é contada em* Manson in His Own Words, *de Nuel Emmons, o que apoia minha impressão de que Emmons escreveu exatamente o que Charlie disse a ele e que de vez em quando os relatos eram verdadeiros.*

085 **Karpis era um músico talentoso:** *Sanders, p. 9.*

085 Não lia livros, mas ouvia: *Charlie afirmou ter lido* Stranger in a Strange Land *quando estava na prisão em McNeil. Mas, após sua condenação pelos assassinatos Tate-LaBianca, ele contou ao amigo de prisão Roger Dale Smith que jogava fora todas as suas cartas porque não podia lê-las. Consultei vários especialistas em leitura e eles em geral concordam que se Charlie conseguia ler um livro impresso, ele poderia até ler rabiscos de cartas manuscritas por "decodificação" – combinando sons às letras individuais. A pergunta então é: se Charlie era um leitor lento, limitado, ele dedicaria meses para trabalhar em um romance? Com base no que aprendi na pesquisa deste livro, não creio. Charlie sempre tentou fazer com que os outros trabalhassem para ele.*

086 Não havia nada de especial sobre as músicas que ele escreveu: *Entrevista com Phil Kaufman.*

087 A partir de então, quando Kathleen o visitava: *Entrevista com Nancy.*

088 Um antigo empregado de McNeil registrou: *Bugliosi, p. 145-46.*

089 Lewis se despediu de Kathleen quando ela se casou novamente: *Entrevista com Nancy.*

089 Os grandes portões nem sequer se fecharam: *Entrevista com Phil Kaufman; Kaufman, p. 51.*

090 Charlie recebeu seu último registro na prisão: *Bugliosi, p. 146.*

090 Phil Kaufman achava que Charlie era um cantor decente: *Entrevista com Phil Kaufman; Jess Bravin,* Squeaky: The Life and Times of Lynette Alice Fromme *(Buzz Books/St. Martin's, 1997), p. 52.*

091 Charlie estava sendo honesto: *Entrevista com Jason Clark-Miller.*

091 Ligou para um deles em Berkeley: *Por que Charlie foi imediatamente para Berkeley após sua libertação da Ilha Terminal? Em seu livro, Emmons afirma que Charlie conhecia um ex-preso lá, o que parece provável.*

Berkeley e o Haight

CAPÍTULO SEIS [PG. 092-108]

Tom Hayden e Mark Rudd contribuíram com entrevistas valiosas para este capítulo – o próprio Hayden em pessoa, no seu escritório em Culver City, Califórnia, e Rudd via e-mail. Eu queria entrevistar Mary Brunner, mas, dentre todos os antigos membros da Família Manson, ela (junto com Ruth Ann Moorehouse) conseguiu se esconder do mundo com sucesso. Leslie Van Houten ofereceu suas percepções da relação entre Manson e Brunner.

George Laughead, um especialista nos Beats, generosamente agendou entrevistas para mim com seus velhos amigos Glenn Todd e Lorraine Chamberlain.

Para compreender a cidade de São Francisco e o Haight-Ashbury nos anos 1960, li dois livros excepcionais, *The Haight-Ashbury: An History*, de Charles Perry, e *Season of the Witch: Enchantment, Terror, and Deliverance in the City of Love*, de David Talbot. Perry, cujas credenciais também incluem um longo período como redator da revista *Rolling Stone* na época em que ela era a grande publicação da contracultura, também me concedeu pessoalmente uma longa entrevista.

A partir deste capítulo, alguns membros-chave da Família Manson – Mary Brunner, Lynne "Squeaky" Fromme, Pat Krenwinkel e alguns outros – são identificados no texto principal pelos primeiros nomes. Os sobrenomes são usados para o restante.

PÁGINAS

093 **Em 1960, um punhado de ativistas estudantis formou a associação Estudantes por uma Sociedade Democrática:** *Entrevista com Tom Hayden.*

093 **protestos antiguerra organizados pela SDS:** *Entrevista com Mark Rudd.*

094 **Movimento Pela Liberdade de Expressão:** *Apesar de eu não citar passagens específicas, o brilhante* Making Peace with the 60s *(Princeton University Press, 1996), de David Burner, informa tudo o que foi incluído aqui a respeito do Movimento Pela Liberdade de Expressão, de Berkeley, e pela inquietação no campus em geral. Se estiver realmente interessado nesse evento ou no espírito revolucionário estudantil dos anos 1960, eu lhe recomendo a ler este livro.*

094 **O ator Ronald Reagan fez da Liberdade de Expressão de Berkeley:** *Stephen E. Ambrose,* Nixon: The Triumph of a Politician, 1962-1972 *(Simon & Schuster, 1989), p. 119-20.*

096 **Os Panteras instituíram clínicas de saúde:** *Entrevista com Mary F. Corey.*

096 **Ele havia recebido 35 dólares:** *Sanders, p. 12.*

096 **pessoas que poderiam ter sido personagens marginais:** *Entrevista com Tom Hayden.*

097 **Longe de ter que esconder isso:** *Entrevista com Gregg Jakobson.*

098 **Mary Brunner, de 23 anos:** *Bugliosi, p. 163; Livsey, p. 107.*

099 **por anos, ela continuou a acreditar:** *Entrevista com Leslie Van Houten.*

099 **Mary era extremamente bem--informada:** *Ed George com Dary Matera,* Taming the Beast: Charles Manson's Life Behind Bars *(St. Martin's, 1998), p. 37.*

099 **o Haight era igualmente famoso:** *Entrevista com Charles Perry.*

099 **estava arraigada em Charlie:** *Entrevista com Michele Deitch.*

100 **Os Beats adotaram o bairro de North Beach:** *Entrevista com Glenn Todd.*

100 **suas decadentes casas vitorianas de dois e três andares:** *entrevista com Charles Perry.*

100 **muitas delas ofereciam todo tipo de trajes rendados e baratos:** *Ibid.*

101 **Um deles foi Ken Kesey:** *Charles Perry,* The Haight-Ashbury: A History *(Wenner Books, 2005), p. 13-15.*

101 **Drogas eram difíceis de conseguir:** *Entrevista com Charles Perry.*

102 **Na época em que Augustus Owsley Stanley III entrou em cena:** *Charles Perry, "Owsley and Me",* Rolling Stone, *25 nov. 1982.*

103 Geralmente havia bastante não apenas para dividir: *Perry,* The Haight-Ashbury, *p. 246; entrevista com Charles Perry.*

103 Já aqueles patetinhas ingênuos eram algo menor: *Perry,* The Haight-Ashbury, *p. 5.*

103 Um novo e próspero cenário musical explodiu: *David Talbot,* Season of the Witch: Enchantment,Terror, and Deliverance in the City of Love *(Free Press, 2012), p. 93.*

104 mas, se não fossem diferentes: *entrevista com David E. Smith.*

104 Os Diggers [Escavadores], que originalmente foram para: *Talbot, p. 36-40; Perry,* The Haight-Ashbury, *p. 79, p. 249-51.*

104 Os Diggers do Haight colhiam sua lavoura: *Perry,* The Haight--Ashbury, *p. 94-5; Talbot, p. 40.*

105 A diversão musical ficou por conta da The Chamber Orkustra: *Tommy Udo,* Charles Manson: Music, Mayhem, Murder *(Sanctuary Publishing, 2002), p. 91-2; entrevista com Lorraine Chamberlain; Perry,* The Haight-Ashbury, *p. 112.*

105 Panfletos do evento, que duraria das 13h às 17h: *Ellis Amburn,* Pearl: The Obsessions and Passions of Janis Joplin *(Warner, 1992), p. 112.*

106 o dia 14 de janeiro amanheceu limpo e ensolarado: *Entrevistas com Glenn Todd, Lorraine Chamberlain e Charles Perry; Perry,* The Haight-Ashbury, *p. 120-23; Talbot, p. 22-3; Joel Selvin,* Summer of Love: The Inside Story of LSD, Rock & Roll, Free Love and High Times in the Wild West *(Cooper Square, 1999), p. 106-7.*

106 reportagens, artigos e fotografias subsequentes: *Entrevistas com Glenn Todd, David A. Smith e Charles Perry; Perry,* The Haight-Ashbury, *p. 126, 261.*

106 Agora eram mais de trezentos por dia: *Perry,* The Haight-Ashbury, *p. 204.*

106 Não levou muito tempo para que os líderes comunitários: *Talbot, p. 31-5.*

107 Uma equipe de pesquisa do bairro fez o melhor que pôde: *Perry,* The Haight-Ashbury, *p. 282.*

107 Paul McCartney deu as caras na vizinhança: *Peter Brown e Steven Gaines,* The Love You Make: An Insider's Story of the Beatles *(McGraw-Hill, 1983), p. 240-41.*

107 Mas esses novos traficantes ofereciam drogas pesadas: *Entrevistas com Charles Perry, David E. Smith e Glenn Todd; Perry,* The Haight--Ashbury, *p. 219; Joan Didion,* Slouching Towards Bethlehem: Essays *(Farrar, Straus & Giroux, 1968), p. 108.*

108 Um panfleto do dia 16 de abril descreveu: *Perry,* The Haight-Ashbury, *p. 174.*

108 Uma estimativa era de que mais de 75 mil pessoas chegassem: *Ibid., p. 229. Em março de 1967, quando o influxo começou a arrebentar as costuras do Haight, estimava-se que havia 7 mil hippies morando lá, de acordo com Perry.*

Charlie no Verão do Amor

CAPÍTULO SETE [PG. 109-127]

O dr. David E. Smith foi um guia generoso pela história do Haight e por suas experiências pessoais com Charles Manson. Patricia Krenwinkel possui impressões valiosas dos primeiros dias do que seria conhecido como "a Família".

PÁGINAS

109 **Os Diggers fascinaram Charlie:** *Sanders, p. 14.*

110 **Praticamente em todo lugar do Haight para onde Charlie olhasse:** *Entrevistas com David E. Smith e Glenn Todd.*

110 **Charlie pulou de guru em guru:** *Entrevistas com Gregg Jakobson, Mary F. Corey e David A. Smith. Gregg Jakobson teve várias conversas com Manson sobre como Charlie desenvolveu suas filosofias pessoais.*

112 **Charlie começou a pensar que tinha muita coisa em comum com Jesus:** *não era incomum que usuários de LSD voltassem de suas viagens acreditando serem a reencarnação de Cristo. John Lennon notoriamente fez isso, dizendo aos seus companheiros dos Beatles e a seus consultores que ele era Jesus. Eles o parabenizaram, seguiram a vida e alguns dias depois Lennon se esqueceu completamente daquilo. Charlie periodicamente se autoproclamava Jesus ou alguma forma de vida divina e faz isso até hoje.*

112 **Em um dos bancos, uma garota pequena e ruiva estava sentada e soluçava:** *Bravin, p. 46-8; Livsey, p. 194-97.*

113 **Em uma das primeiras viagens de Charlie:** *Sanders, p. 14-5; Emmons, p. 99-101. Em muitos livros, o sobrenome de Dean é escrito "Morehouse", mas os registros do Seguro Social o listam como "Moorehouse".*

113 **Ela era uma garota carinhosa:** *Entrevistas com Leslie Van Houten e Patricia Krenwinkel. Existe uma considerável discrepância a respeito da idade de Ruth Ann Moorehouse. Alguns acreditam que ela foi seduzida por Charlie quando tinha apenas 14 anos. Mas o registro de casamentos da Califórnia estima sua data de nascimento "por volta de 1952", o que significa que tinha pelo menos 15 anos e possivelmente 16 quando conheceu Manson.*

114 **Charlie estava em seu "modo Jesus":** *Bugliosi, p. 235.*

115 **Foi um verão traumático por toda a América:** *Ambrose,* Nixon, *p. 103; Theodore White,* The Making of the President 1968, *p. 253; Patterson,* Grand Expectations, *p. 663.*

115 **Um perigo ainda maior na comunidade superlotada:** *Entrevista com David E. Smith.*

116 **Mais de 250 hippies se candidataram:** *Entrevista com David E. Smith; Talbot, p. 55-6.*

117 **Green apresentou Charlie a Pat Krenwinkel, de 19 anos:** *Entrevista com Pat Krenwinkel.*

118 Ela o havia abandonado quando era pequeno: *Ibid.*

118 Ela não ficou feliz em vê-lo: *Entrevista com Nancy.*

118 Eles acharam que as mulheres do grupo de Charlie: *Entrevista com Charles Perry.*

119 o estranho grupo tinha um apelido para si mesmo: *Ibid.*

119 Charlie sempre aparentava ter facas à mão: *Entrevista com Patricia Krenwinkel.*

119 Um traficante famoso, bastante conhecido por carregar uma maleta: *Entrevista com Charles Perry.*

119 a Haight Street fedia a mijo: *Jan Reid,* Texas Tornado: The Times and Music of Doug Sahm *(University of Texas Press, 2010), p. 73.*

120 Em setembro, o cineasta Kenneth Anger alugou um teatro no Haight: *Perry,* The Haight--Ashbury, *p. 231; Sanders, p. 25.*

120 Nada da turbulência do Haight foi refletido: *Livsey, p. 201.*

120 A garotada era chutada para longe: *David E. Smith, M.D., e Alan J. Rose, "The Group Marriage Commune: A Case Study",* The Journal of Psychedelic Drugs, *setembro de 1970.*

121 nenhuma do tipo pesado: *Entrevista com Phil Kaufman.*

121 Charlie esperava uma devoção arrebatadora: *Entrevista com Patricia Krenwinkel.*

121 se esforçando para relembrar letras criadas no calor do momento: *Entrevista com Leslie Van Houten.*

121 O melhor modo de chegar até eles, Charlie sabia: *Susan Atkins, com Bob Slosser,* Child of Satan, Child of God *(Bantam, 1978), p. 84.*

122 De todos os seguidores de Charlie nos primórdios do seu ministério: *Susan Atkins compilou ou contribuiu para três livros sobre sua infância e experiências com Charlie Manson:* The Killing of Sharon Tate, *de Lawrence Schiller;* Child of Satan, Child of God, *de sua própria autoria em parceria com Bob Slosser; e* The Myth of Helter Skelter, *uma autobiografia não publicada escrita com o marido dela, James Whitehouse, que pode ser lida em <www.susanatkins.org>. Em 2011, eu me encontrei brevemente com Whitehouse, que disse que consideraria a possibilidade de falar comigo sobre sua esposa. Em uma mensagem subsequente concordou em responder questões enviadas a ele por e-mail. Após vários meses, Whitehouse mencionou um erro factual em uma das perguntas e se recusou a continuar a comunicação. Particularmente lamento, porque, de acordo com Leslie Van Houten, Whitehouse continua a prestar serviços legais a mulheres no Instituto Prisional para Mulheres da Califórnia.*

122 Assim que completou 18 anos: *Atkins, p. 49-52; Sanders, p. 19; Livsey, p. 35, 178-86; Bravin, p. 70.*

122 Susan visitou o apartamento de alguns amigos no Haight: *Atkins, p. 1-9; Lawrence Schiller,* The Killing of Sharon Tate *(Signet, 1970), p. 81-4; autobiografia não publicada de Susan Atkins.*

123 **Charlie levou suas mulheres até Sacramento:** *entrevista com Patricia Krenwinkel.*

124 **outras mulheres do grupo ficariam grávidas:** *Smith e Rose, "The Group Marriage Commune",* The Journal of Psychedelic Drugs.

124 **Aquilo as tornou frequentadoras regulares da Free Clinic:** *Entrevista com David E. Smith.*

125 **No começo do outono, Charlie partiu com o ônibus:** *Na descrição de seu encontro e do subsequente confronto com Dean Moorehouse, Charlie sempre alegou que Ruth Ann estava presente na casa do pai dela e implorou para ir com ele, mas o pai recusou-se a permitir. Esse pode não ser o caso. De acordo com os registros do estado da Califórnia, Ruth Ann casou--se com Edward L. Heuvelhorst em 20 de maio de 1968, emancipando-se legalmente de seus pais. Se Ruth Ann estivesse na casa do pai naquele dia e quisesse ir embora com Manson e o resto de seus seguidores, ela poderia ter feito isso. Mas todos os relatos confiáveis apontam que Ruth Ann se juntou ao grupo depois de ele ter se mudado de São Francisco para Los Angeles.*

125 **mas ele se acalmou alguns dias depois:** *Sanders, p. 17.*

125 **As garotas o consideravam um magricela pomposo:** *Entrevistas com Leslie Van Houten e Patricia Krenwinkel.*

126 **Aquele cara maluco estava prestes a matá-lo:** *Manson conta sua história no livro de Emmons,* Manson in His Own Words, *p. 121-22, e Gregg Jakobson mais tarde ouviu isso ser descrito por várias testemunhas. Em algumas versões, Dean Moorehouse estava acompanhado de um amigo que apontou a espingarda para a cabeça de Charlie.*

126 **os representantes de L.A. que foram procurar talentos em São Francisco:** *Entrevistas com Charles Perry, Lorraine Chamberlain e Gregg Jakobson.*

127 **Todos sabiam que os famosos Beach Boys:** *Kent Hartman,* The Wrecking Crew: The Inside Story of Rock and Roll's Best-Kept Secret *(Thomas Dunne, 2012), p. 153-55.*

127 **quatro dos cinco Byrds simplesmente não tocaram:** *Isso é verdade: entrevista com Gregg Jakobson; Hartman, p. 97-101.*

127 **Não importa o quão:** *Priore, p. 22.*

L.A.

CAPÍTULO OITO [PG. 128-161]

As entrevistas com Mary F. Corey, Gregg Jakobson, Leslie Van Houten, Tom Hayden, A.J. Langguth e especialmente Joe Domanick, David Dotson e Gerald L. Claleff ajudaram-me a compreender melhor a atmosfera única de Los Angeles durante e depois da revolta no Watts, em 1965. Para qualquer um remotamente interessado nesse assunto, o vencedor do Prêmio Edgar *To Protect and to Serve: The LAPD's Century of War in the City of Dreams*, de Domanick, é essencial e de leitura cativante.

A cronologia é inevitavelmente questionável nesta parte da saga de Manson. Charlie e seus seguidores (que logo seriam conhecidos como "a Família") eram nômades mesmo quando estavam em L.A. No período entre uma e outra estadia, eles viajavam no ônibus escolar. Ninguém mantinha registro de datas de saída e chegada, ou quantos dias foram passados na estrada. Pode ser, por exemplo, que Dianne Lake tenha se juntado ao grupo justamente antes de eles se dirigirem até o deserto de Mojave, em vez de ter sido depois (e o nome dela pode ser tanto "Dianne" como "Diane"), ou que Sandy Good tenha se tornado membro permanente do grupo antes de Phil Kaufman deixá-lo (Phil não acredita nisso, mas não tem certeza). Então algumas das sequências de eventos descritas aqui são apenas o melhor palpite, mas os eventos em si são de fato baseados em entrevistas e descrições em livros anteriores, documentos e artigos, todos registrados.

PÁGINAS

128 **Los Angeles tornou-se um lugar:** *Entrevistas com Mary F. Corey, Joe Domanick, David Dotson e Tom Hayden.*

128 **Aproximadamente mil pessoas chegavam a cada semana:** *Entrevista com Joe Domanick.*

129 **Uma abordagem pragmática para controlar o mau comportamento:** *Entrevistas com David Dotson e Joe Domanick.*

129 **palestras asseguravam que Martin Luther King Jr.:** *Entrevista com David Dotson.*

130 **Numa noite no início da década de 1960:** *Entrevista com Gregg Jakobson.*

131 **Era nítido que estavam ali para separar as comunidades:** *entrevista com George L. Chaleff.*

132 **Gangues brigavam :** *Entrevista com Mary F. Corey.*

132 **O oficial da Patrulha Rodoviária da Califórnia Lee Minikus não esperava problemas:** *Joe Domanick,* To Protect and to Serve: The LAPD's Century of War in the City of Dreams *(Pocket Books, 1994), p. 179-85; Hayden, p. 141-42; Theodore White,* The Making of the President 1968, *p. 31; entrevistas com Mary F. Corey, Tom Hayden, Lorraine Chamberlain e Joe Domanick.*

133 **em dezembro foi relatado em termos premonitórios e fortes:** *Domanick,* To Protect and to Serve, *p. 191.*

133 **Para o chefe Parker, a revolta de 1965 no Watts ofereceu uma bem-vinda chance:** *Ibid., p. 185, 192-93.*

134 **Agora os negros em qualquer parte de Los Angeles:** *Entrevista com Mary F. Corey.*

134 **Brancos que se aventurassem no Watts:** *Entrevista com Carlton Stowers.*

135 **Batalhões de músicos aspirantes tomaram o rumo de L.A.:** *Entrevistas com Gregg Jakobson e Lorraine Chamberlain; Hoskyns,* Waiting for the Sun, *p. 83-8; Michelle Phillips,* California Dreamin': The True Story of the Mamas and the Papas *(Warner, 1986), p. 78-9.*

136 **Melcher rapidamente determinou:** *Hartman, p. 96-103.*

136 **O interesse, o único fator que realmente importava:** *Entrevista com Gregg Jakobson.*

136 **o casal John e Michelle Phillips, do grupo The Mamas and the Papas:** *Hoskyns,* Waiting for the Sun, *p. 96-97.*

137 **O LAPD e o escritório do xerife do condado de Los Angeles anunciaram uma força conjunta:** *Priore, p. 25, 244-45, 248-54.*

138 **Frank Zappa, frustrado com o modo como seus companheiros músicos:** *entrevista com Lorraine Chamberlain.*

138 **a CBS exibiu um documentário:** *Priore, p. 197.*

138 **Joan Didion, mais tarde refletindo:** *Joan Didion,* The White Album: Essays *(Farrar, Straus & Giroux, 1979), p. 41-2.*

138 **Da mesma forma, também estavam os ventos de Santa Ana:** *Entrevistas com Ryan Kittell e David Sweet;* Los Angeles Times, *20 fev. 1988.*

139 **Seus seguidores não faziam ideia:** *Entrevista com Leslie Van Houten.*

139 **o que Stromberg mais lembraria:** *David Felton e David Dalton, "Year of the Fork, Night of the Hunter",* Rolling Stone, *25 jun. 1970. Stromberg é longamente citado sobre sua experiência com Charlie neste excelente e detalhado artigo.*

140 **Ele, Stromberg e as quatro garotas saíram para jantar:** *Patricia Krenwinkel lembra que eles permaneceram perto da Universal: "Por alguns dias, estivemos lá por bastante tempo".*

141 **Charlie sentiu que havia aprendido uma lição valiosa:** *Entrevista com Gregg Jakobson.*

141 **ficaram numa casa bastante peculiar:** *Marynick, p. 334; Emmons, p. 122-28; Sanders, p. 23-4.*

142 **com Beausoleil era tudo uma questão de ego:** *entrevista com Leslie Van Houten.*

142 **o favor mais duradouro que Bobby Beausoleil prestou a Charlie:** *John Gilmore e Ron Kenner,* Manson: The Unholy Trail of Charlie and the Family *(Amok Books, 2000), p. 67; Udo, p. 98; Ann Bardich, "Jailhouse Interview: Bobby Beausoleil and the Manson Murders",* Oui, *nov. 1981.*

143 **No Texas, os dentes de Charlie começaram a doer:** *Atkins, p. 86.*

144 **ficou interessado em Dianne Lake:** *Sanders, p. 26-7; Perry,* The Haight-Ashbury, *p. 280.*

144 **Ele imediatamente começou a exibir Dianne:** *Entrevista com Leslie Van Houten.*

144 **não era incomum para Frank Zappa acordar de manhã:** *entrevista com Lorraine Chamberlain.*

145 **Ele tentou chamar atenção:** *Hoskyns,* Waiting for the Sun, *p. 80.*

145 **O produtor David Briggs ficou tão irritado com Charlie:** *Jimmy McDonough,* Shakey: Neil Young's Biography *(Random House, 2002), p. 260.*

145 **Às vezes, Charlie aplicava tremendas surras:** *Entrevistas com Patricia Krenwinkel e Leslie Van Houten.*

145 **os Beach Boys partiram para Paris:** *Brian Wilson,* Wouldn't It Be Nice: My Own Story *(HarperCollins, 1991), p. 174-76.*

146 **O começo de 1968 foi selvagemente inquietante:** *Patterson,* Grand Expectations, *p. 635; Richard Reeves,* President Nixon: Alone in the White House *(Simon & Schuster, 2001), p. 115.*

147 **Charlie, em seu "modo total de recrutamento":** *Entrevista com Patricia Krenwinkel.*

148 **Charlie simplesmente apreciava a companhia masculina:** *Entrevistas com Gregg Jakobson e Phil Kaufman.*

148 **As mulheres eram exaustivamente interrogadas:** *Entrevista com Leslie Van Houten.*

148 **Então Charlie dominava sexualmente as moças:** *Entrevista com David E. Smith; Smith e Rose, "The Group Marriage Commune",* The Journal of Psychedelic Drugs.

149 **Ruth Ann fazia com satisfação o que mandavam:** *Entrevista com Leslie Van Houten.*

149 **Mulheres que não conseguiam passar:** *Ibid.*

149 **A principal fonte de dinheiro de Charlie:** *Entrevista com Phil Kaufman.*

150 **Ruth Ann se tornou Ouisch:** *Entrevista com Gregg Jakobson.*

151 **Lynne comparou aquilo a um mergulho numa salada gigante:** *Bravin, p. 72.*

151 **Às vezes, uma ou duas das mulheres:** *entrevista com Leslie Van Houten.*

151 **Em fevereiro, os Beatles embarcaram:** *Bob Spitz,* The Beatles: The Biography *(Little, Brown, 2005), p. 750-57.*

152 **Phil Kaufman foi libertado da Ilha Terminal:** *Entrevista com Phil Kaufman. Eu valorizo especialmente a percepção de Phil, porque ele era um observador lúcido de Charlie em vez de um seguidor impressionado.*

155 **Era como se Charlie considerasse os Beatles:** *Entrevista com Leslie Van Houten.*

155 **Charlie permitia a seus seguidores que sintonizassem:** *Entrevista com Patricia Krenwinkel.*

157 **Se Charlie discutia os eventos correntes:** *Ibid.*

157 **ele encontrou uma jovem moça:** *Livsey, p. 197-200; Emmons, p. 138-39; Bravin, p. 78; George Bishop,* Witness to Evil: The Uncensored Story of Charles Manson and His Murderous Family *(Dell, 1972), p. 334.*

158 **Charlie ordenou que Sandy se despisse:** *Entrevista com Leslie Van Houten. Leslie ainda não tinha se juntado a Charlie durante a estadia em Topanga, mas Charlie continuou a despir Sandy e a mostrar as cicatrizes dela depois que o grupo se mudou para o Rancho Spahn.*

158 **Mary Brunner deu à luz um menino:** *Entrevista com Patricia Krenwinkel.*

158 **as crianças sempre aparentavam estar limpas:** *Entrevista com Gregg Jakobson.*

158 **Dentro do grupo havia alguma discrepância:** *Entrevista com Patricia Krenwinkel.*

159 **Naquela primavera, os Beach Boys embarcaram:** *Timothy White,* The Nearest Faraway Place: Brian Wilson, the Beach Boys, and the Southern California Experience *(Henry Holt, 1994), p. 281-82; Peter Ames Carlin,* Catch a Wave: The Rise, Fall and Redemption of the Beach Boys' Brian Wilson *(Rodale, 2006), p. 136; Wilson, p. 177.*

160 **Bobby Beausoleil [...] apareceu logo depois:** *Sanders, p. 33.*

161 **Ele usou algumas das garotas como vigias:** *Entrevista com Gregg Jakobson.*

161 **para tomar um pouco de leite com biscoitos?:** *Entrevista com Patricia Krenwinkel.*

Charlie e Dennis

CAPÍTULO NOVE [PG. 162-185]

Gregg Jakobson é uma fonte inestimável no que concerne à complicada relação que surgiu entre Charlie Manson e Dennis Wilson. Ao longo deste capítulo, sempre que alguém é descrito pensando ou sentindo algo, é porque essa pessoa falou com Jakobson (ou, em alguns casos, com Leslie Van Houten ou Patricia Krenwinkel) sobre isso.

Lorraine Chamberlain foi muito prestativa ao descrever a amizade entre muitas estrelas do rock que viviam em Los Angeles e nas redondezas naquela época.

Como de costume em relação a Manson, é difícil determinar a data em que eventos específicos ocorreram. Neste capítulo essas incertezas incluem as sessões de gravação no pequeno estúdio em Van Nuys e no estúdio caseiro de Brian durante o verão de 1968. A ordem pode ter sido primeiro no estúdio de Brian e depois no de Van Nuys, ou vice-versa. Algumas fontes sugerem que a sessão no estúdio de Brian pode ter acontecido em novembro, mas àquela altura os Beach Boys já haviam gravado sua versão drasticamente revisada de "Cease to Exist", de Charlie.

Para aqueles interessados na história dos Beach Boys, recomendo fortemente *Heroes & Villains*, de Steven Gaine. O melhor livro que eu encontrei sobre a vida de Dennis Wilson foi *Dennis Wilson: The Real Beach Boy*, de Jon Stebbins. Vale a pena procurá-lo.

PÁGINAS

162 **Dennis não conhecia limites em seu gosto:** *Entrevista com Gregg Jakobson.*

164 **seus amigos de longa data estavam certos que de certa forma:** *Ibid.*

164 **Anos depois, Pat se recordaria:** *Entrevista com Patricia Krenwinkel. Algumas versões publicadas do momento trazem Dennis pegando Pat e Yeller pela segunda vez, mas Pat lembra que elas nunca encontraram Dennis antes do inesperado convite de leite e biscoitos.*

164 **Era pouco depois da meia-noite:** *Gaines, p. 201-2; Bugliosi, p. 250-51.*

165 **Nancy Pitman em especial:** *Entrevista com Patricia Krenwinkel.*

165 **Wilson passaria bastante tempo conversando com Charlie:** *Entrevista com Gregg Jakobson.*

166 **as outras moças a provocavam a respeito disso:** *Entrevista com Leslie Van Houten.*

167 **Ninguém na Brother Records ficou impressionado:** *Gaines, p. 207; Sanders, p. 60; Jon Stebbins,* Dennis Wilson: The Real Beach Boy *(ECW Press, 2000), p. 130. Através de um representante, os Beach Boys sobreviventes Mike Love e Al Jardine recusaram-se a dar entrevista para este livro. Brian Wilson registrou suas impressões a respeito de Charlie Manson em sua biografia,* Wouldn't It Be Nice.

168 **Wilson costumava enfiar algumas das garotas da Família no carro:** *Entrevista com Patricia Krenwinkel.*

169 **Quando Dennis ouviu as notícias:** *Entrevista com Gregg Jakobson.*

169 **O roqueiro Neil Young visitou Dennis um dia:** *McDonough, p. 287-88.*

169 uma posição de relativo destaque que muitos acreditavam que ele tivesse alcançado: *Hartman, p. 98.*

170 Mas, ao contrário de Dennis Wilson: *Entrevista com Gregg Jakobson.*

171 que pensava em levar a garota para sua casa na Cielo: *Ibid. Através de um representante, Candice Bergen disse que não desejava ser entrevistada.*

171 Jakobson os chamou de "a Família": *Entrevistas com Leslie Van Houten e Gregg Jakobson.*

172 os convidados entravam por portas deslizantes de vidro: *Entrevista com Mary F. Corey.*

173 as letras teriam que permanecer como Charlie as havia escrito: *Gaines, p. 203.*

173 Às vezes, ele lhe dizia sem rodeios: *Entrevista com Gregg Jakobson.*

174 Jakobson agendou uma curta sessão de gravação: *A data pode ter sido 9 de agosto de 1968, um ano antes do dia dos assassinatos Tate.*

174 Os resultados eram escutáveis: *As fitas dessa sessão terminaram por se tornar o álbum* LIE, *produzido por Phil Kaufman a pedido de Charlie depois de sua prisão pelos assassinatos Tate--LaBianca. As músicas têm sido copiadas e reproduzidas em diversos* CDs, *alguns deles agora disponíveis. Phil Kaufman generosamente emprestou-me uma das poucas cópias originais remanescentes de* LIE *em vinil, em cuja análise me baseei.*

175 As garotas se derretiam por seus olhos azuis: *Entrevista com Gerry Griffin. Gerry conheceu Charles Watson em Farmersville. Ela me emprestou seus anuários de 1963 e 1964 do colégio e Tex tem bastante destaque neles, com fotos em dezenas de páginas. Até mesmo sua anotação para ela é cordial: "Querida Gerry: Te desejo toda a sorte do mundo. Você é uma garota muito doce e charmosa. Eu sei que você vai longe na vida".*

176 Logo algumas das garotas da Família começaram a reclamar: *Entrevista com Gregg Jakobson.*

177 Seguidores de gurus ou quaisquer outros líderes espirituais esperam: *Entrevista com David E. Smith.*

178 eles precisavam de um lar permanente: *Atkins, p. 93--4; Sanders, p. 39-41.*

178 Ele então chamou Bobby Beausoleil: *Entrevista com Leslie Van Houten.*

181 nunca houve na história nacional 12 meses: *Entrevista com Tom Hayden.*

181 Havia algo em Charlie: *Hoskyns,* Waiting for the Sun, *p. 181.*

182 Charlie também esperava ser aceito: *Entrevista com Gregg Jakobson.*

182 uma adolescente apelidada de Croxey: *Gaines, p. 204-6.*

183 e isso aliviava sua consciência: *Entrevista com Gregg Jakobson.*

183 Despar estava acostumado a músicos: *Wilson, p. 181--83; Gaines, p. 209-12.*

184 Quando Wilson voltou para casa: *Entrevista com Gregg Jakobson.*

185 Ele alugou uma casa: *Bugliosi, p. 251; Gaines, p. 212-13; Entrevista com Gregg Jakobson.*

Os ranchos

CAPÍTULO DEZ [PG. 186-207]

A propriedade Spahn pertence hoje a uma organização religiosa que se recusou a me dar permissão para adentrar na área e dar uma olhada. É um lugar sinistro, mesmo olhando do lado de fora. O set de filmagens há muito se foi, queimado em um incêndio, mas muitas das áreas visíveis da estrada são familiares devido às conhecidas fotos da Família posando lá. O lugar pode ser familiar para os fiéis fãs das série de TV *The Lone Ranger* e *The Cisco Kid*, populares nos anos 1950.

PÁGINAS

186 **Sandy Good disse que tinha um amigo:** *Emmons, p. 140-45. Susan Atkins também alega ter créditos por ter sugerido o Rancho Spahn a Charlie, mas Susan erroneamente alega ter créditos por várias coisas.*

187 **Por 1,50 dólar por pessoa:** *Steve Oney, "Manson: An Oral History",* Los Angeles Magazine, *1º jul. 2009.*

187 **Charlie colocou Lynne:** *Bravin, p. 84-5; Sanders, p. 67.*

187 **Fazer sexo com George estava entre suas funções:** *Entrevista com Patricia Krenwinkel; Bugliosi, p. 100-1.*

188 **Charlie inicialmente o impediu de ser um membro integral da Família:** *Como Tex Watson disse ao capelão Ray,* Will You Die for Me?: The Man Who Killed for Charles Manson Tells His Own Story *(Fleming H. Revell, 1978), p. 57, 60-1.*

188 **o tipo de isolamento necessário:** *Entrevista com Leslie Van Houten.*

188 **Eles eram guiados por Juan Flynn:** *Entrevistas com Gregg Jakobson, Vincent Bugliosi e Leslie Van Houten; Sanders, p. 69.*

189 **Certo dia, Flynn queria todos de pé, trabalhando:** *Entrevista com Gregg Jakobson.*

189 **Charlie colocava o recém-chegado sob supervisão:** *Entrevistas com Patricia Krenwinkel e Leslie Van Houten.*

190 **Não era permitido que mulher alguma carregasse dinheiro:** *Entrevista com Patricia Krenwinkel.*

190 **estava bem claro que ela fora uma eficiente recrutadora:** *Entrevista com Gregg Jakobson.*

190 **Charlie designou-lhe a tarefa de acompanhá-lo:** *Entrevista com Leslie Van Houten.*

190 **Alan Rose estava fascinado:** *Entrevista com David E. Smith. De acordo com o dr. Smith, Rose pegou como empréstimo uma quantia significativa de dinheiro e deu a Charlie.*

191 **O dia começava cedo:** *Smith and Rose, "The Group Marriage Commune",* The Journal of Psychedelic Drugs.

192 **Algumas vezes ele simulou ser crucificado:** *Entrevista com Leslie Van Houten.*

192 **Certa vez, a Família ganhou um pacote de Cool Whip:** *Entrevista com Gregg Jakobson.*

192 **Uma lição marcante para a Família envolvia um rei e uma rainha:** *Isso me foi dito por um ex-membro da Família Manson.*

193 **ou álbuns do Moody Blues:** *Entrevista com Leslie Van Houten.*

193 **Charlie gostava das músicas dos Doors e do Jefferson Airplane:** *Entrevista com Patricia Krenwinkel.*

193 **Squeaky era sortuda:** *Entrevista com Leslie Van Houten.*

193 **O sexo no grupo era completamente orquestrado por Charlie:** *Smith and Rose, "The Group Marriage Commune",* The Journal of Psychedelic Drugs; *Entrevista com Gregg Jakobson.*

194 **ele parava na frente da pessoa:** *Entrevista com Leslie Van Houten.*

194 **Ainda assim, Charlie era considerado louvável:** *Entrevista com Patricia Krenwinkel.*

194 **Susan deu ao seu filho o nome de Ze Zo Ze Cee Zadfrack:** *Atkins, p. 102.*

195 **Às vezes, Sandy dizia que eram casados:** *Eu achei isso estranho; com base nos ensinamentos de Charlie, todos na Família deviam ressentir-se em ter que registrar qualquer informação para o governo. Se Sandy casou-se com Joel Pugh e ocasionalmente adotou seu sobrenome, suspeito que foi para facilitar o processo de solicitação de ajuda governamental pra o seu bebê. A Família não tinha objeções em tirar dinheiro do governo.*

195 **Relógios de pulso, calendários e qualquer coisa que marcasse o tempo:** *Entrevista com Gregg Jakobson; Bugliosi, p. 111; Sanders, p. 73.*

195 **Charlie tinha uma Bíblia:** *Entrevista com Leslie Van Houten. Como observado posteriormente neste capítulo, Charlie gostava que Leslie lesse para ele o Apocalipse.*

195 **seu antissemitismo:** *Entrevista com Patricia Krenwinkel.*

196 **se havia a impressão de que ele estava violando as regras de sua filosofia:** *Entrevista com Leslie Van Houte.*

196 **Terry Melcher fez algumas visitas ao rancho:** *Entrevista com Gregg Jakobson.*

197 **Charlie contou a Jakobson sobre a invenção do "jogo insano":** *Ibid.*

197 **Sexo com estranhos tornou--se uma rotina diária:** *Entrevista com Patricia Krenwinkel.*

198 **moscas por toda parte:** *Entrevista com Gregg Jakobson.*

198 **Phil Kaufman foi visitá-los:** *Entrevista com Phil Kaufman.*

198 **Eles aparentavam ser só mais uma comunidade:** *Entrevista com Mary F. Corey.*

198 **O verdadeiro problema era que o Rancho Spahn:** *Entrevista com David Dotson.*

199 **a Convenção Nacional Democrata:** *Entrevista com Tom Hayden, White, p. 356--59; Bill Ayers,* Fugitive Days: Memoirs of an Antiwar Activist *(Beacon, 2001), p. 134.*

199 **Depois de presenciar uma reunião republicana em Toledo:** *Theodore White,* America in Search of Itself, *p. 464.*

199 **Na imaginação de todos os eleitores mais velhos:** *Entrevista com Bob Scheiffer.*

200 **Mas a música que McCartney apresentava agora:** *Barry Milles,* Paul McCartney: Many Years from Now *(Henry Holt, 1997), p. 488.*

200 **os Beach Boys gravaram algumas músicas também:** *Timothy White, p. 284; Entrevista com Gregg Jakobson.*

200 **Isso foi deliberadamente um insulto:** *Entrevista com Gregg Jakobson.*

201 **Certa manhã, Charlie teve de expulsar um sujeito:** *Entrevista com Leslie Van Houten.*

201 **uma professora escolar, cujo apelido dado pela Família foi Juanita:** *Diferentes livros mostram Juanita chegando em épocas diferentes, mas Leslie Van Houten se lembra de Juanita sendo autorizada a se juntar à Família não muito tempo depois de a própria Leslie e Gypsy chegarem ao Rancho Spahn. De acordo com Leslie, após Charlie pegar a documentação do veículo de Juanita e esvaziar sua conta bancária, ele esperou que seus seguidores a ignorassem até ela ir embora. Cerca de um ano depois, porém, Juanita apareceu novamente. Acredito ser a mesma pessoa; aparentemente Juanita era melhor do que os outros em se manter no grupo mesmo quando Charlie não mais a queria.*

201 **Às vezes, Cathy Gillies falava sobre:** *Bravin, p. 91-3.*

202 **Charlie ficou atraído por essa propriedade:** *Bugliosi, p. 129-30, Sanders, p. 84-6.*

202 **ele deu a Barker um álbum de ouro dos Beach Boys:** *Bugliosi, p. 128-29.*

203 **Davis retornou alguns meses depois:** *Ninguém parece ter certeza por que Charlie enviou Bruce Davis e Joel Pugh à Inglaterra. Ele pode ter explorado a possibilidade de transferir a Família para lá após se transformar numa estrela. Quando Davis retornou para a Califórnia, em 1969, Charlie cumprimentou-o calorosamente e o tratou como seu braço-direito. Joel Pugh morreu em Londres; sua morte foi oficialmente registrada como suicídio, mas uma série de historiadores do caso Manson, tanto amadores quanto profissionais, citam várias circunstâncias misteriosas e têm convicção de que ele foi assassinado.*

203 **Charlie mandou que as mulheres procurassem plantas comestíveis no deserto:** *Entrevista com Patricia Krenwinkel.*

204 **Ele tentou enviar algumas das garotas para Las Vegas:** *Bravin, p. 92.*

205 **Wilson decidiu dirigir até lá:** *Entrevista com Gregg Jakobson.*

206 **Squeaky aproximou-se de George Spahn:** *Bravin, p. 94.*

206 **Leslie lia a Bíblia para ele:** *Entrevista com Leslie Van Houten.*

207 **Ele sempre citava a Bíblia:** *Entrevista com Patricia Krewnwinkel.*

A Bíblia e os Beatles

CAPÍTULO ONZE [PG. 208-233]

É impossível olhar para dentro do coração de alguém e saber com certeza no que o outro acredita. Será que Charles pensava que os Beatles estavam falando com ele através das músicas do *Álbum Branco*? Será que ele realmente esperava uma guerra racial mundial chamada Helter Skelter e que a Família poderia se esconder num poço sem fundo no deserto por centenas de anos e em seguida ressurgir para governar o mundo? Será que Charlie tomava a Bíblia literalmente e esperava o aparecimento de gafanhotos blindados e dragões com várias cabeças para anunciar a Segunda Vinda de Cristo e o fim do mundo?

Acredito que o historiador deve fornecer o contexto, bem como relatar o que aconteceu – assim como o quê e por quê. Mas, no complicado caso da crença de Charlie Manson, o palpite do leitor é tão válido quanto o meu. Durante os quase dois anos que levei para pesquisar e escrever este livro, escrevi regularmente a Manson pedindo uma entrevista para que eu pudesse perguntar sobre essas questões críticas. Ele respondeu dando minhas cartas a um amigo, com quem eu troquei uma série de cartas e e-mails; ele, por fim, me aconselhou a continuar escrevendo para Charlie – talvez ele concordasse em me ver. Não foi o que aconteceu.

Com base em minha pesquisa e entrevistas com Phil Kaufman, Gregg Jakobson, Patricia Krenwinkel, Leslie Van Houten e sua prima Jo Ann – todas pessoas que o conheciam bem –, minha opinião é que Manson era um vigarista hábil que podia convencer outros porque primeiramente convenceu a si mesmo. Pat Krenwinkel sugeriu em uma de nossas conversas que "ele provavelmente se convenceu de que algumas das coisas eram verdadeiras". Também deve ser observado que em 1968 e 1969 muitas pessoas acreditavam que os Beatles eram, em certo sentido, profetas sociais. Na América do Norte, existia um medo generalizado de que alguma forma estendida de conflito racial era iminente. Era uma época na qual qualquer coisa terrível parecia possível. Como Bob Schieffer observou para mim: "O país estava caindo aos pedaços".

PÁGINAS

208 Ele mandou que prestassem atenção: *Entrevista com Leslie Van Houten;* Watson, Will You Die for Me?, *p. 83; Bugliosi, p. 241.*

209 eles precisavam de "uma bela pancada": *Charlie deve ter acreditado que os Beatles estavam falando com ele, mas em sua memória George Harrison disse que ele não escreveu esta linha da música "Piggies". Sua mãe, Louise, foi quem sugeriu.*

209 ele pediu que todos comentassem: *Entrevista com Stephen Kay.*

209 não só porque os Beatles previram: *Entrevista com Patricia Krenwinkel e Leslie Van Houten. Pat diz que, quanto mais Charlie falava sobre os Beatles, mais ele enfatizava suas interpretações da Bíblia.*

209 João, o narrador, havia sido exilado: *Harold Lindsell (editor),* The Harper Study Bible *(HarperCollins, 1964), p. 1861-63.*

209 Para imaginações alimentadas: *Entrevista com Mary F. Corey.*

210 Assim como a Bíblia profetizou: *Entrevista com Patricia Krenwinkel.*

210 elas começariam a sentir suas asas: *Entrevista com Leslie Van Houten.*

211 quaisquer desertores que não fossem mortos: *Ibid.*

211 Houve um desertor inesperado: *Watson,* Will You Die for Me?, *p. 85-9.*

211 Charlie não tinha noção disso: *Entrevista com Gregg Jakobson.*

213 Mas havia um dilema pessoal: *A.E. Hotchner,* Doris Day: Her Own Story *(Bantam, 1976), p. 272-74.*

214 a revolta juvenil era um fenômeno que se espalhara mundo afora: *Ambrose,* Nixon, *p. 262-64.*

214 **Manifestantes estavam nas ruas:** *Entrevista com Bob Schieffer.*

215 **Ele começou a insistir:** *Ambrose,* Nixon, *p. 263-64.*

215 **Em janeiro, os líderes dos Panteras Negras:** *Entrevista com Mary F. Corey; Hayden, p. 225.*

215 **Quando ele substituiu Tom Reddin:** *Domanick,* To Protect and to Serve, *p. 221-22.*

215 **Charlie usou as notícias para apoiar:** *Entrevista com Leslie Van Houten.*

216 **Altobelli deixou que Gregg Jakobson o convencesse a permitir:** *Entrevista com Gregg Jakobson.*

216 **Eles tiveram dificuldade de achar o lugar certo para morar:** *Bugliosi, p. 28; Sanders, p. 57.*

217 **Polanski e Tate ficaram interessados:** *Bugliosi, p. 28; Sanders, p. 117; Gaines, p. 215.*

217 **Squeaky foi enviada para seduzir George Spahn:** *Bravin, p. 95.*

218 **Charlie enviou vários membros da Família:** *Bugliosi, p. 247.*

218 **Agora ele conduzia cursos de sobrevivência no deserto:** *Karlene Faith,* The Long Prison Journey of Leslie Van Houten: Life Beyond the Cult *(Northeastern University Press, 2001), p. 37.*

218 **E agora também havia armas:** *Felton and Dalton,* Rolling Stone.

218 **Charlie nunca sugeriu a qualquer membro da Família que atacasse alguém:** *Entrevista com Patricia Krenwinkel.*

219 **Charlie ordenou que as mulheres testassem:** *Entrevistas com Leslie Van Houten e Patricia Krenwinkel.*

219 **Ele planejava colocar os buggies dentro do set:** *Entrevista com Leslie Van Houten.*

219 **Assim que o trabalho com o buggy começou:** *Watson, p. 91-3.*

220 **Gypsy agarrou a corrente:** *Entrevista com Leslie Van Houten. Eu gostaria de ter perguntado a Catherine Share (Gypsy) sobre isso, mas, tirando uma conversa informal por telefone, ela se recusou a ser entrevistada a não ser se fosse paga. Eu nunca pago por entrevistas.*

220 **Ele considerou a possibilidade de elas serem contratadas:** *Bugliosi, p. 247.*

220 **Charlie então considerou enviar algumas das mulheres:** *Entrevista com Patricia Krenwinkel.*

221 **Então a Família tentou transformar:** *Watson,* Will You Die for Me?, *p. 91-9; Marynick, p. 38; Sanders, p. 125.*

222 **os Straight Satans faziam parcerias com a Família como revendedores:** *Entrevista com Gregg Jakobson.*

222 **O fato de as duas gostarem:** *Entrevista com Leslie Van Houten.*

222 **principalmente o tesoureiro do clube:** *Danny DeCarlo: Bugliosi, p. 101; Gilmore and Kenner, p. 90.*

223 **Shorty Shea às vezes se voluntariava:** *Bravin, p. 97.*

223 **Charlie reuniu seus seguidores e explicou:** *Entrevista com Leslie Van Houten.*

223 **gostavam de passar pílulas sorrateiramente:** *Entrevistas com David E. Smith e A.J. Langguth; Faith, p. 114.*

224 **ao reportar, depois de uma visita ao Rancho Barker:** *Sanders, p. 103-4; Livsey, p. 76-7.*

224 **ele descontou suas frustrações em Watkins:** *Entrevista com Vincent Bugliosi.*

224 **Gregg Jakobson talvez tivesse concordado:** *Entrevista com Gregg Jakobson.*

226 **Charlie montou pequenos esquadrões de seguidores:** *Watson,* Will You Die for Me?, *p. 75; Michelle Phillips, p. 172-73.*

226 **Em meados de março, Charlie recebeu um recado:** *Watson,* Will You Die for Me?, *p. 99.*

227 **Charlie havia informado as mulheres de que ele queria:** *Entrevista com Patricia Krenwinkel.*

227 **Os novos inquilinos deram uma festa memorável de inauguração:** *John Phillips, com Jim Jerome,* Papa John: An Autobiography *(Doubleday, 1986), p. 290-91.*

228 **de acordo com relatórios policiais subsequentes:** *Bugliosi, p. 32.*

229 **No dia 23 de março, Shahrokh Hatami olhou pela janela:** *Sanders, p. 120; Bugliosi, p. 226; Gaines, p. 215. Muitos indivíduos que eu contatei para entrevistas queriam dinheiro para falar comigo, mas o pedido de Shahrokh Hatami de 12 mil dólares foi o mais caro. Sua proposta de acordo não incluía apenas uma entrevista, mas os direitos de reprodução de quatro de suas fotografias de Sharon Tate. Eu recusei.*

231 **Uma das responsabilidades contínuas de Little Paul Watkins:** *Bugliosi, p. 123.*

231 **Rudi Altobelli cumpriu sua promessa:** *Sanders, p. 120.*

231 **Em determinada época no mês de abril, Voytek Frykowski e Abigail Folger:** *Ibid, p. 123.*

232 **autoridades do gabinete do xerife do condado de Los Angeles fizeram uma busca no Rancho Spahn:** *Bravin, p. 96.*

232 **porque os policiais pensariam que eles eram loucos:** *Entrevista com Leslie Van Houten.*

232 **ele agiria como "Charlie Louco":** *Ibid.*

232 **Tex Watson foi preso em Van Nuys:** *Bugliosi, p. 156; Watson,* Will You Die for Me?, *p. 120.*

232 **Alguém no rancho tinha um naco de raiz de beladona:** *Entrevista com Leslie Van Houten.*

233 **ficou tão irritado com sua nova atitude forçada:** *Entrevista com Phil Kaufman.*

233 **Algumas das mulheres da Família ficaram com medo:** *Entrevista com Patricia Krenwinkel.*

233 **Ele tinha esperanças:** *Entrevista com Gregg Jakobson.*

Sonhos frustrados

CAPÍTULO DOZE [PG. 234-253]

Durante uma entrevista para a revista *Oui* publicada em 1981, Bobby Beausoleil afirmou que Manson não esteve na casa de Gary Hinman na noite de 25 de julho de 1969. Ele alegou que os promotores inventaram a participação de Charlie no assassinato "porque eles queriam colocar Manson na cena do crime". Mas Susan Atkins, que também estava lá, foi veemente em seu testemunho ao júri, no seu livro *Child of Satan, Child of God* e em seu livro de memórias não publicado, ao afirmar que Manson chegou à casa de Hinman, golpeou a orelha de Hinman com sua espada e finalmente ordenou a Bobby que matasse Hinman após ele continuar a insistir que não tinha dinheiro para dar a Beausoleil e à Família.

Naquela época e depois disso, Beausoleil afirmou categoricamente que nunca se juntou à Família, uma forma de deixar claro que ele nunca seguiu ou recebeu ordens de Charlie Manson. Minha impressão é de que tais alegações se adéquam à personalidade arrogante de Beausoleil, de modo que ele assume a responsabilidade exclusiva pelo assassinato de Hinman. Beausoleil disse que Susan Atkins e Mary Brunner o acompanharam porque elas conheciam Hinman, gostavam dele e achavam que seria uma visita social. Susan escreveu que Charlie mandou-a junto com Mary para ajudar na morte de Hinman e que elas foram escolhidas porque deixaram um bebê aos cuidados de Charlie em Spahn.

Eu esperava entrevistar Beausoleil, mas soube que ele havia combinado com o cineasta Steven Martin que recusaria dar entrevistas enquanto estivessem trabalhando em um documentário sobre a vida dele.

PÁGINAS

234 **Os Estados Unidos estavam fervilhando:** *Entrevistas com Tom Hayden, Bob Schieffer e Mark Rudd; Reeves, p. 61; Hayden, p. 69-70.*

235 **a imagem mais nítida entre seus seguidores:** *Catherine Share,* Manson, *History Channel (2009).*

235 **Melcher chegou ao rancho***:* *Hotchner, p. 289-90; Gaines, p. 215-16.*

236 **Ele lembrou mais tarde que as músicas de Charlie:** *Hotchner, p. 290-91.*

236 **Charlie foi a uma loja, em Santa Monica:** *Sanders, p. 138.*

236 **Todo o mundo foi mantido trabalhando em um ritmo febril:** *Entrevista com Leslie Van Houten.*

237 **enquanto eles o guiavam para o carro:** *Bugliosi, p. 185; Gaines, p. 216; Hotchner, p. 291-92; Felton and Dalton, "A Special Report",* Rolling Stone.

237 **era um clássico produtor, com tato para dar notícias ruins:** *Entrevista com Gregg Jakobson.*

237 **O perigo constante para gurus:** *Entrevista com David E. Smith.*

238 **Terry Melcher *traiu* Charlie:** *Catherine Share,* Manson, *History Channel.*

238 **"parou de fingir que não estava com raiva":** *Entrevista com Leslie Van Houten.*

238 **Charlie fez alguns esforços de última hora:** *Hoskyns,* Waiting for the Sun, *p. 184.*

238 **Sob o comando de Charlie, eles começaram a roubar:** *Entrevista com Patricia Krenwinkel.*

239 **Charlie descobriu onde Terry Melcher morava:** *Hotchner, p. 296-97.*

239 **Charlie começou a sugerir que as assustadoras ações:** *Watson,* Will You Die for Me?, *p. 121-25.*

239 **Pat Krenwinkel foi embora com um motoqueiro:** *Entrevista com Patricia Krenwinkel.*

239 **Charlie colocou-a em seu buggy:** *Entrevista com Leslie Van Houten.*

239 **Ele recebeu a notícia de que Brooks Poston havia deixado o Rancho Barker:** *Sanders, p. 103.*

239 **Ele disse a Watkins que qualquer atraso:** *Entrevista com Vincent Bugliosi; Bugliosi, p. 247.*

240 **ele também se juntou a Paul Crockett:** *Livsey, p. 151.*

240 **A Família sofreu uma perda adicional:** *Bugliosi, p. 133.*

240 **Charlie decidiu trabalhar com outros contatos:** *Watson,* Will You Die for Me?, *p. 127-30; Bravin, p. 98-9; Marynick, p. 373-74; Bugliosi, p. 280, 417; entrevistas com Stephen Kay, Phil Kaufman, Vincent Bugliosi e Mary F. Corey.*

242 **Ele usou o incidente Lotsapoppa como prova:** *Entrevista com Leslie Van Houten.*

242 **"não era mais paz e amor e hippies":** *Catherine Share,* Manson, *History Channel.*

242 **Bob e Linda Kasabian estavam vivendo:** *Bugliosi, p. 257.*

243 **Uma mulher vivaz chamada Gypsy:** *Linda Kasabian,* Manson, *History Channel; entrevista com Gregg Jakobson.*

243 **o passeio na lua foi visto com ceticismo:** *entrevista com Leslie Van Houten.*

244 **Bobby Beausoleil deu a desculpa perfeita:** *Bardach, "Jailhouse Interview",* Oui.

244 **Em 25 de julho, sexta-feira, um membro da Família, de longa data, Bruce Davis:** *Ibid.; entrevista com Gregg Jakobson; Atkins, p. 111-19; autobiografia não publicada de Atkins, p. 22-3; Bravin, p. 98-9; Watson,* Will You Die for Me?, *p. 131-34; Sanders, p. 180--85; Udo, p. 127–30; Livsey, p. 41-2.*

246 **Susan também não conseguiu resistir a se exibir:** *Entrevistas com Stephen Kay e Leslie Van Houten*

246 **Yeller ficou enojada com os comentários de Susan:** *Entrevista com Patricia Krenwinkel.*

247 **alguns amigos de Gary Hinman foram até sua casa:** *Sanders, p. 187-88.*

247 **elas foram apanhadas por Saladin Nader:** *Ibid., p. 189.*

248 **Charlie anunciou que dirigiria rumo ao norte:** *Bugliosi, p. 274-75.*

248 **Na Cielo Drive, as coisas estavam agitadas:** *Sanders, p. 195.*

249 **Beausoleil não levou Kitty Lutesinger:** *Bardach, "Jailhouse Interview",* Oui; *Watson,* Will You Die for Me?, *p. 134; Sanders, p. 192-93.*

249 **Charlie também estava sendo pego pela lei:** *Bugliosi, p. 275-76.*

250 **Eles falaram sobre o *Álbum Branco*:** *ibid., p. 276.*

250 **Beausoleil ligou para o Rancho Spahn:** *Sanders, p. 192-93.*

250 **Alguém se lembrou de um filme:** *Bravin, p. 99. Patricia Krenwinkel afirma que, apesar de não ter participado de nenhuma especulação de assassinatos* *copycat, comentários de outros membros que ela escutou depois indicam que tais assassinatos foram discutidos.*

250 A empregada doméstica Winifred Chapman: *Bugliosi, p. 50-3. Todas as minhas referências às atividades de 8 de agosto na Cielo e de Sharon Tate, Voytek Frykowski, Abigail Folger, Jay Sebring e William Garretson são baseadas em uma linha do tempo do* LAPD *incluída nestas páginas de* Helter Skelter.

251 Charlie e Schram chegaram ao Rancho Spahn: *Sanders, p. 194.*

252 O instinto de Charlie dizia-lhe para fugir: *Bravin, p. 99.*

252 Uma sugestão foi lançar um ataque: *Autobiografia não publicada de Atkins, p. 26.*

253 Charlie ordenou que Squeaky desse para Mary Brunner: *Ibid., p. 99-100.*

253 houve memórias conflitantes: *Susan Atkins recordou que Sandy e Mary foram mandadas para "comprar suprimentos de fuga, inclusive corda" na preparação da tentativa da Família de libertar Bobby Beausoleil da prisão do condado de L.A. (autobiografia não publicada de Atkins, p. 25-26); Nuel Emmons escreveu que Charlie lhe disse que elas foram enviadas para buscar comida para um jantar especial da Família naquela noite (Emmons, p. 196-98).*

240 Cada fiança custava 600 dólares: *Watson,* Will You Die for Me?, *p. 135.*

Tate

CAPÍTULO TREZE [PG. 254-272]

Charlie Manson sempre insistiu que não mandou que a Família matasse ninguém; ele apenas permitiu que fizessem o que quisessem. Tex Watson é igualmente veemente ao afirmar que Charlie disse-lhe para ir até a Cielo e matar todos lá. Baseado em tudo o que sabemos agora sobre as técnicas de manipulação de Manson, ambos estão de alguma forma dizendo a verdade, apesar de cada um claramente estar tentando colocar a culpa no outro.

Minha descrição dos cinco assassinatos na Cielo durante as primeiras horas do dia 9 de agosto de 1969 é extraída de cinco fontes: *Will You Die For Me?*, de Tex Watson, p. 135-44; *Child of Satan, Child of God*, de Susan Atkins, p. 124-135; a autobiografia não publicada de Atkins; o interrogatório de Linda Kasabian com Vincent Bugliosi antes do julgamento, como recontado em *Helter Skelter*, p. 258-63; e minhas duas longas entrevistas com Patricia Krenwinkel no Instituto para Mulheres em Corona, em 21 e 22 de abril de 2012. Existem algumas contradições, a maioria sobre pequenos pontos que diferentes pessoas relembram substancialmente da mesma maneira, com algumas pequenas diferenças. Eu as mencionarei nas notas do capítulo e explicarei por que estou inclinado a aceitar uma versão em detrimento de outra.

Krenwinkel nega a descrição de Kasabian de sua reação horrorizada nos assassinatos na Cielo, insistindo que Kasabian foi uma participante ativa apesar de ela não ter matado ninguém. Krenwinkel afirma que tem certeza de que Kasabian nunca pediu a ninguém que parasse.

Meu relato da investigação inicial da cena do crime provém de duas fontes – Bugliosi, em *Helter Skelter*, p. 3-24, e o excelente artigo "Manson: An

Oral History", de Steve Oney, que foi publicado em 1º jul. 2009, na *Los Angeles Magazine*. Bugliosi trabalhou diretamente com os registros policiais, e Oney entrevistou o sargento Michael McGann e o policial Danny Galingo.

PÁGINAS

254 **Charlie Manson incutiu duas crenças fundamentais:** *Entrevistas com Leslie Van Houten e Patricia Krenwinkel.*

256 **Retomando Dale Carnegie:** *Entrevistas com Phil Kaufman e Gregg Jakobson. Ambos ofereceram inúmeros exemplos de Charlie persuadindo membros da Família de que o que ele desejava que eles fizessem era originalmente ideia ou ideias deles.*

257 **cuidar dos cães de Altobelli:** *Sabemos que havia ao menos três cães, e Tate também possuía um cachorro e vários gatos. William Garretson foi vago em seu testemunho a respeito dos cães, apesar de sabermos que pelo menos o weimaraner estava na casa de hóspedes com ele quando os investigadores chegaram à cena do crime. Susan Atkins fez referência a um dos cães estar na casa durante os assassinatos, mas nenhum dos relatórios policiais subsequentes mencionou qualquer sinal de um animal ativamente presente – havia um monte de pegadas ensanguentadas, mas nenhuma marca de patas. Em qualquer caso, os cães não desempenharam um papel importante no que aconteceu na Cielo naquela noite.*

258 **as três mulheres ainda não sabiam:** *Patricia Krenwinkel é veemente ao afirmar que Tex Watson não falou em matar ninguém até que os quatro invasores passaram pela cerca na Cielo.*

260 **Tex cortou-o com a faca:** *Em* Helter Skelter, *Bugliosi escreve que ele não sabe a ordem em que Tex usou a Buntline .22 e sua faca. Tex recorda que ele atirou "e em algum momento usou a faca". Do seu esconderijo no mato, Pat acreditou que Tex "tentou esfaquear primeiro e depois atirou".*

264 **Pat estava tremendo:** *Entrevista com Patricia Krenwinkel. Desde o início das investigações, a polícia e os promotores não conseguiram entender por que William Garretson não foi morto. Agora sabemos. Parece impossível que Garretson não tenha escutado nada naquela noite – além dos disparos, houve gritos das vítimas e Tex e Pat perseguiram Frykowski e Folger até o gramado do lado de fora, matando-os ali. Eu tentei e não consegui localizar Garretson durante as pesquisas para este livro. Mas em uma entrevista para o canal E! em 1999, Garretson afirmou ter ouvido barulhos que acreditou serem bombinhas estourando quando Watson atirou em Steve Parent, que ouviu gritos, que viu uma garota perseguir outra fora da mansão principal e então ouviu alguém dizendo "Pare, eu já estou morta". Ele não sabia o que estava acontecendo, disse, mas estava assustado demais para olhar pela janela.*

265 **Susan segurou Tate enquanto Tex a esfaqueou:** *Inicialmente, Susan Atkins se vangloriou de ter esfaqueado Sharon Tate até a morte, mas ela mudou sua história e disse ter segurado a mulher grávida enquanto Tex a assassinava, e Susan sustentou esta versão pelo resto de sua vida. Em sua autobiografia, Tex diz que matou Tate. Esta versão coincide com as recordações de Krenwinkel dos eventos de 9 de agosto: primeiro Tex*

ajudou a terminar com Abigail Folger, e então entrou para matar Tate: "Os assassinatos foram cometidos em sua maioria por Tex, porque nenhuma de nós estava realmente pronta para aquilo".

266 **Charlie entrou no Ford:** *Manson contou a Nuel Emmons que foi ao local dos assassinatos com um membro não identificado da Família. Krenwinkel lembra de Manson indo encontrá-los com Nancy Pitman na entrada do Rancho Spahn, mas não sabe se Pitman foi com Manson quando ele dirigiu até a Cielo. De que Manson fez algumas alterações na cena do crime não há dúvida; ele pôs uma toalha sobre a cabeça de Jay Sebring, o que levou a imprensa a sugerir que capuzes haviam sido colocados sobre a cabeça de todas as vítimas, uma descrição que encorajou mais especulações sobre os assassinatos terem sido parte de algum ritual satânico. Charlie também colocou um par de óculos perto dos corpos de Sharon e Jay, uma falsa pista já que ele não permitia que os membros da Família usassem óculos. Em* Will You Die For Me?, *Tex Watson escreveu que a grande bandeira americana já estava no sofá quando os assassinatos aconteceram. Bugliosi nota em* Helter Skelter *que na manhã após os homicídios Winifred Chapman contou à polícia que a bandeira já estava na casa antes das mortes, apesar de não especificar onde. Krenwinkel tem certeza de que enquanto Tate, Frykowski, Sebring e Folger foram assassinados, a bandeira não estava no sofá, e que ficou chocada ao ler reportagens afirmando que ela estava lá. Eu acredito em Krenwinkel. Frykowski estava dormindo no sofá quando os invasores entraram na casa, e ninguém se lembra de ele estar enrolado numa bandeira durante os momentos que precederam o crime quando ele rolou no sofá, chutado por Tex. Tex havia inalado uma dose extra de metanfetamina antes de deixar Spahn, então sua capacidade de observação certamente podia estar distorcida.*

LaBianca e Shea

CAPÍTULO CATORZE [PG. 273-296]

Minhas fontes para a descrição dos assassinatos LaBianca e outros eventos naquela noite incluem entrevistas com Patricia Krenwinkel e Leslie Van Houten (mencionada o tempo inteiro); o depoimento de Linda Kasabian em *Helter Skelter*, p. 266-73; declarações de Kasabian e Vincent Bugliosi no documentário *Manson*, do History Channel; o livro de Tex Watson *Will You Die For Me?*, p. 145-151; o livro *Child of Satan, Child of God* de Susan Atkins, p. 134-36, e sua autobiografia não publicada; e entrevistas auxiliares com Phil Kaufman e David Dotson. O relato neste capítulo do assassinato de Shorty Shea é muito menos detalhado porque toda a informação é secundária. Manson, Bruce Davis e Steve Grogan (Clem) foram condenados pelo assassinato de Shea com base em provas circunstanciais, uma vez que o corpo dele nunca foi encontrado até muitos anos depois, quando Clem levou as autoridades até a cova no rancho.

PÁGINAS

274 **eles entraram no Ford:** *Alguns livros colocam Manson revezando na direção com Linda Kasabian; em sua entrevista comigo, Krenwinkel disse que apenas Kasabian dirigiu, pelo menos até a casa dos LaBianca.*

274 A única conversa foi unilateral: *entrevistas com Leslie Van Houten e Patricia Krenwinkel.*

274 Os LaBianca haviam trabalhado arduamente: *Bugliosi, p. 43-44.*

275 Os LaBianca não conseguiram deixar Suzanne: *Ibid., p. 24.*

276 eles haviam festejado naquela rua: *Entrevista com Patricia Krenwinkel. Krenwinkel acredita que Manson definiu "a casa vizinha à de Harold True" antes de eles deixarem Spahn naquela noite. A teoria dela é que Manson queria que True fornecesse drogas para a Família, e que Manson esperava incriminá-lo na morte dos LaBianca e consequentemente chantageá-lo.*

276 Mas Charlie não pensava assim: *Entrevista com Phil Kaufman.*

277 Charlie disse para Tex: *Entrevista com Leslie Van Houten. Há alguma discordância entre os cronistas de Manson se Tex Watson estava com Manson quando Manson inicialmente amarrou Leno LaBianca com tiras de couro. Mas em sua autobiografia Tex escreve que estava dentro da casa com Manson naquele momento, e que Leslie Van Houten e Pat Krenwinkel entraram depois disso.*

277 Ela estava com medo: *Entrevista com Patricia Krenwinkel.*

280 então o convidaram para tomar café da manhã: *Faith, p. 47.*

281 Ele andou ao redor da fazenda: *Autobiografia não publicada de Atkins, p. 28.*

281 Isso significou que ele não estava disponível: *Oney, "Manson",* Los Angeles Magazine.

282 A resposta de Buckles para os detetives do condado refletia com precisão: *Arquivo do FBI 62-113047-2, obtido através da Lei de Liberdade de Informação.*

282 um polígrafo utilizado no domingo à tarde: *Bugliosi, p. 36-7.*

282 um amigo de Tex Watson de L.A. o contatou: *Watson,* Will You Die for Me?, *p. 14-22.*

283 Então ligou para Gregg Jakobson e perguntou: *Entrevista com Gregg Jakobson.*

284 Por volta de 20h30, no domingo: *Sanders, p. 246-48.*

284 Danny Galindo ainda estava na sede principal do LAPD: *Oney, "Manson",* Los Angeles Magazine.

286 Eles frequentemente operavam: *Entrevista com David Dotson.*

286 O medo era generalizado em Los Angeles: *Entrevistas com William W. Collier, Lorraine Chamberlain e A.J. Langguth. Tanto Collier quanto Langguth afirmaram que o pânico das "celebridades" foi restrito aos bairros mais nobres.*

286 Ele não conseguia entender o motivo: *Emmons, p. 212.*

286 Mas era Charlie quem tinha perdido o óbvio: *Entrevistas com Mary F. Corey, A.J. Langguth, Lorraine Chamberlain e William W. Collier.*

287 Ainda assim, Charlie usou a cobertura da imprensa: *Oney, "Manson",* Los Angeles Magazine.

287 Durante meses, os homens da lei do condado de Los Angeles: *Ibid.*

287 Charlie enviou Linda Kasabian: *Autobiografia não publicada de Atkins, p. 29.*

287 Charlie estava muito menos preocupado: *Sanders, p. 260.*

288 Tex estava com uma postura ambivalente: *Watson,* Will You Die for Me?, *p. 22-3.*

288 Tex foi questionado pelo mesmo delegado: *Ibid., p. 23.*

288 Sharon Tate se tornou: *Bugliosi, p. 48.*

288 Al Springer não lembrava: *Watson,* Will You Die for Me?, *p. 89-92.*

289 Linda Kasabian não aguentava mais: Manson, *History Channel; Sanders, p. 260; Bugliosi, p. 271, 286-88.*

291 o Rancho Spahn tornou-se a antítese: *Gaines, p. 216; Bugliosi, p. 93; Sanders, p. 263; Watson,* Will You Die for Me?, *p. 22.*

291 Ao amanhecer, no sábado: *Oney, "Manson",* Los Angeles Magazine.

293 A invasão dos Straight Satans: *entrevista com Patricia Krenwinkel.*

294 Danny DeCarlo foi o primeiro: *Bugliosi, p. 101.*

294 logo pensou em um candidato óbvio: *Autobiografia não publicada de Atkins, p. 30; Livsey, p. 52.*

295 Em uma noite no final de agosto: *Oney, "Manson",* Los Angeles Magazine; *Livsey, p. 52-3; Sanders, p. 271-72. A data específica nunca foi determinada.*

295 No início, ela pensou ter sido imaginação: Los Angeles Magazine.

295 No final de agosto: *Bugliosi, p. 64-5.*

296 esses ataques totalizaram quase 250: *Patterson,* Grand Expectations, *p. 716-17.*

O Vale da Morte

CAPÍTULO QUINZE [PG. 297-318]

Patricia Krenwinkel e Leslie Van Houten me proporcionaram descrições em primeira mão da vida no Rancho Barker. Leslie frequentemente desfrutava: "Eu gostava de viver na natureza sem um monte de coisas". Para Pat, a vida da Família no deserto era equivalente aos cultos sobrevivencialistas modernos cujo objetivo principal é desafiar qualquer usurpação do governo, violentamente se necessário. Ambas concordam que os homens na Família tinham uma vida bem melhor no Vale da Morte do que as mulheres.

PÁGINAS

297 Charlie não permitiu a seus seguidores se reajustarem: *Entrevistas com Leslie Van Houten e Patricia Krenwinkel; Watson,* Will You Die for Me?, *p. 27; Autobiografia não publicada de Atkins, p. 33.*

298 Leslie, em especial, queria: *Entrevista com Leslie Van Houten.*

298 Muitos, desgastados pelo trabalho físico: *Entrevista com Patricia Krenwinkel.*

299 Ruth Ann confidenciou a Danny DeCarlo: *Bugliosi, p. 110.*

299 Juan Flynn, acompanhou a Família até o deserto: *Oney, "Manson"*, Los Angeles Magazine.

299 Barbara Hoyt ouviu Susan Atkins fofocar: *Ibid.*

300 Além disso, todos sabiam que Charlie poderia encontrá-los em qualquer lugar: *Entrevista com Patricia Krenwinkel.*

300 Steven Weiss, 10 anos, viu uma arma: *Bugliosi, p. 233-38, 248.*

301 Os investigadores não estavam sendo preguiçosos: *Departamento de Identificação e Registros, LAPD; Entrevista com David Dotson.*

302 A despensa no Rancho Barker foi reduzida: *Entrevista com Patricia Krenwinkel.*

303 Barbara Hoyt e Simi Sherri, decidiram arriscar: *Oney, "Manson"*, Los Angeles Magazine; What Happened After, *History Channel, 2009.*

304 uma enorme escavadeira bloqueava a estrada pela qual costumavam passar: *Watson,* Will You Die For Me?, *p. 27-8.*

304 o guarda florestal Dick Powell estava em patrulha: *Oney, "Manson"*, Los Angeles Magazine.

304 Mary Brunner foi finalmente libertada: *Sanders, p. 284.*

304 O julgamento de David Dellinger: *Entrevistas com Tom Hayden e Mark Rudd; Hayden, p. 229.*

305 Embora não tivessem certeza: *Bishop, p. 24-26; Oney, "Manson"*, Los Angeles Magazine; *Bugliosi, p. 125-26.*

306 Tão logo os oficiais desapareceram: *Watson,* Will You Die For Me?, *p. 28.*

307 Charlie deu a Tex uma espingarda: *Ibid., p. 29.*

307 Setembro havia sido um mês frustrante: *Bugliosi, p. 69.*

307 Tex se cansou de esperar: *Watson,* Will You Die For Me?, *p. 29-30.*

307 Crockett e Poston se encontraram em Independence: *Bugliosi, p. 231-34.*

308 Os Meteorologistas lançaram: *Entrevistas com Tom Hayden e Mark Rudd; Mark Rudd,* Underground: My Life with sds and the Weathermen *(William Morrow, 2009), p. 170-83; Hayden, p. 229.*

309 Havia elementos de desconfiança: *Entrevista com Patricia Krenwinkel.*

309 Kitty Lutesinger ficou especialmente horrorizada: *Sanders, p. 291; Bugliosi, p. 75-76.*

310 Eles deram duro apenas: *Oney, "Manson"*, Los Angeles Magazine; *Bishop, p. 26-9, 33; Bugliosi, p. 126-27; Sanders, p. 292-94; Atkins, p. 140-41; Faith, p. 42.*

310 A mãe de Lutesinger lhe disse: *Sanders, p. 294.*

311 Pursell, Powell e outro oficial: *Oney, "Manson"*, Los Angeles Magazine; *Bugliosi, p. 127-30.*

313 Após suas prisões, a maior parte da Família: *Entrevista com Leslie Van Houten.*

313 **as cadeias estavam tão lotadas:** *Bravin, p. 103.*

313 **Lutesinger se encontrou com Paul Whiteley e Charles Guenther:** *Bugliosi, p. 76; Bravin, p. 105; Sanders, p. 294-98.*

314 **Os oficiais do condado de L.A. disseram a Susan:** *Atkins, p. 142-43; Sanders, p. 299.*

314 **Charlie tinha avisado seus seguidores:** *Entrevista com Leslie Van Houten.*

315 **manifestantes abarrotaram as ruas da América:** *Hayden, p. 229; Reeves, p. 128, 137-38; Ambrose,* Nixon, *p. 304.*

315 **Charlie permaneceu em custódia:** *Sanders, p. 302.*

304 **Mesmo assim, era algo:** *Bugliosi, p. 75-77.*

316 **e acrescentaram um novo nome:** *Ibid, p. 71.*

317 **Whiteley e Guenther tentaram de novo:** *Ibid., p. 77.*

317 **Tex Watson decidiu que o mundo lá fora:** *Watson,* Will You Die for Me?, *p. 153-55.*

318 **Charlie começou a transmitir mensagens:** *Sanders, p. 304.*

318 **foi difícil encontrar Susan Atkins:** *Atkins, p. 144-46; Autobiografia não publicada de Atkins, p. 33; Bravin, p. 140; Bugliosi, p. 78.*

Desvendando

CAPÍTULO DEZESSEIS [PG. 319-343]

Entrevistas com David Dotson, Gerald L. Chaleff, Vincent Bugliosi e Stephen Kay foram extraordinariamente úteis na minha pesquisa para este capítulo. Uma vez que as informações de datas e descrições da investigação foram dadas em primeira mão, eu também me baseei fortemente em *Helter Skelter,* de Vincent Bugliosi e Curt Gentry.

PÁGINAS

319 **Virginia Graham e Susan Atkins sentaram-se:** *Atkins, 145-48; Bugliosi, p. 79-80.*

320 **a polícia de Venice recebeu um telefonema:** *Sanders, p. 307; Bugliosi, p. 80-81.*

321 **Eles notaram que a calça de couro de cervo:** *Bugliosi, p. 80-1.*

321 **Susan continuou dando informações a Virginia:** *Oney, "Manson",* Los Angeles Magazine; *Sanders, p. 308-10; Bugliosi, p. 82-7.*

322 **mas tinham outro Satan sob custódia:** *Bugliosi, p. 88-94; Sanders, p. 310-11.*

324 **Ronnie Howard estava profundamente perturbada:** *Bugliosi, p. 96-7, 99.*

324 **Danny DeCarlo chegou ao Parker Center:** *Ibid., p. 97, 99-100, 106-9.*

328 **Na tarde seguinte, Aaron Stovitz:** *Entrevistas com Vincent Bugliosi e Stephen Kay; Bugliosi, p. 117-19.*

328 **Bugliosi começou acompanhando:** *Bugliosi., p. 120-23.*

329 **Em seguida, Bugliosi e cinco membros:** *Ibid., p. 123-35.*

330 **Charlie sabia o que estava acontecendo:** *Entrevista com Patricia Krenwinkel.*

330 **Bugliosi emitiu um "procura--se" para Charles Montgomery:** *Bugliosi, p. 147-48.*

330 **Sandy Good dissera:** *Ibid., p. 148-49.*

331 **o julgamento de Bobby Beausoleil pelo assassinato de Gary Hinman:** *Ibid., p. 149.*

331 **Investigadores do LAPD interrogaram:** *Entrevista com Vincent Bugliosi; Sanders, p. 318; Bugliosi, p. 152-54.*

332 **O LAPD contatou o sr. Krenwinkel:** *Sanders, p. 318.*

332 **Ele falou sobre seu interesse pela música de Charlie:** *Entrevista com Gregg Jakobson.*

333 **Tex havia saído com uma antiga namorada:** *Entrevista com Gerry Griffin; Watson,* Will You Die for Me?, *p. 156-58; Bugliosi, p. 156.*

333 **Dennis temia a ira:** *Entrevista com Gregg Jakobson.*

333 **A Columbia ficaria desapontada:** *Ibid.; Hotchner, p. 292-94; Bugliosi, p. 157.*

334 **Richard Caballero se reuniu com Bugliosi:** *Entrevista com Vincent Bugliosi; Bugliosi, p. 157; Autobiografia não publicada de Atkins, p. 34; Atkins, p. 148-49.*

335 **Embora contra a vontade de muitos membros da sua equipe:** *Entrevista com Gerald L. Chaleff; Bugliosi, p. 158-60; Watson,* Will You Die for Me?, *p. 158-60.*

336 **Phil Kaufman, que passara um tempo:** *Entrevista com Phil Kaufman.*

336 **Mas a prima de Charlie, Jo Ann, relembra:** *Entrevista com Jo Ann.*

337 **os benefícios de suas investigações:** *Bugliosi, p. 161-63.*

338 **Outro advogado de defesa tinha o mesmo objetivo:** *Ibid, p. 168.*

338 **Susan Atkins teve sua oferta:** *Atkins, p. 149; Autobiografia não publicada de Atkins, p. 34-36; Bugliosi, p. 168-70, 218.*

339 **Aaron Stovitz fez Susan Atkins jurar:** *Bugliosi, p. 173-85; Autobiografia não publicada de Atkins, p. 35.*

340 **As informações dadas por Mary Brunner:** *Bugliosi, p. 188.*

340 **se voltaram para o antigo amigo de cadeia de Charlie:** *Entrevista com Phil Kaufman.*

341 **Richard Caballero acreditava que Susan:** *Autobiografia não publicada de Atkins, p. 35-36; Bugliosi, p. 190.*

341 **Susan começou a receber suas primeiras visitas:** *Autobiografia não publicada de Atkins,, p. 36.*

342 **Na chegada de Charlie ao Palácio da Justiça:** *Entrevista com Gerald L. Chaleff.*

Charlie está famoso

CAPÍTULO DEZESSETE [PG. 344-367]

Muito deste capítulo é baseado em entrevistas com Vincent Bugliosi, Stephen Kay, Gregg Jakobson, Phil Kaufman, Bob Schieffer, Mark Rudd, Tom Hayden, Leslie Van Houten, e Patricia Krenwinkel. Para aqueles que querem saber mais sobre o movimento radical da primavera de 1970, recomendo fortemente o livro de Mark Rudd *Underground: My Life with SDS and the Weathermen.*

PÁGINAS

344 **A chegada de Charlie algemado:** *Entrevistas com Gerald L. Chaleff, A. J. Langguth, Bob Schieffer, Lorraine Chamberlain, e Tom Hayden.*

344 **Joan Didion refletiu sobre os assassinatos:** *Didion,* The White Album, *p. 47.*

345 **Los Angeles se encontrava em meio a uma guerra jornalística:** *Entrevista com A.J. Langguth.*

345 **O diretor de habitação pública do condado:** *Entrevista com George Sidiropolis.*

346 **Os ativistas mais radicais foram mais além:** *Entrevistas com Mark Rudd e Tom Hayden; Rudd, p. 187-90.*

346 **Charlie tinha que agradecer a Squeaky, Ruth Ann e a alguns dos seus outros:** *Bravin, p. 108-9.*

346 **mas agora havia novos recrutas:** *Entrevista com Vincent Bugliosi; Bugliosi, p. 200. Um pouco dessa passagem é também baseada em informações do ex-membro da Família que mais tarde tentou retomar sua entrevista comigo.*

347 **a promotoria tirou a sorte grande:** *Entrevista com Stephen Kay; Bugliosi, p. 191.*

347 **O juiz William B. Keene indiciou Charles Manson:** *Bugliosi, p. 191.*

348 **Durante as seis semanas seguintes:** *Ibid, p. 192.*

348 **O juiz Keene impôs uma lei do silêncio:** *Entrevista com Vincent Bugliosi e Stephen Kay; Bugliosi, p. 190.*

348 **as gravações que Caballero havia feito com Susan:** *Sanders, p. 327; Livsey, p. 45; Felton and Dalton, "Year of the Fork, Night of the Hunter",* Rolling Stone.

348 **Enquanto os cidadãos de Los Angeles ainda digeriam:** *Bugliosi, p. 194-95.*

349 **Bugliosi continuou a acumular evidências:** *Ibid., p. 196.*

349 **uma equipe de TV local saiu em busca:** *Ibid., p. 197-98.*

349 **Bernard Weiss decidiu procurar:** *Sanders, p. 327; Bugliosi, p. 198-200.*

350 **Charlie usou o seu tempo na cadeia:** *Entrevista com Patricia Krenwinkel, Vincent Bugliosi, e Stephen Kay.*

350 **Leslie trocou de advogado:** *Entrevista com Leslie Van Houten; Sanders, p. 327; Bugliosi, p. 201-2.*

351 **Rudolf Weber contou a Bugliosi:** *Bugliosi, p. 203-4.*

351 **Dianne Lake não tinha muito a dizer:** *Sanders, p. 328; Bugliosi, p. 205-7.*

352 **Charlie desfrutava de sua fama:** *Entrevistas com Phil Kaufman e Leslie Van Houten; Gaines, p. 218-19; Wilson, p. 184; Sanders, p. 333.*

353 **Os detetives do caso LaBianca localizaram Harold True:** *Bugliosi, p. 207-8.*

353 **Stovitz e Bugliosi se preocuparam:** *Entrevista com Vincent Bugliosi.*

353 **Houve a capa da *Life*:** *Rick Perlstein,* Nixonland: The Rise of a President and the Fracturing of America *(Scribner, 2008), p. 243-44.*

354 **Eles discordaram imediatamente:** *Entrevistas com Stephen Kay e Vincent Bugliosi; Bugliosi, p. 217-18.*

354 **O condado de Inyo retirou as acusações de incêndio:** *Bugliosi, p. 220.*

355 **ele deu uma extensa entrevista:** *Entrevista com Gregg Jakobson; Felton and Dalton, "Year of the Fork, Night of the Hunter",* Rolling Stone.

356 **Bugliosi decidiu interrogar Gregg Jakobson:** *Bugliosi, p. 223-26.*

356 **Melcher agora estava morrendo de medo de Charlie:** *Ben Fong-Torres,* Hickory Wind: The Life and Times of Gram Parsons *(Atria, 1991), p. 148-51.*

356 **A complexidade do caso:** *Entrevista com Gerald L. Chaleff.*

356 **Altobelli corroborou:** *Bugliosi, p. 227-29.*

356 **Shahrokh Hatami lembrou:** *Ibid., p. 229-31.*

357 **O condado de Inyo enviou a Bugliosi:** *Ibid., p. 231-47.*

358 **Eles contataram os advogados de Linda Kasabian:** *Ibid., p. 251-54.*

358 **ela escreveu que teve de escolher:** *Autobiografia não publicada de Atkins, p. 37.*

358 **notícias de uma terrível explosão:** *Rudd, p. 193-98, 213; Hayden, p. 232; David Browne,* Fire and Rain: The Beatles, Simon & Garfunkel, James Taylor, CSNY and the Lost Story of 1970 *(DaCapo, 2011), p. 120-22; Reeves, p. 175.*

359 **Kaufman percebeu isso, mas Charlie não:** *Entrevista com Phil Kaufman.*

359 **Para Kaufman restou uma garagem:** *Atualmente, diversos sites na Internet pedem até 1.700 mil dólares por cópias do álbum original em vinil* LIE.

359 **Susan Atkins modificaria:** *Autobiografia não publicada de Atkins, p. 37; Sanders, p. 335.*

360 **Seu objetivo aparente era provocar:** *Entrevista com Oden "O.P." Skupen.*

361 **Linda Kasabian deu à luz um menino:** *Bugliosi, p. 265-66.*

361 **Os investigadores conseguiram uma cópia de uma multa:** *Ibid, p. 276.*

361 **"Lotsapoppa" não estava morto, afinal:** *Sanders, p. 337; Bugliosi, p. 279-80.*

361 **Pat Krenwinkel recusou--se a ceder:** *Bugliosi, p. 283.*

362 **Ele e seus advogados cogitaram:** *Browne, p. 220.*

362 **Os promotores achavam:** *Bugliosi, p. 289.*

363 **Charlie se sentia otimista o bastante:** *Ibid., p. 292.*

363 **Na primavera, as manifestações antiguerra:** *Browne, p. 168-71; Reeves, p. 212-14, 216; entrevista com Lorraine Chamberlain.*

364 **A seleção do júri durou cinco agonizantes semanas:** *Entrevistas com Oden Skupen e Gus Carlton.*

365 **Em vinte páginas devastadoras:** *Fulton and Dalton, "Year of the Fork, Night of the Hunter",* Rolling Stone.

365 **O promotor Evelle Younger, de Los Angeles, não gostou:** *Bugliosi, p. 342.*

366 **Stovitz e Bugliosi possuíam um plano de batalha:** *Ibid., p. 305.*

366 **Charlie acreditava que tinha controle sobre:** *Entrevista com Oden Skupen.*

366 **Pat e Leslie tentaram:** *Entrevistas com Patricia Krenwinkel e Leslie Van Houten.*

367 **A proximidade sempre era crucial:** *Entrevista com Patricia Krenwinkel.*

367 **Charlie alertou os membros da Família:** *Entrevista com Leslie Van Houten.*

O julgamento

CAPÍTULO DEZOITO [PG. 368-393]

Aos leitores que quiserem todos os detalhes do julgamento, recomenda-se ler *Helter Skelter*, de Vincent Bugliosi e Curt Gentry, ou *Witness to Evil*, de George Bishop. Eu quis recontar os momentos e eventos mais importantes, fornecendo novas informações e percepções colhidas, em sua maioria, de entrevistas com os acusados Leslie Van Houten e Patricia Krenwinkel, os promotores Vincent Bugliosi e Stephen Kay, e os oficiais de Justiça O.P. "Scoop" Skupen e Gus Carlton. Observadores do lado de fora do Tribunal de Justiça de Los Angeles, mais notavelmente William W. Collier, também foram de grande ajuda.

PÁGINAS

368 **Os promotores estavam determinados:** *Entrevistas com Stephen Kay and Vincent Bugliosi; Bugliosi, p. 309-15.*

369 **Os outros oficiais disseram:** *Entrevistas com Gus Carlton and Oden Skupen.*

369 **Charlie o chamou de "casa de rato":** *Entrevista com Patricia Krenwinkel.*

369 **Charlie dizia a Susan, Pat e Leslie o que elas deveriam fazer:** *Entrevistas com Patricia Krenwinkel e Leslie Van Houten.*

370 **Fitzgerald foi para casa e encontrou Squeaky:** *Entrevista com Patricia Krenwinkel.*

370 **nunca eram deixadas sozinhas com seus advogados:** *Entrevista com Leslie Van Houten.*

370 **Os oficiais de Justiça chegaram a um entendimento com Charlie:** *Entrevista com Oden Skupen.*

370 **Particularmente, achavam estranho:** *Entrevistas com Gus Carlton e Oden Skupen.*

371 **Ele havia feito seu melhor:** *Didion,* The White Album, *p. 45.*

371 **Sandy Good confrontou Linda:** *Bugliosi, p. 317.*

371 **No momento que um oficial do tribunal começou a tomar:** *Ibid., p. 317-23; Bishop, p. 106.*

373 **O julgamento de Charlie Manson foi uma dádiva de Deus para Nixon:** *Entrevista com A.J. Langguth.*

373 **Nixon fez um discurso em Denver:** *Entrevista com Vincent Bugliosi; Perlstein, p. 521; Bugliosi, p. 323-28; Bishop, p. 200. Bugliosi contou-me que muitos anos depois ele encontrou Richard Nixon e disse-lhe: "Senhor presidente, o que você disse [sobre Manson] estava certo. Você apenas disse aquilo na hora errada".*

374 **Mas Charlie tinha a última palavra:** *Entrevista com Oden Skupen.*

374 **Fitzgerald perguntou a Older se poderia:** *Entrevistas com Leslie Van Houten e Patricia Krenwinkel.*

374 **Charlie se recusou a deixar sua cela:** *Bishop, p. 227-29.*

374 **Ele implorava um cigarro e muitas vezes praticava:** *Entrevistas com Oden Skupen e Gus Carlton.*

375 **o juiz Older garantiu formalmente imunidade a Linda:** *Bugliosi, p. 330; Bishop, p. 222-23.*

375 **essas perdas foram mais do que compensadas:** *Bugliosi, p. 332-35.*

376 **Stovitz e Bugliosi queriam isso no registro:** *Bishop, p. 253.*

376 **"Nós fomos muito bem no primeiro":** *Bugliosi, p. 336.*

376 **Susan começou a se remexer:** *Sanders, p. 416; Bugliosi, p. 342-43.*

377 **não havia tempo para Kay:** *Entrevista com Stephen Kay.*

377 **Nos meses desde que retornou:** *Bravin, p. 122-24; Oney, "Manson,"* Los Angeles Magazine; What Happened After, *History Channel.*

378 **Tex Watson foi finalmente transladado:** *Watson,* Will You Die for Me?, *p. 163-67; Bugliosi, p. 356-57.*

378 **Os Meteorologistas resgataram Timothy Leary:** *Rudd, p. 225--31; Ayers, p. 255-56.*

379 **pedestres na calçada:** *Entrevista com William W. Collier.*

379 **Sandy levantou-se e o seguiu:** *Bugliosi, p. 358.*

379 **Sandy e Squeaky se aproximaram de Kay:** *entrevista com Stephen Kay.*

380 **Durante uma pausa no tribunal:** *Bugliosi, p. 359.*

380 **O vocabulário sexual de Barbara falhou:** *Bishop, p. 270-72.*

380 **que brilhou ao olhar para Manson:** *Bugliosi, p. 363-69.*

381 **Naquele dia e por muitos:** *Bishop, p. 275-77.*

381 **Mas antes que Whiteley pudesse sair:** *Entrevista com Oden Skupen; Bugliosi, p. 369-70; Bishop, p. 278-79.*

381 **Older proibiu a presença dos réus:** *Bugliosi, p. 370-80.*

382 **Os oficiais se esforçaram para fazer:** *Entrevista com Oden Skupen.*

382 **Quando Charlie soube:** *Bugliosi, p. 379.*

383 **Tão logo disse isso:** *Ibid., p. 387-92; Bishop, p. 307-14.*

385 **era desajeitado e constantemente tropeçava:** *entrevista com Leslie Van Houten,*

385 **houve uma busca por Hughes:** *Bugliosi, p. 393-95; Bishop, p. 314-18; entrevistas com Stephen Kay e Leslie Van Houten.*

386 **Em 21 de dezembro, o juiz pediu ordem no tribunal:** *Bishop, p. 318; Bugliosi, p. 398-401; entrevista com Stephen Kay.*

387 **Paul Fitzgerald, falando em nome de:** *Bugliosi, p. 401-7; Bishop, p. 321-30.*

387 **Ele respondeu aos argumentos:** *Bugliosi, p. 407-9; Bishop, p. 330-33.*

388 **Enquanto o júri saía:** *Entrevistas com Gus Carlton e Oden Skupen.*

388 **Kathleen Maddox estava em Los Angeles:** *Entrevista com Nancy.*

389 **Nos meses seguintes, ela recebeu cartas:** *Entrevista com Nancy. Ela me trouxe as cartas para que eu as lesse.*

389 **Charlie enviou uma mensagem através de Sandy e Squeaky:** *Entrevista com Patricia Krenwinkel.*

389 **Charlie gritou com ele:** *Entrevista com Oden Skupen.*

390 **Bugliosi descansou da acusação:** *Bugliosi, p. 417-55.*

393 **Então Charlie perdeu a calma:** *Entrevista com Oden Skupen.*

393 **Lennon respondeu que Manson era "maluco":** *Jann S. Wenner,* Lennon Remembers *(Verso, 2000), p. 71.*

O homem errado no lugar certo e na hora certa

CAPÍTULO DEZENOVE [PG. 394-407]

Este é um resumo, em vez de um longo exame das pessoas e eventos em um período de mais de quarenta anos. Para aqueles que desejarem mais informações, recomendo fortemente o livro *Squeaky: The Life and Times of Lynette Alice Fromme*, de Jess Bravin, que fornece tanto detalhes quanto impressões de dentro da Família após a condenação de Manson pelos assassinatos Tate-LaBianca. Indico aos leitores em particular a descrição de Bravin dos eventos que cercaram o assassinato de James Willett. Em alguns poucos casos, os eventos neste capítulo são apresentados fora da ordem cronológica para facilitar a leitura.

Apesar de terem sido especialmente moldadas por minhas entrevistas com Nancy, Jo Ann, Phil Kaufman, Gregg Jakobson, dr. David E. Smith, Leslie Van Houten e Patricia Krenwinkel, as conclusões no fim do capítulo são essencialmente minhas.

PÁGINAS

393 **sua execução não era iminente:** *Bugliosi, p. 458-59.*

395 **Posteriormente, Susan escreveu que após chegar:** *Atkins, p. 156.*

395 **apenas emocionalmente exaustas:** *Entrevistas com Leslie Van Houten and Patricia Krenwinkel.*

396 **[Kenneth] Como e a Família acreditavam:** *Isso é baseado na minha entrevista com o antigo membro da Família que mais tarde pediu para ser removido deste projeto.*

396 Ele foi adotado e teve o nome trocado: *Autobiografia não publicada de Atkins, p. 53.*

396 Squeaky começou a escrever um livro: *Bravin, p. 144.*

397 Sua estadia no Corredor da Morte teve um mau começo: *Carta de Roger Dale Smith para Bob George, 22 de abril de 1997.*

398 a Suprema Corte da Califórnia votou: *Entrevistas com Patricia Krenwinkel e Leslie Van Houten; Bugliosi, p. 488; Faith, p. 47, 78.*

398 A crise na Família continuou: *Bravin, p. 174-75.*

399 Em vez disso, ela recebeu uma observação incisiva: *Bravin, p. 160.*

399 Ela nunca se recuperou emocionalmente: *Entrevista com Nancy.*

399 Ela inicialmente não entendeu: *Atkins, p. 199-206.*

400 As duas mulheres não se falariam: *Entrevista com Leslie Van Houten.*

400 A resposta de Charlie, que incluiu: *George e Matera, p. 141.*

400 Charlie também tinha uma nova fé: *Bravin, p. 187-88.*

400 Squeaky e Sandy reuniram uma miscelânea: *Livsey, p. 57–58; Bravin, p. 188-94.*

401 Squeaky Fromme odiou o livro: *Bravin, p. 189.*

402 o presidente Gerald Ford caminhava pela rua: *Ibid., p. 3-8, 233.*

403 Mas, após chegarem a Pleasanton: *Ibid., p. 394-95.*

404 encharcou Charlie com solvente e ateou fogo: *Bugliosi, p. 497; George com Matera, p. 189; Marynick, p. 106.*

404 Squeaky ansiava por um contato: *Bravin, p. 396; Bugliosi, p. 509-10.*

404 Leslie Van Houten sentiu--se frustrada: *Entrevista com Leslie Van Houten.*

406 Ele nunca teve certeza: *"Helter Shelter" por Lorraine Ali,* Entertainment Weekly, *18 de março de 1994.*

398 Quando ele não perde os privilégios: *Minhas descrições da vida diária de Manson em Corcoran e sua resposta a perguntas sobre os assassinatos Tate--LaBianca são derivadas de uma série de cartas enviadas pelos detentos Roger Dale Smith e Kenny Calihan a Bob George. Uma lista completa de cartas pode ser encontrada na bibliografia.*

BIBLIOGRAFIA

O nome das agências federais do governo e seus relatórios, agências estaduais, condados e os títulos das matérias de jornais, revistas e periódicos foram mantidos no original para facilitar a pesquisa dos interessados.

LIVROS E ESTUDOS

Ambrose, Stephen E. *Eisenhower: Soldier and President.* Touchstone, 1990. (Volume condensado de *Eisenhower: Soldier, General of the Army* and *Eisenhower: The President.*)

______. *Nixon: The Triumph of a Politician, 1962–1972.* Simon & Schuster, 1989.

Amburn, Ellis. *Pearl: The Obsessions and Passions of Janis Joplin.* Warner, 1992.

Atkins, Susan, com Bob Slosser. *Child of Satan, Child of God.* Bantam, 1978.

Atkins, Susan, com James Whitehouse. "The Myth of Helter Skelter." Rascunho de um projeto de livro que não foi concluído no momento da morte de Susan Atkins. Pode ser acessado em <www.susanatkins.org> e foi publicado pela Menelorelin Dorenay em 2012.

Ayers, Bill. *Fugitive Days: Memoirs of an Antiwar Activist.* Beacon, 2001.

Beail, Linda; Crow, Greg. "Wesleyan or Fundamentalist? Political and Theological Stances of Nazarene Pastors." Associação de Sociólogos e Pesquisadores de Nazareno (Association of Nazarene Sociologists and Researchers), Kansas City, 12 mar. 2004.

Benson, Jackson J. *The True Adventures of John Steinbeck, Writer.* Viking, 1984.

Beschloss, michael. *Reaching for Glory: Lyndon Johnson's Secret White House Tapes, 1964–1965.* Simon & Schuster, 2001.

Bishop, George. *Witness to Evil: The Uncensored Inside Story of Charles Manson and His Murderous Family.* Dell, 1972.

Boyd, Patti; Junor, Penny. *Wonderful Today: The Autobiography.* Headline Review Publishing, 2007.

Bravin, Jess. *Squeaky: The Life and Times of Lynette Alice Fromme.* Buzz Books/St. Martin's, 1997.

Brown, Peter; Gaines, Steven. *The Love You Make: An Insider's Story of the Beatles.* McGraw-Hill, 1983.

Browne, David. *Fire and Rain: The Beatles, Simon & Garfunkel, James Taylor, CSNY and the Lost Story of 1970.* Da Capo, 2011.

Bugliosi, Vincent; Gentry, Curt. *Helter Skelter: The True Story of the Manson Murders.* W. W. Norton, edição comemorativa de 25 anos, 1994.

Burner, David. *Making Peace with the 60s.* Princeton University Press, 1996.

Carlin, Peter Ames. *Catch a Wave: The Rise, Fall and Redemption of the Beach Boys' Brian Wilson.* Rodale, 2006.

Carnegie, Dale. *How to Stop Worrying and Start Living.* Simon & Schuster, 1948.

______. *How to Win Friends and Influence People.* Simon & Schuster, 1936.

______. Revisado por Dorothy Carnegie. *The Quick and Easy Way to Effective Speaking.* Association Press, 1962.

Caro, Robert A. *The Years of Lyndon Johnson: Means of Ascent.* Alfred A. Knopf, 1990.

Clemins, Jonathan D. *West Virginia Penitentiary.* Arcadia Publishing, 2010.

Crosby, David; Gottlieb, Carl. *Long Time Gone: The Autobiography of David Crosby.* Doubleday, 1988.

The Dale Carnegie Course in Effective Speaking and Human Relations. Dale Carnegie and Associates, 1960.

Dallek, Robert. *Flawed Giant: Lyndon Johnson and His Times, 1961–1973.* Oxford University Press, 1998.

Davies, Hunter. *The Beatles.* Ed. revisada. Norton, 1996.

Deutsch, Albert. *Our Rejected Children.* Little, Brown, 1950.

Didion, Joan. *Slouching Towards Bethlehem: Essays.* Farrar,

Straus & Giroux, 1968. (Reimp. em *paperback*, 2008.)

______. *The White Album: Essays.* Farrar, Straus & Giroux, 1979. (Reimp. em *paperback*, 2009.)

Domanick, Joe. *Cruel Justice: Three Strikes and the Politics of Crime in America's Golden State.* University of California Press, 2004.

______. *To Protect and to Serve: The LAPD's Century of War in the City of Dreams.* Pocket Books, 1994.

Dunaway, David King. *How Can I Keep from Singing? The Ballad of Pete Seeger*. McGraw-Hill, 1981.

Emmons, Nuel (como relatado por Charles Manson). *Manson in His Own Words: The Shocking Confessions of "The Most Dangerous Man Alive."* Grove, 1986.

Faith, Karlene. *The Long Prison Journey of Leslie Van Houten: Life Beyond the Cult.* Northeastern University Press, 2001.

Fong-Torres, Ben. *Hickory Wind: The Life and Times of Gram Parsons.* Atria, 1991.

Gaines, Steven. *Heroes & Villains: The True Story of the Beach Boys.* Da Capo, 1995.

George, Ed; Matera, Dary. *Taming the Beast: Charles Manson's Life Behind Bars.* St. Martin's, 1998.

Gifford, James M.; Kazee, Erin R. *Jesse Stuart: An Extraordinary Life.* Jesse Stuart Foundation of Ashland, Kentucky, 2010.

Gilmore, John; Kenner, Ron. *Manson: The Unholy Trail of Charlie and the Family.* Amok Books, 2000. Publicado originalmente como *The Garbage People*, em 1971, pela Omega Press.

Golightly, Adam; McFarland, Shamus. *A Who's Who of the Manson Family.* Feejee Press, 2010.

Greenfield, Robert. *Timothy Leary: A Biography.* Harcourt, 2006.

Halberstam, David. *The Coldest Winter: America and the Korean War.* Hyperion, 2007.

Haney Lopez, Ian F. *Racism on Trial: The Chicano Fight for Justice.* Belknap Press, 2003.

Harrison, George. *I Me Mine.* Chronicle Books, 2002.

Hartman, Kent. *The Wrecking Crew: The Inside Story of Rock and Roll's Best-Kept Secret.* Thomas Dunne, 2012.

Hayden, Tom. *The Long Sixties: From 1960 to Barack Obama.* Paradigm Publishers, 2009.

Hertsgaard, Mark. *A Day in the Life: The Music and Artistry of the Beatles.* Delacorte, 1995.

Hoekstra, Ray; Wagner, Walter. *God's Prison Gang.* Revell, 1977.

Hoskyns, Barney. *Hotel California: The True-Life Adventures of Crosby, Stills, Nash, Young, Mitchell, Taylor, Browne, Ronstadt, Geffen, the Eagles and Their Many Friends.* John Wiley, 2006.

______. *Waiting for the Sun: A Rock 'n' Roll History of Los Angeles.* Backbeat Books, 2009.

Hotchner, A. E. *Doris Day: Her Own Story.* Bantam, 1976.

Hubbard, L. Ron. *What Is Scientology? Based on the Works of L. Ron Hubbard.* Bridge Publications, 1998.

Isaacson, Walter. *Steve Jobs*. Simon & Schuster, 2011. [*Steve Jobs, a Biografia*. Companhia das Letras, 2011. Trad. Denise Bottmann, Pedro Maia Soares e Berilo Vargas.]

Janoff, Bruce L. *Timothy Leary.* Oxford University Press, 2001.

Karnow, Stanley. *Vietnam: A History.* Viking, 1983.

Kaufman, Phil, with colin White. *Road Mangler Deluxe.* White Boucke, 2005.

Leonard, Gay (org.). *Articles of Faith: What Nazarenes Believe and Why.* Beacon Hill, 2006.

Lindsell, Harold (editor). *The Harper Study Bible: The Holy Bible—Revised Standard Version.* Harper & Row, 1964.

Livsey, Clara. *The Manson Women: A "Family" Portrait.* Richard Marek, 1980.

Mailer, Norman. *The Armies of the Night.* New American Library, 1968. [*Os Exércitos da Noite: os Degraus do Pentágono*. Record, 1997.]

______. *The Executioner's Song.*

Little, Brown, 1979. [*A Canção do Carrasco*. Nova Fronteira, 1980]

Manson, Charles. *ATWA*. World Order Media, 2011. Publicado de forma privada.

Marynick, Marlin. *Charles Manson Now*. Cogito Media Group, 2010.

McDonough, Jimmy. *Shakey: Neil Young's Biography*. Random House, 2002.

McIntosh, Isaac. *Gibault Home for Boys*. Federal Writers' Project, 1936.

Melton, J. Gordon. *The Church of Scientology: Studies in Contemporary Religions*. Torino, 2000.

Miles, Barry. *Paul McCartney: Many Years from Now*. Henry Holt, 1997.

Miller, Merle. *Lyndon: An Oral Biography*. Putnam, 1980.

Newton, Jim. *Eisenhower: The White House Years*. Doubleday, 2011.

Patterson, James T. *Grand Expectations: The United States, 1945–1974*. Oxford University Press, 1996.

______. *Restless Giant: The United States from Watergate to Bush v. Gore*. Oxford University Press, 2005.

Perlstein, Rick. *Nixonland: The Rise of a President and the Fracturing of America*. Scribner, 2008.

Perry, Charles. *The Haight-Ashbury: A History*. Wenner Books, 2005. (Publicado originalmente em 1984.)

Petersilia, Joan. *When Prisoners Come Home: Parole and Prisoner Reentry*. Oxford University Press, 2003.

Phillips, John; Jerome, Jim. *Papa John: An Autobiography*. Doubleday, 1986.

Phillips, Michelle. *California Dreamin': The True Story of the Mamas and the Papas*. Warner Books, 1986.

Plamondon, Plum. *Lost from the Ottawa: The Story of the Journey Back*. Trafford Publishing, 2004.

Powers, James; Baldridge, Terry. *Ashland*. Arcadia Publishing, 2008.

Priore, Domenic. *Riot on Sunset Strip: Rock 'n' Roll's Last Stand in Hollywood*. Outline Press, 2007.

Redford, M. E. *The Rise of the Church of the Nazarene*. Nazarene Publishing House, 1932.

Reeves, Richard. *President Nixon: Alone in the White House*. Simon & Schuster, 2001.

Reid, Jan. *Texas Tornado: The Times and Music of Doug Sahm*. University of Texas Press, 2010.

Rice, Dennis. *Free Indeed*. Edição do Autor, 1996.

Riley, Tim. *Lennon: The Man, the Myth, the Music—The Definitive Life*. Hyperion, 2011.

Rudd, Mark. *Underground: My Life with SDS and the Weathermen*. William Morrow, 2009.

Sanders, Ed. *The Family*. Da Capo, 2002. (Reedição)

Schiller, Lawrence. *The Killing of Sharon Tate*. Signet, 1970.

Schlesinger, Arthur M., Jr. *Robert Kennedy and His Times*. Houghton Mifflin, 1978.

Seibold, William J. (org.). *"The Hill: A History of the Indiana Boys' School, 1901–1999."* Edição do Autor. s/d.

The Self-Interpreting Bible Illustrated and Explained, Volume III (Isaiah to Malachi). The Bible Educational Society of St. Louis, 1909.

Selvin, Joel. *Summer of Love: The Inside Story of LSD, Rock & Roll, Free Love and High Times in the Wild West*. Cooper Square, 1999.

Spitz, Bob. *The Beatles: The Biography*. Little, Brown, 2005. [*The Beatles: a Biografia*. Lafonte, 2007.]

Statman, Alisa; Tate, Brie. *Restless Souls: The Sharon Tate Family's Account of Stardom, the Manson Murders, and a Crusade for Justice*. itbooks, 2012.

Stebbins, Jon. *Dennis Wilson: The Real Beach Boy*. ECW Press, 2000.

Talbot, David. *Season of the Witch: Enchantment, Terror, and Deliverance in the City of Love*. Free Press, 2012.

Thompson, Hunter S. *Hell's Angels: The Strange and Terrible Saga of the Outlaw Motorcycle Gangs*. Random

House, 1966. [Hells Angels – Medo e Delírio Sobre Duas Rodas. Conrad, 2004; L&PM Pocket, 2010. Trad. Ludimila Hashimoto]

Udo, Tommy. *Charles Manson: Music, Mayhem, Murder.* Sanctuary Publishing (U.K.), 2002.

Watson, Tex, como relatado por Chaplain Ray. *Will You Die for Me? The Man Who Killed for Charles Manson Tells His Own Story.* Fleming H. Revell, 1978.

Watson, Charles. *Manson's Right-Hand Man Speaks Out!* Abounding Love Ministries. Edição do Autor, s/d.

Wellman, W. Donald. *The Church of the Nazarene.* Beacon Hill, 2003.

Wenner, Jann S. *Lennon Remembers.* Verso, 2000.

White, Theodore H. *America in Search of Itself: The Making of the President, 1956–1980.* Harper & Row, 1982.

______. *The Making of the President 1968.* Atheneum, 1969.

White, Timothy. *The Nearest Faraway Place: Brian Wilson, the Beach Boys, and the Southern California Experience.* Henry Holt, 1994.

Wilson, Brian. *Wouldn't It Be Nice: My Own Story.* HarperCollins, 1991.

AGÊNCIAS FEDERAIS DO GOVERNO E RELATÓRIOS

1910 United States Federal Census

National Archives and Record Administration, U.S. World War II Army Enlistment Records, 1938–1946

National Center for Education Statistics National Personnel Records Center (St. Louis)

Social Security Death Index

Department of Veterans Affairs, Fort Rosecrans National Cemetery, San Diego Federal Bureau of Investigation Charles Manson File (obtido através da Freedom of Information Act)

A Generation Deprived: Los Angeles School Desegregation (U.S. Commission on Civil Rights, 1977).

AGÊNCIAS ESTADUAIS

State of California Death Index, 1940–1997

Commonwealth of Kentucky Bureau of Vital Statistics

Commonwealth of Kentucky Birth Index

Commonwealth of Kentucky Death Records

State of Ohio Department of Health—Division of Vital Statistics

State of Washington Superior Court

Washington State Department of Social and Health Services—Bureau of Vital Statistics

West Virginia Department of Public Safety

West Virginia State Department of Health—Division of Vital Statistics West Virginia Division of Culture and History

West Virginia Department of Corrections

ESCRITÓRIOS DOS CONDADOS E REGISTROS

Boyd County (Kentucky) Recorder's Office

Boyd County (Kentucky) Circuit Court

Boyd County (Kentucky) Census 1930

Campbell County (Ohio) Clerk's Office

Hamilton County (Ohio) Clerk of Courts Office

Kanawha County (West Virginia) Office of the Prosecuting Attorney

Los Angeles County Recorder's Office

Marshall County (West Virginia) Recorder's Office

County Court of Marshall County (West Virginia)

Ohio County (West Virginia) Public Library Research Department

Rowan County (Kentucky) Census 1920

Wheeling (West Virginia) City Directory, 1909–1910

AVALIAÇÃO DE SAÚDE MENTAL DA PRISÃO ESTADUAL DA CALIFÓRNIA

Detento Roger Dale Smith, jan. 2003

ASSOCIAÇÃO DE BAIRRO

Benedict Canyon Association

CARTAS

Charles Manson a Bob George, s/d., mas escrita e postada em abr. 2012.

Charles Manson a Jeff Guinn, 17 maio 2012.

Roger Dale Smith a Bob George, 22 abr. 1997; 12 ago. 2002.

Charles "Tex" Watson a Bob George, 30 jun. 2008; 28 jul. 2008.

James Whitehouse a Bob George, 24 jun. 2009; 2 jul. 2009; 5 ago. 2009.

Kenny Calihan a Bob George, 17 abr. 2008; 27 maio 2008; 11 jul. 2008; 27 jul. 2008; 16 nov. 2008; 4 mar. 2009; 12 abr. 2009; 24 jan. 2010; 27 jun. 2010; 25 jul. 2010.

Leslie Van Houten a Jeff Guinn, 11 nov. 2011; 6 mar. 2012; 20 abr. 2012.

Patricia Krenwinkel a Jeff Guinn, 16 fev. 2012.

SITES

Site oficial do Ministério do Amor Abundante (Abounding Love Ministry), de Charles "Tex" Watson's: <www.aboundinglove.org>. Acesso em: 8 set. 2014.

Site oficial da University of California at Berkeley: <www.berkeley.edu/about/hist/architecture.shtml>. Acesso em: 8 set. 2014.

Site que detalha a história do circo: <www.circushistory.org/history/rBBB1946.htm>. Acesso em: 8 set. 2014.

Lembranças sobre crescer em North Charleston, West Virginia: <www.huntingtonarkansas.com/denny.htm>. Acesso em: 8 set. 2014.

Site oficial do Condado de Los Angeles: <www.lacounty.gov>. Acesso em: 8 set. 2014.

Site oficial dos Ministérios Verdadeiramente Livres (Free Indeed Ministries), fundado pelo ex-seguidor de Manson Dennis Rice: <www.manson2jesus.com>. Acesso em: 8 set. 2014.

Associação Nacional para Crianças Superdotadas (The National Association for Gifted Children): <www.nagc.org>. Acesso em: 8 set. 2014.

Site oficial da Igreja do Nazareno: <www.nazarene.org>. Acesso em: 8 set. 2014.

Site oficial dos Estudantes para uma Sociedade Democrática (Students for a Democratic Society): <www.newsds.org>. Acesso em: 8 set. 2014.

Site oficial da Igreja Internacional da Cientologia(Church of Scientology International): <www.scientology.org>. Acesso em: 8 set. 2014.

Site oficial de Susan Atkins, mantido pelo seu marido, James Whitehouse: <www.susanatkins.org>. Acesso em: 8 set. 2014.

DOCUMENTÁRIOS

What Happened After. History Channel. 2002.

Manson. History Channel. 2009.

JORNAIS E AGÊNCIAS DE NOTÍCIAS

ASHLAND DAILY INDEPENDENT

"Popular Couple Marries." 10 fev. 1930.

Death notices. 13 mar. 1933.

"Mrs. Nancy Maddox Dies in Parkersburg." 19 jul. 1959.

ASSOCIATED PRESS

"No Parole for Manson Follower Patricia Krenwinkel." 21 jan. 2011.

BLUEFIELD DAILY TELEGRAPH

"Two Persons Fined on Possessions Count." 21 dez. 1933.

CHARLESTON DAILY MAIL

"Bottle is 'Gun' in Holdup: Brother and Sister Accused in Robbery." 3 ago. 1939.

"Man, Girl Get Holdup Terms: Robbery with Bottle as Weapon Cited." 27 set. 1939.

New marriage announcements. 25 nov. 1939

"Holdup with Toy Gun Staged by Two Trusties." 25 fev. 1942.

CHARLESTON GAZETTE

"Fines of $100 Also Imposed on Prohibition Law Violators, Headquarters Reports." 15 ago. 1925.

Days News at a Glance. 20 jul. 1930.

"Six Couples Request Marriage Permits." 2 out. 1938.

"Manson Once Was Student in Kanawha." 12 dez. 1969.

"Sara Jane, Manson 'Likeable Children,' City Grocer Recalls." 27 set. 1975.

CINCINNATI ENQUIRER

Death notices. 19 maio 1981.

COPLEY NEWS SERVICE

"X No Longer Marks Spot for 3 of Manson's Girls." 8 maio 1976.

FORT WORTH STAR-TELEGRAM

"Thwarted Assassin Released from Fort Worth Prison." 15 ago. 2009.

HUTCHINSON NEWS

"Dodge Teacher Recalls Letters He Exchanged with Manson 'Guard.'" 6 jun. 2004.

KOKOMO TRIBUNE

"7 Inmates of Indiana Boys School Escape." 20 out. 1949.

"5 of 7 Boy Escapees Remain at Large." 21 out. 1949.

"Youth Charges He Was Beaten While at Boys School." 19 fev. 1951.

"3 Boy Fugitives Are Sentenced to National School." 10 mar. 1951.

LANCASTER EAGLE-GAZETTE

"Lancaster Youth, 19, Suspect in Murder of Five Californians." 11 ago. 1969.

LOS ANGELES TIMES

Weather reports. 8, 9, 10 ago. 1969.

"'Ritualistic Slayings': Sharon Tate, Four Others Murdered." 10 ago. 1969.

"Second Ritual Killings Here: Los Feliz Couple Found Slain; Link to 5-Way Murder Seen." 11 ago. 1969

"Police See 'Copycat Killer' in Slaying of Los Feliz Couple." 12 ago. 1969.

"Drugs Found at Murder Site." 13 ago. 1969

"Stars Attend Services for Slain Actress Sharon Tate; Rites Held for 3 Others." 14 ago. 1969.

"U.S. Checking Drug, Gaming Possibilities in Slayings of Five." 15 ago. 1969.

"Informer Links 3 to Tate Murders; Claims Dope Involvement is Key to Case." 16 ago. 1969.

"Anatomy of a Mass Murder in Hollywood." 17 ago. 1969.

"LaBianca Couple, Victims of Slayer, Given Final Rites." 17 ago. 1969.

"Canadian Police Identify Suspect in Tate Murders; Mounties Spread Dragnet for Four Men at Request of Los Angeles Officers." 18 ago. 1969.

"Suspect Hunted in Tate Murders Quizzed, Freed." 19 ago. 1969.

"Police Clarify Four Points in Tate Case." 21 ago. 1969.

"Tate Case Move: Mama Cass ex-Fiance Quizzed; L.A. Officer Talks to Him in Canada." 29 ago. 1969.

"Police Have no Tate Murder Suspect After Questioning 300." 3 set. 1969.

"Friends of Sharon Tate Offer Reward of $25,000." 4 set. 1969.

"2 or 3 Assailants Involved in Tate

Slayings, Noguchi Says." 20 set. 1969.
"Tate Case Chatter Goes On and On." 22 set. 1969.
"New Clue Found in Tate Murder Case, Police Report." 18 out. 1969.
"Eyeglasses Key Clue in Search for Tate Killer." 24 out. 1969.
"Savage Mystic Cult Blamed for 5 Tate Murders, 6 Others: At Least Nine Held in Case; Band Also Linked to LaBianca Slayings." 2 dez. 1969.
"Tenacious Probe: Chief Tells How Murder Case Was Unraveled." 2 dez. 1969.
"Took Up with Strange Man: Father Recalls Odd Behavior of Girl Suspect in Tate Crime." 2 dez. 1969.
"Grudge Against Doris Day's Son Linked to Tate Slayings; Suspect Claims Cultist Ordered Revenge Deaths." 3 dez. 1969.
"Cult Leader Was Born Into Trouble and Never Escaped It: Trail of Reformatories, Jails." 3 dez. 1969.
"Room Jammed: Cult Leader Goes to Court with Hands in Chains." 3 dez. 1969.
"Step-by-Step: The Five Tate Murders; Chronology of Slayings by Four Black-Clad Invaders Described." 4 dez. 1969.
"Jury Hears Tate Case Girl Today; Slaying Role Will Be Told, Lawyer Says." 5 dez. 1969.
"Manson 'Black Magic' Told by Ex-Followers." 5 dez. 1969.
"Orgy of Murder: Tate Suspect Tells Jury of Slayings; Girl Gives Version of Roles Played." 6 dez. 1969.
"Manson Wanted a Racial War, Friends Say." 7 dez. 1969.
"Arrests Made in Tate Case." 7 dez. 1969.
"Grand Jury Expected to Indict 7 Suspects in Tate Case Today; Leader of Nomadic 'Family' and Some of His Followers May Be Charged in Slayings of Actress and 6 Others." 8 dez. 1969.
"Manson Indicted with 5 Others in Tate Murders; Grand Jury Also Names Suspects in Connection with LaBianca Slayings." 9 dez. 1969.
"Possible Manson Victim: Search for Missing Stunt Man Pressed; Movie Ranch Where Hippie Band Stayed Scene of Hunt." 11 dez. 1969.
"Talkative Manson Arraigned in Tate, LaBianca Slayings; Questions Judge on His Rights." 12 dez. 1969.
"Cultist Arraigned." 14 dez. 1969.
"Manson Tells Court He Wants to Defend Self in Tate Case." 18 dez. 1969.
"Manson Accepts Temporary Lawyer." 23 dez. 1969.
"Manson Granted Plea to Serve as His Own Attorney at Trial." 25 dez. 1969.
"Watson Granted Delay in Extradition Hearing." 17 jan. 1970.
"Woman Obeyed Manson in Fear for Her Child's Life, Court Told." 24 jan. 1970.
"Venue Change in Murder Retrial Denied." 24 jan. 1970.
"Manson Balks in Court, Objects to Proceedings." 29 jan. 1970.
"LaBianca Murders Denied by Manson." 4 fev. 1970.
"Theory Links Beatle Album to Murders; Manson is Music 'Addict.' " 6 fev. 1970.
"Manson Still Directs 'Family.' " 6 fev. 1970.
"Manson Loses Plea to Move Trial from L.A.; Motion to Dismiss Charges Because of Publicity Also Denied." 17 fev. 1970.
"Suspect Discharges Attorney, Apparently Bowing to Manson." 18 fev. 1970.
"Manson Associate Arrested on Drug Charges, Freed." 20 fev. 1970.
"Miss Krenwinkel Asks Right to Defend herself." 25 fev. 1970.
"Manson Due to Meet Susan Atkins Today; Planning Groundwork for Defense." 5 mar. 1970.
"Jail Reunion of Miss Atkins and Manson 'Joyous.'" 6 mar. 1970.
"Manson, Judge in Heated Clash

During Hearing." 7 mar. 1970.

"Susan Atkins Denies Story, Fires Attorney." 11 mar. 1970.

"Manson Babbles Incoherently During Appearance in Court." 12 mar. 1970.

"Judge in Manson Case Challenged by Defense." 14 mar. 1970.

"Linda Kasabian to Testify for State in Tate Murders." 19 mar. 1970.

"Court-Appointed Attorney Fired by Manson; Trial Reset." 20 mar. 1970.

"Manson 'Family' May Figure in New Trial." 31 mar. 1970.

"Witness Links Manson to Murder of Hinman." 2 abr. 1970.

"Manson Involved in Musician's Death, Jury Told; Attempted to Get Hinman Money, Prosecutor States at Retrial of Beausoleil." 4 abr. 1970.

"Manson Killed Hinman, Death Suspect Claims; Beausoleil Blames Row over Money for Musician's Slaying." 14 abr. 1970.

"Manson, Two Cultists Indicted in Slaying of Musician Hinman." 15 abr. 1970.

"Manson Wins his Fight for New Judge, Trial Delayed to June 15." 18 abr. 1970.

"Manson Family Wants Watson to Return for Murder Trial." 29 abr. 1970.

"Hinman Case: Two Request Dismissal." 30 abr. 1970.

"Court Delays Decision on Manson Plea." 20 maio 1970.

"Manson Gets New Lawyer but Loses Motion to Be Co-counsel." 2 jun. 1970.

"DA Moves to Keep Attorney out of Manson's Hinman Trial." 5 jun. 1970.

"Manson Turns His Back on Judge, Is Taken from Court." 10 jun. 1970.

"Bid to Take Manson's Attorney off Tate-La Bianca Case Fails." 11 jun. 1970.

"Hinman Witness Pressure Denied." 11 jun. 1970.

"DA to Ask State High Court to Ban Manson's Attorney." 12 jun. 1970.

"Manson's Crucifixion Pose Brings Ouster; 3 Girls Also Removed from Court." 13 jun. 1970.

"Manson, 4 Women Go on Trial Today in Tate-La Bianca Killings." 15 jun. 1970.

"Beausoleil Loses Plea for New Trial, Is Sentenced to Death." 16 jun. 1970.

"Manson Jury May Be Kept in Hotel up to Six Months." 16 jun. 1970.

"Mary Brunner Charged with Hinman Murder; District Attorney Revokes Offer of Immunity for Manson 'Family' Member." 17 jun. 1970.

"Task of Selecting Jury Begins Slowly in Manson Trial." 17 jun. 1970.

"Manson Talks to Newsmen, Denies All Guilt in Murders." 19 jun. 1970.

"Panel of 60 Prospective Manson Jurors Depleted." 24 jun. 1970.

"Prosecution Will Seek Death Penalty for Manson, 3 Women." 27 jun. 1970.

"Manson's Plea for Dismissal Rejected; Judge Denies Move Based on Publicity Given Case." 30 jun. 1970.

"DA Seeks Writ in High Court to Oust Attorney for Manson." 1 jul. 1970.

"Testimony Start in Manson Case Seen by End of Month." 2 jul. 1970.

"93 Dismissed as Possible Jurors in Manson Trial." 4 jul. 1970.

"Court Orders Longer Day for Manson Trial." 7 jul. 1970.

"Judge in Manson Case Returns Jury Hunt to Chambers." 8 jul. 1970.

"Manson Trial Exposed to Public 36 Seconds." 9 jul. 1970.

"Manson Jury May Be Chosen Monday." 11 jul. 1970.

"Jury Expected to Be Sworn In Today." 14 jul. 1970.

"Manson Trial Jurors Sworn In; Quizzing of Alternates Begins." 15 jul. 1970

"Court Frees Manson 'Girl' Given Immunity in Slaying of Hinman." 24 jul. 1970.

"Manson Sought Racial Conflict, State Contends; Wanted to Blame

Mass Murders on Negroes to Stir Trouble, Jury Told." 25 jul. 1970.

"Mrs. Kasabian May Begin Testimony in Tate Case Today." 27 jul. 1970.

"Mrs. Kasabian's Testimony Met by 50 Defense Objections; State's Key Witness Interrupted Repeatedly as She Describes Life with Manson 'Family.' " 28 jul. 1970.

"Foiled 8th Murder Ordered by Manson, Mrs. Kasabian Says." 31 jul. 1970.

"Linda Kasabian Testifies She Loved Manson as the 'Messiah.'" 1 ago. 1970.

"Manson Defense Tells Shock at Nixon Remark." 4 ago. 1970.

"Nixon Explains; Clarifies Comment on Manson Guilt." 4 ago. 1970.

"Manson Flaunts Headline About Nixon's Comment Before Jury." August 5, 1970.

"Manson Case Jury Told to Disregard Headline on Nixon." 6 ago. 1970.

"Claimant of Gun in Manson Case Dies." 7 ago. 1970.

"Mrs. Kasabian Sobs When Shown Photo of Miss tate's Body." 7 ago. 1970.

"Mrs. Kasabian Says She Didn't Enter House, Help Kill 5." 8 ago. 1970.

"Mrs. Kasabian Says Tate Scene Altered Her View of Manson." 15 ago. 1970.

"Mrs. Kasabian Tells Why She Avoided Police; Feared Manson Would Kill Her." 18 ago. 1970.

"Defense Attacks 'Penitent' Linda's Self-Image; Paints Picture of 'Liar, Thief, Addict.'" 19 ago. 1970.

"Manson on Stand, Complains About Treatment at County Jail." 21 ago. 1970.

"Miss Atkins' Illness Forces Recess in Tate Slaying Trial." 29 ago. 1970.

"Manson Tied to Gun Similar to One Believed Used in Slayings; Witness Testifies He Saw Cult Leader with Revolver When They Went to Hollywood Apartment to See Man." 11 set. 1970.

"Girls Worshipped Manson, Witness Says at Tate Trial." 12 set. 1970.

"Watson Arrives in L.A. to Face Trial in Tate Slaying Case." 12 set. 1970.

"Manson Cult Linked to Murder Evidence." 18 set. 1970.

"Five Members of Manson Family Join in Silent Reunion." 19 set. 1970.

"Spahn Ranch, Once Home of Manson 'Family,' Now Ashes." 28 set. 1970.

"Manson Claimed Responsibility in Deaths, Jury Told." 29 set. 1970.

"Fear of Manson Kept Him Silent, mMan Says; 'Got to See Things' Living with 'Family,' Witness Tells Trial." 30 set. 1970.

"Manson, 'Girls,' Removed After Court Outburst; Session Recessed When Defendants Sing, Chant, and Call Insults to Judge." 2 out. 1970.

"Manson, Girls Again Ordered from Courtroom for Outbursts; Tate-LaBianca Defendants Removed by Judge 2nd Straight Day After 5 Warnings; Attorney Complains." 3 out. 1970.

"Daily Routine Continues with Manson Excluded from Court; Four Defendants Refuse to Promise Judge They'll Behave and Find Themselves Kept out for Fifth Straight Time." 8 out. 1970.

"Miss Atkins Described Tate Murder, 2nd Witness Says." 14 out. 1970.

"Manson's Race Theory Tied to Beatles, Bible, Trial Told." 17 out. 1970.

"Witness Identifies Manson as Possible Tate Home Visitor." 21 out. 1970.

"Manson Visited Tate Residence, Witness Reveals." 22 out. 1970.

"Manson, Three Women Allowed Back in Court." 23 out. 1970.

"Witness Describes Manson's Visions of Racial Warfare." 27 out. 1970.

"Manson Told of Killing Stuntman, Youth Says; Leader Claimed He Was 'Showing Blackie' How to Start Race War, Ex-Cultist Asserts." 28 out. 1970.

"Doctors Judge Manson Witness as Competent." 30 out. 1970.

"Watson Found Insane, Committed to hospital." 31 out. 1970.

"Witness Links Manson Girls

to Slayings; Lived with 'Family' in Desert." 3 nov. 1970.

"Tate-LaBianca Trial Witness Admits She Lied to Grand Jury." 10 nov. 1970.

"Manson Threatened Her, Witness Says; She Feared Defendant but Loved Him, Girl Testifies." 11 nov. 1970.

"3 Women in Tate Murder Case Reported Prepared to Confess; It Is Believed They Will Say Manson Had Nothing to Do with Killings; Defendants Insist on Taking Witness Stand." 20 nov. 1970.

"Manson Takes Stand, Denies Killing or Ordering Deaths." 21 nov. 1970.

"Attorney's Absence Again Causes Delay of Manson Trial." 1 dez. 1970.

"Two Manson 'Family' Members Surrender; Bruce Davis, Wanted in Hinman Murder Case, Turns Self In." 3 dez. 1970.

"Manson, Two Others May Be Indicted in Ranchhand Mystery." 14 dez. 1970.

"Manson Jurors Won't Go Home for Christmas." 16 dez. 1970.

"Manson, Two Others Indicted for Murder of Character Actor." 17 dez. 1970.

"Grand Jury Indicts 5 Manson Followers; LSD Food Case." 19 dez. 1970.

"Final Arguments Begin in tate murder trial; manson, 3 'Girls' removed After new outbursts in court." 22 dez. 1970.

"4 Defendants Disrupt manson murder trial; All removed from court, Some 2 or 3 times; miss Atkins Grabs for Prosecutor's Papers." 23 dez. 1970.

"Manson tried for Social ills, Attorney Says; Jury Asked to ignore Life-Style." 29 dez. 1970.

"Manson Innocent, Attorney Asserts; Calls Trial Political." 5 jan. 1971.

"Manson Trial Drones Toward Last Stage Before Verdict." 6 jan. 1971.

"Lawyer Says Manson Dominated Defendants; Calls Relationship 'Mystical.'" 13 jan. 1971.

"Manson Prosecutor Asserts Defendants Are 'Guilty as Sin.' " 14 jan. 1971.

"Bugliosi Puts Emphasis on Kasabian Story." 15 jan. 1971.

"Manson Verdict: All Guilty!" 26 jan. 1971.

"Strategy Used by Defense Seems Unclear." 26 jan. 1971.

"Manson's Mother Talks of His Early Life; Says He Was a Pampered Boy." 26 jan. 1971.

"Four Defendants' Fitness to Live Now Only Issue for Jury." 28 jan. 1971.

"Manson Strikes, Shoves His Attorney in Court." 29 jan. 1971.

"'Family' member Says Life with Manson Was a Game." 4 fev. 1971.

"Witness Says Manson Wasn't in on Killings; Puts Blame on Linda Kasabian." 9 fev. 1971.

"Susan Atkins Admits Tate, Hinman Deaths; Holds Manson Blameless." 10 fev. 1971.

"Miss Atkins Says Role in 8 Slayings 'Was No Big Thing.'" 12 fev. 1971.

"Manson Jurors End Isolation, Return Home." 18 fev. 1971.

"Linda Kasabian Back on Stand, Sticks to Her Manson Story." 25 fev. 1971.

"Manson 'Girl' Still in 'Psychotic State,' Psychiatrist claims." 2 mar. 1971.

"Conflicting Murder Stories by Manson 'Girl' Demonstrated." 3 mar. 1971.

"Addict Can Be Programmed to Kill, Witness Tells Manson Jury." 5 mar. 1971.

"Former Lawyer for Susan Atkins Tells of 'Deal' with DA." 6 mar. 1971.

"Susan Atkins' Implication of Manson Alleged." 9 mar. 1971.

"Miss Van Houten Not Motivated by Manson Order, Doctor Says." 10 mar. 1971.

"Manson is Substitute Father to 3 Girls, Psychiatrist Says." 11 mar. 1971.

"Manson, 3 'Girls' Again Removed for Court Misbehavior." 13 mar. 1971.

"Manson 'Girl' Left at Ranch Says She Was Willing to Kill." 16 mar. 1971.

"Prosecution and Defense Rest Cases in Manson Penalty Trial." 17 mar. 1971.

"Manson, 'Girls' Called Monsters; Death Asked; Prosecutor Confines

His Time to 10 minutes; Defense Attorney Heard." 19 mar. 1971.

"Manson's Attorney Makes Final Plea to Save His Life." 20 mar. 1971.

"Lawyer Claims DA Welshed on Deal with Susan Atkins." 23 mar. 1971.

"Five Manson 'Family' Members Change Pleas; Accused of Conspiring to Keep Girl from Testifying, They Take 'No Contest' Stand." 24 mar. 1971.

"Murder and Bloodshed Threatened by Manson." 24 mar. 1971.

"Ranch Search for Missing Lawyer Fails." 24 mar. 1971.

"Bugliosi Says Final Decision to Kill Was up to 3 Girls, *Watson."* 25 mar. 1971.

"Manson Life-Death Case Goes to Jury." 27 mar. 1971.

"Sidewalk Vigil: Society Doomed, Manson 'Family' Members Assert." 30 mar. 1971.

"Body Identified by Friend as Missing Manson Trial Lawyer." 31 mar. 1971.

"Manson's Fate—And Society's." 31 mar. 1971.

"Manson Loses Plea in New Murder Case." 3 abr. 1971.

"Manson, 3 Girls Condemned." 4 abr. 1971.

"Three in 'Family' Will Be Tried with Manson." 7 abr. 1971.

"Manson, Miss Atkins Return for 2nd Xase; Watson Plea Delayed." 14 abr. 1971.

"Sentencing of Manson, 'Girls,' May Be Delayed." 17 abr. 1971.

"'I Accept—Judgment,' Manson Tells Court; Subdued Clan Leader, 3 Girls Sentenced to Die in Gas Chamber." 20 abr. 1971.

"Manson Again Asks to Defend Self; Hints Behavior Will Be Better in Hinman Case." 21 abr. 1971.

"Manson Screams in Court to Prove He Has a Voice." 22 abr. 1971.

"Manson Rides Bus to San Quentin but Faces Quick Return." 23 abr. 1971.

"2 Manson 'Girls' Sent to Frontera." 29 abr. 1971.

"Manson Cultist Given Jail Term." 1 maio 1971.

"The Manson Family: Through a Glass Darkly; Some Reflections on How They Got That Way." 20 jun. 1971.

"Separate Trial for Manson Ordered." 23 jun. 1971.

"Manson Tries to Enter Guilty Plea to Shea-Hinman Murders." 15 jul. 1971.

"Manson Drops Plea Request." 16 jul. 1971.

"Alleged Killing of Stunt Man Told in Court." 21 jul. 1971.

"3 Trials Underway for Manson, Followers; 'Family' Leader Faces 2 Murder Charges While 2 Members Appear in Other Cases." 5 ago. 1971.

"Manson Evicted from Court After Outbursts." 6 ago. 1971.

"'Mystery' Witness in Manson Case Identified." 7 ago. 1971.

"Witness at Manson Trial Says She Lied in Beausoleil Case." 11 ago. 1971.

"Shea's Plaintive 'Why?' Seconds Before Death Told by Witness." 12 ago. 1971.

"$50,000 Bail Asked for Manson Cultists After Shootout." 24 ago. 1971.

"'Family' Plan to Release Manson in Raid Hinted; Theft of Weapons from Surplus Store Was Prelude to Assault on Court, DA Aide Says." 25 ago. 1971.

"Girl Quotes Watson as Admitting Killing." 25 ago. 1971.

"Threatening Call to Lawyer Prompts Shea Case Outburst." 26 ago. 1971.

"LaBianca Murder Role Confessed by Watson; Cult Member Says He Obeyed Manson Under Narcotics." 2 set. 1971.

"Watson Suffered Drug-Induced Brain Damage, Doctor Testifies." 4 set. 1971.

"Judge Refuses Motion for Manson Mistrial." 8 set. 1971.

"Grogan Retrial in Shea Killing to Start Today." 14 set. 1971.

"Ninth Manson Follower Indicted in Slaying Case." 16 set. 1971.

"Manson Boast of Shea Decapitation Reported; Student Testifies She Left 'Family' After Twice Hearing Details of Grisly Slaying." 17 set. 1971.

"Watson Was Dominated by Manson, Trial Told." 17 set. 1971.

"Watson Had Desire to Kill, State Contends." 6 out. 1971.

"Manson Cry: 'I'd Rather Cut My Head Off' than Testify." 9 out. 1971.

"Damage Suit Filed for Manson Victim's Son." 14 out. 1971.

"2 Members of Manson Group Arraigned in L.A. Jail Escape." 23 out. 1971.

"Manson Convicted of Murder in Shea and Hinman Cases." 3 nov. 1971.

"Manson 'Girl' Held in Contempt, Jailed." 5 nov. 1971.

"Jury Votes Death Penalty for Grogan." 9 nov. 1971.

"Watson Given Death Penalty by Judge Who Strongly Opposes It." 12 nov. 1971.

"Manson Receives Life Terms for Two '69 Slayings." 29 nov. 1971.

"Judge Assails Manson Before Sentencing." 14 dez. 1971.

"Manson Installed as San Quentin's 97th Death Row Inmate." 15 dez. 1971.

"Manson Follower Gets Life Sentence for Shea Murder." 23 dez. 1971.

"Judge Reverses Jurors, Gives Grogan Life for Shea Murder." 24 dez. 1971.

"Bugliosi's Next Trial—Winning DA's Office." 9 jan. 1972.

"Manson Girl Convicted of Aiding Escape." 5 fev. 1972.

"Manson Cult Girl Gets Added Term for Aiding Escapee." 25 fev. 1972.

"2 Manson Girls Seized in Murder." 13 nov. 1972.

"One of Manson's 'Family' Arrested in San Francisco." 25 dez. 1972.

"Manson Girl Freed in Murder." 1 fev. 1973.

"Manson, 3 Cohorts Will Appear at Trial." 11 fev. 1973.

"Judge Sequesters Jurors in Trial of Manson Followers." 14 fev. 1973.

"4 Manson Followers Convicted in Hawthorne Robbery-Shootout." 22 fev. 1973.

"'You Better Pray I Never Get out,' Manson Friend Tells Sanity Trial." 24 fev. 1973.

"Manson Follower Recalls His Life of Crime at Sanity Hearing." 28 fev. 1973.

"Four Manson Followers Found Sane in Two Armed Robberies; Defendants Face 10-Years-to-Life Sentences." 1 mar. 1973.

"Manson Life-Style Changes After Move from Death Row; Convict Drops in Prison Social Order, Loses Special Privileges of Condemned Men in New Setting at Folsom." 5 mar. 1973.

"Manson 'Girl' Sentenced for 2 Robberies." 21 mar. 1973.

"Manson Moved from Isolation into Cellblock." 18 set. 1974.

"Books: Stripping Away the Manson Myths." [resenha de *Helter Skelter*] 24 nov. 1974.

"Tate Murders Play: Tempest in Toronto." 29 nov. 1974.

"Two Manson Girls Move to Sacramento." 9 fev. 1975.

"One of Manson's 'Girls' Paroled." 11 mar. 1975.

"Ex-Manson 'Girl' Seeking to Erase Past; Now Paroled, 'Gypsy' Takes New Name, Wants New Life." 15 abr. 1975.

"Manson Attacked by Two Inmates in Prison Yard." 14 maio 1975.

"Manson Transferred for Own Protection." 12 jun. 1975.

"Manson Doubts He'll Go Free." 12 ago. 1975.

"Manson Girl Tries to Shoot President." 5 set. 1975.

"Follower of Manson Held After Trying to Kill Ford; Woman Aims Gun from 2 Feet Away." 6 set. 1975.

"Manson 'Family' Scattered, in Prison; Fromme Lived in Sacramento Attic." 6 set. 1975.

"Manson Plotted it, Prosecutor

Claims." 6 set. 1975.

"Manson Shows Surprise on Learning News." 6 set. 1975.

"Manson Family Inner Circle Now Almost Zero; Only 1 Believed Still Free." 29 set. 1975.

"Ex-Manson Girl Held on Warrant from 1970 Case." 10 out. 1975.

"Ex-Manson Girl Tells of Quitting 'Family'; Claims She Failed to Appear for Sentencing Because of Pregnancy." 15 out. 1975.

"Manson Shifted, Is 'Withdrawn.'" 11 maio 1976.

"Spahn Ranch Sits like a Ghost Town." 14 jun. 1976.

"Sent out List of People to Be Killed, Manson Claims." 26 ago. 1976.

"Manson Protests." 18 out. 1976.

"New Trial for Manson 'Family' Member Assured." 10 dez. 1976.

"Manson Cultist Will Be in Court for New Trial Date." 27 dez. 1976.

"Linda Kasabian Found in Florida, Will Return." 4 jan. 1977.

"Witness Sought in Van Houten Case Flown here." 5 jan. 1977.

"Former Manson Girl Vows to Testify Here." 6 jan. 1977.

"Woman in Manson Family Arrested; Charged with Sending Threatening Letters to Two Men." 18 jan. 1977.

"Leslie Van Houten Retrial to Stay in L.A., Judge Rules." 20 jan. 1977.

"Linda Kasabian Finishes Slaying Account." 26 abr. 1977.

"Jury Told of Manson Hold on 'Family'; Programmed Members into 'Zombies,' Linda Kasabian Testifies." 27 abr. 1977.

"Miss Van Houten Tells of Perjury." 6 maio 1977.

"Miss Van Houten Tells Role in Slaying." 13 maio 1977.

"Prosecution to End Van Houten Case Today." 17 maio 1977.

"Manson Called Father Figure; Gave Miss Van Houten Sense of Family, Psychiatrist Says." 24 maio 1977.

"Had Mental Duels with Manson, Prospector Says." 26 maio 1977.

"Van Houten Trial Told of Hiding Place." 27 maio 1977.

"Judge in Van Houten Trial Cuts off Mental Testimony." 7 jun. 1977.

"Miss Van Houten Describes What Led to LSD Use." 9 jun. 1977.

"Change in Clan's Mood Described; Miss Van Houten Says It Turned 'Murderous.'" 10 jun. 1977.

"Van Houten Jury Hears Manson Tape; Cult Leader Denies in Interview He Ordered Slayings." 28 jun. 1977.

"Growing 'Craziness' of Manson Cult Told at Van Houten Trial." 29 jun. 1977.

"The Manson Mystique, Whatever It Is, Lives On." 1 jul. 1977.

"Miss Van Houten Likened to a Soldier at Time of Slayings." 7 jul. 1977.

"Van Houten Attorney Asks Lesser Verdict." 8 jul. 1977.

"Van Houten Case Jury Must Start All Over." 25 jul. 1977.

"Van Houten Jurors Deadlocked 3 Ways." 5 ago. 1977.

"3rd Trial for Van Houten; Over Million Spent So Far." 1 set. 1977.

"Third Leslie Van Houten Trial Scheduled for Jan. 16." 20 out. 1977.

"Skeleton Found; May Be Manson Victim Shea." 16 dez. 1977.

"Leslie Van Houten Freed on $200,000 Bail." 28 dez. 1977.

"Third Van Houten Trial Gets Underway." 22 fev. 1978.

"'Family' Still Intact, Manson Girl Claims; Prison Fails to Dim Dedication." 19 mar. 1978.

"Justices Reject Manson Appeal." 3 abr. 1978.

"Third Van Houten Murder Trial Stars; Prosecutor Calls Her a 'Bright Girl,' Defense Says She Was 'Not Aware.'" 4 abr. 1978.

"Don't Be Gullible, Van Houten Jurors Told." 13 jun. 1978.

"Miss Van Houten's 'Sickness' Reported." 15 jun. 1978.

"Manson Women Moved to Prison in Pleasanton." 17 jun. 1978.

"Jurors Begin Deliberations in Van Houten Trial." 23 jun. 1978.

"Manson Girl Guilty Again; Van Houten Convicted in First Degree." 5 jul. 1978.

"Miss Van Houten Convicted Again for Two Slayings." 6 jul. 1978.

"Rare Prison Interview: Was Forced to Commit Violence, Manson Says." 10 jul. 1978.

"Miss Van Houten's Sentencing Delayed; Defense Granted Time to Seek New Murder Trial or Probation." 22 jul. 1978.

"Guard Accuses Manson of Attack." 1 ago. 1978.

"Tex Watson, Follower of Manson, is Denied Parole." 28 out. 1978.

"Manson Denied Parole in 3-Hour Hearing; Tells Board He Is unsuitable for Society but Claims He Never Killed." 17 nov. 1978.

"Leslie Van Houten Refused Parole for Year At Least." 1 fev. 1979.

"A Murderous 'Family': 10 Years After." 9 ago. 1979.

"As Legend Has It, Santa Ana Means an Ill Wind Blows." 20 fev. 1988.

"Keeping Manson Behind Bars: Prosecutor Stephen Kay Still Fights to Make Sure the Evil of the Tate-LaBianca Murders Is Never Forgotten." 14 maio 1989.

"The Long, Chilling Shadow of Manson: The Rampage in 1969 Still Evokes Fear and Fascination." 6 ago. 1994.

"Charles Manson Has Not Been a Model Prisoner." 6 abr. 2012.

"Charles Manson Likely to Die in Prison, Prosecutor Says." 11 abr. 2012.

NEW YORK DAILY NEWS

"Terror Tale HQ: It's Movieland Hotel." 12 ago. 1969.

"Hollywood Horror Script." 12 ago. 1969.

"Fear Sadistic Killer on Prowl in L.A." 12 ago. 1969.

NEW YORK TIMES

"Full Circle: The New Life of Patty Hearst." 10 set. 1988.

"Bernardine Dohrn: Same Passion, New Tactics." 18 nov. 1993.

"Susan Atkins, Manson Follower, Dies at 61." 25 set. 2009.

"Owsley Stanley, Artisan of Acid, Is Dead at 76." 14 mar. 2011.

"Heads Bowed in Grateful Memory." 16 mar. 2011.

SEATTLE TIMES

"Doors Closing at McNeil Island Prison After 135 Years." 28 fev. 2011.

TERRE HAUTE TRIBUNE/ SUNDAY STAR

"Boys on the Mend; Great Work Being Done at Gibault Home South of the City by Order of the Holy Cross." 26 fev. 1956.

UNITED PRESS INTERNATIONAL

"Ex-Manson Disciple Set Free in LA." 6 nov. 1975.

UTICA OBSERVER-DISPATCH

"CBS Show Catches Up with Manson Follower 'Squeaky' Fromme in Rome." 14 set. 2010.

REVISTAS E PERIÓDICOS

Ali, Lorraine. "Helter Shelter." *Entertainment Weekly*, 18 mar. 1994.

Anderson, Lessley. "Lucifer, Arisen." *San Francisco Weekly*, 17 nov. 2004.

Bardach, Ann. "Jailhouse Interview: Bobby Beausoleil and the Manson Murders." *Oui*, nov. 1981.

Benson, Etienne. "Intelligent Intelligence Testing: Psychologists Are Broadening the Concept of

Intelligence and How to Test it." *Monitor on Psychology*, fev. 2003.

"Charles Manson Breaks 20-Year Silence, Warns of Global Warming." *Huffington Post*, 14 abr. 2011.

Felton, David; Dalton, David. "Year of the Fork, Night of the Hunter." *Rolling Stone*, 25 jun. 1970.

Golden, Claudia; Katz; Lawrence F. "The Power of the Pill: Oral Contraceptives and Women's Career and Marriage Decisions." *The Journal of Political Economy*, v. 11, n. 4 (2002).

Hitchens, Christopher. "It Happened on Sunset." *Vanity Fair*, abr. 1995.

"Manager Rudi Altobelli Dies." *Variety*, 25 maio 2001.

"The Manson Murders at 40: 'Helter Skelter' Author Vincent Bugliosi Looks Back." *Newsweek*, 1 ago. 2009.

"The Memoirs of Squeaky Fromme." *Time*, 15 set. 1975.

Oney, Steve. "Manson: An Oral History." *Los Angeles Magazine*, 1 jul. 2009.

Perry, Charles. "Owsley and Me." *Rolling Stone*, 25 nov. 1982.

Pynchon, Thomas. "A Journey into the Mind of Watts." *New York Times Magazine*, 12 jun. 1966.

Smith, David E.; M.D.; Rose, Alan J. "The Group Marriage Commune: A Case Study." *The Journal of Psychedelic Drugs*, v. 3, n. 1 (set. 1970).

Weller, Sheila. "Suddenly That Summer." *Vanity Fair*, jul. 2012.

"Which Patty to Believe?" *Time*, 6 out. 1975.

Wilkerson, Francis. "Inside Her Head." *New York Times Magazine*, 28 dez. 2008.

Wolfe, Tom. "I Drove Around Los Angeles and It's Crazy Etc." *Los Angeles Times Magazine*, 1 dez. 1968.

PASSEIO PÚBLICO

West Virginia Penitentiary, em Moundsville, 26 jul. 2011.

ENTREVISTAS

Lyle Adcock é um historiador baseado em Columbus, Ohio, que sistematicamente descobriu muitos dos principais documentos judiciais e cartas relativos à vida de Charles Manson.

Fred e Virginia Brautigan são velhos moradores de McMechen, West Virginia. Virginia foi uma das poucas amigas de Charles Manson em sua adolescência, quando era um relutante membro da Igreja nazarena da cidade.

Susan Bookheimer é professora de Neurociência Cognitiva na Universidade da Califórnia.

Vincent Bugliosi acusou com sucesso Charles Manson, Charles "Tex" Watson, Susan Atkins, Patricia Krenwinkel e Leslie Van Houten. Ele é coautor (com Curt Gentry) de *Helter Skelter*, o relato do julgamento de Manson que se tornou o maior best-seller dentre livros que retratam crimes reais, e tem escrito vários outros best-sellers sobre crimes, política e religião.

Gus Carlton trabalhou como xerife do condado de Los Angeles. Em 1970-1971 ele foi designado como oficial de Justiça no julgamento Tate-LaBianca e passou muito tempo escoltando Charlie Manson para dentro e fora do tribunal. Carlton também montou guarda durante as muitas vezes em que Manson foi removido do tribunal por comportamento não adequado e levado até uma pequena sala adjacente.

John Catlett, nativo do condado de Marshall, West Virginia, conheceu Charles Manson e se tornou amigo do cunhado de Manson, Buster Willis.

Gerald L. Chaleff é atualmente o assistente especial para policiamento constitucional do Departamento de

Polícia de Los Angeles. Anteriormente ele atuou como advogado de defesa que representou, dentre outros, Angelo Buono Jr., um dos dois primos que ficaram conhecidos como os infames Estranguladores de Hillside.

Lorraine Chamberlain ficou intimamente envolvida com as cenas musical e artística da década de 1960, servindo inclusive como modelo para Andy Warhol e estabelecendo, em Los Angeles, uma longa amizade e um intermitente namoro com Frank Zappa.

Jason Clark-Miller é professor assistente no Departamento de Justiça Criminal da Universidade Cristã do Texas. Suas especialidades incluem Justiça Juvenil, Religião e Justiça Criminal, e Reabilitação de Prisioneiros.

Don e Becky Clutter são antigos moradores do condado de Marshall, West Virginia. Becky Clutter costuma contribuir com colunas e artigos sobre a história local para jornais da região.

William W. Collier atuou como inspetor postal federal em Los Angeles. Seu escritório localizava-se exatamente em frente ao Palácio da Justiça onde foi realizado o julgamento de Manson. De lá ele pôde observar as mulheres de Manson em sua vigília diária.

Marey F. Corey é professor de História Americana na Universidade da Califórnia e um dos maiores especialistas do país nos Panteras Negras e comunidades dos anos 1960.

Lon Dagley é bibliotecário na Universidade Nazarena de MidAmerica.

Jeff Decker é historiador e escultor da Califórnia.

Michele Deitch é professora da Universidade do Texas, lotada na Austin's Lyndon B. Johnson School of Public Affairs. Especialista em Justiça Juvenil, Michele possui mestrado em Psicologia com ênfase em Criminologia. Ela ministra aulas nos cursos de graduação sobre políticas de justiça criminal, políticas de justiça juvenil, e *school-to--prison pipeline.* [Nos Estados Unidos, esta expressão é usada para descrever o estudo por trás dos estudantes que abandonam a escola e acabam entrando para o mundo do crime].

Sara Dolan é professora assistente de Psicologia e Neurociência na Universidade Baylor, em Waco, Texas.

Koe Domanick é autor de *To Protect and to Serve*, vencedor do Prêmio Edgar, que fala sobre a história do Departamento de Polícia de Los Angeles. Comentarista frequente em programas nacionais de rádio e TV, ele também é diretor associado do Centro de Mídia, Crime e Justiça, da Faculdade John Jay de Justiça Criminal, Universidade da Cidade de Nova York (CUNY, na sigla em inglês). Ele também é um colaborador em Justiça Criminal do Instituto para Justiça e Jornalismo, da Universidade do Sul da Califórnia.

David Dotson é chefe assistente aposentado do Departamento de Polícia de Los Angeles. Sua carreira se estendeu por uma era que incluiu o mandato do chefe de polícia Bill Parker e os crimes de Charles Manson e sua Família.

Betty Feir, membro da Associação Americana de Psicologia e da Associação de Psicologia do Texas, é especialista licenciada em Psicologia Escolar.

Bob George é professor de colegial aposentado de Dodge City, Kansas. Ele vem se correspondendo com Charles Manson, com colegas de prisão de Manson e alguns ex-membros da Família Manson desde 1997.

Gerry Griffin fez o colegial em Farmersville, Texas, com Charles "Tex" Watson.

Anthony Guarino é sismólogo no Laboratório de Sismologia Caltech.

Richard Hawkey, professor universitário aposentado, cresceu e ainda mora em McMechen, West Virginia. Sua mãe era diretora da escola elementar frequentada por Charles Manson.

Tom Hayden foi membro fundador da SDS [Estudantes para uma Sociedade Democrática]. Legislou pelo estado da Califórnia por 18 anos. É autor e/ou editor de 19 livros sobre história americana, política e cultura.

Gregg Jakobson foi amigo íntimo de Dennis Wilson (com quem escreveu várias músicas) e Terry Melcher, e passou um tempo considerável com Charles Manson e muitos dos membros da Família Manson.

Volker Janssen é professor associado da California State History, Universidade do Estado da Califórnia, em Fullerton. Seu livro *Convict Labor, Civic Welfare: Rehabilitation in California's Prisons*, 1941-1971, será publicado pela Oxford Press.

David Javersak, nativo da área de Wheeling, é professor aposentado de História da West Liberty University, em West Virginia.

Jo Ann é prima de Charles Manson, filha de Glenna Thomas, tia de Charles Manson.

O gerente de turnê **Phil Kaufman** (Rolling Stones, Gram Parsons, Emmylou Harris) foi companheiro de cela de Charles Manson na prisão da Ilha Terminal. Ele posteriormente viveu com a Família Manson em Topanga e produziu o álbum de Manson *LIE*.

Stephen Kay fez parte do time de promotores do julgamento original dos assassinatos Tate-LaBianca e posteriormente foi o promotor nos dois julgamentos de Leslie Van Houten. Por várias décadas ele participou de cada pedido de liberdade condicional de Charles Manson e seus seguidores, sempre argumentando ao conselho de liberdade condicional para mantê-los encarcerados.

Jim Kettel é supervisor de genealogia da Biblioteca Pública do Condado de Boyd, Kentucky.

Ryan Kittell e **David Sweet** são meteorologistas do Escritório de Previsão do Tempo de Los Angeles/Oxnard.

Patricia Krenwinkel está atualmente cumprindo sua sentença de prisão perpétua no Instituto para Mulheres da Califórnia, em Corona, pelas mortes de Steven Earl Parent, Abigail Folger, Voytek Frykowski, Jay Sebring, Sharon Tate, Leno LaBianca e Rosemary LaBianca.

A.J. "Jack" Langguth é historiador (*Patriots* é seu livro mais conhecido) e jornalista. Vivia e trabalhava em Los Angeles na época dos assassinatos Tate-LaBianca. Ele escrevia sobre Manson para o *New York Times*.

David Lewis trabalha para o Departamento de Pesquisa de Coleções Especiais da Biblioteca Pública do Condado de Vigo, Indiana.

John P. Maranto é curador na Biblioteca de Pesquisa Hays T. Watkins, do Museu Ferroviário Baltimore & Ohio, em Maryland.

Steven M. Martin cresceu em Los Angeles. Seu *Theremin: An Electronic Odissey* venceu o prêmio de melhor documentário no Festival de Filmes de Sundance em 1994. Ele atualmente está trabalhando em um filme sobre Bobby Beausoleil.

A família de **Bill Miller** tinha uma mercearia em McMechen e brevemente empregou Manson.

Nancy é irmã de Charles Manson.

Irene Oliveto é uma antiga residente do condado de Marshall, West Virginia, e um pilar da Sociedade Histórica local.

Greg Park é diretor associado de educação ambiental e naturalista no Instituto Oglebay em Wheeling, West Virginia.

Charles Perry é historiador e autor. Trabalhou na equipe da revista *Rolling Stone* em São Francisco. Entre outros trabalhos, ajudou a editar o jornalismo de Hunther S. Thompson. Ele também sobreviveu a um desagradável encontro com Charles Manson em Mendocino.

Jim Powers, residente de Ashland, Kentucky, é historiador e escritor.

Michaela Ritter é fonoaudióloga do Departamento de Desordens e Ciências da Comunicação, na Universidade Baylor, em Waco, Texas.

Mark Rudd foi uma figura de liderança para os grupos Estudantes para uma Sociedade Democrática e Meteorologistas. Ele hoje é professor no Novo México.

A carreira de **Bob Schieffer** no jornalismo e televisão vem desde o assassinato de JFK até os dias atuais.

Dorothy Sedosky é historiadora e reside no condado de Marshall, West Virginia.

George Sidiropolis é nativo do condado de Marshall e ex-oficial do estado de West Virginia. Quando garoto, ele conheceu Charles Manson.

Oden "Scoop" Skupen é xerife aposentado do condado de Los Angeles e trabalhou como oficial de Justiça no julgamento Tate-LaBianca.

David E. Smith é fundador da Haight--Ashbury Free Clinic e conheceu Charles Manson quando ele esteve em São Francisco. É coautor do primeiro estudo sobre a Família Manson. Manson e seus seguidores foram clientes regulares da clínica de Smith.

Robert Smith é professor de Escritura e Pregação na Escola de Teologia e ministro cristão da Universidade Nazarena Point Loma, Califórnia.

Matthew Stanford é professor de Psicologia, Neurociência e Estudos Biomédicos da Universidade Baylor, em Waco, Texas.

Carlton Stowers, jornalista e escritor, venceu o Prêmio Edgar de Melhor Fato Criminal.

Tom Stiles é gestor da Penitenciária West Virginia Tours, em Moundsville, West Virginia. Ele é nativo da área de McMechen.

Glenn Todd, um sobrevivente do movimento Beat dos anos 1950 e 1960, em São Francisco, é historiador e editor de longa data.

Leslie Van Houten atualmente cumpre sua pena de prisão perpétua no Instituto para Mulheres da Califórnia, em Corona, pelos assassinatos de Leno e Rosemary LaBianca.

George Wolfford é historiador e vive em Ashland, Kentucky.

JEFF GUINN, premiado jornalista investigativo, é autor de dezenas de livros de ficção e não-ficação, muitos deles best-sellers, incluindo *Go Down Together: The True Untold Story of Bonnie and Clyde* (2010), que conta a história do casal de assaltantes e assassinos que aterrorizaram a América durante a Grande Depressão, no começo dos anos 1930; *The Last Gunfight: The Real Story of the Shootout at the O.K. Corral and How It Changed the West* (2012), sobre o famoso tiroteio em Tombstone, Arizona, em 1881, que definiu como as futuras gerações perceberiam o Velho Oeste e transformou figuras como Wyatt Earp, Doc Holliday, e os irmãos Clanton em lendas; e *Glorious* (2014), romance histórico ambientado no Velho Oeste, em 1872.

AGRADECIMENTOS

Meu agente, Jim Donovan, permaneceu encorajador durante os dois difíceis anos que levei para pesquisar e escrever este livro. Sou grato a Andrea Ahles Koos, Anne E. Collier e Sara Tirrito por sua assistência na pesquisa. Após dez anos e sete livros, trabalhar comigo é um negócio costumeiro para Andrea; Anne e Sara vieram pela primeira vez e tiveram um desempenho admirável.

Estou longe de ser o melhor escritor, mas quando trabalho nos meus livros tenho os melhores leitores oferecendo críticas construtivas e, quando preciso, um rápido chute no traseiro. Mike Blackman, James Ward Lee e Carlton Stowers estiveram comigo como sempre fazem.

Bob Bender merece a reputação de ser um dos melhores editores. Também na Simon & Schuster, devo muito deste projeto a Jon Karp, Johanna Li, Kelly Welsh, Julia Prosser e Maureen Cole. É um prazer trabalhar com todos eles.

Este livro é de Roger Labrie tanto quanto é meu. Foi sorte minha trabalhar com Roger e eu espero que muitos outros escritores tenham a mesma oportunidade.

O dr. Daniel Greenspan foi de fundamental importância ao me ajudar a me encontrar com Leslie Van Houten.

Agradecimento especial a Cash, que me fez companhia enquanto eu trabalhava.

Tudo o que escrevo é sempre para Nora, Adam e Grant.

SO VENTURA CAL
47623

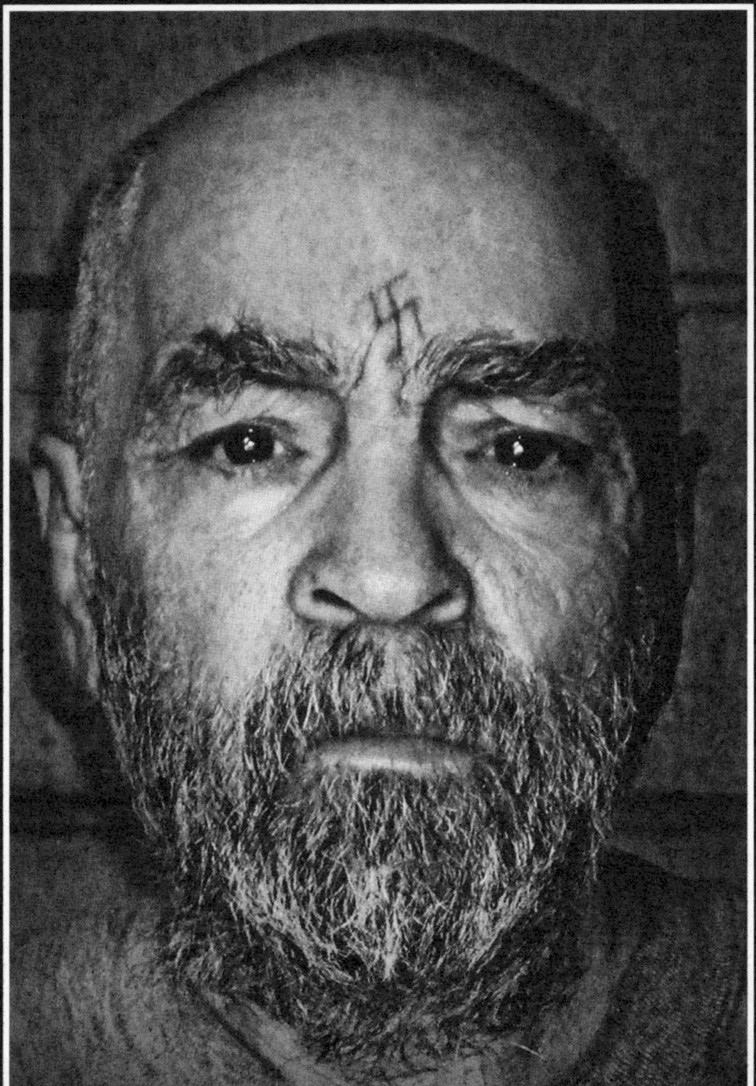

MI
S

MAN
SON

CRIME SCENE®
DARKSIDE

Submission is a gift_Go on give it to your brother
Love and understandin_Is for one another_I never had
a lesson, I ever learned_But I know we all, get our turn

45 ANOS DE UM PESADELO AMERICANO — 1ª REIMPRESSÃO

DARKSIDEBOOKS.COM